Baedeker

Allianz Reiseführer

Thailand

W0408286

www.baedeker.com

Verlag Karl Baedeker

TOP-REISEZIELE ★★

Thailand erwartet Sie! Das tropische Land, dessen traumhafte Strände und paradiesische Inseln für viele Urlauber zum Synonym für Sonne und Erholung in unserer kalten Jahreszeit geworden sind, ist zugleich mit einer Fülle besonders sehenswerter Kulturdenkmäler gesegnet. Nicht versäumen sollte man die ganz besonderen Highlights – sie sind hier vorab aufgelistet.

Krabi
Kleine Buddhastatuen in einem Waldtempel

Sukhothai
Lotosteich vor dem Wat Phra Si

Kanchanaburi
Hier besucht man die berühmte Brücke am Kwai.

Dorf der Seezigeuner ...
... vor der Felseninsel Ko Panyi bei Phangnga

32 ★★ Ratchaburi
Eines der bekanntesten Fotomotive in Thailand: der schwimmende Markt von Damnoen Saduak ▸ **Seite 453**

33 ★★ Bangkok
Hier gibt es unverwechselbar asiatische Hauptstadtatmosphäre, dazu grandiose Museen und mehr als 400 Tempel.
▸ **Seite 219**

34 ★★ Samut Prakan
Die »Ancient City« ist eines der größten Freilichtmuseen der Welt. ▸ **Seite 456**

35 ★★ Phetchaburi
Top-Sehenswürdigkeit ist der neoklassizistische Königspalast Phra Nakhon Khiri. ▸ **Seite 417**

36 ★★ Trat
Rühriges Zentrum nahe der kambodschanischen Grenze ▸ **Seite 493**

37 ★★ Ko Chang
Die zweitgrößte Insel des Landes wurde zum Ko Chang Marine-Nationalpark erklärt. ▸ **Seite 321**

38 ★★ Ko Samui
Eines der bekanntesten, beliebtesten und belebtesten Badeurlaubsziele in Thailand
▸ **Seite 333**

39 ★★ Chaiya
Ehemals bedeutende Handelsstadt im Süden an der Ostküste der Malayischen Halbinsel ▸ **Seite 252**

40 ★★ Suratthani
Die umgebende Landschaft gilt als eine der schönsten Thailands. ▸ **Seite 487**

41 ★★ Ko Similan
Die Inselgruppe ist eine Attraktion für Tauchsportbegeisterte. ▸ **Seite 444**

42 ★★ Phangnga
Stille Buchten und schroffe Felsen an der Andamanensee ▸ **Seite 409**

43 ★★ Nakhon Si Thammarat
Der Wat Mahathat ist einer der ältesten Tempel in Thailand. ▸ **Seite 383**

44 ★★ Phuket
Thailands bekanntestes Ziel des Massentourismus ▸ **Seite 434**

45 ★★ Ko Phi Phi
Badeparadies mit exotischen Traumstränden ▸ **Seite 328**

46 ★★ Ko Tarutao
Die Inselgruppe war einst Verbannungsort für politische Gefangene – heute ist sie Nationalpark. ▸ **Seite 341**

DIE BESTEN BAEDEKER-TIPPS

Von allen Baedeker-Tipps in diesem Buch haben wir hier die interessantesten für Sie zusammengestellt! Erleben und genießen Sie Thailand von seiner schönsten Seite.

! Ayutthaya mit dem Schiff
Man kann Ayutthaya von Bangkok über den Menam Chao Phraya per Schiff erreichen. ► **Seite 210**

! Bangkok Mass Transit System
Viele Sehenswürdigkeiten kann man mit der auf einer Hochtrasse verkehrenden Schnellbahn erkunden. ► **Seite 219**

! Visakha-Bucha-Fest
Am Abend des Fests tanzen Pilger mit brennenden Kerzen um den Marmortempel in Bangkok. ► **Seite 236**

! Wie die Könige nach Bang Pa In
Die Anreise nach Bang Pa In ist auch mit dem Schiff möglich. ► **Seite 245**

! Auf Schatzsuche
Rund um Chanthaburi gibt es Edelsteinminen, in denen man sich als Schatzsucher betätigen kann. ► **Seite 257**

! Zeit nehmen für Chiang Mai
Die Stadt und die sie umgebende faszinierende Landschaft verdienen unbedingt einen Aufenthalt von mehreren Tagen. ► **Seite 263**

! Nachtmarkt in Chiang Mai
Allabendlich verwandeln sich einige Straßen zu einem riesigen Markt mit unzähligen Ständen mit regionaltypischen Produkten, besonders von den Angehörigen der Bergvölker. ► **Seite 265**

! Nachmittagsbesuch in Mae Rim
Vormittags ist das Elefantencamp Ziel zahlloser Touristenbusse. Wenn sich diese wieder verzogen haben, kann man das riesige Gelände in aller Ruhe auf eigene Faust erkunden. ► **Seite 275**

! Keine Besuche ohne Führer
Bergvölker ohne einen orts- und sprachkundigen Führer zu besuchen, könnte zu Missverständnissen und unliebsamen Zwischenfällen führen. ► **Seite 281**

! Büffelrennen in Chonburi
Im Hof des Wat Intharam beginnen die Feierlichkeiten zum großen Büffelrennen, das alljährlich im Oktober stattfindet und immer wieder Tausende Besucher in die Stadt lockt. ► **Seite 289**

Geisterhaus ...
... auf einer Kreuzung in Chonburi

Chiang Mai ...
... gilt als schönste Stadt in ganz Thailand.

Elefantenpatenschaft
Eine Patenschaft für einen Elefanten? Im Elephant Conservation Center in Lampang ist das möglich. ► Seite 351

Die Weihe der geliebten Söhne
Nirgendwo in Thailand wird das Buat-Luk-Khaeo-Fest, die »Weihe der geliebten Söhne«, so farbenprächtig gefeiert wie in Mae Hong Son. ► Seite 366

Tempelfest
Alljährlich im November findet in Nakhon Pathom ein großes Tempelfest statt, zu dem Pilger aus dem ganzen Land kommen. ► Seite 374

Phansa-Fest
Immer im Januar ist der Wat Phra That in Nakhon Phanom mit Tänzen, Märkten und Bootsrennen auf dem Mekong ein besonderer Anziehungspunkt. ► Seite 376

Vollmondfest
Alljährlich strömen in Nakhon Si Thammarat Tausende weiß gekleideter Pilger zum Wat Mahathat. ► Seite 383

Nichts für Ruhe Suchende
Wer einen ruhigen Badeurlaub verbringen möchte, ist in Pattaya allenfalls im »Royal Cliff Beach Resort« oder im benachbarten neuen »Sheraton Pattaya« gut aufgehoben. ► Seite 400

Sukhothai mit dem Fahrrad
Das Ruinenfeld von Sukhothai ist zu Fuß nur ansatzweise zu erkunden. Am Haupteingang gibt es Fahrräder zu mieten, mit denen man das Gelände gemütlich »abradeln« kann. ► Seite 479

Das schönste Fest ...
... Thailands findet im November in Sukhothai statt: dann verwandelt sich der See in ein Lichtermeer. ► Seite 481

Das Vegetarierfest ...
... wird immer im September / Oktober in Phuket gefeiert.

Kinder im Hafen von Songkhla
► Seite 110

HINTERGRUND

PRAKTISCHE INFORMATIONEN VON A bis Z

Mönch zu Füßen des 32 m hohen Buddhas im Wat Indrawihan in Bangkok
▶ **Seite 237**

PREISKATEGORIEN

Hotels
Luxus: ab 150 €
Komfortabel: 80 – 150 €
Günstig: bis 80 €
pro Nacht im Doppelzimmer

Restaurants
Fein & teuer: ab 25 €
Erschwinglich: 10 – 25 €
Preiswert: bis 10 €
für ein 3-Gänge-Menü

TOUREN

Herstellung von Schattenspielfiguren in Nakhon Si Thammarat
▶ **Seite 95**

Pattayas größte »Attraktion«: das Nachtleben
▸ **Seite 406**

REISEZIELE VON A bis Z

Der Teig für Frühlingsrollen wird auf Bambusgestellen getrocknet.
▸ **Seite 396**

Mädchen auf Koh Lanta
▸ **Seite 139**

Hintergrund

WISSENSWERTES ÜBER DAS »LAND DER FREIEN«, ÜBER SEINE BEWOHNER, IHRE RELIGION, ÜBER WIRTSCHAFT, KUNST, GESCHICHTE UND ALLTAGSLEBEN IN EINEM MODERNEN STAAT MIT LANGER GESCHICHTE

LAND DES LÄCHELNS

»Dank der Gnade des Königs standen mir und meinen Begleitern zwei Hofdampfer für den Besuch der Sommerresidenz von Bang Pa In zur Verfügung. Den breiten Menamstrom aufwärts fahrend, hielten wir überall an, wo es uns gefiel: bei einbrechender Dunkelheit wurden die Dampfer in der Mitte des Stromes verankert ...« erinnerte sich 1899 der deutsche Reiseschriftsteller Ernst von Hesse-Wartegg in seinem Buch »Siam – das Reich der weißen Elefanten«.

Der Reisende heutiger Tage hat es bedeutend leichter. Ganz abgesehen davon, dass er die Nächte längst nicht mehr in einem in der Flussmitte verankerten Dampfer verbringt, sondern in klimatisierten, komfortablen Hotelzimmern – auch die Dauer der Anreise hat sich von einigen Monaten auf gerade mal zehn bis zwölf Stunden reduziert, wovon von Hesse-Wartegg nicht einmal zu träumen wagte.

Unter Buddhas Obhut *Buddhistische Tempel verschiedenster Stile prägen das »Land der Freien«.*

Mehr als Strände, Palmen und Tempel

Thailand, das einstige Königreich Siam, ist nicht zuletzt deshalb zum beliebtesten Reiseziel Asiens geworden. Daran konnten weder die schwere Wirtschaftskrise, die den asiatischen Kontinent in den 1990er-Jahren beutelte, noch der Tsunami, der am 26. Dezember 2004 Tod und Zerstörung über weite Küstenstriche im Süden des Landes brachte, etwas ändern. Mit einer schier unglaublichen Energie machten sich die Geschäftsleute und Bewohner der überfluteten Touristenparadiese an die Arbeit, um das Zerstörte innerhalb kürzester Zeit nicht nur wieder zugänglich zu machen, sondern oft schöner als zuvor für Besucher aus aller Welt wiederaufzubauen. Und die Gäste kommen wieder: Nach einer kurzen Stagnation schwangen sich die Einreisezahlen wieder auf zu neuen Höhen.

Doch was schlägt die Besucher in den Bann? Es sind nicht nur die Strände, an denen man unter Schatten spendenden Palmen unbeschwert in den Tag hinein lebt. Es sind nicht nur die farbenprächtigen Tempel, in denen leuchtend orange gekleidete Mönche mit sonorer Stimme die Sutren des Buddhismus rezitieren. Nein, es ist die fast sprichwörtliche Gastfreundschaft der Thai, die sich über jeden ein-

Auf Buddhas Spuren

Der Theravada-Buddhismus prägt das Land und seine Kultur von den Festen bis in die kleinen Rituale des Alltags.

Thailands Blumen

Berühmt sind die mit um die 1300 Arten in Thailand vertretenen Orchideen. Aber auch Lotos- und Malvengewächse sind in ganz Südostasien verbreitet.

Tempel

Über 30 000 Wat aus über elf Jahrhunderten stehen in Thailand. Sie sind zugleich buddhistisches Kloster, Tempel und Gemeindezentrum.

Buddhismus und der Banyanbaum
Unter einem Banyanbaum erlangte einst Buddha die Erleuchtung – und entsprechend heilig sind den Buddhisten diese oftmals mächtigen Bäume aus der Familie der Feigen.

Inselträume
Atemberaubende Landschaften und paradiesische Strände machen Thailands Inseln zu Top-Zielen für Badeurlauber.

Kunsthandwerk
Handbemalte Schirme aus lackiertem Papier sind Teil der Jahrtausende alten kunsthandwerklichen Tradition in Nordthailand.

zelnen Besucher freuen und ihn mit einem Lächeln begrüßen. Und wenn der auch noch etwas Interesse an dem Land mitbringt, auf das seine Bewohner so stolz sind, dann lassen sie ihn mit aller Herzlichkeit spüren, wie willkommen er ist. Denn Thailand bietet mehr als Strände, Palmen und Tempel, und wer seine Urlaubsfreuden nur in den Badeorten gefunden zu haben glaubt, hat viel versäumt. Faszinierend ist die Vielgestaltigkeit der Landschaft, der Reichtum an historischen Bauwerken, und vielfältig sind auch die Möglichkeiten, einen Thailandurlaub zu einem unvergesslichen Erlebnis werden zu lassen. Wer sich für thailändische Kultur und Architektur interessiert, findet herrliche Bauten aus vielen Jahrhunderten, in denen sich Einflüsse der Kulturen Indiens, Chinas und Sri Lankas zu einem ganz spezifisch thailändischen Stil herausgebildet haben. Wer die tropisch-üppige Naturlandschaft genießen möchte, erholt sich an den Badestränden im Süden oder erkundet die Einsamkeit der Berge im Norden. Aktivurlauber entscheiden sich für Trecking, Segeln, Tauchen oder Golf, andere suchen Besinnung in buddhistischer Meditation, erlernen die Kunst thailändischer Massage oder belegen einen Thai-Kochkurs. Alles ist möglich – für jeden Geschmack und Geldbeutel.

Elefanten *werden als hoheitsvolle Arbeits- und Reittiere trainiert, zudem genießen sie hohe spirituelle Bedeutung.*

Wo Buddha seinen Fußabdruck hinterließ

Vor allem aber ist es die sprichwörtliche Gastfreundschaft der Thais, die im »Land des Lächelns« den Besucher auf ihre Weise willkommen heißen. Mag sein, dass die Ursachen im Buddhismus zu suchen sind, der im positiven Sinne eine gewisse Leichtlebigkeit erlaubt. Was in diesem Leben nicht klappt, gelingt vielleicht im nächsten. Und wenn dieses besser als das vorangegangene werden soll, befleißigt man sich einfach einer löblichen Lebensweise. Schließlich hat Buddha selbst eine Vielzahl von Erdenleben hinter sich bringen müssen, um das Nirwana, das endgültige Stadium der Erleuchtung zu erlangen.
Dieser Reiseführer soll Mut machen, eine faszinierende Landschaft mit Jahrtausende alter Kultur zu entdecken. Er soll die Neugier auf ein Land wecken, das sich niemals in seiner Geschichte fremden Herren beugte – und darauf heute noch stolz ist. Freilich müssen Sie dazu die Zentren des Massentourismus verlassen. Wobei jedoch hilfreich ist, dass das Reisen heutzutage längst nicht mehr so beschwerlich ist wie zu Zeiten von Ernst von Hesse-Wartegg.

Zahlen und Fakten

Großstadthektik und Tourismus-Hochburgen gehören ebenso zum Landesbild wie abgelegene Bergdörfer und kleine Provinzstädtchen. Ganz nebenbei ist Thailand ein florierender moderner Staat und schon lange weithin gerühmt wird die besondere Freundlichkeit seiner Bewohner.

Naturraum

Staatsgebiet

Thailand grenzt im Nordwesten und Westen an Myanmar (seit 1989 der Staatsname für Birma), im Norden und Nordosten an Laos, im Südosten an Kambodscha und im Süden an Malaysia. Das thailändische Staatsgebiet ist etwa eineinhalb Mal so groß wie Deutschland. Die größte Nord-Süd-Ausdehnung misst 1620 km, die größte von Osten nach Westen 780 km. Die schmalste Stelle Thailands findet man bei Prachuap Khiri Khan mit 13 km Luftlinie zwischen dem Golf von Thailand und der Grenze zu Myanmar; der Isthmus von Kra auf der Malaiischen Halbinsel ist nur 64 km breit. Die Küstenlänge Thailands beträgt am Golf von Thailand 1875 km und am Indischen Ozean 740 km.

Hauptstadt am Schnittpunkt der Regionen

Die Hauptstadt Bangkok liegt in der Tiefebene des Menam Chao Phraya im Schnittpunkt der vier Hauptregionen des Landes, dem Nordwesten (Pak Nya), dem Nordosten (Isan), dem Südosten (Pak Dai Towan Org) und dem Südwesten (Pak Dai). Seit 1782, dem Jahr der Machtübernahme durch General Chakri, dem späteren König Rama I. und Begründer der Chakri-Dynastie, ist Bangkok die Kapitale des Königreichs Thailand. Bis dahin galt Thonburi am gegenüberliegenden Ufer des Menam Chao Phraya als Hauptstadt. Durch die Zusammenlegung Thonburis mit Bangkok in den 1970er-Jahren hat sich die Stadt explosionsartig ausgedehnt und umfasst nun eine Fläche von etwa 6500 km^2.

Landschaftliche Großräume

Die vielgestaltige Topografie Thailands kann in fünf Großräume unterteilt werden, von denen jeder seinen eigenen landschaftlichen Reiz entwickelt. Das Landschaftsbild ist auch erheblich von den Klimazonen geprägt; während es im Süden keine ausgesprochene Regenzeit gibt – der Regen fällt hier das ganze Jahr über gleichmäßig – wird der Norden vom deutlichen Wechsel der Jahreszeiten geprägt. Dementsprechend unterscheidet sich auch die Vegetation; während man es im Süden zur Malaiischen Halbinsel hin zu jeder Jahreszeit mit immergrünen Tropenwäldern und schier endlosen Gummibaum-Plantagen zu tun hat, macht eine ausgesprochene Dürrephase von Februar bis Juni das zentrale wie auch das nordöstliche Thailand zumindest auf den ersten Blick weniger attraktiv.

Zentralthailand

Menam-Becken

Der Kernraum Zentralthailands, das sich vom Meer etwa 270 km nach Norden erstreckt, ist das sog. Menam-Becken mit dem Fluss Menam Chao Phraya, der Thailand in nord-südlicher Richtung durchströmt und in einem breit gefächerten Delta (20 000 km^2) in

← Kinder und farbenprächtige Boote im Hafen von Songkhla

Naturräume Thailand

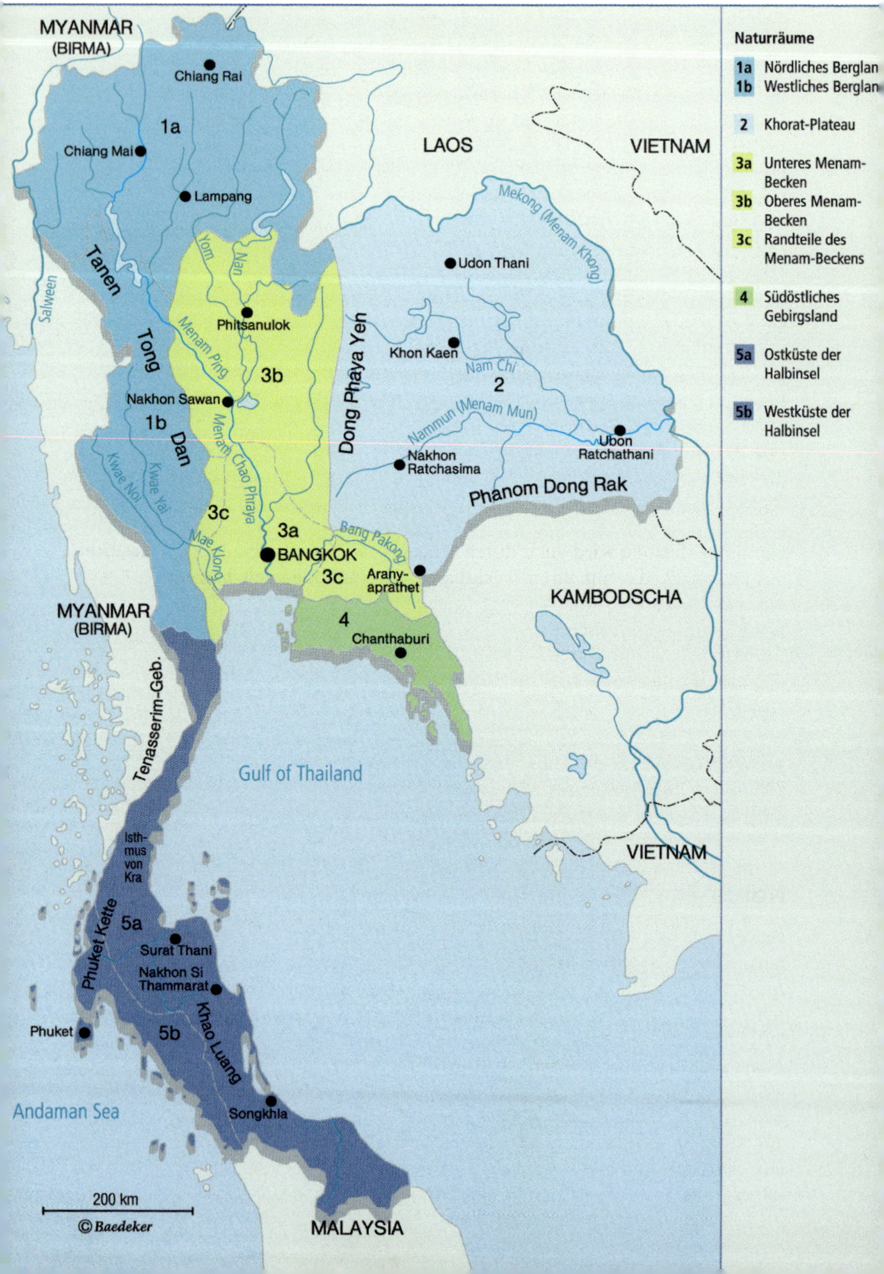

den Golf von Thailand mündet. Der Fluss, der als Lebensader des ganzen Landes gilt, entsteht aus den Zuflüssen Ping, Yom und Nan, die sich bei Nakhon Sawan vereinen; er löst sich jedoch schon bald wieder in eine Vielzahl von Seitenarmen auf und bildet etwa in der Mitte des Zentralbeckens sein Delta aus. Im Süden öffnet sich das Becken zum Meer, die anderen Seiten werden von Gebirgen begrenzt: im Westen von der Zentralen Kordillere (Tanen Tong Dan), die sich vom Gebirgsland Nordthailands ausgehend nach Süden bis zur Malaiischen Halbinsel erstreckt; im Norden vom Gebirgsland und im Osten von den Randbereichen des Khorat-Plateaus.

Geologie

Das Menam-Becken selbst ist geomorphologisch zweigeteilt: Eine Hügelzone mit Erhebungen bis zu 500 m ü. d. M.M. bildet den Übergang zum Gebirgsland Nordthailands, während der Hauptteil des Beckens durch eine Aufschüttungsebene gebildet wird. Nur selten, etwa bei Lopburi, ragen steilwandige Karstkegel aus der Ebene auf. Die zentrale Ebene ist geologisch jüngeren Datums, sie entstand v. a. durch die riesigen Mengen von Sinkstoffen, die vom Menam Chao Phraya herangeführt werden und dafür sorgen, dass das Flussdelta verlandet und sich pro Jahr 5 – 6 m in den Golf von Thailand vorschiebt.

Landschaft

Die breite Talzone wird auch durch Hügel- und Terrassenlandschaften bestimmt, die mit ihren fruchtbaren Alluvialböden seit langem v. a. zum Reisanbau intensiv landwirtschaftlich genutzt werden. Typisch für diese Landschaft sind die Haufendörfer mit ihren wegen der ständigen Überschwemmungsgefahr auf Pfählen erbauten Holzhäusern. Durch die fast meereshohe Lage des Menam-Beckens (Bangkok liegt nur 2 m über dem Meeresspiegel!) sind die Gezeiten bis weit ins Land hinein zu bemerken. Während des Monsunregens im Oktober und November sind die Ebene und Teile von Bangkok häufig überschwemmt. Auf lange Sicht gilt die thailändische Hauptstadt als höchst gefährdet, wenn ein weiteres Abschmelzen der Polareiskappen ein Ansteigen des Meeresspiegels bewirken sollte.

Nordthailand

Berge und Täler

Der Norden des Landes lässt sich vereinfacht durch den 17. Grad nördlicher Breite vom übrigen Staatsgebiet abgrenzen. Er wird von Ausläufern der bis zur Malaiischen Halbinsel reichenden Hinterindischen Hochgebirgsketten bestimmt, deren höchste Erhebung, der Doi Inthanon, 2595 m ü. d. M. erreicht (gleichzeitig der höchste Berg Thailands). In den Tälern Nordthailands fließen die Flüsse Nan, Yom, Fing und Wang nach Süden. Zwischen die Bergketten sind größere und kleinere windgeschützte Becken eingebettet, die überaus günstige Voraussetzungen für eine ertragreiche Landwirtschaft bieten. Allerdings müssen wegen der sehr unterschiedlichen Niederschlagsmengen große Teile der Reisfelder künstlich bewässert werden. Seit einigen Jahrzehnten werden, um das ganze Jahr über gleichmäßige Bedingungen zu erreichen, verstärkt Rückhaltebecken und Staudämme gebaut.

Geologie

Das Relief wird durch zwei unterschiedliche geologische Strukturen gestaltet, die auf verschiedenen Gebirgsbildungsvorgängen beruhen. Die Gesteinsgrundlage Nordthailands wurde im Erdaltertum geschaffen. Paläozoische Kalke und metamorphe Schiefer nehmen weite Flächen ein; wo Kalke das Gebirge bilden, wird das Relief durch schroffe Felsen mit vielen Höhlen und Kavernen geprägt. Dieses alte Gebirge wurde während der Aufwölbung des Himalaya im Tertiär noch einmal gehoben. Dabei drang Magma, das zu Granit erstarrte, nach oben und bildete flache Gebirgskuppen, wie etwa den Doi Inthanon.

Berge im Doi Phuka National Park

Siedlungszentren sind die Talebenen und die intramontanen Becken. Der Großteil der Bevölkerung lebt hier freilich nicht in Städten, sondern in Dörfern. Eine Ausnahme bilden die in etwa 3000 vorwiegend in unwegsamem Gelände verstreuten Siedlungen lebenden Bergstämme der Akha, Lisu, Yao, Meo und Karen. Nur wenige von ihnen konnten durch spezielle Regierungsprogramme sesshaft gemacht werden, viele blieben ihrer jahrhundertelangen Tradition der Wanderbauern treu: Sind die Böden nach Jahren der Bestellung und der Ernte ausgelaugt, ziehen sie weiter und suchen neue Gebiete. Dabei bedienen sie sich auch der Brandrodung, was zur weiteren Verkarstung führt.

Südostthailand

Tropenwald und Bergland

Eine etwa in west-östlicher Richtung verlaufende Talsenke und ein parallel zur Küste verlaufendes Bergland, die allmählich ineinander übergehen, kennzeichnen den südöstlichen Landesteil. Bestimmt wird er durch immergrünen Tropenwald und durch das bis zu 1600 m hohe Bergland, das aus den Graniten des alten indo-chinesischen Sockels besteht. Eine stark gegliederte Küste mit tief eingeschnittenen Buchten und vielen Inseln verschiedenster Größe sind ebenfalls typisch für diese Region. Günstige Bedingungen herrschen hier für den Fischfang, wovon die vielen Fischerdörfer entlang der Küste zeugen. Hier findet der Thailand-Besucher das, was er sich unter tropischen Traumstränden vorstellt. Keine andere Region Thailands ist deshalb verkehrstechnisch und touristisch so gut erschlossen wie der Südosten; wie Perlen an einer Kette reihen sich die Badeorte (darunter das bekannte Pattaya) entlang der Küste. Noch weiter südlich werden zur Zeit weitere Orte für den Tourismus erschlossen. Aber auch der Bergbau hat Bedeutung für den Südosten: Die Region um die Stadt Chanthaburi ist das Zentrum der Edelsteingewinnung; Rubine und Saphire werden hier im Schachtbau gefördert oder aus dem Flusssand ausgewaschen.

Nordostthailand

Khorat-Plateau

Östlich der Menam-Flussebene steigt das überwiegend trockene Khorat-Plateau (durchschnittliche Höhe 200 m ü. d. M.) mit seinen charakteristischen roten Sandstein- und Tonschieferformationen auf. Das Plateau, dessen West- und Südrand durch Bergketten deutlich markiert ist (im Westen Dong Phaya Yen, im Süden Phanom Dong Rak) und dessen höchste Erhebung die 1300-m-Marke erreicht, ist ostwärts sanft in Richtung Mekong abgesenkt.

Geologie und Bodennutzung

Spätpaläozoische und mesozoische Kalke wechseln mit roten mesozoischen Sandsteinen und Tonschiefern. Die Kalke sind wasserdurchlässig; die Sandsteine sind teilweise zu der für die Tropen typischen Roterde verwittert. Der Boden ist wenig fruchtbar, weshalb diese Region oft als das »Armenhaus Thailands« bezeichnet wird. Die ursprüngliche Vegetation – schütterer Wald, offene Savanne und Grassteppe – ist noch teilweise erhalten. Die breiten Flusstäler werden in der Regenzeit fast vollständig überschwemmt, was den Reis- und Juteanbau begünstigt.

Flüsse

Das Khorat-Plateau wird vom Fluss Mun durchzogen, der zum Mekong, der Lebensader des kontinentalen Südostasien, fließt. An seinen nördlichen Zuflüssen wurden Staudämme errichtet, die neben der Bewässerung auch der Stromerzeugung dienen – die gewonnene Energie wird über Freileitungen z. T. bis in die Hauptstadt Bangkok transportiert. Der Mekong kann wegen seiner tückischen Stromschnellen und der relativ geringen Tiefe kaum für die Schifffahrt genutzt werden. Auch stoßen hier zwei völlig unterschiedliche Weltanschauungen und Gesellschaftsordnungen aufeinander, was in der Vergangenheit oft zu militärischen Konflikten geführt hatte.

? WUSSTEN SIE SCHON ...?

- Der Mekong ist der zehntlängste Fluss der Erde, bildet über etwa 430 km den Grenzfluss zwischen Thailand und Laos und umfasst ein Einzugsgebiet von mehr als 800 000 km². Er entspringt im Hochland von Tibet in etwa 3000 m Höhe und fließt auf einer Länge von 4500 km südöstlich durch die Provinz Yun-Nan (in der Volksrepublik China) bis hinunter zum Südchinesischen Meer. Der Mekong zählt mit mehr als 1300 Fisch-, Vogel- und Reptilienarten zu den artenreichsten Flüssen der Erde.

Westthailand

Berggrenze zu Myanmar

Im Westen bildet die zentrale südostasiatische Gebirgskette Tanen Tong Dan mit Erhebungen von weit über 2000 m ü. d. M. die natürliche Grenze zum Nachbarstaat Myanmar, dem ehemaligen Birma. Sehr beeindruckend ist die Bergkette Sam Roi Yot (»Gebirge der 300 Gipfel«) südlich von Hua Hin.

Südthailand

Rüssel des Elefanten

Die Gestalt Thailands ist oft mit einem Elefantenkopf verglichen worden; in diesem Bild wäre Südthailand der Rüssel. Es bildet den Nordteil der lang gestreckten Malaiischen Halbinsel, ihr Gebirgsrückgrat ist die Fortsetzung der meridional verlaufenden Ketten Nordthailands. Die Menam-Ebene mit ihrem westlichen Gebirgsvorland begrenzt das Gebiet im Norden, im Westen bildet das kaum erschlossene, bis 1500 m hohe Tenasse-Gebirge die natürliche Grenze zu Myanmar, im Süden das Gebirge San Kara Khiri die zu Malaysia. Die Halbinsel trennt zwei Ozeane voneinander; der Golf von Thailand bildet mit dem Südchinesischen Meer einen Teil des westlichen Pazifiks, während im Westen das Andamanische Meer ein Randmeer des Indischen Ozeans ist. Würde man am nur 64 km breiten Isthmus von Kra einen Kanal stechen, verringerte sich der Seeweg von Küste zu Küste um 1300 km. An die Realisierung eines solchen Planes ist jedoch wegen der immensen Kosten kaum zu denken. Nach Süden hin teilt sich das Gebirge in zwei etwa parallele, nord-südlich verlaufende Gebirgsketten: das Phuket-Gebirge und das Nakhon-Si-Thammarat-Gebirge. Der höchste Gipfel, der Khao Luang, ragt westlich von Nakhon Si Thammarat bis 1835 m ü. d. M. auf.

Geologie

Der geologische Aufbau dieser Landschaft ist fast der gleiche wie in Nordthailand, das von Ausläufern der Gebirgsketten bestimmt wird. Auf einem Granitsockel wurden Kalksteine abgelagert; wo der Granit die Oberfläche bildet, was durch tektonische und Abtragungsvorgänge oft der Fall ist, sind flache Kuppen ausgebildet. In Kalkgebieten beherrschen hingegen schroffe Felstürme die Landschaft. Diese Felstürme werden von Geologen als tropischer Kegelkarst bezeichnet; ihre Entstehung hängt mit dem feuchtwarmen Klima zusammen. Die flache Oberseite ist fast immer von dichter Vegetation überzogen, während die Wände meist so steil sind, dass das blanke Gestein sichtbar wird. In jeder kleinen Unebenheit haben sich jedoch Pflanzen angesiedelt. Die Felstürme werden oft zum Fuß hin schlanker; der Grund dafür ist, dass das herablaufende Regenwasser das Gestein angreift und immer wieder Überhänge abbrechen.

Küsten und Inseln

Die Küsten sind stark durch geologische Vorgänge geprägt. Die Westküste besitzt zahlreiche Buchten und Inseln aus steilwandigen Kalkfelsen. Reizvoll und in jüngster Zeit für den Tourismus erschlossen

Die Kalkfelsen, die als Inseln aus der Andamanensee ragen, sind Reste »ertrunkener« Gebirge.

ist auch die Ostküste mit ihren breiten Sandstränden. Nördlich von Songkhla entstanden durch Strandverlagerungen große Süßwasser-Binnenseen. Faszinierend ist die Inselwelt, beispielsweise vor Phuket oder Phangnga. Sie entstand durch eine Kippung der Malaiischen Halbinsel, wobei der westliche Teil versank, der östliche sich hingegen hob. In der Andamanensee »ertranken« bei diesem tektonischen Vorgang ganze Gebirgszüge, nur die mit dichtem Dschungel überwachsenen Spitzen der Kalksteinfelsen ragen als Inseln aus dem Meer.

Zinngruben

Die reichen Zinnvorkommen im Süden Thailands sorgten bis zum Verfall des Zinnkartells für wirtschaftlichen Wohlstand. Nach dem Rückgang der Zinnpreise auf dem Weltmarkt und der damit verbundenen Schließung zahlreicher Zinnminen (z. B. auf der Insel Phuket) kümmerte man sich jedoch wenig um eine Wiederauffüllung der Gruben; sie sind bis heute unschöne Flecken in einer sonst äußerst attraktiven Landschaft.

Klima

Heißes Tropenklima

Thailand hat ein tropisches Sommerregenklima mit nahezu gleichbleibend hohen Temperaturen. Deutlich ist der jahreszeitliche Wechsel der Niederschläge, der durch die Monsunströmung über Südostasien ausgelöst wird. Drei **Niederschlagsjahreszeiten** lassen sich unterscheiden: die Sommermonsunzeit (Mai – Oktober), die Wintermonsunzeit (November – Februar) und die Zwischenmonsunzeit (März – Anfang Mai). Anfang und Ende sowie Verlauf der Monsunphasen können unterschiedlich sein. Das gilt besonders für El Niño-Jahre, in denen sich die Luftdruckverhältnisse im südpazifisch-südostasiatischen Raum grundlegend umstellen. Regional verschieden, beträgt die Sonnenscheindauer 2400 bis 2800 Stunden im Jahr. Traumhaft sonnig ist das Wetter vor allem in den Wintermonaten.

Die **Jahresniederschläge** reichen von rund 1000 Litern in einzelnen Tälern Nordthailands bis zu 3000 Litern im südöstlichen Bergland. An exponierten Südwesthängen können es örtlich auch über 5500 Liter / Jahr sein. Von Mai bis Oktober bringt der **Sommermonsun** aus Südwesten nahezu dem ganzen Land ergiebige Niederschläge. Er erreicht die Westküste gewöhnlich um den 10. Mai und zwei Wochen später die Grenzregion zu Laos und Kambodscha. Von November bis Februar sorgt der trockene **Wintermonsun** für niederschlagsarmes Wetter mit viel Sonnenschein. Nur an der Ostküste der Malaiischen Halbinsel löst er, durch die über dem Golf von Thailand aufgenommene Feuchtigkeit, eine winterliche Regenzeit aus. Eingelagerte Regen- und Gewitterstürme (»white squalls«) richten in Südthailand mitunter schwere Schäden an. Wenig Wind, große Hitze und häufige Gewitter sind typisch für die **Zwischenmonsunzeit** von März bis Anfang Mai. Bei schweren Gewittern können sintflutartige Regengüsse mit 50 bis 60 Liter / Stunde niedergehen. Nach der winterlichen Trockenzeit werden diese ersten Frühjahrsniederschläge (»Mango-Rains«) in der Landwirt-

i Monsun

- Der Monsun (Urspr. vom arab. mausim = für die Seefahrt geeignet) ist ein jahreszeitlich wechselnder Wind, der als Südwest- (Sommer) bzw. Nordostmonsun (Winter) besonders um den Indischen Ozean vorkommt. Auslöser des südostasiatischen Monsuns ist eine »Luftdruckwippe« zwischen Asien und Australien. Im Nordsommer bildet sich durch die hohe Sonneneinstrahlung über dem subtropischen Asien ein Hitzetief, dem südlich des Äquators über Australien ein Hochdruckgebiet gegenübersteht. Umgekehrt entwickelt sich im Nordwinter durch Ausstrahlung über dem asiatischen Kontinent ein Kältehoch, dessen nordaustralischer Gegenpart ein sommerliches Hitzetief ist. Zwischen beiden Systemen besteht über den Äquator hinweg ein Druckgefälle, das sich im Halbjahresrhythmus umkehrt. Die Monsunströmung sorgt für den großräumigen Luftdruckausgleich. Von der Coriolis-Kraft abgelenkt, weht der Sommermonsun über Thailand aus südwestlichen, der Wintermonsun aus nordöstlichen Richtungen.

Thailand Klimastationen

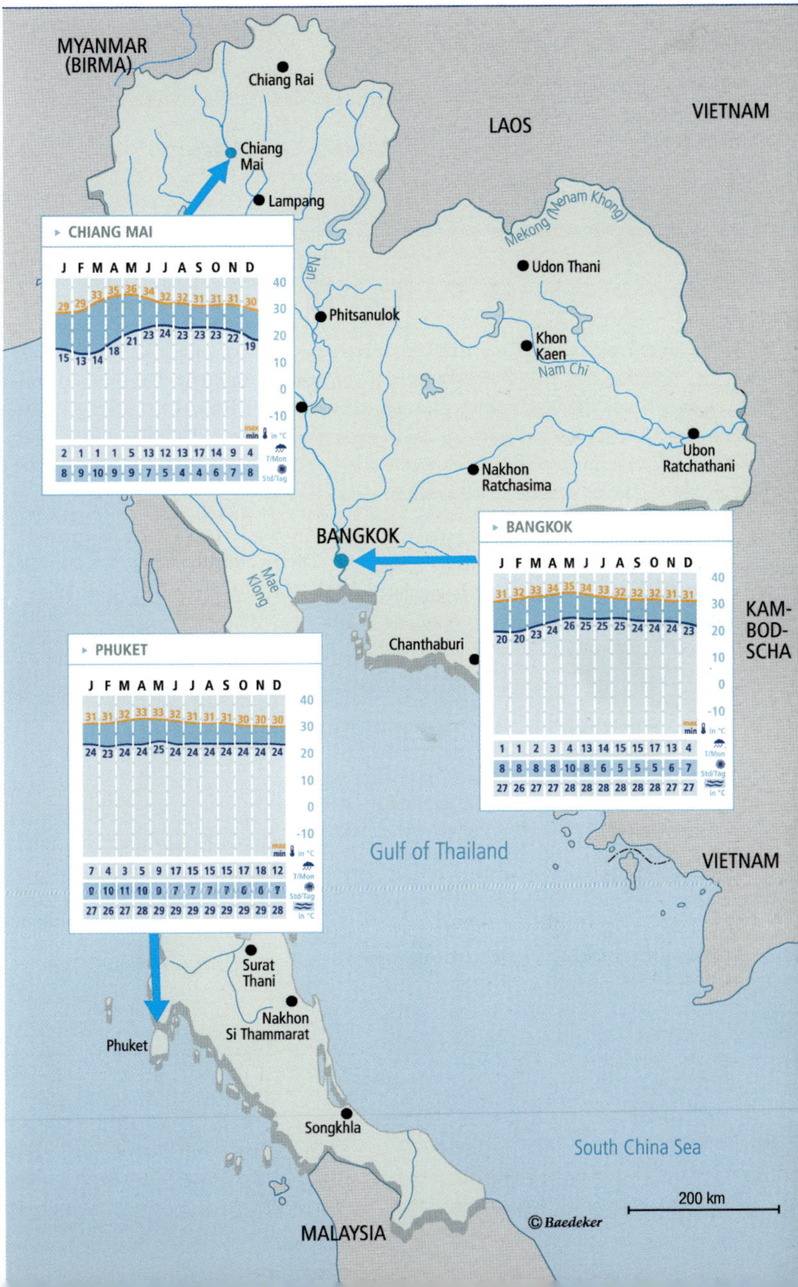

SINTFLUT IM PARADIES

Am 26. Dezember 2004 um 1.58 Uhr mitteleuropäischer Zeit (7.58 Uhr Ortszeit) erschütterte das zweitstärkste jemals registrierte Erdbeben mit der Magnitude 9,3 auf der nach oben offenen Richterskala den Meeresgrund in rund 40 km Tiefe knapp südwestlich der Nordspitze von Sumatra. Die abgegebene Energie war so gewaltig, dass der Erdball noch einen Tag lang vibrierte. Der nachfolgende Tsunami verwandelte weite Küstenstriche Südostasiens in eine Katastrophenregion.

Mehr als 220 000 Menschen fanden in dem bis zu 30 Meter hohen Tsunami (japan. »tsu« = Hafen und »nami« = Welle) den Tod. Hunderttausende erlitten Verletzungen und mehr als drei Millionen Menschen in den von der Naturkatastrophe am härtesten betroffenen Küstenregionen von Nordwest-Sumatra, den Inseln der Andamanen und Nikobaren, Thailand, Sri Lanka und Südostindien, wurden obdachlos.

Erdbebengebiet

Sumatras Westküste ist für Erdbebenforscher eine besondere Region. Hier treffen zwei tektonische Erdplatten aufeinander. In einer so genannten Subduktionszone schiebt sich die Indisch-Australische Platte mit einer Geswindigkeit von zehn Zentimetern pro Jahr nach Osten unter die Eurasische Platte, auf der auch Sumatra liegt. Das geht nicht reibungslos vonstatten. Immer wieder verhaken sich die Gesteinsplatten ineinander, wobei die oben liegende Eurasische Platte nach unten gezogen und in Richtung Osten verbogen wird. Diese Knautschzone am Meeresgrund wird durch den Sundagraben markiert. Am Morgen des 26. Dezember 2004 erreichte die fast 200 Jahre lang angestaute Spannungsenergie einen kritischen Schwellenwert. Auf einer Fläche von 100 000 km² riss die Kontaktfläche beider Platten urplötzlich auf. Schlagartig, wie bei einer gespannten Feder, schnellte der Rand der Eurasischen Platte auf rund 500 km Länge bis zu 13 m nach Westen in seine Ausgangslage zurück. Gleichzeitig hob sich der Ozeanboden um zwei bis drei Meter und mit ihm die darüber liegende Wassersäule. Gigantische Wassermassen gerieten in Bewegung. Eine asymmetrische Front aus Wellenbergen und Wellentälern breitete sich mit einer Geschwindigkeit von rund 700 km/h nach allen Richtungen aus. Innerhalb der nächsten zehn Stunden erschütterten 15 weitere, zum Teil heftige Nachbeben den Meeresgrund und rissen die Bruchzone bis auf 1000 km auf.

Welle auf schrecklicher Wanderschaft

Schon 15 Minuten nach dem großen Schlag brachen mehr als zehn Meter hohe Wellenfronten über die Küste der Provinz Aceh auf Nordsumatra und die zu Indien gehörenden Inseln der Nikobaren und Andamanen herein. 30 Minuten später erreichten die Killerwellen die Westküste Thailands und nach zwei bzw. dreieinhalb Stunden Sri Lanka und die Malediven. Fast zehn Stunden nach ihrer Entstehung fand die Horrorflut, mit immer noch meterhohen Wellen, an der afrikanischen Ostküste ihr Ende.

In Thailand waren die Küsten der sechs Südprovinzen Satun, Trang, Krabi, Phang Nga, Ranong und Phuket betroffen. Mit voller Wucht überrollten die Wassermassen die Traumstrände der dem Festland vorgelagerten Inseln. Viele Urlaubsparadiese, insbesondere Khao Lak, Phi Phi Don und Phuket, wurden stark verwüstet. Mehr als 2500 Thailänder und ebenso viele Touristen, darunter mindestens 537 Deutsche, ließen in den Fluten ihr Leben.

Die Zerstörungskraft des Tsunami war von Bucht zu Bucht sehr unterschiedlich. Der Grund: Eine stark gegliederte Küstenlinie und die unterschiedliche Form des Küstenvorfeldes, wodurch die Kraft der anlaufenden Wasserberge gemindert oder verstärkt wurde. An vorspringenden Außenküsten verteilte sich die Wellenenergie, während sie in flachen Buchten mit ihren Sandstränden noch gebündelt wurde. Hotelbauten an der Hochwasserlinie oder die Zerstörung des natürlichen Küstenschutzes wie Pinienwälder, Lagunen, Dünen und Mangrovengürtel und sogar Korallenriffe für die touristische Infrastruktur, trugen nicht unwesentlich zur katastrophalen Wirkung der Wellen bei.

Jedes Beben eine Welle?

Nicht jedes Beben löst einen Tsunami aus. Kritisch wird es ab Stärke 7. Dabei hängt die Ausbreitungsgeschwindigkeit der Wellen von der Wassertiefe ab. Im tiefen Ozeanbecken (durchschnittlich 5000 m) erreichen sie eine Geschwindigkeit bis zu 800 km/h, im Küstenbereich nur noch etwa 10 km/h. Der Grund: In seichten Gewässern werden die schwingenden Wassermassen in ihrer Vorwärtsbewegung gebremst. Die Wellenkämme rücken immer näher zusammen und steilen sich auf, mit den bekannten verheerenden Folgen.

schaft sehnlichst erwartet. Spitzenniederschläge fallen im Mai, September und Oktober an jeweils bis zu 22 Tagen. Die Monate von November bis März sind, vor allem in den nördlichen und östlichen Gebirgstälern, extrem trocken. Gebietsweise werden in dieser Zeit weniger als 10 Regentage beobachtet. Tropische Wirbelstürme sind sehr selten. Sie betreffen – wenn überhaupt – nur Südthailand.

Temperaturen Die feuchte Hitze stellt fast das ganze Jahr über höchste Anforderungen an den Organismus. Unter dem Treibhausklima hat vor allem das Menambecken mit der Hauptstadt Bangkok sowie Südthailand abseits der Küsten zu leiden. Tagestemperaturen von durchweg 30 bis 35 °C, vereinzelt bis 40 °C (März und April) und Nachtwerte kaum unter 23 bis 25 °C, sind nur für gesunde Menschen längere Zeit erträglich. Angenehmere Bedingungen findet man im Bergland und in ganz Thailand im Winter. In den Bergtälern von Nord- und Ostthailand kann es im Januar und Februar mit mittleren Minima um 14 °C (Extremwerte unter 5 °C) sogar richtig frisch werden. Das Meer ist mit 27 bis nahe 30 °C das ganze Jahr über sehr warm (► Praktische Informationen, Reisezeit).

> **i Achtung Sonne!**
>
> - Die aus dem Zenit scheinende tropische Sonne hat eine ungeheure Intensität, der man sich nicht ungeschützt längere Zeit aussetzen sollte! Während mittags bei senkrechtem Sonnenstand ein großer Sonnenhut ausreicht, um den ganzen Körper zu schützen, sind die Zeiten davor und danach wegen schräg einfallender, aber doch intensiver Strahlung besonders tückisch.

Pflanzen und Tiere

Flora

Regenwald und Reisfelder Die Vegetation Thailands wird im Wesentlichen durch zwei Arten von Biotopen bestimmt: Ist es in den nördlichen und südlichen Landesteilen der immergrüne Tropenwald, so sind es in der Kulturlandschaft des Menam-Beckens schier endlose Reisfelder und ausgedehnte Gummibaum-Plantagen auf der Malaiischen Halbinsel.

Annähernd die Hälfte des thailändischen Staatsgebiets ist bewaldet; doch dieser Wald ist längst nicht mehr der über Jahrhunderte gewachsene Primär-, sondern nur noch Sekundärwald. Hemmungsloser Holzeinschlag, v. a. bei den sog. Edelhölzern (Teak), und eine fehlende planmäßige Wiederaufforstung sorgten dafür, dass heute weite Teile einstigen Dschungels mit Buschwerk bedeckt sind.

Wald Der thailändische Wald wird durch Klima- und Höhenunterschiede in zwei Hauptgruppen gegliedert: Im Süden und Südosten herrscht **Tropenwald** vor, im Nordosten sowie in den anderen Landesteilen ist

Vegetationszonen *Thailand*

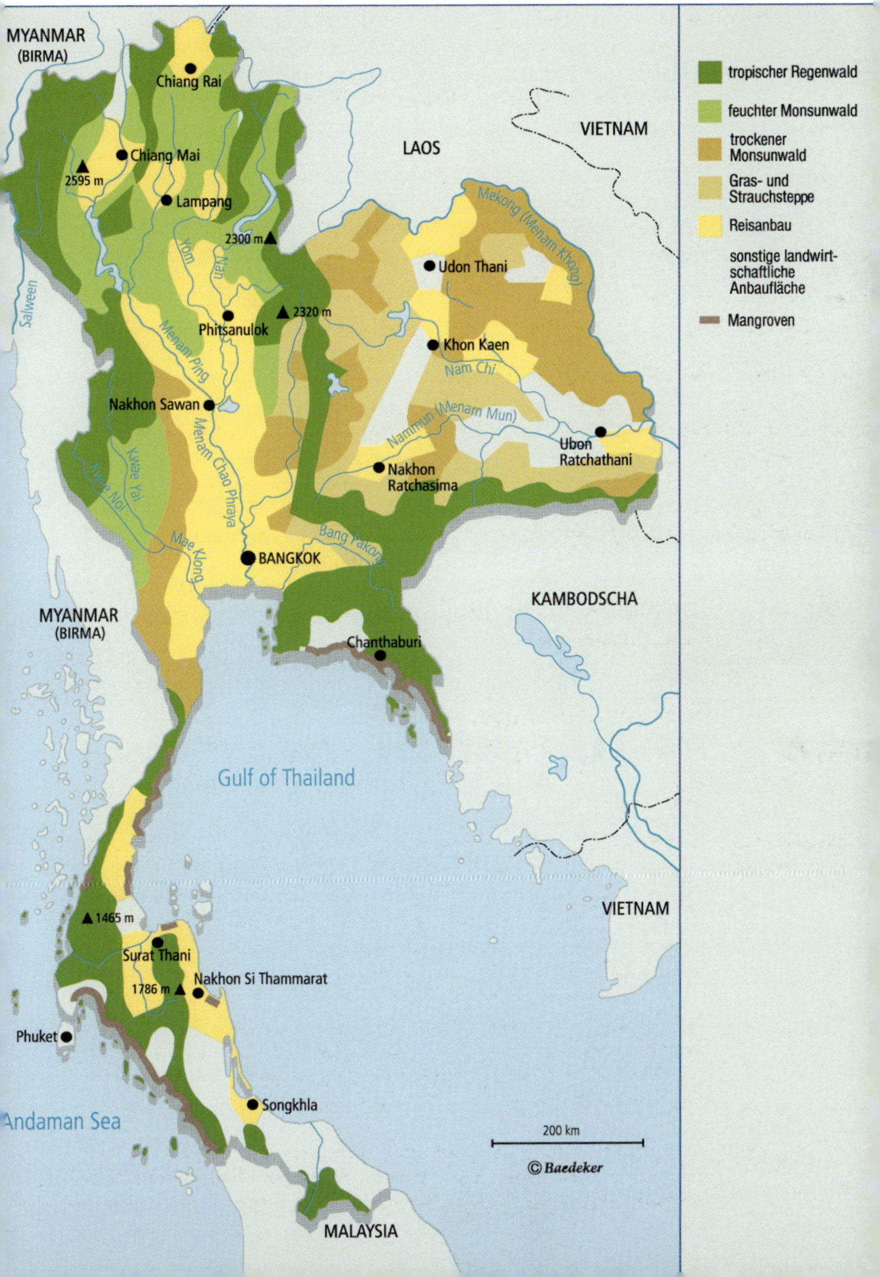

es Laub abwerfender **Monsuntrockenwald**. Eine landschaftliche Besonderheit stellt das Khorat-Plateau dar, wo jahrzehntelanger Raubbau zur Versteppung führte; während der Regenzeit treten hier die Flüsse über die Ufer und bilden sumpfige Seen.

Regenwald

Der tropische Regenwald ist der **Urwald**, wie man sich ihn bei uns gemeinhin vorstellt, ein schier undurchdringliches Gewirr aus vielen verschiedenen Pflanzenarten, deren Lebensraum in »Stockwerken« gegliedert ist. Am Boden wachsen Schatten liebende Sträucher, Farne und kleine Bäume. Die mittlere »Etage« (vorwiegend Dipterocarpaceae, eine zu den immergrünen Gewächsen zählende Pflanzenfamilie, von der es allein in Asien mehr als 400 Arten gibt) reicht bis 25 m hoch, darüber stehen die mächtigen Yang-Stämme, auf der Malaiischen Halbinsel auch der Takhian-Baum. Der Regenwald ist Heimat einer unübersehbaren Vielfalt unterschiedlichster Tierarten.

Geschlossene Wälder finden sich jedoch nur noch auf der Malaiischen Halbinsel, an den Küstenstrichen Südostthailands sowie in Nordthailand im Grenzgebiet zu Myanmar. Fachleute schätzen, dass es, wenn der Kahlschlag im bisherigen Tempo weitergeht, bald nicht nur in Thailand, sondern auch in den Nachbarländern Myanmar und Malaysia nur noch Restbestände des »Königs der Wälder« geben wird. Daran kann offensichtlich auch das von der thailändischen Regierung 1988 verhängte Tropenholz-Fällverbot kaum etwas ändern; seither stiegen die Holzimporte aus den Nachbarländern um ein Vielfaches.

Dabei war Thailand vor geraumer Zeit noch zu zwei Dritteln mit dichtem, unberührtem Regenwald bewachsen; heute sind weniger als 20 % der Landesfläche mit Wald bedeckt. Planlose Abholzung des Primärwaldes und so gut wie keine Wiederaufforstung, aber auch die bei der Landbevölkerung seit Jahrhunderten übliche Brandrodung sorgten für eine Verkarstung großer Landstriche. Heute muss Thailand schon knapp die Hälfte des benötigten Bauholzes aus anderen Ländern einführen, während es sich vor wenigen Jahren noch ausschließlich aus eigenen Beständen bedienen konnte.

i Nutzholz aus Thailand

- Nachdem Teakholz seit 1988 nicht mehr eingeschlagen werden darf, wird das verholzte Bambusgras intensiv genutzt. Bambus wird zum Häuserbau ebenso verwendet wie für Möbel, Haushaltsgegenstände und Musikinstrumente, zudem sind Bambussprossen ein beliebter Bestandteil der thailändischen und chinesischen Küche. Wirtschaftlich genutzt werden auch Kiefern, Eichen und der Hartholzbaum Yang. Eine weitere Holzart ist als Rattan bekannt; die lianenartigen Gewächse des Regenwalds werden vorwiegend zum Möbelbau verwendet. Thailand zählt zu den größten Rattan-Exporteuren der Welt.

← *Der tropische Regenwald – hier im Nationalpark Khao Yai – ist ein undurchdringliches Pflanzengewirr.*

Palmen Wirtschaftlich genutzt werden auch Palmen, von denen es in Thailand zahlreiche verschiedene Arten gibt. **Kokospalmen** findet man v. a. in den südlichen Landesteilen; ihre Früchte werden gegessen, der erfrischende Kokosmilchsaft getrunken, während die Schale zunächst getrocknet und von der ländlichen Bevölkerung später als kostenloser Brennstoff benutzt wird. Das Öl der **Ölpalmen** wird in viele Länder exportiert, wo es z. B. als Rohstoff für die kosmetische Industrie Verwendung findet.

Kokosernte auf Koh Chang

Eine Besonderheit sind die Mangrovenwälder im Süden Thailands, die anspruchslos sind und selbst Salzwasser vertragen. Bei Ebbe liegt der Wald trocken, ist wegen seiner, tiefen Verschlammung jedoch nicht begehbar. Bei Flut ragen nur noch die Wipfel der Mangroven aus dem Wasser. Zwischen den Luftwurzeln der Mangroven lagert sich der Schlamm ab und sorgt so für eine Verlandung der Küstenstreifen.

Am Rückgang der Wälder ist nicht zuletzt die **Brandrodung** im Zusammenhang mit dem Wanderfeldbau schuld. Über Jahrhunderte hinweg zogen die Volksstämme weiter, wenn die Felder keinen Ertrag mehr brachten, und rodeten an anderer Stelle den Wald. Die Asche bildete gleichzeitig einen Naturdünger – wenigstens für eine gewisse Zeit. Da die Brachen nicht mehr aufgeforstet wurden und sich die ursprüngliche Vegetation kaum wieder bildete, entstanden savannenartige Gebiete, in denen der schnell wachsende Bambus überwiegt. Erst seit kurzem wird besonders in den nördlichen Landesteilen wieder planmäßig aufgeforstet.

Blütenpflanzen Sehr reichhaltig und eindrucksvoll sind auch die Blütenpflanzen Thailands. Neben der Lotosblüte und den Seerosen gedeihen hier Jasmin, Hibiskus, die üppig blühenden Bougainvilleen und die weißen, gelben oder rötlichen Blüten der Frangipani. Auch findet man in diesen Breitengraden die größte Einzelblüte der Welt, die Rafflesia. Thailand ist Heimat zahlreicher Orchideenarten. Gezählt wurden Hunderte verschiedener Arten, von denen einige vom Aussterben bedroht sind.

Landfauna

Tiger, Tapir und mehr …

Die Tierwelt Thailands ist besonders in den dünner besiedelten westlichen Regionen und in den Berggebieten im Norden recht artenreich. Halbaffen, Schakale, verschiedene Bärenarten und Großkatzen findet man hier in großer Zahl. Tapire, Nashörner und die auch heute noch als Arbeitstiere im unwegsamen Dschungel verwendeten Elefanten sind jedoch stark dezimiert.

Elefanten

Die meisten der heute nur noch etwa 2000 wilden Elefanten leben entlang der burmesischen Grenze im Tenasserim-Gebiet. Weitere 3000 Elefanten wurden gezähmt und dienen entweder als Arbeitstiere für den Abtransport von Bäumen aus dem Dschungel oder als Reit- und Vorführelefanten im touristischen Sektor. Seit dem Fällverbot für Edelhölzer 1988 ging die Zahl der Arbeitselefanten stark zurück. Die Tragzeit einer Elefantenkuh dauert 23 Monate, drei Jahre lang genießt sie »Mutterschutz«. Ein Elefantenbaby wiegt bei seiner Geburt etwa 100 kg und ist etwa 75 cm hoch. Ein ausgewachsener Elefant bringt bis zu vier Tonnen auf die Waage. Elefanten erreichen ein Alter von maximal 100, in der Regel von 80 Jahren; zwischen dem 25. und 60. Lebensjahr liegen ihre besten Jahre. Dann arbeiten sie etwa acht Stunden täglich, während der heißen Jahreszeit in den Monaten April bis Mai genießen sie einen Erholungsurlaub. Im Alter von drei Jahren werden sie in »Elefantenschulen« auf ihre künftige Aufgabe vorbereitet.

Wenige Tiger …

Tiger zählen zu den bedrohten Tierarten dieser Erde. Selbst in ihren Stammgebieten auf dem indischen Subkontinent wurde ihre Zahl in den vergangenen Jahrzehnten drastisch reduziert und beläuft sich nur noch auf einen geringen Teil ihrer ursprünglichen Population. Das liegt nicht nur daran, dass Tiger als Feinde des Menschen gelten, sondern auch an der gewissenlosen Jagd auf Tiger, um gewisse Körperteile zur Produktion von Aphrodisiaka zu gewinnen. Beides hat jedenfalls dazu beigetragen, dass es in Thailand nur noch wenige Hundert Tiger gibt. Noch gibt es in Thailand kein offizielles Schutzprogramm für Tiger, und so bleibt es mehr oder weniger privaten Initiativen überlassen, sich für das Überleben der Tiger zu engagieren. Bestes Beispiel hierfür ist der Wat Pa Luangta Bua in der Provinz Kanchanaburi, wo Mönche mit Tigern zusammenleben.

… dafür umso mehr Affen

Affen, die meist in Rudeln leben, findet man vor allem in den zahlreichen thailändischen Naturparks, manchmal aber auch in städtischen Gebieten (z. B. in Lopburi rund um den Wat Phra Prang Sam Yot). Während die meisten als menschenscheu gelten, sind andere mutiger, bisweilen sogar angriffslustig und treiben ihre Scherze mit allzu unbesorgten Besuchern. In Südthailand werden Affen zu Kokosnusspflückern ausgebildet, in den Touristenorten missbraucht man die Tiere manchmal als Staffage für Andenkenfotos.

Medienstar mit Behinderung: Die Elefantenkuh Motala ist vermutlich der weltweit einzige Dickhäuter, dem eine Beinprothese angepasst wurde.

EINE PROTHESE FÜR MOTALA

Auch wenn der Elefant schon vor vielen Jahren aus dem thailändischen Wappen verschwand, gehören die riesigen Dickhäuter immer noch zu den beliebtesten Tieren des Königreichs. Wie sonst wäre es zu erklären, dass der tragische Unfall der Elefantenkuh Motala eine weltweite Welle der Hilfsbereitschaft auslöste?

Das Tier war 1999 im kambodschanischen Dschungel auf eine Landmine getreten und hatte durch die Explosion so schwere Verletzungen erlitten, dass trotz intensiver Bemühungen von Tierärzten ihr linker Vorderfuss amputiert werden musste. War dieses Ereignis zunächst nur wenig beachtet worden, geriet die etwa 44 Jahre alte Motala sechs Jahre später in den Focus der tierliebenden Weltöffentlichkeit und wurde zu einem Medienstar.

Es ging darum, das fehlende Bein durch eine eigens für sie angefertigte Prothese zu ersetzen. Und weil so etwas viel Geld kostet, wandten sich die Ärzte im Elefantenhospital von Lampang an die Öffentlichkeit. Der Ruf verhallte nicht ungehört, außer einer Welle der Sympathie gab es zahlreiche Spenden für die Behandlung der Patientin. Und so kam es, dass Motala der weltweit wohl einzige Elefant mit einer Fußprothese ist.

Elefanten haben es in Thailand trotzdem nicht leicht, und Motala ist gewiss nicht der einzige Elefant, der unter den geänderten Lebensbedingungen leidet. Seit dem Tropenholzfällverbot sind viele Dickhäuter, die einst in den Wäldern arbeiteten, genauso arbeitslos wie ihre Treiber, die Mahouts. Verdienstmöglichkeiten gibt es für einige in den Elefantenshows der Touristenorte, andere Mahouts versuchen, sich und ihre Tiere, die ihnen ein Leben lang treu bleiben, auf eigene Faust durchzuschlagen. Nicht selten enden solche Versuche auf den Straßen der Großstädte, wo sie Geld für Essen und Futter erbetteln. Ganz gewiss kein angemessenes Leben für ein solch würdevolles Tier. Nicht zuletzt deshalb haben sich 1993 die »Freunde des thailändischen Elefanten« zusammengefunden (www.elephant.or.th). Sie erinnern an die große Rolle der Tiere in der thailändischen Geschichte, vor allem aber an die Zeiten, als es noch riesige Herden gab. Mittlerweile gibt es auch Ableger in der übrigen Welt, so unterstützt die nach der berühmten Schauspielerin benannte »Brigitte-Bardot-Stiftung« die Ziele des Vereins.

Weit verbreitet und besonders in der Landwirtschaft unersetzlich sind **Rinder**, vor allem der riesige Gaur und der Wasserbüffel.

In den Regenwäldern leben über 900 **Vogelarten**, etliche darunter gibt es nur noch in geringer Zahl.

! *Baedeker* TIPP

Birdwatching

Vögel kann man vor allem in den Nationalparks beobachten; der Bangkok Bird Club veranstaltet regelmäßig ornithologische Ausflüge (Informationen: P. O. Box 13, Ratchathewi Post Office, Bangkok 10401).

Dazu gibt es eine Vielzahl tropischer **Schmetterlinge**, unter ihnen auch seltene Arten. Um ihren Fortbestand nicht weiter zu gefährden, sollte man auf den Kauf von präparierten Schmetterlingen, wie sie überall in den Touristenorten angeboten werden, verzichten.

Fledermäuse

Zu erwähnen sind noch der Kalong-Flugfuchs (auch Flughund; lat. Pteropus vampyrus), der eine Flügelspannweite von 1,5 m erreichen kann und in großen Schwärmen lebt, sowie weitere fliegende Säugetiere wie Fledermäuse und Flugdrachen (darunter das kleinste auf der Welt lebende Säugetier, eine nur hummelgroße Fledermaus, die in Nordthailand entdeckt wurde).

Moskitos können lästig sein

Besonders in Nordthailand, aber auch auf den thailändischen Inseln im Süden sollte man sich ausreichend vor Moskitos schützen, die Überträger der Malaria sind. Hotels bieten in solchen Gegenden häufig Schutznetze, die vor allem während der Nachtruhe benutzt werden sollten.

Geckos: Nützliche Tierchen

Völlig harmlos sind hingegen die Geckos, kleine, eidechsenartige Tierchen, die besonders abends vom Licht angezogen werden und ein schnatterndes Geräusch erzeugen. Sie sind als Haustiere gern gesehen, da sie sich vorzugsweise von Ungeziefer ernähren.

Reptilien

Riesenechsen (Krokodile, Warane) sowie Schlangen – unter ihnen einige giftige Arten wie Kobra und Kettenviper – haben ihre Heimat in allen Teilen des Landes. Zwar scheuen sie im Allgemeinen die Nähe des Menschen; zum Schutz sollte man jedoch nur mit festem Schuhwerk durch Reisfelder waten oder Urwälder begehen. Meistens wird der Besucher Thailands Krokodile in »domestizierter« Form, also innerhalb geschützter Manegen (so genannten Krokodilfarmen) zu sehen bekommen. Trotzdem sollte er sich doch vor allem beim Aufenthalt in den Brackwasserregionen (den Übergangsgebieten zwischen Land und Meer) vorsehen. Als äußerst gefährlich gilt das Leistenkrokodil (lateinisch Crocodylus porosus), das sich bei Gefahr aggressiv verhalten kann.

Thais lieben Tierwetten

Die Thai sind ein sehr wettfreudiges Volk, nur ungern versäumen sie die besonders auf dem Land beliebten Hahnenkämpfe, bei denen eigens für diese »Sportart« gezüchtete Hähne eingesetzt werden. Das Gleiche gilt für die farbenprächtigen Kampffische, die in Aquarien aufeinander losgehen.

Marine Fauna

Naturschutz

Die Unterwasserwelt vor den Küsten hat in den vergangenen Jahrzehnten erheblich unter dem Raubbau durch Thailänder und Touristen gelitten, während der Tsunami am 26. Dezember 2004 unter Wasser erstaunlicherweise nur geringe Schäden anrichtete. Längst gibt es nicht mehr so viele schöne Tauchreviere, unberührte schon gar nicht mehr. Der tauchsportbegeisterte Besucher sollte sich deshalb seiner Verantwortung für die Schönheiten der noch verbliebenen Unterwasserwelt bewusst sein und weitere Zerstörung vermeiden. Im Übrigen ist das Plündern von Korallenbänken strengstens untersagt (►Baedeker Special S. 172)

Korallenstock in der Andamanensee

Korallen sind Hohltiere (Polypen), die sich zu ihrem Schutz mit einer Kalkhülle umgeben. Sie siedeln vorzugsweise in großen Kolonien, für ihr Wachstum bieten das warme, strömungsreiche Wasser und die starke Sonneneinstrahlung beste Voraussetzungen. Vor allem vor den Küsten der Andamanensee findet man noch große Korallenbänke. Sie sind äußerst farbenprächtig, selbst weit gereiste Taucher vergleichen sie mit denen des Roten Meeres. Abgebrochene Korallen werden oft an Land geschwemmt, weshalb man sich mit Badeschuhen aus Gummi oder Plastik schützen sollte.

Fische

In den Tauchgebieten an den thailändischen Küsten findet man vor allem Kugel- und Igelfische der Gattungen Arothron und Tetraodon. Kugelfische, die sich im Wasser bei drohender Gefahr bis zu fünffacher Körpergröße »aufpumpen« können, gelten bei Tauchern als beliebte Spielgefährten. Kugelfische sind aber auch eine bedrohte Tierart, weil sie in Japan als extravagante Delikatesse geschätzt werden (»Fugu«). Sie enthalten in ihrer Galle ein starkes, für den Menschen lebensbedrohliches Gift; es bedarf einer speziellen Ausbildung und Konzession zur Zubereitung dieser Fische. Nicht überschätzen sollte man auch die Gutmütigkeit des Igelfischs, der mit seinen bei Gefahr aufgerichteten Stacheln eine Gefahr für den Taucher werden kann. Fische sind als Eiweißträger eine wichtige Ergänzung zur Reisernährung, allerdings ist durch die Überfischung besonders in den küstennahen Gebieten die Fischerei im Golf von Thailand zu einem mühsamen und wenig ertragreichen Erwerbszweig geworden (► Wirtschaft).

Haie gibt es auch

Vor den thailändischen Küsten tauchen hin und wieder Haie auf. Auch wenn sie sich normalerweise weitab von der Küste aufhalten, ist eine gewisse Vorsicht vor allem bei Fahrten aufs offene Meer angeraten. Dies gilt im Besonderen für die in den Badeorten zu mietenden »Waterscooter«, mit denen man sich keinesfalls weit vom Land entfernen sollte.

Hummer, Krebse, Muscheln

Krustentiere wie Hummer oder Krebse werden auch heute noch in ausreichender Zahl im Süden Thailands an den Küsten der vorgelagerten Inseln gefangen. Eine beliebte Speise auch bei der einheimischen Bevölkerung sind Langusten und Muscheln.

Bevölkerung · Politik · Wirtschaft

Bevölkerungsdaten

Einwohner

Thailand hat etwa 61,6 Mio. Einwohner bei einer Bevölkerungsdichte von 120 Einwohnern / km² (letzte Volkszählung 1990; die genannten Einwohnerzahlen sind auf 2006 hochgerechnet); mit etwa 75 % stellen die **Thaivölker** wie Siamesen, Shan und Lahu die Mehrheit. Wichtige Minderheiten sind die **Malaien** (vor allem im Süden des Landes), **Chinesen**, **Inder** (in der Hauptstadt sowie in den Touristenzentren) und die Angehörigen der **Bergvölker** (in Nordthailand). Nicht zuletzt aufgrund der von der Regierung propagierten Geburtenkontrolle sank seit Ende der 1960er-Jahre die jährliche Rate des Bevölkerungswachstums deutlich auf nunmehr 0,9 %.

Bevölkerungsstatistik

In der Bevölkerungsstatistik drückt sich der Generationenwechsel der vergangenen Jahrzehnte deutlich aus. Heute sind 60% der Bevölkerung bis 30 Jahre alt, während nur 6% älter als 65 Jahre sind. Der Anteil der älteren Menschen steigt allerdings in dem Maß, wie die medizinische Versorgung der Thai-Bevölkerung besser wird. Wurden noch 1960 die Männer nur 50 und die Frauen 55 Jahre alt, so haben sie heute eine Lebenserwartung von 67 bzw. 72 Jahren.

Problem Landflucht

Ein großes Problem ist die von Jahr zu Jahr zunehmende Landflucht; jeder siebte Einwohner Bangkoks ist nicht in der Hauptstadt geboren. Auf einer Fläche von 1566 km² drängen sich mehr als 6,3 Mio. Einwohner, im gesamten Ballungsraum Bangkok sind es über 7,5 Mio. Menschen. Damit lebt knapp ein Zehntel der Gesamtbevölkerung Thailands in der Kapitale, die eine Bevölkerungsdichte von

Das Bevölkerungswachstum in Thailand konnte dank staatlicher Programme seit den 1960er-Jahren auf 0,9 % verringert werden.

3608 Einwohnern / km² besitzt. Unbekannt ist die Zahl der Slumbewohner, die sich naturgemäß keinem Zensus unterziehen lassen. Ein Vergleich mit dem Norden macht das Problem noch deutlicher: Die viertgrößte Stadt Thailands, Chiang Mai, hat nur etwa 170 400 Einwohner. Am dünnsten besiedelt sind die an der Grenze zu Myanmar gelegenen Provinzen Tak und Mae Hong Son (19,9 bzw. 12,6 Einwohner / km²).

Magnet Bangkok ▶

Die Hauptstadt zieht wie ein Magnet vor allem Menschen aus den ärmeren Landesteilen an. Allmorgendlich treffen an den Busbahnhöfen Hunderte von Neubürgern ein, wo sie bereits von Schleppern erwartet werden. Sie erhoffen sich Arbeit und Brot in der »Himmlischen Hauptstadt«. Nicht selten enden ihre Träume und Hoffnungen in halbdunklen Fabriken, wo sie unter unwürdigen Umständen arbeiten und schlecht bezahlt werden. Vor allem junge Frauen werden unter dem Versprechen einer gut bezahlten Arbeit geködert, stattdessen aber in Bordelle verschleppt. Eine besonders starke Zuwanderungswelle kommt aus dem armen Nordosten des Landes und dem benachbarten Laos, wo fast gleiche Schrift und Sprache ein Leben in Thailand erleichtern sowie ein »kleiner Grenzverkehr« die fast ungehinderte Einreise ermöglicht.

Bevölkerungsgruppen

Völkergemisch

Die politischen Grenzen Thailands sind keine Bevölkerungsgrenzen. Die schwer zugänglichen Gebirge im Westen werden zu beiden Seiten der Grenze von Bergvölkern bewohnt, die sich dem staatlichen Zugriff beider Länder entziehen. Im Süden leben malaiisch-thailändische Mischlinge, ethnisch und kulturell eng mit den Bewohnern Malaysias verwandt (unter ihnen zahlreiche Muslime). Bemerkenswert ist angesichts dieser Vielfalt unterschiedlicher Abstammungen, dass die Thai – von wenigen Ausnahmen abgesehen – friedlich miteinander leben. Konflikte gibt es jedoch immer wieder mit einigen muslimischen Separatisten im Süden des Landes, die sich für einen Anschluss an Malaysia stark machen.

Thai

◄ Siamesen

Den Großteil der Landesbevölkerung stellen mit 80 % die Siamesen. Zu den Thaivölkern zählen auch die **Shan** an der Grenze zu Myanmar und die **Lahu** und **Hmong** (Meo) im Norden und Nordosten. Zwar ist die Herkunft der Thai nicht mit letzter Sicherheit geklärt, doch hat sich die Forschung darauf geeinigt, dass ihre Ursprünge im Tal des Jangtse in Südchina zu suchen sind. Um 650 n. Chr. sollen sie hier das erste unabhängige Königreich gegründet haben, das Nan Chao genannt wurde. Die Eroberung dieses Königreichs durch den Mongolen Kublai Khan 1253 verursachte eine starke Völkerwanderung. Dabei vermischten sich die Thai-Völker mit denjenigen, die ab 800 n. Chr., ebenfalls aus Südchina kommend, ins Mekong-Delta gezogen waren. Hier gründeten sie 1257 das erste souveräne Königreich Siam und wählten Sukhothai zur Hauptstadt.

Eine besondere Rolle spielen die im Norden Thailands sesshaften **Bergvölker** tibeto-burmesischer und sino-laotischer Herkunft. Sechs verschiedene Stämme sog. Hilltribes sind von der thailändischen Regierung anerkannt, die sich auch um eine Integration der 58 000 **Hmong** (Meo), 40 000 **Lahu**, 30 000 **Yao**, 24 000 **Akha** und 18 000 **Lisu** bemüht. Dazu kom-

? WUSSTEN SIE SCHON ...?

- In Karl Baedekers »Indien«, Handbuch für Reisende; Leipzig (1914) heißt es: »Die Siamesen ... sind von zierlichem Wuchs und oliv-bronzener Hautfarbe, an den Beinen oft tätowiert; das schwarze Haar bürstenartig straff, die Zähne rot vom Betelkauen, bei vornehmen Damen schwarz emailliert. Die Kleidung, bei beiden Geschlechtern ähnlich, besteht aus einem braunen oder weißen Hüftschurz (Panung), der zwischen den Beinen durchgezogen und im Gürtel befestigt wird, einer Jacke, Strohhut oder Kopftuch und einem baumwollenen Schulterumhang (Parkana). Die Vornehmen tragen goldgestickte Jacken, kostbare Seidenschärpen, Wadenstrümpfe und Schnallenschuhe ... Die Religion ist der Buddhismus. Das Erziehungswesen steht unter der Leitung der Mönche, die zahllose Klöster besitzen, aber an dem alten Morgenumgang mit dem Bettelnapf streng festhalten. Sie kleiden sich in gelbe Togen und rasieren das Kopfhaar. Jeder freie Siamese hat einmal im Leben drei Monate im Kloster zu verbringen. Die Sitte des Wallfahrens ist allgemein, ebenso die der Stiftung von Heiligtümern, mit denen das Land überstreut ist ...«

Lisu-Mädchen

men 246 000 **Karen**, deren Siedlungen bis tief in den Süden des Landes zu finden sind. Berührungsängste untereinander haben die Bergvölker kaum, nicht selten liegen ihre Dörfer in direkter Nachbarschaft. Jedes der Völker hat eine eigenständige Kultur und manchmal archaisch anmutende Lebensweisen; gemeinsam ist den meisten jedoch der Glaube an Geister (Animismus) und die Verehrung der Ahnen. Alle Hilltribes gelten als handwerklich besonders begabt, ihre Produkte verkaufen sie auf den Märkten von Chiang Mai, Chiang Rai und Mae Hong Son.

Im Dunkeln liegt die Heimat der Karen, vermutet wird sie im südwestlichen China oder im südöstlichen Tibet. Die meisten Karen leben heute in Myanmar und befanden sich ab 1948 – dem Jahr der Gründung des Staates Birma – im Widerstand gegen die Regierung, die ihnen die Bildung eines eigenen und unabhängigen Karenstaates verweigerte. Als militant gelten die der sog. Gottesarmee angehörenden Karen. Diese Armee wird von zwei Minderjährigen angeführt und liefert sich auch Auseinandersetzungen mit dem thailändischen Militär. Diejenigen, die nach Thailand weiterzogen, gelten freilich als die am besten integrierten unter den Hilltribes. Ihre Dörfer befinden sich entlang einer Linie von Mae Hong Son bis tief in den Süden entlang der Grenze zu Myanmar. Die assimilierten Karen leben ausschließlich von der Landwirtschaft, Opiumanbau spielt keine Rolle mehr.

Akha, Lisu und Lahu

Die Opium anbauenden Akha, Lisu und Lahu (in den Gebieten nördlich von Chiang Mai bis ins »Goldene Dreieck«) fühlen sich kulturell zu Myanmar (Birma) gehörig und tragen auch die entsprechenden Trachten. Ihre Sprache gehört zur tibetisch-birmanischen Sprachfamilie. Während die Akha und Lahu seit Beginn des 20. Jh.s aus der südchinesischen Provinz Yünnan über das östliche Birma und das nördliche Laos nach Thailand vordrangen, kamen die Lisu aus dem Tal des Salween-Flusses in China. Sie wanderten über das nördliche Birma und dann durch Kentung ein. Die Angehörigen dieser drei Volksgruppen, die in Thailand leben, machen allerdings nur einen kleinen Teil aus; der größte Teil lebt weiterhin im ursprünglichen Siedlungsgebiet.

Die **Akha** leben in engster Verbindung zu ihren Ahnen, glauben an Geister in jedweder Form und pflegen am intensivsten die alten Traditionen. Dazu gehört, dass sie ihre Vorfahren um Nahrung und Schutz vor Krankheit und Tod bitten. Der Glaube daran, dass ihre Ahnen eines Tages auf die Erde zurückkehren, um von ihrem Dorf wieder Besitz zu ergreifen, macht die Umsiedlungsmaßnahmen der thailändischen Regierung zu einem großen Problem. Ihren Lebensunterhalt bestreiten die Akha mit Landwirtschaft, v. a. dem Reis- und Gemüseanbau, in einigen Dörfern im Grenzgebiet zu Myanmar gibt es noch das eine oder andere Opiumfeld.
Den **Lisu** ist das Streben nach einer Vorrangstellung unter den Menschen zu eigen, bereits die Kinder werden nach einem strengen Leistungsprinzip erzogen. Die (Groß-)Familien sind streng patriarchalisch ausgerichtet, die Gerichtsbarkeit im Dorf hält der stärkste Clan in Händen. Ihren Lebensunterhalt bestreiten sie durch den Gemüseanbau.

Hmong, Yao

Zur sinotibetischen Sprachfamilie zählen auch die Sprachen der Hmong (Meo) und der Yao (auch Mien genannt); ihre Dörfer findet man v. a. in den Provinzen Chiang Rai und Nan. Ihre Heimat war das südliche Zentralchina; von Laos aus überquerten sie den Mekong und orientierten sich nach Aufenthalten in den Flüchtlingslagern entlang der kambodschanischen Grenze zum Norden Thailands hin. Sie wurden das Opfer der Machtübernahme des orthodoxen Kommunisten Pol Pot (1975); weil sie zuvor auf der Seite der Antikommunisten kämpften, blieb ihnen nur die Flucht aus ihrer angestammten Heimat. Ihre Ansiedlung in festen Dörfern hat in den letzten Jahren große Fortschritte gemacht. Die Yao haben sich Sprache und Schrift ihrer alten Heimat bewahrt. Die Meo leben in der Hauptsache vom Opiumanbau, auch wenn von der thailändischen Regierung propagierte Alternativen immer mehr Beachtung finden. In ihren Dörfern ist die Polygamie noch immer die Regel, das Leben ist ebenso wie bei den Lisu streng patriarchalisch organisiert. Den Meo und den Lisu ist gemein, dass Teile von ihnen als Wanderbauern leben; bringen die brandgerodeten und schon nach wenigen Jahren ausgelaugten Böden keinen Ertrag mehr, ziehen sie weiter und bauen an anderer Stelle neue Dörfer.

Mabri

Ethnologisch kaum erforscht sind die Mabri (auch »Yellow Leaves« genannt, da sie nur ihre Geschlechtsteile mit einem Laubblatt bedecken und sonst nackt sind), jagende und sammelnde Nomaden. Bislang schlugen alle Versuche, sie sesshaft zu machen, fehl. Etwa 200 von ihnen leben in den Bergen um Nan.

Muslime

In Thailand gibt es etwa 2,4 Millionen Moslems (99 % Sunniten, 1 % Schiiten), sie sind meist arabisch-malaiischer Herkunft und wohnen vorwiegend in den südlichen Landesteilen, und zwar in den vier Grenzprovinzen Satun, Yala, Pattani und Narathiwat. Galten sie noch

Frauen in Thailand: In Legenden werden sie zu Heldinnen stilisiert, im echten Leben erwartet man Tugenden wie Bescheidenheit, Schüchternheit und Mütterlichkeit. Und den Weg in die Öffentlichkeit schaffen die wenigsten.

FAMILIE UND GESELLSCHAFT

In asiatischen Gesellschaften bildet weniger das Individuum, sondern die Gemeinschaft den Mittelpunkt. Folge dieser Auffassung ist ein stetes Ringen um den Kompromiss, in den möglichst alle einbezogen werden. Das Pflegen eigener Interessen auf Kosten anderer ist unüblich, stets behält der Einzelne das Ziel der Gemeinschaft im Auge.

Der Grund ist in der konfuzianischen Tradition zu suchen, die den Menschen als ganzheitliches Wesen sieht, das sich im Idealfall in dreifacher Harmonie befindet: mit der menschlichen Umwelt, mit der Natur und mit dem Übersinnlichen. Trotz aller Verwestlichung hat sich das thailändische Volk eine eigene kulturelle und gesellschaftliche Identität erhalten.

Mikrokosmos Familie

Die Familie ist eine festgefügte Einheit; sie gibt allen Geborgenheit, solange die streng nach Alter, Geschlecht und Rang geregelten Verhaltensweisen eingehalten werden. Es gibt 20-mal so viele Verwandtschaftsbezeichnungen wie bei uns; am Wort erkennt man den Verwandtschaftsgrad, das Alter (»jünger« oder »älter«) und die Verwandtschaftszugehörigkeit (»mütterlicher-« oder »väterlicherseits«). Sie werden in der Anrede auch häufiger verwendet als der Name der Person.

In der thailändischen Familie ist man nie allein, selbst in Häusern mit mehreren Zimmern schläft niemand allein. Das fängt bereits im Babyalter an: Beim geringsten Unmutsschrei wird der Säugling von der Mutter gestillt oder geschaukelt; sobald er kriechen und laufen kann, wird er ständig mitgeführt meist im Spreizsitz auf der Hüfte eines älteren Geschwisters und mit einem Arm umschlungen. In dieser Stellung kann das Kind schlafen, spielen und essen, wann immer es will. Es gibt kaum einen festgefügten Alltag, z. B. mit einer vorgeschriebenen Schlafenszeit. Selbst kleinste Kinder werden erst dann schlafen gelegt, wenn sie müde sind. Kinder werden so gut wie nie gescholten oder gar geschlagen, auch Liebesentzug kommt als Bestrafung nicht in Frage. Die Konditionierung erfolgt eher durch sanfte Methoden; eine Thai-Mutter wird nie sagen: »Wenn du das tust, wirst du bestraft!«, sondern sie wird eher an das Schamgefühl des Kindes appellieren: »Wenn du das tust, lachen dich die anderen aus!«. Während westliche Eltern dazu neigen, das Kind möglichst früh zur

Selbstständigkeit zu erziehen, nehmen die Asiaten ihren Sprösslingen möglichst alle Sorgen ab, ersparen ihnen Konflikte und behalten sie möglichst lange im Schoß der Familie. Die Folge ist eine gewisse Kollektivierung, die sich im späteren Leben oft als Entscheidungsunfreudigkeit oder Konfliktscheu offenbart.

Feste Hierarchien

In den asiatischen Gesellschaften spielt der Respekt des Jüngeren vor dem Älteren eine äußerst wichtige Rolle. Höchsten Respekt genießen die Großeltern, in der Hierarchie folgen die Eltern, die Verwandtschaft und dann die älteren Geschwister. Absoluter Gehorsam ist schon dem Kind zu eigen; später wäre etwa ein Widerspruch gegenüber einem Vorgesetzten undenkbar. Das Denken in Rangordnungen ist in Thailand allgegenwärtig. Das drückt sich schon in der Anrede aus; z. B. wird mit dem Wort »khun«, vor den Namen gesetzt, nur eine höhere, selten nur eine gleichrangige Person angesprochen.

Die Rolle der Frau

Mädchen werden etwa bis zum sechsten Lebensjahr gleich erzogen wie Jungen, erst danach beginnt die Einübung traditioneller Werte wie Mütterlichkeit, Schüchternheit, Selbstlosigkeit und Bescheidenheit.

Die Rolle der Frau in der thailändischen Gesellschaft ist stark traditionell bestimmt. Emanzipation im westlichen Sinne gibt es jedoch bei der Berufstätigkeit. Frauen in Führungspositionen sind zwar selten, grundsätzlich steht ihnen aber jeder Bildungsweg und damit auch eine berufliche Karriere offen. Den Zugang zu allen Schulen öffnete Rama V., die Gleichstellung von Jungen und Mädchen bewirkte aber erst ein Gesetz seines Nachfolgers im Jahre 1921. Ein politisches Amt zu übernehmen war Thai-Frauen bis in die 1930er-Jahre generell verwehrt. Bei Parlamentswahlen wird aber immer wieder deutlich, dass die Frauen in Thailand, in der Geschichte gern als die »Hinterbeine des Elefanten« bezeichnet, immer noch um ihren Platz im öffentlichen Leben kämpfen müssen.

Fremde Einflüsse

Während sich die Landbevölkerung vielfach ihre traditionell thailändische Identität erhalten hat, machen sich westliche Lebensart und Einflüsse anderer Kulturgemeinschaften wohl am deutlichsten in der Metropole Bangkok bemerkbar. Doch ist der kosmopolitische Charakter und Lebensstil in der Hauptstadt nicht für ganz Thailand typisch. Der Großteil der Bevölkerung führt ein bescheidenes Leben im Schoße der Tradition.

vor Jahren als wenig integrationswillig und als ständiger Unruheherd, so hat sich die Mühe, die sich das thailändische Königshaus um ihre Eingliederung machte, offensichtlich gelohnt. Der Islam ist in Thailand heute nicht nur geduldet, er ist mit seinen Feiertagen per Gesetz geschützt. Etwa 100 Moscheen allein in Bangkok und über 2000 im ganzen Land sowie 200 Koranschulen zeugen vom Stellenwert des Islam in Thailand (►Religion).

Wohnverhältnisse

In der Stadt Typisch für Bangkok und die anderen großen Städte sind die uniformen Häuser, die sich, von Hotels, Bankgebäuden und den Verwaltungsgebäuden multinationaler Konzerne einmal abgesehen, an langen, meist geraden Straßen aufreihen. Während das untere Geschoss oft als Laden, Werkstatt oder Ähnliches dient und abends nur mit einem einfachen Rolladen verschlossen wird, leben in den Etagen darüber, nach einer strengen Hierarchie geordnet, im ersten Stock die Angestellten und Arbeiter, im zweiten der Besitzer und ganz oben die Familienältesten. Ist die Familie wohlhabend, verfügt sie über einen kleinen, meist vergitterten Dachgarten, der morgens der Gymnastik und abends den häufigen Geselligkeiten dient. Nur selten kann sich ein thailändischer Normalverdiener ein Einfamilienhaus leisten, sie sind vor allem der so genannten Mittelschicht vorbehalten. Auffallend hohe Mauern, wegen eines ausgeprägten Sicherheitsdenkens oft mit einzementierten Glasscherben gekrönt, umgeben diese Häuser. Die drastische Absenkung des Grundwasserspiegels in Bangkok ermöglicht nun auch den Bau von vielstöckigen Hochhäusern, die in zunehmendem Maße das Stadtbild der thailändischen Metropole bestimmen. Solche Bauten waren wegen des schlammigen Untergrundes einst unmöglich.

Auf dem Land Von den traditionellen Thai-Häusern, wie sie noch um die Wende vom 19. zum 20. Jh. überall im Land gebaut wurden, sind nur noch wenige erhalten. Zwar werden nach wie vor Elemente des altüberlieferten Hausbaus verwendet, z. B. die spitzen, gekreuzten Giebelpartien, doch hat sich weitgehend der praktische Hausbau durchgesetzt. Als Baumaterial wird auf dem Land wie schon seit Jahrhunderten vorrangig Holz verwendet. Die traditionellen Häuser werden mit großer Kunstfertigkeit ganz ohne Eisenteile und Nägel errichtet. Die einzelnen Partien, auf einer stabilen Basis aus in den Boden gerammten Teakholzstämmen stehend, sind einfach mit Rattansträngen zusammengebunden. Das klassische Thai-Haus ist auf Pfählen erbaut. Das dient zum einen der Sicherheit vor Überschwemmungen während der Regenzeit, zum anderen kann der so zu ebener Erde entstehende Platz als Lager, Werkstatt oder auch als Aufenthaltsraum für die Familie genutzt werden. Oft finden die Haustiere (Schweine, Hunde, Vögel) dort ihren Platz. Das Dach wird meist mit Palmblättern gedeckt. Vor allem die Landbevölkerung verzichtet auch heute noch auf den Einbau von Glasfenstern, Schutz vor der Witterung gewähren Holzläden, mit denen die Fensteröffnungen verschlossen werden. Die Raumaufteilung ist denkbar einfach, oft gibt es nur ein einziges großes Zimmer, das als Aufenthaltsraum, Ess- und Schlafzimmer für die ganze Familie dient. Während elektrisches Licht heute zur Regelausstattung eines Hauses gehört, sind fließendes Wasser oder gar eine Badewanne eher die Ausnahme denn die Regel. Zur Wasserversorgung werden große Tontöpfe bereitgehalten, in denen das Regenwasser aufgefangen wird. Den Traum vom eigenen Haus kann sich heute auch die Mittelschicht erfüllen, der Baugrund ist günstig und wird von der Gemeinde zugeteilt. Tagelöhner und einfache Bauern wohnen jedoch auch heute noch oft am Ort ihrer Beschäftigung in Strohhütten, die nur unzulänglichen Schutz vor Wind und Wetter gewähren.

Wohnen an einem Bangkoker Klong

Sprache

Sinotibetische Sprachfamilie

Der sinotibetischen Sprachfamilie angehörend, ist Thai mit dem Laotischen, dem Shan und einigen Dialekten in Südchina verwandt. Sanskrit- und Paliwörter sind im Thai zwar enthalten, werden jedoch im Allgemeinen kaum mehr verwendet.

Sprachliche Strukturen

Thailändisch, früher als Siamesisch bezeichnet, ist wie das Chinesische eine isolierende, monosyllabische Sprache, in der die Tonhöhen bedeutungsunterscheidende Funktion besitzen. Verwendet werden also meist einsilbige, unveränderliche Wörter; grammatische Funktionen wie Zahl, Geschlecht, Modus etc. werden durch eigene Wörter ausgedrückt. Da die Einsilbigkeit nur eine sehr begrenzte Zahl verschiedener Wörter ermöglichen würde, gibt es sechs verschiedene Tonhöhen, die dem Europäer die perfekte Beherrschung der Thai-Sprache fast unmöglich machen.
Zählungen der Konsonanten und Vokale schwanken in westlichen Quellen zwischen 50 und 82, zumal viele Zeichen je nach Stellung im Wort einen anderen Lautwert haben: z. B. »l« und »r« spricht man am Wortende wie »n« aus, am Anfang eines Wortes klingen sie beide wie »l«, in der Wortmitte werden zwei »r« zum Vokal »a«, und schließlich bleibt ein »r« nach »s« stumm, was besonders häufig in religiösen und monarchischen Namen vorkommt. Beispiel »Sri Ayutthaya«: Das »Sri« wird als »Si« ausgesprochen.

Schrift

Das thailändische Alphabet wurde 1283 von König Ramkhamhaeng eingeführt. Im Nationalmuseum zu Bangkok ist die in Stein geritzte Regierungserklärung ausgestellt, die die Geburtsstunde der Thai-Schrift dokumentiert. Das Alphabet besteht aus 44 Konsonanten und 32 Vokalen, wobei 14 einfache Vokale, die anderen Diphthonge sind. Die Wörter werden fortlaufend von links nach rechts geschrieben; lediglich zwischen vollständigen Sätzen und vor und nach Eigennamen gibt es einen Abstand. Der in ganz Südostasien vorherrschende Buddhismus trug dazu bei, dass dieses Alphabet auch von Myanmar, Laos und Kambodscha übernommen wurde, wenn auch mit einigen Abwandlungen. An der Schrift wurden im Laufe der Jahrhunderte nur sehr wenige Änderungen vorgenommen; so ist auch zu erklären, dass jeder des Lesens kundige Thai alte Handschriften aus längst vergangenen Zeiten ohne große Mühe zumindest entziffern kann. (Für Details zu Sprache und Schrift ►Praktische Informationen, Sprache).

Staat und Verwaltung

Land der Freien

Thailand hat im Laufe seiner Geschichte nie die Herrschaft fremder Mächte oder Völker erdulden müssen. Aus dieser Tatsache ist auch der Staatsname Thailand (in der Landessprache »Prathet Thai«) zu erklären: Er bedeutet wörtlich »Land der Freien«. Dass Thailand trotz mehrfacher zaghafter Versuche (v. a. von Großbritannien und

Zahlen und Fakten Königreich Thailand

Lage

- Südostasien
  6° bis 20° 30' nördlicher Breite
  97° 30' bis 105° 45' östlicher Länge

Fläche

- 513 115 km²
  (Fläche Deutschland: 357 020 km²)

Geografische Daten

- Längster Fluss: Maenam Chao Phraya »Königsfluss« (370 km)
- Höchster Berg: Doi Inthanon (2565 m) im Norden des Landes
- Küstenlinie: 3219 km

Bevölkerung

- ca. 65,4 Mio. Einwohner
- Bevölkerungsdichte:
  Thailand gesamt 121 Einw. je km²
  (Vergleich: Deutschland 82,5 Mio., 231 Einwohner je km²)
  Bangkok 4038 Einw. je km²
  Zentralregion 138 Einw. je km²
  Nordregion 67 Einw. je km²
  Nordostregion 123 Einw. je km²
  Südregion 114 Einw. je km²
- Bevölkerungswachstum: 0,95 % / Jahr
- Bevölkerungszusammensetzung:
  80 % Thai-Völker
  12 % Chinesischstämmige
  4 % Malayen
  3 % Khmer, Bergvölker und andere Minderheiten

Sprachen

- Überwiegend Thai (Siamesisch) daneben: Chinesisch, Malaiisch, Englisch (Handelssprache)

Religion

- 94 % Buddhisten
- 4 % Moslems
- 0,6 % Christen

Staat

- Parlamentarische Monarchie
- Staatsoberhaupt:
  König Bhumibol Adulyadej (Rama IX.)

Wirtschaft

- Bruttoinlandsprodukt (BIP):
  ca. 164 Mrd. US$ (2005)
- BIP je Einwohner: ca. 2511 US$
- Reales Wirtschaftswachstum: 6,1 % (2004)
- Wirtschaftssparten:
  Dienstleistungen 53 %
  Industrie 37 %
  Landwirtschaft 10 %
- Arbeitslosenquote: 8,8 % (2005)

Portugal) nie kolonisiert wurde, kann nicht zuletzt auf eine geschickte Schachbrett-Diplomatie zurückgeführt werden, die besonders in Zeiten weltweiter Wirrnisse betrieben wurde.

Konstitutionelle Monarchie

Seit einem Staatsstreich und der danach im Dezember 1932 verkündeten ersten Verfassung besitzt Thailand die Staatsform einer konstitutionellen Monarchie. Die Volksvertretung nimmt ein Zweikammerparlament (Senat und Repräsentantenhaus) wahr, das sich aus 267 vom König für eine sechsjährige Amtszeit ernannten Senatoren (meist hohe Offiziere und Beamte) sowie 357 in geheimer Wahl auf vier Jahre gewählten Abgeordneten zusammensetzt. Damit ähnelt das thailändische Regierungssystem dem englischen mit König und Ober- und Unterhaus.

Verwaltungsgliederung

Thailand ist in 73 Provinzen (Changwat) gegliedert, die im Allgemeinen nach ihren Hauptstädten benannt sind. An der Spitze ihrer Verwaltung steht ein Provinzgouverneur, der gleichzeitig Vertreter der Zentralregierung in Bangkok und Leiter der provinziellen Selbstverwaltung ist. Die Provinzen sind ihrerseits in 567 Distrikte (Amphoe) unterteilt, diese wiederum in Gemeinden (Tamban). Als kleinste Verwaltungseinheit gelten die Dörfer (Mu Ban). Das Haushaltsrecht obliegt der Provinzregierung, die ihrerseits von der Zentralregierung in Bangkok beaufsichtigt wird. Von der Regierung in Bangkok erstellte Fünf-Jahres-Pläne sollen ein stetiges Wirtschaftswachstum garantieren und staatliche Investitionen in sinnvolle Bahnen lenken. Für solche Investitionen, die insbesondere der Landwirtschaft in den unterentwickelten Regionen Thailands zugute kommen sollen, hat sich König Bhumibol ein Mitspracherecht einräumen lassen.

Überall präsent: König Bhumipol

Der **König** ist das Staatsoberhaupt, er entscheidet in letzter Instanz über Annahme oder Ablehnung eines neuen Gesetzes. Eine Sonderform der Gesetzgebung bildet in Thailand das sog. »Königliche Dekret«, das der Monarch, ohne die Zustimmung des Parlaments einholen zu müssen, in Kraft setzen kann. Das Königreich Siam war von seiner Gründung bis 1932 eine absolutistische Monarchie, und auch heute noch gilt der König als sakrosankt. Doch hat sich vieles geändert, seit Rama I. 1782 als erster Angehöriger der Chakri-Dynastie den Thron bestieg. Das Gottkönigtum, das noch bis zu König Taksin jegliche körperliche Berührung eines Mitglieds der königlichen Familie bei Todesstrafe verbot, hat ebenso ausgedient wie der Glaube an die Unfehlbarkeit des Monarchen. Gleichwohl genießt König Bhumibol (Rama IX.) ausnehmend hohes Ansehen in der Bevölkerung, die ihm in einer Volksbefragung 1987 den Beinamen »der Große« verlieh (►Baedeker Special S. 53)

Auch politisch hat sein Wort hohes Gewicht: Sein Eingreifen nach den Studentenunruhen 1973 veranlasste machtgierige Offiziere zur Flucht, und Premier Suchinda trat nach den Aufständen im Mai 1992 zurück, nachdem er im Königshaus keine Unterstützung mehr fand. Kritik am König wird nicht einmal hinter vorgehaltener Hand laut, selbst ausgewanderte Thai bewahren die Ehrfurcht vor dem Staatsoberhaupt. Der Besucher hüte sich vor respektlosen Äußerungen oder gar Beleidigungen des Königshauses.

Rolle des Militärs

Das Militär ist traditionell die mächtigste gesellschaftliche Gruppierung in Thailand; seit 1932 putschte es nicht weniger als 17 mal. Es maßt sich nicht einfach aufgrund seiner Verfügungsgewalt über Soldaten und Waffen politischen Einfluss an, die Offiziere stellen selbst eine »ehrenwerte Gesellschaft« dar. Wichtige Industriebetriebe und Dienstleistungsunternehmen – zum Beispiel zwei von vier Fernsehsendern, das Telefonmonopol, Flughäfen und die nationale Fluglinie, die Handelshäfen, früher auch die Eisenbahn – werden von Offizieren kontrolliert. Verfügung über das Militär bedeutet daher unmittelbar Schutz wirtschaftlicher Interessen.

Dazu kommt das Militär als Großabnehmer von Rüstungs- und Versorgungsgütern, deren Hersteller gern Provisionen für die Aufträge zahlen. Korruption ist seit langem ein zentraler gesellschaftlicher Mechanismus in Thailand. Gegen die Übermacht des Militärs, für politische Öffnung und eine effiziente Verwaltung kämpft die immer stärker werdende demokratische Bewegung vor allem der in Bangkok konzentrierten Intellektuellen und der Mittelschicht, die bemerkenswerterweise im (der Verfassung nach eigentlich fast machtlosen) Königshaus einen starken Rückhalt hat.

Parteien

Das Parteiensystem ist vielgestaltig, keine Verbindung kann jedoch für sich eine Meinungsführerschaft beanspruchen. Parteien in Thailand sind meist von Interessengruppen gegründete Organisationen (wie Militär, Unternehmen), deren Hauptaufgabe im Sammeln von Stimmen für ihre Kandidaten besteht; ein profiliertes politisches Programm besitzen eigentlich nur die Palang Dharma, die »Partei des buddhistischen Glaubens« des als unbestechlich geltenden ehemaligen Gouverneurs von Bangkok, Chamlong Srimuang, und kommunistische Parteien. Letztere sind zwar per Gesetz offiziell verboten, jedoch im Untergrund, vor allem in der Studentenschaft aktiv.

Sein Bild ist allgegenwärtig: Ob überlebensgroß am Rande belebter Autostraßen oder en Miniature in Andenkenläden – die Liebe der Thailänder zu ihrem König und ihrer Königin geht durch alle Schichten des Volkes.

DIE KÖNIGLICHE FAMILIE

Selbst in der kleinsten Hütte hängt sein Bild: König Bhumibol, der allgegenwärtige Regent ist die Integrationsfigur in dem Land, das sich neben dem König ein Parlament leistet und ein Militär, das seit 1932 siebzehnmal versuchte, durch einen Putsch an die Macht zu kommen.

Der am 5.12.1927 geborene König Bhumibol trägt den Namen Rama IX., er ist der neunte Herrscher der Chakri-Dynastie, die seit 1782 das Land regiert. Der heutige thailändische Monarch wurde als drittes und letztes Kind des Prinzen Mahidol von Songkhla, Sohn Ramas V. (Chulalongkorn), in Cambridge (USA) geboren. Nach dem frühen Tod des Vaters übersiedelte die Mutter mit den Kindern in die Schweiz; dort sollte ihnen eine internationale, aber durchaus mittelständische Erziehung in demokratischer Umgebung zukommen. Nach der Abdankung seines Onkels und dem frühen und bis heute ungeklärten Tod seines Bruders wurde Bhumibol Adulyadej 1946 König. 1951 kehrte er nach beendetem Studium aus der Schweiz nach Thailand zurück. Die Krönung fand am 5. Mai 1950 in Bangkok statt; 1951 übernahm er endgültig die Regierungsgeschäfte. Während seiner jahrzehntelangen Amtszeit erwarb sich der König bei seinem Volk den ebenso herzlich wie ehrfurchtsvoll ausgesprochenen Namen »Volksvater«. Seine Besuche in allen Landesteilen nehmen den größten Teil seiner Regierungstätigkeit ein. Seine mannigfachen Entwicklungsprojekte werden von ihm persönlich überwacht. Ihre Dankbarkeit bewies die Bevölkerung ihrem König, als sie ihm kurz vor seinem 60. Geburtstag im Mai 1987 den seltenen Beinamen »der Große« verlieh. Mit großartigen Veranstaltungen wurde sein 50-jähriges Thronjubiläum im Mai 2000 gefeiert – König Bhumibol ist gegenwärtig sowohl der am längsten regierende Monarch in der Geschichte Thailands als auch der gesamten Erde.

Königin Sirikit

Die heutige Königin **Sirikit Somdech Phraborom Raijninath** ist nicht weniger beliebt als ihr Gatte. Sie wurde am 12. August 1932 geboren, ihr Urgroßvater väterlicherseits war der berühmte König Chulalongkorn (Rama V.). Als 15-Jährige lernte sie während eines Studienaufenthaltes in Frankreich ihren entfernten Vetter Bhumibol kennen. Dessen Leidenschaft für schnelle Sportwagen brachten ihm

einen Unfall mit schwerer Augenverletzung ein, aber auch – seinem Wunsch gemäß – eine liebevolle Besucherin am Krankenbett in Lausanne: Sirikit. Nach Verlobung und Heirat konnten sie bis zur Rückkehr nach Bangkok (1951) ihr letztes Studienjahr gemeinsam verbringen. Wie die gesamte Königsfamilie ist auch die Königin im sozialen und karitativen Bereich aktiv. Sie ist nicht nur Präsidentin des Thailändischen Roten Kreuzes, sondern engagiert sich v. a. für sozial benachteiligte Frauen und Kinder sowie die Neuorientierung traditioneller Handwerkskunst (z. B. Handweberei).

Königskinder

Unter den vier Königskindern ragen die Prinzessinnen Chulabhorn (geb. 1957) und Sirindhorn (geb. 1955) heraus; sie unterstützen seit Jahren ihre Mutter bei der Erfüllung ihrer sozialen und karitativen Aufgaben. Ihr Ansehen in der Bevölkerung ist so hoch, dass die 700-jährige Tradition ausschließlich männlicher und vom Alter bestimmter Thronfolge per Gesetz im Jahre 1979 aufgehoben wurde. Theoretisch ist es also möglich, dass nicht der 1952 geborene Kronprinz Vajiaralongkorn der nächste König von Thailand ist, sondern seine nächstjüngere Schwester Sirindhorn das Amt des Vaters übernimmt. Ubol Ratana, die älteste Tochter des Königspaares, hat auf alle Rechte ihrer königlichen Herkunft verzichtet und ist im Ausland verheiratet. Prinz Vajiaralongkorn studierte in Australien an der berühmten Duntroon-Militärakademie. Seine Schwester Sirindhorn erhielt als Auszeichnung für ihren sozialen, kulturellen und protokollarischen Einsatz den Titel »Maha Chakri«. Dadurch ist die promovierte Ärchäologin ihm protokollarisch gleichgestellt. Die jüngste Prinzessin Chulabhorn studierte Land- und Forstwirtschaft in Chiang Mai und Bangkok.

Princess Mother

Selbst die Mutter des derzeitigen Königs war bis zu ihren letzten Lebensjahren (1900 – 1995) noch regelmäßig im Land unterwegs. Sie machte sich vor allem um die medizinische Versorgung abgelegener Gegenden und um die im Norden Thailands lebenden Bergvölker verdient. »Princess Mother« stammte aus nichtadligem Hause. In Boston lernte die junge Thai-Krankenschwester ihren späteren Ehemann, den Arzt Prinz Mahidol, kennen. »Königliche Himmelsmutter« (Mae Fah Luang) nannte man die Königsmutter, denn seit ihrem ersten Besuch 1964 schwebte sie mit einem bis dahin unbekannten »Himmelsvogel« (Hubschrauber) ein.

Politisches Bewusstsein Ein die Gesellschaftsschichten übergreifendes politisches Bewusstsein gibt es in Thailand nicht; der Wähler gibt dem seine Stimme, der ihm verspricht, ihm möglichst schnell aus akuter Notlage herauszuhelfen. Zudem ist der Kauf von Wählerstimmen eine feste Einrichtung, vor allem auf dem Land, wo auch noch ein ausgeprägtes Autoritätsbewusstsein und eine fest gefügte traditionelle Ordnung anzutreffen sind. Anders ist dies in der intellektuellen Schicht, in der die Demokratie feste Wurzeln geschlagen hat.

Außenpolitik In der Außenpolitik lehnte sich Thailand stets an die Vereinigten Staaten an, was dem Land erhebliche Finanzmittel zur Verbesserung der Infrastruktur des Nordostens eintrug. Nicht zuletzt deshalb gestattete Thailand den USA während des Vietnamkriegs, im Land Truppen zu stationieren. Im Zuge einer stärkeren Unabhängigkeitspolitik in den späten 1970er-Jahren bat man die Amerikaner allerdings, die Stützpunkte aufzugeben. Seither verfolgt Thailand eine relativ selbstständige Außenpolitik.

Internationale Mitgliedschaften Thailand ist seit 1946 Mitglied der Vereinten Nationen (UN) sowie der angeschlossenen UN-Sonderorganisationen. Es wirkte beim 1950 entwickelten Colombo-Plan mit, der die »Hebung des Lebensstandards in den Mitgliedsländern« nach dem Vorbild des Marshall-Plans zum Ziel hat, und ist Gründungsmitglied des 1967 in Bangkok konstituierten Verbandes südostasiatischer Nationen (ASEAN).

Bildung und Wissenschaft Die Vermittlung allgemeinen Wissens sowie grundlegender Schreib-, Lese- und Rechenkenntnisse oblag bis ins 19. Jh. hinein fast ausschließlich den Mönchen in den Klöstern. Erst während der Regentschaft des Königs Mongkut (Rama IV., 1851 – 1868) entwickelte sich ein Schulsystem, das die Ausbildung aller Thailänder zum Ziel hatte – schon damals mit der englischen Sprache als Pflichtfach. Aber erst 1917 wurde die allgemeine Schulpflicht eingeführt. Das thailändische Schulsystem setzt bereits im Vorschulalter mit kindergartenähnlichen Institutionen an. Darauf folgen sechs Grundschuljahre (kostenlos; nur die obligatorische Schuluniform und ein Teil der Bücher müssen bezahlt werden). Auf dem Land sind es manchmal noch buddhistische Klöster, in denen die Kinder ausgebildet werden. Auf die Grundschule baut nach britischem Vorbild das System der Highschool auf. Dazwischen gibt es noch den mittleren Bildungsweg.

Hochschulen, Ausbildungszentren ► Insgesamt gibt es 32 Universitäten und Technische Hochschulen in Thailand, unter den 20 Hochschulen in Bangkok selbst ist die international anerkannte, 1917 von König Rama IV. gegründete Chulalongkorn-Universität die größte. Eine wichtige Rolle spielen die über das ganze Land verteilten Ausbildungszentren, in denen besonders Dorfbewohner in moderner Landwirtschaft unterrichtet werden.

Analphabetismus ► Noch 1970 konnten 17 % der 35- bis 40-Jährigen weder lesen noch schreiben; bis Mitte der 1990er-Jahre wurde diese Zahl auf 6 % gesenkt.

Wirtschaft

Einer der »Vier Tiger«

Die schwere Wirtschaftskrise, die im Februar 1997 von Thailand ausgehend den gesamten asiatischen Kontinent erfasste und zu weltweiten ökonomischen Turbulenzen führte, war das Ergebnis eines geradezu rauschartigen Wirtschaftswachstums, von dem Südostasien über viele Jahre hinweg profitiert hatte. Etwa zu Beginn der 1980er-Jahre hatte Thailand den Anschluss zu den asiatischen Schwellenländern Hongkong, Singapur, Südkorea, Taiwan (auch die »Vier Tiger« genannt) gefunden, die zu einem beachtlichen Faktor der Weltwirtschaft geworden waren. Als verhängnisvoll erwies sich jedoch die in erster Linie auf Schulden im Ausland gegründete Baukonjunktur: Als das Angebot an neuen Bürohochhäusern namentlich in Bangkok die Nachfrage immer mehr überschritt, konnten viele der im Ausland aufgenommenen Kredite nicht mehr bezahlt werden. Selbst renommierte Geldinstitute wie die Bank of Thailand gerieten in Schwierigkeiten, der thailändische Baht wurde das Opfer weltweit agierender Spekulanten. Die Folge waren unerwartet hohe Exporteinbrüche, ein rapider Verfall der thailändischen Währung und verheerende Kursstürze an der Börse.

Ein merkantiles Volk: fliegende Händler auf der Fähre nach Ko Samet

Auch Korruption spielt eine Rolle ►

Aber auch die traditionell starke Korruption spielte eine Rolle beim Niedergang der thailändischen Wirtschaft, von dem sie sich erst langsam wieder erholt. Dabei wurde einer der ehernen Grundsätze der Nationalökonomie widerlegt: Die Abwertung des Baht produzierte nicht etwa die lehrbuchgerechte Steigerung des Exportes. Den Banken fehlten z. B. schlicht und einfach die Mittel, Rohstoffkäufe im Ausland durch neue Kredite zu finanzieren.

Fatale Abhängigkeiten ►

Dabei kam die Wirtschaftskrise nicht unbedingt unerwartet. Warnungen von Kritikern dieser Entwicklung hatten die Regierungen in Bangkok jedoch stets ungehört verhallen lassen. Sie befürchteten seit langem eine zu große Abhängigkeit des Landes vom guten Willen und vom Kapital ausländischer Investoren. Die zu Hilfe gerufene Weltbank verband die Bewilligung finanzieller Mittel mit der Bedingung, strukturelle Wirtschaftsreformen durchzuführen. Derart gezwungen – was für Thailand einen nicht unerheblichen Gesichtsverlust bedeutete – schloss die Regierung unter dem damaligen Ministerpräsidenten Chavalit zunächst einige illiquide Banken, was ihm und seinem Kabinett freilich nicht den Rücktritt wenige Monate später ersparte. Aber auch sein Nachfolger tut sich schwer mit der Auflösung der über Jahrzehnte hinweg gewachsenen politischen und wirtschaftlichen Strukturen und Hierarchien.

i Einkommen in Thailand

- Das Durchschnittseinkommen liegt im Großraum Bangkok bei monatlich 5700 Baht (ca. 120 €), ungelernte Arbeiter erhalten 3200 Baht (ca. 67 €).

Traditionell: ein Handelsbilanzdefizit ►

Thailand verzeichnet nicht erst seit der Wirtschaftskrise ein Handelsbilanzdefizit; die Auslandsverschuldung liegt bei etwa 17 Mrd. US-Dollar. Die Länder der Europäischen Union sind in Thailand sehr angesehen und drittwichtigster Außenhandelspartner. Das Land bietet heute zahlreiche Wirtschaftsgüter (Edelsteine, Bekleidung, Reis, Früchte und Gemüse, Fisch), die für den europäischen Markt interessant sind. Bereits im Jahr 2000 wurde die Talsohle durchschritten. Der Export stieg um 9 %, wobei v. a. Autos, Kleidung und Elektronik ausgeführt wurden.

Bergbau und Energiewirtschaft

Thailand verfügt über wichtige Bodenschätze wie Zinn, Zink und Fluorit; der Süden gehört zum Zinngürtel Südostasiens »tin belt«), der bis nach Malaysia hineinreicht. Da der Zinnpreis in den vergangenen Jahren aufgrund der weltweiten Absatzkrise (Zusammenbruch des Zinnkartells) drastisch verfiel, kam auch Thailand als viertgrößter Zinnproduzent der Welt in Schwierigkeiten.

Atomkraftwerke gibt es nicht ►

Thailand besitzt keine Atomkraftwerke, stattdessen dienen Erdgas, Erdöl und die v. a. im Norden im Tagebau geförderte Braunkohle fast ausschließlich der heimischen Energieversorgung. Jährlich werden ca. 7,6 Mio. t Braunkohle gefördert. Künftig soll das reichlich vorhandene Erdgas eine wichtige Rolle bei der Energieversorgung Thailands spielen. Umfangreiche Erdgasfelder im Golf von Thailand sollen intensiv ausgebeutet werden. Nutzung und Export des Erdgases brächten Einnahmen in Milliardenhöhe, was die thailändische Handelsbilanz auf Dauer entlasten könnte. Nachdem in den 1980er-Jahren im Golf von Thailand bedeutende Erdölvorkommen entdeckt wurden, konnten die Erdöleinfuhren deutlich reduziert werden. Ein Drittel des Energiebedarfs soll durch die Nutzung heimischer Energiequellen gedeckt werden. So entstanden im Norden und Osten des Landes bereits mehrere große Staudämme.

Landwirtschaft Forstwirtschaft Fischerei

Reis steht im klassischen Anbaugebiet Thailand (»Reisschale Südostasiens«) nach wie vor im Mittelpunkt der Agrarproduktion, meist sind zwei Ernten pro Jahr möglich. Allerdings ist nur der »weiße« Reis, der langsamer wächst und höhere Ansprüche stellt, für den Export geeignet, der v. a. im Norden angebaute Klebreis und der in Zentralthailand angebaute »Na-Muang-Reis« werden fast ausschließlich zum Eigenverzehr verwendet. Nur noch 60 % der vorhandenen Reisfelder werden tatsächlich bebaut. Die fortschreitende Industrialisierung, vor allem im Menam-Becken und im Großraum Bangkok, trug zu dieser Abnahme bei.

Reisernte in Nordthailand

Besonders intensiv wird die **Kokospalme** genutzt. Das Holz wird zum Hausbau verwendet und die Nüsse enthalten die köstliche Kokosmilch. Das Fruchtfleisch kann man essen, es wird aber auch zu Kopra getrocknet, das zu Kokosöl verarbeitet wird. Die Schalen werden auf dem Land als Brennstoff genutzt.

Über 70 % Nordthailands (30 % der Gesamtfläche Thailands) sind dicht bewaldet; die eine Hälfte mit Dipterocarpus-Wald, bei dem v. a. die Yang-(Holzöl-)Bäume genutzt werden, die andere mit Mischwald, bei dem das wertvolle Teakholz von wirtschaftlichem Interesse ist. Der tropische Regenwald ist durch Brandrodung, Wanderfeldbau und übermäßigen Holzeinschlag erheblich geschädigt.

◄ Obst- und Gemüseanbau

Die Erzeugung von Gemüse wurde ab den 1960er-Jahren mehr als verdoppelt, noch stärker stieg die Produktion von Obst. Im Anbau von Ananas ist Thailand gemeinsam mit den Philippinen weltweit führend. Nach dem Reis sind die wichtigsten landwirtschaftlichen Exportgüter Maniok, Zuckerrohr und Mais. Die Herstellung von Rohkautschuk gewinnt zunehmend an Bedeutung.

◄ Fischfang

Thailand ist einer der größten Thunfischexporteure der Welt. Wenn auch die Fangquoten schon seit 1972 stagnieren, so hat sich doch die Flotte zwischen 1976 und 1988 nach der Tonnage versechsfacht. Im

Jahre 2000 brachten die thailändischen Fischer knapp zwei Millionen Tonnen Fisch an Land, wo er in modernen Betrieben zu Konserven verarbeitet und großenteils exportiert wird. Allein im Gebiet rund um Bangkok arbeiten etwa 30 Fischfabriken für den Export.

Industrie Die Industrialisierung gewinnt zunehmend an Bedeutung, bringt aber auch ihre Probleme mit sich: Trotz einer stetigen günstigen Wirtschaftsentwicklung ist ein deutlich ausgeprägtes Stadt-Land-Gefälle eines der größten Probleme Thailands. Tausende von Bewohnern der ländlichen Gebiete suchen v. a. in Jahren schlechter Ernten ihr Auskommen in der Hauptstadt Bangkok. Von der Regierung aufgelegte Programme, die in solchen Jahren für einen Einnahmenausgleich sorgen sollen, werden zwar akzeptiert, brauchen jedoch Zeit, um greifen zu können. Bangkok ist das Industrie- und Wirtschaftszentrum des Landes. Alle internationalen Konzerne mit thailändischen Ablegern haben ihren Sitz im Ballungsraum der Hauptstadt des Königreichs; nationalen Unternehmen bieten sich zum verkehrstechnisch voll erschlossenen Standort Bangkok kaum Alternativen. Dominierend sind die Bürosilos der multinationalen Konzerne und des Dienstleistungsgewerbes in der Innenstadt. Die Regierung versucht jedoch, neben Bangkok auch andere Regionen für die Ansiedlung von Industriebetrieben attraktiv zu machen, doch muss dazu zunächst die Infrastruktur verbessert werden.

Die thailändische Textilindustrie hat qualitativ den Anschluss an namhafte Herstellerländer gefunden; von großer Bedeutung war immer schon die **Seidenindustrie**, Thailand gehört zu den wichtigsten Seidenproduzenten der Welt. Auch Baumwolle und andere Materialien werden aus fremden Ländern importiert und im Land weiterverarbeitet.

Es ist in Europa kaum bekannt, dass das Königreich Thailand nach Italien der zweitgrößte **Schmuckhersteller** der Welt ist. In Edelsteinminen vor allem im Südosten des Landes werden Rubine und Saphire gefördert, während Diamanten und andere Steine aus allen großen Förderländern der Welt nach Thailand zur Weiterverarbeitung geschickt werden.

Neben den klassischen Wirtschaftsgebieten Landwirtschaft und Fischfang

i Sextourismus

- Ein nicht geringer Teil der jährlich knapp 10 Mio. Besucher kommt nach Thailand auf der Suche nach Sexualkontakten. Für ihre »Bedürfnisse« werden Frauen, Mädchen und Jungen zumeist von Schleppern angeworben (z. T. auch von ihren Familien aus Not verkauft) und Bordellbesitzern und Zuhältern in allen größeren Städten des Landes zugeführt.

Besonders erschreckend ist die starke Zunahme der Kinder- und Jugendprostitution. Nach Angaben der internationalen Hilfsorganisation »Médecins sans frontières« werden über 200 000 Kinder und Jugendliche zur Prostitution gezwungen; allein in Pattaya gebe es 20 000 Prostituierte, davon seien die Hälfte Jungen und Mädchen zwischen 10 und 14 Jahren. Die thailändische Regierung hat der Kinderprostitution – nach jahrelangem Zögern – nun offiziell den Kampf angesagt. Einschlägige Lokale werden durchsucht, festgenommene Sextouristen zu hohen Strafen verurteilt und nach Verbüßung auf Lebenszeit des Landes verwiesen.

hat sich der **Tourismus** in den vergangenen drei Jahrzehnten zu einer bedeutenden Einnahmequelle entwickelt; in diesem Zeitraum stieg die Zahl der Touristen jedes Jahr. 2004 reisten etwa 11,65 Mio. Besucher nach Thailand, darunter etwa 450 000 Deutsche, die an der Spitze der Reisenden aus nichtasiatischen Ländern stehen. Selbst der Tsunami am 26. Dezember 2004 konnte den Aufwärtstrend nur kurzfristig unterbrechen. Hochrechnungen für das Jahr 2005 ergaben eine neuerliche Steigerung der Besucherzahlen um knapp 3 %.

Arbeitspolitik

Im Jahr 2004 gab es einer inoffiziellen Statistik zufolge in Thailand 34,1 Mio. Erwerbstätige. Spezifisch für Südostasien ist der immer noch relativ hohe Anteil von Kindern, insgesamt 1,1 Mio. Kinder und Jugendliche zwischen 11 und 15 Jahren standen 1997 in einem Arbeitsverhältnis, das sind ca. 16 % ihrer Altersgruppe. Niedrige Löhne sowie günstige steuerliche Bedingungen sind aus Unternehmersicht gute Bedingungen für einen weiteren Ausbau der Wirtschaft.

Religion

Staatsreligion Buddhismus

Über 95 % der thailändischen Bevölkerung bekennen sich zum Buddhismus (etwa 58 Mio. Gläubige). Dem Hinayana-Buddhismus, der »Lehre des Kleinen Fahrzeugs«, gehört der weitaus größte Teil der Buddhisten an. Der zweiten buddhistischen Glaubensströmung, dem Mahayana-Buddhismus (der Lehre vom »Großen Fahrzeug«), schreiben sich etwa 12 % zu. Buddha selbst wird übrigens – als Religionsstifter – nicht angebetet, sondern verehrt. Der Buddhismus ist Staatsreligion in Thailand, andere religiöse Gemeinschaften genießen jedoch staatlichen Schutz. Es sind dies die Hindus (ca. 65 000, meist Inder), die Muslime (4 %; überwiegend Malaien in den Südprovinzen Thailands) und auch die Christen (0,6 %). Nur 0,4 % bezeichnen sich als keiner Religion zugehörend.

Buddhismus

Geschichte und Lehre

Buddha – der Name stammt aus dem Sanskrit und bedeutet so viel wie »Erleuchteter« – wurde unter dem Namen **Siddharta Gautama** um 563 v. Chr als Sohn eines reichen Großgrundbesitzers in Nepal am Fuße des Himalaya geboren. War zunächst der Luxus am elterlichen Fürstenhof prägend, so lernte Siddharta bei drei Ausfahrten menschliches Leid kennen, als er einem Greis, einem Kranken und einem Verstorbenen begegnete. Für sein weiteres Leben entscheidend war bei seiner vierten Reise das Zusammentreffen mit einem Eremiten, das dem 29-Jährigen den Anstoß gab, das bisher geführte Leben aufzugeben und als umherziehender Asket Antworten auf die Fragen

? WUSSTEN SIE SCHON ...?

- Die Form der indischen Dagoba und damit auch die der in Thailand zu jedem Tempel gehörenden Chedis geht der Legende nach auf einen der letzten Aussprüche Buddhas zurück. Er soll seinen Anhängern auf die Frage nach Erinnerungsstücken an ihn geantwortet haben: »Baut kleine Berge aus Sand, wie ein Häufchen Reis, den jeder braucht.«

nach dem Sinn menschlichen Lebens zu suchen. Wie ernst ihm sein Entschluss war, wird in der Überlieferung damit unterstrichen, dass ihm am Tag des Abschieds ein Sohn geboren wurde. Nach intensiven Meditationen, in denen er einen Mittelweg zwischen Überfluss und Askese suchte, erreichte er nach sieben Jahren Wanderschaft unter einem Pipal-Baum am indischen Flüsschen Nerajara das Stadium der Erleuchtung, als er nacheinander die vier Stufen der Versenkung hinabging. Die vier heiligen Wahrheiten – »Das ist das Leiden«, »Das ist die Ursache des Leidens«, »Das ist die Erlösung vom Leiden« und »Der Weg zur Aufhebung der Leiden« sind die Grundsätze seiner ersten Predigt, die er im indischen Städtchen Benares hielt.

Drei Monate nach dieser Predigt war die Zahl seiner Anhänger auf 60 gestiegen; er sandte sie mit den Worten »Bringt die freudvolle Botschaft jedermann; nicht zwei von euch sollen denselben Weg einschlagen!« in die Lande. 45 Jahre zog er selbst als Verkünder seiner Lehre vom **»Rad des Heils«** (dharmachakrapravartana) durch Indien. Mordanschlägen seines Vetters Devadatta entging er, indem er die ganze Kraft seiner barmherzigen Liebe z. B. einem gegen ihn gehetzten Elefanten spendete. Während nach buddhistischer Überlieferung Buddha im Jahr 543 v. Chr 80-jährig ins **Nirwana** einging, in ein Stadium, das alle Wesen der Erde aus dem Kreislauf der ewigen Wiedergeburt herauslöst, hat die Historie den Tod Buddhas auf 480 oder 470 v. Chr festgelegt. Noch heute aber ist das Jahr 543 v. Chr. das Jahr Null des buddhistischen Kalenders. Oft trifft der Besucher auf die aus dem Todesjahr Buddhas und der westlichen Zeitrechnung addierte Jahreszahl. Beispiel: Das Jahr 2006 ist in Ländern mit buddhistischer Staatsreligion das Jahr 2549.

Grundlagen des Buddhismus

Die Grundlagen des Buddhismus entstammen der hinduistischen Religion, aus ihr übernahm er den Begriff des Karma, des unüberwindbaren kosmischen Gesetzes. Karma meint die Vergeltung aller guten und bösen Taten, die regelmäßig in der Wiedergeburt gesühnt werden. Dabei zählen gute Taten so viel, dass sie im nächsten Leben mit einer besseren Existenz belohnt werden können. Dieser Zyklus ist zwingend, selbst von Buddha berichtet die Überlieferung, er habe mehr als 500 Lebenszyklen in verschiedenen Gestalten vollenden müssen. Er kann aber – vereinfacht gesagt – von jedem Einzelnen beeinflusst werden, indem man sein eigenes Leben den von Buddha vorgegebenen Glaubensgrundsätzen widmet. Dem Nirwana am

Buddhistische Mönche beim Gebet →

nächsten sind aber die Mönche, die ihr ganzes Leben mit dem Studium der Lehren Buddhas verbringen. So ist das hohe Ansehen zu erklären, das Mönchen in Thailand entgegengebracht wird.

Mahayana- und Hinayana Buddhismus

Der Unterschied zwischen dem Mahayana- und dem Hinayana-Buddhismus besteht in den Möglichkeiten, den Zyklus von Geburt – Tod – Wiedergeburt zu durchbrechen. Während der Hinayana-Buddhismus davon ausgeht, dass dies ohne jegliche Unterstützung jeder einzelne Gläubige erreichen muss, kennt der im 1. und 2. Jh. n. Chr. entstandene Mahayana-Buddhismus die **Bodhisattvas**. Das sind Menschen, die das Stadium der Erleuchtung bereits erlangt haben, jedoch immer noch (unerkannt) auf der Erde weilen, um anderen Menschen den »Achtfachen Pfad der Erkenntnis« und damit den rechten Weg zum Nirwana zu weisen. Auch Buddha selbst war nach seinem etwa 500 Leben umfassenden Zyklus von Geburt, Tod und Wiedergeburt zunächst ein solcher Bodhisattva, bevor er endgültig ins Nirwana einging.

Heutige Glaubensrichtungen

Vom indischen Herrscher Ashoka entsandt, gelangten im 3. Jh. v. Chr. die ersten buddhistischen Mönche in das Gebiet um Nakhon Pathom. Hier entstand die Glaubensrichtung, die heute gelehrt wird. Mit den Gesetzen des erleuchteten Buddha vermischten sich **Elemente des Hinduismus**, so z. B. das hinduistische Weltbild. Eine der zahlreichen Darstellungen dieses Weltbilds stammt von König Loei Thai (1299–1347). Danach existiert die Welt in einem unendlichen Raum; sie selbst zerfällt in eine sinnliche Welt, in eine der reinen Formen und in eine der nicht greifbaren Dinge. In der sinnlichen Welt findet man die kalten und warmen Höllen, in der darüber liegenden Welt die Erde, als runde Scheibe mit dem Berg Meru als Zentrum, die von Menschen, Tieren und Geisterwesen bevölkert wird. Als oberste der Welten gilt die der Gottheiten, die sich im Zustand der jahrtausendelangen Meditation befinden und dabei jede Art der körperlich greifbaren Erscheinungsform abgelegt haben. Über diesen drei Welten liegt das Nirwana, das Menschen nicht beschreiben können, weil es sich jeder Vorstellungskraft entzieht.

Während die reine Lehre des Buddhismus ohne Götter auskam, entwickelten sich im Laufe der Jahrhunderte mehrere Glaubensrichtungen, die sich der Götter artverwandter Religionen (u. a. des Hinduismus) bedienten. Übernommen wurden so Teile der hinduistischen Mythologie wie die Trinität **Brahma** (der Schöpfer des Universums),

? WUSSTEN SIE SCHON ...?

- Häufig sieht man Kinder, aber auch Erwachsene mit einem Wollfaden, der um das Handgelenk gebunden ist. Der Grund dafür: Man will das khwan an den Körper binden und damit Glück und Gesundheit im Körper bewahren. Einen solchen Wollfaden kann man sich auch als Besucher von einem Mönch um das Handgelenk binden lassen. Aber Vorsicht: Warten Sie, bis der Faden von selbst abfällt, auf keinen Fall sollten Sie ihn durch Abreißen entfernen …

Shiva (der Gott mit dem Unheil verkündenden dritten Auge) und **Vishnu** (der Wohltäter, Bewahrer und Erlöser). Sie treten auch in der buddhistischen Religion in den verschiedensten Inkarnationen auf, so z. B. Vishnu als Rama, Hauptheld des Epos »Ramayana«.

Animismus

Eine wesentliche Rolle im religiösen Leben der Thai spielen gute und böse Geister, ein Element des Animismus. Mit Buddhas ausdrücklicher Duldung, solange weder der Lehre noch den Lebewesen Schaden zugefügt wird, sind die zahllosen Götter dem großen Lehrer zwar unterstellt, aber doch nicht ihrer tröstlichen Macht für die alltäglichen Sorgen des Volkes beraubt – allerdings nur, wenn man versteht, sich ihre Gunst zu erhalten.

Täglich wird den Geistern geopfert.

Das Individuum gliedert sich in drei Teile, den materiellen Körper »kai«, eine eigene und eine freie Seele, »winyan« und »khwan«. Gelingt es, das »khwan« im Körper zu binden, sind Gesundheit, Wohlstand und beruflicher Erfolg sicher. Nach Krankheit oder Tod kann das »khwan« den Körper verlassen, manchmal aber wandert es unruhig umher und sucht die Lebenden heim. Gegen solche Totengeister wird bei jeder Totenfeier ein aufwändiger Ritus abgehalten, der verhindern soll, dass das »khwan« auf die Erde zurückkehrt. Besondere Riten pflegen die Bergvölker im Norden, bei ihnen spielen Geister eine noch größere Rolle.

Es gibt böse Geister und natürlich auch gute, die Erdgeister »phi ruan« wie auch die Hausgeister »phra phum«. Gute Geister werden, so man sie als solche erkennt, in die Familiengemeinschaft aufgenommen, die bösen finden ihre Heimat in den **Geisterhäuschen**, den »saan phra phum«, wo sie durch Opfergaben täglich aufs neue besänftigt werden. Böse Geister sollen Verstorbene sein, denen die Wiedergeburt und damit ein weiterer Schritt zum Nirwana verwehrt blieb.

»Phra phum« ist der wahre Alltagstrost für jeden, denn er lebt mit den Menschen, zwar nicht unter einem Dach und auch nicht im Schatten des Hauses, aber gleich daneben. Er residiert in einem palast- oder tempelähnlichen, kunstvoll gefertigten Bauwerk, das in Augenhöhe auf einen Pfahl gesetzt wird. Es ist von einer Terrasse oder Galerie umgeben, auf die die mitgebrachten Gaben gelegt wer-

den. »Phra phum« persönlich, als Figur aus Holz oder Ton an die Rückwand seines Häuschens gelehnt, in einer Hand die Fliegenklatsche, in der anderen ein großes Buch, kann alle Begebenheiten und Taten durch das offene Frontportal beobachten und überwachen; Familienereignisse trägt er in sein Buch ein, Respektlosigkeiten straft er durch Alpträume, schlimmstenfalls durch Raub, Einbruch oder Feuersbrunst.
Zu jeder Tageszeit bringen die Thai Reis, Tee, Orchideen und andere Gaben, um vor allem die guten Geister um Fürsprache zu bitten. Bei besonderen Ereignissen, etwa Krankheit, Geburt, Verschuldung oder Hoffnung auf das große Los in der Lotterie, findet der »Phra phum« seine Schar an dienstbaren und unterhaltsamen Huldigern bereichert durch Pferde und Elefanten, Sklaven und Tänzerinnen, auch sie zierlich aus Pappe oder Holz gefertigt. An Straßen stehen Geisterhäuschen v. a. an besonders gefährlichen Stellen, an denen sich häufig Unfälle ereignen. Die meisten Geisterriten sind für den ausländischen Besucher unverständlich, dennoch lohnen z. B. der täglich von vielen Hundert Thai besuchte Erawan-Schrein an der Rama I. Road in Bangkok (auch er ist eigentlich nur ein Geisterhäuschen, genießt jedoch besondere Ehrerbietung) oder der Lak Muang in Bangkok gegenüber dem Großen Palastbezirk einen Besuch.

Religiöse Feste und Bräuche

Mönchstum In ganz Thailand gibt es schätzungsweise um die 200 000 Mönche, etwa die Hälfte von ihnen ist es auf Lebenszeit. Besonderen Respekt genießen alte Mönche, da man von ihnen annimmt, dass sie durch ihren asketischen Lebenswandel dem Stadium der Erlösung schon recht nahe gekommen sind. Dass Mönche übrigens nichts annehmen dürfen, was aus der Hand einer Frau kommt, ist nicht etwa auf eine von Buddha vorgegebene Regel zurückzuführen. Vielmehr sind ihm lange Zeit nach seinem Tod Worte in den Mund gelegt worden, die der Frau nur eine geringe Rolle im Weltbild zuschreiben. Dennoch wird sich heute noch ein Mönch weigern, Nahrung oder auch Geld aus der Hand einer Frau anzunehmen. In den Klöstern leben aber Maetschis, weibliche Bedienstete, die nicht denselben Regeln wie die Mönche unterliegen. Ihnen ist beispielsweise der Umgang mit Geld gestattet, und sie sind oft auch für die Haushaltsführung im Kloster zuständig.

Klosteraufenthalt Fast jeder gläubige (männliche) Thai geht einmal in seinem Leben in ein Kloster, oft tut er dies schon in jungen Jahren. Zum Beispiel während der Sommerferien, es gibt zahlreiche Tempel, die sich auf den zeitlichen Aufenthalt von Jungen im Alter ab etwa sechs Jahren eingerichtet haben. Während dieser Zeit soll dem jungen Buddhisten der Zugang zu den Lehren des Erleuchteten vermittelt werden. Der Tag der Aufnahme in das Kloster ist ein Festtag für die ganze Familie, aber auch für weit entfernt wohnende Verwandte und Freunde. In

einer feierlichen Zeremonie wird als Symbol der Uneitelkeit der Kopf des Jungen geschoren, erst danach erhält er das safrangefärbte Mönchsgewand.
Während der folgenden Wochen besteht der Tagesablauf in mehrstündigen Studien der heiligen Schriften, die in Sutren niedergelegt sind. Außerdem werden die jungen Mönche in die Kunst der Meditation eingewiesen – was angesichts ihres Alters manchmal nicht ganz einfach ist. Wie ihre erwachsenen Vorbilder ziehen auch die kleinen Mönche auf Zeit am frühen Morgen durch die Straßen, um Spenden zu sammeln. Meist ist es Reis, Gemüse und etwas Fleisch, das die Gläubigen den Mönchen spenden, manchmal sind es auch Opfergaben wie Lotosblumen oder Orchideen mit der Bitte, diese im Tempel vor der Buddhafigur niederzulegen. Dabei ist es nicht üblich, dass sich der Mönch bedankt. Im Gegenteil: Nimmt der Mönch eine Gabe entgegen, dankt der Gläubige mit einem respektvollen Wai, indem er die Handflächen zusammenlegt und diese vor sein Gesicht hält. Damit erhoffen sie sich einen Beitrag zur Erlösung ihrer Seele.

? WUSSTEN SIE SCHON ...?

- ... dass ein buddhistischer Mönch während seiner Zeit im Kloster nur acht Utensilien besitzen darf? Das sind das dreiteilige Mönchsgewand, eine Schale für die Almosen, ein Wassersieb, eine Nadel, ein Messer zum Rasieren des Kopfes sowie eine Schnur mit 108 Kugeln, die er während des Meditierens durch die Finger gleiten lässt.

Totenfeier

Sieben Tage lang versammeln sich die nächsten Angehörigen eines Verstorbenen in schwarzer oder weißer Trauerkleidung um den aufgebahrten Toten in dessen Haus und hören den »Sutren« der Mönche zu, die in einer Reihe auf erhöhten Podesten sitzen. Am Tag der Einäscherung (je höher der gesellschaftliche Rang, desto später wird sie vollzogen – mitunter erst nach einem Jahr) wird der Sarg mit dem Verstorbenen in den Tempelbezirk gebracht. Dort erhalten alle Trauergäste kleine Strohsterne, die sie in einem symbolischen Akt in eine Pyramide aus aufgeschichtetem Holz unter einer prächtigen Papp-Pagode werfen, ehe alles zusammen vom höchstrangigen Gast in Brand gesteckt wird. Die eigentliche Verbrennungsstätte wird nur von den engsten Verwandten aufgesucht.

Alltag mit Hindu-Göttern

Während bei größeren Familienfesten, beim Erntesegen und am Vorabend einer Mönchsweihe auf die hohe Zeremoniekunst eines Brahmanen zurückgegriffen wird, sucht man Trost und Hoffnung für den Alltag zumeist bei steinernen und marmornen Hindugöttern. Meist genügen schon so bescheidene Opfergaben wie einige Räucherkerzen, eine Blumengirlande (pyan malai), eine kleine Schale Reis oder andere Speisen und natürlich die demütige Ehrerbietung. Besonders verehrt wird der »Tao Maha Prom« (an der Ecke des Four-Seasons-Hotels in Bangkok), aber auch »Erawan«, der dreiköpfige Elefant (vor der Kunstakademie, neben dem Nationaltheater) und »Phra Mae Torani« (im Schrein am Klong hinter dem Royal-Hotel in Bangkok) erfreuen sich großer Beliebtheit. Aus ihrem Zopf fließt das Segen spendende Wasser, das im November beim Loy-Krathong-Fest, dem wohl schönsten thailändischen Fest, seine höchste Ehrung erfährt.

Blumenkettchen Die »pyan malai«, die kunstvoll aus duftenden Jasminblüten, Orchideen oder Rosen geflochtene Girlande, wird abends an fast jeder Ampel den Autofahrern zum Kauf angeboten. Sie wird dem erfolgreichen Examenskandidaten oder Ehrentitelempfänger als Glücksbringer um den Hals gelegt, aber auch einer Buddha-Statue oder der animistischen Gottheit »phra phum«, zu Füßen gelegt.

Tempel

Vielfältige Einflüsse Zwar trägt die sakrale Architektur die meist unverwechselbare Handschrift des jeweiligen Herrschers; doch daneben können fast alle Tempelanlagen Thailands den Einfluss fremder Kulturen nicht verbergen. Indische und ceylonesische Elemente gelangten durch Missionare oder Kaufleute nach Thailand. Die Khmer (Mon) bestimmten über Jahrhunderte hinweg die Tempelarchitektur entlang ihrer Handelswege, ihre Tempelanlagen im Nordosten wurden freilich mehr oder weniger dem Verfall preisgegeben. Im Norden waren es die Birmanen und Laoten, deren prächtige Bauwerke bis heute Vorbilder geblieben sind. Schließlich fanden im 19. Jh. auch europäische Stilformen und Materialien Eingang (ein schönes Beispiel dafür ist der Tempel Wat Benchama-bo-bitr in Bangkok). Für den Tempelbau gilt jedoch das Gleiche wie für andere Kulturäußerungen: Die Thai übernahmen die Elemente ihrer Nachbarn, zeigten sich dann aber als Meister der Vollendung und Verfeinerung. Zudem weisen viele Tempelanlagen verschiedene Stilelemente auf, weil über mehrere Epochen hinweg an ihnen gearbeitet wurde.

Hindu-Tempel In Indien wurde während der Gupta-Zeit (310 – 500 n. Chr.) der frei stehende Turmtempel entwickelt, der den Höhlen- oder Felstempel ablöste. Der Turmtempel besteht zunächst aus einem kubischen Block auf einer Terrasse mit quadratischem Grundriss; über dem Hauptraum im Innern des Blocks, der Cella, erhebt sich ein pyramidenförmiger, meist gestufter Turm, die Außenwände sind mit Reliefs geschmückt. An allen vier Seiten führt eine Treppe auf die Terrasse, während die Cella nur von einer Seite zugänglich ist. Älteste erhalten gebliebene Beispiele indischer Turmtempel sind der Shiva-Tempel von Geogarh (5. Jh., Turmhöhe etwa 13 m), der aus Ziegeln erbaute Tempel von Bhitargao bei Khanpur (5. Jh.) und der buddhistische Mahabodhi-Tempel (um 562, Turmhöhe 51 m) in Bodhgaya, dem Ort der Erleuchtung Buddhas (eine verkleinerte Kopie dieses Tempels ist der Viharn im Wat Chet Yot in Chiang Mai). Nicht viel später wurde der Cella eine Mandapa genannte Versammlungshalle angefügt, dann zwischen Cella und Mandapa ein »Antarala« (Wandel-

Einer der schönsten Tempel Thailands: der Wat Phra That Luang in Lampang

gang) geschaffen. Die Cella erhielt reich verzierte Torvorbauten (Gopura). Damit war die Grundform des Hindutempels gegeben. Einzelne Elemente dieses Baustils finden sich im thailändischen Wat wieder.

Khmer-Tempel

Entlang einer heute in ihrem genauen Verlauf nicht mehr bekannten Straße, die Thailand einst in Nord-Süd-Richtung durchzogen haben mag, stößt man auf zahlreiche mehr oder minder gut erhaltene Khmer-Heiligtümer. Nachgewiesen ist freilich, dass die Khmer entlang ihrer Handelsstraßen Tempel errichtet haben, in denen die Reisenden ihren religiösen Pflichten nachkommen konnten. Im 2. und 1. Jh. v. Chr. waren die Khmer das mächtigste Volk Südostasiens, ihr Einflussbereich reichte über das völlig von ihnen kontrollierte Gebiet des heutigen Kambodscha hinaus bis weit nach Thailand und Birma hinein. Die Architekten der thailändischen Tempel wiederum übernahmen etliche Elemente von den Khmer-Tempeln, wie z. B. den Prasat, den sie lediglich kunstvoller gestalteten, in seiner Urform jedoch weitgehend beließen. Die Architektur des Khmer-Tempels entwickelte sich aus dem Baphuon-Stil, der den Kult des »heiligen Bergs« (Meru) pflegte und deshalb vom hinduistischen Original stark beeinflusst wurde. So blieben die Khmer denn auch weitgehend bei der Anlage ihrer Tempel diesem Original treu.

Prasat ► Das zentrale Heiligtum des in rechteckiger Form angelegten Khmer-Tempels ist der Prasat, meist ein hohes Gebäude mit Säulenumgang auf dem Grundriss eines griechischen Kreuzes; es wird in der Regel an allen Seiten von Prangs umgeben. Über der Vierung, an der die vier mehrfach gestaffelten Dächer zusammentreffen, erhebt sich ein Turm, der in der Regel mit zahllosen Menschen- und Tierplastiken besetzt ist. Diente das Gebäude für religiöse Kulthandlungen oder als Gedenkstätte, ist der Turm ein Prang; diente es dem König z. B. als Audienzhalle oder als Aufbahrungsraum, endet der Turm in einer Spitze. Um das Khmer-Heiligtum schließt sich eine innere Mauer, eine weitere, meist höhere, umschließt den ganzen Tempelbezirk. Breite Wassergräben außerhalb des Tempels symbolisieren die Weltozeane, innerhalb wurden vielfach steingefasste Becken angelegt, aus denen die Priester das heilige Wasser schöpften. Die Khmer-Tempel zeugen von hoher Kunstfertigkeit. In der steinernen Nachbildung von Tieren, Menschen und Pflanzen (an Türstürzen und Gesimsen) erwiesen sich ihre Schöpfer als wahre Meister. Tempel im Khmer-Stil sind v. a. im Nordosten Thailands vielfach erhalten, besonders schöne Beispiele findet man in Phimai und bei Prakhon Chai (Wat Prasat Phanom Rung).

Thailändischer Wat

Tempelanlage ► Der Begriff Wat wird oft als Kloster übersetzt, was nicht falsch ist. Wie die Klöster des europäischen Mittelalters sind auch die thailändischen Wat Stätten der Zuflucht und inneren Einkehr, Schulen, Kranken- und Waisenhäuser. Außerdem ist der Wat eines Dorfs oft der Platz, auf dem Feste gefeiert werden. Wat nennt man die Gesamtheit einer Klosteranlage; sie besteht aus dem heiligen Bezirk und den Wohnanlagen der Mönche, innerhalb derer es im Allgemeinen keine Kultbauten gibt. Die beiden Bereiche sind fast immer durch eine Mauer (»kamphaeng kheo«, Edelsteinmauer) voneinander getrennt. Die Wohnungen für die Mönche (Khana), der große Versammlungssaal (Viharn), ein Hof mit Kapellen darum herum, der eigentliche Tempel und die Wirtschaftsräume bilden die Tempelanlage. Hinzu kommen, je nach Größe der Anlage, eine Bibliothek, in der die Sutren (Schriften mit der Lehre Buddhas) aufbewahrt werden, und ein oder mehrere Wandelgänge, in denen die Mönche meditieren. Typische Gebäude für den Wat sind der »Bot«, der »Viharn«, die »Sala«, das »Ho Trai« und das »Kambarien« (Erklärung unten).

Je nach Größe des Tempelbezirks gibt es einen oder mehrere Viharn, die nach dem Namen der Buddhastatue in ihrem Innern benannt sind. Sichtbarstes Bauwerk ist der alles überragende Chedi (oder Prang), der für den thailändischen Wat typisch ist. Außerdem gehört zu einem Wat ein Glockenturm (»Ho Rakang«), in dessen unterem Geschoss eine Trommel oder ein Gong aufgehängt ist. Häufig sind »Dschaks« (Tempelwächter chinesischen Ursprungs), »Kinnari« (Vogelmädchen), »Garudas« (die Reittiere Vishnus) sowie andere Figuren zu sehen, die fast alle der hinduistischen Mythologie entstammen.

Besondere Verehrung genießen Bodhi-Bäume, die in Tempelbezirken stehen und mit gelben oder safranfarbenen Stoffbändern verziert sind. Unter einem solchen Baum erlangte Buddha das Stadium der Erleuchtung.

◄ Bodhi-Baum

Bot

Das heiligste Gebäude im Tempelbezirk ist der Bot, auch Ubosot genannt, der nur Mönchen zugänglich ist – hier wird zum Beispiel die Ordination der Mönche gefeiert. Acht Grenzsteine (»Sema«) umgeben den heiligen Bezirk und trennen ihn vom übrigen ungeweihten Terrain. Sie haben meist lanzettenartige Spitzen und sind mit Reliefs – oft Szenen aus dem Leben Buddhas – verziert. Zum Schutz vor der Witterung und magischen Kräften sind sie häufig von Tabernakeln in Chediform gekrönt. Der Bot selbst ist ein lang gestrecktes Gebäude mit rechteckigem Grundriss und Fenstern in den Längsseiten, der Eingang ist stets an der östlichen Stirnseite. Ein größerer Bot besitzt drei Eingänge, wobei der mittlere immer größer ist als die anderen,

Der berühmte Wat Phra Kaeo in Bangkok: Tempel mit den Ausmaßen eines ganzen Stadtteils

sowie einen Wandelgang, in dem oft Buddhastatuen aufgestellt sind. Die Portale und Fensterläden sind häufig mit prächtigen, meist vergoldeten Schnitzereien oder mit Perlmuttintarsien verziert. Charakteristisch ist, dass sich die dicken Mauern und die Säulen nach oben hin verjüngen.

Eingänge ► Besonders kunstvoll ausgeprägt sind die Eingänge an nordthailändischen Tempeln, die meist nach birmanischem Vorbild erbaut sind. Die Körper von Nashornschlangen bilden eine Balustrade, Köpfe wie Körper sind mit vielen kleinen, gläsernen Mosaiksteinchen besetzt. Die mehrfach gestaffelten, leicht geschwungenen Dächer der Tempelbauten sind häufig mit bunt glasierten Ziegeln in einer bestimmten Anordnung gedeckt, den Abschluss bilden symbolisch sich in den Himmel windende stilisierte Nashornschlangen. Von den Dachsimsen herunterhängende kleine Glöckchen erklingen bei jedem Luftzug mit hellem Ton. Er wird durch Blechscheibchen erzeugt, die den herzförmigen Blättern des heiligen Bodhi-Baums nachgebildet sind.

Innenraum ► Der Innenraum ist bei größeren Bauten dreischiffig, bei kleinen einschiffig. An der Westseite, dem Eingang gegenüber, befindet sich die verehrungswürdigste Buddha-Figur, oft umgeben von vielen weiteren Statuetten, Blumengirlanden, Opfergaben und einem Gefäß mit Sand, in den die Gläubigen Räucherstäbchen stecken. Die Atmosphäre des Raums wird außer von den Proportionen und dem sich verzweigenden Gebälk (oft ist eine prächtig verzierte Holzkassettendecke eingezogen) vor allem von der Harmonie der Farben bestimmt: Rot, Gold, Blau und Schwarz sind beliebte Farbtöne. Die Malereien an den Wänden stellen meist Szenen aus dem Leben Buddhas oder aus einem seiner früheren Leben (den Jataka) dar.

Viharn Dem Bot sehr ähnlich ist der Viharn, die Andachtsstätte für die Laien. Auch er beherbergt eine oder mehrere Buddhastatuen und ist mit kunstvollen Details ausgestaltet. Tempelanlagen besitzen mindestens einen, größere oft mehrere Viharn.

Chedi und Stupa Der indische Stupa und damit auch der thailändische Chedi entwickelte sich aus einem Grabhügel, der die Reliquien heiliger Mönche bedeckte. Die ersten Stupas soll der indische König Ashoka (273 – 231 v. Chr.) errichtet haben, so die vier Stupas in Pattan (Nepal).

Zu den ältesten Stupas zählen auch die in Anuradhapura auf Sri Lanka (ehem. Ceylon), wo sie »Dagoba« genannt werden. Stupas wie Chedis sind keine Gotteshäuser, sondern unzugängliche Kultbauten, die Reliquien Buddhas enthalten und als markantes Denkmal des Buddhismus bezeichnet werden können. In Laos wird der Stupa »That«, in Birma, Nepal, auf Java und Bali wird er »Pagode« genannt. Seine Grundform besteht aus einem halbkugel- oder glockenförmigen Körper aus Ziegel, später verputzt oder mit Stuck verkleidet, mit einem rechteckigen Aufsatz, den ein mehrstufiger Schirm, das Symbol der Heiligkeit, krönt. Den größten Chedi besonders heiliger Tem-

Entstehung des Chedi

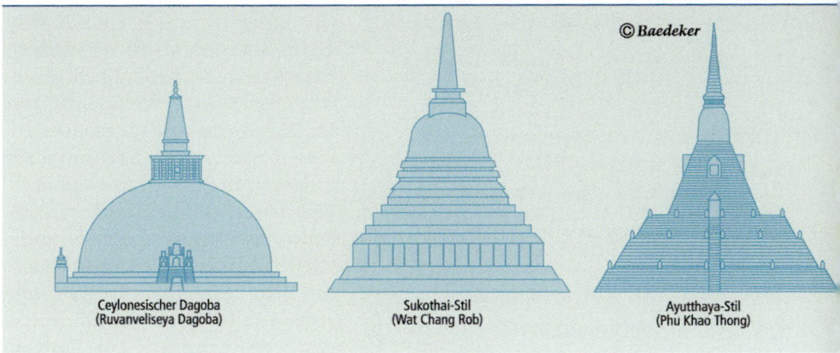

pel krönt eine vergoldete oder massivgoldene Spitze. Um Buddha Ehrerbietung zu erweisen, umwandert man Stupa und Chedi im Uhrzeigersinn, dazu dient die von einer Steinbalustrade umgebene Terrasse (die von Frauen nicht betreten werden darf). Vier große Tore durchbrechen die Balustrade an den vier Seiten, der Bau selbst ist mit Skulpturen reich verziert.
In Thailand hat sich der Stupa indischen Musters zu zwei Formen weiterentwickelt: dem Chedi und dem Prang. Sie sind wesentliche Bestandteile des Wat; an ihnen lässt sich die Weiterentwicklung des indischen Originals am besten nachvollziehen. Wies der klassische Stupa einen bauchigen, fast plumpen Körper auf, so formten die Thai ihn als Chedi zu einer Glocke und das Oberteil zu einer (im Mittelteil oft durch Ringe gebildeten) Spitze, die, ursprünglich in Form einer Lotosblüte ausgebildet, in späterer Zeit immer schlanker wurde. Sie verleiht dem Stupa die für Thailand typische Eleganz. Im Innern eines Chedi werden (nicht zugänglich) oft Buddha-Reliquien aufbewahrt, manchmal auch die sterblichen Überreste von Königen oder besonders heiligen Mönchen.

Prang

Der Prang hat sich bei den Khmer, die lange Zeit Thailand beeinflussten, ebenfalls aus der indischen Dagoba entwickelt. Im Gegensatz zum Chedi besitzt er keine Nadelspitze, sondern eine Kuppe. Die Silhouette oberhalb des Sockels ist schlank und verjüngt sich zur Spitze hin nur mäßig. Manche Prangs, v. a. solche aus der Zeit vor dem 16. Jh. wirken hingegen sehr gedrungen. In seinem Innern birgt er eine Reliquie; zu ihrer Kammer, die einen überdachten Vorbau aufweist, führt eine Treppe empor. Prangs sind meist kunstvoll verziert und mit Skulpturen geschmückt. Der eindrucksvollste Prang Thailands ist der des Wat Arun in Bangkok.

Sala

Salas sind kleine, offene Hallen im Thai-Stil, deren Dach von Pfeilern getragen wird. Sie stehen an verschiedenen Stellen im Tempelbezirk und dienen vor allem als Ruhestätten für die Besucher.

? WUSSTEN SIE SCHON ...?

- Vor dem Betreten des Heiligtums müssen die Schuhe ausgezogen werden. Es ist in höchstem Maß ungebührlich, einer Buddha-Statue die Füße entgegenzustrecken. Mönchen ist in aller Regel die erste Reihe vor der zentralen Buddhafigur vorbehalten, ab einem bestimmten Punkt nähert sich selbst der König einer besonders verehrungswürdigen Buddhafigur nur auf den Knien rutschend. Weitaus weltlicher geht es in den Anlagen rund um den Tempel zu; mancher Tempelhof gleicht gar einem Markt, in dem Speisen, Getränke und Souvenirs feilgehalten werden. In kleinen Holzkäfigen flattern Vögel, die gekauft und freigelassen werden, was dem Seelenheil dient.

Das **Ho Trai** ist die Bibliothek, in der heilige Schriften und Kultgegenstände aufbewahrt werden. Es hat einen kubischen, hohen Unterbau (zum Schutz der Schriftstücke vor Ungeziefer und Nässe), der zuweilen von einem Säulenumgang umgeben ist. Das Dach ist pyramidenförmig und in Stufen gegliedert; die Flächen sind oft durch reichen plastischen Schmuck (z. B. im Wat Phra Kaeo in Bangkok) aufgelöst. In Nordthailand gibt es noch gut erhaltene Ho Trais in Teakholzbauweise. Je nach Bedeutung kann ein Tempel über ein oder mehrere Ho Trai verfügen.

Im **Kambarien**, einem der wichtigsten, wenn auch meist schmucklosesten Gebäude eines Wat, rezitieren Mönche täglich von 12.00 bis 13.00 Uhr die Sutren. In seinem Innern steht oft eine aus Teakholz gefertigte, reich verzierte Kanzel, von der aus der Mönch spricht.

Wat Mahathat

Besonders wichtige Tempelanlagen tragen den Zusatz (Wat) Phra Mahathat (»Tempel der großen heiligen Reliquie«). Jede Königsstadt hatte mindestens einen Wat Phra Mahathat, der in seinem Chedi (oder Prang) eine Buddha-Reliquie (Haar, Knochen, Zahn) barg.

Wohnbereich

Im Wohntrakt der Tempelanlagen führen die Mönche ihr stilles, zurückgezogenes und im Tagesablauf streng geregeltes Leben. Der Besucher sollte das respektieren und nicht durch auffälliges Verhalten stören.

Andere Religionen

Religionsvielfalt hat Verfassungsrang

Neben dem Buddhismus genießen auch alle anderen Religionen große Entfaltungsmöglichkeiten, die auch in der Verfassung von 1978 dokumentiert sind. Auch das ist Ausdruck des kosmopolitischen Denkens in der thailändischen Regierung.

Islam

Die Geschichte der sunnitischen Moslems in Thailand beginnt wohl im 13. Jh., als der Süden Siams von der Malaiischen Halbinsel aus islamisiert wurde. Während sich die Bevölkerung im größten Teil Thailands für den Buddhismus entschied, bildeten sich hier kleine Fürstentümer. Um 1786 begannen die Thai, sich diese Sultanate einzuverleiben und tributpflichtig zu machen, wobei sie wenig auf die

Muslimkinder in Südthailand

kulturellen und religiösen Traditionen achteten. Beamte aus dem fernen Bangkok bewiesen wenig Fingerspitzengefühl, sie sprachen oft nicht den Landesdialekt Yawi. Als dieser Dialekt dann auch noch verboten und an den Schulen ausschließlich in Thai unterrichtet wurde, formierte sich der Widerstand. Aus dem Untergrund wurde das verhasste System des Buddhismus und des thailändischen Königshauses bekämpft, auf Gewaltakte der Einheimischen folgte die ebenso gewalttätige Antwort der Herrscher. In den 50er- und 60er-Jahren des 20. Jh.s waren Separatistengruppen besonders aktiv. Erst ein Umdenken in der thailändischen Regierung sorgte für eine Befriedung der Region. Behutsam arbeitete das Königshaus an einer Integration der Muslime, gestattete wieder Unterricht und Verwendung des Yawi-Dialekts. Frauen wurde wieder erlaubt, das traditionelle Kopftuch, den Tschador, in der Öffentlichkeit zu tragen. Der König selbst ließ eine seiner Sommerresidenzen in der Nähe von Narathiwat erbauen, in Pattani finanzierte er den Bau einer Universität. Ortsschilder wurden wieder zweisprachig. König Bhumibol bezahlte aus seiner Privatschatulle eine Übersetzung des Koran in die thailändische Sprache. Dem Staatsrat gehört ein hoher islamischer Würdenträger an, der für die Belange der Muslime unter der thailändischen Bevölkerung zuständig ist. Für muslimische Beamte ist der Freitag für die »djum'a« (Zusammenkunft zum Freitagsgebet) ein halber Feiertag; für eine Pilgerfahrt nach Mekka bekommen sie einmal im Leben einen viermonatigen bezahlten Urlaub.

Hinduismus

In Thailand gibt es ca. 22 000 Anhänger des Hinduismus. In den Hindu-Schulen wird neben dem für alle Schulen obligatorischen Thai-Lehrplan Hindi, Sanskrit und Englisch gelehrt.

Christentum

Im 16. und 17. Jh. kam mit den Jesuiten aus Spanien, Portugal und Frankreich das Christentum auch nach Südostasien. Heute genießen die etwa 220 000 Christen in Thailand wegen ihrer wohltätigen Einrichtungen hohes Ansehen. Waisen- und Altenheime, Krankenhäuser und Taubstummenschulen sind Betätigungsfelder, die vom Staat, wie auch in anderen Ländern Asiens, gern den kirchlichen Institutionen überlassen werden. Es gibt etwa 100 christliche Gotteshäuser in Thailand, je zur Hälfte katholisch und protestantisch. Viele Kirchen wurden im europäischen Stil erbaut, interessantestes Beispiel ist die von französischen Christen erbaute Kathedrale »Notre Dame« in Chanthaburi, das größte christliche Gotteshaus in Thailand.

Geschichte

Bis heute sind die Thai stolz darauf, dass ihr Land nie von fremden Nationen besetzt war. Die thailändischen Könige sorgten mit einer geschickten Schachbrettpolitik dafür, dass Fremde zwar wohlgelitten waren, aber nie mehr Einfluss besaßen, als man ihnen auch zugestehen wollte.

Töpfer und erste Buddhisten

ca. 4000 v. Chr.	Bronzewerkzeuge und Tongefäße in Ban Chiang
800 – 1000 v. Chr.	Die Khmer weiten ihr Einflussgebiet bis nach Thailand aus.
um 250 v. Chr.	Der Buddhismus kommt nach Thailand.

Woher kamen die Thai?

Die Herkunft der Thai war lange umstritten. Man geht heute davon aus, dass sie im Zusammenhang mit den verheerenden Eroberungszügen des Mongolen Kublai Khan aus ihrem angestammten Gebiet vertrieben wurden. Kublai Khan, ein Enkel des berüchtigten Dschingis Khan, hatte um 1253 – noch vor seiner Ausrufung zum Herrscher über alle Mongolen – das im südlichen China gelegene Königreich Nan Chao überfallen, das etwa um 650 n. Chr. begründet worden war. Bei der darauf folgenden Völkerwanderung gelangten die Menschen unter anderem bis nach Thailand.

Sensationell: Die Funde von Ban Chiang

Dass die aus Südchina stammenden Thai-Völker jedoch nicht die ersten Menschen waren, die das Gebiet des heutigen Thailand besiedelten, wurde 1967 auf überraschende Weise bewiesen: Unweit des Dorfes Ban Chiang gruben Forscher eine Vielzahl von Artefakten aus, anhand derer man davon ausgehen kann, dass dieses Gebiet bereits 4000 Jahre vor Christus besiedelt war. Das würde bedeuten, dass in der Region um Ban Chiang bereits während der mitteleuropäischen Jungsteinzeit Menschen lebten. Geradezu sensationell muteten freilich die Bronzewerkzeuge an, die man bei Ausgrabungen fand. Deren Entstehung datierte man etwa auf etwa 2000 v. Chr., also zu einer Zeit, als in Mesopotamien die ersten bronzenen Gegenstände gefertigt wurden. Bis zu diesem Zeitpunkt war man davon ausgegangen, dass dies die ersten Bronzen waren, die von Menschen jemals hergestellt wurden.

Der Buddhismus kommt

Etwa 300 Jahre nachdem der erleuchtete Buddha ins Nirwana eingegangen ist, entsendet der indische König Ashoka Mönche in alle Himmelsrichtungen, um die Lehren Siddharta Gautamas zu verbreiten. Sie gelangen auch in das Gebiet um die heutige Stadt Nakhon Pathom und finden dort eine interessierte Zuhörerschaft.

Die Zeit der Khmer beginnt

Die Khmer, eines der mächtigsten Völker Südostasiens, weiten zwischen 800 und 1100 n. Chr. ihr Einflussgebiet aus. Während sie die Tempelstadt Angkor Wat (im heutigen Kambodscha) zum Zentrum ihres Reiches ausbauen, errichten sie entlang einer ihrer Handelsrouten viele Heiligtümer. Diese dienen vermutlich der geistigen Erbau-

← *Einfangen eines weißen Elefanten in Siam (französischer Farbdruck aus dem Jahr 1911).*

ung der Händler und Kaufleute, die bis nach China reisen. Einige kleinere Gebiete im Nordosten werden jedoch von Einwanderern aus den Gebieten Birmas und Kambodschas besiedelt, die am ehesten als Ureinwohner Thailands betrachtet werden können.

Das erste siamesische Königreich

1253	Gründung des Königreiches Siam
1279	König Ramkhamhaeng besteigt den Thron.
1350	Ayutthaya wird zur Hauptstadt.

Ramkhamhaeng – ein machtvoller Herrscher

Im Jahre 1253 wird das erste souveräne Königreich, Siam, gegründet. Als erster machtvoller Herrscher tut sich **König Ramkhamhaeng** hervor, der 1279 den Thron besteigt und Sukhothai zur Hauptstadt seines Reiches erklärt. Als sein größter Verdienst gilt die Einführung des heute noch gültigen Thai-Alphabets, das Elemente der indischen Dewanagari-Schrift enthält. Legendär wurde der König schließlich durch seine in Stein geritzte »Regierungserklärung«, in der erstaunlich viele demokratische Elemente enthalten sind. Diese Tafel wird heute im Nationalmuseum von Bangkok aufbewahrt. In der Nachbarschaft von Ramkhamhaengs Königreich entstehen in Chiang Rai und Chiang Saen weitere Thai-Fürstentümer.

Chiang Mai wird Hauptstadt

König Mengrai ist einer der weiteren Regenten, die in der siamesischen Geschichte eine wichtige Rolle spielten. Nachdem es ihm gelungen ist, das Königreich Haripunchai in Nordthailand zu erobern, gründet er am Fluss Menam Ping eine Stadt und nennt sie Chiang Mai (»Neue Stadt«). Chiang Mai wird Hauptstadt des Königreichs Lan Na (»Königreich der 100 000 Reisfelder«) und damit Nachfolgerin der Hauptstadt Lamphun, die oft von Überschwemmungen heimgesucht wurde.

Aufstieg und Fall von Ayutthaya

1350	König U Thong begründet Ayutthaya.
1512	Die ersten Europäer kommen.
1569	Ayutthaya wird kurzzeitig besetzt, aber nicht zerstört.

Neue Hauptstadt Ayutthaya

Die Blüte des Königreiches Sukhothai endet bald nach dem Tode Ramkhamhaengs. Da sich seine Nachfolger nicht einig werden, teilen sie das Reich in mehrere Fürstentümer auf. Statt Sukhothai gewinnt nun die neue Kapitale Ayutthaya an Macht. Deren Könige verstehen es, ihren Einflussbereich ständig zu vergrößern, schließlich gelingt es ihnen sogar, die einstige Metropole Sukhothai in ihr Reich einzugliedern und **König Liu Thai** zum Statthalter zu degradieren. Den Grundstein zur Entwicklung Ayutthayas legt 1350 **König Rama Thibodi I.** (auch U Thong genannt). Bis zum Fall der Stadt im Jahre 1767 sollte sich Thailand zum mächtigsten Staatsgebilde Südostasiens entwickeln.

Die ersten Europäer kommen

Die ersten Europäer, die das Königreich von Ayutthaya besuchen, sind **Portugiesen**. 1512 segeln sie im Auftrag ihres Vizekönigs Alfonso d'Albuquerque von Malakka (im heutigen Malaysia) kommend den Menam Chao Phraya hinauf, nachdem sie ein Jahr zuvor Malakka erobert und dort erfahren haben, dass das Land eigentlich dem »König von Sayam in Ayuthia« gehöre. Ihr Angebot, Feuerwaffen und Schießpulver für einen Feldzug gegen die Birmanen zu liefern, stößt bei **König Rama Thibodi II.** auf offene Ohren. Im Gegenzug erteilt er ihnen Wohn- und Handelsrechte in Ayutthaya sowie die Erlaubnis, die christliche Religion ausüben zu dürfen.

Ayutthaya erblüht

1556 erobern die Birmanen Chiang Mai, die Stadt bleibt bis ins 18. Jh. unter ihrer Oberhoheit. Darüber hinaus gelingt es ihnen nach einigen erfolglosen Versuchen, 1569 Ayutthaya zu besetzen; auf eine Zerstörung der Stadt verzichten sie allerdings. 28 Jahre später gelingt es **König Naresuen**, sich nach einem gewonnenen Zweikampf aus birmanischer Gefangenschaft zu befreien und Ayutthaya zurückzuerobern. In den folgenden Jahren erlebt die Stadt eine unerhörte Blüte, mehr als eine Million Menschen leben innerhalb ihrer Mauern. Europäische Besucher beschreiben Ayutthaya als »das Schönste, was sie je gesehen haben« und als »strotzend vor Gold und Diamanten«. Das spätere Bangkok, ein unscheinbares Dorf von Olivenbauern, bleibt zunächst unbeachtet. Doch bald nachdem die europäischen Händler die strategisch und wirtschaftlich günstige Lage des Orts erkannten, gründen sie an den Ufern des Menam Chao Phraya die ersten Handelsniederlassungen.

Regierungszeit König Narais

König Narai, der seit 1656 regiert, wird klar, dass die gastfreundlich aufgenommenen Europäer nicht nur Handel treiben, sondern auch militärische Ziele verfolgen. 1664 muss Narai einen ungünstigen Handelsvertrag schließen, da holländische Kriegsschiffe vor Bangkok in Stellung gehen. Die schon 1656 eingetroffenen französischen Missionare erscheinen ihm in dieser Situation als »Wink des Himmels«. Der Monarch schickt eine königliche Flotte zu **König Ludwig XIV.**, kurz darauf verschwinden die Schiffe unter mysteriösen Umständen bei Mauritius. Eine zweite siamesische Delegation, die 1684 nach Versailles reist, findet huldvolle Aufnahme. Ein Jahr darauf schickt der französische König Ludwig XIV. eine Gesandtschaft nach Siam, die von Chevalier de Chaumont geführt wird. Mit dabei ist auch eine beträchtliche Zahl Jesuiten, die die Thai zum christlichen Glauben bekehren sollen. Die französische Delegation verlässt nach einem Jahr das Königreich Siam, die Schiffe sind beladen mit wertvollem chinesischem Porzellan und anderen Abschiedsgeschenken. Die nächsten Gesandten, Cébéret und de la Loubère kommen mit 1400 Soldaten nach Siam. Ihnen und dem griechischen Berater König Narais, Konstantin Phaulkon, begegnet der Adel mit größtem Misstrauen. Unter der Führung des Kommandeurs des königlichen Elefantenregiments, **Phra Petraja**, nutzt eine Gruppe Adliger eine schwere Erkrankung Narais, um Phaulkon wegen Hochverrats anzuklagen und bei Lopburi zu enthaupten. Petraja besteigt selbst 1688 den Thron und vertreibt alle »farangs« (Ausländer) aus seinem Reich. Siam bleibt von diesem Zeitpunkt an für 130 Jahre allen westlichen Besuchern verschlossen.

Die birmanische Bedrohung

Grenzstreitigkeiten mit Birma zwingen die Siamesen zu ständiger Wachsamkeit. Nur während der Regierungszeit von **König Boromakot** (1732 – 1758) herrscht Frieden. Ayutthaya wird weiter ausgebaut, Kultur und Kunst gelangen zu höchster Blüte.

Eroberung Ayutthayas

Nach 15-monatiger Belagerung zerstören die Birmanen unter König Hsinbyuschin (1763 – 1776) die Hauptstadt Ayutthaya und ermorden König Ekatat. Nur wenige der mehr als eine Million Einwohner überleben, davon 500 Soldaten, denen unter ihrem Befehlshaber Taksin die Flucht nach Thonburi bei Bangkok gelingt. Noch im gleichen Jahr kann Taksin wieder eine schlagkräftige Truppe aufstellen, die er bis nach Chiang Mai führt, wo er die Birmanen aus dem Land treibt. 1768 macht sich **Phya Taksin** zum König und erklärt **Thonburi** zur Hauptstadt. Er findet jedoch nie Zeit zu ihrer Ausgestaltung, da ihn Militärexpeditionen gegen Aufsässige im Inland und zur Ausdehnung des Landes bis nach Laos und Kambodscha in Anspruch nehmen.

Die Chakri-Dynastie

1782	König Rama I. besteigt den Thron.
um 1830	Die erste Universität entsteht im Wat Pho in Bangkok.
1851	Rama IV. wird zum großen Reformer.

Bangkok wird Hauptstadt

König Taksin, dem das Volk wegen seines Größenwahns mit gehörigem Misstrauen begegnet, wird angeklagt, zum Tode verurteilt, in einen seidenen Sack eingenäht und zu Tode geprügelt. Nach seiner Hinrichtung wird seinem Freund und Feldherrn Chao Phya Mahakasatsuck die Krone angeboten. Dieser besteigt im Alter von 45 Jahren den Thron als **Rama I.** (Phra Phuttayodfa Chulalok), er ist der erste Herrscher der bis heute regierenden Chakri-Dynastie. Rama I. verlegt die königliche Residenz von Thonburi an das gegenüberliegende Ufer des Menam Chao Phraya und gilt damit als Gründer der Stadt Bangkok. Als er im Jahre 1809 – vom Volk höchst verehrt – stirbt, tritt sein Sohn Phra Phuttaloetla als **Rama II.** seine Nachfolge an. Dieser nimmt 1818 nach 130 Jahren wieder offizielle Beziehungen zu Europa auf und erteilt dem Portugiesen Carlos Manuel Silveira eine Schiffbau- und Handelserlaubnis. Ein Privileg, das er vier Jahre später dem Briten John Crawford freilich verweigert.

Regierungszeit von Rama III.

Während der Regierungszeit Ramas III. (1824 – 1851), der besonders Kunst und Wissenschaft fördert, wird im Wat Pho in Bangkok die erste öffentliche Universität des Landes gegründet; ihr Besuch ist kostenlos. In politischer Hinsicht ist es für das Königreich Siam von Bedeutung, dass sich Großbritannien in Asien einmischt. Dem Herrscher **Rama III.** kommt sehr gelegen, dass die Briten einen Eroberungszug gegen Birma führen, denn so wird für ihn der ständige Verteidigungszwang im Westen beendet. Der König zeigt sich erkenntlich und schließt 1826 einen Freundschafts- und Handelsvertrag. Als weitsichtig zeigt es sich jedoch, dass er den Briten über den Handel hinaus keinerlei Privilegien einräumt. Das gilt auch für die US-amerikanischen Kaufleute und Missionare, die 1833 von Präsident Jackson geschickt werden.

Öffnung nach Westen

Als Rama III. im Alter von 63 Jahren stirbt, besteigt sein Sohn **Rama IV.** (auch Mongkut genannt), ein seit seinem 20. Lebensjahr umherziehender Wandermönch, den Thron. Er fördert die erzieherischen und medizinischen Aktivitäten der Christen, ohne jedoch selbst zu konvertieren, und reorganisiert Polizei und Militär nach europäischem Vorbild. Der König erlässt während seiner Amtszeit über 500 neue Gesetze, u. a. das Gesetz zur Gleichbehandlung aller ohne Unterschied von Rang und Stellung sowie zur Erleichterung der Lebensbedingungen von Sklaven und das Recht auf freie Religionsausübung. Als König **Rama V.** (Chulalongkorn) 1868 an die Macht kommt, erfährt das Königreich Siam eine weitere Öffnung nach Westen. Bereits sein Vorgänger schloss mit dem Gouverneur der britischen Kronkolonie Hongkong ein Freundschafts- und Handelsabkommen, jetzt gelingt es ihm durch eine geschickte Schachbrettdiplomatie, dass Frankreich und Großbritannien das Königreich Siam als Pufferstaat zwischen ihren asiatischen Kolonien unangetastet lassen. Aber auch die Deutschen stehen nicht abseits: 1860 / 1861 bereist der preußische Gesandte **Fritz Graf zu Eulenburg** das Königreich Siam und hält seine Reiseerfahrungen in einem viel beachteten Bericht fest.

Ausbau des Verkehrssystems

In Bangkok wird 1869 die erste gepflasterte Straße für den Verkehr freigegeben. Sie trägt den bedeutungsvollen Namen Charoen Krung (»Es gedeihe die Hauptstadt«) und ist immerhin 8 km lang. Um ihren Bau zu ermöglichen, wurden zum ersten Mal Klongs zugeschüttet. Ein Jahr darauf erscheint der erste gedruckte Stadtplan Bangkoks. Er wird von Dr. Bradley's Mission Press in Singapur herausgegeben und weist vier christliche Kirchen sowie über 80 buddhistische Tempel aus. Auch das Land wird verkehrstechnisch erschlossen; 1882 wird die erste, 70 km lange Eisenbahnstrecke von Bangkok nach Ayutthaya für den Personenverkehr freigegeben. In der Hauptstadt selbst wird 1883 eine 10 km lange, eingleisige und elektrisch betriebene Straßenbahn eingerichtet und 1910 folgt – unter dem von westlicher Kultur geprägten **König Rama VI.** – eine von deutschen Ingenieuren gebaute Bahnlinie, die von Bangkok südwärts bis nach Surat Thani führt.

Ein Name genügt nicht mehr

Im Jahre 1920 werden alle thailändischen Staatsbürger verpflichtet, zusätzlich einen Nachnamen anzunehmen, davor waren nur einfache Namen üblich. Doch auch heute noch spricht man sich im offiziellen Verkehr nur mit dem Vornamen an. Auch Namenslisten, wie z. B. Telefonbücher, sind alphabetisch nach den Vornamen sortiert. Außerdem gibt es Spitznamen, die im Verwandten- und Freundeskreis üblich sind.

Eine Monarchie wird demokratisch

1932	König Rama VII. tritt zurück.
1932	Erste Verfassung des Königreiches Siam
1939	Siam wird offiziell in Königreich Thailand umbenannt.

Ein Ultimatum für den König

Prinz Paripatra, der den in Urlaub befindlichen **Rama VII.** vertritt, wird am 24. Juni 1932 gefangen genommen. Dem König wird in seinem Urlaubspalast Klai Klangwan in Hua Hin ein Ultimatum gestellt; er verzichtet nach einer denkwürdigen Rede auf sein Amt. Ein Regentschaftsrat nimmt für den noch blutjungen **König Rama VIII.**, der im westschweizerischen Lausanne zur Schule geht, die Regierungsgeschäfte wahr. Inzwischen erlangen die demokratischen Kräfte die Oberhand: Am 27. Juli 1932 wird auf der Grundlage einer konstitutionellen Monarchie eine Verfassung beschlossen. Sie tritt im Dezember 1932 in Kraft, erster Premierminister wird Phya Mano Pakorn Nitithada. Er kann jedoch nicht verhindern, dass sich die Reformer von 1932 schon bald in ein ziviles und ein militärisches Lager spalten, eine Spaltung, die bis heute in der thailändischen Politik eine wichtige Rolle spielt.

Aus Siam wird Thailand

Fast 350 Jahre lang galt für das heutige Thailand der Name Königreich Siam, den ihm 1592 der Engländer Sir James Lancaster gab. Nun wird – im Juni 1939 – Siam offiziell in Königreich Thailand umbenannt, thailändisch **Prathet Thai**. Das wiederum bedeutet so viel wie »Land der Freien« – eingedenk der Tatsache, dass Thailand nie von fremden Mächten kolonialisiert oder auch nur besetzt war. Das war auch während des Zweiten Weltkriegs so. 1941 marschieren die Japaner zwar in Bangkok ein und machen – noblesse oblige – das Oriental-Hotel zu ihrem Hauptquartier. Die Okkupation beschränkt sich jedoch auf die Hauptstadt und einige angrenzende Gebiete (wie z. B. die Provinz Kanchanaburi, wo Tausende von Kriegsgefangenen unter unmenschlichen Bedingungen die berüchtigte »Brücke am Kwai« errichten müssen).

Der König ist tot ...

Am 9. Juni 1946 wird die thailändische Öffentlichkeit durch ein mysteriöses Ereignis aufgeschreckt: Der gerade erst 21 Jahre junge König Rama VIII., erst seit wenigen Monaten auf dem Thron, wird am Morgen des 9. Juni 1946 tot in seinem Schlafzimmer aufgefunden. Während die Todesursache eindeutig festgestellt wird – er starb durch einen Pistolenschuss – werden die Umstände jedoch nie geklärt.

... es lebe der König!

Der plötzliche Tod des Regenten bringt seinen jüngeren Bruder **Bhumibol Adulyadej** ins Spiel. Er, der unter normalen Umständen mit einer Thronfolge nie rechnen konnte, sieht sich unvermittelt mit den Aufgaben eines Königs konfrontiert. Um diesen gerecht zu werden, wechselt er seine Studienfächer, verzichtet auf sein »Hobby« Naturwissenschaften und besucht in der Schweiz stattdessen noch drei Jahre lang Vorlesungen an der politischen und der juristischen Fakultät. Am 28. April 1950 heiratet er **Königin Sirikit**, die Tochter des thailändischen Gesandten in Frankreich. Beide werden bereits am 5. Mai 1950 in Bangkok gekrönt (►Baedeker Special S. 52). Der neue König verschafft sich rasch Respekt und Anerkennung in der Bevölkerung. Nicht zuletzt sein Verdienst ist es, dass 1954 während einer Konferenz in Manila Thailand, Australien, Großbritannien, Frankreich, Neuseeland, Pakistan, die Philippinen und die USA den SEATO-Vertrag (South East Asia Treaty Organization) unterzeichnen. 1956 wird Bangkok zum Sitz der SEATO gewählt.

Militär greift nach der Macht

König Bhumibol kann jedoch nicht verhindern, dass das Militär immer wieder nach der Macht im Lande zu greifen versucht. 1957 stürzt General Sarit Thanarat den amtierenden Ministerpräsidenten Phibul und regiert bis zu seinem Tod im Jahre 1963 als starker Mann. Dem Freiheitsdrang der Thai kann er nur mit harten Mitteln begegnen. Am 28. Oktober 1958 verhängt er das Kriegsrecht, was zur Folge hat, dass bestimmte Verstöße, v. a. kommunistische Aktivitäten, von nun an durch Kriegsgerichte verfolgt werden.

Besuch des Königs in Deutschland

Die deutsche Regenbogenpresse gerät in Verzückung, als das thailändische Königspaar 1960 im Anschluss an einen Staatsbesuch in den USA 15 europäische Länder, darunter auch die Bundesrepublik Deutschland und die Schweiz, besucht.

Thanom Kittikachorn kommt an die Macht

Drei Jahre später kommt es zu einem bedeutungsvollen Machtwechsel in Thailand: Feldmarschall **Thanom Kittikachorn** tritt die Nachfolge Sarits an. Er beginnt mit der Erarbeitung einer neuen Verfassung, die zwar auf der ersten von 1932 basiert und demokratische Elemente enthält. Dem Militär, das hinter den Kulissen weiter die wichtigste Rolle im Staat spielt, werden jedoch wesentliche Rechte zugestanden. Daran ändert auch die Tatsache nichts, dass 1969 zum ersten Mal freie Wahlen abgehalten werden.

Vietnamkrieg

Die seit den frühen 1950er-Jahren von den USA durchgeführte Entwicklungshilfe – u. a. mit dem Ziel einer Verbesserung der Infrastruktur v. a. in Nordostthailand – erweist sich während des Indochinakrieges, der sich ab 1954 zum Vietnamkrieg entwickelt, als militärisch nützlich für die Weltmacht. Die thailändische Regierung gestattet die Einrichtung US-amerikanischer Stützpunkte auf ihrem Staatsgebiet, von denen aus Luftangriffe auf Vietnam geflogen werden. Die Anwesenheit der US-Amerikaner sollte bis Mitte der 1980er-Jahre dauern, erst in dieser Zeit wird der letzte militärische Stützpunkt bei Sattahip aufgegeben.

Die ASEAN wird gegründet

Die ASEAN (Association of South-East Asian Nations) wird 1967 gegründet. Zu den ersten Mitgliedsstaaten zählen Thailand, Indonesien, Malaysia, die Philippinen und Singapur, Ziel der Organisation ist die Hebung des Lebensstandards der Bevölkerung.

Das Kriegsrecht wird verhängt

Und wieder drängt das Militär an die Macht: Das National Executive Council (NEC) macht am 17. November 1971 den Ministerpräsidenten Thanom Kittikachorn zu seinem Vorsitzenden, suspendiert die Verfassung, löst Parteien und Parlament auf und verhängt das Kriegsrecht. Obwohl dem Königshaus eigentlich keine Macht zukommt, bleibt es König Bhumibol vorbehalten, im Dezember 1972 eine Interimsverfassung zu verkünden. An die Stelle des NEC tritt eine Regierung mit 28 Kabinettsmitgliedern und Thanom als Ministerpräsident. Die 299 Mitglieder der gesetzgebenden Nationalversammlung werden vom König ernannt. Zwei Drittel davon sind hohe Offiziere und nur ein Drittel Beamte und Zivilisten. Die eigentliche Staatsgewalt haben jedoch Thanom, sein Schwiegersohn Narong und der Polizeichef Prapass inne.

Das Volk gegen die Militärmacht

Ab 1973	Studenten protestieren gegen Politiker.
1979	Neuwahlen bringen keine Veränderungen.
26.12.2004	Der Tsunami fordert über 5000 Menschenleben.

Studentenunruhen

In Bangkok kommt es im Oktober 1973 nach friedlichen Demonstrationen zu schweren Auseinandersetzungen zwischen Studenten und Militär, Ausgangspunkt ist die renommierte Thammasat-Universität. Die Demonstrationen werden mit Waffengewalt niedergeschlagen; erst der König gebietet der Jagd auf 400 000 Demonstranten Einhalt. Viele Studenten entkommen durch die Wasserkanäle in die königliche Chitralada-Residenz, wo ihnen Schutz gewährt wird. Kittikachorn, Narong und Prapass fliehen ins Exil, der König setzt eine Übergangsregierung unter Professor Sanya Dhammasak ein. Der verkündet am 7. Oktober 1974 eine neue demokratische Verfassung, in der auch das Recht auf allgemeine Wahlen verankert ist. Die Brüder Seni und Kukrit Pramoj, beide über 70 Jahre alt und betont antimilitärische Demokraten, lösen einander als Regierungschefs ab.
Der Frieden im Land währt jedoch nur etwas mehr als ein Jahr. Thanom Kittikachorn kehrt im Mönchsgewand aus dem Exil zurück, was sich bei den Studenten schnell herumspricht. Erneut protestieren sie gegen ihn auf dem Thammasat-Campus in Bangkok, aber auch diese Demonstration wird vom Militär blutig niedergeschlagen. Das Militär übernimmt unter General Kriangsak die Macht, hebt die Verfassung auf und verkündet den nationalen Notstand. Es verspricht eine schrittweise Rückkehr zur Demokratie, die von ihm eingesetzte Zivilregierung hält sich aber nur 13 Monate im Amt. Die für 1979 angesetzten Neuwahlen bringen auch keine Veränderung; der General bleibt an der Regierung, schwere Verluste erleiden allerdings die Demokraten. 1980 gibt es aber trotzdem ein Novum in der Geschichte der thailändischen Demokratie: Nach einem erfolgreichen Misstrauensantrag wird General Kriangsak durch Verteidigungsminister General Prem Tinsulanonda abgelöst.

Bangkok wird 200 Jahre alt

Mit großen Feierlichkeiten wird das 200-jährige Jubiläum Bangkoks und zugleich der Chakri-Dynastie begangen. **Rattanakosin** (= Juwelenstadt), Gründungsname und heute noch oft gebräuchliche Bezeichnung für Alt-Bangkok), ist Schauplatz vieler Prozessionen und Feste. Aus diesem Anlass findet erstmals nach langer Zeit wieder eine Prozession der renovierten königlichen Barken über den Menam Chao Phraya statt. Rama I., der Gründer von Bangkok, wird postum mit dem Ehrentitel »der Große« ausgezeichnet.

Auseinandersetzungen mit Kambodscha

An der Nordostgrenze kommt es 1984 zu schweren Auseinandersetzungen mit Kambodscha. Thailändische Soldaten versuchen eine vietnamesische Einheit zurückzuschlagen, die Widerstandskämpfer der Roten Khmer auf thailändischem Gebiet vermuten. Kurz darauf stellt Thailand weite Teile seines Grenzgebiets zu Kambodscha unter Kriegsrecht. Erst das Waffenstillstandsabkommen von 1987 beendet die Kämpfe in den Grenzgebieten.

Überschwemmungen

Verheerende Überschwemmungen in Südthailand fordern 1988 Hunderte von Menschenleben. Als wesentliche Ursache für die schlimmen Auswirkungen gilt der Raubbau an den Waldbeständen. Aus diesem Anlass verbietet König Bhumibol den unkontrollierten Holzeinschlag und ordnet Wiederaufforstungsmaßnahmen an, kann aber nicht verhindern, dass tropische Hölzer von nun an verstärkt aus den Nachbarländern importiert werden.

Und wieder putscht das Militär

Der Putsch einer Gruppe Generäle unter Führung von Suchinda Kraprayoon im Februar 1991 gegen die seit 1988 amtierende Regierung Chatichai hat Erfolg. General Sunthorn Kongsompong bildet ein »Komitee zur Erhaltung des Nationalen Friedens«, das den 59-jährigen Diplomaten Anand Panyarachun als neuen Regierungschef akzeptiert. Die neue Regierung beschließt eine Kampagne gegen Sextourismus sowie die Ausbreitung von Aids. Die Kinder- und Jugendprostitution soll entschiedener bekämpft werden.

Choonhavan kehrt zurück

Die Chart-Thai-Partei erklärt den gestürzten Ministerpräsident Choonhavan zu ihrem Spitzenkandidaten für die Wahlen von 1992. Im September 1991 gibt es Verhandlungen zwischen den vier kambodschanischen Bürgerkriegsparteien (unter ihnen die berüchtigten Roten Khmer), die nach über 20 Jahren Krieg und 2 Millionen Opfern zum Erfolg führen. Ein Friedensvertrag, der dem Land eine Rückkehr zu demokratischen Verhältnissen ermöglichen soll, wird am 23. Oktober in Paris unterzeichnet. Prinz Sihanouk, der seit seinem Sturz 1970 im französischen Exil lebt, soll integrierend wirken.

Stolze Bilanz einer erfolgreichen Regierung

Die Regierung Anand setzt Neuwahlen an und beschließt als eine ihrer letzten Amtshandlungen ein Umweltschutzgesetz, das zu den schärfsten in Südostasien zählt.

Der Khao Phra Viharn wird wieder zugänglich

Die Friedensverhandlungen mit Kambodscha bringen 1992 ein Ergebnis, das v. a. für die gläubigen Buddhisten von Bedeutung ist. Der Felsentempel **Wat Khao Phra Viharn**, der genau auf der Grenze zwischen Thailand und Kambodscha liegt und 1976 vom Internationalen Gerichtshof Kambodscha zugesprochen worden ist, wird wieder von Thailand her zugänglich gemacht – als ein religiöses Symbol des Friedens zwischen den einst verfeindeten Nachbarn.

General Suchinda wird Ministerpräsident

Im März 1992 finden Neuwahlen statt, bei denen jedoch keine Partei eine regierungsfähige Mehrheit erhält. Neuer Regierungschef wird General Suchinda Kraprayoon, der Drahtzieher des Putsches vom Februar 1991; Kraprayoon ist allerdings kein Parlamentsmitglied. Als er im Mai 1992 drei der Korruption überführte Politiker der Regierung Chatichai, die er selbst gestürzt hat, in sein Kabinett aufnimmt, führt dies zu Massendemonstrationen v. a. in Bangkok, Chiang Mai, Khon Kaen und Hat Yai. Als die Regierung die Kontrolle über die Ereignisse zu verlieren droht, verhängt sie am 18. Mai den Ausnahmezustand über Bangkok und vier Nachbarprovinzen. Zur folgenschwersten Konfrontation kommt es noch am gleichen Tag, als Soldaten auf dem Königsplatz und vor dem Denkmal der Demokratie in Bangkok in die Menge schießen. Es gibt Hunderte von Verletzten und viele Tote, rund 2000 Demonstranten werden verhaftet. Unter dem Druck des Königshauses tritt Suchinda am 24. Mai zurück.

Die Militärs werden abgelöst

Wenige Tage darauf ändert das Parlament die Verfassung, der Regierungschef wird wieder Abgeordneter. König Bhumibol ernennt trotzdem Anand Panyarachun wieder zum Ministerpräsidenten, da dieser großes Vertrauen genießt. Anand kündigt Neuwahlen an und entlässt Ende Juli 1992 die höchsten Militärs, die für die Gewaltanwendung im Mai wesentlich verantwortlich waren.

Chatichais Comeback scheitert

Aus den Parlamentswahlen 1992, bei denen Anand nicht kandidiert, geht überraschend die Demokratische Partei des Rechtsanwalts Chuan Leek Pai als Sieger hervor.

Wirtschaftskrise

Die thailändische Wirtschaft, über viele Jahre hinweg von beinahe astronomischen Steigerungsraten verwöhnt, wird 1992 von einem schweren Schlag getroffen. Binnen weniger Tage fallen die Börsenkurse ins Uferlose, der thailändische Baht gerät unter den Druck der internationalen Finanzplätze. Der Internationale Währungsfond gewährt neue Kredite nur unter der Bedingung, dass namentlich das marode Bankenwesen einer grundlegenden Reform unterzogen wird. Die thailändische Regierung veranlasst daraufhin eine Abwertung des Thai-Baht um knapp ein Drittel seines Wertes, was zu einer vorübergehenden Beruhigung der Situation führt. In Thailand verlieren trotzdem viele Menschen einen Großteil ihres Vermögens.

Ein Milliardär kommt an die Regierung

Der Telekom-Milliardär **Thaksin Shinawatra** und dessen Partei »Thai Rak Thai« (»Thais lieben Thais«) gehen 2001 bei Neuwahlen als klarer Sieger hervor. Allerdings gibt es auch dieses Mal schwere Vorwürfe wegen Stimmenkauf und Betrug bei der Auszählung.

Jahrhundert-katastrophe Tsunami

Am 2. Weihnachtsfeiertag 2004 löst ein schweres Seebeben vor der Küste Sumatras einen **Tsunami** aus, der auch die Westküste von Thailand erreicht. Besonders schwer getroffen werden die Küstenabschnitte von Phuket und Khao Lak, wo es nach offiziellen Angaben mehr als 5300 Tote und zahllose Verletzte gibt. Ganze Siedlungen werden zerstört, ebenfalls Hotels und andere touristische Einrichtungen. Auf der Insel Ko Phi Phi wird nahezu der gesamte Hauptort zerstört, allein hier sterben mehr als 800 Menschen.

Staatskrise

Nach den Neuwahlen am 2. April 2006 bricht eine Staatskrise aus, da die Opposition den Urnengang als manipuliert bezeichnet. König Bhumibol fordert das Verfassungsgericht auf, einen Weg aus der Krise zu finden. Das Gericht erklärt die Wahlen für verfassungswidrig und ordnet Neuwahlen an. Ministerpräsident Thaksin, dem Machtmissbrauch vorgeworfen wird, erklärt seinen Rücktritt.

Kunst und Kultur

Tempel und Chedis in allen Landesteilen Thailands lesen sich – wenn man genauer hinschaut – wie ein Bilderbuch der Geschichte und der jeweiligen Herrscherepochen. Und traditioneller Tanz, Theater und Musik sind verschmolzen zu einer Kunstform des erzählenden Theaters, die weithin einzigartig ist.

Kunstgeschichte

Erste Einflüsse

Die Kultur der Thailänder wurde von der der Nachbarländer beeinflusst; bis heute haben die Thai stets Kulturen anderer Völker nur verfeinert und, streng genommen, keine völlig neuen Stile geschaffen. Dies aber mit großem künstlerischem Talent. Indische Einflüsse (wie das Ramakien-Epos) sind ebenso unverkennbar wie malaiische (z. B. das Schattenpuppentheater). Eine gewisse Verselbstständigung trat jedoch ein, als König Ramkhamhaeng Ende des 13. Jh.s erstmals ein Staatsgebilde begründete, das in etwa dem des heutigen Thailand entsprach, und Kunst und Kultur vielfach förderte. Bestes Beispiel dafür ist die Abwandlung der wuchtig und plump wirkenden indischen bzw. srilankischen **Dagoba** hin zum eleganten, fast verspielt wirkenden thailändischen **Chedi**. Später, als im 16. und 17. Jh. Ayutthaya zum kulturellen Zentrum Südostasiens wurde, strahlten die Einflüsse von Thailand aus.

Geschichtsforschung

Das kulturelle Bewusstsein der Thailänder und die damit verbundene Rückbesinnung auf die Entstehung ihrer Kultur entwickelte sich erst in den 1970er-Jahren. Bis dahin beschränkten sich z. B. die Konservatoren des Bangkoker Nationalmuseums auf den Erhalt großer und religiös wichtiger Denkmäler, Tempelanlagen und Buddhastatuen. Manches, was für die kulturelle Entwicklung Thailands von großer Bedeutung wäre, liegt daher immer noch im Dunkeln.

Die Entstehung der Thai-Kunst

Wie die Kultur im vermutlichen Herkunftsland der Thai, in Südchina, beschaffen war, lässt sich nicht sagen. Sicher ist freilich, dass sie in ihrer neuen Heimat eine ausgeprägte, indischen Einflüssen unterworfene Kultur übernahmen und diese relativ freizügig nach ihren religiösen Vorstellungen abwandelten. Dabei verwandten sie nicht nur Symbole einer einzigen Religion, sondern kombinierten z. B. buddhistische mit brahmanischen und hinduistischen Elementen. Die ältesten entdeckten Überreste von Bauten und Kunstwerken stammen nicht von der Hand der Siamesen, die erst etliche Jahrhunderte später als Eindringlinge aus Südchina kamen. Ihre Schöpfer sind Khmer, Birmanen und Laoten.

Kunststile

Dvaravati-Stil bzw. Mon-Stil

Die Kulturen aus der Zeit des Dvaravati- oder Mon-Königreichs (Ende des 6. – 11. / 12. Jh.) lassen sich am besten in der thailändischen Zentralebene und im Norden erkennen. Die wenigen, erhaltenen Bauten aus dieser Epoche gelten als Zeugen einer sich entwickelnden thailändischen Kulturidentität. Ein besonders schönes Beispiel für einen Chedi aus der Dvaravati-Zeit ist der **Wat Kukut** in Lamphun. In

← *Herausragende Kunstwerke: die Wandgemälde im Wat Phumin in Nan* diesen frühen Kulturzeugnissen ist schon der buddhistische Einfluss erkennbar: Erhalten geblieben sind Darstellungen des Gesetzesrades (»Rad der Lehre«), das sich auf die erste Predigt des Erleuchteten Buddha in Benares bezieht. Buddha-Skulpturen, zumindest solche aus den ersten beiden Dvaravati-Perioden, lassen im Übrigen auf indische Vorbilder schließen.

Srivijaya-Stil Die heutige Tradition der Thai-Kunst geht zwar im Wesentlichen auf den Dvaravati-Stil zurück, doch gab es damals ein »künstlerisches Doppelleben«: Der Dvaravati-Stil ist allein der Lehre Buddhas verpflichtet, der Srivijaya-Stil (7. bis Ende 13. Jh.), entstanden im gleichnamigen Königreich im indonesischen Archipel, zunächst dem Hinduismus. Vishnu, der vielarmige Gott, wird, weit von seiner Heimat Indien entfernt, ebenso dargestellt wie das Linga, das Phallussymbol für den Gott Shiva. Einflüsse aus Java sind z. B. bei den Buddha-Figuren von Songkhla zu entdecken. Gegen Ende der Srivijaya-Zeit kamen einige Kunstformen des Khmer-Stils hinzu, von denen zahlreiche Stücke bis heute erhalten sind. Etliche davon findet man im Nationalmuseum in Bangkok.

Khmer-Stil Parallel zu den genannten Stilen entwickelte sich der besonders wichtige Khmer-Stil (auch Angkor-Wat-Stil; 7. – 13. Jh.), dessen erhaltene Zeugnisse ihren Einfluss auf die Kulturen des Dvaravati- und Srivijaya-Königreichs deutlich machen. Hier ragen die Bauwerke des sog. Angkor-Stils des späten 9. Jh.s heraus. Dieser Stil ist nach der Stadt Angkor benannt, dort befindet sich mit der machtvollen Tempelanlage **Angkor Wat** auch das eindrucksvollste Bauwerk dieser Epoche. Im Khmer-Reich, das vom heutigen Kambodscha aus tief in das Land der Thai hineinreichte, herrschten der Hindukult und der Mahayana-Buddhismus vor. Kulturell besonders wichtig war Lopburi, das als Kulturzentrum der Mon gilt. Die Buddha-Bildnisse weisen eckige Gesichter mit strengen Zügen auf. Aus dieser Epoche sind nicht viele Bauwerke erhalten, die schönsten und annähernd komplett erhaltenen sind die Anlagen in Phimai oder bei Prakhon Chai.
Besonders typisch für den Angkor-Wat-Stil, der durch die Khmer an Einfluss gewann, ist der gekrönte Buddha, der auf dem gewundenen Leib der Naga-Schlange sitzt und von ihren sieben Köpfen beschirmt wird. Auch diese Darstellungsform geht auf eine Legende zurück: Am 42. Tag nach seiner Erleuchtung soll der Schlangenkönig Muchalinda (Naga) den unter einem Baum sitzenden Buddha vor einem tagelang währenden schweren Regen beschützt haben, indem er seine Häupter ausbreitete. Neben religiösen Themen und historischen Szenen wird bereits jetzt auch das Alltagsleben der Thai dargestellt.

Chiang-Mai-Stil Hauptplätze dieser Kultur (11. bis Mitte 16. Jh.) sind die Städte Chiang Mai, Chiang Saen und Lamphun; es ist der Stil des Lanna-Königreichs, zu dem diese drei Städte gehörten. In der Architektur fehlen Zeugnisse für den Chiang-Saen-Stil, sie scheinen allesamt zerstört. Die Buddha-Figuren aus dieser Zeit weisen strenge, fast hochmütige Gesichtszüge auf, ihre Körper sind dicklich, die Brust ist gewölbt. Der Sitz besteht meist aus einer doppelten Reihe von Lotosblütenblättern mit Staubgefäßen. Viele Buddha-Bildnisse wurden aus Halbedelstein (v. a. Bergkristall) geschnitten; zu den wichtigen Werken zählt auch der berühmte Jade-Buddha im **Wat Phra Kaeo** in Bangkok, der aus der Chiang-Mai-Epoche stammt.

U-Thong-Stil

Typisch für den U-Thong-Stil (1220 – 1350) ist der sitzende oder stehende, zumeist bronzene Buddha, den die Künstler im Gestus der Erdanrufung mit einer schmalen Stirnbinde und einer langen Stoffbahn über der Schulter gestalteten.

Sukhothai-Stil

Mit dem Aufstieg der Stadt Sukhothai zur Hauptstadt des neuen Königreichs (1279) schien der bis dahin dominierende Khmer-Stil ausgedient zu haben. Die Khmer-Tempel wurden aber nicht abgerissen, vielmehr wurde ihr Äußeres nach dem neuen Kunstempfinden im Sukhothai-Stil (Ende 13. – Anf. 15. Jh.) verändert. Eine Premiere erlebte in Sukhothai der **schreitende Buddha**. Von einem der schönsten Exemplare dieser Darstellung des Erleuchteten im **Wat Si Iriyabot** in Kamphaeng Phet ist leider nicht mehr viel erhalten. Der Sukhothai-Stil wird gern als der schönste Stil thailändischer Baukunst bezeichnet. Er wurde von neun Königen bestimmt; den nachhaltigsten Eindruck hinterließ der dritte von ihnen, der kunstsinnige Ramkhamhaeng (Regierungszeit 1279 – 1299). Zeugnisse des Sukhothai Stils sind heute nicht nur in der Stadt dieses Namens, sondern überall in Thailand zu finden. Ein besonders schönes Beispiel ist die Buddha-Figur im nördlichen Viharn des **Phra Pathom Chedi** in Nakhon Pathom. Besonders wertvoll ist die aus purem Gold gegossene Buddhastatue im **Wat Traimitr** in Bangkok.

Eine der schönsten Buddha-Figuren Thailands findet man im Wat Traimitr in Bangkok.

Ayutthaya-Stil

Die zweite große Kultur Thailands entwickelte sich in der Zeit des Königreichs Ayutthaya (1350 – 1767), wo die Suche nach neuen Formen in einen einzigartigen Aufschwung des künstlerischen Schaffens mündete. Wenngleich zunächst vor allem bei den Skulpturen Einflüsse aus vorangegangenen Stilen unverkennbar sind, so entwickeln sich in der Architektur nun eigenständige Formen mit feinen Gliederungen, hochstrebenden Proportionen und lebhaften Verzierungen. Charakteristisch für diese Zeit der kulturellen Selbstfindung sind in der Plastik die gestreckten, zierlichen Formen. Die eigenständige kulturelle Identität veranschaulichen auch einige figürliche Darstellungen des Religionsschöpfers Buddha; schon ihre Monumentalität zeigt die Bedeutung dieses Reichs und die entsprechende Selbstdarstellung der Herrscher. Mit dem birmanischen Einfall in Ayutthaya 1767 verbrannten die wichtigsten Zeugnisse dieser Kultur. Es blieb nur ein riesiges Ruinenfeld übrig, das nur noch eine schwache Ahnung vom einstigen Glanz dieser ruhmreichen Stadt zulässt. 400 Tempel soll es allein hier gegeben haben; Besucher beschrieben sie als »das Schönste, was sie je gesehen« hätten.

Thonburi-Stil

Nur mühsam entwickelten sich nach der Zerstörung von Ayutthaya in Thonburi unter König Taksin neue Stilformen (ca. 1767 bis 1780), die weitgehend auf Althergebrachtem fußten. Allein die Malerei gewann neue Kräfte, während in der Architektur (z. B. der Khmer-Prang des Wat Arun in Bangkok) nur wenige Änderungen erkennbar sind.

Bangkok-Stil

Prachtvolle Bauten, die zunehmend westliche Einflüsse aufnahmen, gibt es in der neuen Hauptstadt Bangkok. Besonders die Herrscher der Chakri-Dynastie betätigten sich als Baumeister ihrer Residenzstadt; ihre architektonische Hinterlassenschaft zeichnet sich allerdings nicht gerade durch spirituelle Ausdrucksstärke aus. Zudem brachte der Bangkok-Stil (1780 – 1930; auch Rattanakosin-Stil genannt) kaum Neuerungen; vielmehr beschränkte man sich auf die Verfeinerung der auf althergebrachten Stilen beruhenden Darstellungsformen, was sich an vielen Tempeln der Stadt in den reichen Ausschmückungen und der lebendigen Ornamentik zeigt. Die Bauten sind vom Verfall bedroht, da viele Tempel aus Holz erbaut wurden. Um historische Kontinuität zu demonstrieren, wurden berühmte Statuen aus allen Teilen des Landes in Bangkok zusammengetragen.

Die Kunst der Gegenwart

Seit den dreißiger Jahren des letzten Jahrhunderts versucht man sich der westlichen Moderne anzupassen. Das trifft allerdings weniger auf den Tempelbau zu, bei dem man sich nach wie vor auf traditionelle Formen stützt, wenn auch unter Verwendung moderner Baumaterialien (z. B. Marmor aus Italien beim Wat Benchama-bo-bitr in Bangkok). Zunehmend wurde die ursprüngliche Thai-Kunst in den entlegenen Provinzen wiederentdeckt; man ist bemüht, Funde und Fundgebiete sowohl dem künstlerischen Nachwuchs als auch den Touristen zu erschließen. Allgemein ist eine Rückkehr zu traditionellen Thai-Stilen zu beobachten.

Bildende Kunst

Erste Buddhadarstellungen

Im Gegensatz zu heute kannte die frühbuddhistische Epoche keine Darstellung der Gestalt Buddhas. Dafür zeigte man religiöse Symbole wie die Lotosblüte, den Bodhi-Baum, das Rad des Gesetzes, den heiligen Fußabdruck oder den Stupa. Früheste Buddha-Bildnisse sind aus dem 1. Jh. n. Chr. bekannt, sie entstanden im nordindischen Königreich Kubhana unter der Regentschaft des der Kunst besonders zugetanen Königs Kanishka, und zwar gleichzeitig in den Städten Mathura und Ghandara, zu dieser Zeit bedeutende Zentren indischer Kunst. Im Letzteren entstand ein Kunststil, den vermutlich Künstler aus Persien (das damals zum Reich Alexanders des Großen gehörte) stark beeinflussten. Deshalb nennt man ihn auch den griechisch-buddhistischen Stil.

Attribute Buddhas

Diese frühen Darstellungen zeigen den Buddha Shakyami in stehender oder sitzender Körperhaltung; hier schon scheint sich der feste Kanon der Proportionen, Attribute und Gesten herausgebildet zu haben, entsprechend dem Wunsch, das »richtige« Bildnis zu schaffen und ihm ewige Gültigkeit zu verleihen. So liegen den Körperpropor-

Buddha-Figuren Stilformen

Handgestus der Schutzgewährung

tionen Spekulationen über kosmische Zahlenverhältnisse zu Grunde. 32 Hauptkennzeichen – später um weitere 80 ergänzt – weist der verklärte Körper Buddhas auf. Das ist z. B. der auf dem Kopf sitzende Auswuchs (Ushnisha, das Symbol der Allwissenheit) oder die Locke (Urna) zwischen den Augenbrauen, häufig als Fleck oder als Edelstein dargestellt, der ein vielfarbiges Licht ausstrahlt; und auch das in kleine Locken oder Wellen gelegte Haupthaar, der »Heiligenschein« um den Kopf des Buddha oder um den ganzen Körper, Symbol für die Energie. Der Körper ist geschlechtsneutral, Handflächen und Fußsohlen zeigen oft das »Rad der Lehre«. Meist trägt der Buddha nur das einfache Mönchsgewand, das die rechte Schulter freilässt. Das ovale Gesicht wirkt friedlich und gelöst, häufig zeigt sich ein ausgeprägt heiteres Lächeln. Indiz für die adlige Herkunft Buddhas sind die überlangen Ohrläppchen, denn nur Reiche konnten sich gewichtigen Schmuck leisten, der die Ohrläppchen in die Länge zog. Seit den ersten Buddha-Bildnissen gab es kaum Veränderungen. Der buddhistische Künstler strebt noch heute nicht nach freier Abbildung, sondern richtet sich nach dem überlieferten Kanon. Neuen Buddha-Figuren wird nach alter Tradition bei einem Weihefest Leben eingehaucht, der Geist Buddhas soll in die Figur einziehen. Dabei werden neun Gegenstände von großer Symbolkraft in den Korpus eingeschlossen; eine aufgebrochene Statue ist wertlos geworden, denn sie hat ihre Kraft verloren. Das gilt im Übrigen auch für kopflose Statuen, was erklärt, warum die Birmanen bei der Zerstörung von Ayutthaya (1767) Hunderte von Buddha-Figuren »enthaupteten«.

Haltungen Buddhas

Vier mögliche Abbildungen ihres ersten Erleuchteten kennt die buddhistische Religion: stehend, sitzend, schreitend und liegend. Von den sitzenden und stehenden Haltungen gibt es jeweils fünf, dazu gibt es exakt festgelegte Handhaltungen, von denen jede ihren symbolischen Sinn hat. Die liegende Stellung steht für den Zeitpunkt, in dem Buddha ins Nirwana einging, manchmal auch für den seines Todes. Viele Abwandlungen der klassischen Haltungen entstammen der Gebärdensprache des indischen (und thailändischen) Tanzes.

Sitzhaltungen

Die klassischen Sitzhaltungen sind: gekreuzt untergeschlagene Beine, die Fußsohlen sind nicht sichtbar (Verschränkungssitz); gekreuzt untergeschlagene Beine, die Fußsohlen sind sichtbar (Diamantsitz, Lotossitz, Meditationssitz); ein Bein ist untergeschlagen, das andere hängt senkrecht herab (gelöster Sitz); Sitzen in europäischer Manier, beide Beine hängen herab (typisch für den »Buddha der Zukunft«, »Maitreya« genannt).
Nicht selten sitzt Buddha auf dem Körper der Naga-Schlange, einem halbgöttlichen Wesen aus der indischen Mythologie, das in einem sagenhaft schönen Reich in der Unterwelt lebt. Muchalinda, einer der Naga-Könige, schützte Buddha während der Meditation vor einem starken Regenguss, wozu er seine Häupter fächerartig über ihm ausbreitete.

Bodhisattvas

Bodhisattvas, transzendente Wesenheiten, die es nur im Mahayana-Buddhismus gibt, sind schlanker als die meisten Buddha-Figuren und ebenfalls geschlechtsneutral. Sie sind gekrönt und tragen Juwelenschmuck an Hals, Brust, Armen und Beinen. Der Oberkörper ist frei, nur über die Schultern ist ein Band oder ein Schal gelegt. Ihre Haltung ist lockerer als die der Buddha-Figuren, häufig haben sie viele Arme und Köpfe, wodurch offenbar ihre übernatürlichen geistigen und körperlichen Kräfte dargestellt werden sollen. So gibt es z. B. die Form des elfköpfigen Bodhisattva mit tausend Armen, die wie ein Speichenrad den Körper umrahmen.

Brahmanische Gottheiten

Von den brahmanischen Gottheiten werden Brahma, Shiva, Vishnu, Indra, Ganesha und die Göttin Lakshmi am häufigsten dargestellt, und zwar meist in einer typisch thailändischen Version: Brahma, der Allwissende, Allsehende und Begründer des Universums, mit vier gekrönten Häuptern, die sich in die vier Himmelsrichtungen wenden, und mit vier Händen, die u. a. einen Stab, ein Gefäß mit Gangeswasser und einen Rosenkranz halten; Shiva mit einer Schlange über der Schulter oder mit seinem Tragetier, dem Stier Nandi, als tanzender Gott, der das Werden und Vergehen symbolisiert, oder es wird sein Linga (Phallus) in Form einer mehrere Meter hohen Steinsäule verehrt. Häufig ist er auch mit seiner Gattin Parvati zu sehen. Vishnu, der Erhalter des Lebens, wird mit seinem Reittier, dem Vogelkönig Garuda (er besitzt Kopf, Flügel und Schnabel wie ein Adler, aber den Körper eines Menschen), oder auf der Weltenschlange sitzend oder mit seiner Gattin Lakshmi, die häufig auf einer Lotosblüte sitzt, dargestellt.
Weitere indisch-brahmanische Darstellungsformen zeigen Indra, den Unbesiegbaren, der alle feindlichen Mächte niederkämpft und die Ordnung der Natur wiederherstellt, mit dem Donnerkeil (Vajra) und dem dreiköpfigen Elefanten Erawan, und den in der Hierarchie eigentlich untergeordneten, jedoch als glückbringend geltenden Gott Ganesha mit Elefantenkopf und vier Händen, in denen er eine Lotosblüte, eine Muschel, den Diskus und eine Keule hält.

Theater

Lakon Das Thai-Theater besteht aus einer Kombination von Tanz, Pantomime, Musik und Gesang. Theater heißt landessprachlich »Lakon«. Es gibt vier Formen, deren wichtigste wohl das Lakon Nai (Innentheater, umgangssprachlich »kon«) ist. Ursprünglich nur innerhalb königlicher Paläste von den Palastdamen aufgeführt, bildet es heute das Repertoire des Nationaltheaters in Bangkok. Die Darsteller haben eine harte Ausbildung als Tänzer und Musiker hinter sich. Die Eleven werden nach strengen Prüfungen im Alter von 11 bis 14 Jahren ausgewählt. Alle männlichen Rollen von Rang (d. h. Prinzen und Könige) wurden schon immer von jungen Tänzerinnen dargestellt, während Dämone und Tiere – insbesondere Affen – den akrobatisch trainierten männlichen College-Absolventen überlassen sind.

Ramakien Hauptthema dieses klassischen Tanzdramas bilden Episoden aus dem »Ramakien«, der thailändischen Version des indischen »Ramayana«, das bereits im 3. Jh. v. Chr. aufgezeichnet wurde. 68 Gesten – meist Hand- und Kopfbewegungen – bilden die eigentliche Sprache, Gefühle werden dabei nur angedeutet. Zentrales Thema der Erzählung ist der Kampf zwischen Göttern und Dämonen, es ist eine Art Ritterdichtung in 24 000 Vierzeilern.

Schattentheater Die zweite Kategorie des Thai-Theaters stellt das Schattentheater (Nang Yai) dar. Die kunstvollen, ca. 1 m großen, in Büffelhaut gestanzten Nang-Yai-Bilder hatten bis zum Ende der absoluten Monarchie eine ebenso feierliche wie populäre Funktion: Fand auf dem Sanaam Luang, dem Platz vor dem Großen Palastbezirk in Bangkok eine königliche Einäscherungszeremonie statt, wurden sie auf über 20 m hohen Bambuspfählen vor das Feuer gestellt und erzählten in dramatischer Folge Episoden aus dem »Ramakien«. Heute ist diese Theaterform fast ganz durch das Kino verdrängt.

Schattenpuppentheater Das Schattenpuppentheater (Nan) dagegen hat sich – besonders im Süden Thailands – erhalten. Nicht weniger kunstvoll in gegerbtes Büffelleder gestanzt, jedoch nur 20 bis 50 cm hoch, spielen diese Figuren vor einem von hinten beleuchteten Leinenschirm. Die Akteure (meist Mitglieder einer Familie) bestehen aus einem Rezitator, der die Handlung erzählt, einem Musiker und ein oder zwei Puppendirigenten. Sie stellen die oft über 100 Figuren auf die Bühne und bewegen sie gemäß der Handlung. Der indonesisch-malaiische Ursprung dieses Puppenspieles ist nicht zu leugnen; doch echt thailändisch ist die Beschränkung auf schwarzweiße Figuren und auf wenige Epen. Auch in Bangkok kann man diese Form des Thai-Theaters noch zu lokalen Festen oder in Tempelgärten bewundern.

Herstellung von Schattenspielfiguren in Nakhon Si Thammarat →

Likay Die wohl populärste Theaterform in Thailand ist das »Likay«, eine Mischung aus Operette, Kabarett sowie Zirkuseffekten, die durch Farben und Lichter hervorgezaubert werden. Dem in Sprache und aktueller Lokalpolitik Unkundigen kaum verständlich, scheint sie dem westlichen Auge wenig sehenswert. Umso interessanter: die immer zahlreichen Zuschauer aller Altersklassen und Schichten.

Puppenspiel Die vierte Form des Thai-Theaters, das Puppenspiel, ist nur über Kontakte mit Thailändern oder Kulturinstitute zugänglich, da es meist von Privatleuten anlässlich eines Festes veranstaltet wird. Diese Vorstellungen in lokaler Nachbarschaft werden nirgends angekündigt und sind eigentlich auch nicht für Fremde bestimmt.

Ensembles und Instrumente Das traditionelle Orchester (»phi phat«) begleitet alles, was feierlich oder sonst bedeutsam ist: von Tempel- und Hofzeremonien über das klassische Tanzdrama bis hin zu den populären Likay, Schattentheatervorführungen (»nang yai«) oder auch Thai-Boxwettkämpfe. Es setzt sich aus mindestens fünf und höchstens 15 Musikern zusammen. Großen Anteil haben Perkussionsinstrumente. Melodieinstrumente sind die Xylophone mit hölzernen Klangstäben, die Metallophone und die halbkreisförmigen Gongkesselspiele. Als Rhythmusinstrumente werden Zimbeln, Gongs und Trommeln verwendet. Hinzu kommen als Blasinstrumente eine Oboe mit Vierfach-Rohrblatt und die Bambusflöte, als Streichinstrumente Röhrengeigen sowie Zithern und Lauten.

Tanz

Traditionskunst Der Tanz beruht auf jahrhundertealter Überlieferung. Wie beim Theater werden schon ganz junge Mädchen aus dem ganzen Land strengen Aufnahmeprüfungen unterzogen, die Ausbildung in Bangkok dauert bis zur künstlerischen Reife mehrere Jahre. Künftige Tänzerinnen werden in ihren Heimatdörfern auch durch ältere Bewohner unterrichtet, wodurch die unmittelbare Überlieferung weiter gepflegt wird. Anlässe zur Aufführung von Tänzen gibt es genug; sei es die Freude über Aussaat oder über die Reisernte. Bei den Bergvölkern spielen Tänze spiritistischen Inhalts eine große Rolle. Erfreulicherweise gibt es noch genügend Traditionsbewusstsein in Thailand, so dass die Tänze meist in ursprünglicher Form erhalten sind, auch wenn man sie Touristen zeigt.

Bambusstangentanz Der Bambusstangentanz ist wohl der klassischste Tanz von allen, er ist durch zahlreiche Tourneen thailändischer Tanzgruppen in der ganzen Welt bekannt geworden. Acht männliche Tänzer halten jeweils zu zweit zwei lange Bambusstangen und schlagen diese im Rhythmus der begleitenden Musik aneinander. Die Tanzpaare stehen

Schon in zartestem Alter beginnen die Nachwuchstänzerinnen mit ihrer Ausbildung.

in der Mitte und treten abwechselnd zwischen die Stangen, wenn sie geöffnet sind, oder an die Seiten, wenn sie zusammengeschlagen werden.

Fingernageltanz

Der Fingernageltanz hat seine ursprüngliche Heimat in Nordthailand. Er wurde fast ausschließlich zu hohen Feierlichkeiten aufgeführt. Heute ist er fester Bestandteil von »fotogerecht« angelegten Vorführungen z. B. im Rose Garden bei Nakhon Pathom oder im »Old Chiang Mai« in Chiang Mai. Die Tänzerinnen tragen auf den Fingerkuppen lange, spitz geformte Hüte, die entweder aus vergoldeter Pappe oder aus Silber gefertigt sind. Wie bei allen Thai-Tänzen hat jede Hand- oder Fingerstellung ihre eigene Bedeutung, die dem ausländischen Zuschauer in der Regel verborgen bleibt.

◄ Kerzentanz

Der Kerzentanz entspricht in der Symbolik dem Fingernageltanz, die Tänzerinnen tragen jedoch statt der Fingerhüte brennende Kerzen.

Zauberhahntanz

Der Zauberhahntanz ist einer der ältesten Tänze Thailands, er wird vorwiegend im Norden des Landes getanzt. Grundlage ist ein altes Spiel um die Streitigkeiten zweier nordthailändischer Städte – es geht um Liebe, Tod und Trauer.

Tänze der Bergvölker

Auch die im Norden Thailands lebenden Bergvölker pflegen die Kunst des Tanzes seit vielen Jahrhunderten. Bei ihnen spielen jedoch weniger Geschichten und Erzählungen aus früheren Zeiten eine Rolle, vielmehr haben ihre Tänze vorwiegend animistische oder mystische Themen zum Inhalt. Beim Tanz zur Beschwörung der Geister der Vorfahren z. B. werden diese eingeladen, für die kurze Zeit der Aufführung von den Körpern der Tänzer Besitz zu ergreifen, um sich am Spaß und an der Freude des Tanzes zu laben. Er wird demzufolge auch von den Angehörigen jener Bergvölker getanzt, die ihre Ahnen verehren. Wenn der Tänzer spitze Schreie hören lässt, ist das für die Zuschauer ein untrügliches Zeichen dafür, dass der Geist nun von ihm Besitz ergriffen hat. Ist der Tanz vorüber, hat der Geist seinen Spaß gehabt und verlässt den Körper des Tänzers wieder.

Traditionelle Sportarten

Drachenwettbewerbe

Ab Mitte Februar wird der Sanaam Luang, der Platz vor dem Königspalast in Bangkok, als Übungsgelände für die jährlichen Drachenwettbewerbe »Kaeng Wau« mit dem vom König gestifteten Pokal genutzt. Ihren Höhepunkt erreichen die Wettkämpfe, die mit Schachturnieren kombiniert sind, in der zweiten Aprilhälfte. Dann drängt sich auf den Tribünen die Menge, wettet, isst und trinkt und verfolgt enthusiastisch die Vorführungen. Der Drachenkampf ist eine »himmlische« Form des Geschlechterkampfs. Die mannsgroßen Drachen haben über 1 m Spannweite und sind kunsthandwerkliche Meisterstücke. Es gibt strenge Regeln für den Bau und den Kampf; so besteht der Rahmen aus dreijährigen, kunstvoll geschälten Bambusstäben.

! *Baedeker* TIPP

Keine gewöhnlichen Drachen

Thailändische Drachen sind meist richtige kleine Kunstwerke. Sorgfältig ausgewähltes Material gehört ebenso dazu wie die genaue Kenntnis der überlieferten Bautechniken. Wer sich dafür interessiert, findet hier eine Anlaufstelle: Thai Kite Heritage Group, c/o Ron Spaulding, 47 Metheenivet Lane, Soi 24, Sukhumvit Road, Bangkok 10110.

Beim **Takraw** (sprich »daggro«) muss der Spieler einen Ball aus Rohrgeflecht von 12 cm Durchmesser mit allen Körperteilen, nur nicht mit den Händen, durch die Luft schießen, entweder durch eine 2,75 m hohe Schlinge in ein gegnerisches Netz oder – eine andere Variante des Spiels – über ein 2,5 m hohes Netz in das gegnerische Spielfeld. Dieses »Netz-Takraw« ist die Form, auf die sich die asiatischen Länder für ihre alljährlich abgehaltenen »ASEAN Games« geeinigt haben. Populärer ist jedoch in Thailand das »Kreis-Takraw« mit sechs bis acht Mitspielern und entweder mit oder ohne Zielschlinge über der Kreismitte. Bei dieser Variante stehen die Spieler kreisförmig in gleichen Abständen auf dem Spielfeld. Je länger der Ball in der Luft ist, je kunstvoller die Verrenkungen, je höher die Kopfbälle und je vielfältiger die zum »Schlag« benutzten Sprünge und Körperteile, desto höher die Punktzahl. Besonders hoch bewertet wird ein »Fangwurf« mit dem Fuß durch eine von den eigenen Armen geformte Schlinge – sei es im Luftsprung oder gar mit der Armschlinge hinter dem Rücken. Wenn der Ball Arm oder Hand berührt, ist er »tot«, ebenso wenn er auf dem Boden landet. Das Spiel dauert 40 Minuten und erlaubt keine Ruhepause. Mindeststandard sind neun unterschiedliche Ballübungen, darunter Würfe um den Körper oder Ballabrollen auf den verschiedenen Körperteilen. Bringt man es auf zehn bis zwölf Minuten ohne dass der Ball den Boden berührt, ist man für Europa zirkusreif und für Thailand immerhin schon gut. Vor 1900 pflegte man das Spiel mit einem Ball aus Federn oder Bambusstreifen. Zu König Naresuans Zeiten (um 1579) war es üblich, dass Elefanten mit dem Ball spielten, um so seinen Inhalt – einen zum Tode verurteilten Verbrecher – zu exekutieren.

! *Baedeker* TIPP

Takraw-Turniere

Dem Netz-Takraw kann man in Bangkok von Februar bis Mai allwöchentlich vor der City Hall (neben dem Wat Suthat) zuschauen; gleichzeitig steigert sich der Kreis-Takraw zum jährlichen Superturnier auf dem Sanaam Luang, wo ein Mitglied der königlichen Familie die siegreiche Mannschaft mit dem »Royal Cup« auszeichnet. Takraw-Spiele kann man aber auch das ganze Jahr über und überall in Thailand sehen, besonders in den späten Nachmittagsstunden.

Schwertkampf

»Krabee-Krabong«, die Thai-Version des Fechtens, geht auf den Zweikampf zwischen (oft königlichen) Elefantenreitern zurück, ist also viele Jahrhunderte alt. Auch als moderne Schusswaffen diese Kampfform ersetzten, wurde sie noch bis in unser Jahrhundert hinein gepflegt, etwa von König Chulalongkorn, der alle Prinzen darin unterrichten ließ. Der König selbst führte noch mehrfach den »Schwerttanz« auf Elefantenrücken aus, allerdings nicht im Duell, sondern als Respektbezeugung für Buddha. Heute sind die Schwerter stumpf, Verletzungen sind dennoch nicht ausgeschlossen.

Thai-Boxen

König Naresuan befreite sich der Legende nach 1560 aus birmanischer Gefangenschaft, indem er die besten Kämpfer im Ringen bezwang. »Muay Thai«, das Thai-Boxen, das mittlerweile zum Nationalsport geworden ist, war ursprünglich eine Art der Selbstverteidigung, die sogar von den Mönchen in den Klöstern gelehrt wurde. Mit dem westlichen Boxen ist es kaum vergleichbar: Der Boxer schlägt mit den Händen und tritt mit den Füßen nach allen Angriffsflächen, die der Gegner ihm bietet. Bauch- und Nierengegend sind bevorzugte Ziele. Thai-Boxen ist in Thailand äußerst populär. Wenn im nationalen Boxstadion von Bangkok samstagabends die großen Kämpfe anstehen, sitzt die ganze Nation vor dem Fernseher. Karten sind meist lange im Voraus vergriffen.

Berühmte Persönlichkeiten

Ein Deutscher, der die thailändische Nationalhymne komponierte, ein Ex-US-Geheimdienstler, der sich zum Nobelhoteldirektor und Seidenproduzent mauserte, ein Ire, der Waisenkindern zu einer Zukunft verhalf und siamesische Könige, die die Geschicke ihrer Untertanen vielfältig prägten – alles Persönlichkeiten, die ihr Glück dem Land verdanken, dem sie Glück geben konnten.

Father Ray Brennan (1933 – 2003)

Waisenhausbegründer

»Lord, it's hard to be humble, when You are Irish!« Das Schild an der Tür zu seinem Büro bezeichnete trefflich eine Charaktereigenschaft des irischstämmigen Redemptoristenpaters. Nein, bescheiden war Brennan nur dann, wenn es um ihn selbst ging. Die Redemptoristen, eine 1732 gegründete Ordensgemeinschaft, hatten ihn nach Südostasien entsandt. Nachdem er einige Zeit in den Flüchtlingslagern entlang der Grenze zu Kambodscha zugebracht hatte, kam er Anfang der 1970er-Jahre nach Pattaya. Dort lag eines Morgens das erste ausgesetzte Baby vor seiner Türe, binnen weniger Monate war es schon etwa ein Dutzend kleiner Menschen, um die er sich kümmern musste. Bald war er überall in Pattaya bekannt, nicht zuletzt deshalb, weil er abends mit der Sammelbüchse durch die Bars und Restaurants strich, um Geld für »seine« Kinder zu sammeln. Doch bald hatte er diese Touren nicht mehr nötig: Hotels veranstalteten Weihnachts- oder Silvesterfeiern zugunsten des Pattaya Orphanage, überall in der Stadt gab es Spendensammelbüchsen. Dazu kamen Spender und Paten aus aller Welt. Dem Tatendrang des selbstbewussten Priesters waren kaum Grenzen gesetzt, zu viel staatlichen Einfluss wusste er stets zu verhindern. Er begründete die erste nicht-öffentliche Blinden- und Taubstummenschule Thailands und sorgte für Ausbildungsmöglichkeiten. Auch Straßenkinder, die sich nachts durch die Bars von Pattaya betteln, finden hier Aufnahme. Als Father Ray Brennan im Jahre 2003 an Herzversagen starb, hinterließ er ein bodenständiges Sozialwerk, das in Thailand seinesgleichen sucht. Die Geschichte seines Lebens ist in einem Buch mit dem Titel »In the name of the boss upstairs« nachzulesen, sein Erbe bewahrt die Father-Ray-Stiftung (www.fr-ray.org), die auch Patenschaften und Adoptionen vermittelt. Und Besucher sind selbstverständlich immer willkommen.

Father Ray und seine Waisenkinder

Peter Feit (1883 – 1968)

Musikwissenschaftler

Peter Feit war der Sohn einer Thailänderin und eines deutschen Emigranten aus Trier. Bereits in jungen Jahren bekam er eine Anstellung als Musiklehrer und Komponist am siamesischen Hof. Feit setzte als Erster die bis zu diesem Zeitpunkt nur aus dem Gedächtnis

← *Rama V. auf Staatsbesuch in Deutschland mit Reichskanzler Bismarck*

überlieferte thailändische Musik in Noten um und bewahrte auf diese Weise wertvolles Volks- und Kulturgut. Er wurde von König Chulalongkorn beauftragt, die Königshymne und 1932 die Nationalhymne für Thailand zu komponieren.

Anna Harriett Leonowens (1831 – 1915)

Erzieherin am Hof Ramas IV.

Die 1831 in Wales (Großbritannien) geborene Anna Harriett Leonowens ist wohl eine der umstrittensten westlichen Figuren der thailändischen Geschichte. Und auch heute noch wird bisweilen heftig darüber diskutiert, welche Rolle die Frau, die ihre Erinnerungen an König Rama IV. in dem Roman »The King and I« (Der König und Ich) niederschrieb, wirklich spielte. Geboren wurde Anna als Tochter eines Armeekapitäns. Mit 28 Jahren bewarb sie sich, mittlerweile Mutter eines Jungen, auf ein Stellenangebot als Gouvernante am Hofe von König Rama IV. Dieser legte auf eine westlich-orientierte Erziehung seiner Kinder großen Wert. Ob jedoch die Gouvernante bei der Erziehung seiner 58 Kinder dem König regelmäßig so nahe kam und er auf ihren Rat hörte, wie sie es in ihrem Buch behauptet, ist nicht bewiesen. Gesichert scheinen die Erkenntnisse über ihren letzten Lebensabschnitt. 1876 ging sie nach Halifax in Kanada. Dort be-

Die aktuellste Verfilmung der Lebensgeschichte der Leonowens mit Jodie Foster in der Hauptrolle kam im Jahr 1999 unter dem Titel »Anna und der König« in die Kinos.

gründete sie die Nova Scotia School of Art and Design und starb im Jahre 1915 in Montreal.

Die Geschichte der Leonowens jedoch bot Stoff für viele Remakes: 1944 schrieb Margaret Landon anhand der Erinnerungen von Anna Leonowens das Buch »Anna and the King of Siam«. Es wurde bereits im Jahr 1946 von John Cromwell verfilmt. 1951 schrieben Oscar Hammerstein und Richard Rodgers das Musical »The King and I«, das 1956 verfilmt wurde. 1999 schließlich folgte eine weitere erfolgreiche Kinoinszenierung, in der Jodie Foster und Chow Yun-Fat die Hauptrollen spielten. Das Drehbuch schrieb Steve Meerson, die Regie führte Andy Tennant.

Alma Link (1898 – 1989)

Wohltäterin

In Russland, Deutschland und England erhielt Alma Link ihre schulische und berufliche Ausbildung als Krankenschwester. Nach Aufenthalten in London, Manila, Bangkok und Bagdad heiratete sie 1939 den in Bangkok ansässigen deutschen Industriellen Herbert Link. In Bangkok fand Alma Link ihre Lebensaufgabe: Sie gründete die »Cheshire-Heime« Thailands. Der britische Hauptmann Cheshire war Zeuge des Angriffs auf Hiroshima; Lazarettaufenthalte machten ihm klar, dass Todgeweihte ohne ausreichende und fürsorgliche Verwandte eines »Heims« bedürfen, einer familiären Zuwendung. Alma Link machte es möglich, dass schon 1965 das erste Cheshire-Heim verwirklicht wurde. Sie ist die erste und bisher einzige Frau, die als Ausländerin den königlichen Ehrentitel »Khunying« (Ehrenwerte Dame bzw. Herr) verliehen bekam.

Konstantin Phaulkon (1647 – 1688)

Königlicher Berater

Der griechische Abenteurer Konstantin Phaulkon war wohl eine der interessantesten nicht in Thailand geborenen Persönlichkeiten, die Einfluss auf Staat und Volk hatten. 1647 in Argostóli auf der griechischen Insel Kephallonia geboren, heuerte er schon früh auf einem britischen Schiff an. Die Bekanntschaft mit den Brüdern Samuel und George White, die das Abenteuer suchten und sich aus dem Asienhandel große Gewinne versprachen, ließ ihn sich dieser Unternehmung anschließen. Sie arbeiteten zunächst für die »East India Company«, die das Monopol auf den Handel zwischen Asien und Europa hatte, und machten sich nach einigen Jahren selbstständig. Mit ihnen gelangte Phaulkon 1670 nach Ayutthaya, an den Königshof kam er nicht zuletzt wegen seiner erstaunlichen Beherrschung der Landessprache. Phaulkon wurde zunächst königlicher Übersetzer, später Berater des weltoffenen Herrschers Narai. Auf dem Höhepunkt seiner Macht war Phaulkon, als Narai ihn zum Kanzler ernannte. Um den König davon zu überzeugen, dass nur Franzosen die nach Macht und Einfluss in Siam drängenden Holländer aufhalten könnten, bediente er sich einer waghalsigen Politik, die den Unmut der Regie-

Eng und Chang Bunker hießen die ersten »Siamesischen Zwillinge«.

EIN LEBEN IM DOPPEL

Seit der US-Amerikaner Robert Hunter die Zwillinge Eng und Chang Bunker (1811–1874) im Alter von 18 Jahren entdeckte, bezeichnet man ein lebensfähiges eineiiges Zwillingspaar, das am Kopf oder Rumpf zusammengewachsen ist, volkstümlich als »Siamesische Zwillinge«.

Das als erste »Siamesische Zwillinge« in der Geschichte der Medizin bekannt gewordene Brüderpaar Eng und Chang wurde im Jahre 1811 in Mae Klong in der Provinz Samut Songkhram, etwa 60 km von Bangkok entfernt, als zwei von zehn Kindern eines Fischers chinesischer Abstammung von einer thailändischen Mutter geboren. Ihre beiden Körper waren vom Gesäß bis zum Brustkorb zusammengewachsen; eine Trennung durch eine Operation war damals nicht möglich. Entdeckt wurden Eng und Chang, die bis dahin ein von der Öffentlichkeit unbemerktes Leben führten, im Alter von 18 Jahren von dem US-Amerikaner Robert Hunter, der während einer Reise durch Thailand auf die miteinander verwachsenen Brüder aufmerksam wurde und von ihrer Existenz dem Missionar Captain Coffin berichtete. Coffin überredete ihre Mutter, sie nach Europa mitnehmen und dort einer staunenden Fachwelt vorstellen zu dürfen. Danach wollten sie sich als freie Bürger in den Vereinigten Staaten von Amerika niederlassen.

Besonderes Aufsehen erregte die Tatsache, dass die Zwillinge, die in ihrer neuen Heimat den Familiennamen Bunker angenommen hatten, ihr zwangsweise verbundenes Leben trotz unterschiedlicher Charaktere und manchmal auch verschiedener Meinung (was nicht selten bis zur offenen Auseinandersetzung führte) offenbar bestens aufeinander abgestimmt hatten. So erwiesen sie sich als exzellente Schachspieler, außerdem lernten sie schwimmen. Mit dem Geld, das sie durch ihre öffentlichen Auftritte einnahmen, erwarben sie 1839 ein Grundstück in North Carolina und bauten ein Haus. Anschließend heirateten sie; Eng nahm Sara zur Frau, Chang vermählte sich mit Adelade. Nicht weniger als 22 Kinder entsprangen dieser ungewöhnlichen Verbindung, wobei sich die Frauen in der Benutzung des ehelichen Schlafzimmers im dreitägigen Rhythmus abwechselten. Eng und Chang wurden 63 Jahre alt. Eng starb 1874 an einer Infektionskrankheit, sein Bruder, der nicht erkrankt war, verschied zwei Stunden später.

rungsbeamten und des Adels erregte. Trotzdem gelang es Phaulkon, an der Mündung des Menam Chao Phraya französische Truppen zu stationieren, in deren Gefolge sich auch jesuitische Missionare befanden. Ihnen machte Phaulkon Hoffnung, den König zum Christentum bekehren zu können. Das war für die Hofbeamten zu viel. Unter der Führung Phra Petrajas nutzten sie eine schwere Erkrankung Narais zu einem Putsch. Sie nahmen Phaulkon gefangen, zwangen ihn, sein Vermögen preiszugeben und richteten ihn hin. Petraja bestieg nach dem Tod Narais selbst den Königsthron und vertrieb die Ausländer. Für die nächsten 130 Jahre war das Königreich allen westlichen Besuchern verschlossen.

Rama IV. (Mongkut; 1804 – 1868)

König von Thailand

Rama IV., auch Mongkut genannt, bestieg als 46-Jähriger Siams Thron. Seit seinem 20. Lebensjahr Mönch, zog er lange Jahre als Wandermönch durch Siam und war Abt im Wat Bovornives in Bangkok. Im Gegensatz zu seinen Vorgängern, die im Palast aufgewachsen und Zeit ihres Lebens nur von Höflingen umgeben waren, kannte er daher die Sorgen und Nöte aller Volksschichten. Auf religiösem Sektor ist der König als Erneuerer des Buddhismus in die Geschichte eingegangen. Er ließ die Pali-Quellentexte übersetzen, führte die Gläubigen zur ursprünglichen Lehre zurück und gründete den strengen Mönchsorden Dhammayut-Nikaya, dessen Angehörige an ihren dunkleren Roben zu erkennen sind. Als historisch höchstes Verdienst gilt jedoch, dass aufgrund der geschickten und schnellen Reaktion des Königs die koloniale Bedrohung von Thailand abgewehrt werden konnte. Rama IV. hatte nicht nur die westlichen Wissenschaften, sondern auch Sprachen studiert. Prinzen und Prinzessinnen wurden zudem von einer britischen Gouvernante erzogen. Das private Interesse des Königs galt der Astronomie. Dieses Hobby brachte ihm auch indirekt den Tod: 1886 konnte er eine völlige Sonnenfinsternis vorhersagen; bei deren Beobachtung in einem Sumpfgebiet zog er sich Malaria zu, an der er starb.

Rama V. (Chulalongkorn; 1853 – 1910)

König von Thailand

König Rama V., auch Chulalongkorn genannt, wurde von der Britin Anna Harriet Leonowens erzogen und übernahm im Alter von 16 Jahren die Königswürde. Westlichen Gepflogenheiten positiv gegenüberstehend, gehörte es zu seinen ersten Amtshandlungen, dass er alle Untertanen zu »Thai« (= Freien) erklärte und 1905 jede Form der Sklaverei untersagte. Er sah aber auch die damit verbundenen Probleme: »Von einem Tag auf den anderen wird es die Sklaven um das Nötigste an Essen und ein Dach über dem Kopf bringen; sie haben es ja nie lernen können, für sich selber zu sorgen.« Um wenigstens einen Teil dieser vorhersehbaren Folgen abzumildern, gebot er die Bezahlung jeder persönlichen Dienstleistung. Rama V. lag vor allem die wirtschaftliche Erschließung seines Landes am Herzen: Im Ausland lernte er die Methoden moderner Verwaltung kennen. Nach seiner Rückkehr führte er landesweit Eisenbahn, Telegrafie und Postwesen ein, schickte junge Thai zum Studium nach Europa und in die USA und holte im Gegenzug Hunderte von Ingenieuren und Wissenschaftlern aus dem Ausland. Römisches Recht »importierte« er über die Franzosen, Handelsrecht über die Briten. Seine politische Strategie sicherte dem Land Unabhängigkeit, Frieden und Freiheit. Er überließ Franzosen und Briten »auf diplomatischem Wege« ganze Landesteile (Laos, Kambodscha und vier – heute malaiische – Provinzen), die seine Vorfahren im Verlauf von 650 Jahren erobert hatten. Obwohl diese Gebiete doppelt so groß sind wie Österreich, opferte er für deren Verteidigung keinen einzigen Soldaten. Dazu brachte er Frankreich und Großbritannien dazu, das Königreich Siam als Pufferstaat zwischen ihren asiatischen Kolonien unangetastet zu lassen.

Chin Sophonpanich (1910 – 1987)

Bankier und Unternehmer

Das Hauptquartier der Bangkok Bank Ltd., mit 32 Stockwerken eines der höchsten Gebäude Bangkoks, wurde 1982 von deren Gründer Chin Sophonpanich anlässlich seines 72. Geburtstages eingeweiht; über 4000 Gäste aus aller Welt gaben ihm die Ehre. Als Sohn thai-chinesischer Eltern in Bangkok geboren, schickte ihn sein Vater einige Jahre auf die Schule nach Kanton. Als das Geld nicht mehr reichte, kam der 17-Jährige in seine Heimatstadt zurück, um im Chinesenviertel Reissäcke zu schleppen und Nudeln zu kochen. Vier Jahre später hatte es der junge Mann zum ersten Meilenstein seiner Karriere gebracht: Er war Manager einer kleinen Baufirma, verkaufte Bauholz, Werkzeuge und Konserven. Während des Zweiten Weltkriegs exportierte er Reis nach Indonesien, betrieb Sägewerke und gründete 1944 die Bangkok Bank. Chin wurde einer der wohlhabendsten Unternehmer Südostasiens und war an rund 140 Firmen und Gesellschaften beteiligt, die das ganze Spektrum der wirtschaftlichen Prosperität abdecken. Seine Bank finanziert auch heute noch etwa 40 % aller thailändischen Exporte und beherrscht wohl ein Drittel des inländischen Bankgeschäfts.

Sunthorn Phu (1786 – 1855)

Dichter

Vermutlich wurde der thailändische Dichter Sunthorn Phu in Thonburi geboren. Seine Mutter trennte sich schon früh von seinem Vater und wurde Amme am königlichen Hof in Bangkok. Der junge Phu wuchs in einem Prinzenpalast auf und lernte lesen und schreiben sowie die Grundlagen der Dichtkunst. Sunthorn Phu hatte eine ausgesprochene Neigung zum leichten Leben, wodurch er zwischen Bangkoker Hof und Klosterdasein »pendelte«. Besonders häufig hielt er sich in einem Kloster auf der Insel Klaeng bei Rayong auf; hier war sein Vater einst Abt gewesen. Während Rama II. Sunthorn Phu begünstigte und ihn bei der Neubearbeitung des »Ramakien« und anderer literarischer Werke heranzog, fiel er bei Rama III. in Ungnade. Es folgte ein 18-jähriges Wanderleben als Rezitator, Auftragsdichter, Alchimist und Mönch; aus dieser Zeit stammen seine schönsten Nirat-Werke. Erst unter Rama IV. kam Sunthorn Phu wieder zu Ehren und sogar zu dem Titel »Herr Sunthorn, der Erleuchtete«.

James (Jim) Thompson (1906 – 1974?)

Architekt und Bonvivant

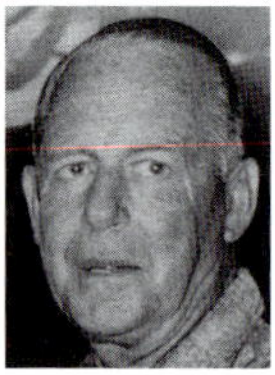

Der US-amerikanische Architekt James (»Jim«) Thompson kam nach dem Zweiten Weltkrieg als Offizier des USA-Geheimdienstes OSS nach Bangkok, schied aber schon bald aus dessen Diensten aus. Er wählte Bangkok zu seinem ständigen Wohnort und entdeckte nach einem Intermezzo als Direktor des schon damals berühmten Oriental Hotels die traditionelle Seidenwebkunst der Thai. Thompson ist der heute weltweit gute Ruf der Thai-Seide zu verdanken; er entwickelte ebenso moderne Produktionsverfahren, wie er die Rückbesinnung auf alte Techniken förderte. Selbst ein hochbegabter Designer und Textilkolorist, trug er in hohem Maße zur Entwicklung der heute noch wichtigen Seidenindustrie in Thailand bei. Der berühmte englische Dichter Somerset Maugham, ein regelmäßiger Gast im Hause Thompson, schrieb Jim Thompson nach einem Besuch seiner Produktionsstätten und einem Abendessen in seinem Haus ins Gästebuch: »Sie haben nicht nur schöne Dinge geschaffen. Was die Außergewöhnlichkeit ihrer gesammelten Kunst angeht, so haben Sie diese auch noch mit exzellentem Geschmack ausgewählt.« Aus allen Teilen Thailands, die Jim Thompson bei seinen zahlreichen Reisen erkundete, brachte er Antiquitäten nach Bangkok, wodurch er sie vor dem Verfall rettete. Schönstes Beispiel seiner Sammlerleidenschaft sind die im traditionellen Thai-Stil erbauten Häuser, die er an ihrem ursprünglichen Standort auseinandernehmen, in die Hauptstadt schaffen und dort wieder aufbauen ließ. Wie weitblickend dies war, zeigt sich heute: Kaum anderswo in Thailand findet man noch so gut erhaltene Holzhäuser. Auf dem Höhepunkt seiner Schaffenskraft verschwand Jim Thompson im Alter von 61 Jahren auf bis heute nicht geklärte Weise. Während eines Kurzurlaubs in den westmalaiischen Cameron Highlands verliert sich am Ostersonntag 1967 seine Spur; trotz intensivster Suche blieb er verschollen. Sieben Jahre später (1974) wurde er amtlich für tot erklärt. Seine Sammlungen sind heute im Besitz einer Stiftung, die sich besonders um soziale Einrichtungen bemüht.

Prateen Ungsongtham (geb. 1951)

Schulförderin

Ganz bestimmt die bisher Jüngste und nach akademischen Regeln die »Ungebildetste« erhielt 1978 den fernöstlichen »Nobelpreis« (Ramon Magsaysay): In Tokio wurde der 27-jährigen Prateen Ungsongtham diese Auszeichnung für ihren Kampf um die schulische Bildung von Slumkindern und -bewohnern verliehen. Selbst im ehedem drittgrößten Slum der Welt am Hafen von Klang Toey geboren, schaffte sie es, lesen und schreiben zu lernen. Als 16-Jährige begann sie, Kindern aus ihrer Nachbarschaft Unterricht zu geben. Als diese »illegale Schule« von dem Gelände, auf dem Prateen sie etabliert hatte, vertrieben werden sollte, griff endlich die Stadtverwaltung ein und setzte sich für ihren Fortbestand ein (1974). Seit die junge Frau den hoch angesehenen, mit etwa 10 000 US-Dollar dotierten Preis sofort in eine Stiftung einbrachte, steht sie bei allen Bangkoker Behörden in bestem Ruf, die ihre Vorhaben genauso unterstützen wie viele private Spender. Inzwischen gibt es nahezu 2000 Schulkinder und über ein Dutzend regulär ausgebildeter Lehrer. Ihre Stiftung nennt sich »Duang Prateep Foundation« (= Lichtschimmer). Die Groschenschule (= 1 Baht pro Tag) wurde zu einem Modell für alle Entwicklungsländer der südostasiatischen Region. Heute gehören auch Erwachsenenbildung, Familienplanung, Berufsschulung, Gesundheit und Hygiene zum Lehrplan. Internationale und nationale Spenden verhelfen zu Stipendien und Mönchsstudium, Sport- und Freizeitprogramme sowie Maßnahmen gegen Jugend- und Arbeitslosenkriminalität werden finanziert.

Pierra Vejabul (1900 – 1964)

Ärztin

Pierra Vejabul, die später die erste Ärztin Thailands wurde, musste von zu Hause ausreißen, um sich ihren Berufswunsch erfüllen zu können. Sie setzte sich nach Paris ab, wo sie sich ihren Schul- und Universitäts-Besuch mit Putzen verdiente. Nach der Promotion ging sie noch einige Monate zu Professor Sauerbruch an die Berliner Charité, ehe sie in den frühen 1930er-Jahren nach Bangkok zurückkehrte. Hier wurde sie mit der Leitung der Abteilung für geschlechtskranke Mädchen und Frauen betraut. Diese wurden damals gesundheitsamtlich tätowiert, auch wenn es sich noch um Kinder unter 14 Jahren handelte. Mit dieser Maßnahme machte die energische Arztin als Erstes Schluss. Dann nahm sie ausgesetzte Babys ihrer Patientinnen als Adoptivkinder an, worauf ihr die Familie Name und Ehren entzog. Ihr Name bedeutet »guter geduldiger Arzt«; er wurde ihr, ebenso wie der Ehrentitel »Khunying«, vom Königshaus verliehen. Bis zu ihrem Tod im Jahre 1964 leitete Khunying Vejabul ein Waisenhaus, in dem sie rund 3000 Kinder großzog; viele von ihnen ergriffen geachtete Berufe und machten ihren Weg. Daneben betrieb sie eine Arztpraxis und beaufsichtigte ein Umschulungszentrurn am Stadtrand von Bangkok, das schwangeren oder rehabilitationswilligen Prostituierten eine Schul- oder Berufsausbildung ermöglicht.

Praktische Informationen

WAS SOLLTEN SIE FÜR EINE THAILANDREISE EINPACKEN? WIE FINDEN SIE EIN HOTEL? WIE VERHÄLT MAN SICH IN THAILAND, OHNE »DAS GESICHT ZU VERLIEREN«? LESEN SIE ES NACH – AM BESTEN SCHON VOR DER REISE.

Anreise · Reiseplanung

Anreisemöglichkeiten

Mit dem Flugzeug …

Die meisten Besucher Thailands wählen naturgemäß das Flugzeug zur Anreise. Im Zeitalter der Jets ist die etwa 10 000 Kilometer lange Distanz von Mitteleuropa ohne Zwischenlandungen in etwa 10 Stunden zurückgelegt. Internationale Flughäfen gibt es außer in Bangkok in Chiang Mai und Phuket.

… nach Bangkok

Der 2006 in Betrieb genommene Flughafen **Suvarnabhumi International Airport** liegt etwa 25 km östlich von Bangkok und zählt zu den modernsten der Welt. Er wird von mehr als 50 Fluggesellschaften angeflogen. Aus Europa sind dies in erster Linie die Deutsche Lufthansa und Thai Airways mit z. T. täglich mehreren Direktflügen sowie die Charterfluggesellschaften Condor und LTU.

Ein hervorragend ausgebautes Straßennetz, darunter fünf direkte Schnellstraßen, verbindet ihn mit der Hauptstadt; für die Anfahrt sollten Sie zumindest eine Dreiviertelstunde einplanen. Außerdem gibt es eine Schnellbahn, die Bangkoks Zentrum mit dem Flughafen verbindet.

Flughafen Bangkok in Zahlen

- **Offizieller Name:** Suvarnabhumi International Airport
- **Architekten:** Murphy/Jahn (Chicago / USA)
- **Grundsteinlegung:** 19. Januar 2002
- **Kosten:** ca. 4 Mrd. US $
- **Fläche:** ca. 3232 ha
- **Start- / Landebahnen:** zwei (4000 / 3700 m; im Endausbau vier)
- **Verkehrsfrequenz:** bis zu 76 Starts und Landungen pro Stunde
- **Passagiere:** 50 Mio. / Jahr (im Endausbau 100 Mio.)
- **Gepäckumschlag:** 9600 Gepäckstücke pro Stunde
- **Frachtumschlag:** 3 Mio. t / Jahr (im Endausbau bis 6,4 Mio. t)
- **Und:** Der Kontrollturm des neuen Flughafens von Bangkok ist mit 132 m der höchste seiner Art auf der Erde.

Die **Ticketpreise** sind je nach Reisezeit sehr unterschiedlich und differieren zwischen 400 und 800 Euro für Hin- und Rückflug. Es lohnt sich, im Internet nach Sondertarifen zu recherchieren; mögliche Zwischenstopps sollten Sie aber bei besonders günstigen Flugpreisen einkalkulieren.

Inländische Flugverbindungen siehe ►Verkehr

Mit dem Auto

Mit dem Auto von Singapur bzw. Malaysia kommend benutzen Sie einen der drei Grenzübergänge im Süden des Landes, und zwar in den Provinzen **Songkhla**, **Yala** und **Narathiwat** (Sungai Kolok). Die Einreise per Auto ist nur über diese Grenzübergänge (täglich bis 18.00 Uhr geöffnet) möglich. Der »Asian Highway« vom Bosporus bis nach Singapur ist noch immer unterbrochen, seit Myanmar (Birma) die Grenze für Kraftfahrzeuge geschlossen hat.

ADRESSEN FLUGLINIEN

IN DEUTSCHLAND

► **Thai Airways International**
Zeil 127
60313 Frankfurt am Main
Tel. 0 69 / 92 87 41 41
Fax 92 87 43 33
www.thai-airways.de

► **Bangkok Airways**
Frankfurt Office
Bethmannstraße 58
60311 Frankfurt am Main
Tel. 0 69 / 13 37 75 65
www.bangkokair.com

► **Deutsche Lufthansa**
Lufthansa City Center
Am Hauptbahnhof 2
60329 Frankfurt am Main
Reservierung:
Tel. 0 18 05 / 8 38 42 67
www.lufthansa.de

► **Condor Flugdienst**
Reservierung:
Tel. 0 18 05 / 76 77 57
www.condor.de

► **LTU**
Flughafen Halle 8
40474 Düsseldorf
Tel. 02 11 / 94 18-0
www.ltu.de

IN ÖSTERREICH

► **Thai Airways International**
Postfach 36
A-1183 Wien
Reservierung:
Tel. 08 20 / 20 04 41

IN DER SCHWEIZ

► **Thai Airways International**
Bahnhofstrasse 67
Sihlstrasse 1
CH-8001 Zürich
Tel. 01 / 2 15 65 00

IN THAILAND

► **Thai Airways International**
Zentrale Bangkok
89 Vibhavadi Rangsit Road
Chatuchak
Tel. 02 / 5 45 36 90 92
Fax 5 45 38 32

Mit der Bahn

Von Singapur bzw. Malaysia verkehren täglich Züge. Die Fahrpreise sind niedrig, der Komfort ist gut, und die Fahrpläne werden recht zuverlässig eingehalten. Die Fahrzeit von Singapur nach Bangkok beträgt eineinhalb bis zwei Tage. Für Reisen in der 1. Klasse sowie für Schlaf- oder Liegewagen empfiehlt sich rechtzeitige Reservierung. Siehe auch ►Verkehr, Bahn.

◄ Eastern & Oriental Express

Von Singapur kann man mit dem luxuriösen Eastern & Oriental Express nach Thailand reisen; die sehr reizvolle, aber nicht ganz billige Fahrt dauert knapp drei Tage (Informationen und Buchungen: www.orient-expresstrains.com).

Mit dem Schiff

Kreuzfahrtschiffe machen in Bangkok nur noch selten im Flussteil des Hafens (meist zwischen Pier 9 und 12) fest, in Pattaya, Sattahip oder Phuket liegen sie »auf Reede«, d. h. die Passagiere werden mit kleinen Booten an Land gebracht.

Ein- und Ausreisebestimmungen

Reisedokumente Zur Einreise nach Thailand benötigt man einen Reisepass und eine Einreiseerlaubnis. Für Aufenthalte bis zu 30 Tagen wird ein Visum auf dem Flughafen oder am Grenzübergang in den Reisepass gestempelt. Visa für längere Aufenthalte sind vor der Abreise bei den zuständigen Konsulaten (► Auskunft, Botschaften) zu beantragen. Der Reisepass muss sechs Monate über den Ausreisetermin hinaus gültig sein. Kinder benötigen einen eigenen Reisepass, sie können aber auch im Reisepass der Eltern eingetragen sein. Der Kinderausweis wird nicht anerkannt!

Visaarten Neben dem oben genannten Besuchervisum für 30 Tage ist ein »tourist visa« für 60 oder ein »non immigrant visa« für 90 Tage möglich. Wer weiß, dass er seinen Thailand-Aufenthalt eventuell verlängern will, sollte sich gleich das Zwei-Monats-Visum besorgen, da das 30-Tage-Visum nur mit einem erheblichen Aufwand an Zeit und Geld verlängert werden kann. Außerdem gibt es seit einiger Zeit ein Jahresvisum für Personen über 55 Jahre, das zur mehrfachen Einreise berechtigt, jedoch nur vor der Abreise ausgestellt wird. Allerdings darf sich der Inhaber eines solchen Visums nur drei Monate zusammenhängend in Thailand aufhalten, außerdem ist ein Vermögensnachweis erforderlich.

> **! Baedeker TIPP**
>
> **Expressvisum**
>
> Wer einen Thailandaufenthalt kurzfristig plant und länger als 30 Tage bleiben möchte, bekommt sein Visum an Werktagen notfalls binnen 24 Stunden beim Visaexpress in Sankt Augustin bei Bonn oder in Berlin (www.visaexpress.de).

ADRESSEN FÜR VISA

TAX CLEARANCE CERTIFICATE

► **Tax Clearance Sub-Division**
Central Operating Division
1 Chakrapongse Road, Bangkok

► **Revenue Department**
Rajdamnoen Road, Bangkok
Tel. 02 / 2 81 57 77

IMMIGRATION DEPARTMENTS

► **Öffnungszeiten für alle Büros:**
Mo. – Fr. 8.30 – 12.00,
13.00 – 16.30 Uhr

► **Bangkok**
507 Soi Suan Phlu
Sathorn Tai Road
Tel. 02 / 28 73 10 11
Fax 2 87 13 10, 2 87 15 16
www.immigration.go.th

► **Chiang Mai**
71 Airport Road
(beim Flughafen)
Tel. 0 53 / 27 75 10

► **Kanchanaburi**
100/22 Mae Klong Road
Tel. 0 34 / 51 33 25

Visa für die Nachbarländer

Visa zum Besuch der Nachbarländer **Myanmar** (Birma), **Laos** und **Vietnam** sind ausschließlich bei den diplomatischen Vertretungen dieser Länder in Bangkok und nicht an den Grenzübergängen erhältlich. Die Bearbeitung des Visumantrags nimmt unter Umständen mehrere Tage in Anspruch. Für **Malaysia** wird am Grenzübergang oder Flughafen ein 90 Tage gültiges Einreisevisum erteilt. Verlässt man Thailand, um nach einem Abstecher beispielsweise nach Hongkong oder Birma wieder einzureisen, sollte man ein »Multiple entry-Visum« beantragen, das für maximal drei Einreisen gilt.

Visaanträge

Visaanträge für Thailand sind auch in Reisebüros erhältlich, zur Bearbeitung sind zwei Lichtbilder, zwei Antragsformulare, der Reisepass, bei Pauschalreisen eine Buchungsbestätigung des Reiseunternehmens sowie bei Anforderung per Post ein frankierter Rückumschlag nötig. Die Bearbeitungsgebühr ist in bar beizulegen, aus Sicherheitsgründen empfiehlt sich der Versand per Einschreiben.

Visaverlängerung

Eine Verlängerung des Visums muss vor dem Ablauf des Erstvisums beim zuständigen **Immigration Department** (Einwanderungsbehörde, nur nach Terminvereinbarung: Tel. 1900 222 323; 9 Baht / Min.) beantragt werden, die Gebühren hierfür sind hoch. Bei einer Überziehung der im Visum genannten Aufenthaltsdauer sind pro Tag 500 Baht Strafe zu zahlen, der Höchtsbetrag liegt bei 20 000 Baht.

Tax Clearance Certificate

Von jedem Ausreisenden, der sich 90 Tage und mehr pro Kalenderjahr in Thailand aufgehalten hat, wird die Vorlage eines so genannten Tax Clearance Certificate verlangt, eine Befreiung von der thailändischen Steuerpflicht. Das Zertifikat muss auch von Reisenden vorgelegt werden, die über eine thailändische Arbeitserlaubnis verfügen oder sich zu Geschäftsreisen länger als 14 Tage im Königreich aufgehalten haben.

▸ **Ko Samui**
In der Nähe des Post Office in Nathon; Tel. 0 77 / 42 10 69

▸ **Krabi**
Uttarakit Road, Krabi Town
Tel. 0 75 / 61 10 97

▸ **Pattaya**
Beach Road, Soi 8
Tel. 0 38 / 42 94 09

▸ **Surat Thani**
Don Nok Road (City Hall)
Tel. 0 77 / 27 32 17

▸ **Phuket**
South Phuket Road
Phuket City
Tel. 0 76 / 21 21 08

THAILÄNDISCHER FÜHRERSCHEIN

▸ **The Department of Land Transport**
1032 Phahonyothin Road
gegenüber dem Chatuchak-Park
Bangkok 10900
Tel. 02 / 2 72 31 00

! Baedeker TIPP

Passfotos und Kopien

Es ist sicher sinnvoll, einige Passfotos mitzunehmen. Man benötigt sie für Visa zur Einreise in Nachbarstaaten. Außerdem sollten Sie die Ausweisdokumente (auch die Seite mit dem Visum für Thailand) kopieren und getrennt von den Originalen aufbewahren. Bei einem Verlust erleichtern diese die Beschaffung eines Ersatzausweises erheblich.

Bei **Verlust des Reisepasses** muss die Botschaft Einreiseersatzpapiere vom Immigration Department besorgen. Die Deutsche Botschaft in Bangkok weist darauf hin, dass zur Ausstellung eines Ersatz-Reiseausweises, der übrigens nur zur Rückkehr in die Bundesrepublik Deutschland berechtigt, außer der Vorlage von zwei Passfotos eine so genannte Passverlusterklärung, die man bei den thailändischen Polizeibehörden erhält, benötigt wird.

Führerschein Zum Mieten eines Fahrzeuges genügt im Allgemeinen der nationale Führerschein des Heimatlandes, empfohlen wird jedoch ein internationaler Führerschein. Falls der Führerschein in Thailand verloren geht, sollte man versuchen, mit einem Polizeiprotokoll beim Department of Land Transport eventuell einen thailändischen Führerschein zu erhalten.

Haustiere Nach der Einfuhr von Haustieren müssen diese eine dreimonatige Quarantäne über sich ergehen lassen, weshalb sich die Frage nach Mitnahme von Hund oder Katze eigentlich erübrigt.

Zollbestimmungen

Einreise nach Thailand Gegenstände des persönlichen Bedarfs können zollfrei eingeführt werden. Besucher über 18 Jahre dürfen außerdem 200 Zigaretten oder 250 g Tabak oder 50 Zigarren, 1 l Wein oder Spirituosen, einen Fotoapparat und eine Video- bzw. Filmkamera mitbringen. Medikamente zum persönlichen Gebrauch können ebenfalls eingeführt werden; um Missverständnisse zu vermeiden, sollten Sie die Originalverpackungen mitführen. Die Einfuhr von Drogen und pornografischem Schriftgut ist grundsätzlich verboten. Der Import von Jagdwaffen und Munition bedarf der Genehmigung durch das Police Department. Die Einfuhr von Harpunen zur Unterwasserjagd ist verboten.

Wiedereinreise in EU-Staaten Thailand ist ein Einkaufsparadies, allerdings sollte man bedenken, dass bei der Rückkehr in die EU-Staaten Deutschland und Österreich für Waren im Wert von mehr 175 € Drittlandzoll sowie Einfuhrumsatzsteuer (= Mehrwertsteuer) bezahlt werden muss. Zollfrei sind alle bereits auf die Reise mitgenommenen persönlichen Gebrauchsgegenstände; es empfiehlt sich aber, Quittungen über bereits im Heimatland gekaufte wertvolle Geräte mitzunehmen, um Probleme bei der Wiedereinreise zu vermeiden. Eingeführt werden dürfen ferner von Personen über 18 Jahren (in Österreich über 17 Jahren) 200 Zigaret-

i Bitte nicht einführen!

- Um das Einschleppen von Schädlingen oder die Übertragung von Tierseuchen zu verhindern, dürfen weder bei der Einreise nach Thailand noch bei der Wiedereinreise in EU-Staaten Nahrungsmittel, Obst, Gemüse, Samen, Pflanzen und tierische Produkte eingeführt werden. Penible Reisegepäckkontrollen auch mit Hunden sind üblich, Zuwiderhandlungen werden mit hohen Geldbußen geahndet.

ten oder 100 Zigarillos oder 250 g Tabak sowie 0,25 l Toilettenwasser oder 50 g Parfum. Abgabenfrei sind außerdem 1 l Spirituosen über 22 Vol.-% oder 2 l Schaum- oder Likörwein, außerdem 2 l Wein. Die Einfuhr von Nahrungsmitteln ist zum Schutz vor Infektionserkrankungen seit 2005 verboten.

Wiedereinreise in die Schweiz

Abgabenfrei bei der Wiedereinreise in die Schweiz sind Gegenstände des persönlichen Bedarfs; außerdem für Personen über 17 Jahren 200 Zigaretten oder 50 Zigarren oder 250 g Tabak, an alkoholischen Getränken 2 l mit bis zu 15 Vol.-% Alkoholgehalt und 1 l mit mehr als 15 Vol.-%, ferner Waren im Wert von bis 100 sfr.

Devisenbestimmungen

Ausländische Zahlungsmittel können bei der Einreise in unbegrenzter Höhe mitgeführt werden. Landeswährung darf ohne Genehmigung bis höchstens 50000 Baht pro Person ein- bzw. ausgeführt werden.

Washingtoner Artenschutzabkommen

Das Washingtoner Artenschutzabkommen verbietet den Handel und damit auch die Einfuhr von exotischen Tieren – gleichgültig, ob tot oder lebendig. Auch Teile geschützter Tierarten dürfen nicht in EU-Staaten sowie in die Schweiz eingeführt werden, mit Kontrollen ist an den Flughäfen jederzeit zu rechnen. Empfindliche Geldstrafen drohen bei Zuwiderhandlung. Im Zweifelsfall verzichten Sie am besten auf den Kauf von geschützten Tieren oder Tierprodukten, zu denen z. B. bestimmte Muscheln, Korallen, Vögel und Reptilien (dazu zählen auch Krokodilledertaschen oder -schuhe) zählen.

Reiseversicherungen

Auslandskrankenversicherung

Es ist ratsam, auf alle Fälle eine private Auslandskrankenversicherung abzuschließen. Angeboten werden auch Versicherungspakete, die neben der Krankenversicherung eine Gepäck-, Unfall- und Haftpflichtversicherung einschließen.

Auskunft

WICHTIGE ADRESSEN

IN DEUTSCHLAND

► **Thailändisches Fremdenverkehrsamt (TAT)**
Bethmannstraße 58/1
60311 Frankfurt am Main
Tel. 0 69 / 13 81 39-0
Fax 13 81 39 50
www.thailandtourismus.de
Das TAT hält eine Vielzahl von Broschüren zu fast jedem Thema bereit, die auf schriftliche oder telefonische Anfrage verschickt werden. Nützliche und aktuelle Reiseinfos bietet das jährlich erscheinende Magazin »Thailand«, welches ebenfalls über das TAT erhältlich ist.

IN ÖSTERREICH UND IN DER SCHWEIZ

► **Apropos Marketing & Events**
Frau Katrin Zeravsky
Heumühlgasse 3, A-1040 Wien
Tel. 01 /15 85 24 20, Fax 5 85 23 44
peter.herold@chello.at
Dieses Büro ist auch für Reisende aus der Schweiz zuständig.

IN THAILAND

► **Tourism Authority of Thailand (TAT)**
1600 New
Phetchaburi Road
Makkasan,
Ratchathewi
Bangkok 10400
Tel. 02 / 2 50 55 00
Fax 2 50 55 11
www.tourismthailand.org;
Öffnungszeiten: tägl. 8.30 – 16.30 Uhr

► **TAT-Außenstellen:**
Bangkok International Airport
Arrival Hall, Terminal 1
Tel. 02 / 5 04 27 01-2
Arrival Hall, Terminal 2
Tel. 02 / 5 04 27 03, 25 35 26 69
geöffnet: tägl. 8.00 – 24.00 Uhr
TAT Call Center (mehrsprachig):
Tel. 02 / 16 72; 8.00 – 20.00 Uhr

► **Lokale Büros der TAT**
In allen größeren Orten gibt es Touristenbüros, die detailliertes Karten- und Informationsmaterial zu den Sehenswürdigkeiten am Ort bzw. in der Umgebung bereithalten. Sie helfen auch bei der Reservierung von Unterkünften, Touren und Transportmitteln. Die Adressen dieser Büros finden Sie bei den entsprechenden Informationskästen im Hauptteil dieses Reiseführers.

BOTSCHAFTEN

► **Thailändische Vertretungen: In Deutschland**
Lepsiusstraße 64 – 66
D-12163 Berlin
Tel. 0 30 / 79 48 10, Fax 79 48 15 11
Öffnungszeiten: 9.00 – 12.00, 14.00 – 16.30 Uhr

► **In der Schweiz**
Kirchstrasse 56
CH-3097 Bern-Liebefeld
Tel. 0 31 / 9 70 30 30
www.thai-consulate.ch

► **In Österreich**
Cottagegasse 48

A-1180 Wien
Tel. 01 / 4 78 27 97

► **Vertretungen in Thailand:**
Deutsche Botschaft
9 South Sathorn Road
Bangkok 10120
Tel. 02 / 28 79 00 00
Fax 2 87 17 76
www.bangkok.diplo.de
Öffnungszeiten: Mo. – Fr. 8.30 – 11.30 Uhr (an manchen thailändischen Feiertagen geschlossen)

Deutsches Konsulat Chiang Mai
199/163 Moo 3, Baan Nai Fun 2
Kan Klong Chonpratan Road
Chiang Mai 50100
Tel. 0 53 / 83 87 35, Fax 83 87 35

Deutsches Konsulat Phuket
100/425 Chalermprakiat R. 9 Road, Rassada
Phuket Town 83000
Tel. 0 76 / 35 41 19, Fax 35 46 02
www.deutscheskonsulatphuket.com

Österreichische Botschaft
14 Soi Nandha, Sathorn Tai Road
Bangkok 10120
Tel. 02 / 2 87 39 70-72
Fax 287 39 25
Öffnungszeiten: Mo. – Fr. 8.30 – 12.00 Uhr

Schweizer Botschaft
35 North Wireless Road
Bangkok 10330
Tel. 02 / 2 53 01 56-60
Fax. 2 55 44 81
Öffnungszeiten: Mo. – Fr. 9.00 – 12.00 Uhr

INTERNET

► **www.tourismthailand.org**
Die offizielle englischsprachige Homepage des Thailändischen Fremdenverkehrsamtes bietet Informationen aus erster Hand, z. B. zahlreiche Ausflugstipps.

Kunsthandwerk in Chiang Mai

► **www.thailandtourismus.de**
Die offizielle deutschsprachige Homepage des Thailändischen Fremdenverkehrsamtes mit einer Fülle von Informationen über Land und Leute, Sehenswertes und aktuellen Nachrichten etc.

► **www.sawasdee.com**
Englischsprachige und gut gepflegte Homepage mit vielen nützlichen Informationen über Thailand

► **www.baanthai.com**
Gute private Homepage mit allerlei nützlichen Infos über das Königreich

► **www.thailand-community.de**
Eine Art privater Internet-Marktplatz, hier gibt es auch aktuelle Nachrichten über Ereignisse in Thailand.

► **www.asia-discovery.com/thailand**
Nützliches zu Unterkunft und Touren im ganzen Land

Badeurlaub

Traumstrände im Überfluss

Thailand bietet eine Fülle von außerordentlich schönen Badestränden, bei einer Küstenlänge von 1875 km am Golf von Siam und 740 km am Indischen Ozean kein Wunder. Viele davon sind natürlich auch bei der einheimischen Bevölkerung beliebt, die vor allem an Wochenenden und während der Sommerferien (Mai – Juli) eine Erfrischung zu schätzen weiß. Besonders die Strände, die man von Bangkok aus in zwei oder drei Stunden mit dem Auto erreicht, sind an solchen Tagen ziemlich überfüllt. Dann leidet bisweilen auch die Wasserqualität vor allem in Orten, die von vielen Touristen frequentiert werden.
Schön und gepflegt sind die Strände von **Phuket**, **Hua Hin**, **Koh Samui**, **Koh Lanta** und **Khao Lak**, aber auch an den Inseln der Ostküste (**Koh Chang**, **Koh Samet**). Weniger empfehlenswert ist der Hauptstrand von Pattaya, hier findet man allerdings schon wenige Kilometer außerhalb des Ortes oder auch bei den vorgelagerten Inseln saubere und feine Sandstrände mit klarem Wasser.

Rote Flagge: Lebensgefahr!!!

Unterwasserströmungen können selbst geübte Schwimmer in Lebensgefahr bringen. Sie sind vom Land aus nicht zu erkennen und treten v. a. während der Monsunzeit auf. Betroffen sind in erster Linie die Strände von Phuket, hier sollte man warnende Hinweisschilder unbedingt beachten. An thailändischen Stränden gibt es in aller Regel keine Rettungsschwimmer oder sonst organisierten Rettungsdienst. Rote Flaggen am Strand bedeuten absolutes Badeverbot!

Waterscooter

Motorisierte Waterscooter werden an vielen Stränden vermietet, mit den Gefährten sollten Sie sich allerdings nicht zu weit hinauswagen: Bisweilen kommt es zu Haiattacken!

FKK ist nicht erlaubt!

Anhänger der Freikörperkultur kommen in Thailand kaum auf ihre Kosten, denn Nacktbaden widerspricht den Moralvorstellungen der Einheimischen. Allenfalls »Oben ohne« ist an einigen Stränden möglich, was jedoch eher geduldet wird als dass es offiziell erlaubt ist.

Mit Behinderung in Thailand

Das Thailändische Fremdenverkehrsamt (► Auskunft) gibt Informationen für Behinderte, die eine Reise nach Thailand planen. Es gibt auch einige Reiseveranstalter in Thailand, die sich auf die Bedürfnisse behinderter Reisender eingestellt haben.Während vor allem internationale Hotels für Gäste mit Behinderungen eingerichtet sind, ist

Thailand ist berühmt für seine makellosen Traumstrände. →

ADRESSEN BEHINDERTENHILFE

- **Bundesverband Selbsthilfe Körperbehinderter (BSK) Reisehelferbörse**
  Altkrautheimer Straße 20
  74328 Krautheim/Jagst
  Tel. 0 62 94 / 42 81-0
  Fax 42 81-79, www.bsk-ev.org

- **Bundesarbeitsgemeinschaft der Clubs Behinderter und ihrer Freunde**
  Langenmarckweg 21
  51465 Bergisch Gladbach
  Tel. 0 22 02 / 98 99 81
  Fax 4 24 31, www.bagcbf.de

hinsichtlich der Mobilität mit Einschränkungen zu rechnen. So sind z. B. öffentliche Verkehrsmittel wenig behindertengerecht. Thailänder gelten jedoch als sehr hilfsbereit. Die wichtigsten Sehenswürdigkeiten wie Tempel und Museen können aber auch von Rollstuhlfahrern besichtigt werden. Auch Restaurants und Bars können meist problemlos von Rollstuhlfahrern besucht werden.

Drogen

Finger weg! Wie in ganz Südasien fand auch bei den thailändischen Behörden in den vergangenen Jahren ein Umdenkungsprozess statt, was Handel, Besitz und Konsum von Drogen jeglicher Art – auch von so genannten weichen Drogen – anbetrifft. Nicht zuletzt auf Drängen der Europäer und US-Amerikaner verfolgt die thailändische Polizei diese Delikte äußerst intensiv. Lassen Sie sich deshalb nicht durch Einheimische verführen, nicht selten handelt es sich um Lockvögel der Polizei. Auch sollten Sie nie jemandem einen »Gefallen« tun und z. B. ein Päckchen »für einen Freund in Deutschland« mitnehmen: Sie könnten unversehens zum Drogenkurier avancieren und auf der Anklagebank landen. Langjährige Gefängnisstrafen – im schlimmsten Fall sogar die Todesstrafe – drohen für den Besitz selbst vermeintlich geringer Mengen. Die Gefängnisse in Thailand sind mit denen in Europa nicht zu vergleichen! Von den diplomatischen Vertretungen des Heimatlandes ist bei Drogendelikten nur die absolut notwendige Hilfe zu erwarten.

Elektrizität

Das Stromnetz in ganz Thailand führt 220 Volt Wechselstrom bei 50 bis 60 Hertz. Bisweilen sind Adapter notwendig, die man entweder in Geschäften oder auch an der Hotelrezeption erhält.

Essen und Trinken

Nationales Hobby

Spötter behaupten: Während die eine Hälfte der Thailänder gerade ans Essen denkt, ist die andere gerade beim Essen. Das ist sicher wahr, denn warum gäbe es sonst sogar in den kleinsten Orten überall Garküchen, in denen kleine Happen angeboten werden und fast rund um die Uhr ihre Abnehmer finden? Fest gefügte Essenszeiten wie in europäischen Ländern sind allenfalls in Familien der so genannten besseren Gesellschaft üblich. Ansonsten bedient man sich vielfach an den zahlreichen Garküchen und isst sechs- oder siebenmal am Tag, dafür nur kleinere Häppchen. Frühstück nach europäischer Art nimmt man nur selten zu sich, klassisch ist noch die große Schüssel Reis- oder Gemüsesuppe am Morgen. Gegessen wird übrigens nicht mit Messer und Gabel (diese Instrumente gelten als Symbole der Aggression), auch Essstäbchen sind nur bei chinesischstämmigen Thais im Gebrauch. Vielmehr schneidet man das Essen löffelfertig zurecht; meist wird es auch so in Restaurants serviert. Als Grundregel gilt, dass ein Stück Fleisch und eine kleine Portion Reis immer einen Mundvoll ergeben müssen.

Imbissboot im Damnoen Saduak bei Bangkok

Vielfältige Einflüsse

Die vielfältige thailändische Küche ist mit der der anderen südostasiatischen Länder eng verwandt. Indische, chinesische und ceylonesische Gerichte haben durch Verwendung anderer Gewürze einen typisch thailändischen Charakter erhalten. Die Offenheit der Thai zeigt sich auch in der Übernahme westlicher Rezepte; in den Touristikzentren gibt es zahlreiche Restaurants, die internationale Küche bieten und selbst vor Schweinshaxen mit Sauerkraut nicht zurückschrecken.

! *Baedeker* TIPP

Tipps und Tricks der Thai-Küche

Das berühmte Oriental-Hotel und das Peninsula-Hotel in Bangkok veranstalten Kochseminare, in denen die Feinheiten der thailändischen Küche gelehrt werden. Kochkurse gibt es aber auch in vielen anderen Hotels, oft werden auch Kurse in Obstschnitzerei angeboten. Fragen Sie einfach an der Rezeption.

Die klassische thailändische Küche verwendet im Wesentlichen einfache, stets jedoch frische Hauptzutaten. Der tägliche Speisezettel enthält Fisch, Gemüse, Reis; meist nur an Feiertagen wird er durch Schweine- oder Rindfleisch bereichert. Frischer Fisch war bis vor wenigen Jahren in den nördlichen Landesteilen ein Festtagsessen, erst durch die unproblematische Zucht von Buntbarschen (Tilapia) in den Bewässerungskanälen der Reisfelder ist er auch dort erschwinglich geworden. Getrockneter Fisch ist eine Spezialität aus dem Süden Thailands, er wird im ganzen Land als Nascherei gern gegessen.

Gewürze

Die thailändische Küche ist im Allgemeinen als mäßig scharf zu bezeichnen. Die Mischung vieler Gewürze (zum Beispiel Curry, Kokosmilch, Zwiebeln, Chili, Ingwer, Koriander, Basilikum, Minze, Zitronengras, Garnelenpaste oder Knoblauch) und die Verwendung von süßen, süß-sauren oder scharfen Soßen geben dem Thai-Essen eine besondere Note. Salz wird so gut wie überhaupt nicht verwendet; stattdessen wird eine Fischsoße (nam pla) gereicht. Zu Suppen und Hauptgerichten serviert man gewöhnlich eine Auswahl an Gewürzen zur individuellen Akzentuierung. Vorsicht: Die kleinen eingelegten roten und grünen Pfefferschoten (nam prick) sind sehr scharf!

Suppen

Die Suppen werden meist als Cremesuppen zubereitet, sie schmecken sehr gut, sind aber auch recht nahrhaft. Es gibt Gemüsesuppen ebenso wie Geflügel-, Fleisch- und Fischsuppen, die oft mit Nudeln serviert werden. Berühmt ist die Suppe **»Tom yam gung«** mit Gemüse und Garnelen in einer kräftigen Brühe, eine andere köstliche Spezialität ist die **»Tom ka gai«-Suppe** (Hühnchen mit Kokosmilch). Suppen sind gewöhnlich recht scharf gewürzt; wer das nicht mag, setzt zur Bestellung »mai sai prick« hinzu (»bitte nicht scharf«).

Typische Gerichte

Es gibt eine große Zahl typisch thailändischer Gerichte, die alle mit reichlich Knoblauch und Zwiebeln zubereitet sind und meist mit verschiedenen Salaten garniert serviert werden. Häufig stehen auf

Essen ist bei den Thais eine ernste und täglich so oft wie möglich zelebrierte Leidenschaft.

den Speisekarten Schweinefleisch- (»mu«) und Rindfleischgerichte (»wua«), Hähnchen (»gai«) sowie Fisch (»pla«) in allen nur erdenklichen Variationen. Sehr beliebt sind auch Steaks. Als Beilagen werden im Allgemeinen Reis (»kau«), Nudeln (»bami«) oder Kartoffeln (»man farang«) gereicht. Um beispielsweise gebratenen Reis mit Schweinefleisch zu bestellen, sage man einfach »kau phad mu«, wünscht man Rindfleisch, heißt es »kau phad wua« usw.

Fleischgerichte

Fleisch wird meist gebraten, gegrillt oder frittiert. Klassische Fleischgerichte sind: Rindfleisch mit Reisnudeln, gebratenes Rindfleisch mit Basilikumblättern, Sojakeimlingen oder Bambussprossen (»Sen mi nua yang«), Hühnercurry mit Kokosnuss und Reis (»kaeng kau khiao wan kai«).

Fische und Krustentiere

Fisch und Krustentiere (Hummer, Langusten, Krabben) sind sehr preiswert, stets frisch und immer vorzüglich zubereitet; z. B. süß-saurer Fischcurry (»kaeng som«) oder gedünsteter Fisch mit scharfer Tomatensoße (»pla nueng yaeo makhua tet«). Viele Restaurants präsentieren ihre Meeresfrüchte in gekühlten Auslagen. Sehr begehrt sind die in den Buchten im Süden des Landes gefangenen Riesengarnelen, die über Holzkohle gegart und mit verschiedenen Beilagen serviert werden.

Lychee

Durian

Jackfruit

VON ANANAS BIS RAMBUTAN

Thailand ist ein üppiger Obstgarten mit vielen dem mitteleuropäischen Besucher noch unbekannten tropischen Früchten. Frisches Obst wird – je nach Jahreszeit – in zahlreichen Restaurants angeboten. Kauft man es auf dem Markt, darf man gründliches Waschen nicht vergessen.

Ananas (sapparot) gibt es frisch von April bis Juli, und zwar in nicht weniger als elf Sorten. Sie ist reich an Vitamin C und kalorienarm. Einige Sorten werden üblicherweise in angegorenem Zustand verzehrt, was eine unerwünscht abführende Wirkung haben kann.

Bananen (kluey) gibt es in 15 verschiedenen Sorten das ganze Jahr über. Die allabendlich an den Straßen angebotenen Bananen werden meist mit süßer Kokosmilch getränkt und gegrillt. Ein Tipp: Je kleiner die Banane, desto süßer schmeckt sie.

Das etwas mehlige Fruchtfleisch der **Durian-Frucht**, von den Europäern wegen ihres unangenehm-strengen Geruches auch »Stinkfrucht« genannt, gilt bei den Thais als Delikatesse (April – Juni). Viele Hotels bitten ihre Gäste, auf das Mitbringen von Durians zu verzichten.

Die **Farang-Frucht (guava)** wird gewöhnlich mit Zucker und einer Prise Salz gegessen. Sie heißt »farang« (»Fremder«, »Europäer«), da sie unter den Früchten des Landes fremdartig wirkt (September – Januar).

Die süße, aromatische **Jack-Frucht (ka nun)**, eine mehrere Kilogramm schwere runde Frucht, wird in Scheiben geschnitten und auf Eis serviert (August – September).

Die Milch der **Kokosnuss (ma prao onn)** ist ein erfrischendes, gesundes Getränk, das Fruchtfleisch wird mit einem spitzen Löffel entnommen.

Die **Langsat (langsard)** ist eine wohlschmeckende, hellbraune Beere mit einer dünnen, aber harten Schale, die mit einem Messer entfernt werden muss. Vorsicht: Im süßen Fruchtfleisch verbirgt sich ein sehr bitterer Kern (Juni – September).

Limonen, grün und rund, die einheimische Zitronenart, gibt es das ganze Jahr über. Die in Europa bekannten gelben Zitronen werden importiert und sind sehr teuer.

Die **Longane (lamyai)** kommt aus den nördlichen Provinzen. Da die Frucht nur wenige Tage haltbar ist und einen weiten Transportweg hat, wird sie in Bangkok ziemlich teuer gehandelt (erhältlich von Juli – September).

Lychees (hong huay, gimjeng, ohia), früher auch in Thailand nur als

Langsat

Longane

Mangostane

Luxusimport in Konserven aus China zu haben, werden jetzt auch im Land angebaut, v. a. im Norden. Die drei verschiedenen Namen signalisieren unterschiedliche Preisklassen, der jeweiligen Schädlingsanfälligkeit entsprechend; im Geschmack sind sie aber fast gleich. Frisch und reif (rote Schale) sind sie von Mai bis August.

Die **Mango (ma muang)** ist – neben der Ananas – bei Touristen sicher die beliebteste Frucht. Nur bei voller Reife (gelbe Schale; begrenzt haltbar) ist sie süß, saftig und aromatisch. Sie wird in der Mitte zerteilt, das Fruchtfleisch ausgelöffelt oder ausgesogen (von März – Juni).

Die **Mangostane (mang khud)**, außen lila, wird von Juni bis November angeboten. Das Fruchtfleisch ist weiß und hat einen süßen, der Lychee ähnlichen Geschmack.

Orangen (som) haben in Thailand eine dünne grüne Schale. Bei gelber Färbung sind sie besonders süß, es gibt sie das ganze Jahr hindurch.

Pampelmusen (Grapefruits; som O), meist mit dem besonders köstlichen rosa Fruchtfleisch und das ganze Jahr hindurch frisch, werden in Thailand gern mit einer Prise Salz gegessen.

Papaya (malakhor), beim Hotelfrühstück in Hälften mit »menau« (Zitrone) serviert, ist die billigste aller Thai-Früchte und an jedem Marktstand das ganze Jahr über zu haben. Vorsicht: In größeren Mengen genossen sind Papayas ein sicheres Abführmittel.

Rambutan (ngor) wurden ihrer grünen, zum Zeitpunkt der vollen Reife roten Kraushaare wegen von den Amerikanern »Hairy« getauft: Schale mit einem Messer aufschneiden und das saftige Fruchtfleisch, nicht aber den Kern essen (Mai – Oktober).

Der **Rose-Apple (chompu)** hat die Form einer Birne mit einer rostfarbenen, wachsartigen Schale und einem porösen weißen Fruchtfleisch; beides ist essbar. Da die Frucht einen etwas säuerlichen Geschmack hat, wird sie vorzugsweise mit Zucker und einer Prise Salz gegessen (Januar – März).

Die thailändische **Kunst der Obst- und Gemüseschnitzerei** ist mit einer alt überlieferten Legende verbunden: König Rama II. erzählt in einem Gedicht von einer Königin, deren Rivalin die Gunst des Königs für sich gewann. Sie wurde aus dem Palast verbannt, kehrte aber als Küchenmagd zurück und machte ihren Sohn auf sich aufmerksam, als sie Begebenheiten aus ihrem früheren Leben in die Gemüsestücke für die Suppe schnitzte. Der Sohn erkannte die Mutter, bat beim König um Gnade und erreichte, dass sie wieder an den Hof zurückkehren durfte. Heute gibt es in Hotelküchen spezialisierte Mitarbeiter, die wahre Meister im Gestalten von Obst und Gemüse sind.

Immer frisch: Gemüse

Gemüse wie Bohnen, Weißkohl, Chinakohl, Steckrüben, Auberginen und Pilze wird in der Regel nur kurz gegart und enthält deshalb viele Vitamine. Gekocht wird in dem aus der chinesischen Küche bekannten Wok. Fett wird zum Kochen fast nicht verwendet, das Garen im Dampf spielt eine große Rolle.

Süße Köstlichkeiten

Als Nachtisch (»khong wan«) sind bunt gefärbte, sehr süße Puddings oder Reisspeisen üblich. Beliebt sind auch kleine trockene Rosinenkuchen. Die Thai verstehen sich besonders gut auf die Zubereitung von Reissüßspeisen (»khanom«). Von den US-Amerikanern abgeschaut haben die Thai die Zubereitung von Speiseeis, die vorzüglichen Eisbecher sind phantasievoll angerichtet (etwa in einer ausgehöhlten Ananas).

Getränke

Tee gehört immer dazu

Dünner kalter Tee (»tschaa«) wird in guten Restaurants zum Essen immer gratis serviert. Heißen Tee hingegen muss man extra bestellen (»tschaa rom«). Kaffee wird entweder mit Milch und Zucker (sehr süß) oder als »o'liang« schwarz und kalt und dann meist mit Eis serviert. Die italienische Zubereitung als Espresso hat sich mittlerweile auch in Thailand eingebürgert. Frische Milch (»nom«) gibt es in Plastiktüten vor allem von dänischen Herstellern. Ausdrücklich auf »mai waan« bestehen, sonst ist sie immer gesüßt. Europäer trinken lieber Orangen- bzw. Zitronensaft (»nam som«, »nam menau«), da die in Thailand üblichen Getränke sehr süß und bunt gefärbt sind. Deshalb »frisch« (»sod«) bestellen. »Soda« für «Mineralwasser« wird allgemein verstanden.

! *Baedeker* TIPP

Vorsicht Eiswürfel!

Eiswürfel werden oft unerwünscht und en masse serviert, daher sollte man sich die Worte »bitte mit Eis« (»kor sai namkhaeng«) weniger merken als »bitte ohne Eis« (»mai sai namkhaeng«).

Alkoholische Getränke

Nach dem obligatorischen Eiswasser trinkt man Bier der einheimischen Brauereien »Singha«, »Amarit« oder »Kloster«, das nach deutschen Rezepturen gebraut und in kleinen Flaschen (»koad lek«) oder großen Flaschen (»koad yai«) angeboten wird. Es ist relativ teuer, da Hopfen in Thailand nicht gedeiht und aus dem Ausland importiert werden muss. Seit einiger Zeit gibt es überall in Thailand auch importierte europäische und auch deutsche Biersorten.

»Maekong« ist ein typisches thailändisches Getränk; es ist ein 28-prozentiger Reisschnaps, zu dem man Cola, Soda oder auch eine Zitrone (»Menau«) bestellt.

Wein aus Thailand?

Bemerkenswert ist, dass es seit einigen Jahren erfolgreichen Weinanbau in Thailand gibt. Auf der Grundlage europäischer Rebsorten wurden tropenfeste Rebsorten gezüchtet, der Ertrag pro Jahr beläuft sich auf etwa 1,5 Mio. Liter. Anbaugebiete findet man vorzugsweise im kühleren Norden von Thailand, das bekannteste Weingut heißt Chateau de Loei. Die aus Frankreich, Italien, den USA oder Australien importierten Weine sind relativ teuer und nicht selten schlecht gelagert.

Feiertage · Feste · Events

WAS · WANN · WO?

GESETZLICHE FEIERTAGE

► **1. Januar**
Neujahr

► **6. April**
Chakri-Tag. Er gilt dem Gedenken an Rama I. sowie an alle anderen Könige der regierenden Chakri-Dynastie, deren acht Statuen im Wat Phra Kaeo in Bangkok nur an diesem Tag der Bevölkerung zugänglich sind. Außerdem wird der Gründung Bangkoks 1782 gedacht.

► **13. – 15. April**
Songkhram-Fest. Wenn die Sonne vor der Reisaussaat das Tierkreiszeichen des Widders erreicht, feiern die Thai ihr traditionelles Neujahrsfest. Den Mönchen werden Opfer dargebracht, Fische und Vögel freigelassen. Außerdem werden Buddha-Statuen symbolisch »gebadet«, d. h. mit reichlich Wasser bespritzt. Im ganzen Land gibt es karnevalsähnliche Umzüge. Am zweiten Tag des Fests bis zu seinem Ende finden auf den Straßen »Wasserschlachten« vor allem zwischen Mädchen und Jungen statt, wobei das Wasser oft mit Reispuder oder sogar Kohlenstaub vermischt ist.

► **1. Mai**
Tag der Arbeit mit Gewerkschafts- und Betriebsversammlungen. Mönche erhalten Opfergaben. Im Lumphini-Park in Bangkok gibt es Musik und Theater, vor allem die populären »krabi« (Komödien).

► **5. Mai**
Krönungstag. Nationalfeiertag anlässlich der Wiederkehr des Krönungstags (1959) des gegenwärtigen Herrscherpaars König Bhumibol und Königin Sirikit.

► **12. August**
Geburtstag der Königin. Der gesetzliche Feiertag wird fröhlich gefeiert, v. a. in Bangkok. Königin Sirikit nimmt an religiösen Zeremonien teil und verteilt im Chitralada-Palast Gaben an Mönche.

► **23. Oktober**
Chulalongkorn-Tag. Feiertag zu Ehren des beliebten Königs Chulalongkorn (Rama V., gestorben 1910; Großvater des derzeitigen Herrschers). In Bangkok marschieren Kadetten vor der Reiterstatue König Chulalongkorns auf (Platz vor dem Parlament).

► **5. Dezember**
Geburtstag des Königs. Mit prunkvollen Darbietungen wird der Geburtstag (1927) von König Bhumibol (Rama IX.) begangen. Einige Tage nach dem Geburtstag findet vor Phuket die traditionelle Segelregatta um den von ihm gestifteten King's Cup statt.

► **8. Dezember**
Prachuap Khiri Khan: Licht-und-Ton-Schau und großes Volksfest zur Erinnerung an den Sieg über die japanischen Invasoren

► **10. Dezember**
Verfassungstag. An diesem Tag wird an die 1932 erlassene erste demokratische Verfassung erinnert. Mönche erhalten Gaben.

Alljährlich im November: Lichterfest Loy Kratong

FESTE UND EVENTS: JANUAR

► **Bangkok**
V. a. im Lumphini-Park: Rot-Kreuz-Fest. Basare mit Garküchen, Ausstellungen, Unterhaltung. Traditionell unter Teilnahme der in Bangkok akkreditierten Botschafter. Der Erlös kommt wohltätigen Zwecken zugute.

► **Chaiyaphum und Surin:**
Elefantenfeste mit farbenprächtigen Umzügen und Märkten

ENDE JANUAR/ ANFANG FEBRUAR

► **Landesweit**
Das Fest Makha Bucha, eines der höchsten buddhistischen Feste, erinnert am Tag des Vollmonds an die Predigt von Buddha, zu der sich 1250 Jünger einfanden. Die Gläubigen ziehen abends in Prozessionen um die vom Vollmondlicht beleuchteten Tempel.

► **Saraburi**
Rund um den Wat Phra Buddhabat großes Volksfest mit Volksmusik, Thai-Tänzen und Dramen sowie einem großen Jahrmarkt

FEBRUAR

► **Nakhon Phanom**
Tempelfest am That Phanom (Volksmusik und -tänze, Bootsrennen auf dem Mekong)

► **Chiang Mai**
1. Wochenende im Februar: Blumenfestival. Großer Umzug mit phantastisch geschmückten Wagen. Ausstellungen mit Orchideen in einzigartiger Vielfalt, Workshops zum Thema Blumen, botanische Führungen.

ENDE FEBRUAR/ ANFANG MÄRZ

► **Landesweit**
Chinesisches Neujahrsfest mit einer Vielzahl von lärmenden Veranstaltungen, vor allem im Chinatown von Bangkok. Die

Geschäfte der Chinesen sind zumindest an diesem Tag, wenn nicht gar die ganze Woche über geschlossen.

ENDE FEBRUAR BIS MITTE APRIL

Landesweit
Drachenflugsaison (besonders schön auf dem Sanaam Luang in Bangkok)

MÄRZ

Mae Hong Son
Fest Buat Luk Khaew (Weihe der geliebten Söhne)

APRIL

Pattaya
Pattaya-Festival (ursprünglich Songkhran.Fest) mit feuchten Vergnügungen, Auto- und Motorradrennen und einem großen Volksfest

MAI

Bangkok
Pflugzeremonie. In brahmanischen Riten werden Reiskörner gesegnet und an Bauern, die aus dem ganzen Land nach Bangkok kommen, als Glücksbringer verteilt. Hochrangige, in weißgoldene Tracht gekleidete Persönlichkeiten ziehen auf dem Sanaam Luang in Bangkok mit dem Pflug, dem Symbol einer reichen Ernte, am König und seiner Garde vorbei.

Landesweit
Bei Vollmond im Mai: Visakha Bucha (gesetzlicher Feiertag in ganz Thailand), der höchste buddhistische Feiertag (Buddhas Geburtstags-, Erleuchtungs- und Todestag), wird überall mit Kerzenprozessionen und Tempelfesten gefeiert.

Drachenflugsaison auf dem Saanan Luang in Bangkok

Yasothon
Mitte Mai: Raketenfest Boon Bang Fai. Bei dem großen Fest werden selbst gefertigte Raketen abgefeuert, damit es bald wieder regnet. Ob es danach regnet oder nicht: Beides ist Grund genug für ein großes Volksfest.

JUNI

Chiang Rai
Lychee-Fest. Aus dieser Provinz kommen die besten Lychees – die Ernte wird mit einem großen Fest gefeiert.

Loei
Fest Phi Ta Khon, das an die Rückkehr von Prinz Vessandorn, der letzten Inkarnation Buddhas, in die Stadt erinnert. Willkommensprozession, bei der auch die Geister (Phi) mitfeierten. In Erinnerung an diese Legende maskieren sich v. a. junge Männer als Geister, tragen eine Buddhastatue und necken die Leute.

JULI

Landesweit
Bei Vollmond: Asanrha Bucha. Gedenken an die erste Predigt Buddhas vor seinen ersten fünf

Jüngern. In ganz Thailand Tempelfeste und Prozessionen in der Vollmondnacht.

► **Landesweit**
Khao Phansa. Beginn der buddhistischen Fastenzeit. Besonders schön wird das Fest in Ubon Ratchathani gefeiert: Riesige, kunstvoll geschnitzte Wachskerzen werden bei einer Prozession mitgeführt.

AUGUST

► **Surat Thani**
Rambutan-Fest

SEPTEMBER

► **Hua Hin**
Elefantenpolo (►Urlaub aktiv)

► **Nakhon Pathom**
Feldfrüchtefest mit Blumen- und Früchtekorso, Schaukochen und vielerlei Unterhaltung

► **Kamphaeng Phet**
Khluai Khai (Bananen-Fest). Von hier kommen die besten Bananen Thailands, der Abschluss der Ernte wird mit einem großen Fest gefeiert.

► **Phuket**
Vegetarier-Fest (Ende September/Anfang Oktober): Thailänder chinesischer Abstammung leben eine Woche vegetarisch, worauf sich auch etliche Restaurants einstellen. Prozessionen und okkulte Darbietungen (in Trance befindliche

Chinesisch beeinflusst: das Vegetarier-Fest auf Phuket

Menschen laufen z. B. über glühende Holzkohlen).

OKTOBER

► **Chonburi**
Wasserbüffelrennen

► **Sakhon Nakhon**
Wachsschlossfest zur Beendigung der buddhistischen Regenzeit-Klausur. Tempelminiaturen aus Bienenwachs werden in einer Prozession mitgeführt und Bootsrennen veranstaltet.

► **Thot Kathin**
Ende der dreimonatigen buddhistischen Fastenzeit. Die ländliche Bevölkerung feiert in diesen Tagen das Ende der Regenzeit und beschließt die Hauptreisernte. Den Mönchen werden neue Roben geschenkt, der König besucht den Wat Arun in Bangkok. Seit ihrer Restaurierung benutzt er an diesem Tag bei glanzvollen Paraden über den Menam Chao Phraya wieder die königlichen Barken. Interessant sind die farbenprächtigen Bootsrennen in Phra Fa Daeng (gegenüber Paknam) und Phitsanulok.

NOVEMBER

► **Landesweit**
Loy Kratong, eines der schönsten Feste in Thailand. Eigentlich ein Lichterfest zu Ehren von Mae Kongka, der Göttin der Wasserwege; der Legende nach soll eine Prinzessin eines Abends ihrem Geliebten kleine Schiffchen mit brennenden Kerzen über den Menam Chao Phraya geschickt haben. Bei Vollmond sieht man auf den Flüssen und Kanälen die Lichter von Abertausenden kleiner Schiffchen aus Bananen- und Lotosblättern, die Kerzen, Weihrauchstäbchen, Blüten und mitunter Münzen tragen. Besonders romantisch ist dieses Fest in Sukhothai (mit Feuerwerk und Volkstanz) und Chiang Mai. In Bang Sai (bei Ayutthaya) werden außerdem die thailändischen Langbootmeisterschaften auf dem Menam Chao Phraya ausgetragen.

► **Surin**
Großes, mehrtägiges Elefantenfest (Elephant Round-up)

► **Nakhon Pathom**
Wallfahrt zum höchsten buddhistischen Heiligtum der Erde. Großes Tempelfest mit Jahrmarkt.

► **Bangkok**
Golden Mount Fair (»Fest des Goldenen Bergs«). Um den 22. November ziehen Pilgerscharen hinauf zum Wat Sakhet, um Buddha-Reliquien zu verehren.

ENDE NOVEMBER / ANFANG DEZEMBER

► **Mae Sarieng**
Sonnenblumenfest

► **Kanchanaburi**
River-Kwai-Brücken-Woche

► **Khon Kaen**
Seidenfest mit dem Ritual Phuk Sieo

DEZEMBER

► **Chiang Mai**
Food Festival. Viele Restaurants in Chiang Mai bieten thailändische Spezialitäten, Kochkurse und rund um den Cherng Doi Market in der Canal Road auch ein buntes Musik- und Künstlerprogramm.

Geld

Währung

Die thailändische Währungseinheit ist der Baht (THB). Er besteht aus 100 Satang (umgangssprachlich auch Dang).

Münzen und Banknoten

Nur noch selten wird der Salung (25 Satang) verwendet, die kleinste im Umlauf befindliche Münze. Ferner gibt es Münzen zu 50 Satang (= 2 Salung), 1 Baht, 5 Baht und 10 Baht.
Die thailändischen Banknoten lauten auf den Wert von 20 (grün), 50 (blau), 100 (rot), 500 (lila) und 1000 Baht (graubraun). Alle Werte sind nicht nur thailändisch beschriftet, es werden auch die arabischen Zahlen angegeben.

Wechselkurse

Der Wechselkurs für Banken ist amtlich festgelegt und wird im Wirtschaftsteil der Tageszeitungen abgedruckt. Hingegen ist es durchaus möglich, dass die »Money Changer« einen etwas besseren Kurs bieten. In Hotels sollten Sie nur im Notfall Geld tauschen, da der Kurs hier generell schlechter ist.

Karten

Für den Bezug von Bargeld haben die **Bank-Karten** mit Maestro-Logo längst die Reiseschecks an Beliebtheit überflügelt. An einer stetig wachsenden Anzahl von Automaten im ganzen Land kann man mit der dazugehörigen Geheimzahl rund um die Uhr vergleichsweise kostengünstig Bargeld abheben.
Alle gängigen **Kreditkarten** werden von den meisten Hotels, Restaurants und Geschäften, Reisebüros und Fluggesellschaften akzeptiert. In der Regel nehmen nur internationale Autovermieter Kreditkarten an. Man sollte unmittelbar nach dem Kauf die Rechnungsbeträge auf Original und Durchschlag auf Übereinstimmung prüfen und das evtl. noch verwendete Kohlepapier zwischen beiden Belegen selbst vernichten. Auch mit der Kreditkarte und dazugehöriger Geheimzahl kann man an Geldautomaten Bargeld abheben – hierfür werden jedoch z. T. relativ hohe Gebühren berechnet.

> **!** *Baedeker* TIPP
>
> **Karte verloren? Tel. 116 116**
>
> Unter der neu eingerichteten zentralen **Sperr-Notrufnummer** (aus dem Ausland mit Vorwahl 0049!) kann man verlorene oder gestohlene Bank- und Kreditkarten sowie Handys sperren lassen (www.sperr-notruf.de).
> Der **Bankkarten-Notfallservice** unter Tel. 0049 / 1805 / 021 021 oder 00 49 / 69 / 74 09 87 ist weiterhin erreichbar.

Banken

Die thailändischen Banken verfügen über ein dichtes Zweigstellennetz. Sie bieten alle üblichen Geldgeschäfte sowie die Möglichkeit telegrafischer Überweisungen von Europa. Einige Banken unterhalten mobile Zweigstellen, an denen man Bargeld und Reiseschecks in die Landeswährung eintauschen kann. Man findet sie v. a. an touristischen Brennpunkten.

WECHSELKURSE

- 1 Baht (THB) = 0,02 €
- 1 € = 47 Baht
- 1 Baht = 0,03 CHF
- 1 CHF = 31 Baht

Öffnungszeiten

Banken: Mo. – Fr. 8.30 – 15.00, Sa. 8.30 – 12.00 Uhr. Money Changer: Mo. – Sa. 9.00 – 20.00 Uhr, So. meist geschlossen.
Die Wechselstuben schließen gelegentlich, wenn ihnen das Wechselgeld ausgeht.

Gesundheit

Gute Versorgung

Das thailändische Gesundheitswesen steht im Wesentlichen auf zwei Säulen: Zum einen gibt es modern ausgerüstete Krankenhäuser nach westlichem Vorbild (vor allem in der Hauptstadt und in den touristisch erschlossenen Gebieten), zum anderen (auf dem Land) eine Vielzahl kleiner Krankenstationen. Die Ärzte in Bangkok sind besonders gut ausgebildet, viele haben in Europa oder in den USA ihr Studium bzw. eine Facharztausbildung absolviert und sprechen zumindest Englisch, einige auch Deutsch.

Arztsuche

Die Hotels und die örtlichen Vertreter der Reiseveranstalter vermitteln Ärzte, die in dringenden Fällen auch Haus- bzw. Hotelbesuche machen. Auf dem Land ist es dagegen manchmal schwierig, einen Arzt zu finden. Erste Anlaufstelle ist hier die nächstgelegene Polizeistation, die den nächsten Arzt oder das nächste Krankenhaus nennen kann. Die deutsche Botschaft in Bangkok (► Auskunft) hält ein Verzeichnis von deutsch- oder englischsprachigen Ärzten bereit.

Rettungswesen

Das Rettungswesen in Thailand ist einfach organisiert. Rettungshubschrauber sind nicht vorhanden, bei Unfällen ist wegen den großen Distanzen mit u. U. längeren Wartezeiten zu rechnen. Auf die Hilfsbereitschaft der Thai kann man sich jedoch im Allgemeinen verlassen.

Abrechnung

Die Kosten für ärztliche Behandlung und Medikamente müssen selbst getragen werden. Die meisten Krankenhäuser akzeptieren hierfür nicht nur Bargeld, sondern auch Kreditkarten. Die Vertretung

Deutschlands gibt in wirklichen Notfällen zur Begleichung von Arzt- und Krankenhausrechnungen Darlehen. Sehr empfehlenswert ist vor der Reise der Abschluss einer speziellen Reisekrankenversicherung, die auch die Kosten im Falle eines Rücktransports abdeckt.

Schlangenbisse Serum gegen Schlangenbisse kann man in Bangkok beim Pasteur Saovapha Institute (Saladaeng Road), an Feiertagen und Wochenenden im Chulalongkorn Hospital (Saladaeng Road) bekommen. Bei Schlangenbissen in ländlichen Gebieten wende man sich sofort an die nächstgelegene Polizeistation und informiere Einheimische. Eine zentrale Notrufnummer für solche Fälle gibt es nicht.

Apotheken In den mit (englisch) »Pharmacy« oder (thailändisch »Ram kai jaa« bezeichneten, meist zur Straße hin offenen Läden gibt es eine große Auswahl gebräuchlicher Arzneimittel. Die Preise betragen allerdings nur einen Bruchteil des zu Hause Üblichen. Um Verwechslungen zu vermeiden, sollte man die Originalverpackung des Arzneimittels mitbringen. Rezepte zum Kauf von Medikamenten sind bei einer Arztkonsultation nur in Ausnahmefällen üblich. Der Patient bekommt ein Plastiktütchen mit, das den Bedarf für die nächsten Tage enthält. Apotheken haben Mo. – Sa. 9.00 – 19.00, oft auch bis 20.00 Uhr geöffnet. An Sonntagen haben manche Apotheken geschlossen.

Krankenhäuser In Thailand gibt es in jeder Provinzhauptstadt ein staatliches Krankenhaus, oft auch Privatkliniken mit Ärzten, die in Europa oder in den USA studiert haben. Daneben gibt es auch konfessionelle Krankenhäuser und solche gemeinnütziger Stiftungen. Das nächstgelegene Krankenhaus erfragen Sie am besten an der Hotelrezeption.

Mückenplage Vor allem abends ist ein ausreichender Mückenschutz empfehlenswert. Zusätzlich zu einem guten Mückenschutzmittel halten auch lange Hosen und langärmlige Shirts die Plagegeister auf Distanz.

Mit Kindern unterwegs

Kinder sind überall willkommen, auch für sie kann ein Urlaub in Thailand zu einem wirklichen Erlebnis werden. Dabei müssen die Tage nicht unbedingt an einem der herrlichen Badestrände verbracht werden, Alternativen dazu gibt es in Hülle und Fülle. Zum Beispiel einen Besuch in einem Elefantencamp, in dem man die Dickhäuter natürlich auch streicheln und auf ihnen reiten kann. Für ältere Kinder wäre ein Ausflug zum Tiger-Tempel in der Provinz Kanchanaburi sicher der Höhepunkt der Reise.

Nicht nur für Kinder interessant: Beim Wat Pa Luangta Bua bei Kanchanaburi ziehen Mönche verwaiste Jungtiger auf. →

ADRESSEN FÜR KINDER

BANGKOK

► **Dreamworld**
Km 7, Rangsit-Nakhon Nayok
Mo. – Fr. 10.00 – 18.00, Sa. und So. bis 19.00 Uhr. Großer Vergnügungspark, der Disneyland nachempfunden ist.

► **Siam Park**
99 Sukhapiban 2 Road
Bungkum, Bangkok
Mo. – So. 10.00 – 18.00 Uhr
Eine gelungene Kombination aus Vergnügungs- und Wasserpark (Bademöglichkeit).

► **Rose Garden**
Phet Kasem Road
32 Kilometer von Bangkok
Mo. – So. 8.00 – 18.00 Uhr; Kulturvorführung tägl. 15.00 Uhr
Großzügige Anlage mit kulturellen Attraktionen; Elefantenreiten

► **Safari World**
99 Ramindra 1, Min Buri
Mo. – So. 9.00 – 17.00 Uhr
Zoo mit wilden Tieren, die in Freigehegen leben. Außerdem: Meeresaquarium mit vielen bunten Fischen.

UMGEBUNG VON BANGKOK

► **Ancient City**
(►Reiseziele, Samut Prakan)
Thailand im Minitaurformat – alle Sehenswürdigkeiten auf einen Blick

► **Kanchanaburi**
Tiger-Tempel (im Wat Pa Luangta Bua; ►Reiseziele, Kanchanaburi)
Schon mal einen lebendigen Tiger gestreichelt? Hier ist das möglich, aber etwas Mut gehört dazu.

PATTAYA

► **Pattaya Elephant Village**
an der Straße zum Siam Country Club, ca. 5 km von Pattaya
Mo. – So. 9.00 – 18.00, Show: 14.30 – 16.30 Uhr
Vorführungen domestizierter Dickhäuter; Elefantenreiten

► **Pattaya Park**
345 Jomtien Beach
Mo. – So. 9.00 – 18.00 Uhr
Für kleine und große Wasserratten genau der richtige Ort

► **Ripleys »Believe it or not«**
im Royal Garden Plaza
Mo. – So. 10.00 – 24.00 Uhr
Sammelsurium von Kuriositäten aus aller Welt

► **Kartbahn**
Thepprasit Road (Jomtien Beach)
Mo. – So. 10.00 – 18.00 Uhr
Wo der Formel-1-Nachwuchs seine ersten Runden dreht …

PHUKET

► **Phuket Aquarium**
Phanwe Cap (ca. 10 km außerhalb von Phuket Town)
Mo. – So. 8.30 – 16.00 Uhr
Riesiges Meerwasseraquarium: Was schwimmt denn da?

► **Phuket Kart Race Track**
Oberhalb des Patong Beach an der Straße nach Phuket Town
Mo. – So. 10.00 – 17.00 Uhr
Das Pendant zur Bahn in Pattaya

► **Phuket Zoo**
Am Chalong Beach
Mo. – So. 9.00 – 18.00 Uhr
Verschiedene Vorführungen mit Elefanten, Affen und Krokodilen

Knigge

Auch im Zeitalter der zunehmenden westlichen Orientierung hat die Gesellschaftsordnung der Thai ihre fest gefügten traditionellen Benimmregeln. Will man einen thailändischen Nationalcharakter beschreiben, wird man Höflichkeit, Toleranz und tief verwurzelte Lebensfreude an erster Stelle nennen. Gastfreundschaft wird groß geschrieben, dem Ausländer wird sie besonders entgegengebracht. Einige Verhaltensregeln sollte der Besucher des Königreichs trotzdem beachten, um unbeabsichtigte Missstimmigkeiten von vornherein zu vermeiden.

Gut zu wissen ...

Ein Lächeln ist wichtig

Beim Erwachsenen ist die Neugierde – im positiven Sinne – ebenso natürlich wie bei den Kindern. Fragen nach Alter, Ehepartner, Kinderzahl, Beruf u. ä. entspringen aufrichtigem persönlichem Interesse, ja sind geradezu vom Anstand geboten. Frauen werden mitunter gefragt, ob sie allein (»kon di o«) hier sind, um Chancen zu prüfen, dieser Frage kann man mit »mai tschai« (nicht richtig), »bai pop sami« (Treffe mich gleich mit meinem Ehemann) ausweichen. Am einfachsten ist es jedoch, mit »mai khau dschai« (verstehe ich nicht) zu antworten. Nur eines darf man nie vergessen: lächeln, und zwar je negativer die Antwort, desto freundlicher! Es gilt als unhöflich, Ärger, Wut und Empörung durch lauten Tonfall zu zeigen.

Mädchen auf Koh Lanta

Die körperliche Berührung – besonders zwischen den Geschlechtern – wird vermieden durch die thailändische Form des Grußes, den **Wai**. Man legt die Handflächen aneinander, wie man es vom Beten her kennt und hält diese vors Gesicht. Führt man die Hände zusätzlich in Stirnhöhe oder darüber, so ist dies eine besondere Respektbezeugung (etwa einem Mönch gegenüber). Unter Gleichaltrigen, Unbekannten und Ranggleichen werden die Fingerspitzen in Kinn- oder Nasenhöhe gehalten, ein freundliches Lächeln gehört dazu.

Mönche dürfen sitzen

In Bussen und Booten wird weder Alten, Müttern mit Kleinkindern noch Schwangeren der eigene Sitzplatz angeboten, allenfalls Mönchen, die jedoch ein Anrecht auf die hinterste Sitzbank im Omnibus haben. Der Europäer, der es trotzdem tut, wird zwar Dankbarkeit ernten, jedoch mit dem Anflug eines spöttischen Lächelns.

Konversation Am schwersten ist für den westlichen Besucher das Ignorieren seiner eigenen Konversation (z. B. während eines Essens) zu verkraften. Auch wenn alle Thai in der Tischrunde die Sprache des Fremden verstehen können, hören sie nur bei Themen zu, die sie besonders interessieren, Unterbrechungen in Thai zu einem persönlichen Gespräch untereinander sind gang und gäbe, selbst wenn man selber eingeladen hat.

Einladungen Lädt man einen Thai mit seiner Frau zum Essen ein, so ist damit zu rechnen, dass der Geladene zwar erscheint, aber statt seiner Frau einen, zwei oder gar drei seiner Freunde mitbringt. Die Ehefrau lässt sich dann entschuldigen. Nicht selten erfährt der westliche Besucher besondere Gastfreundschaft, indem er zu einer thailändischen Familie eingeladen wird. Meist bittet ein Thai gleich mehrere Gäste zu sich, auch um einen möglichst interessanten Kreis zusammenzustellen. Eine Kleidervorschrift gibt es eigentlich nur für offizielle Anlässe. Dennoch sollte sich der Gast geziemend kleiden (keinesfalls in Schwarz, da diese Farbe mit dem Tod in Verbindung gebracht wird) und nicht in Shorts und T-Shirt auftauchen.

Neun Geister Neun verschiedene Geister wohnen auf dem Grundstück und im Haus. Einen davon sollte der Besucher nicht gleich zu Anfang vergrätzen, den Schwellengeist. Hat die Tür eine Schwelle, so sollte der Gast darüber steigen und nicht darauf treten. Dass er die Schuhe vor dem Betreten des Hauses auszieht, ist eine Selbstverständlichkeit. Kleine Gastgeschenke werden erwartet: Für die Hausfrau sind Blumen oft das Richtige, Kinder freuen sich über kleines Spielzeug. Schwangeren Frauen auf keinen Fall Babykleidung mitbringen, denn das bringt Unglück!

Zärtlichkeiten Zärtlichkeiten zwischen Mann und Frau dürfen in Gegenwart anderer (und seien es die eigenen Kinder) nie zum Ausdruck gebracht werden. Heutzutage wird aber toleriert, wenn junge Pärchen Händchen halten. Hingegen sind »Fingerhakeln« oder gar innige Umarmungen zwischen Frauen oder zwischen Männern auf offener Straße durchaus üblich.

Tabus Neben körperlichen Berührungen zwischen den Geschlechtern sind Kopf und Fuß Körperteile tief sitzender Tabus. Der Kopf ist für jeden Thai Sitz seiner geistigen Würde. Daher liebt er es nicht, wenn man seinen Kopf berührt. Selbst ein liebevoll gemeintes Streicheln über den Kopf eines Kindes bewirkt oft das Gegenteil. Ebenso ist das Reichen von Gegenständen über die Schulter hinweg verpönt, da man auf diese Weise leicht den Kopf eines anderen versehentlich berühren kann. Auch darf man niemals auf den Kopf eines anderen hinabsehen, schon gar nicht auf das Haupt eines Älteren oder Ranghöheren. Der gewöhnlich hoch gewachsene Europäer wird es nicht immer vermeiden können, aber die Bemühung (z. B. Oberkörperneigung; sit-

Beim Besuch religiöser Stätten bedarf es kulturellen »Fingerspitzengefühls«.

zen, wenn der andere steht) ist entscheidend. So sieht man auch nie aus einem Obergeschossfenster oder von einem Balkon auf eine Prozession oder einen Festzug hinunter. Sollte der König dabei sein, wäre das ein Sakrileg, denn keiner darf höher stehen als er. Der Fuß bedeutet das Gegenteil des Kopfes, er ist unwürdig, beleidigend, schmutzig. Es wird als Affront empfunden, wenn man mit dem Fuß auf einen anderen Menschen weist. Auch das im Westen übliche Übereinanderschlagen der Beine ist allenfalls in der Verborgenheit unter dem Tisch gestattet, denn die Sohle könnte auf das Gegenüber gerichtet sein.

Sakrilege

Zwar wird im international geprägten Bangkok im Vergleich zur Provinz manches verziehen oder nur belächelt, doch gilt dies bestenfalls für Übertretungen von Tabus, nicht aber für Sakrilege, die gesetzlich definiert sind und mit hohen Geld-, schlimmstenfalls sogar mit Haftstrafen geahndet werden. Sakrilege sind »Handlungen gegen einen Gegenstand oder Ort der religiösen Verehrung oder gegen eine religiöse Gemeinschaft, die geeignet sind, die betreffende Religion zu verunglimpfen« (§ 206 Strafgesetzbuch). Dazu gehört etwa unbefugtes Berühren von Buddhastatuen, mit dem Fuß auf sie zu deuten oder gar auf die Figuren zu klettern. Auch sehen die Thais es nicht gern, wenn man Buddha-Abbildungen als Staffage für Erinnerungsfotos benützt. Fotografische Gags vor Bildern der Königsfamilie sind ebenfalls zu unterlassen.

Besuch religiöser Stätten Das Gesetz schützt aber nicht nur den Buddhismus, zu dem sich die Mehrheit der Bevölkerung bekennt, sondern auch alle anderen Religionen. So ist es untersagt, die Andacht in buddhistischen oder hinduistischen Tempeln, in Kirchen oder Moscheen zu stören. Beim Besuch religiöser Stätten und des Großen Palastbezirks in Bangkok ist ordentliche Kleidung zu tragen, das heißt konkret: nicht ohne Hemd, nie in kurzen Hosen oder kurzem Rock. Die Schuhe müssen nur vor dem Betreten des inneren Bot (Tempel) im Wat Phra Kaeo ausgezogen werden. Buddhistische Mönche dürfen übrigens mit einer Frau nicht in Berührung kommen oder Gegenstände direkt von einer Frau entgegennehmen. Will eine Frau einem Mönch etwas geben, muss dies zuvor ein Mann berühren.

Rauchverbot Schon seit geraumer Zeit hat sich die thailändische Regierung dem Kampf gegen den »blauen Dunst« verschrieben. So sind die Zigarettenhersteller verpflichtet, ziemlich abschreckende Bilder auf jede einzelne Packung zu drucken. Außerdem wurden Restaurantbesitzer verpflichtet, in klimatisierten Räumen das Rauchen zu verbieten.

Literaturtipps

Auboyer, J., u. a., Handbuch der Formen- und Stilkunde Asien, Stuttgart, 1980. Detaillierte Darstellung der veschiedenen Kunststile.

Chesneaux, J., Geschichte Ost- und Südostasiens im 19. und 20. Jh., Köln, 1969. Interessant aufbereitetes Buch über geschichtliche Entwicklung und Zusammenhänge in Südostasien.

Bechert, H., Gombrich, R., Die Welt des Buddhismus, München 1984. Ein lehrreiches Buch über die Geschichte des Buddhismus.

Donner, W., Thailand ohne Tempel – Lebensfragen eines Tropenlandes, Kirchheim bei München 1989. Hintergrundberichte über die Situation Thailands.

Frisch, H. J., Ting und Buey: So leben wir in Thailand, 1988. Kurze Geschichten über das Alltagsleben der Thais.

Schäppi, W., Feste in Thailand, Bonn. Was die Thais feiern und wie sie es feiern wird hier umfassend beschrieben.

Piepel, K. u. a., Sanfte Stärke. Frauen in Thailand, 1991. Warum auch Thailand nicht ohne Frauen auskommt.

Cooper, R., Cooper, N., Kultur-Knigge Thailand, Köln 1990. Wie Thais denken, was sie fühlen und wie man Fettnäpfchen vermeidet.

Krack, Rainer, Kulturschock Thailand, Verlag Reise Know how. Alles Wissenswerte über Kultur und Gesellschaft Thailands.

Ruffert, Günther, Leben in Thailand, Heller Verlag. Unterhaltsame Lektüre auch zum Mitnehmen in den Thailandurlaub.

Siebert, Rüdiger, Insel im schwarzen Fluss. Geschichten einer verkauften Kindheit, 1988. Die dunkle Seite Thailands: Kinder als billige Arbeitskräfte.

Hand, Elizabeth, Anna und der König, München 2000. Roman zum Film, nach dem Drehbuch von Steve Meerson und Peter Krikes.

Landon, Margaret, Der König und ich, München 2000. Der Roman zum mehrfach verfilmten Klassiker.

Rauchwetter, G., Traumziel Königreich Thailand, München 1988. Schöner Bildband mit vielen eindrucksvollen Fotos und kurzem Abriss der Geschichte.

Laufersweiler, Tom und Warren, William, Thai Garden Style (englisch). Ein fotografischer Leckerbissen für Liebhaber asiatischer Gartengestaltung.

Sparr-Sookmark, U. E., Thailand. Kultur und Küche, Köln 1989

Zingerlin-Haller, Cornelia und Malee, Noi, Thailändisch kochen, 2004. Viele Rezepte zum einfachen Nachkochen und Genießen.

Massage

Mit käuflichem Sex hat die traditionelle Thai-Massage gar nichts zu tun. Die Masseure arbeiten nach Methoden, wie sie überall in der Welt für medizinische Zwecke gelehrt und angewendet werden. Im Wat Pho, einer der ältesten Tempelanlagen Bangkoks, gibt es eine eigene Schule für die klassische Massagemethode, eine Kombination »westlicher« Massage und Fußreflexzonen-Massage. Die Fingerfertigkeit der hervorragend ausgebildeten Masseurinnen und Masseure sorgt für wohltuende Entspannung.

Überall in Thailand gibt es streng nach Geschlechtern getrennte Dampfbäder, in denen auch massiert wird. Seriöse Masseure (meist gleichen Geschlechts) kommen gegen einen niedrigen Aufpreis ins Hotel, sie werden von der Rezeption vermittelt. Im Wat Pho in Bangkok etwa (rechts neben dem Haupteingang) stehen erfahrene Masseure bereit, die Preise sind sehr niedrig. In Chiang Mai wird klassi-

Alles ist lernbar: In Chiang Mai lehrt ein halbes Dutzend Massageschulen thailändische oder chinesische Massage.

sche Massage im Wat Suan Dok und in etlichen anderen Einrichtung angeboten, wo man sie auch erlernen kann.
Die mehr oder weniger offene Prostitution heißt »Massage für Touristen« und wird vor allem in den Bars und »Massagesalons« von Bangkok, Phuket und Pattaya angeboten.

Maße und Gewichte

Mertrisches System Offiziell wird in Thailand mit dem metrischen System gerechnet. Bisweilen wird aber noch das englische System für Maß- und Gewichtseinheiten verwendet.

Medien

Zeitungen, Zeitschriften Deutsche Zeitungen und Zeitschriften gibt es in fast allen von Touristen frequentierten Orten, manchmal sogar schon einen Tag nach ihrem Erscheinen. Sie sind allerdings recht teuer.

Radio In allen größeren Städten gibt es Rundfunksender, im Allgemeinen können auch die von Bangkok ausgestrahlten Programme empfangen werden. Nachrichten werden auf einigen Kanälen auch in Englisch verlesen. In Pattaya und auf Phuket gibt es englischsprachige

Lokalsender, die neben Unterhaltungsmusik auch Nachrichten aus aller Welt bringen. Gut zu empfangen sind in Thailand die Auslandsprogramme der Deutschen Welle, allerdings nur mit einem geeigneten Kurzwellenempfangsgerät. Da die Frequenzen wechseln, empfiehlt es sich, vor der Abreise einen aktuellen Sendeplan bei der Deutschen Welle abzurufen (www.dw-world.de).

Fernsehen

Vier Fernsehsender (einer ist das Sprachrohr des Militärs) sind in ganz Thailand zu empfangen, außerdem verschiedene Satellitenprogramme (v. a. Sportsender). Ein Teil der Programme wird in englischer Sprache ausgestrahlt. Viele Hotels bieten jetzt auch das Programm der Deutsche Welle TV (www.dw-tv.de).

Nationalparks

In Thailand gibt es über das ganze Land verteilt 63 Nationalparks. Viele wurden erst in den vergangenen Jahren eingerichtet. Die sehenswertesten National- und Naturparks werden im Hauptteil »Reiseziele von A bis Z« erwähnt bzw. beschrieben.

Verwaltung

Die Nationalparks sollen in erster Linie dem Erhalt der regionaltypischen Flora und Fauna, in zweiter Linie der Erholung dienen. Sie unterstehen dem **Forestry Department**, der nationalen Forstbehörde, und werden durch Ranger verwaltet. Die Büros der Parkverwaltung geben gegen eine geringe Gebühr einfache Karten aus, in denen die Wanderwege verzeichnet sind.

Verhalten im Nationalpark

An Ort und Stelle wird durch Schilder informiert, was erlaubt ist und was nicht. Campen ist z. B. nur an besonderen Stellen gestattet, Auskunft geben die Parkverwalter. Verboten sind grundsätzlich das Blumenpflücken, das Fällen von Bäumen, Jagd und Fischfang; bei Verstößen drohen empfindliche Strafen. Offenes Feuer ist nur an den dafür eingerichteten Stellen erlaubt.

DIE SCHÖNSTEN NATIONALPARKS

- **Ang Thong**
  (►Surat Thani)
- **Ao Phangna**
  (►Phangna)
- **Doi Luang**
  (►Phetchaburi)
- **Doi Inthanon**
  (►Vhom Thong)
- **Doi Pui**
  (►Chiang Mai)
- **Erawan**
  (►Kanchanaburi; Khao Salop)

Nationalparks Thailand

Ausblick in den Doi-Inthanon-Nationalpark bei Chong Tong

- **Hat Nai Yang**
  (►Phuket)
- **Kaeng Krachan**
  (►Phetchaburi)
- **Khao Chamao**
  (►Ko Samet)
- **Khao Khiew**
  (►Chonburi)
- **Khao Luang**
  (►Nakhon Si Thammarat)
- **Khao Phanom Benche**
  (►Krabi)
- **Khao Sam Roi Yot**
  (►Hua Hin)
- **Khao Sok**
  (►Phangnga)
- **Khao Yai, Ko Chang**
  (►Trat)
- **Ko Phi Phi**
  (►dort)
- **Ko Samet**
  (►dort)
- **Ko Similan**
  (►Phuket)
- **Ko Tarutao, Lan Sang**
  (►Tak)
- **Phu Kai**
  (►Saraburi)
- **Phu Kradung, Phu Phan**
  (►Nakhon Phanom)
- **Thale Noi**
  (►Phattalung)
- **Thung Saleng**
  (►Phitsanulok)
- **Wang Takrai**
  (►Prachinburi)

Notdienste

Touristenpolizei

Das **Tourist Assistance Center** (TAC) ist eine Abteilung der thailändischen Fremdenverkehrsbehörde (TAT). Hier erhält man Auskünfte auch in englischer Sprache. Die Beamten der Touristenpolizei sprechen Englisch und sind oft auch als Motorradstreifen unterwegs.
Bei den anderen Abteilungen der Polizei ist mit Verständigungsschwierigkeiten zu rechnen, da nur wenige Beamte ausreichend Englisch verstehen. Dennoch kann es wichtig sein, die Polizei heranzuziehen, damit z. B. ein Protokoll aufgenommen werden kann,.

NOTRUFNUMMERN

- **Tourist Assistance Center**
  Zentrale in Bangkok
  Tel. 02 / 2 81 50 51 oder
  Tel. 02 / 2 82 81 29
  tägl. 8.00 – 24.00 Uhr
- **Tourist Police**
  Tel. 11 55
- **Feuerwehr**
  Tel. 199
- **Unfallrettung**
  Keine landesweit einheitliche Telefonnummer. Bei Unfällen wende man sich an die nächstgelegene Polizeidienststelle.
- **Deutsche Rettungsflugwacht**
  Aus Thailand:
  Tel. 00 49 711 70 07 28 70
- **DRK-Flugdienstleitstelle Bonn**
  Aus Thailand: Tel. 00 49 228 23 00

Post · Telekommunikation

Briefmarken, Porto

Die thailändische Post arbeitet zuverlässig und schnell. Briefe nach Europa brauchen als Luftpost (Par Avion) etwa sechs Tage. Ohne Luftpostvermerk wird manchmal auf dem Land-See-Weg befördert, was durchaus drei Monate dauern kann. Die Briefkästen sind rot. In Bangkok besitzen sie einen eigenen Einwurf für Empfänger innerhalb Bangkoks. Jede Hotelrezeption nimmt Postsendungen entgegen und verkauft Briefmarken. Poststellen gibt es in allen Städten, oft auch in Dörfern sowie auf allen Flughäfen. Alle Postämter (Post- and Telegraph-Office) nehmen postlagernde Sendungen an.

Postgebühren

Ein Luftpostbrief (Air Letter) kostet z. Z. 28 Baht; eine Postkarte 12 Baht. Einschreiben (»Registered Letter«) kostet einen Aufschlag; wichtige Briefe sollten immer eingeschrieben versandt werden.

Päckchen und Pakete

Pakete und Päckchen mit Empfänger im Ausland müssen in Gegenwart des Zollbeamten verschlossen werden, der in den Postämtern am Zollschalter (»customs window«) zu finden ist (hier wird auch Verpackungsmaterial verkauft). Gewöhnlich wird für Geschenke und persönliche Dinge keine Zollgebühr erhoben, das Paket darf maximal 20 kg wiegen.

Telefon

In allen Städten Thailands gibt es öffentliche Fernsprecher, zumeist Kartentelefone. In größeren Städten findet man auch Telefone, die mit Kreditkarten funktionieren. Telefonkarten (phone cards) gibt es in verschiedenen Werten entweder bei Postämtern, aber auch in den rund um die Uhr geöffneten Seven-Eleven-Läden.

E-mail und Online-Dienste

In allen größeren Städten gibt es Internet-Cafés, die sich oft gegenseitig im Preis unterbieten. Hier kann man gegen Gebühr das Internet nutzen und E-mails abholen bzw. versenden. Fast alle Hotels bieten ebenfalls diesen Service.

Mobil telefonieren

Alle Mobilfunknetzbetreiber in Thailand sind an das sog. Roaming-Netz angeschlossen, d. h. nachdem man sich nach der Ankunft in Thailand eingebucht hat, ist man auch über das Mobiltelefon erreichbar. Doch Vorsicht ist angeraten, die Preise differieren z. T. erheblich. Es ist auf jeden Fall empfehlenswert, sich vor Reiseantritt bei seinem jeweiligen Mobilfunkanbieter nach den aktuellen Preisen zu erkundigen und in Thailand selbst die Preise zu vergleichen. Wer viel mobil telefonieren möchte, legt sich am besten in Thailand eine Prepaid-Karte zu bzw. tauscht diese gegen die deutsche SIM-Karte aus. Prepaid-Karten gibt es ebenfalls bei den Seven-Eleven-Läden.

TELEFONVORWAHLEN

NACH THAILAND

Von Deutschland; Österreich und der Schweiz: Tel. 00 66; dann folgt die Ortsvorwahl ohne die 0.

VON THAILAND

- **nach Deutschland**
  Tel. 00 49
- **nach Österreich**
  Tel. 00 43
- **in die Schweiz**
  Tel. 00 41

INNERHALB THAILANDS

Die Ortsvorwahlen müssen auch dann vorgewählt werden, wenn man sich in der jeweiligen Stadt befindet.

Die Vorwahlnummern 01, 06, 08 und 09 sind Mobilfunk-Vorwahlen.

Die jeweiligen Ortsvorwahlnummern finden Sie im Hauptteil dieses Reiseführers in den entsprechenden Informationskästen.

Preise · Vergünstigungen

Preise Die Preise in Thailand sind für Reisende aus Europa durch das Wohlstands- und Währungsgefälle immer noch sehr niedrig. Insbesondere für öffentliche Verkehrsmittel oder Dienstleistungen außerhalb der touristisch hoch frequentierten Regionen muss man nur einen Bruchteil des zu Hause Üblichen zahlen. So sollte man sich auch nicht über Gebühr echauffieren, wenn man bemerkt, dass oftmals dem »reichen« Ausländer beim Einkauf auf Märkten, aber auch in Hotels, Vergnügungsparks etc. ein höherer Preis genannt wird als er den einheimischen Gästen abverlangt wird. Selbst staatliche Einrichtungen wie Nationalparks bedienen sich des durchaus legalen »Zwei-Tarife-Systems«. Und auch der Besuch von Tempeln ist für Touristen nicht automatisch gratis: Die großen Wat haben feste Eintrittspreise, in kleineren sollte man spenden.

Handeln Die Thailänder sind ein merkantiles Volk und Festpreise sind nur in modernen Kaufhäusern und Supermärkten die Regel. Ansonsten gilt: Handeln ist kein unbeträchtlicher Teil des Kaufvergnügens. Durchaus hilfreich ist es, den etwaigen Verkehrswert der erstrebten Ware zu kennen, um nicht durch lächerlich niedrige Preisgebote das Gesicht oder die Gunst des Händlers zu verlieren. Wichtig: aAuch zähe und langwierige Verhandlungen werden stets von einem freundlichen Lächeln begleitet.

WAS KOSTET WIE VIEL?

1 Liter Super
ab 0,45 €

Einfaches Quartier
ab 12 €

Schlafwagen Bangkok – Chiang Mai
13 €

Einfaches Gericht
ab 1,70 €

Flasche einheimisches Bier
ab 0,65 €

Tasse Kaffee
0,50 €

Eine Ananas
0,25 €

Nur rund 50 Baht kostet eine einfache Mahlzeit.

Eisenbahn fahren in Thailand macht Spaß, außerdem ist es günstig. Die thailändischen Staatseisenbahnen bieten den sog. **Rail Pass**, mit dem man 20 Tage durch das Königreich fahren kann. Auskunft und Buchung am Hauptbahnhof Hualampong in Bangkok (► Verkehr, Bahn).

Discover Thailand heißt das Angebot von **Thai Airways**, mit dem für einen Preis von z. Zt. 169 US-Dollar drei Flüge innerhalb Thailands innerhalb von drei Monaten gebucht werden können. Weitere Flüge sind zum Preis von jeweils z. Zt. 69 US-Dollar buchbar.

Reisezeit

Beste Reisezeit

Für Menschen aus gemäßigten Klimazonen ist die beste Reisezeit in den Monaten November bis Mitte Februar. Dann ist es am »kühlsten« (25 – 30 °C), und die Luftfeuchtigkeit ist verhältnismäßig niedrig (65 – 70 %), doch haben auch die Preise Hochkonjunktur.

Für die Thailänder hingegen ist die Hauptsaison und übrigens einzige Strandbadezeit von März bis Ende Mai (zugleich Schulferien). Für Europäer ist es in dieser Zeit in Bangkok zeitweise unerträglich schwül (Luftfeuchtigkeit bis 95 %) und heiß mit Temperaturen über 35 °C. Allerdings macht eine Fülle von Festen diese Monate besonders für den interessant, der Land und Leute kennen lernen will. Die Zeit von Juni bis Anfang August empfiehlt sich für Reisen in den Süden (Malaiische Halbinsel). Morgens und abends kann es zwar relativ kühl werden, bricht jedoch die Sonne durch, steigt die Quecksilbersäule auf etwa 25 °C. Pro Monat gibt es in dieser Zeit etwa zehn Regentage.

Mitte August bis Ende Oktober ist eine durchaus empfehlenswerte Reisezeit. Zwar muss man gelegentlich mit Hochwasser rechnen, doch das Land ist in keiner Periode so üppig grün und blühend. Das macht dann auch den kulturell interessanten, in punkto Vegetation aber nicht übermäßig gesegneten Nordosten zu einem attraktiven Reiseziel. Auch die Hotelreservierung, die in der Hauptsaison dringend anzuraten ist, ist dann nicht nötig; man findet überall eine preiswerte Unterkunft. Die Schwüle ist vorbei, und es regnet – zumindest in Zentralthailand (um Bangkok) – nur einmal täglich, meist am späten Nachmittag für 30 bis 50 Minuten.

Shopping

Souvenirs

Kunsthandwerk Die verschiedenen ethnologischen Wurzeln Thailands werden auch im Kunsthandwerk deutlich. Vieles von dem, was auf Märkten oder in Andenkenläden angeboten wird, ist freilich kaum für bestimmte Bevölkerungsgruppen typisch. Verzichten sollte man prinzipiell auf Produkte aus Elfenbein (soweit überhaupt noch im Handel), auch die Schmetterlingsbilder oder -kästen, die häufig angeboten werden, sind ein wichtiger Grund, dass bestimmte Falter in Asien vom Aussterben bedroht sind.

Holzschnitzereien Holzschnitzereien in jeder Form stammen zumeist aus den ärmeren Landesteilen Thailands und werden dort von Familien, vielfach schon seit Generationen, hergestellt. Statt Teakholz werden, seit in Thailand dafür ein Fällverbot besteht, immer mehr andere Tropenhölzer verwendet, der Unterschied ist kaum zu bemerken. Krüge, Vasen und Teller aus Ton, aber auch aus Porzellan werden v. a. in Zentralthailand hergestellt. Qualitätvoll sind auch Lederwaren.

Produkte der nördlichen Landesteile Die nördlichen Landesteile sind bekannt für ihre Zinnprodukte und für Webwaren aus der berühmten Thai-Seide. Kunsthandwerklich anspruchsvoll sind auch Seidenmalereien oder -stickereien. Rund um Chiang Mai gibt es zahlreiche Möbelmanufakturen, in denen kunstvoll geschnitzte Stühle, Tische und Schränke hergestellt werden. Der Versand per Schiff wird vom Verkäufer organisiert. Mit ländlichen Motiven bemalte Sonnenschirme aus Reispapier lassen sich mit etwas Geschick zu Lampenschirmen umarbeiten. Die Angehörigen der Bergvölker verstehen sich auf die Herstellung schöner Puppen und Marionetten, die nach einem künstlichen Alterungsprozess antik aussehen. Bei Bestecken aus Messing achte man darauf, dass die einzelnen Teile nach dem Guss sorgfältig weiterverarbeitet wurden. Die Frauen der Bergstämme stellen schöne Webwaren (zumeist aus Baumwolle) und Silberschmuck her.

Schattenspielfiguren Beispielhaft für den Süden sind Schattenspielfiguren, die aus hart gegerbtem Büffelleder geschnitten und bemalt werden. Aus dem selben Material werden auch hübsche Tischsets und Glasuntersetzer hergestellt.

Maßschneider Thailand ist das Land der Maßschneider, wenn es auch vielfach indische Sikhs sind, die das Bekleidungsmonopol innehaben. Jegliche Art von Bekleidung wird exakt und preisgünstig gefertigt; die Herstellung eines Anzugs dauert mindestens drei Tage, zwei unbedingt zu emp-

Wochenendmarkt in Bangkok →

? WUSSTEN SIE SCHON ...?

- ... dass Markenkleidung internationaler Hersteller durch das Warenzeichenschutzgesetz geschützt ist? Das sollten Sie bedenken, bevor Sie auf thailändischen Märkten der Kaufrausch überkommt. Denn spätestens am heimatlichen Zoll wird man Sie darüber aufklären. Und bei manchem Touristen war der Koffer nach der Belehrung und anschließender Beschlagnahme wieder leer ...

fehlende Anproben inbegriffen. In vielen Hotels, vornehmlich den größeren, gibt es ausgezeichnet arbeitende (dafür auch teurere) Herren- und Damenschneider. Die zahllosen Schneidergeschäfte in den Touristenorten sind jedoch mindestens ebenso leistungsfähig. Die Namen von guten Schneidern werden meist durch Mundpropaganda weitergegeben.

Modelle im Schaufenster geben Auskunft über die Qualität des Endprodukts. Wer sich schwer tut bei der Auswahl, sollte nach einem der europäischen Modemagazine fragen; oft gibt es auch deutsche Versandhauskataloge. Nach der Bestellung und der »Vermessung« des Kunden ist es üblich, ein sog. Deposit als Sicherheit zu hinterlegen. 20 % des Preises sollten im Allgemeinen genügen.

Seide ▶ Thailand ist wegen seiner ausgezeichneten Seide berühmt, die sich sehr angenehm trägt. Sie empfiehlt sich für Herrenhemden genauso wie für die Abendgarderobe der Damen. Etwas teurer ist die China-Seide, die aber weniger knittert als die Thai-Seide. Schließlich hat jeder gute Schneider auch eine große Kollektion an Stoffen, die in Qualität und Dessin der europäischen Mode entsprechen.

Gewebte Stoffe aus der Provinz Nan

Ein Herrenanzug aus Schurwolle (Jackett, Weste, Hose) kostet incl. Material etwa 77 – 150 €, ein rein seidenes Oberhemd rund 20 €. Damengarderobe ist kostspieliger, Extrawünsche werden aber berücksichtigt.

◄ Preise

Andere Textilien

Thailand ist einer der größten Textilexporteure der Welt. Das Angebot an Kleidung ist vor allem auf den Märkten in Touristenzentren schier überbordend. Darunter findet man auch Textilien, die man in Thailand zwar herstellt, dort jedoch angesichts des subtropischen Klimas niemals benötigt (z. B. winterfeste Anoraks). Doch Vorsicht: Was auf dem Etikett steht, entspricht oft nicht den Tatsachen. Baumwolle ist teuer und wird deshalb (aber auch aus Pflegegründen) mit Kunstfaser vermischt. Einer Angabe wie »100 % Cotton« sollten Sie deshalb misstrauisch begegnen.

Antiquitäten

Ausfuhr nur mit Genehmigung

Die Ausfuhr von Antiquitäten unterliegt strengen Kontrollen, durch die Thailand dem Ausverkauf seiner Kulturgüter begegnen will. So ist es verboten, antiquarische Gegenstände, die für Thailand von geschichtlichem Interesse sein könnten, zu exportieren. Das gilt auch für Buddhastatuen und Teile davon, egal, ob Originale oder Replikate. Das Problem: Herstellung und Handel sind in Thailand erlaubt, der Export hingegen nur in Ausnahmefällen.
Der Export anderer Antiquitäten unterliegt ebenso staatlicher Kontrolle. Die Bearbeitung eines Antrags dauert etwa zwei Wochen, da die Genehmigung des Handelsministeriums ebenso notwendig ist wie die Festsetzung der Ausfuhrgebühren.

Vorsicht: Kontrollen

Vor dem Versuch, antiquarische Gegenstände ohne Genehmigung außer Landes zu bringen, sei ausdrücklich gewarnt. Stichprobenartige Kontrollen an den Flughäfen sind an der Tagesordnung, Verstöße werden mit empfindlichen Geldbußen geahndet. Im Zweifelsfall erkundige man sich bei der Thailändischen Fremdenverkehrsbehörde (► Auskunft). Seriöse Fachgeschäfte kennen die Ausfuhrbestimmungen und übernehmen in aller Regel die Formalitäten. Wer echte Antiquitäten in Nachbarländern erworben hat und diese bei der Einreise nach Thailand mitführt, muss einen Herkunftsnachweis vorlegen können.

Echtheit

Die Echtheit einer Antiquität sollte man aus gutem Grund von vornherein bezweifeln. Nur wenige Originale sind im Handel, der staatlich kontrolliert wird.
Echtheitszertifikate gibt es gegen Gebühr ebenfalls vom **Fine Arts Department** (Bangkok, Na Phratat Road, beim Nationalmuseum, Tel. 02 / 2 81 67 66 oder 6 28 50 32; Außenstellen im National Museum Chiang Mai, Tel. 0 53 / 22 13 08 und im National Museum Songkhla, Tel. 0 74 / 31 17 28).

Edelsteine

Mekka für Edelsteine Vor allem im Südosten des Landes gibt es zahlreiche Edelsteinvorkommen, außerdem gelten die Thais als kunstfertige Goldschmiede. Thailand ist – nach Italien – der zweitgrößte Schmuckhersteller der Welt. Das **Asian Institute of Gemmological Science** in Bangkok ist eine international anerkannte Ausbildungsstätte für Steinschleifer, Goldschmiede und Schmuckhändler aus der ganzen Welt.

Tipps zum Kauf Das überreiche Angebot verleitet leicht zum Kauf, ohne entsprechende Fachkenntnis sollten Sie sich jedoch auf seriöse Fachgeschäfte verlassen. Wer Edelsteine von einem fliegenden Händler am Strand kauft und sich von täuschend echt nachgemachten Steinen beeindrucken lässt, ist selber Schuld. Die deutsche Botschaft in Bangkok (► Auskunft, Botschaften) hält ein kostenloses Merkblatt bereit, das über die Usancen im Edelsteinhandel informiert. Seriöse Händler beraten vor dem Kauf und geben zum erworbenen Schmuckstück auch ein Echtheitszertifikat. Im Schmuckstück selbst muss der Edelmetallgehalt eingestempelt sein, sind Edelsteine eingearbeitet, darf auch das Karatgewicht nicht fehlen. Handeln ist übrigens üblich.

Edelsteine Im Wesentlichen werden in Thailand Saphire in verschiedenen Farbvarietäten, sattrote Rubine und Smaragde, eine grüne, durchsichtige Varietät des Berylls, gefunden, seltener hingegen sind Diamanten. Man kann den Abbau der Edelsteine z. B. in **Chanthaburi** an der Ostküste Thailands gut beobachten, hier sind die Schmuckstücke oder Rohsteine natürlich billiger als in den Touristenorten.

Jade Jade ist seit jeher ein beliebter Rohstoff für Schmuckstücke, der eigentliche Markt für Jade ist in Hongkong. Chiang Mai ist ein weiteres Zentrum für Jadeverarbeitung. Zwei Materialien dürfen sich Jade nennen: **Nephrit** ist normalerweise dunkelgrün (wie der berühmte Jade-Buddha im Wat Phra Khaeo in Bangkok), er kann aber auch blass- bis mittelgrün sein. Als **gelbe Jade** wird ein gelblicher, bisweilen auch brauner Nephrit bezeichnet, der seine Färbung durch lange Lagerung im gelben chinesischen Löss erhalten hat. Die in Thailand erhältliche Jade stammt zumeist aus dem Nachbarland Myanmar, sie ist ein anderes Mineral, das »Jadeit«. Hier reicht das Farbspiel von weißgrün bis zu grün, braun, rot, orange, gelb, lila und schwarz. Häufig sind auch gesprenkelte Steine im Angebot.

Edelmetall Reines Gold hat 24 Karat; 18 Karat entsprechen einem Gehalt von 18 Teilen Gold und sechs Teilen anderer Metalle wie Kupfer oder Silber. Bei Silber sollte der Feingehalt wenigstens 90 % betragen. Vorsicht: Manchmal wird noch ein Goldgehalt genannt, der nicht dem international üblichen Karat-Gewicht entspricht. Fragen Sie deshalb ausdrücklich nach dem »International Weight«! Gold ist in Thailand übrigens preisgünstiger als in Europa.

Sicherheit

Kleine Vorsichtsmaßnahmen

In Thailand gibt es nicht mehr Verbrechen, Diebstähle oder Raubüberfälle als anderswo in der Welt, das Königreich ist eines der sichersten Reiseländer Südostasiens. Eigentumsdelikte sind oft das Ergebnis allzu großer Achtlosigkeit des Betroffenen; man bedenke, dass man oft mehr Bargeld mit sich führt, als das jährliche Einkommen z. B. eines einfachen Hotelangestellten beträgt. Generell – das ist auch eine Frage des Takts – sollte man seinen Lebensstandard nicht zur Schau stellen. Wertsachen gehören in den Hotelsafe, und man sollte nur so viel Geld bei sich tragen, wie man voraussichtlich benötigt.

Safes

Die meisten Hotels bieten kostenlose Schließfächer oder Zimmersafes. Größere Wertsachen (z. B. Kamerakoffer) sollten bei der Hotelrezeption deponiert werden, da eine Haftung bei Diebstahl aus dem Zimmer grundsätzlich ausgeschlossen ist. Den Zimmerschlüssel geben Sie beim Verlassen des Hotels am besten bei der Rezeption ab.

Vorsicht: Taschendiebe!

Besonders an von Touristen frequentierten Orten ist mit fingerfertigen Taschendieben zu rechnen. Man kann sich schützen, windem man Bargeld u. a. Wertsachen im Geldgürtel oder Brustbeutel mit sich führt.

Nepp

Mit Nepp und Streit um überhöhte Rechnungen ist an den Orten zu rechnen, an denen sich das »klassische« Nachtleben Thailands abspielt. Der Besucher sei nicht zuletzt deshalb davor gewarnt, Schleppern zu folgen.

Sprache

Basics

Die wohl wichtigste Redewendung, mit der der Tourist meist schon kurz nach seiner Ankunft in Berührung kommt, heißt »Mai pen rai«, was so viel bedeutet wie »Macht nichts!« Es beschreibt sicher am besten die thailändische Mentalität; Fehler im Verhalten werden mit einem »Mai pen rai«, an das der Thai noch meist ein »ka(p)« für »bitte« anfügt, als erledigt betrachtet. Der zweiten Spracheigentümlichkeit begegnet der »farang« (= Ausländer; wahrscheinlich eine Verballhornung des Wortes »Français«, da die Franzosen die ersten Europäer waren, die Thailänder zu Gesicht bekamen) schon beim Gruß. Begleitet von einem »wai«, dem ehrerbietenden Gruß der Buddhisten, sagt der Thai »sawadee«, an dieses Wort hängt er (als Mann) ebenfalls ein »kap« an, die Frau ein »kaa«. Das »sawadee« wird von morgens bis abends gebraucht, es gibt keine Unterscheidung nach der Tageszeit.

Umschrift Die »europäische« Schreibweise thailändischer Wörter und Namen variiert stark, je nachdem ob buchstaben- oder lautgetreu geschrieben wird; Letzteres hängt dazu von der Zielsprache ab, ein Englisch sprechender wählt natürlich eine andere Transkription als ein Deutschs sprechender. Daher trifft man auch in Thailand auf oft verwirrend unterschiedliche Versionen von Personen- und Städtenamen sowie Straßen- und Bauwerksbenennungen; dasselbe gilt demnach auch für diesen Reiseführer. Zwar wurde versucht, die Umschrift möglichst zu vereinheitlichen; aber genauso musste auf die vor Ort anzutreffende Schreibweise Rücksicht genommen werden.
Beispiele: (Wat Phra) **Khaeo** (Tempelname) wird auch Kheo oder Keo geschrieben; **Ko** (Insel) findet man auch als Kho, **Prasad** (Tempelbauwerk) als Prasat und **Ratchadamnoen** (Straßenname) als Rajadamnoen oder Rachadamnern.

Aussprache Das Wichtigste zuerst: Das r wird meist als l gesprochen, z. B. wird aus »rai« stets »lai«. Ph, th, kh werden als p, t, k, gefolgt von einem deutlichen Hauch, gesprochen; p, t, k werden ohne nachfolgenden Hauch gesprochen und klingen etwa wie b, d, g. Das w wird weich gesprochen, vergleichbar dem wh in englisch what. Ae, oe gelten als Umlaut (also ä, ö) und für ein tsch gibt es gleich mehrere mögliche Schreibweisen: ch, j, tch.

Verwirrungen Verwirrungen beim Versuch Thai zu sprechen sind kaum zu vermeiden – zwei Beispiele mögen genügen: Spricht ein Tourist das Wort »mai« aus, kann dies je nach Tonlage »Witwe«, »Seide«, »Holz«, »verbrennen« oder »neu« bedeuten. Und wenn einer sagt, er habe »genug gegessen« (Thai: »por«) und verstärkt in der Aussprache das o, so hat er gerade eben gesagt, er habe seinen eigenen Vater verspeist.

Basics Dem Farang sei jedoch empfohlen, wenigstens die Grußformel »sawadee« zu benutzen und ein Bedauern mit einem leicht hingeworfenen »mai pen rai kaa(p)« auszudrücken. Ein strahlendes Lächeln seines Gegenübers wird ihm gewiss sein.

Anrede Die unterschiedlichen Rangzugehörigkeiten drücken sich auch in der Anrede aus. Grundsätzlich gilt: Vor die Anrede wird das Wort »khun« gestellt, wenn es eine fremde Person ist; ist man miteinander vertraut, genügt der Vorname. »Khun nai« oder »Khun nuh« wird verwendet, wenn eine rangniedrige eine ranghöhere Person anspricht.
Am Ende eines Satzes wird oft die Höflichkeitsformel »kaa« verwendet, wenn eine weibliche Person spricht, »kaap«, wenn eine männliche Person spricht.

Englisch hilft weiter Mit Englisch kann man sich überall in Thailand fast immer durchschlagen. Der nachfolgende kurze Sprachführer soll als kleine Hilfe dienen:

SPRACHFÜHRER ENGLISCH

Auf einen Blick

Ja. / Nein.	Yes. / No.
Vielleicht.	Perhaps. / Maybe.
Bitte.	Please.
Danke. / Vielen Dank!	Thank you. / Thank you very much.
Gern geschehen.	You're welcome.
Entschuldigung!	I'm sorry!
Wie bitte?	Pardon?
Ich verstehe Sie / Dich nicht.	I don't understand.
Ich spreche nur wenig ...	I only speak a bit of ...
Können Sie mir bitte helfen?	Can you help me, please?
Ich möchte ...	I'd like ...
Das gefällt mir (nicht).	I (don't) like this.
Haben Sie ...?	Have you got ...?
Wie viel kostet es?	How much is this?
Wieviel Uhr ist es?	What time is it?

Kennenlernen

Guten Morgen!	Good morning!
Guten Tag!	Good afternoon!
Guten Abend!	Good evening!
Hallo! Grüß Dich!	Hello! / Hi!
Mein Name ist ...	My name's ...
Wie ist Ihr / Dein Name?	What's your name?
Wie geht es Ihnen / Dir?	How are you?
Danke. Und Ihnen / Dir?	Fine thanks. And you?
Auf Wiedersehen!	Goodbye! / Bye-bye!
Tschüs!	See you! / Bye!
Bis bald!	See you later!
Bis morgen!	See you tomorrow!

Auskunft; unterwegs

links / rechts	left / right
geradeaus	straight on
nah / weit	near / far
Bitte, wo ist ...?	Excuse me, where's ..., please?
... die Bushaltestelle	... the bus stop
... der Hafen	... the harbour
... der Flughafen	... the airport
Wie weit ist das?	How far is it?
Ich möchte ... mieten.	I'd like to hire ...

... ein Auto	... a car
... ein Motorboot	... a motorboat
... ein Fahrrad	... a bike

Panne

Ich habe eine Panne.	My car's broken down.
Würden Sie mir bitte einen Abschleppwagen schicken?	Would you send a breakdown truck, please?
Gibt es hier in der Nähe eine Werkstatt?	Is there a service garage nearby?

Tankstelle

Wo ist die nächste Tankstelle?	Where's the nearest petrol station?
Ich möchte ... Liter ...	... liters of ...
... Normalbenzin.	... three-star.
... Super.	... four-star.
... Diesel.	... diesel.
... bleifrei / verbleit.	... unleaded / leaded, please.
Volltanken, bitte.	Full, please.

Unfall

Hilfe!	Help!
Achtung!	Attention!
Vorsicht!	Look out!
Rufen Sie bitte ...	Please call ...
... einen Krankenwagen.	... an ambulance.
... die Polizei.	... the police.
Es war meine Schuld.	It was my fault.
Es war Ihre Schuld.	It was your fault.
Geben Sie mir bitte Ihren Namen und Ihre Anschrift.	Please give me your name and address.

Essen / Unterhaltung

Wo gibt es hier ...	Is there ... here?
... ein gutes Restaurant?	... a good restaurant
... ein typisches Restaurant?	... a restaurant with local specialities?
Gibt es hier eine gemütliche Kneipe?	Is there a nice pub here?
Reservieren Sie uns bitte für heute abend einen Tisch für vier Personen.	Would you reserve us a table for four for this evening, please?
Auf Ihr Wohl!	Cheers!

Ein thailändischer Gruß und ein Lächeln helfen in fast jeder Situation.

Bezahlen, bitte.	Could I have the check, please?
Haben Sie einen Veranstaltungskalender?	Do you have a diary of events?

Einkaufen

Wo finde ich ... eine / ein...?	Where can I find a ...?
Apotheke	chemist's
Bäckerei	bakers's
Fotogeschäft	photographic materials
Kaufhaus	department store
Lebensmittelgeschäft	food store
Markt	market

Übernachtung

Können Sie mir bitte ... empfehlen?	Could you recommend ..., please?
... ein Hotel / Motel	... a hotel / motel
... eine Pension	... a guest-house
Ich habe bei Ihnen ein Zimmer reserviert.	I've reserved a room.
Haben Sie noch ...?	Have you got ...?
... ein Einzelzimmer	... a single room
... ein Doppelzimmer	... a double room
... mit Dusche / Bad	... with a shower / bath
... für eine Nacht	... for one night
Was kostet das Zimmer	How much is the room

... mit Frühstück?	... with breakfast?
... mit Halbpension?	... with half board?

Arzt

Können Sie mir einen guten Arz empfehlen?	Can you recommend a good doctor?
Ich habe hier Schmerzen.	I've got pain here.

Bank

Wo ist hier bitte ...	Where's the nearest ...
... eine Bank?	... bank?
... eine Wechselstube?	... exchange-office?
Ich möchte ... Euro / Franken. wechseln.	I'd like to change ... Euro / Swiss Francs.

Post

Was kostet ...	How much is ...
... ein Brief ...	... a letter ...
... eine Postkarte ...	... a postcard ...
nach Deutschland?	to Germany?

Zahlen

0	zero	16	sixteen
1	one	17	seventeen
2	two	18	eighteen
3	three	19	nineteen
4	four	20	twenty
5	five	21	twentyone
6	six	30	thirty
7	seven	40	fourty
8	eight	50	fifty
9	nine	60	sixty
10	ten	70	seventy
11	eleven	80	eighty
12	twelve	90	ninety
13	thirteen	100	one hundred
14	fourteen	1000	a (one) thousand
15	fifteen	10 000	ten thousand

Straßenverkehr

Straßennetz

Das thailändische Straßennetz ist recht gut ausgebaut. Europäischen Maßstäben genügen jedoch nur die als Nationalstraßen bezeichneten Straßen, die von Bangkok aus in alle Teile des Landes führen und offiziell Highways (Autobahnen) genannt werden. Außer einigen Land- und Gebirgsstraßen sind die Straßen auch während der Regenzeit (von Juni bis September) befahrbar.

Straßenbeschilderung

Die Straßenbeschilderung ist in Thailändisch und Englisch gehalten, so dass die Orientierung leicht fällt. Allerdings gibt es manchmal unterschiedliche Schreibweisen von Ortschaften. Die Verkehrszeichen sind, mit einigen leicht verständlichen Ausnahmen, die international üblichen.

Tempolimit

In Orten gilt ein Tempolimit von 60 km/h, auf Landstraßen und Autobahnen darf normalerweise nicht schneller als 100 km/h gefahren werden. An diese Grenzen hält sich jedoch kaum jemand, gefahren wird so schnell, wie es der Verkehr zulässt. Es gibt allerdings Geschwindigkeitskontrollen, vor allem auf Autobahnen und Schnellstraßen.

Eine Fahrt mit dem dreirädrigen Tuk-Tuk ist nur halb so teuer wie eine Taxifahrt.

Vorsicht: Auf mehrspurigen Einbahnstraßen in Bangkok gibt es oft eigene Busspuren, auf denen Omnibusse auch in entgegengesetzter Richtung fahren dürfen. Deshalb sollte man, bevor man eine Einbahnstraße überquert, in beide Fahrtrichtungen schauen!
Dringend abzuraten ist davon, sich mit einem Mietwagen in das Bangkoker Verkehrsgewühl zu stürzen. Selbst geübte Autofahrer haben Probleme mit den chaotischen Verkehrsverhältnissen, die mit denen in Europa überhaupt nicht vergleichbar sind. Wer Stress und Unfälle meiden will, fährt Taxi oder Bus.
Zwar ist der Verkehr auf den Straßen außerhalb der Hauptstadt deutlich geringer, doch gilt auch hier größte Vorsicht. Frei laufende Tiere, spielende Kinder, Händler, Fußgänger oder gar schlafende Menschen an den Fahrbahnrändern sind keine Seltenheit. Man fahre daher defensiv und lasse sich keinesfalls vom Fahrstil der Einheimischen anstecken. Gefährlich für Autofahrer in ganz Thailand sind die Überlandbusse, die sich besonders nachts Rennen auf den Autobahnen

liefern und nicht selten schwere Unfälle verursachen. Ein besonderes Risiko geht auch von den vielen meist schlecht oder überhaupt nicht beleuchteten Lastwagen aus, die nachts auf dem Weg in die Hauptstadt oder zurück in die Provinz sind.

Taxi Allein in Bangkok soll es 16 000 Taxis geben, nicht gezählt die Feierabend-Fahrer. Taxis spielen aber auch auf dem Land eine wichtige Rolle. Viele besitzen eine halbwegs funktionierende Klimaanlage und fahren mit umweltschonendem Flüssiggas. Der Fahrgast sollte jedoch unbedingt darauf achten, dass das Taxi haftpflichtversichert ist, was man an einer runden Plakette auf der Frontscheibe mit der jeweils aktuellen Jahreszahl erkennt. Dabei soll man jedoch die buddhistische Zeitrechnung beachten, zum Beispiel: 2007 + 543 = 2550). Taxen können auch über die Hotelrezeption bestellt werden. Seit einigen Jahren gibt es in Bangkok und in den größeren Städten Taxis, die mit einem geeichten Taxameter ausgestattet sind. Diese Taxen sind an dem Schild »Taxi Meter« auf dem Dach zu erkennen; sie sind lizenziert und ausreichend versichert. Die ersten 2 km kosten z. Z. 35 Baht, der 3. km 5 Baht, der 4. bis 6. km 4,50 Baht, ab dem 7. km 3,50 Baht pro km. Allerdings kostet jede Minute, die man im Stau steht, 1,50 Baht extra.

Tuk-Tuk Das klassische thailändische Verkehrsmittel ist das Tuk-Tuk, ein dreirädriges Gefährt, das von einem knatternden Zweitaktmotor angetrieben wird. Hier muss der Preis vor Fahrtantritt ausgehandelt werden, erscheint der Preis zu hoch, winkt man das nächste Tuk-Tuk heran. Bei kürzeren Distanzen wird eine Fahrt mit dem Tuk-Tuk zum Erlebnis, tagsüber in Bangkok eher nicht.

Limousinenservice Große Hotels bieten einen hoteleigenen Limousinenservice, der auch allgemein zur Verfügung steht. Limousinentaxis sind teuer, dafür aber gepflegt, klimatisiert und versichert. Handeln ist nur möglich, wenn man längere Ausflüge unternehmen will.

Übernachten

Thailands Hotellerie genießt seit vielen Jahren einen ausgezeichneten Ruf. Das Angebot reicht von Unterkünften der Luxuskategorie bis zur einfachsten Schlafgelegenheit in Gästehäusern (Guest Houses) oder Bungalowanlagen. Bei Reisen außerhalb von Gebieten mit touristischer Infrastruktur muss man jedoch, was Komfort und Einrichtung anbetrifft, Einschränkungen akzeptieren. Dafür liegen die Zimmerpreise deutlich unter denen in den Touristenzentren.

Die Lobby des legendären und exklusiven Oriental Hotels in Bangkok, das 1876 als Thailands erstes Grandhotel errichtet wurde →

Royal Orchid Holiday Thai Airways International bietet das »Royal Orchid Holiday«-Programm an, mit dem bei Bedarf Zwischenaufenthalte oder auch die ganze Reise zusammengestellt werden können und das reduzierte Zimmerpreise gewährt (buchbar nur vor der Abreise in Europa, www.royalorchid. de).

Preise Am teuersten sind die Hotelzimmer naturgemäß in Bangkok sowie in den Touristenorten. Aber auch hier gibt es Unterschiede: Man kann in Bangkok eine Nacht im legendären Oriental Hotel für 1000 € und mehr verbringen oder in einem einfachen Gästehaus für 10 €. Außerhalb der Zentren kostet ein Zimmer in einem einfachen Hotel zwischen 15 und 50 €. In der Nebensaison (März bis Oktober) lässt sich mit Geschick auch in den Häusern der gehobenen Kategorien über den Preis durchaus verhandeln. Reservierung ▸ Während in der Hochsaison (November bis Ende Februar) rechtzeitige Reservierung notwendig ist, findet man in der übrigen Zeit meist eine Unterkunft in der gewünschten Kategorie.

Zimmervermittlung In der Ankunftshalle des Flughafens Bangkok befindet sich ein Schalter der Thai Hotel Association, die nicht nur freie Zimmer vermittelt, sondern auf Wunsch auch den Transfer zum Hotel organisiert. Entsprechende Informationsschalter gibt es an allen Flughäfen des Landes, sie sind geöffnet, wenn Flugzeuge landen bzw. erwartet werden.

Jugendunterkünfte

Einfach, aber solide Neben zahlreichen kleineren Hotels und Hunderten von Gästehäusern (guest houses), die günstige Übernachtungsmöglichkeiten bieten, gibt es in den größeren Städten Thailands auch solide Jugendherbergen, in denen nicht nur Jugendliche übernachten können. Sie sind meist einfach ausgestattet, manchmal muss man das Zimmer mit einem oder mehreren Gästen teilen. Vorsicht vor Dieben (die eher unter den Touristen zu suchen sind)! Abzuraten ist von Unterkünften in undurchsichtigen Gegenden, da sie oft Treffpunkte von Rauschgiftdealern sind und von der Drogenpolizei misstrauisch beobachtet und auch häufig durchsucht werden.

Camping

Spielt kaum eine Rolle Speziell eingerichtete Campingplätze gibt es in Thailand nicht, doch ist »wildes Campen« gestattet. Der Grundstücksbesitzer sollte jedoch zuvor um Erlaubnis gebeten werden. Das Zelten in Nationalparks und Naturschutzgebieten ist ohne Erlaubnis der Parkverwaltung nicht erlaubt. In einigen Schutzgebieten vermieten die Ranger jedoch Zelte und sonstige Ausrüstung, gestatten gegen ein geringes Entgelt die Benutzung der sanitären Einrichtungen und verkaufen auch Lebensmittel und Getränke.

Urlaub aktiv

Märkte sind pralles Leben

Wohl kaum anderswo lässt sich typisch thailändisches Leben so erfahren wie auf den Märkten, die tagtäglich überall im Land abgehalten werden. Meist finden sie unmittelbar in den Zentren der Städte und Dörfer statt. Sie versorgen nicht nur die Bevölkerung mit Waren aller Art, sie sind auch Ort der Kommunikation und Geselligkeit. Die Märkte in Thailand sind völlig unübersichtlich. Das Warenangebot ist ein schieres Durcheinander, Fisch wird neben Spielzeug feilgehalten, lebende Tiere neben Plastikblumen oder Haushaltsbedarf. Gerade das macht aber thailändische Märkte so interessant, auch wenn die Geruchsnerven bisweilen ziemlich strapaziert werden. Das Marktleben beginnt sehr früh in den Morgenstunden, meistens schon gegen 6.00 Uhr. Händler reisen oft schon am Abend vorher an und übernachten an Ort und Stelle, um ihr Angebot schon den ersten Kunden präsentieren zu können. Meist sind die Märkte gegen 10.00 Uhr schon wieder beendet. Das thailändische Wort für Markt heißt Talaad – verbindet man es mit der Frage »ti nai?« (wo?), wird jeder Thai dem Besucher gern den Weg zum nächstgelegenen Markt zeigen.

Thailändische Märkte finden oft früh morgens statt.

Meditation

Nicht nur für einheimische Buddhisten gibt es Meditationsstätten, auch Touristen sind gern gesehen. Dass sie bereit sein sollten, sich ernsthaft mit den Lehren Buddhas auseinanderzusetzen, versteht sich von selbst. Informationen über Meditationsgelegenheiten sowie ein Verzeichnis der Klöster, die Ausländern offen stehen, gibt es in Bangkok bei der **World Fellowship of Buddhists**. Diese Organisation bietet regelmäßig Abende mit Meditationsübungen und Vorträge buddhistischer Mönche.

Auskunft: World Fellowship of Buddhists, 616 Benjasiri Park, Soi Medhinivet, Sukhumvit 24, Bangkok 10110, Tel. 02 / 661 12 84-87, Fax. 02 / 661 05 55, Öffnungszeiten: Mo. – Fr. 8.00 – 12.00 Uhr.

Mehrere Meditationszentren sind über die Landesgrenzen hinaus bekannt geworden. Zu ihnen gehören der **Wat Mahathat** in Bangkok (Englischs sprechende Mönche), der **Wat Umong** und der **Wat Ram Poeng** in Chiang Mai sowie der **Wat Suan Mok** bei Surat Thani. In Surat Thani werden monatlich Meditationskurse angeboten; gute Englischkenntnisse und rechtzeitige Anmeldung sind angezeigt.

Zuschauersport

Thai-Boxen

Thai-Boxen (Muay Thai) ist nicht nur die beliebteste Zuschauersportart in Thailand, sondern wird auch im ganzen Land vielfach ausgeübt. Die Kunst des Thai-Boxens soll der Legende nach auf König Naresuen zurückgehen, der sich 1560 aus burmesischer Gefangenschaft befreien konnte, indem er die besten Ringer im Kampf bezwang. Das Thai-Boxen, das heute gelehrt wird, geht also auf eine Art Selbstverteidigung zurück, die sogar von Mönchen in Klöstern gelehrt wurde.

Mit dem westlichen Boxen ist Muay Thai kaum vergleichbar: Der Boxer schlägt nicht nur mit den Fäusten, sondern tritt auch mit den Füßen nach allen Angriffsflächen, die der Körper des Gegners bietet. Bauch- und Nierengegend sind bevorzugte Ziele. Verboten ist jedoch bis heute das Kratzen, Würgen, Beißen oder Spucken.

Thai-Boxkämpfe sind regelmäßig Straßenfeger schlechthin. Wenn die großen Kämpfe im National Box Stadium in Bangkok ausgetragen und im Fernsehen live zu sehen sind, sitzt fast die ganze Nation entweder dabei oder vor dem Bildschirm. Karten für solche Boxkämpfe sind nur schwer erhältlich.

Was man in den Touristenorten als Schaukämpfe zu sehen bekommt, entbehrt nicht selten einer gewissen Ernsthaftigkeit. Peinlich wird es aber, wenn selbst kleine Jungs in den Ring steigen, bei denen die Boxhandschuhe größer sind als der Kopf.

Takraw

Beim Takraw muss der Spieler einen Ball aus Rohrgeflecht von 12 cm Durchmesser unter Einsatz aller Körperteile, nur nicht mit den Händen, durch die Luft katapultieren; entweder durch eine 2,75 m hohe Schlinge in ein gegnerisches Netz oder – die gebräuchlichere Variante – über ein hohes Netz in das gegnerische Spielfeld. Ein Spiel dauert 40 Minuten und erlaubt keine Ruhepause. Wenn der Ball Arm oder

! *Baedeker* TIPP

Thai-Boxen erleben

Zwar sind die Karten für große Boxkämpfe meist lange im Voraus vergriffen, doch mit etwas Glück gibt es manchmal noch welche. Boxkämpfe finden in Bangkok im Ratchadamnoen Stadium (Ratchadamnoen Nok Road) immer Mo. und Mi. jeweils um 18 Uhr, Do. 17 und 21 Uhr sowie So. 16 und 20 Uhr statt. Kämpfe gibt es auch im Lumphini Stadium (Rama IV. Road) Di. und Fr. um 18 Uhr und Sa. um 17 Uhr zu sehen. Auf Phuket können Sie Boxkämpfe Di. und Fr. um 20 Uhr im Phuket Boxing Stadium beobachten.

Takraw ist inoffizieller Nationalsport in Thailand.

Hand berührt, ist er »tot«, ebenso, wenn er auf dem Boden landet. Takraw ist ein Geschicklichkeitsspiel, das sich im ganzen Land größter Beliebtheit erfreut (► Natur, Kultur, Geschichte; Traditionelle Sportarten).

Elefantenpolo

Zu einem besonders bei der so genannten besseren Gesellschaft beliebten Event hat sich das Elefantenpolo-Turnier in Hua Hin entwickelt, das alljährlich im September in dem Badeort Hua Hin veranstaltet wird. Dabei treten Mannschaften aus dem In- und Ausland an, die eine Woche lang um einen von König Bhumibol gestifteten Pokal kämpfen. Unter den Siegern findet man schon fast traditionell auch deutsche Mannschaften.

Sport und Vergnügungen

Ballonfahrten

Fahrten mit dem Heißluftballon erfreuen sich seit einigen Jahren immer größerer Beliebtheit. In allen größeren Orten – besonders jenen, die von Touristen frequentiert werden – gibt es Anbieter, die solche Fahrten veranstalten. Besonders reizvoll sind Fahrten über Nordthailand.

Golf Thailand hat sich in den vergangenen Jahren zu einem Mekka für Golfspieler entwickelt. Allein im Großraum Bangkok gibt es 26 Golfplätze, die fast alle internationalen Maßstäben genügen. Darunter befand sich auch der vermutlich verrückteste Golfplatz der Erde: Er lag zwischen den beiden Start- und Landebahnen des alten Flughafens Don Muang. Das Thailändische Fremdenverkehrsbüro in Frankfurt am Main (► Auskunft) versendet auf Anfrage eine 90-seitige Broschüre, in der alle Golfplätze in Thailand beschrieben werden. Und für alle, denen es nicht schnell genug gehen kann: www.asiatours.-net/golf/thailand.

Tennis Beinahe jedes größere Hotel in Thailand bietet Tennisplätze, oft auch mit Flutlicht. Die notwendige Ausrüstung kann man entweder ausleihen oder in Pro-Shops kaufen.

Trekking Vor allem in Nordthailand gibt es zahlreiche Veranstalter, die geführte Trekkingtouren veranstalten. Diese führen durch die herrliche Bergwelt des Nordens und dauern oft auch mehrere Tage; manchmal wird ein Teil der Strecke auch auf dem Rücken von Elefanten zurückgelegt. Auskunft beim jeweiligen TAT-Büro z. B. in Chiang Mai und Chiang Rai.

Wassersport

Nichts was es nicht gibt Die Badeorte an den Küsten des Golfs von Siam bieten geradezu paradiesische Möglichkeiten für jeden nur erdenklichen Wassersport. Windsurfen, Segeln, Schnorcheln, Tauchen, Parasailing, Motorboot fahren und natürlich Schwimmen – all das ist bei Wassertemperaturen, von denen man in Europa nur träumen kann, das ganze Jahr über möglich.

Sportgeräte können gegen geringe Gebühr entliehen werden. Vorsicht ist bei der Benutzung so genannter Water Scooter angeraten. Die PS-starken Gefährte erfordern ein gewisses fahrerisches Können. Es gibt immer wieder schwere Unfälle. die zumeist auf unsachgemäße Handhabung oder fahrlässiges Verhalten zurückzuführen sind. Oft sind diese Fahrzeuge auch in einem schlechten Zustand; der Benutzer wird manchmal für Schäden haftbar gemacht, die er gar nicht verursacht hat. In jedem Fall sollte man den Anweisungen des Verleihers folgen und nur in erlaubten Zonen fahren.

! *Baedeker* TIPP

Bootscharter

Für Bootscharter auf eigene Faust wird die Vorlage eines international gültigen Seglerscheins verlangt. Man kann aber ohne Weiteres auch Boote mit kompletter Besatzung oder zumindest einem reviererfahrenen Skipper chartern.

Von Pattaya aus unternimmt der Deutsche, in Thailand lebende Manfred Heckel mit seiner 20-Meter-Motorsegelyacht »Talae« sechstägige Törns, die bis in den Koh-Chang-Archipel führen. Informationen: www.thai-german-sailing.com.

Tauchunterricht auf Khao Lak

Segeln

Der Golf von Siam und auch die Küsten der Andamanensee sind ein ideales Segelrevier. Beliebt ist vor allem das Inselhüpfen. Ankern ist fast überall möglich; Beschränkungen gibt es v. a. vor den zu Nationalparks erklärten Inselgruppen. Als besonders schöne Reviere seien die Inseln **Ko Phi Phi**, **Ko Tarutao** und **Ko Similan** genannt, an der Ostküste gibt es bei Pattaya schöne Gebiete. Zuverlässige Seekarten, die besonders über gefährliche Untiefen sowie tückische Strömungen während der Monsun-Zeit Aufschluss geben, sind unabdingbar. Seriöse Bootsvermieter händigen solches Material bei Übergabe des Schiffes aus. Unbedingt kontrollieren sollte man die Vollständigkeit und Einsatzbereitschaft der Rettungseinrichtungen an Bord. Eine englischsprachige Infobroschüre unter dem Titel **Thailand's Marine Wonderland** mit zahlreichen nützlichen Tipps und Adressen für Segler ist beim Thailändischen Fremdenverkehrsbüro in Frankfurt am Main erhältlich (►Auskunft).
Alljährlich im Dezember findet in Phuket anlässlich des Geburtstages von König Bhumibol seit 1987 die traditionelle Segelregatta um den **Phuket King's Cup** statt, zu dem sich auch immer mehr ausländische Mannschaften anmelden.

Tauchen

Die Küsten und vor allem die vorgelagerten Inseln sind immer noch ein Paradies für Tauchsportler, auch wenn von unverantwortlichen Tauchern viel von der faszinierenden Unterwasserwelt zerstört wurde. Die thailändische Regierung hat zum Schutz der Unterwasserwelt

PARADIESISCHE TAUCHGRÜNDE

Eine Küstenlänge von gut und gerne 2600 Kilometern, eine Vielzahl kleiner und kleinster Inseln mit schneeweißen Korallensandstränden und eine touristische Infrastruktur, die selbst verwöhnte Gäste mehr als zufrieden stellt: Das alles sind Gründe genug, zum Tauchen nach Thailand zu fahren.

Gewiss, die Welt unter Wasser präsentiert sich längst nicht mehr so unberührt wie einst, und das bislang unerklärliche Klimaphänomen El Niño, ein plötzlicher Warmwasserstrom, der 1998 an vielen Küstenregionen der Erde auftrat, hat auch die Korallenriffe vor den thailändischen Küsten nachhaltig geschädigt. Übrigens ganz im Gegensatz zum Tsunami, der trotz seiner ungeheuren Wucht, mit der er auf die thailändischen Küsten traf, erstaunlich wenige Schäden an den Riffen anrichtete. Was es trotzdem noch zu sehen gibt, ist an vielen Stellen wirklich beeindruckend, zum Beispiel in den Tauchrevieren im Ang Thong Marine National Park, etwa 40 km nordwestlich von Ko Samui. Um die 40 Inseln zählen zu diesem Naturschutzgebiet, das so rechtzeitig ausgewiesen wurde, dass der Unterwasserwelt Schäden erspart blieben. Man kann sich das ganz einfach vorstellen: Bestimmte Korallenarten wachsen pro Jahr gerade mal zwei oder drei Millimeter – weshalb ein einziger Fußtritt eines unachtsamen Tauchers genügt, das kunstvolle, jahrhundertealte Werk der Natur zunichte zu machen. Aber auch die Einheimischen haben nicht unwesentlich dazu beigetragen, als Stichwort sei hier nur das früher vielfach übliche Dynamit- fischen genannt. Diese Spuren sind an der Ostküste Thailands am deutlichsten zu sehen – hier setzte der Touristenboom bekanntlich als erstes ein –, hier wurde das Meer über viele Jahre hinweg regelrecht ausgeplündert.

Tauchreviere

Bekannte Tauchreviere sind die Inseln Ko Larn, Ko Sak und Ko Khrok vor Pattaya mit Tauchtiefen bis etwa 20 m; weiter entfernt liegen die kleinen Inseln Ko Klung Badan, Ko Man Wichai und Ko Rin. Rund um Ko Sichang vor Si Racha sind Tauchgänge bis 40 m sowie Wracktauchen möglich. Auch die Tauchgebiete bei den Inseln Ko Samae San vor Sattahip und Ko Chang bei Trat sind längst nicht mehr unberührt. An der gegenüberliegenden Seite des Golfs von Thailand und in der Andamanischen See findet man hingegen noch zahlreiche

Langsam wachsende Kostbarkeiten: Korallenstöcke in der Andamanensee

vorzügliche Tauchreviere. Nordwestlich von Phuket liegt die kleine, aber feine Gruppe der Similan-Inseln mit der namengebenden Insel Ko Similan am nördlichen Ende. Bekannte Tauchplätze, an denen man regelmäßig auch Großfischen wie Haien und Mantas begegnet, sind hier zum Beispiel Christmas Point und Breakfast Bend vor Ko Bangru und Fantasy Reef. Ein lohnendes Ziel ist auch die Insel Ko Tachai mit dem legendären Tauchplatz am Richelieu Rock. Südlich von Phuket gibt es die schönsten Tauchgründe auf Ko Phi Phi Lay und Ko Phi Phi Don, vor Ko Lanta Noi und Ko Yao Tal. In der Nähe der Insel Ko Dok Mai befindet sich der interessante »Shark Point«, ein Unterwasserriff, das Leopardhaien und Stachelrochen als Schlafplatz dient. Schon dicht an der Grenze zum Nachbarstaat Malaysia sind die Inseln rund um Ko Tarutao zu empfehlen. Wirkliche Geheimtipps gibt es freilich kaum mehr zu entdecken – und wenn, behalten Taucher diese natürlich für sich oder erzählen höchstens hinter vorgehaltener Hand darüber.

Tauchschulen

Naturgemäß haben sich die meisten Tauchschulen in den thailändischen Touristenzentren wie auf den Inseln Ko Samui, Ko Phi Phi, Phuket oder in den Küstenorten wie zum Beispiel in Pattaya niedergelassen. Von hier aus starten sie zu den Tauchausfahrten in die vorlagerte Inselwelt, um den Teilnehmern wirkliche Erlebnisse zu bieten, werden die Distanzen jedoch immer größer. Mittlerweile gibt es sogar richtige Tauchsafaris, bei denen die Boote gleich mehrere Tage unterwegs sind. Als beste Zeit für die Entdeckung solcher Kleinode gelten die Monate zwischen Mitte Februar und Anfang November. Dann ist die Sicht unter Wasser am klarsten, und die touristische Hochsaison, die in den übrigen Monaten Tausende an die thailändischen Strände zieht, ist auch vorüber. Während der Regenzeit kann es jedoch auf dem Meer so ungestüm werden, dass sich kein thailändischer Bootsführer hinaustraut. Fast alle Tauchschulenbesitzer genießen einen recht ordentlichen Ruf, was die Qualität der Ausrüstung angeht, schwarze Schafe gibt es meistens nicht länger als eine Saison. Eine gewisse Portion Vorsicht sollte jedoch jeder walten lassen – verrostete Pressluftflaschen oder verrottete Atemregler sind Alarmzeichen, die jeden sicherheitsbewussten Taucher aufmerksam werden lassen. Man kann jedoch davon ausgehen, dass Tauchschulen, die nach einem der international gültigen Standards (PADI, NAUI oder SSI) ausbilden, auch ihre Gerätschaften in Ordnung halten.

restriktive Gesetze erlassen, deren Einhaltung unbedingt angeraten ist. So ist es strengstens verboten, Korallenbänke zu plündern. Zurückkehrende Boote werden in Stichproben kontrolliert. Auch das Harpunieren ist untersagt. Es gibt viele **Tauchschulen**; man sollte sich vor einem Tauchlehrgang vergewissern, dass die Lehrer im Besitz der internationalen Ausbildungslizenz sind. Dies gilt im Besonderen für Anfänger, die einen Tauchschein erwerben möchten. Nur drei Organisationen stellen weltweit gültige Zertifikate aus, die PADI (Professional Association of Diving Instructors) die NAUI (National Association of Underwater Instructors) und SSI (Scuba Schools International). Die zum Tauchen benötigte Ausrüstung kann in der Regel ausgeliehen werden. Besondere Vorsicht ist geboten: Nichtorganisierte Tauchveranstalter verfügen manchmal über wenig gepflegte und deshalb nicht gebrauchstüchtige Geräte.

Angeln

Thailand bietet alle Möglichkeiten, den Angelsport auszuüben, eine offizielle Erlaubnis dazu benötigt man nicht. Vor allem in Badeorten gibt es zahlreiche Anbieter von Angeltouren, darunter auch Hochseeangeln. Geangelt wird vorzugsweise auf Thunfisch, aber auch auf den Blauen Merlin oder andere Großfische. Das Equipment wird zur Verfügung gestellt.

Zahlreiche Bootseigner in Pattaya und Phuket sowie auf den Inseln im Golf von Siam bieten Ausfahrten zum Hochseeangeln an, manche sogar mit Fanggarantie. Der Angler kann – mit der nötigen Portion Glück – z. B. Haie, Rochen, Thunfisch, Schwertfisch, Seelachs, Meerbarsche und Makrelen fangen. Besonders günstig sind die Monate Januar bis Mai. Ein größerer Fang wird auf Wunsch nach der Rückkehr präpariert, was allerdings einige Tage, manchmal sogar Wochen in Anspruch nimmt.

Verkehr

Inlandsflüge

Streckennetz

Das in erster Linie von der thailändischen Flugverkehrsgesellschaft **Thai Airways International** bediente Streckennetz ist umfassend, alle inländischen Flughäfen werden zumindest einmal täglich angeflogen. Daneben gibt es noch die private Fluggesellschaft **Bangkok Airways** mit verzweigtem Streckennetz sowie die mit bis zu 50 % billigeren Tarifen als sog. Billig-Airline geltende **Air Asia**, die in Thailand folgende Ziele anfliegt: Chiang Mai, Chiang Rai, Hat Yai, Krabi, Narathiwat, Phuket, Ubon Ratchathani und Udon Thani. Ebenfalls sehr günstig ist **Nok Air** mit den Zielen Chiang Mai, Udon Thani, Phuket, Hat Yai, Nakhon Si Thammarat und Trang. Ebenfalls mit im Inlandgeschäft ist die günstige Linie **Orient Thai** mit Zielen in Nord und Süd. Der Zwerg **Phuket Air** bedient lediglich zwei Flughäfen.

Flug- Eisenbahnlinien

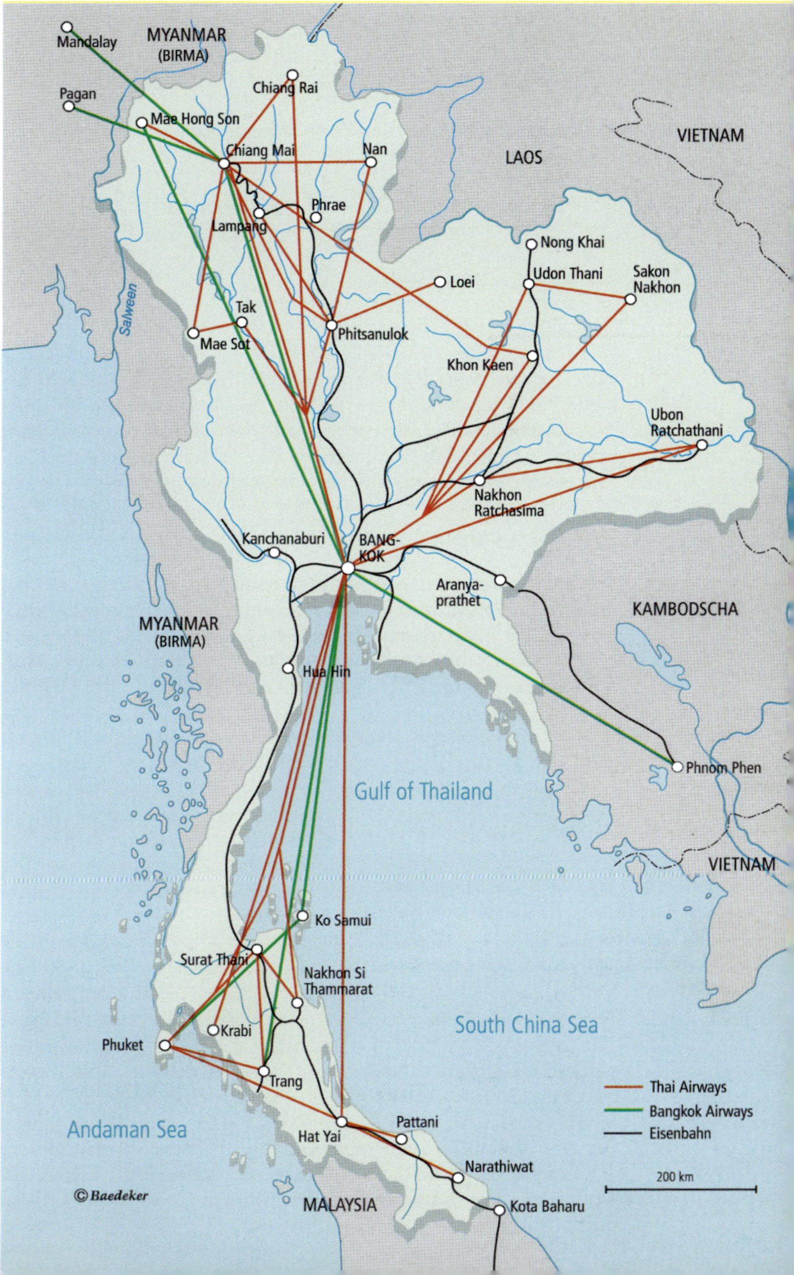

FLUGLINIEN INLANDSFLÜGE

- **Air Asia**
  www.airasia.com
- **Bangkok Airways**
  www.bangkokair.com
- **Nok Air**
  www.nokair.com
- **Orient Thai**
  www.orient-thai.com
- **Phuket Air**
  www.phuketairlines.com
- **Thai Airways**
  www.thaiair.com

Flughafengebühr

Jeder Passagier hat beim Einchecken für den Weiter- oder Rückflug eine Flughafengebühr in bar zu bezahlen, die derzeit 500 Baht beträgt. Für Flüge innerhalb Thailands ist die Flughafengebühr im Ticketpreis enthalten; Reisende nach Ko Samui müssen eine Gebühr in Höhe von 300 Baht bezahlen. Für Pauschalreisende wird die Flughafengebühr oft vom Veranstalter übernommen.

Bahn

Fahrkarten

Die Fahrpreise der Thailändischen Staatsbahnen (SRT) sind sehr niedrig. So kostet z. B. eine Eisenbahnfahrt von Bangkok nach Chiang Mai in der ersten Klasse ca. 31 € (Aufpreis für Schlafwagen ca. 15 €), eine Fahrt von Bangkok nach Sungai Kolok etwa 36 € (Aufpreis für Einzelkabine im Schlafwagen erster Klasse ca. 18 €. Liegewagen sind etwa halb so teuer. Für Express-, Schnellzüge etc. sind Aufschläge zu bezahlen. Kinder von drei bis zwölf Jahren zahlen den halben Fahrpreis. ►Karte S. 175.
Fahrkarten können frühestens 90 Tage vor Reiseantritt gelöst werden. Fahrtunterbrechungen sind nicht möglich.

Die thailändischen Staatsbahnen veranstalten regelmäßig Sonderfahrten. Sehr beliebt ist der Tagesausflug von Bangkok nach Kanchanaburi zur und über die Brücke am Kwai und weiter über die berühmt-berüchtigte **»Todesbahn«** bis zur Endstation Nam Tok.

! *Baedeker* TIPP

Thailand mit der Bahn

Wer Thailand mit der Bahn erkunden möchte, kann den Visit Thailand Rail Pass erwerben. Er berechtigt zu beliebig vielen Eisenbahnfahrten im gesamten Streckennetz, gilt 20 Tage und kostet für die 2. Klasse ca. 102 €. Der Rail Pass ist jedoch nur am Hauptbahnhof Hualampong in Bangkok erhältlich.

Auskunft

An allen Bahnhöfen gibt es Auskunfts- und Reservierungsschalter (Öffnungszeiten: Mo. – Fr. 8.30 – 18.00, Sa, So. und Fei. 8.30 – 12.00 Uhr). Einen Überblick über die verschiedenen Linien, Bahnhöfe und

Abenteuerliche Streckenführung der »Death Railway« Bangkok – Nam Tok.

Fahrpläne kann sich der Besucher unter www.asia-discovery.com/thailand/trains.htm oder www.railway.co.th/Eng/ leicht online verschaffen.

Schlaf- und Liegewagen

Auf allen Strecken führen die Nachtzüge Schlaf- und Liegewagen erster und zweiter Klasse (rechtzeitig reservieren). Bei Änderung der Reisepläne müssen Reservierungen neu vorgenommen werden.

Bus

Wichtigstes Verkehrsmittel

Omnibusse sind wohl das wichtigste Verkehrsmittel, für kürzere wie für lange Strecken; sie erreichen selbst die abgelegensten Orte. Zugleich sind sie die billigste Möglichkeit, durch Thailand zu reisen, zudem erfährt man hier die ganze Herzlichkeit der Bevölkerung. Neben den vom Staat unterhaltenen Linien auf den wichtigsten Strecken gibt es zahllose private Busunternehmer. Einen einigermaßen verbindlichen Plan gibt es nur für die vom Staat unterhaltenen Autobusse, während die privaten Unternehmer nach Bedarf verkehren. Ihre Busse halten, wenn man durch Winken am Straßenrand auf sich aufmerksam macht.

Linienbusse Die normalen Linienbusse (rotmee tamadaa) verfügen meist über eine Klimaanlage beim Fahrer, die nur den vorderen Wagenteil kühlt. Komfortabler sind die Airconditioning-Busse (rotmee düen). Sie sind teurer, in der Regel aber auch schneller.

Fahrkarten Fahrkarten erhält man entweder an den Busbahnhöfen (Bus Terminals) oder im Bus beim Fahrer. Die Fahrpreise sind sehr niedrig (z. B. Bangkok – Chiang Mai, rund 700 km, um die 10 €).

BUSBAHNHÖFE & FÄHREN

BUSBAHNHÖFE

▸ **BANGKOK**
Southern Bus Terminal (Dai)
Pinklao-Nakhonchaisi Road
Tel. 02 / 4 34 55 57
Aircon-Busse: Tel. 02 / 4 35 11 99
Busse nach Hua Hin, Nakhon Si Thammarat, Surat Thani und Phuket

Northern Bus Terminal (Nya)
Phaholyothin Road
Tel. 02 / 2 71 01 01-5
Aircon-Busse:
Tel. 02 / 2 79 44 84-7
Busse nach Chiang Mai, Sukhothai, Phitsanulok, Ubon Ratchathani

Eastern Bus Terminal (Ekamai)
Sukhumvit Road
Tel. 02 / 3 91 25 04
Busse nach Pattaya, Rayong (von dort Fähre nach Ko Samet), Chanthaburi

▸ **CHIANG MAI**
Arcade Station
Kaeo Nawarat Road
Aircon-Busse: Tel. 0 53 / 24 26 64
Busse nach Bangkok, Chiang Rai, Lampang, Phrae, Nan, Sukhothai, Nakhon Ratchasima

Chuang Puak
Chotana Road
Aircon-Busse: Tel. 0 53 / 21 15 86
Busse nach Fang, Hot, Lamphun, Thaton

▸ **HUA HIN**
Am Ortseingang aus Richtung Bangkok
Busse nach Bangkok, Nakhon, Si Thammarat, Phuket, Surat Thani, Trat

▸ **NAKHON RATCHASIMA**
Bus Terminal 1
Burin Road
Busse nach Bangkok, Pak Chong (Khao-Yai-Nationalpark), Surin

Bus Terminal 2
Am nördlichen Stadtrand
Busse nach Chiang Mai, Sukhothai, Phitsanulok, Lampang und Lamphun

▸ **NAKHON SI THAMMARAT**
Ca. 1 km südlich vom Bahnhof an der Straße 4015
(von dort mit Sammeltaxi in die Stadt)
Busse nach Bangkok, Surat Thani, Phattalung, Songkhla, Phuket

▸ **PATTAYA**
Beach Road
(zwischen Süd- und Nordpattaya)
Busse nach Bangkok, Rayong (Fähre nach Ko Samet), Chantha-

buri, Laem Ngob (Fähre nach Ko Chang), Trat

- **PHUKET**
  Phuket Road
  Busse nach Bangkok, Surat Thani, Nakhon Si Thammarat, Sungai Kolok (Grenzübergang nach Malaysia), Krabi und Phangnga

- **SURAT THANI**
  am Hafen Ban Don
  Busse nach Bangkok, Phuket, zur Fähre nach Ko Samui, Ranong, Phangnga, Prachuap Khiri Khan, Nakhon Si Thammarat Ubon Ratchathani

- **UBON RATCHATHANI**
  4 km nördlich der Stadt (von dort mit Sammeltaxi in die Stadt)
  Busse nach Bangkok, Mukdahan, Nakhon Phanom, Nakhon Ratchasima, Buriram, Surin

FÄHVERBINDUNGEN

- **Hat Yai – Ko Tarutao**
  tägl.; Fahrzeit: 2 Std.

- **Ko Samui – Ko Ang Thong**
  tägl.; Fahrzeit: 1 ¼ Std.

- **Ko Samui – Ko Phangan**
  tägl.; Fahrzeit: ¾ Std.

- **Krabi – Ko Lanta**
  tägl. (mittags); Fahrzeit: 3 Std.

- **Krabi – Ko Phi Phi**
  tägl.; Fahrzeit: 1 ¼ – 3 Std.

- **Laem Ngob – Ko Chang**
  tägl. (mittags); Fahrzeit: 1 Std.

- **Pattaya – Ko Larn**
  tägl.; Fahrzeit: ¾ Std.

- **Pattaya – Ko Khrok**
  tägl.; Fahrzeit: 1 Std.

- **Pattaya – Ko Sak**
  tägl.; Fahrzeit: 1 ½ Std.

- **Phuket – Ko Phi Phi**
  tägl.; Fahrzeit: 1 ¾ Std.

- **Rayong (Ban Phe) – Ko Samet**
  tägl.; Fahrzeit: 1 ½ Std.

- **Si Racha – Ko Sichang**
  tägl.; Fahrzeit: ½ Std.

- **Surat Thani – Ko Samui**
  mehrmals tägl.; Fahrzeit: 2 ½ Std.

Fähren

Günstig auf die Insel

Zwischen dem Festland und den meisten Inseln im Golf von Siam sowie in der Andamanischen See bestehen das ganze Jahr über Fährverbindungen. Ausnahmen gibt es allerdings während der Monsunzeit (Juni bis September), da es dann zeitweise gefährliche Strömungen sowie hohe Wellen geben kann. Manche Fähren legen erst ab, wenn genügend Passagiere beisammen sind. Das gilt besonders für Fähren von privaten Betreibern.

Preise und Reservierung

Die Preise sind sehr niedrig, Ermäßigungen, z. B. für Kinder, gibt es in der Regel nicht. Für lokale Fähren bestehen keine Reservierungsmöglichkeiten.

Mietwagen

Für nervenstarke Fahrer

Eine Reise durch Thailand mit dem Auto kann sehr reizvoll werden, wenn man einige grundsätzliche Ratschläge beachtet. So sollten Sie pro Tag nicht mehr als eine Strecke von 300 km einplanen, besser sind sogar maximal 200 km, um nicht an der schönen Landschaft und an etwas versteckter liegenden kulturellen Sehenswürdigkeiten vorbeizufahren. Linksverkehr, Rechtssteuerung und »asiatische Verkehrsverhältnisse« erfordern jedenfalls die uneingeschränkte Aufmerksamkeit des Fahrers – und gute Nerven! Wer die nicht besitzt, sollte einen Chauffeur engagieren; das ist nicht so teuer, wie man vermutet, und die Fahrer sind routiniert.

Wenn Sie das Fahrzeug in Bangkok mieten, sollten Sie es wegen der chaotischen Verkehrsverhältnisse auf jeden Fall am Stadtrand übernehmen. Relativ günstig sind Kleinbusse mit Chauffeur zu mieten, in denen Kleingruppen bis etwa acht Personen die Route nach eigenen Wünschen festlegen können.

Führerschein

Zwar ist die Vorlage eines Internationalen Führerscheins vorgeschrieben, doch genügt den meisten Autovermietern auch der Führerschein des Heimatlandes.

Autovermieter

Die international agierenden Verleihfirmen wie Avis und Hertz haben Niederlassungen in Thailand, ihre Fahrzeuge sind stets in einem guten und vor allem verkehrssicheren Zustand. Daneben gibt es eine Vielzahl von regionalen Autoverleihern, hier achte man bei der Fahrzeugübergabe auf den Zustand, auf eventuelle Fahrzeugschäden sowie auf ausreichende Versicherung. Die Preise sind günstig, dringend angeraten sind jedoch der Abschluss einer Vollkasko- sowie einer Unfallversicherung.

AUTOVERMIETER

AVIS

► **Reservierung in Deutschland**
Tel. 01 80 / 5 55 77

► **Avis Bangkok**
2/12 Wireless Road, Bangkok
Downtown
Tel. 02 / 22 55 53 00-4

Weitere Stationen in Cha-Am, Chiang Mai, Chiang Rai, Hat Yai, Hua Hin, Khon Khaen, Ko Samui, Krabi, Pattaya, Phuket, Phitsanulok und Udon Thani

HERTZ

► **Reservierung in Deutschland**
Tel. 0180 / 5 33 35 35

► **Hertz Bangkok**
87 Wireless Road, Bangkok
Downtown
Floor M Thai Tower
Tel. 02 / 6 54 11 05
Fax 6 54 11 10
Weitere Stationen in Chiang Mai, Ko Samui, Pattaya und Phuket

Vom Leihen schwerer Motorräder kann nur abgeraten werden, da sie im Allgemeinen kaum verkehrssicher sind, zum anderen die Straßenverhältnisse oft verkannt werden. So ist z. B. mit plötzlichen Belagswechseln zu rechnen – die Zahl der schweren Verkehrsunfälle ist seit Jahren sehr hoch. Die kleinen Motorräder bzw. Mopeds, die in ganz Thailand vermietet werden, sind hingegen zumeist zuverlässig. Achtung: In Thailand gilt eine Helmpflicht für alle motorisierten Zweiradfahrer. **Motorräder**

Zeit

Uhrzeit Die Abweichung von der Mitteleuropäischen Zeit beträgt sechs Stunden (MEZ + 6 Std.). Eine Sommerzeit gibt es in Thailand nicht, dann beträgt die Abweichung nur fünf Stunden.

Mondkalender Der Mondkalender bestimmt immer noch viele traditionelle und religiöse Feste, sonst aber ist der westliche Kalender eingeführt. Auf Fähr- und Flugplänen gilt der Montag als erster Tag der Woche.

Jahresrechnung Anders die Jahresrechnung: Als Jahr 0 gilt das Jahr 543 v. Chr., das Jahr, in dem Buddha der Legende nach ins Nirwana einging. Das Jahr 2007 entspricht in Thailand also dem Jahr 2550.

Tageseinteilung Ebenso führen die traditionelle Tageseinteilung in vier mal sechs Stunden sowie die Verwendung etlicher Spezialausdrücke dafür zu Missverständnissen. Will man sichergehen, empfiehlt sich die genaue Bezeichnung der Uhrzeit. »Tschao« heißt so viel wie »irgendwann zwischen 6.00 und 11.00 Uhr morgens«; »klang wan« entspricht unserer Mittagszeit. »Bai mong« heißt 13.00 Uhr, »bai song« bedeutet 14.00 Uhr usw. (► Sprache, Zahlen). Wenn es gegen Abend kühl wird, verwendet der Thai gerne das Beiwort »yen«, es bedeutet dann in Verbindung mit den Zahlen die Zeit nach 18.00 Uhr. Die Zeit ab 22.00 Uhr wird »kyn« genannt, Mitternacht heißt klang kyn«.

Touren

KLEINE TOUREN ZUR AUFLOCKERUNG DES STRANDURLAUBS IM SÜDEN, GROSSE FAHRTEN AN DIE GRENZEN IM OSTEN ODER IN DIE BERGE IM NORDEN: WIR ZEIGEN, WO THAILAND AM SCHÖNSTEN IST UND GEBEN VORSCHLÄGE ZUR URLAUBSGESTALTUNG.

TOUREN DURCH THAILAND

Thailand-Reisende haben viele Möglichkeiten, ihren Urlaub je nach Zeitbudget und Interessengebiet zu gestalten: Erholungsuchende werden an den Traumstränden im Süden Thailands oder auf einer der Inseln ihr persönliches Paradies finden, Kulturhungrige können auf den Spuren der Khmer von Tempel zu Tempel reisen, und wer Kulturgeschichte mit Trekkingurlaub würzen möchte, kann in den hohen Norden des Landes reisen, wo im »Goldenen Dreieck« großartige Natur, ursprüngliche Bergvölker und reizvolle Wanderangebote locken.

TOUR 1 **Nordostthailand-Rundfahrt**
Eine Reise mit großartigen kulturellen Höhepunkten im touristisch noch wenig entwickelten Nordosten des Landes. ► **Seite 188**

TOUR 2 **Von Bangkok nach Chiang Mai**
Die Reise für kunst- und kulturgeschichtlich interessierte Urlauber streift fast alle Top-Kulturdenkmäler Thailands. ► **Seite 191**

TOUR 3 **Von Chiang Mai ins »Goldene Dreieck«**
Touren in den Bergen des berüchtigten »Goldenen Dreiecks« führen durch weite Mohnfelder und herrliche Wildnis zu den Bergvölkern und grenznahen Nationalparks. ► **Seite 194**

TOUR 4 **Von Bangkok nach Phuket**
Immer der Küste entlang geht die Fahrt nach Süden zu den Badeparadiesen an der Andamanischen See. ► **Seite 195**

TOUR 5 **Von Pattaya nach Trat**
Nur eine kurze Strecke für all diejenigen, die den Badeurlaub mit einer kleinen Tour entlang der Küste in Ostthailand noch etwas abwechslungsreicher gestalten wollen. ► **Seite 198**

Landschaft um Chiang Mai
Üppig grün und von ganz besonderem Reiz

Phimai
Größtes Khmer-Heiligtum in Thailand

Chiang Mai
Buddha-Figur

Ko Tao
Bungalows unter Palmen

Unterwegs in Thailand

Kein Land für Raser

Thailand ist, obwohl das Straßennetz sehr gut ausgebaut ist, kein Land für Raser. Es wäre aber auch zu schade, an den vielen Sehenswürdigkeiten, die man oft nur wenig abseits der Hauptverkehrsrouten entdecken kann, vorbeizufahren. Deshalb sollten Sie für Überlandfahrten eine Durchschnittsgeschwindigkeit von maximal 40 km / h zugrunde legen und genügend Zeitreserven für Abstecher einplanen. Das betrifft nicht nur Fahrten auf den gut ausgebauten Schnellstraßen, sondern auch ganz besonders solche auf Nebenstrecken. Hier können z. B. Omnibusse und Lastwagen unliebsame Verkehrshindernisse darstellen. Vorsicht: Während der Regenzeit kann es auch durchaus vorkommen, dass Nebenstraßen und Sandpisten nicht passiert werden können. Wer Fahrten in das Bergland im Norden Thailands unternimmt, sollte eventuell ein geländegängiges Fahrzeug anmieten.

! *Baedeker* TIPP

Ausflug nach Kanchanaburi

Kanchanaburi mit der berühmten »Brücke am Kwai« ist gut in einem Tagesausflug von Bangkok zu erreichen: Ein Erlebnis ist die zweistündige Fahrt mit der »Todeseisenbahn« von Kanchanaburi bis zur Endstation Nam Tok, von wo der Zug allerdings nach wenigen Minuten Aufenthalt wieder zurückfährt. Fährt man mit dem Auto über die Straße 323 nach Nam Tok, hat man Zeit für den lohnenden, zweistündigen Spaziergang zum Erawan-Wasserfall.

Da nur Hauptstraßen nachts ausreichend beleuchtet sind, sollte man sicherheitshalber auf **Nachtfahrten** verzichten. Problematisch ist manchmal die unterschiedliche Schreibweise von Städten, was auf eine gewisse Kreativität der Schildermaler zurückzuführen ist und leicht zu Irritationen führt.

Das richtige Verkehrsmittel

Thailand lässt sich sehr gut mit dem **Mietwagen** erkunden, alle international operierenden Fahrzeugverleiher sind mit Dependancen an Flughäfen und größeren Hotels vertreten. Einige davon bieten sogar die Möglichkeit, den Mietwagen vor Reiseantritt zu reservieren oder einen Fahrer zu engagieren. Die Preise sind günstig, auf jeden Fall sollten Sie aber eine zusätzliche Vollkasko- und eine Insassenunfallversicherung abschließen. Vorsicht ist bei Verleihern angeraten, die keiner Kette angehören, denn nicht selten befinden sich ihre Fahrzeuge in einem wenig verkehrstüchtigen Zustand.

Die Umgewöhnung auf den in Thailand obligatorischen **Linksverkehr** gelingt meist schnell, am Anfang sollte man jedoch langsam fahren und sich keinesfalls vom Fahrstil der Einheimischen beeindrucken lassen.

Verkehrs- und Radarkontrollen sind im ganzen Land üblich; zu schnelles Fahren kann richtig teuer werden, da es keinen offiziellen Bußgeldkatalog gibt, sondern die Strafe vielmehr nach Gutdünken festgesetzt werden kann.

Auf dem Gelände des Wat Umong in Chiang Mai

Vielfach werden auch **Mopeds** und **Motorräder** vermietet. Obwohl es keine Helmpflicht gibt, ist ein solcher unbedingt zu tragen. Auf vielen Nebenstraßen ist die Fahrbahn mit Rollsplitt bestreut – eine potenzielle Unfallgefahr!
Natürlich kann man nahezu alle Reiseziele in Thailand auch mit **öffentlichen Verkehrsmitteln** erreichen. Omnibusse verkehren auf festgesetzten Routen und verbinden alle Städte des Königreiches. Für die wichtigsten Verbindungen gibt es auch Fahrpläne, während es bei anderen – vor allem auf dem Land – durchaus vorkommen kann, dass der Fahrer erst losfährt, wenn genügend Passagiere beieinander sind. Auch die Eisenbahn ist ein interessantes Transportmittel, die Züge verfügen über einen guten Komfort, und eine Fahrt bietet nicht zuletzt die Möglichkeit einer direkten Kontaktaufnahme mit den Einheimischen.

Die schönsten Reiserouten

Thailands Landschaften sind abwechslungsreich und bieten eine erstaunliche Vielfalt. In allen Landesteilen gibt es reizvolle Strecken. Zum Beispiel im hohen Norden, wo man bei der so genannten Hufeisenfahrt zwar etliche Kilometer mehr zurücklegen muss als auf der direkten Strecke, dafür aber mit vielen Ausblicken auf eine grandiose Landschaft belohnt wird. Weniger reizvoll sind die Strecken in Zentralthailand, wo landwirtschaftliche Nutzflächen dominieren. Im ariden Nordosten hingegen wird der archäologisch interessierte Besucher fündig; hier gibt es zahlreiche Ruinen alter Khmer-Tempel, stumme Zeugen einer großen Vergangenheit, die mehr als 1000 Jahre zurückreicht. Und im Süden sollten Sie z. B. eine Fahrt von Ta Kuapa nach Phangnga nicht versäumen, wo zwischen schier endlosen Gummibaumwäldern schroffe Kalksteinspitzen herausragen.

i Maut

- Mautpflichtige Straßen gibt es zurzeit nur im Großraum Bangkok, wo viele Schnellstraßen mit privaten Geldern gebaut wurden. Die Zahlstellen sind mit Kassierern besetzt; bezahlt wird mit Bargeld, das man passend bereithalten sollte.

Tour 1 Nordostthailand-Rundfahrt

Tourenlänge: ca. 2100 / 2600 km
Start: Bangkok
Dauer: 8 – 9 Tage
Ziel: Bangkok

Diese Rundreise führt in den touristisch noch wenig erschlossenen Nordosten Thailands. Die Qualität der Unterkünfte entspricht dort oft nicht der in den hauptsächlich von Touristen besuchten Orten; dafür gibt es authentische Eindrücke eines herrlich exotischen Alltagslebens in all den kleinen Städtchen am Wegesrand.

Man verlässt ❶ ** **Bangkok** über die Nationalstraße 1 in nördlicher Richtung und fährt vorbei an Ayutthaya nach ❷ **Saraburi**, von dort weiter auf der Nationalstraße 2 nach Nakhon Ratchasima. Zunächst geht es dabei durch eine von Reisfeldern geprägte, danach bereits durch eine für den Nordosten typische karge Landschaft. 7 km vor Saraburi lohnt eine Besichtigung des als Wallfahrtsort beliebten Wat Phra Buddhachai.

! *Baedeker* TIPP

Ausflug nach Ayutthaya

Auch wer keine Zeit hat, große Touren in die entfernten Gegenden Thailands zu unternehmen, sollte unbedingt versuchen, zumindest einen Tag für einen Ausflug nach ►Ayutthaya einzuplanen.
Bis zur Zerstörung der Stadt durch die Birmanen war Ayutthaya die Hauptstadt des Königreichs Siam und galt als eine der schönsten Städte der Welt. Heute ist das riesige Ruinenfeld Teil des UNESCO-Weltkulturerbes und unbedingt – auch für sehr eilige Thailandreisende – einen Besuch wert. Von Bangkok erreicht man Ayutthaya per Bus in ca. zwei Stunden.

Von Saraburi lohnt ein Abstecher zum etwa 32 km (Nationalstraße 1 nach Norden) entfernten ❸ ** **Wat Phra Buddhabat**, dem berühmten Tempel mit dem einzigen »echten« Fußabdruck Buddhas in Thailand. Etwa auf halber Strecke zum Wat Phra Buddhabat liegt der Höhlentempel Wat Tham Si Wilai mit einem imposanten Gewölbe.

Vor der Weiterfahrt nach Khon Kaen sollte man sich am frühen Morgen ❹ * **Nakhon Ratchasima** ansehen. Die Strecke dieses Tages bietet zwar – außer dem wichtigen Abstecher nach Phimai – keine ausgesprochenen Sehenswürdigkeiten, ist jedoch für den aufmerksamen Beobachter trotzdem reizvoll. Man verlässt Nakhon Ratchasima auf der Nationalstraße 2 in nordöstlicher Richtung. 4 km außerhalb der Stadt steht der Khmer-Tempel Wat Prasat Phanom Wan. Danach geht die Fahrt durch kleine und größere Ortschaften mit dem für Thailand typischen geschäftigen Leben.

Nach 36 km biegt man von der Nationalstraße 2 rechts ab zur sehr sehenswerten Khmer-Tempelanlage von ❺ ** **Phimai**, die vor einigen Jahren mit erheblichem Aufwand restauriert wurde. ❻ * **Khon**

Reisanbau ...
... ist viel Handarbeit

Bangkok
Kinnari im Wat Phra Kaeo

Khao Phra Viharn
Heiligtum der Khmer auf kambodschanischem Boden

Kaen hat keine sonderlich interessanten Sehenswürdigkeiten. Besuchenswert ist jedoch (auch zur Vorbereitung der Station Ban Chiang am 4. Tag) am Morgen des folgenden Tages das Nationalmuseum mit zahlreichen Artefakten aus der thailändischen Frühgeschichte, u. a. einem in Ban Chiang freigelegten Grab sowie Töpferware.

Die kurze Tagesetappe von Khon Kaen nach ❼★ **Udon Thani** (Nationalstraße 2 nach Norden) gibt Gelegenheit, sich die Landschaft anzusehen und in der einen oder anderen kleinen Ortschaft haltzumachen und die zumeist einfachen, doch hübschen Tempelanlagen oder auch einen Markt zu besuchen.

Um ausreichend Zeit für den Besuch in Ban Chiang zu haben, verlasse man Udon Thani schon am frühen Morgen (Nationalstraße 22 nach Osten). ❽★★ **Ban Chiang**, wo 1967 die sensationellen Keramik- und Bronzewerkzeugfunde gemacht wurden, ist 46 km von Udon Thani entfernt. Man erreicht die Fundstätten und das kleine, etwa 1 km von ihnen entfernte Nationalmuseum von der Nationalstraße 22 aus (Wegweiser, 6 km).

Kurz vor dem Dorf Ban That Naweng (ca. 70 km von Udon Thani) führt von der Experimentierstation für Reisanbau eine unbefestigte Nebenstraße zu einem interessanten Khmer-Heiligtum mit besonders kunstvoll skulptierten Türstürzen. Auf der Nationalstraße 22, die kurz vor Sakhon Nakhon und dem Nong Han Reservoir nordöstlich abbiegt, erreicht man am Abend ❾ **Nakhon Phanom** am Mekong, der hier die Landesgrenze zu Laos bildet.

Man verlässt Nakhon Phanom auf der Nationalstraße 212 in südlicher Richtung und erreicht nach 45 km das kleine Städtchen ❿ **That Phanom** mit dem Phra That Phanom, einem ebenfalls im laotischen Stil erbauten buddhistischen Heiligtum. Am Flussufer gegenüber dem Tempel befindet sich ein lebhafter Markt. Sehenswert in Mukdahan, das man nach ca. 42 km erreicht, sind zwei Tempelanlagen, die von vietnamesischen Flüchtlingen erbaut wurden.

i Trinkwasser

- In den abgelegeneren Gegenden Thailands sollte man vorsichtig sein: u. U. ist das Trinkwasser selbst in Hotels nicht unbedingt genießbar. Verwenden Sie deshalb wo immer möglich in Flaschen abgefülltes Wasser.

Die Nationalstraße 212, die von Nakhon Phanom bis Mukdahan am Mekong entlangführte, verlässt nun den Fluss. Einzige Sehenswürdigkeit auf der Weiterfahrt bis zum Tagesziel ⓫ ✶✶ **Ubon Ratchathani** ist der Wat Phra Mongkol bei Amnat Charoen mit einer überdimensionalen Buddha-Figur inmitten schattenspendender Bäume.
Die Provinzhauptstadt Ubon Ratchathani sieht man sich am besten am frühen Morgen an; interessant sind der lebhafte Markt und einige Tempel. Die Umgebung der Stadt ist so reizvoll, dass man hier einen Tag verbringen sollte. Am Abend kehrt man wieder in die »Königliche Stadt der Lotosblüte«, wie der Name der Stadt zu übersetzen ist, zurück.

Man fährt auf der Straße 217 nach Osten und wechselt hinter Phibun Mangsahan auf die Straße 2222. Nach 43 km gelangt man zum Wat Phokhaokaeo, einem sehr hübschen Tempel aus rotgebrannten Tonziegeln. Auf der Weiterfahrt nach ⓬ **Pa Tham** kommt man nach 7 km zu der Felsengruppe Sao Chaliang, die zum Naturdenkmal erklärt wurde. Bedeutend sind die prähistorischen Felsmalereien von Pa Tham, die man nach weiteren 12 km erreicht. Von hier hat man auch einen herrlichen Blick über den Mekong nach Kambodscha.

Wenn es die politischen Verhältnisse erlauben (Auskunft im TAT-Büro in Bangkok oder spätestens in Ubon Ratchathani unbedingt einholen!), sollte man den Khmer-Tempel ⓭ ✶✶ **Khao Phra Viharn** besuchen. Er liegt in Kambodscha und ist offiziell seit Februar 1992 (nur von Thailand aus) wieder zugänglich. Man kommt zwar auf der Rückfahrt nach Bangkok wieder in seine Nähe, eine gute Zeitplanung lässt dann aber die Besichtigung nicht zu (akzeptable Übernachtungsmöglichkeiten gibt es allenfalls wieder in Surin). Man erreicht den Tempel auf der Provinzstraße 2178, die bei Kantharalak auf die Nationalstraße 221 stößt, in südwestlicher Richtung.

An der vorletzten, recht langen Etappe der Rundreise liegen zwei wichtige Sehenswürdigkeiten. Um genügend Zeit für ihre Besichtigung zu haben, ist ein zeitiger Aufbruch zu empfehlen. Man verlässt Ubon Ratchathani auf der Nationalstraße 24 in südöstlicher Richtung, dann wendet sich die Straße nach Westen. Nach etwa 260 km erreicht man Prakhon Chai in der Provinz Buriram.
Etwa 14 km südlich von Prakhon Chai liegt der kleine Ort Ban Tako, wo eine Tafel den weiteren Weg zum Wat ⓮ ** **Prasat Phanom Rung** auf einer 158 m hohen Bergkuppe weist. Eine weitere Sehenswürdigkeit ist der Wat Prasat Muang Tam, weitere 8 km südlich im Tal gelegen. Besonders beachtenswert ist das imposante Hauptheiligtum. Man kehrt auf die Nationalstraße 24 zurück und erreicht nach 130 km Nakhon Ratchasima, das Etappenziel des 2. Tages.

Auf der Rückfahrt nach Bangkok lohnt sich ein Besuch der Ruinen von ⓯ ** **Ayutthaya**, das man etwa am frühen Nachmittag erreicht. Von dort sind es bis nach ❶ ** **Bangkok** noch etwa 60 km.

Tour 2 Von Bangkok nach Chiang Mai

Tourenlänge: ca. 1000 km
Dauer: 8 Tage
Start: Bangkok
Ziel: Chiang Mai

Fast wie Perlen an einer Schnur reihen sich Thailands großartigste Kulturdenkmäler entlang der Route von Bangkok nach Chiang Mai. Um für die Besichtigung der Sehenswürdigkeiten ausreichend Zeit zu haben, sind die einzelnen Etappen so angelegt, dass pro Tag nicht wesentlich mehr als 200 km gefahren werden müssen.

Rückreise

Von Chiang Mai empfiehlt sich die Rückreise nach Bangkok mit dem Flugzeug. Einige Mietwagenfirmen bieten die Möglichkeit, das Fahrzeug in Chiang Mai zurückzugeben.

Man verlässt ❶ ** **Bangkok** am frühen Morgen in nördlicher Richtung (Nationalstraße 1, dann 32) und erreicht nach 76 km ❷ ** **Ayutthaya** mit seiner einzigartigen Ruinenstadt, zu deren Besichtigung man sich ausreichend Zeit lassen sollte. Von Ayutthaya kann man die Route über Saraburi wählen und zunächst den ❸ ** **Wat Phra Buddhabat** besuchen, bevor man ❹ ** **Lobpuri** erreicht. Bleibt nicht ausreichend Zeit zur Besichtigung des Königspalastes und der anderen Sehenswürdigkeiten, kann man dafür auch noch den nächsten Vormittag verwenden, da während der Fahrt nach Nakhon Sawan nur ein Besuch eines Tempels in Chainat auf dem Programm steht.

Von Lopburi fährt man über Singburi und von dort auf der Straße 311 nach Chainat (85 km; bei Sanburi). Dort lohnt der Wat Thammamun mit einer Buddha-Statue aus der Ayutthaya-Epoche einen kurzen Besuch. Entlang der Nationalstraße 311 gelangt man über Uthai Thani zum Tagesziel ❺ * **Nakhon Sawan**. Nicht auslassen sollte man dort den Wat Chomkiri Nagaproth auf einem Hügel über dem Menam Chao Phraya, der sich hier aus den beiden Flüssen Menam Ping und Menam Nan bildet. Die Stadt selbst liegt vor einer Bergkette in einer landwirtschaftlich intensiv genutzten Ebene.

Von Nakhon Sawan führt die Nationalstraße 311 in nördlicher Richtung nach ❻ * **Phitsanulok.** Diese Etappe ist kurz gehalten, damit man den Nachmittag für den Besuch des Wat Phra Si Ratana Mahathat mit der einzigartig schönen Buddha-Statue Phra Buddha Jinarat zur Verfügung hat.

Die Strecke dieses Tages sieht zunächst etwas merkwürdig aus, ist aber wegen der wenig empfehlenswerten Übernachtungmöglichkeiten in Kamphaeng Phet so gewählt. Von Phitsanulok fährt man auf der Straße 12 nach Sukothai, von dort auf der Straße 101 nach ❼ ** **Kamphaeng Phet** (103 km, ca. 2 1/2 Std.). Sehenswert sind hier die beiden nebeneinander liegenden Tempelanlagen Wat Phra Kaeo und Wat Phra That. Die Rückfahrt nach ❽ ** **Sukhothai** (77 km) sollte man spätestens um die Mittagszeit antreten, damit man nicht zu spät dort ankommt und noch genügend Zeit zur Besichtigung hat.

Auf der Straße 101 erreicht man zunächst Sawankhalok und fährt dann weiter nach ❾ ** **Si Satchanalai** (55 km). Bemerkenswert sind hier der Wat Chang Lom mit einem monumentalen Chedi. Daran könnte sich ein Besuch des Wat Chedi Chet Theow mit seinen 32 Stupas, in denen die Asche von Mitgliedern der königlichen Familien enthalten ist, anschließen.
Von Si Satchanalai benutzt man die Straße 101 bis kurz vor Den Chai, biegt auf die Straße 11 ab und erreicht nach gut zweieinhalb Stunden Gesamtfahrzeit Lampang (152 km).

Der Vormittag in ❿ ** **Lampang** sollte dem Besuch einiger der zahlreichen Tempel gewidmet werden. Außerhalb der Stadt liegt der Wat Phra Kaeo Don Tao, in dem über 32 Jahre hinweg der berühmte, heute im Wat Phra Kaeo in Bangkok stehende Jade-Buddha, das wichtigste Heiligtum der thailändischen Buddhisten, aufbewahrt

Lampang
Wat Phra Kaeo Don Tao

Mangostane
Köstliche Frucht Thailands

Ayutthaya
Bhuddakopf

wurde. 18 km außerhalb der Stadt (Nationalstraße 1 nach Süden) steht mit dem Wat Phra That Lampang Luang ein weiterer sehr sehenswerter Tempel. Über die Nationalstraße 11 und den Ort Lamphun (dessen Besichtigung auf dem Programm des letzten Tages steht) erreicht man Chiang Mai.

Um sich ⓫ ★★ **Lamphun** mit dem Wat Phra That Haripunchai und ⓬ ★★ **Chiang Mai**, die »Rose des Nordens« und das Ziel dieser Tour, in Ruhe ansehen zu können, empfiehlt sich als Minimum die Einplanung eines ganzen Tages.

Tour 3 Von Chiang Mai ins »Goldene Dreieck«

Tourenlänge: ca. 720 km
Start: Chiang Mai
Dauer: 3–4 Tage
Ziel: Chiang Mai

Diese Route führt durch die einzigartige Landschaft Nordthailands mit dichtem Dschungel und hohen Bergketten nach Mae Sai, der nördlichsten Stadt Thailands. Der Grenzübergang nach Myanmar (dem früheren Birma), der sich hier befindet, ist zeitweise auch für Touristen geöffnet.

Von 1 ** **Chiang Mai** benutzt man nicht die nach Chiang Rai führende »Direttissima« (Nationalstraße 118), sondern besser die Nationalstraße 107, die durch eine ungleich reizvollere Landschaft führt. Nach ca. 18 km trifft man auf das Städtchen Mae Rim. Biegt man hier nach links auf die Straße 1096 ab, erreicht man nach 11 km ein Elefantencamp, in dem junge Dickhäuter trainiert werden (täglich 9.00 Uhr interessante Vorführungen). Zurück auf der Straße 107 geht die Fahrt weiter durch die eindrucksvolle Landschaft. Wenn genügend Zeit ist, sollte man einen Besuch der Höhlen von Chiang Dao nicht versäumen (61 km von Mae Rim entfernt). Bei 2 **Fang** (155 km) sind die heißen Quellen von Ban Pin (ca. 10 km außerhalb) sehenswert. Ab Fang auf den Straßen 109/118/1 nach 3 ** **Chiang Rai**.

Das kleine, geschäftige Städtchen 4 **Mae Sai**, 63 km von Chiang Rai entfernt, ist die nördlichste Ortschaft Thailands (1010 km von Bangkok entfernt) und Grenzstadt zu Myanmar. Dieser Übergang ist die einzige Sehenswürdigkeit außer dem täglichen kleinen Markt im Stadtzentrum, der aber meistens schon um 9.00 Uhr beendet ist. Fährt man die Straße 110 ein gutes Stück zurück und biegt bei Mae Chan links ab, gelangt man nach ca. 70 km nach 5 **Chiang Saen**, das für seinen eigenständigen Kunststil bekannt ist. Schön liegt inmitten von Bäumen der Wat Pa Sak, nicht versäumen sollte man auch einen Besuch des Wat Chedi Luang mit einem 58 m hohen Chedi, der einmal fast 90 m hoch war.
Außerhalb der Stadt liegt auf einem Hügel der Wat Phra That Chom Kitti mit einem schiefen Chedi. Von dort aus ist es nicht mehr weit bis zu einem Aussichtspunkt, den man (eher poetisch als präzis) als »Goldenes Dreieck« bezeichnet. Sehenswert ist die Mündung des Menam Ping in den Mekong.

Diese letzte Etappe ist ca. 345 km lang und deshalb etwas strapaziös. Eine Möglichkeit ist, die Strecke zu teilen und in Chiang Rai zu übernachten. Von Chiang Saen benutzt man zunächst wieder die Straße

Nördlich von Chiang Mai *leben die thailändischen Bergvölker; hier eine Akha-Frau*

zurück nach Mae Chan und 3 ✶✶ **Chiang Rai**, von dort die gut ausgebaute Nationalstraße 1, die auf direktem Weg nach 6 ✶ **Phayao** (162 km) führt. Die Stadt liegt an einem 24 km² großen See, an dessen Ufer der Wat Si Kom Kam steht. Von Phayao führt die Straße 120 durch eine faszinierende, einzigartige Landschaft über 7 **Wang Nua** nach 1 ✶✶ **Chiang Mai** (182 km). Diese Fahrt ist besonders während der Regenzeit reizvoll, wenn alles in voller Blüte steht.

Tour 4 Von Bangkok nach Phuket

Tourenlänge: ca. 1250 km **Dauer:** 7 Tage
Start: Bangkok **Ziel:** Phuket

Diese Route führt an der Küste des Golf von Thailand entlang, auf der einzigen Straße, die Bangkok mit Südthailand verbindet. Es bietet sich an, nach Bangkok zurück zu fliegen; den Mietwagen kann man in aller Regel in Phuket zurückgeben.

Man verlässt 1 ✶✶ **Bangkok** auf der Nationalstraße 4, die zunächst gut ausgebaut ist, im weiteren Verlauf jedoch die größte Aufmerksamkeit des Fahrzeuglenkers erfordert. Außer der beeindruckenden Landschaft gibt es bis Phetchaburi (170 km) keine ganz großen Sehenswürdigkeiten. In 2 ✶✶ **Phetchaburi** sollte man aber den Aufstieg zum Phra Nakhon Khiri, dem von König Mongkut auf einem Berg erbauten Sommerpalast, nicht versäumen. Die 62 km von Phetchaburi nach 3 ✶ **Hua Hin**, dem Städtchen, in dem König Bhumibol während der heißen Jahreszeit seinen Urlaub verbringt, sind in etwa eineinhalb Stunden gut zu überwinden. In Hua Hin gibt es zahlreiche Hotels, die – wenn die Zeit dazu vorhanden ist – sich gut zu einem kürzeren oder längeren Badeurlaub eignen.

Kurz vor ④ * **Prachuap Khiri Khan**, das man nach 92 km erreicht, befindet sich mit einer Breite von nur 13 km die schmalste Stelle des thailändischen Staatsgebiets, eindrucksvoll ist linkerhand die Kulisse der Berge im Nationalpark Sam Roi Yot (»300 Bergspitzen«). In Prachuap Khiri Khan selbst gibt es keine Sehenswürdigkeiten, in der Umgebung findet man jedoch einige Höhlen mit Tempeln.

Die Fahrt nach Chumphon geht durch eine abwechslungsreiche Landschaft, die Nationalstraße 4 entfernt sich nie weiter als nur einige Kilometer vom Golf von Thailand. Unterwegs gibt es so gut wie keine Sehenswürdigkeiten, die eine Besichtigung lohnen, ebenso wenig in ⑤ * **Chumphon** (außer dem kleinen Fischerhafen Paknam etwa 10 km östlich der Stadt).

Ab Chumphon benützt man die Nationalstraße 41, die weiter am Golf von Thailand entlangführt. Zu empfehlen ist ein Abstecher in eines der Fischerdörfer, in denen der Besucher herzlich willkommen ist. Die Strecke selbst lässt sich in gut vier Stunden bewältigen. So bleibt genug Zeit, sich ⑥ * * **Suratthani** anzusehen.

Zwei Straßen führen von Suratthani nach Nakhon Si Thammarat. Da entlang der im Land verlaufenden Straße 41 außer einer schönen Landschaft mit zahlreichen Gummibaumplantagen keine Sehenswürdigkeiten bemerkenswert sind, ist die Straße 401 vorzuziehen, die ab Sichon dicht am Golf von Thailand entlangführt. Die zurückzulegende Strecke ist recht kurz; man dürfte also noch genug Zeit haben, die Stadt ⑦ * * **Nakhon Si Thammarat**, einst ein bedeutender Handelsplatz und Hafen, zu besichtigen.

Die Straße 401 endet wenige Kilometer nach Ron Phibun; von hier nach Westen auf der Straße 41 bis Thung Song und wieder nach Süden auf der Straße 403, die kurz vor Huai Yot in die Nationalstraße 4 mündet (rechts abbiegen). Das Etappenziel ⑧ * **Krabi** empfängt mit einer beeindruckenden, exotischen Küstenlandschaft und herrlichen Stränden. Ehemals war der ganze Süden dschungelartig bewaldet; heute stehen hier Gummibäume in Reih und Glied. Bemerken wird man auf der Fahrt auch zahlreiche Zinnminen, die vor einigen Jahren stillgelegt wurden und mehr oder weniger störende Flecke in einer ansonsten heilen Landschaft sind.

! *Baedeker* TIPP

Geruhsame Bahnfahrt

Eine interessante Alternative ist, diesen Routenvorschlag nicht mit dem Mietwagen, sondern mit der weit weniger strapaziösen Eisenbahn zu verwirklichen.

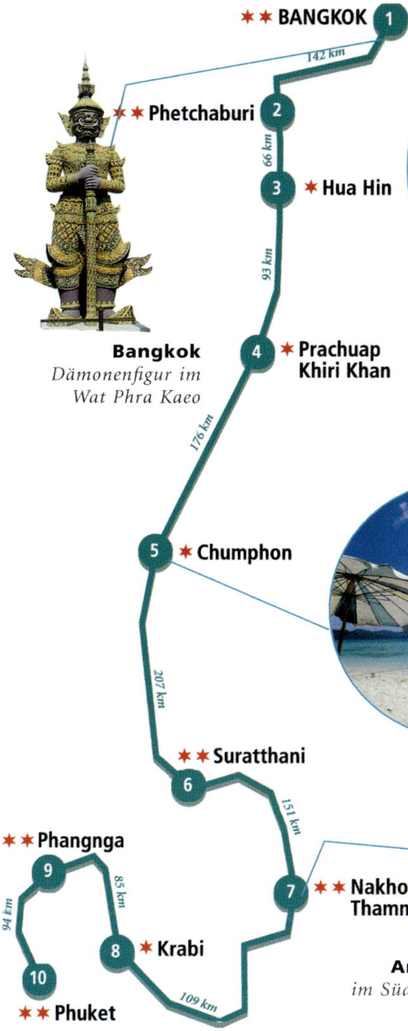

Bangkok
Dämonenfigur im Wat Phra Kaeo

Bangkok
Chedi Phra Si Ratana im Wat Phra Kaeo

Chumphon
Strände für alle

An der Küste
im Süden Thailands

Verlässt man Krabi auf der Straße 4034 nach Westen, gelangt man nach wenigen Kilometern zum 75 Millionen Jahre alten »Muschelfriedhof« von Susan Hoi. Zurück auf die Nationalstraße 4 und vorbei am Naturpark Than Bok Koroni (ein Zwischenhalt ist empfehlenswert) kommt man nach 9 ✶✶ **Phangnga**. Eine Bootsfahrt durch die Bucht von Phangnga mit ihrem berühmten »James-Bond-Felsen« ist einen Tagesausflug von Phuket aus wert (organisiert durch Reise-

40 Inseln um Ko Samui sind zum Ang-Thong-Nationalpark zusammengefasst.

veranstalter bzw. Hotels, in der Regel mit Besuch des von Muslimen bewohnten, auf Pfählen erbauten Fischerdorfes Ko Panyi). Beim Dorf Ban Koke Loi biegt man links auf die Straße 402 ein und erreicht über die Sarasin-Brücke die Insel 10 ✶✶ **Phuket**.

Tour 5 Von Pattaya nach Trat

Tourenlänge: ca. 380 / 550 km
Dauer: ab 1 Tag
Start: Pattaya
Ziel: Trat

Dieser Ausflug, der sich durch Übernachtungen z. B. auf den Inseln Ko Samet oder Ko Chang beliebig verlängern lässt, ist all jenen zu empfehlen, die Abwechslung vom Badeurlaub in Pattaya suchen.

Von ❶ ✶ **Pattaya** geht es auf der Nationalstraße 3 zu dem kleinen Städtchen ❷ ✶ **Sattahip** (32 km). Auf der Nationalstraße 3 erreicht man nach 56 km das Städtchen Rayong, das für seine Weiterverarbeitung von Fisch zu der in Thailand sehr beliebten Fischsoße »nam pla« bekannt ist. Im Dorf Ban Phe (14 km) biegt man rechts Richtung Meer ab und gelangt zum Hafen, von hier aus gibt es mehrmals täglich Schiffsverbindungen zur Insel ❸ ✶ **Ko Samet**. Kurz vor Klaeng (30 km von Ban Phe) liegt rechter Hand der Wat Sukpriwoon, ein hübscher Tempel mit reich verziertem Giebelfeld, das den hinduistischen Gott Indra auf einem Elefanten reitend zeigt.

Die Stadt ❹ ✶ **Chanthaburi** (von Ban Phe 100 km) ist bekannt für ihre Edelsteinminen, von denen in der Umgebung einige auch besucht werden können. In einer Parkanlage steht das Reiterstandbild des Königs Taksin; einen Besuch lohnen das größte christliche Gotteshaus in Thailand, die im gotischen Stil erbaute Kirche »Notre Dame«, sowie die alten Befestigungsanlagen um Chanthaburi.

Von Chanthaburi sind es 70 km bis nach ❺ **Trat** und von dort aus weitere 17 km nach Laem Ngob, von wo man auf die Insel ❻ ✶✶ **Ko Chang** übersetzen kann. Die Fahrt nach Trat kann eventuell durch politische Unsicherheiten mit Kambodscha behindert werden. Zur Rückfahrt nach Pattaya benutzt man ab Rayong die Straße 36, da sie besser ausgebaut ist als die Küstenstraße über Sattahip.

Ko Samet
Strandvergnügen

Ko Chang
Picknick unter Palmen

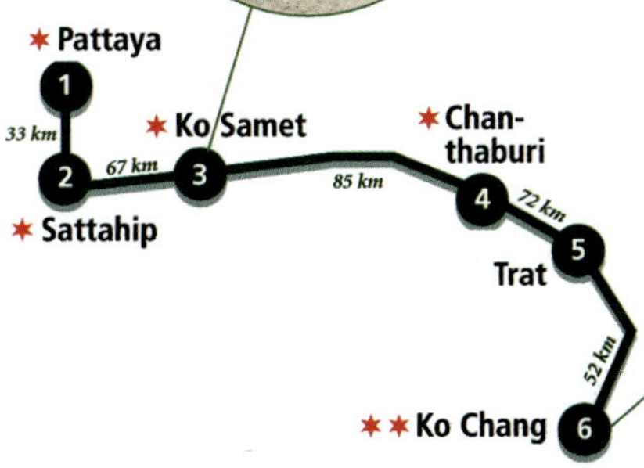

Reiseziele von A bis Z

TRAUMSTRÄNDE, GOLDENE TEMPEL, RUINENSTÄTTEN ODER QUIRLIGE STÄDTE, ÜPPIGER URWALD UND HERRLICHE TAUCHREVIERE – THAILAND HAT VIELE GESICHTER UND IST EIN URLAUBSZIEL PAR EXCELLENCE.

Ang Thong

D 3

Region: Zentralthailand
Höhe: 10 m ü. d. M.
Provinz: Ang Thong
Einwohnerzahl: 12 000

Die Provinzhauptstadt Ang Thong – nicht zu verwechseln mit dem zum Nationalpark erklärten Archipel Ang Thong in Südthailand (► Suratthani) – liegt unweit von der berühmten Ruinenstadt ► Ayutthaya am Menam Chao Phraya inmitten der Zentralebene Thailands in einer weiten, von Reisfeldern dominierten Landschaft.

Geschäftige Provinzhauptstadt

Die Stadt selbst hat keine Sehenswürdigkeiten aufzuweisen, doch gibt es in der Umgebung einige hübsche Tempelanlagen, die eine Besichtigung lohnen. Hübsch ist auch ein Bummel über einen der geschäftigen Märkte. Als besten Zeitpunkt dafür empfehlen sich die frühen Morgenstunden, wenn das Treiben am lebhaftesten ist.

Umgebung von Ang Thong

Wat Pa Mok

Der Wat Pa Mok liegt von Ang Thong 13 km entfernt auf der anderen Seite des Menam Chao Phraya. In einem der beiden Viharn beachte man die 22 m lange Skulptur eines ruhenden Buddha im U-Thong-Stil (Ende 14. Jh.). Einer überlieferten Erzählung zufolge soll der legendäre **König Naresuen** diesem liegenden Buddha 1584 seinen

ANG THONG ERLEBEN

ANREISE

Auto:
von Ayutthaya auf Straße 309 Richtung Singburi

Bus:
von Bangkok Northern Bus Terminal bzw. Ayutthaya (mehrmals täglich)

Bahn:
nächste Stationen Ayutthaya, Suphanburi und Saraburi (tägl. mehrere Verbindungen vom Bahnhof Bangkok-Hualampong)

AUSKUNFT

Tourism Association of Thailand (TAT)
108/22 Moo 4, Tambon Phratoochai
Ayutthaya 13000
Tel. 0 35 / 24 60 76-7, Fax 24 60 78
tatyutya@tat.or.th

ÜBERNACHTEN

► Günstig

Ang Thong Hotel & Bungalows
60 Ang Thong-Suphan Road
Tel. 0 35 / 61 17 67-8
80 Zimmer, Restaurant
Hübsche Anlage, gepflegte Zimmer.

CL Garden Inn
42 Mu 3, Pho Phraya-Tha Rua
Tel. 0 35 / 61 26 65-6 32 Zimmer

Siam Inn
41/2 Tambon Ban
Tel. 0 35 / 61 20 17, 36 Zimmer

Respekt bezeugt haben, bevor er mit seinen Soldaten in eine entscheidende Schlacht mit den Birmanen zog. Naresuen gelang es schließlich, die Birmanen, die 1568 einen großen Teil des Landes überfallen und annektiert hatten, zu besiegen und sie 1605 zu vertreiben. Im anderen Viharn sind beachtenswerte Reste von gut erhaltenen Wandmalereien aus der frühen Ayutthaya-Zeit zu sehen.

Reisernte bei Ang Thong

Wat Khun Inta Phra Mun

Von der Straße 3195 aus, die nach ► Suphanburi führt, lassen sich drei weitere Tempelanlagen erreichen. Der in neuerer Zeit erbaute Wat Khun Inta Phra Mun, 11 km von Ang Thong entfernt und etwas abseits der Straße 3195 gelegen, enthält die monumentale Figur eines 50 m langen ruhenden Buddha im Ayutthaya-Stil, vermutlich eine der größten Plastiken dieser Art in Thailand. Sie wird von der Bevölkerung hoch verehrt. Auf einem Hügel in der Nähe (schöner Spaziergang!) findet man Reste eines alten Wat.

Wat Kien

Der moderne Bau des Wat Kien umschließt mit Fresken bemalte Wände des Vorgängerbaus. Die Malereien zeigen Szenen von Kämpfen der Thai mit den Birmanen. Die Auseinandersetzungen mit Birma spielten zwar eine große Rolle in der thailändischen Geschichte, dennoch blieb dies eine seltene Abbildungsform.

Wat Luang Suntararam

In der Nähe des Dorfes Ban Talat San Djao, etwa 9 km nördlich von Ang Thong, liegt der Wat Luang Suntararam, in dem ein Bot mit schönen Stuckreliefs aus der Ayutthaya-Periode steht.

Wat Chai Yo Vora Vihara

16 km nördlich von Ang Thong erhebt sich am Ufer des Menam Chao Phraya der hohe, mit einem dreifach gestaffelten Dach gedeckte Viharn des Wat Chai Yo Vora Vihara aus der Ayutthaya-Zeit, dessen Giebel mit schönen Schnitzereien verziert sind. Im Innern kann man die überdimensionale Statue eines sitzenden Buddha aus neuerer Zeit bewundern.

Ban Bang Phae Drum Making Village

Das kleine Dorf Ban Bang Phae ist weit über seine Grenzen hinaus in ganz Thailand bekannt, da hier die wohl besten Trommeln für religiöse, aber auch für folkloristische Zwecke hergestellt werden. Man erreicht das Dorf am besten mit dem Taxi von Ang Thong aus.

Ban Bang Sadet

Auch die Bewohner von Ban Bang Sadet sind bekannt für ihre handwerkliches Geschick – hier sind es Puppen, die unter der Schirmherrschaft Ihrer Majestät Königin Sirikit hergestellt werden (erreichbar ebenfalls am besten mit dem Taxi).

✶✶ Ayutthaya (Phra Nakhon Si Ayutthaya)

D 3

Region: Zentralthailand
Höhe: 4 m ü. d. M.
Provinz: Ayutthaya
Einwohnerzahl: 65 000

Die einstige Hauptstadt Ayutthaya, heute eine der eindrucksvollsten Ruinenstädte des asiatischen Kontinents, liegt in der weiten, fruchtbaren Ebene des Menam Chao Phraya an einer Flussschleife. Der Menam und zwei weitere Flüsse begrenzen die Stadt; sie sind durch einen künstlichen Kanal verbunden, so dass dazwischen eine günstig gelegene Insel entstand.

Geschichte

Ayutthaya war von 1350 – 1767 Hauptstadt des Königreichs Siam, westliche Besucher beschrieben sie enthusiastisch als »das Schönste, was sie je gesehen hätten«. Im 11. Jh. gründeten **Khmer** nordöstlich des heutigen Bahnhofs in der Nähe des Wat Khudi Dao eine kleine Ortschaft als Vorposten ihres Reichs. Im 13. Jh., nachdem die Thai das Land in der Menam-Ebene erobert und kultiviert hatten, wurden Ayutthaya und Lopburi dem Fürstentum U Thong angegliedert, einem Vasallenstaat von Sukhothai. Nach einer verheerenden Seuche 1347, die die Bevölkerung um mehr als die Hälfte dezimierte, musste der Fürst U Thong verlassen. Er wählte das von Flussläufen umschlossene Ayutthaya zu seiner neuen Hauptstadt, deren gut zu verteidigender Kern südlich des Menam lag. Die erneute Aufteilung des Königreichs Siam nach dem Tod Ramkhamhaengs in mehrere Fürstentümer veranlasste auch U Thong, sich von den Herrschern in Sukhothai zu lösen. Er rief 1350 als König Somdet Phra Rama Thibodi (meist König U Thong genannt) seinen eigenen Staat aus, den er nach der Hauptstadt benannte. Rama Thibodi bezeichnete sich als Reinkarnation des Gottes Vishnu und wiedergeborener Held des indischen Epos »Ramayana«, er ließ seine göttliche Allmacht anlässlich seiner Krönung durch acht Brahmanen aus der heiligen Hindu-Stadt Benares legitimieren.

? WUSSTEN SIE SCHON ...?

- Wer sich für die thailändische Geschichte näher interessiert, sollte neben Ayutthaya auch die anderen beiden in Zentralthailand gelegenen Königsstädte Lopburi und Sukhothai besuchen, die in einem engen historischen Zusammenhang stehen

Glanzvolle Blütezeit

Die Geschichte Ayutthayas wurde von 33 Königen bestimmt. Die Stadt entwickelte sich zu einem blühenden Kulturzentrum und wichtigen Handelsplatz, viele europäische Handelshäuser hatten hier ihre Niederlassungen. Heute noch sichtbar sind die Grundmauern eines holländischen Warenhauses und die restaurierte französische Kathedrale St. Joseph. Von den vier Zollstationen war die südlich der

Buddha-Statue im Wat Yai Chai Mongkol →

AYUTTHAYA ERLEBEN

ANREISE

Auto:
von Bangkok Nationalstraße 1, nach 86 km bei Wang Noi links Straße 309

Bus:
vom Northern Bus Terminal (Bangkok) tgl. 5.00 – 19.00 Uhr alle 10 Minuten, Air-condition-Busse 6.30 – 17.00 Uhr jede halbe Stunde

Bahn:
von Bangkok-Hualampong (Fahrtdauer 1 ½ Std.). Tagestouren nach Ayutthaya haben alle Reisebüros im Angebot.

AUSKUNFT

Tourism Association of Thailand
108/22 Moo 4, Tambon Phratoochai
Ayutthaya 13000
Tel. 0 35 / 24 60 76-7, Fax 24 60 78
tatyutya@tat.or.th

ÜBERNACHTEN

► Komfortabel

① ***Ayothaya Riverside Hotel***
91 Moo 10, Tambol Kamang
Tel. 0 35 / 23 48 73-7
Fax 24 41 39
Das erste Haus am Platz mit Blick auf den Pasak-Fluß. Empfehlenswertes Restaurant mit Terrasse.

② ***U Thong Inn***
210 Mu 5, Rotchana Road
Tel. 0 35 / 24 26 18, Fax 24 22 35
100 Zimmer
Preiswertes Haus mit sauberen, klimatisierten Zimmern und Restaurant

► Günstig

③ ***Si Samai***
12 Talad Chao Phrom
Tel. 0 35 / 25 12 28, 25 11 04
Gepflegtes Gästehaus mit 58 einfachen Zimmern für genügsame Reisende.

Lange Reihen meditierender Buddhas flankieren den Wat Yai Chai Mongkol.

Stadt am Ostufer des Menam Chao Phraya gelegene Station die größte; Kriegsschiffe und die königlichen Barken ankerten am nördlichen Ufer des Lopburi nahe dem Wat Tin Tha gegenüber dem königlichen Palast. König U Thong umgab die Stadt mit einem Erdwall und Palisadenzäunen, erst 1549 wurde sie durch eine feste Mauer aus Ziegelsteinen geschützt. 1580 wurde die nördliche Befestigungsmauer näher an den Flusslauf verlegt – Reste der alten Ummauerung sind heute noch an der Pa Maphrao Road zu sehen. Von den sechs großen Forts, die in die Mauer einbezogen waren, sind nur vom Fort Phom Phet an der Mündung des Pasak in den Chao Phraya einige Reste erhalten geblieben. Nach der Zerstörung Ayutthayas wurden die Steine der anderen Forts und anderer Befestigungsanlagen zum Bau der Stadtmauer von Bangkok verwendet.

Das Ende kam nach einem Machtkampf

Die Zerstörung Ayutthayas im Jahre 1767 bedeutete den zeitweiligen Niedergang der siamesischen Monarchie. Rivalisierende Angehörige des Königshauses kämpften um die Macht. König Ekatot, dem letzten und wohl auch schwächsten Regenten der Ayutthaya-Dynastie, gelang es nicht, zu vermitteln. Als die Birmanen zum wiederholten Male vor den Toren der Stadt standen, öffneten Rivalen des Königs dem Feind ein Tor und leiteten damit die Zerstörung und eine länger als 15 Jahre währende Epoche birmanische Besetzung der einstigen Hauptstadt ein.

Zerstörte Tempel, wertlose Buddhafiguren

Die Birmanen wüteten wie die Vandalen. Kein Tempel blieb verschont, auch der alte Königspalast Wang Luang wurde dem Erdboden gleichgemacht. Zum Symbol für die endgültige Einnahme Ayutthayas wurde die Zerstörung Tausender von Buddha-Figuren: Sie wurden ihrer »Seele« beraubt, indem die Besatzer ihnen die Köpfe abschlugen, für die Gläubigen ein schlimmes Sakrileg. Einige dieser geschändeten Statuen sind noch heute zu sehen.

UNESCO-Weltkulturerbe

Ayutthaya ist heute eine riesige Ansammlung von Tempel- und Palasttrümmern. Die Grundmauern einiger Tempelanlagen wurden seit 1956 sukkzessive freigelegt. Etwa 100 Gebäude und Ruinen erklärte das Department of Fine Arts zu Nationaldenkmälern, weitere erhalten entsprechend dem Fortschritt der Rekonstruktion bzw. Restaurierung denselben Status. Die UNESCO erklärte 1991 die Ruinenstadt von Ayutthaya zum Weltkulturerbe.

Rundgang durch die Ruinenstadt Ayutthaya

Öffnungszeiten:
tägl. 8.00 – 17.00

Allein auf der Flussinsel, dem Kern des alten Ayutthaya, gab es drei Königspaläste, 375 Tempelanlagen, 29 Forts und 94 Stadttore. Wer einen Überblick über die einstige Größe und Schönheit Ayutthayas bekommen will, dem sei ein Rundgang empfohlen, der in der Nähe des Bahnhofs an der Prinz-Damrong-Brücke beginnt. Für diesen Rundgang, der an zehn Tempeln, zwei Museen und zwei Palästen

Ayutthaya Orientierung

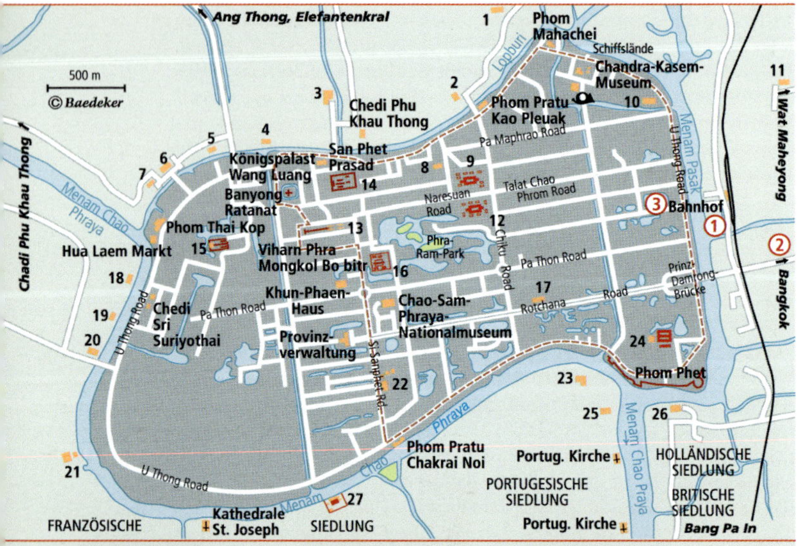

1 Wat Mae Nang Pleum
2 Wat Rong Khong
3 Wat Na Phra Men
4 Wat Tin Tha
5 Wat Phanom Yong
6 Wat Sala Pun
7 Wat Prachétaram
8 Wat Yana Sen
9 Wat Ratchaburana
10 Wat Prasat
11 Wat Pradu Songtham
12 Wat Mahathat
13 Wat Phra Si Sanphet
14 Wat Thammikarat
15 Wat Lokaya Sutha
16 Wat Phra Ram
17 Wat Khun Muang Chai
18 Wat Thammaram
19 Wat Krasatraram
20 Wat Raja Pli
21 Wat Chai Wattanaram
22 Wat Boroma Buddha Ram
23 Wat Nang Kui
24 Wat Suwan Dararam
25 Wat Mai Bang Kacha
26 Wat Phanan Choeng
27 Wat Buddhaisawan

---- Vorgeschlagener Besichtigungsweg

Übernachten

① Ayothaya River Side Hotel
② U Thong Inn
③ Si Samai

vorbeiführt, sollte man etwa einen halben Tag einplanen, beim Besuch der Museen entsprechend länger. Man kann auch ein Taxi nehmen und den Fahrer bitten, an den Sehenswürdigkeiten anzuhalten.

Wat Suwan Dararam

Über die Prinz-Damrong-Brücke gelangt man auf die ringförmig angelegte U Thong Road, auf der man etwa 700 m nach links geht. Dort liegt, eingerahmt von drei kleinen Seen, der Wat Suwan Dararam, der um 1700 erbaut und von den Herrschern der Chakri-Dynastie vergrößert, restauriert und mit zahlreichen Gemälden ausgeschmückt wurde. Der Tempel, dessen Fundamente zum Zentrum hin geneigt sind, ist der einzige auf der Ayutthaya-Insel, der heute noch von Mönchen bewohnt wird. Sehenswert sind der große Bot mit Vorhalle, die Holzschnitzereien der Giebelfelder, im Innern die Fresken aus der frühen Bangkok-Zeit, die kunstvolle Kassettendecke und eine Buddha-Statue im Ayutthaya-Stil. Der Viharn wurde von Rama II. (1809 – 1824) erbaut und 1931 mit modernen Wandmalereien zur Geschichte Thailands ausgeschmückt.

Fort Phom Phet

Verlässt man den Tempelbezirk, sieht man gegenüber am Ufer des Menam die Reste des einzigen erhaltenen Forts, Phom Phet. Nun folgt man wieder links der U Thong Road, die man am Fort Phom Pratu Chakrai Noi in nördlicher Richtung zum Wat Boroma Buddha Ram verlässt.

Wat Boroma Buddha Ram

Der Wat Boroma Buddha Ram, von dem nur noch die Mauern erhalten sind, wurde 1683 während der Regentschaft von König Narai erbaut. Die drei Türen des Bot erhielten um 1740 mit Perlmutt eingelegte Holzpaneele. Diese hervorragenden Arbeiten wurden nach der Zerstörung Ayutthayas nach Bangkok geschafft. Je eine dieser Türen wurde in Bangkok in den Wat Benchama-bo-bitr (»Marmortempel«) und in den Wat Phra Kaeo (im Großen Palast) eingebaut. Die dritte Tür wurde zu einem Bücherschrank umgearbeitet, der heute im Nationalmuseum in ►Bangkok zu sehen ist.

★ Chao-Sam-Phraya-Museum

Öffnungszeiten:
Di. – So.
9.00 – 12.00,
14.00 – 17.00
Eintrittsgebühr

Vorbei am Sitz der Provinzverwaltung von Ayutthaya gelangt man zum 1961 von König Bhumibol gegründeten Chao-Sam-Phraya-Nationalmuseum. Es birgt wertvolle Stücke im Lopburi-, U-Thong und Ayutthaya-Stil sowie im Dvaravati- und Sukhothai-Stil. Zu sehen sind Funde aus Ayutthaya, Skulpturen aus Bronze und Stein, Terrakotta-Arbeiten, Keramiken, Holzschnitzereien, Lackarbeiten, Votivtafeln sowie mit Edelsteinen verzierter Goldschmuck. Von den frühen Werken ist besonders ein sitzender Buddha im Dvaravati-Stil (11./12 Jh.) und ein kolossaler Buddha-Kopf im U-Thong-Stil hervorzuheben.

Ayutthaya Historical Study Center

Öffnungszeiten:
Mi. – So.
9.00 – 16.00

Eine gute Ergänzung zum Besuch des Nationalmuseums Chao Sam Phraya ist das Ayutthaya Historical Study Center. Hier sollen interessierte Wissenschaftler auch aus dem Ausland die Geschichte der alten Hauptstadt erforschen. Das Gebäude entstand als Kooperation von thailändischen und japanischen Architekten, im Innern wird Leben und Alltag im alten Ayutthaya auf Dioramen und Schautafeln sowie anhand von rekonstruierten Modellen sakraler und profaner Architektur dargestellt.

Viharn Phra Mongkol Bo-bitr

Hält man sich nach dem Verlassen des Nationalmuseums links, gelangt man zum Platz Sanaam Luang (auch Phra Mane Ground), in dessen westlicher Ecke der Viharn Phra Mongkol Bo-bitr steht. Der Premierminister Pibulsonggram ließ ihn 1956 im Stil des ursprünglichen Baus errichten, der beim Fall von Ayutthaya ausbrannte. So fand auch die hoch verehrte und künstlerisch wertvolle bronzene Buddha-Statue, eine der größten in Thailand, wieder ihren Platz, an dem sie seit 1603 gestanden hatte.
Über ihr früheres Schicksal ist wenig bekannt, gegossen wurde sie, folgt man den U-Thong- und Sukhothai-Stilmerkmalen, wahrscheinlich unter König Boroma Trailokanat (1448 – 1488). Er hatte bei Buddha-Plastiken und Chedis in Ayutthaya den **Sukhothai-Stil** einge-

führt, der den Khmer-Stil ablöste. Die Figur ist häufig restauriert, allerdings nur wenig verändert worden. Vor einigen Jahren entdeckte man in ihrem Inneren mehrere hundert kleiner Figuren. Die Ornamente des Sockels wurden 1931 angefertigt und sind weniger kunstvoll als die früheren.

Wat Phra Ram

Eindrucksvoll sind die in der Nähe gelegenen Elefantentore des von einer Teichlandschaft umgebenen Wat Phra Ram, der 1369 von König Ramesuen begonnen und im Laufe der Jahrhunderte restauriert und vergrößert wurde. Auf der weitläufigen Terrasse befinden sich eine Galerie mit Nagas und Garudas sowie einige zerstörte Buddha-Figuren.

Khun-Phaen-Haus

In der Nähe steht das im traditionellen Thai-Stil erbaute Khun-Phaen-Haus auf einem von Wassergräben umgebenen Stück Land; hier befand sich früher das Gefängnis. Das Haus – eines der wenigen noch erhaltenen Bauwerke in diesem Stil – wurde 1940 aus Teilen alter Häuser errichtet (ähnlich sind auch Jim Thompsons Häuser in ► Bangkok).

★★ Wat Phra Si Sanphet

Detail-Informationen siehe 3D-Folder Seite 212 ►

Folgt man der Si Sanphet Road bis zur Naresuan Road und geht dann nach links, erreicht man den Wat Phra Si Sanphet, den schönsten und bedeutendsten aller Tempel im alten Ayutthaya. Mit den drei großen Chedis auf einer langen Terrasse bietet dieser Tempel, der auch als Königstempel diente, eines der eindrucksvollsten Bilder der Ruinenstadt. Das Gebäude im Westen der Terrasse war einst von einem Chedi gekrönt und besitzt viele mit kleinen Prangs besetzte Eingänge, die ebenso wie die kleineren Chedis und Kapellen ringsum wahrscheinlich die Asche von Mitgliedern der königlichen Familie enthalten.

Königspaläste

Verlässt man den Königstempel (auf der gegenüberliegenden Seite steht ein Denkmal, das König U Thong zeigt) und geht wiederum nach links, stößt man auf den Königspalast Wang Luang, zur Unterscheidung vom später erbauten Chandra-Kasem-Palast auch »Alter Palast« genannt. Vom dritten Palastbezirk, dem Klang Suan Luang an der westlichen Stadtmauer beim Chedi der Königin Suriyochai, ist nichts geblieben.

Die Mauern des Wang Luang reichen bis dicht ans Ufer des Lopburi-Flusses, außer ihnen und den gut rekonstruierten Fundamenten ist aber nur noch wenig zu sehen. In diesem Viertel Ayutthayas wüteten und brandschatzten die Birma-

! *Baedeker* TIPP

Anreise mit dem Schiff

Natürlich gibt es viele Wege nach Ayutthaya, es geht aber auch mit dem Schiff über den Menam Chao Phraya. Mit der »Ayutthaya Princess« zum Beispiel, die vom »Oriental Hotel« in Bangkok täglich in beiden Richtungen verkehrt. Besonders schön ist die Rückfahrt, weil man Bangkok in der Abenddämmerung erreicht. Buchungen in fast jedem Hotel.

Traditionelle Erkundung: Elefantenritt durch die Ruinenstadt

nen besonders, so dass auch von den alten Thai-Häusern nichts mehr erhalten ist. Immerhin erhält man eine Vorstellung von der Ausdehnung des Komplexes, zu dem auch der Wat Si Sanphet gehörte. Der Bezirk mag dem Großen Palastbezirk in Bangkok geglichen haben, da dieser in Anlehnung an die einstige Königsresidenz von Ayutthaya, allerdings in anderen Stilrichtungen, erbaut wurde.

Wang Luang
◄ Alter Königspalast

Der älteste Bau im Wang Luang wurde 1350 von König U Thong errichtet, als er Ayutthaya zur Hauptstadt seines Reiches erklärte. Im Jahre 1448 kam unter König Boromaraja II. der gegenüber dem Wang Luang gelegene Sanphet-Prasat-Palast hinzu, von dem noch hohe Pfeilerstümpfe zu sehen sind. Der Viharn Somdet entstand 1643 unter König Prasat Thong; er besaß, so die Überlieferung, zwei größere, turmähnliche Vorhallen an der Vorder- und Rückseite sowie zwei kleinere an den Seiten und war als erstes Gebäude in Ayutthaya mit Goldplatten verkleidet, was ihm den Namen »Goldener Palast« einbrachte. Vom 1632 ebenfalls unter Prasat Thong erbauten Chakravat-Phaichayon-Gebäude aus nahm der König Prozessionen und Militärparaden ab. Das Banyong-Ratanat-Gebäude (erbaut um 1688 unter Prasat Thongs Sohn Narai, vollendet unter König Petraja), im Westen des Bezirks auf einer künstlichen Insel gelegen, diente dem letztgenannten Herrscher während seiner ganzen Amtszeit (1688 – 1702) als Wohnsitz.
Neu erbauen ließ König Chulalongkorn 1907 das Trimuk-Gebäude, einen offenen Pavillon auf weiter Terrasse, in dem mehrere Könige,

WAT PHRA SI SANPHET

★★ Der Wat Phra Si Sanphet, auch Königstempel genannt, stammt in seinen Grundzügen aus dem 15. Jh. und wurde zunächst als Staatstempel von König Boromatrailokanat errichtet. Dessen Sohn Rama Thibodi II. fügte zwei Chedis hinzu, in denen die Reliquien seines Vaters und Bruders ruhen sollten. Der dritte Chedi wurde nach Rama Thibodis II. Tod errichtet, um wiederum dessen sterbliche Überreste aufzunehmen. Nach der Zerstörung durch die Birmanen blieben die Ruinen sich selbst überlassen, bis sie schließlich 1991 unter den Schutz der UNESCO gestellt wurden.

Öffnungszeiten:
9.00 – 18.00

1 Östlicher Chedi
Den östlichen der drei großen Chedis ließ König Rama Thibodi II. 1492 als Mausoleum für die Asche seines Vaters Boromatrailokanat errichten. Er überstand als einziger die birmanische Invasion unzerstört.

2 Mittlerer Chedi
Hier ruhten die sterblichen Überreste des älteren Bruders von Rama Thibodi II.

3 Westlicher Chedi
Die Asche Rama Thibodis II. wurde in diesem Chedi beigesetzt, den sein Sohn und Nachfolger König Boromaraja IV. im Jahre 1530 errichten ließ.

4 Mondhops
Die Gebäude zwischen den einzelnen Chedis waren vermutlich Bibliotheken (Mondhop).

5 Viharn
Vor der Terrasse etwa im Zentrum des Tempelbezirks sind noch Reste (Säulen und Mauern) des großen Viharn zu sehen, der einst eine 16 m hohe, vergoldete Buddha-Figur enthielt. Die Trümmer dieser Statue, von der die Birmanen den Goldüberzug ablösten, sind von König Rama I. im Wat Pho in Bangkok untergebracht worden.

Grabschätze
Alle drei Chedis wurden von den plündernden Birmanen geöffnet und ausgeraubt, dabei entgingen ihnen allerdings Hunderte von kleinen Buddha-Statuetten aus Bronze, Kristallglas, Silber, Blei und Gold, die heute im Nationalmuseum von Bangkok ausgestellt sind.

Buddha-Statuen
Weitere, kleinere Buddha-Statuen wurden im Wat Buddhaisawan und im westlichen Viharn des Wat Pho (beide in ► Bangkok) aufgestellt.

Noch immer ragen die markanten drei Chedis des Wat Phra Si Sanphet weithin sichtbar in den Himmel.

auch der gegenwärtig regierende Bhumibol, Zeremonien zu Ehren der früheren Herrscher Ayutthayas abhalten ließen. König Narai der Große ließ im 17. Jh. das Suriyat-Ainarindra-Gebäude, von dem noch eine hohe Mauer erhalten ist, errichten. Daneben lagen die Ställe der königlichen weißen Elefanten.

Wat Na Phra Men

Vorbei am Wat Thammikarat, der wild überwucherten Ruinenstätte eines außerordentlich großen Tempels (erhalten sind Terrassenreste sowie die Pfeiler der Vorhallen und ein Chedi mit schiefer Spitze), gelangt man wieder auf die U Thong Road, von der aus man über eine kleine Brücke über den Lopburi zum Wat Na Phra Men geht. Er ist einer der wenigen Tempel, die von der Zerstörungswut der Birmanen fast verschont blieben. Wann er erbaut wurde, ist nicht bekannt; die Chronik erwähnt nur, dass er unter König Boromakot (1732 – 1758) und später noch einmal während der frühen Bangkok-Zeit restauriert wurde. Der Bot ist ein großes, imposantes Gebäude mit schönen Holzschnitzereien im Giebelfeld und in den Türfüllungen. Das dreifach gestaffelte Dach und ein großer Portikus, flankiert von zwei kleinen, anmutigen Vorbauten, sind Beweise für die Kunstfertigkeit der Thai.

Innenraum ►

Im Innern betonen zwei Reihen achteckiger Säulen, die eine kunstvoll geschnitzte Decke tragen, die Höhe des Raums. Der große Buddha aus Bronze trägt ein königliches Gewand, eine äußerst seltene Darstellung. Der kleine, wohlproportionierte Viharn birgt mit einem in europäischer Weise sitzenden steinernen Buddha eine der besterhaltenen Plastiken aus der Dvaravati-Epoche (6. – 10 / 11. Jh.). Gemäß einer Inschrift im Viharn soll die Plastik aus dem Wat Mahathat in Ayutthaya stammen. Man stellte jedoch fest, dass diese Figur im Wat Phra Men von Nakhon Pathom gestanden haben muss, wo man auch den reich ornamentierten steinernen Rahmen fand, der ihren Sockel bildete. Teile dieses Rahmens stehen im Nationalmuseum von ►Bangkok.

Wat Yana Sen

Geht man zurück über die Brücke auf die Insel Ayutthaya und hält sich wiederum links, gelangt man auf der Straße entlang dem Lopburi nach etwa 800 m zum Wat Yana Sen, einem Tempel mit einem hohen nischenbesetzten Chedi, dessen feine, wohlausgewogene Gliederung typisch ist für den Ayutthaya-Stil. Vom Wat Yana Sen aus sieht man schon zwei der bedeutendsten Tempelruinen Ayutthayas, den Wat Ratchaburana und den Wat Mahathat.

✶ Wat Ratchaburana

Der Wat Ratchaburana wurde von König Boromaraja II. (1424 – 1448) zum Gedenken an seine beiden älteren Brüder Ay und Yi, die sich im Zweikampf um die Thronfolge gegenseitig töteten, errichtet. Vom Viharn stehen noch Säulen und Wände, außerdem die Ruinen einiger Chedis, die den Prang umgeben, sowie Teile der Umfassungsmauer mit einigen Portalen in Form von Lanzettenspitzen. Sehr schön erhalten ist der große Prang mit guten figürlichen Stuckarbeiten (sie zeigen Garudas, die sich auf Nagas stürzen). Die beiden Krypten im unteren Teil des Prang zeigen interessante Wandmalereien; sie wurden vermutlich von chinesischen Künstlern ausgeführt, die sich in Ayutthaya niederließen und so unterschiedliche Stile wie die der Khmer und Birmanen sowie die von Lopburi und Sukhothai zu einer erstaunlich harmonischen Einheit verschmelzen konnten. Außerdem fand man bei Grabungsarbeiten zwischen 1956 und 1958 im Prang mehr als 100 000 Votivtäfelchen, die man verkaufte; aus dem Erlös wurde das Chao-Sam-Phraya-Nationalmuseum erbaut. Solche Votivtäfelchen wurden meist aus Ton mit Modeln geformt und bei Pilgerreisen mitgeführt. Sie trugen Abbildungen besonders heiliger Wallfahrtsstätten oder auch einfach nur Buddha-Abbildungen. Außerdem entdeckte man im Prang kunstvolle Arbeiten, wie breite Armreifen mit Gemmen, Kopfputz aus Goldfiligran und bzw. aus massivem Gold mit eingelegten Edelsteinen, ein fünfteiliges Service für Betelnüsse, zwei Spucknäpfe und Goldmünzen mit arabischen Buchstaben (die meisten Fundsachen sind im Chandra-Kasem-Nationalmuseum zu sehen).

! *Baedeker* TIPP

Meiden Sie die Mittagsstunden

Die meisten organisierten Touren gestatten für Ayutthaya nur wenige Stunden Aufenthalt, zudem erreicht man die Stadt meist während der größten Mittagshitze. Ihren größten Reiz entfaltet sie aber in den Morgen- und Abendstunden. Wenn Sie fotografieren möchten, ist das auch die beste Zeit.

Der Prang des Wat Ratchaburana schließlich zeigt eine Verbindung des ceylonesischen mit dem birmanischen Stil, die er zu einer neuen architektonischen Form vereinigte. Am oberen Teil ist der Stuck noch teilweise gut erhalten, an der quadratischen Plattform stand an jeder Ecke ein kleiner Chedi. Weitere zwei Chedis an der Straßenkreuzung enthalten die Asche der königlichen Brüder, ein dritter erinnert an die Königin Si Suriyothai, die 1550 in einer Schlacht mit den Birmanen als Mann verkleidet und auf einem Elefanten reitend ihrem Gemahl das Leben rettete, dabei aber selbst umkam. In der Nähe dieses Chedi ist beim völlig zerstörten Wat Lokaya Sutha ein riesiger liegender Buddha zu sehen.

★ Wat Mahathat

Der Wat Mahathat ist nur durch eine Straße vom Wat Ratchaburana getrennt. Die Überlieferung berichtet, er sei im Jahre 1384 von König Ramesuen errichtet worden; dieser König habe auch den zentralen Prang bauen lassen, um dort eine Buddha-Reliquie unterzubringen. Gemäß einer anderen Quelle sollen die ersten Bauten der Tempelanlage Wat Mahathat (unter anderem auch der zuvor beschriebene zentrale Prang) bereits von König Boromaraja I. (1370 – 1388) angelegt worden sein. Der Prang ist mit einer Höhe von 46 m im Übrigen eines der imposantesten Gebäude der alten Hauptstadt. Um 1625 brach der oberste Teil ab, wurde 1633 erneuert und dabei um weitere 4 m erhöht. Doch er stürzte wieder ein, nur die Ecken, wie sie heute

Von der Natur umschlossen

zu sehen sind, blieben stehen. In den Trümmern entdeckte man im Jahre 1956 eine Geheimkammer, die Goldschmuck, eine goldene Kassette mit einer Buddha-Reliquie und kunstvoll gefertigte Tafelgeschirre enthielt. Im Tempel verstreut finden sich Reste verschiedenartiger Prangs und Chedis. Auffallend ist ein achteckiger Chedi mit stumpfer Spitze im ceylonesischen Stil.
In der Nähe des Wat Mahathat steht auf dem Erdboden der Kopf einer noch heute hoch verehrten Buddha-Statue.

Chandra-Kasem-Museum

Öffnungszeiten: Di. – So. 9.00 – 12.00, 14.00 – 17.00

Geht man zurück auf die U Thong Road und folgt ihr entlang dem Lopburi, kommt man zum Chandra-Kasem-Museum, das einen längeren Besuch lohnt. Es birgt Buddha- und Bodhisattva-Statuen, Gold-, Schmuck und Schnitzarbeiten, Giebelfelder, Haus- und Kultgeräte aus der Zeit vom 13. bis zum 17. Jahrhundert. Es ist in einem von König Mongkut (Rama IV.) wieder aufgebauten Palast untergebracht, der zunächst als Kronprinzenpalast diente. Später war er Wohnsitz der Könige bei ihren Ayutthaya-Aufenthalten. Die ausgestellten Stücke geben nur einen vagen Eindruck von der Repräsentationslust der früheren thailändischen Könige, vermitteln jedoch einen guten Überblick über das Leben der Bewohner von Ayutthaya. Am Fort Phom Mahachei vorbei gelangt man zur Schiffslände und weiter über die U Thong Road zurück zum Ausgangspunkt.

Weitere Sehenswürdigkeiten

St. Joseph

Wer mehr Zeit für Ayutthaya mitbringt und die Geschichte der Stadt näher kennenlernen möchte, dem sei ein Abstecher zur jenseits des Chao Phraya gelegenen französischen Kathedrale St. Joseph empfohlen. Diese Kirche wurde im 18. Jahrhundert erbaut und 1985 restauriert. Sie erinnert an die große Gruppe der Franzosen, die sich in Siam ansiedelte.

★ Wat Yai Chai Mongkol

Am östlichen Stadtrand (man benutze die Straße nach Bangkok, überquere den Pasak-Fluss und die Eisenbahnlinie und biege nach 300 m rechts ab) liegt der eindrucksvolle Wat Yai Chai Mongkol mit einem mächtigen Chedi auf quadratischer Basis, der von weiteren vier kleineren Chedis an den Ecken umgeben wird. Der Wat wurde 1357 unter König U Thong errichtet und Mönchen zur Verfügung gestellt, die in Ceylon ordiniert wurden und einem nach strengen Regeln lebenden Orden angehören. Mitglieder dieses Ordens leben heute noch in diesem Tempel. Vor dem Chedi sind noch die Pfeilerstümpfe zu sehen, die das Dach des alten Tempels trugen. Der Chedi ist von einer Galerie mit zahlreichen Buddhafiguren umgeben.

Der 3 km nördlich der Stadt liegende Elefantenkral wurde unter König Rama I. errichtet und diente dem Einfangen, Zähmen und Vorführen der Elefanten. Er ist die weltweit einzige Anlage dieser Art, die heute noch erhalten ist.

Elefantenkral

★★ Ban Chiang

C 4

Region: Nordostthailand
Höhe: 138 m ü. d. M.
Provinz: Udon Thani
Einwohner: 4500

Bis 1967 kannte niemand den kleinen Ort Ban Chiang – dann brach eine wahre Invasion von Archäologen aus aller Welt in das dörfliche Leben der damals wenigen hundert Bewohner ein. Grund dafür waren die sensationellen archäologischen Funde der bedeutendsten bislang entdeckten prähistorischen Siedlungsstätte in Asien.

Uralte Siedlungsgeschichte

Die Funde belegten, dass in diesem Gebiet schon mindestens 3800 Jahre vor unserer Zeitrechnung, also zum Ende der mitteleuropäischen Jungsteinzeit, Menschen lebten. Vorher ging man davon aus, dass der Ort erst 170 Jahre zuvor durch laotische Einwanderer besiedelt worden war.

UNESCO-Weltkulturerbe

Tonscherben, eiserne oder bronzene Werkzeuge, manchmal auch Knochen fanden die Bauern bei der Arbeit auf dem Feld schon seit vielen Jahren. Doch machte erst der Amerikaner Steve Young, der von den Funden hörte und spontan nach Ban Chiang reiste, die Wissenschaftler in Bangkok auf den Ort aufmerksam. Durch das Thermolumineszenz-Verfahren wurde das Alter der Tonscherben mit bis zu 5800 Jahren ermittelt. Außer den Keramiken fand man auch Werkzeuge aus Bronze. Deren Entstehungszeit entspricht etwa der Bronzezeit in Mesopotamien zwischen Euphrat und Tigris, die früher (um 2000 v. Chr.) begann als die nordeuropäische Bronzezeit. Darin bestand auch das Sensationelle der Entdeckung, denn bis dahin glaubte man, dass in Mesopotamien die ersten bronzenen Gegenstände der Menschheitsgeschichte hergestellt wurden. Weitere Ausgrabungen, die von der UNESCO unterstützt wurden, untermauerten die bisherigen Erkenntnisse.

Sensationelle Funde: fast 5800 Jahre alt sind diese Tonscherben

BAN CHIANG ERLEBEN

ANREISE

Auto:
Ban Chiang liegt 6 km nördlich der Nationalstraße 22 und ist von Udon Thani aus in einer knappen Stunde zu erreichen (56 km).

Bus:
Verbindungen zwischen Udon Thani und Sakhon Nakhon (Station Ban Pu)

Flug:
Nächster Flughafen in Udon Thani (tägl. einmal von Bangkok)

AUSKUNFT

Tourism Association of Thailand (TAT)
Mukmontri Road
41000 Udon Thani
Tel. 0 42 / 32 54 06-7
Fax 32 54 08
tatudon@tat.or.th

ÜBERNACHTEN

In Ban Chiang selbst gibt es keine empfehlenswerten Unterkünfte, weshalb man sich ein Zimmer in ►Udon Thani nehmen sollte.

Keramiken von hoher Qualität

Die mit Spiral- und Bandornamenten bemalten Gefäße (wohl keine Gebrauchskeramik, sondern Grabbeigaben) sind von einer künstlerischen Qualität, wie man sie noch nirgendwo in Südostasien entdeckt hatte. Stilisierte Pflanzen und Tiere, zunächst auf einfach geformte, rundbauchige Vasen, später dann auf Tongefäße mit eleganteren Formen aufgetragen, sind Beweise für eine hohe Kultur. Zum Bemalen wurden wahrscheinlich die Finger benutzt; die Farben wurden aus Pflanzen hergestellt.

Die Tongefäße entstanden während dreier Perioden: In der ersten Phase (3600 – 2500 v. Chr.) waren sie schwarz und hatten zwischen den Linien Schmuckbänder. Während der zweiten Phase (2500 – 2000 v. Chr.) entstanden Gefäße, die vollständig mit einem dichten Muster bemalt waren, in der dritten Phase ergänzte man die gemalten durch eingeritzte Schmuckbänder. Ab 2000 – 1000 v. Chr. entstanden neben den Spiral- und Bandornamenten stilisierte Zeichnungen von Menschen und Tieren.

Das charakteristische Merkmal der mittleren Periode (1000 – 300 v. Chr.) war die Schlichtheit der Gefäße, bei denen fast ganz auf eine Bemalung verzichtet wurde und die Aufmerksamkeit des Töpfers fast ausschließlich der Form galt. Die höchste künstlerische Qualität wurde während der jüngsten Periode (300 v. Chr. – 200 n. Chr.) erreicht, aus ihr stammen die meisten der im Museum gezeigten Keramiken: Naturbelassener, gebrannter Ton wurde mit roter Farbe bemalt; die Muster offenbaren einen großen Ideenreichtum sowie ein außerordentliches Gefühl für die Einheit von Form, Muster und Farbe. Kurz danach (um 400 n. Chr.) scheinen die Bewohner Ban Chiang verlassen zu haben, jedenfalls wurden bislang keine Funde aus jüngerer Zeit gemacht.

Eine Anzahl restaurierter oder rekonstruierter Gefäße ist in einem kleinen Museum zu sehen. Dioramen berichten von den Ausgrabungsarbeiten, die Erklärungen sind auch in Englisch gehalten. An der Kasse wird ein interessantes Buch über die Geschichte von Ban Chiang verkauft (Öffnungszeiten: Mi. – So. 9.00 – 16.00 Uhr; Eintrittsgebühr).

★ **Nationalmuseum von Ban Chiang**

Etwa 1 km vom Museum entfernt findet man ein geöffnetes Gräberfeld vor, das – wie auch ein männliches Skelett – im Originalzustand belassen wurde. Die daneben in einem rekonstruierten Grabungsfeld ausgestellten Keramiken stammen nicht nur von dieser Fundstelle, sondern wurden auch an anderen Stellen rund um Ban Chiang ausgegraben. Weitere Keramiken wurden nach Bangkok gebracht und sind dort im Suan-Pakkard-Palast zu sehen. Entlang der Hauptstraße des Dorfes Ban Chiang bieten Bewohner den Originalen verblüffend ähnliche Imitationen zum Kauf.

★★ **Originalfundstelle**

★★ Bangkok (Krung Thep Phra Nakhon)

E 3

Region: Zentralthailand
Höhe: 3 m ü. d. M.
Provinz: Bangkok (Stadtstaat)
Einwohnerzahl: ca. 6,3 Mio.

Die pulsierende Metropole Bangkok ist der einzige Stadtstaat Thailands und zugleich das administrative und wirtschaftliche Zentrum des Landes. Die Thais nennen ihre Hauptstadt übrigens poetisch Krung Thep »Stadt der Engel«; der international gebräuchliche Name Bangkok entsprang vermutlich einem folgenreichen Missverständnis: der Verballhornung des von westlichen Besuchern geprägten Namens Ban Makok (»Dorf der Oliven«).

Stadt am Fluss

Die Hauptstadt des Königreiches Thailand liegt etwa in der geografischen Mitte des Landes im fruchtbaren Delta des Menam Chao Phraya, der wenig südlich in den Golf von Thailand mündet. Die Stadt ist mehr als »nur« Königssitz und Verwaltungszentrum: sie ist quasi der Nabel der thailändischen Wirtschaft, denn etwa die Hälfte des Bruttosozialprodukts und rund 90 % des Außenhandels werden innerhalb der Stadtgrenzen erwirtschaftet. Mit mehr als 400 Tempeln bildet Bangkok auch ein religiöses und kunsthistorisches Zentrum, das mit der Vielfalt seiner Baustile zugleich ein Panoptikum thailändischer Kunst und Geschichte darstellt.

! *Baedeker* TIPP

Bangkok Mass Transit System (BTS)

Eine Vielzahl von Sehenswürdigkeiten kann man seit 1999 mit der auf einer Hochtrasse verkehrenden Schnellbahn des Bangkok Mass Transit System erkunden (www.bts.co.th).

Geschichte Nach der Zerstörung der einstigen Hauptstadt Ayutthaya durch die Birmanen 1767 floh General Phya Taksin in Begleitung von etwa 10 000 Soldaten über Bangkok nach Chonburi. Nach einer erfolgreichen Revanche, bei der er die Birmanen endgültig aus dem Land vertrieb, ließ er sich 1772 zum **König von Siam** ernennen; als eine seiner ersten Amtshandlungen erklärte er **Thonburi** (heute Stadtteil) zur neuen Hauptstadt des Landes. Bangkok fristete bis zu diesem Zeitpunkt ein Leben als »Ort mit zwei Festungen«, als den es nach Ayutthaya durchreisende Europäer bezeichnen. Dabei stellte das Dorf einen wichtigen Handelspunkt mit einer strategisch günstigen Lage dar, dem die Europäer zunächst aber nur untergeordnete Bedeutung zumaßen.

Seit 1782 ist Bangkok die **Hauptstadt des Königreichs Thailand**, Sitz der Regierung und des Parlaments: Rama I. (1782 – 1809), erster König der heute noch regierenden **Chakri-Dynastie**, verlegte schon im ersten Jahr seiner Regentschaft die königliche Residenz an das gegenüberliegende Ufer des Menam Chao Phraya und begründete damit den Aufstieg Bangkoks. Schnell entwickelte sich die neue Hauptstadt zur Metropole des Landes, es entstanden Klöster und Tempel, wichtige Handelshäuser siedelten sich an den Ufern des Menam an und

Highlights Bangkok

Wat Phra Kaeo
Thailands heiligster Tempel
► Seite 229

Chinatown
Eines von Bangkoks hektischsten und faszinierendsten Vierteln
► Seite 227

Jim Thompsons Häuser
Einzigartiges Denkmal thailändischer Kunst: die sieben alt-thailändischen Holzhäuser des legendären Abenteurers
► Seite 243

Wat Arun
Bangkoks berühmtestes Wahrzeichen ist sein mit abertausenden Porzellanscherben geschmückter Prang.
► Seite 235

Wat Pho
Das weithin berühmte Ausbildungszentrum für traditionelle thailändische Heilkunst und Massage ist zugleich einer der ältesten Tempel der Hauptstadt.
► Seite 238

Wat Traimitr
Sitz einer 3,5 m hohen massiv goldenen Buddha-Figur – ein Zufallsfund
► Seite 241

Wat Benchama-bo-bitr
Vor etwas mehr als 100 Jahren entstand der »Marmortempel« aus italienischem Carrara-Marmor.
► Seite 235

Märkte
Immer ein exotisches Fest für Augen, Gaumen und Nase
► Seite 227

Nationalmuseum
Eine der umfangreichsten Sammlungen Südostasiens
► Seite 244

Bangkok ist eine moderne Metropole mit viel Exotik zwischen den Häuserblöcken. →

BANGKOK ERLEBEN

AUSKUNFT

Tourism Authority of Thailand (TAT)
1600 New Phetchaburi Road
Makkasan, Ratchathewi
Tel. 02 / 2 50 55 00, Fax 2 50 55 11
www.tourismthailand.org,
www.thailandtourismus de
Öffnungszeiten: tgl. 8.30 – 16.30 Uhr

TAT-Touristeninformationsbüros
4 Ratchadamnoen Nok Avenue
Öffnungszeiten: tgl. 8.30 – 16.30 Uhr

Am Flughafen:
Ankunftshalle, Suvarnabhumi
International Airport
Öffnungszeiten: tgl. 8.00 – 24.00 Uhr

ÜBERNACHTEN

▶ Luxus

① ***The Oriental***
48, Oriental Avenue
Tel. 02 / 6 59 90 00, Fax 6 59 00 00
www.mandarinoriental.com/bangkok
393 Zimmer, 5 Restaurants, Coffeeshop, 2 Bars, Swimmingpool, Fitnesscenter, Spa u. v. m.
Die Legende lebt, denn nach einer mehrjährigen Unterbrechung wurde das Oriental in Bangkok 2005 von viel reisenden Geschäftsleuten wiederum zum besten Hotel der Welt gewählt. Wer es sich leisten kann, übernachtet in einer der Suiten, die nach berühmten Dichtern benannt sind; aber auch in den anderen Zimmern fehlt es wirklich an nichts. Herrliche Lage direkt am Menam Chao Phraya.

② ***The Peninsula***
333, Charoen Nakorn Road
Klongsan (Thonburi)
Tel. 02 / 8 61 28 88, Fax 8 61 11 12
www.bangkok.peninsula.com
370 Zimmer, 3 Restaurants,
2 Bars, Swimmingpool, Fitnesscenter.
Gegenüber dem Oriental liegt am Thonburi-Ufer des Menam Chao Phraya dieses recht neue Hotel mit viel gelobtem Service und großzügigen Zimmern. Von den oberen Stockwerken gibt es einen tollen Blick über die Stadt Bangkok und den Fluss.

③ ***Four Seasons Bangkok***
155, Rajadamri Road
Tel. 02 / 2 50 10 00
Fax 2 53 91 95
www.fourseasons.com/bangkok
340 Zimmer, 4 Restaurants, Coffeeshop, 2 Bars, Swimmingpool, Fitnesscenter, Spa u. v. m.
Unter den neuen Stadthotels in Bangkok ist das Four Seasons jenes mit den vielleicht größten Zimmern. Eindrucksvolle Lobby, großzügige Shoppingarkade. Guter Ausgangspunkt zu Stadtbesichtigungen, die Skytrain-Station ist nicht weit entfernt.

④ ***Banyan Tree Bangkok***
27/100 South Sathorn Road
Tel. 02 / 6 79 12 00
Fax 6 79 11 99
www.banyantree.com/bangkok
216 Zimmer, 4 Restaurants, Coffeeshop, 3 Bars, Swimmingpool, Fitnesscenter, Spa.
Das neueste unter den luxuriösen Stadthotels in Bangkok bietet nicht nur sehr komfortable und großzügige Suiten mit anheimelnder Atmosphäre, sondern auch eine Besonderheit: ein Open-Air-Restaurant auf dem Dach.

⑤ ***Royal Orchid Sheraton Bangkok***
2 Siphya Road, Captain Bush Lane
Tel. 02 / 2 66 01 23, Fax 2 66 83 20
www.sheraton.com/bangkok
740 Zimmer, 3 Restaurants, Coffeeshop, 2 Bars, Swimmingpool, Fitnesscenter, Spa.

Das »Oriental« ist kein Beherbergungsbetrieb, sondern eine Legende. Wer es sich leisten kann, residiert im »Author's Wing«.

Der Bangkok-Ableger der weltweit agierenden Hotelkette besitzt einen herrlichen Garten mit einem großzügigen Swimmingpool direkt am Menam Chao Phraya. Viele Sehenswürdigkeiten wie der Grand Palace oder die quicklebendige Chinatown liegen in der Nähe.

▶ **Komfortabel**

⑥ ***Rembrandt Hotel***
19, Sukhumvit Road, Soi 18
Tel. 02 / 2 61 71 00
Fax 2 61 70 42
www.rembrandtbkk.com
407 Zimmer, 4 Restaurants, 2 Bars, Coffeeshop, Swimmingpool, Fitnesscenter, Spa.
Seit Jahren ist dieses Hotel unter schweizerischem Management an einer Seitenstraße (Soi) der Hauptverkehrsader Sukhumvit Road beliebt. Die Zimmer sind komfortabel ausgestattet, der Service ist aufmerksam.

Bangkok Zentrum *Orientierung*

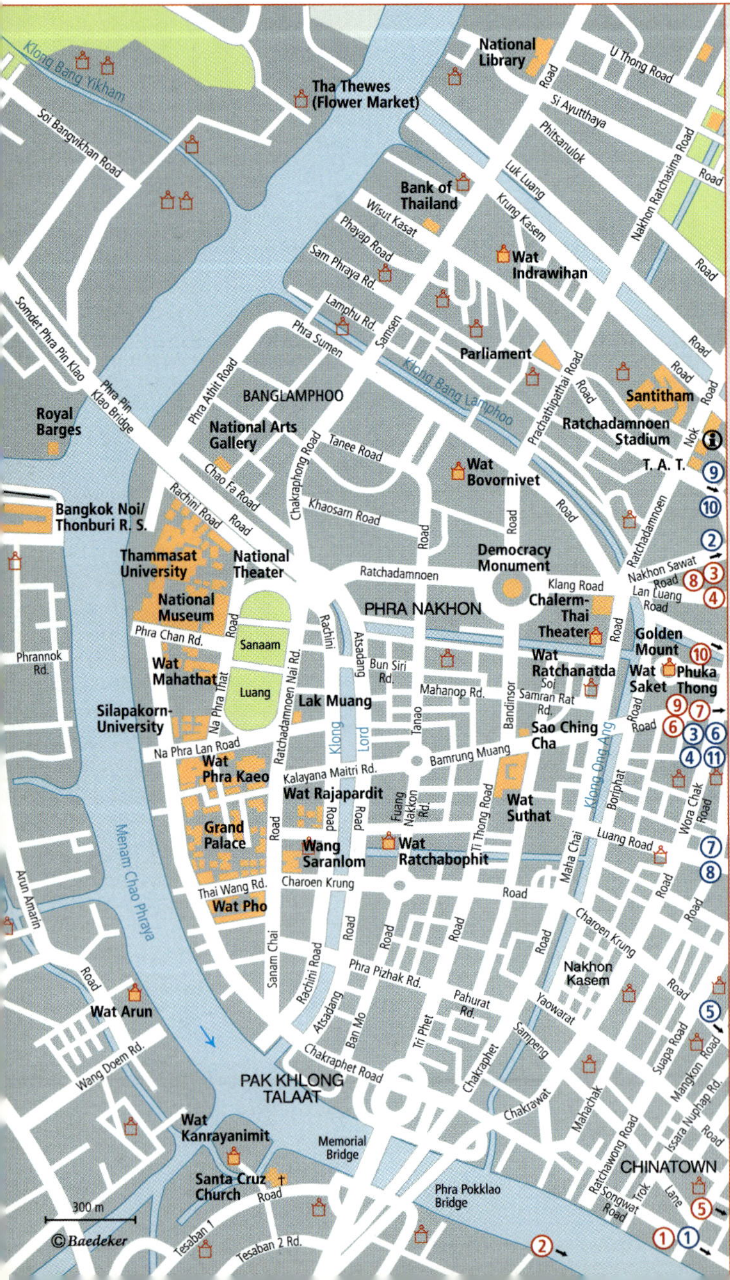

Essen

1. Lord Jim's
2. Vertigo Grill &
3. Seafood Market
4. Baan Thai
5. Silom Village
6. El Chico
7. Suan Aharn Kratorn (Flying Chicken)
8. Bane Lao
9. Neil's Tavern
10. Yao Khun Ou
11. Cabbages & Condoms

Übernachten

1. The Oriental
2. The Peninsula
3. Four Seasons
4. Banyan Tree
5. Royal Orchid Sheraton Bangko
6. Rembrandt Hotel
7. Amari Atrium
8. Asia Hotel
9. Baiyoke Sky Hote
10. YMCA Collins International House

⑦ ***Amari Atrium***
1880, New Petchburi Road
Tel. 02 / 71 82 00 01
Fax 7 18 20 02, www.amari.com 568 Zimmer, 2 Restaurants, Bar, Swimmingpool, Fitnesscenter. Die zentrale Lage dieses Hotels unweit der Sukhumvit Road sorgte für Beliebtheit vor allem unter Geschäftsleuten. Geschmackvoll eingerichtete Zimmer und aufmerksamer Service.

⑧ ***Asia Hotel***
296 Phayathai Road
Tel. 02 / 2 15 08 08
Fax 2 17 01 09, www.asiahotel.co.th
650 Zimmer, 4 Restaurants, Bar, Swimmingpool, Fitnesscenter. Gutes Mittelklassehotel nahe der Skytrain-Station »Ratchathewee«. Viele Shoppingmöglichkeiten in der Umgebung.

⑨ ***Baiyoke Sky Hotel***
222 Rajprarop Road, Rajthevee
Tel. 02 / 6 56 30 00, 26 56 34 56
Fax 26 56 35 55, 26 56 36 66
www.baiyoke.co.th/baiyokesky673 Zimmer, 2 Restaurants, Coffeeshop, Bar, Aussichtsplattform, Fitnesscenter, Spa. Das höchste Hotel der Welt ist das Baiyoke nicht mehr, dieses steht jetzt in Singapur. Beeindruckend ist das 84-stöckige Hotel mit einer Höhe von 343 Metern (inklusive der Antennen) aber allemal, und die Aussicht von der Plattform im 77. Stock ist grandios. Großzügige und komfortable Zimmer.

► Günstig

⑩ ***YMCA Collins International House***
27, South Sathorn Road
Tel. 02 / 6 77 62 40-5, Fax 6 77 62 46-7
http://ymca-hotels.com/thailand/ymca

Y.W.C.A (Young Women's Christian Association)
13 Sathorn Tai Road
Tel. 02 / 2 87 31 36, 2 87 31 38
Fax 679 12 80, App. 519
www.ywcabangkok.com
Beide zuvor genannten Häuser liegen in der Nähe der Deutschen Botschaft und bieten einen recht guten Komfort (rechtzeitige Reservierung zu empfehlen).

ESSEN

► Fein & Teuer

① ***Lord Jim's***
48, Oriental Avenue
(im Oriental-Hotel)
Tel. 02 / 6 59 90 00
Vielleicht das beste Seafood-Restaurant in Bangkok – aber sicher eines der teuersten. Dafür kommt aber nur beste Qualität und Frische auf den Tisch. Reservierung ist angeraten.

③ ***Seafood Market***
Sukhumvit, Soi 24
Tel. 02 / 66 11 25 29, Öffnungszeiten: tägl. 10.00 – 23.00 Uhr
»If it swims – we have it!« – unter dieser Devise bietet dieses ungewöhnliche Restaurant so gut wie alles, was das Meer hergibt. Die Besonderheit: Sie suchen sich wie in einem Markt die Zutaten selbst aus, bezahlen und sagen dann dem Kellner, wie diese zubereitet werden sollen. Vorsicht: Clevere Taxifahrer behaupten gerne, dieses Restaurant sei geschlossen und möchten Sie gerne in ein anderes bringen (wo sie mehr Provision erhalten…)

② ***Vertigo Grill & Moon Bar***
27/100 South Sathorn Road
Tel. 02 / 6 79 12 00
Öffnungszeiten: tägl. 18.00 – 24.00 Uhr (bei Regen geschlossen)

Den Blick gibt's gratis im Vertigo.

Das Vertigo auf dem Dach des Banyan Tree-Hotels ist ein exklusives Open-Air-Restaurant mit tollen Blick.

► Erschwinglich

④ ***Baan Thai***
Sukhumvit Road, Soi 32, Öffnungszeiten: tägl. 11.00 – 22.00 Uhr
Restaurant gehobener Kategorie, in dem auf die Frische der Produkte größter Wert gelegt wird.

⑤ ***Silom Village***
286, Silom Road
Tel. 02 / 2 35 87 60, Öffnungszeiten: tägl. 10.00 – 23.00 Uhr
Obwohl die geschäftige Silom Road ganz nah ist, sitzt man hier in einem schönen und ruhigen Innenhof. Die Qualität der Speisen ist vorzüglich, die Preise sind moderat. Abends gibt's traditionelle Thai-Tänze.

⑥ ***El Chico***
19, Sukhumvit Road, Soi 18 (im Rembrandt-Hotel)
Tel. 02 / 2 61 71 00, Öffnungszeiten: tägl. 11.00 – 22.00 Uhr
Dieses Restaurant mit mexikanischen Spezialitäten und Musik gilt als das beste der Stadt. Unbedingt reservieren!

⑦ ***Suan Aharn Kratorn (Flying Chicken)***
99/1 Bangna-Trad Road, Bang Na
Tel. 02 / 3 99 52 02, abds. geöffnet
Das muss man gesehen haben: Die Spezialität des Hauses – Grillhähnchen – werden auf ein Katapult gelegt und durch die Luft zum Kellner geschossen, der sie zum Tisch bringt.

► Gut & Günstig

⑧ ***Bane Lao***
49 Sukhumvit Soi 36, Naphasap Yaek
Tel. 02 / 2 56 60 96, Öffnungszeiten: tägl. 11.00 – 22.00 Uhr
Hoch im Kurs bei Einheimischen, denn hier speist man ausgezeichnet!

⑨ ***Neil's Tavern***
Ploenchit 58/4, Soi Ruam Rudi, Ploenchit Road
Tel. 02 / 2 56 68 75, Öffnungszeiten: tägl. 16.00 – 24.00 Uhr
Westliche und internationale Gerichte sowie Snacks in vielerlei Form gibt es hier und manchmal auch Live-Musik.

⑩ ***Yao Khun Ou***
Petchburi Road, Soi 17, Öffnungszeiten: tägl. 11.00 – 21.00 Uhr
Sehr empfehlenswertes Restaurant, das in einem traditionellen Thaihaus eingerichtet wurde. Noch schöner sitzt man allerdings im Garten unter freiem Himmel. Leckere Thai-Küche zu wirklich günstigen Preisen.

Baedeker-Empfehlung

⑪ ***Cabbages & Condoms***
Sukhumvit, Soi 12 Tel. 02 / 22 29 46 10
Öffnungszeiten: tägl. 11.00 – 22.00
Der Name ist so etwas wie eine Philosophie, denn der Inhaber hat sich seit seiner Amtszeit als Kabinettsminister der Familienplanung verschrieben. Zur Rechnung, die nie unangemessen hoch ausfällt, gibt's ein Gratiskondom. Besonders schön sitzt man unter Tausenden von Lichtern im Garten. Das teuerste Gericht auf der Karte kostet umgerechnet 3 Euro.

SHOPPING

Bangkok ist die Stadt der Shopper schlechthin. Ob tagsüber oder abends: ohne volle Einkaufstüte kommt man nur selten zurück. Besonders reizvoll sind die Nachtmärkte, aber auch die Shoppingkomplexe mit Hunderten von kleinen Geschäften bieten ein riesiges Angebot. Thailand ist aber auch das Land der Plagiate – die meisten als echt angepriesenen Markenartikel sind meist nicht mehr wert als ihr (günstiger) Preis.

Mah Boonkrong Shopping Center
444, Phayathai Road (in der Nähe des Siam Square) Mehr als 1500 (!) Läden unter einem Dach – wo gibt's das schon woanders auf der Welt. Das Angebot ist überreichlich, »Shop 'till you drop« kann hier durchaus Realität werden.

Siam Center
965, Rama I. Road (am Siam Square)
Eines der ältesten Shoppingzentren von Bangkok, das Angebot ist jedoch zeitlos aktuell. Einige Designerläden machen das Siam Center vor allem bei trendbewussten Jungmenschen beliebt.

Gaysorn Plaza
999, Ploenchit Road
Viele Läden mit echtem Kunsthandwerk, dessen Qualität weit über den üblichen Ramsch hinausreicht, außerdem einige exklusive Boutiquen. Im obersten Stockwerk gibt es den Thai Craft Museum Shop mit schönen Souvenirs.

Jim Thompsons Thai Silk
9, Surawong Road
Echte Thai-Seide, die nach traditionellen Mustern gewoben wird, bietet dieses Geschäft, dessen Name auf den legendären US-amerikanischen Geheimagenten und Wiederentdecker der Thai-Seide zurückgeht (►Berühmte Persönlichkeiten). Filialen gibt's in einigen Luxushotels, zum Beispiel im »Oriental«.

World Trade Center
4, Rajadamri Road
Nicht weniger als 350 Läden, zwei Kaufhäuser und zahlreiche Restaurants gibt es in diesem Gebäudekomplex mit einem fast unüberschaubaren Warenangebot. Kaufrausch-Gefährdete sollten dieses Shoppingcenter meiden.

MÄRKTE

In Bangkok und an der Peripherie der Stadt werden täglich von Sonnenaufgang bis in die Nacht hinein zahlreiche Märkte abgehalten, von denen der größte Teil der Versorgung der städtischen Bevölkerung mit frischem Gemüse und lebenden Tieren wie Hühnern und Fischen, aber auch mit Textilien sowie Dingen des täglichen Bedarfs dient. Neben dem großen Wochenendmarkt sind diese täglichen

Viele Märkte gibt es in Bangkoks Chinatown.

Märkte sehr interessant wegen ihres prallen, geschäftigen Lebens, besonders an Freitagen und Samstagen, wenn die Hausfrauen für das Wochenende einkaufen. Die im Folgenden genannten Märkte stellen nur eine kleine Auswahl dar. Zahlreiche weitere kann man selbst entdecken.

Weekend Market
Seit einigen Jahren befindet sich der Wochenendmarkt von Bangkok am nördlichen Stadtrand, zuvor wurde er auf dem Sanaam Luang direkt neben dem Grand Palace abgehalten. Geblieben ist aber die magische Anziehungskraft für viele tausend Besucher. Der Vielfältigkeit des Angebots scheinen kaum Grenzen gesetzt zu sein, neben zahllosen Ständen gibt es Garküchen und Restaurants. Einheimische Händler reisen schon am Freitagabend per Bus, Auto oder Eisenbahn an. Vorsicht ist beim Kauf von »Antiquitäten« geboten; in der Regel handelt es sich um gut gemachte Reproduktionen.

Tha Thewes Market
Die ganze Vielfalt der in Thailand wachsenden Blumen offenbart sich auf dem Tha-Thewes-Markt, auf dem sich morgens in aller Frühe auch viele Kinder mit Blumen versorgen, aus denen sie liebevoll und mit großem handwerklichen Geschick die für Thailand berühmten, Glück verheißenden Blumenkettchen fertigen. Diese bieten sie dann bis in die tiefe Nacht hinein Taxifahrern und Passanten für wenige Baht an und tragen so zum Lebensunterhalt ihrer Familien bei. Der Blumenmarkt ist einer der wenigen Märkte, die noch direkt am Ufer des Chao Phraya stattfinden. Orchideen in einzigartiger Vielfalt, Jasmin, Hibiskus und Lotosblüten sind ein Genuss für die Sinne, ihr Duft erfüllt das ganze Marktgelände. Garten- und Dschungelpflanzen sorgen für eine üppige grüne Vielfalt.

Bangrak Market
Lebende Schafe sieht auf dem Bangrak-Markt nur der, der sehr früh auf den Beinen ist. Aber auch danach lohnt noch ein Besuch des Markts, der zwischen der Sathorn Tai und der Silom Road liegt. Gemüse und Früchte finden ihre Abnehmer besonders in den Einkäufern der großen Hotels, die das reichhaltige Angebot an frischen Produkten zu schätzen wissen. Ein sehr weitläufiger Markt, der all das bietet, was der Thai zum täglichen Leben braucht.

Silom Road, Patpong
Allabendlich verwandelt sich die Silom Road zu einem großen Nachtmarkt mit einem vielfältigen Angebot. Außerdem gibt es viele Garküchen und Freiluft-Restaurants, an denen man bedenkenlos essen kann. Seit die Patpong, das Zentrum des Nachtlebens in Bangkok, abends zur Fußgängerzone erklärt wurde, haben sich auch hier etliche Dutzend Händler etabliert.

Suan Lum
Sathorn Road / Rama IV. Road
Der neueste Nachtmarkt von Bangkok befindet sich auf einem riesigen Areal mit Hunderten kleiner Geschäfte und einem überreichen Angebot. In der Mitte des Marktes gibt es eine Bühne mit Live-Musik und ein großes Open-Air-Restaurant

machten die Stadt zu einem internationalen Handelszentrum. Eine besondere Blüte erlebte Bangkok während der Regentschaft von **König Chulalongkorn** (Rama V.; 1868 – 1910; ► Berühmte Persönlichkeiten). Er ließ großzügige Straßen anlegen und eine 10 km lange Straßenbahn bauen. Unter seinen Nachfolgern explodierte die Stadt förmlich; bis heute fehlt es der Stadt unübersehbar an einer zielgerichteten Stadtplanung. Thonburi und Bangkok sind längst zu einer Einheit geworden, einem Schmelztiegel, in dem auf einer Fläche von nur 6500 km² nach offiziellen Angaben 6,3 Millionen, im Großraum Bangkok annähernd 10 Millionen Menschen leben.

? WUSSTEN SIE SCHON ...?

- Die international als Bangkok bekannte thailändische Hauptstadt heißt in der Landessprache eigentlich Krung Thep – aber das ist längst nicht der ganze Name. Sie besitzt nämlich den längsten Städtenamen der Welt, und der lautet: »Krung Thep Mahanakorn Amorn Rattanakosin Mahintara Mahadirok Popnoparat Ratchathani Burirom Udommahasthan Amornpiman Awathansathit«. Das bedeutet soviel wie: Stadt der Engel, höchster Hort göttlicher Juwelen, großes unbesiegbares Land, hervorragendes Reich, herrliche königliche Hauptstadt, geschmückt mit den neun himmlischen Edelsteinen, höchster Königssitz und königlicher Palast, Herberge der Götter und Haus der wiedergeborenen Seelen.

★★ Großer Palastbezirk (Grand Palace)

Lage
◄ Na Phra Lan Road

Öffnungszeiten:
tägl. 8.30 – 11.30, 13.00 – 15.00 (Pavillons Sa./So. geschlossen)

Eines der eindrucksvollsten Ziele für den Bangkok-Besucher ist der Große Palast, in dem als wichtigstes Heiligtum der **Wat Phra Kaeo** mit dem berühmten **Jade-Buddha** (auch Smaragd-Buddha genannt) steht. Jede der einzelnen Sehenswürdigkeiten in diesem 218 400 m² großen Areal ist Ausdruck einer Lebens- und Stilepoche und vor allem des Erbauers, des jeweils regierenden Königs. Der gesamte Sakralbereich weist trotz mehrfacher Renovierung immer noch den reinen Stil seiner Entstehungszeit auf. Bei allen Restaurierungsarbeiten legte man größten Wert auf die originalgetreue Wiederherstellung v. a. der großflächigen Wandgemälde, die nicht zuletzt durch die hohe Luftverschmutzung in Bangkok stark in Mitleidenschaft gezogen worden waren.

Eingang:
◄ Wisseedtschairi-Tor

◄ Auf angemessene Kleidung achten!

Der Zugang zum ummauerten Palastareal ist nur durch das Wissedtschairi-Tor (»Tor zum wunderbaren Sieg«) möglich, von dem eine breite Straße zum ersten Außenhof führt. Zu beiden Seiten der Straße befinden sich heute moderne Gebäude, in denen Regierungsbehörden untergebracht sind. Wer dem Wachpersonal als zu unschicklich gekleidet erscheint, wird gebeten, sich mit einem Sarong (Wickeltuch) zu bekleiden, das man kostenlos (gegen ein Pfand in Form eines Ausweispapiers) erhält.

Nach dem Lösen der Eintrittskarte (der Schalter befindet sich am Beginn der Zugangsstraße zum eigentlichen Palastbezirk) passiert man ein unscheinbares Gebäude, in dem das **Museum königlicher Orden und Münzen** untergebracht ist. In der ersten Etage sind einige holzgeschnitzte Möbel und anderes Interieur bemerkenswert.

Grand Palace Bangkok

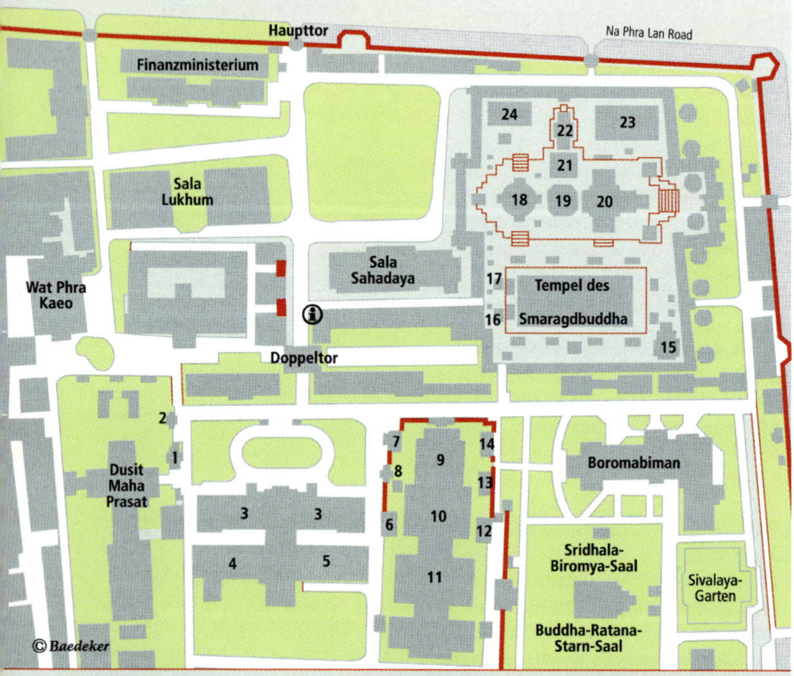

1 Königlicher Rat
2 Amporn Phimok Prasad
3 Chakri Maha Prasad
4 Somut-Devaraj-Ubbat-Saal
5 Moonstarn-Baromasna-Saal
6 Hor Phra Dhart Monthien
7 Dusida-Bhiromya Saal
8 Snamchandr-Saal
9 Amarindra-Vinichai-Saal
10 Paisal-Taksin-Saal
11 Chakrabardi Biman
12 Hor Phrasulalaya Biman
13 Rajruedi-Saal
14 Hor Satrakom
15 Hor Kanthararasdr
16 Hor Rajbongsanusorn
17 Hor Rajkornmanusorn
18 Phra Sri Ratana Chedi
19 Phra Mondhop
20 Prasad Phra Debidorn
21 Modell von Angkor Wat
22 Phra Viharn Yod
23 Hor Monthien Dharma
24 Hor Phra Naga

Tempelanlage

Durch ein Tor, das von zwei mächtigen Dämonenfiguren bewacht wird, erreicht man nun den eigentlichen Sakralbereich, in dessen Mittelpunkt der eindrucksvolle **Wat Phra Kaeo** (Tempel des Smaragd-Buddha) steht. Die von chinesischen Kaufleuten gestifteten Wächterfiguren wirken etwas fremd im ansonsten typisch thailändischen Architekturstil des übrigen Tempelbezirks. Am Zugangstor findet man auf Wandmalereien den Beginn des **Ramakien-Epos** sowie Marmortafeln mit Versinschriften, die **König Chulalongkorn** (Rama V.) neu verfasste.

Wendet man sich nun nach links, erblickt man den vergoldeten Chedi mit dem Namen **Chedi Phra Sri Ratana**, der sich auf einer runden, fünffach gestuften Basis erhebt. In seinem Innern birgt der Chedi eine Reliquie, der Überlieferung nach ein Knochen oder ein Haar des erleuchteten Buddhas. Die wie eine Nadel geformte Spitze des Chedi ist typisch für die thailändische Weiterentwicklung der indischen Pagode.

Phra Mondhop

Hinter dem Chedi Phra Sri Ratana erhebt sich das Phra Mondhop, ein überaus reich mit kleinen Glasmosaiken verziertes Bauwerk, das schon allein wegen seiner anmutigen Leichtigkeit imponiert. Die vier Eckfiguren am Mondhop sind im Borobodur-Stil gefertigt (14. Jh.). Der Bau wirkt zwischen seinen beiden Nachbarn, dem **Pantheon** (Phra Debidorn) und dem **Reliquien-Chedi** (Phra Sri Ratana) vergleichsweise niedrig. Er beherbergt einen prachtvollen schwarzen Lack-Bücherschrank mit Perlmutteinlage. In ihm werden die heiligen Schriften »Tripitaka« (= Dreifacher Korb) aufbewahrt. Der Boden des Mondhop besteht aus reinem Silber.

Angkor Wat (Modell)

Von **Rama IV.** stammt auch das Steinmodell auf der Terrasse der Tempelanlage von Angkor Wat (heute auf dem Staatsgebiet von Kambodscha), das ihm damals noch lehenspflichtig war. Auch ohne die imposante Originalgröße und die Umgebung des Urwalds ist es ein sehr viel besuchtes Anschauungsmodell für den Geschichtsunterricht.

? WUSSTEN SIE SCHON ...?

- Neben dem Modell der Tempelanlage von Angkor Wat stehen Elefantenskulpturen mit einer ziemlich abgewetzten Hals- und Kopfregion. Schuld daran ist der Glaube, dass man wieder zum Wat Phra Kaeo kommt, wenn man zuerst dem Elefanten und dann sich selbst über den Kopf streicht ...

Im **Phra Viharn Yod**, links von der Terrasse, befindet sich als älteste Sehenswürdigkeit des gesamten Palastbezirks ein **Steinthron König Ramkhamhaengs** (13. Jh.), des Gründers Thailands. Der Thron wurde von König Mongkut (Rama IV.) während seiner Wanderzeit als Mönch entdeckt und nach Bangkok gebracht.

Prasat Phra Debidorn

Das dritte Bauwerk auf der weitläufigen Terrasse ist der Prasat Phra Debidorn, auch Pantheon genannt. In seinem Innern, das nur einmal im Jahr, und zwar am Chakri-Tag (6. April), für die Öffentlichkeit zugänglich ist, befinden sich die lebensgroßen Statuen der ersten acht Könige der Chakri-Dynastie (der amtierende König Bhumibol ist der neunte Thronfolger dieses Herrschergeschlechts).

Bot

◄ Fotografieren verboten!

Verlässt man die Terrasse, gelangt man nun zum »Allerheiligsten« im Wat Phra Kaeo, dem **Tempel des Smaragd- oder Jade-Buddha**. Man betritt den Bot durch eines der beiden Seitenportale – das mittlere ist allein dem König vorbehalten. Im Innern des Bot erhebt sich der hohe Sockel mit der nur 75 cm großen Buddha-Figur unter einem neunstufigen Baldachin. Sie ist aus einem Stück Nephrit geschnitten, der Legende nach in Patalibutr (Indien), anderen Quellen zufolge in

Paris stand wenige Jahre vor der Französischen Revolution – während man in Bangkok mit den Bauarbeiten am Wat Phra Keo begann.

Birma. Über Ceylon und Kambodscha kam sie nach Nordthailand, wo sie in Chiang Rai entdeckt wurde, als ihre tarnende Stuckumhüllung bei einem Transport zerbrach (1434). Über weitere Umwege gelangte der Jade-Buddha nach Bangkok, wo er seit 1778 im Wat Phra Kaeo steht. Dreimal im Jahr findet eine besondere Feierlichkeit statt, bei der der König selbst die Kleider des Buddhas wechselt. Die schöne Linienführung der Statue ist am besten während der Regenzeit (Mai bis Oktober) zu sehen, während sie in der »kalten« Jahreszeit (November bis Februar) unter einer goldenen Netzhülle nahezu völlig verborgen ist.

Besondere Aufmerksamkeit verdienen die wunderschönen **Wandgemälde** im Bot, die jedoch wegen ihres angegriffenen Zustands restauriert werden mussten und sich daher nicht mehr im Originalzustand befinden. Über dem Eingang zeigen sie Szenen aus dem Leben Buddhas, an der gegenüberliegenden Seite das Universum in buddhistisch-astrologischer Vorstellung. Die Gemälde auf den Fenster- und Türflügeln erzählen sowohl in Bildern als auch in Reimen Episoden aus dem **»Ramakien«**.

✔ NICHT VERSÄUMEN

- Smaragd-Buddha
- Ramakien-Wandelgang
- Modell des Angkor Wat

Außenanlagen

Nach dem Verlassen des Tempels lohnt ein Rundgang durch die gepflegten Außenanlagen. Die zierlichen, vergoldeten Statuen heißen **Kinnari** (= Vogelmädchen). Beachtung verdienen auch die ausdrucksstarken Dämonenfiguren, die einen gestuften Chedi »tragen«. Zwischen dem Bot des Wat Phra Kaeo und dem Wandelgang, der die Abgrenzung zum übrigen Palastbezirk bildet, stehen kleine Pavillons. In früherer Zeit dienten sie der Vorbereitung des Königs, wenn er im Bot zeremonielle Handlungen vorzunehmen hatte. Heute bieten sie an heißen Tagen willkommenen Schatten.
Mit viel Liebe zum Detail wurden die Wandgemälde **Wandgemälde** im Wandelgang restauriert. Sie erzählen Episoden aus dem »Ramakien« und aus der thailändischen Geschichte.

Boromabiman Hall

Boromabiman Hall ist der offizielle Name für den Bau, hinter dem die große Rasenfläche liegt, wo früher die alljährliche Gartenparty des Königs stattfand. In seinem Innern zeigen **Wandfresken** die vier indischen Götter Indra, Yahuma, Varuna und Agni als Hüter des Universums. Darunter sind altindische Schrifttafeln zu sehen, auf denen die »Zehn königlichen Tugenden« (Rechtes Geben und rechtes Betragen, Opferbereitschaft, Aufrichtigkeit, Barmherzigkeit, Bescheidenheit, Arbeitsamkeit, Freiheit von Zorn, Freiheit von Arglist, Geduld und rechtes Handeln) aufgezählt werden. Seit Rama VI. sind alle Kronprinzen, zuletzt der heutige König, hier aufgewachsen. Heute wird der Bau nur noch gelegentlich als Gästehaus für Staatsoberhäupter oder buddhistische Würdenträger benutzt.

Mahamontien mit Amarindra-Vinichai-Saal

Westlich neben dem Chakri-Palast befindet sich ein aus drei Teilen bestehender Gebäudekomplex, der Mahamontien (= Hohe Residenz) genannt wird. In seinem vorderen Teil (für Besucher zugänglich) besteht er aus einem einzigen Saal namens Amarindra Vinichai (= Göttliche Entscheidung), in dem König Rama I. auf dem großen, breiten Thron sitzend Huldigungen entgegennahm. Auch König Bhumibol (am 5. Mai 1950 hier gekrönt) nutzt diesen Raum v. a. zu feierlichen Staatsempfängen, dabei sitzt er aber auf dem davor stehenden Thron, der europäische Sitzhaltung gestattet. An jedem Jah-

restag seiner Krönung verleiht der Monarch hier Verdienstmedaillen nicht nur öffentlichen Würdenträgern und Hofbeamten, sondern auch Männern und Frauen aus allen Schichten, die sich um soziale Belange verdient gemacht haben.
Beim Verlassen des Gebäudes geht man um die vorgelagerte Säulenhalle herum; hier wurden einst königliche Urteilssprüche verkündet. An den rotgoldenen Pfosten wurden die Elefanten des Königs angebunden.

Großer Chakri-Palast

Inmitten einer gepflegten Grünanlage liegt der Große Chakri-Palast. Der Ostflügel war der einstige Wohnsitz der Könige von Thailand, im Westflügel wohnten die Königinnen (kein Zutritt). Heute empfängt hier König Bhumibol, der mittlerweile in die Chitralada-Residenz umgezogen ist, Botschafter und Delegationen fremder Länder. Der Palast wurde von einem englischen Architekten in italienischem Renaissance-Stil entworfen, erhielt dann aber auf Wunsch von König Rama V. siamesische Staffeldächer und Mondhops als Krönung. Der mittlere und zugleich höchste enthält eine Urne mit der Asche der acht bisher regierenden Könige der Chakri-Dynastie.
Alle Säle des Palastes enthalten wertvolle Gemälde, zu. a. Porträts aller thailändischen Könige. Vom Balkon an der Frontseite aus wurden einst die königlichen Proklamationen verlesen; das Medaillon in der Mitte zeigt Rama V., den Erbauer des Palastes.

Dusit Maha Prasat

Westlich vom Chakri-Palast stößt man auf den anmutig wirkenden Dusit Maha Prasat, einen 1789 von König Rama I. errichteten Palast mit vierfach übereinander geschwungenen Dächern aus rot und grün glasierten Ziegeln. Der Grundriss ist so angelegt, dass sich die Dächer über mit Ornamenten besetzten Giebeln kreuzen und emporwachsen bis zu ihrem goldenen Mondhop, der sie, nadelspitz wie ein Chedi, nochmals überragt. Basis für ihn und zugleich harmonische Verbindung zwischen den Dachschwingen sind vier Garudas, mythische Vögel und Reittiere des Gottes Vishnu; ein Garuda ist heute noch im thailändischen Wappen enthalten.
Den großen Innenraum kann man besichtigen, er diente Rama I. als Audienzsaal. Der König empfing seine Besucher jedoch nicht von dem Thron aus, den man heute sieht, sondern von einem höheren, der in einer Wandnische im Südflügel dahinter steht. Die Wandmalereien entstanden erst später, als die Halle nur noch zur feierlichen Aufbahrung verstorbener Könige oder Mitgliedern der Königsfamilie diente – zuletzt 1995 der Königsmutter. Die reich verzierte Liege stammt noch aus der Zeit von König Rama I.

Amphorn Phimok Prasat

Vor dem Gebäude steht am Ausgang der Amphorn Phimok Prasat, ein zierlicher hölzerner Pavillon, der dem König zum Kleiderwechsel zwischen dem »Ausgang« in der Sänfte und der Audienz diente. Nachdem er ihn betreten hatte, wurden zwischen den Pfeilern golddurchwirkte Vorhänge heruntergelassen.

★★ Wat Arun (Tempel der Morgenröte)

Als Ayutthaya nach dem Einfall der Birmanen in Schutt und Asche lag, beschloss General Taksin, mit den letzten Überlebenden »so lange zu marschieren, bis die Sonne wieder aufgeht« und dort einen Tempel zu errichten. An der Stelle, an die Taksin kam, steht heute der Wat Arun, der Tempel der Morgenröte, der zunächst nur als Palastkapelle für Taksin gedacht war. Sein 86 m hoher Zentralprang mit den vier kleineren ringsum ist, obwohl die Anlage am anderen Ufer in Thonburi liegt, inzwischen zum Wahrzeichen Bangkoks geworden. Die Außenseiten des Ziegelbauwerks sind mit zahllosen Porzellanstücken verziert, sie wurden erst später angebracht und von der Bevölkerung der Stadt Bangkok gespendet. Interessant ist die Bauweise des Wat Arun: Da der Untergrund stark morastig war, legte man Tausende von Bambusstämmen kreuzweise übereinander und füllte die so entstandenen Zwischenräume mit Lehm. So ergab sich ein tragfähiges Fundament. Vom Prang, den zu besteigen sich lohnt, hat man einen ausgezeichneten Blick. Vom gegenüberliegenden Ufer des Menam Chao Phraya erlebt man einen phantastischen Sonnenuntergang über dem Wat Arun.

Lage
◄ am Westufer der Menam Chao Phraya in Thonburi

Der Wat Arun ist das Wahrzeichen Bangkoks, weithin zu erkennen an dem 86 m hohen Prang, der mit unzähligen Porzellanstückchen verziert ist.

★ ★ Wat Benchama-bo-bitr (Marmortempel)

Lage
im Stadtbezirk Dusit, im Winkel von Si Ayutthaya Road und Nakhon Pathom Road (südlich gegenüber dem Dusit-Zoo) ►

Der Wat Benchama-bo-bitr, einer der schönsten Tempel in Bangkok, wird im Volksmund auch »Marmortempel« genannt. Das Material zu seinem Bau (weißer Marmor), den König Rama V. (Chulalongkorn) um 1899 errichten ließ, stammt aus der Toskana und wurde per Schiff hierher gebracht. Da der König gleich nach seinem 20. Geburtstag, schon gekrönt, sich als Bikkhu (Mönch) für einige Zeit in das (ältere) Kloster südlich des eigentlichen Tempels zurückzog (1873), nennen ihn die Thai auch »Wat des 5. Königs«.

Tempelanlage

Anders als üblich betritt man den Sakralbereich nicht durch ein Mauertor oder einen Viharn; nur ein Gitterzaun trennt ihn von der Straße. Dahinter breitet sich eine hübsche Parkanlage aus. Auch die südliche Abgrenzung zwischen Tempel und Mönchsklausen ist ungewöhnlich, sie wird durch einen schmalen Wasserlauf gebildet.
Der Tempel besitzt ein dreistufiges Dach aus glasierten chinesischen Ziegeln. Die farblich und architektonisch darauf abgestimmten kleinen Pavillons und geschwungenen Brücken in Rot und Gold ergeben mit dem Grün das wohl gelungenste neuere Bauwerk in vollendetem Thai-Stil. Der König kümmerte sich selbst engagiert um viele Details, sein Halbbruder Naris – Architekt und Bauleiter in einer Person – befand sich fast pausenlos auf der Baustelle.

> ! *Baedeker* TIPP
>
> **Visakha-Bucha-Fest**
>
> Am eindrücklichsten ist ein Besuch des Marmortempels Mitte Mai, wenn am Abend des Visakha-Bucha-Fests Pilger mit Tausenden brennenden Kerzen dreimal um den Bot tanzen.

Bot

Der Bot weist einen kreuzförmigen Grundriss auf, der durch schlichte Marmorsäulen betont wird; ein hinter den Bot verlagerter Wandelgang mit über 50 Buddhafiguren um einen mit quadratischen Marmorplatten ausgelegten Hof vermittelt den Eindruck vollkommener Harmonie und Symmetrie. Dadurch kommt der Schwung der dreifachen Dächer mit ihren goldenen Naga-Spitzen zu vermehrter Geltung, ohne dass die Verspieltheit der anderen alten Tempelbauten ihm Würde nehmen. Auf den prachtvoll geschnitzten Giebelfeldern sind die Ursprünge des Buddhismus, der Hindu-Gott Vishnu auf einem Garuda reitend sowie der dreiköpfige Elefant Erawan (Ost- und Nordgiebel) zu sehen. Den Zugang zum Bot bewachen zwei weiße Marmorlöwen in birmanischer Sitzhaltung, gewöhnlich betritt man den Tempel von der Hofseite her. Auf dem Hauptaltar thront ein goldener Buddha, der im Auftrag von Chulalongkorn

> *i* **Nachhilfe: Bot und Viharn**
>
> - Bot: Heiligstes Gebäude im Tempelbezirk, in der Regel nur Mönchen zugänglich (ausführliche Informationen: ►S. 69).
> - Viharn: Dem Bot sehr ähnliche Andachtsstätte für die Laien (ausführliche Informationen: ►S. 70)

dem hoch verehrten Phra Buddha Jinarat (»Siegreicher König«) im Wat Phra Si Ratana Mahathat zu ►Phitsanulok nachgebildet wurde. Die Buddha-Statuen im Hof repräsentieren die gesamte Kunstentwicklung der buddhistischen Religion. Marmortafeln zu ihren Füßen nennen Datum und Ort ihrer Entstehung und Eigenschaft (Original oder Kopie).

Wat Indrawihan

Lage
◄ Wisut Kasat Rd.

König Mongkut (Rama V.) ließ den Tempel Mitte des 19. Jh.s als Schrein für eine Buddha-Reliquie aus Sri Lanka aufstellen. Die Hauptattraktion dieses Wat ist der monumentale 32 m hohe goldene Buddha-Statue. Die riesigen Zehen des modernen Standbilds sind zumeist bedeckt von Bergen von Blumen und anderen Opfergaben der Gläubigen (Öffnungszeiten: 8.00 – 17.00 Uhr).

Mönch zu Füßen des 32 m hohen Buddha im Wat Indrawihan

★ Vimarnmek-Palast

Öffnungszeiten:
Mo. – Sa.
9.00 – 16.00
Eintrittsgebühr

Fotografieren verboten! ►

Im hinteren Teil des Parks, der das Gebäude der Nationalversammlung umgibt (westlich des Dusit Zoo), steht der Vimarnmek-Palast, ein vierstöckiges Gebäude, das als größte Teakholzkonstruktion der Welt gilt. Es birgt die riesigen Kunstsammlungen des Königshauses (Möbel, Gemälde und Schmuck). Ein großer Teil wurde von Rama V. (Mongkut; 1868 – 1910) hier zusammengetragen, der nach einer Europareise 1897, während der er sich von westlicher Architektur inspirieren ließ, um 1900 den Bau anordnete. 1982 wurde das Gebäude grundlegend renoviert und danach als Museum der Öffentlichkeit zugänglich gemacht.

★ ★ Wat Pho (Wat Chetuphon)

Lage
Chetuphon Road, südlich des Grand Palace ►

In der Nähe des Großen Palastbezirks liegt der älteste, zugleich auch der größte Tempel in Bangkok, der von König Rama I. gegründete Wat Pho (auch Wat Chetuphon oder Temple of the Reclining Buddha genannt). Zuvor, im 16. Jh., soll hier ein Ayutthaya-Prinz eine kleine Residenz besessen haben. Der Wat Pho ist seit alters her bekannt als Heilstätte sowie als Apotheke, die in der Zeit Rama III. gegründet wurde. Außerdem befand sich im Wat Pho die erste **öffent-**

Der Buddha im Wat Pho mit den 108 Zeichen des Erleuchteten

liche Volksuniversität Thailands, zu der alle Bürger Zugang hatten. Heute ist er auch Sitz einer weltbekannten **Schule für die Kunst der Fußreflexzonen-Massage**.

Prangs und Chedis

Insgesamt 91 Prangs und Chedis stehen im Hof vor dem Heiligtum. So wurde z. B. der grüne Chedi von Rama I. zu Ehren einer Buddha-Statue errichtet, die 1767 von den Birmanen in Ayutthaya zerstört wurde. Der wohl schönste Chedi (mit den blauen Kacheln) stammt aus der Zeit Rama IV. (Mongkut), der ihn zur Erinnerung an die Königin Suriyochai errichten ließ. Diese Königin opferte ihr Leben, um das ihres Gemahls zu retten, als dieser in Gefahr geriet. Eine birmanische Anleihe sind die **Löwenstatuen** vor dem Eingang zum Bot, an dem die marmornen Basreliefs aus Ayutthaya (mit Szenen aus dem »Ramakien«) Beachtung verdienen. Eindrucksvoll präsentiert sich die hohe Rechteckhalle im Innern, die von Teakholzsäulen in drei Schiffe unterteilt wird. Die vorherrschenden Farben Rot und Gold in der dekorativen Decke spiegeln sich im Marmorfußboden.

Tempel des ruhenden Buddha

Die englische Bezeichnung »Temple of the Reclining Buddha« bezieht sich auf die 45 m lange und 15 m hohe Monumentalfigur eines liegenden Buddha, für die im Wat Pho ein Viharn im hinteren Teil der Anlage errichtet wurde. Interessant sind die ziselierten Bilder an den überdimensionalen, mit Edelsteinen verzierten Fußsohlen, die Ereignisse aus dem Leben Buddhas zeigen. Die Enge des Raums gestattet keinen Gesamtüberblick, weshalb sich der Betrachter mehr den Details, wie der fein geschwungenen Linienführung des Gesichts zuwenden sollte. Die Lotosknospenform der Hand ist ein Symbol von Reinheit und Schönheit.
Jenseits der Chetuphon Road, an der der Hauptzugang zum Wat Pho liegt, befindet sich der nicht verschlossene Wohnbereich der Mönche. Wer sich ernsthaft mit Fragen der buddhistischen Religion befasst, wird fast zu jeder Tageszeit einen interessierten Zuhörer und Fragesteller finden.

✶ Große Schaukel · Wat Suthat

Lage
◄ Ostteil von Alt-Bangkok

Eines der auffälligsten Bauwerke Bangkoks steht inmitten eines verkehrsreichen Platzes vor der Tempelanlage des Wat Suthat. Bei dem etwa 27 m hohen roten Teakholzrahmen handelt es sich um die so genannte Große Schaukel, die bis 1932 im Mittelpunkt einer religiösen Zeremonie stand. Alljährlich im Dezember nach der Reisernte fanden wagemutige Schaukelwettbewerbe statt, deren Ursprung in mythischer Vorzeit zu suchen ist.

Öffnungszeiten:
Viharn: 9.00 – 16.00
Eintrittsgebühr

Der Wat Suthat neben der Großen Schaukel ist einer der ältesten buddhistischen Tempel Bangkoks und zugleich einer der schönsten. Gleich drei Könige waren an seiner Erstellung beteiligt: Rama I., der Begründer der Chakri-Dynastie, begann das Werk kurz nach seiner

Krönung 1782, Rama II. führte es fort und Rama III. vollendete es nach einer Gesamtbauzeit von rund zehn Jahren. Besonders interessant sind neben der reizvollen Architektur die restaurierten Wandgemälde im Inneren. Die Anlage hat eine Fläche von 40 800 m², die Umgebungsmauern sind insgesamt 949 m lang. Zwei voneinander getrennte Bezirke, die eigentliche Tempelanlage und die Wohnungen der Mönche, bilden das Gesamtensemble.
Der Wat Suthat trug seit seiner Erbauung mehrere Namen. Rama I. gab ihm die Bezeichnung Wat Mahasuthavat, im Volksmund wurde er freilich seiner imposanten Buddha-Figur wegen stets Wat Phra Yai (»Großer Tempel«) genannt.

Viharn Der Viharn übertrifft zweifellos den Bot in Architektur und Innengestaltung an Schönheit. Der fast quadratische Bau wird an zwei Seiten durch prächtige Vorhallen ergänzt, je sechs Pfeiler mit vergoldeten Lotosblüten-Kapitellen tragen die reich geschmückten Dachgiebel. Der Besucher betritt den Viharn durch zwei Monumentalportale mit berühmten Schnitzereien (einen der Fensterflügel schnitzte Rama III. persönlich). Der 30 m hohe Raum wird durch acht Pfeiler in drei Schiffe geteilt. Der Viharn wurde eigens für die wunderschöne Statue Phra Buddha Shakyamuni aus dem 13. Jh. gebaut, die Rama I. aus Sukhothai auf dem Menam Chao Phraya nach Bangkok brachte. Als der Buddha in der neuen Hauptstadt ankam, ordnete Rama I. sieben Tage währende Festlichkeiten an, einem Triumphzug gleich wurde die Bronzefigur durch die Straßen zu ihrem Bestimmungsort geführt. Der König selbst nahm barfuss an dieser großen Prozession teil. Das Bildnis stellt Buddha in der »pang mara vichaya« (Sieg über Mara) genannten Pose dar. Der bronzene Korpus ist mit Blattgold bedeckt und steht auf einem mehrstufigen, verzierten Podest, in dessen unterem Teil die Asche von König Rama VIII. (Ananda Mahidol), dem unter bis heute ungeklärten Umständen zu Tode gekommenen Bruder des heute regierenden Königs Bhumibol, aufbewahrt wird.
Den Bau umschließt eine zweigeteilte Balustrade mit 28 chinesischen Pavillons, schönen Bronzepferden und chinesischen Soldaten. An den Außenmauern der Anlage befinden sich die traditionellen Wandelgänge mit Reihen vergoldeter Buddhas.

? WUSSTEN SIE SCHON ...?

- Regelmäßig nach der Reisernte fanden sich auf dem Platz der großen Schaukel wagemutige Schaukelmannschaften ein, um sich auf einem schmalen Brett »in den Himmel« zu schwingen. Mindestens 25 m hoch, denn dort hing ein Beutel mit Silbergeld, den man mit den Zähnen zu packen suchte. Nach etlichen schweren Unfällen wurde der Wettbewerb von König Rama VII. verboten.

Wandgemälde Mit großem Aufwand wurden zu Beginn der 1980er-Jahre die herrlichen Wandgemälde des Viharn gründlich restauriert. Das größte Problem dabei stellte die Verunreinigung der Bilder durch Fledermauskot dar. Annähernd die Hälfte der Gemälde, die eine Fläche von 2565 m² bedecken und als die vielleicht bedeutendsten des Landes gelten, war geschädigt, ein Zehntel bereits unrettbar zerstört. Für gewöhnlich ist auf den heute noch erhaltenen Wandmalereien in Thailand das Leben des Buddha dargestellt. Im Wat Suthat ist dies anders: Sie zeigen den Lebenslauf der ihm vorangegangenen 24 Buddhas, dazu den von drei Zeitgenossen. Dies geht aus unter den Malereien angebrachten Schiefertafeln hervor, die in Pali-Schrift jeden Gemäldekomplex einordnen lassen. Da sich die Wandgemälde von anderen klassischen thailändischen Werken abheben und westliche Einflüsse erkennen lassen, vermutet man, dass ein Teil von Rama II. (1809 – 1824) in Auftrag gegeben wurde; vollendet haben mag sie Rama III. (1824 – 1851). Die Beziehung Ramas VIII. zu Deutschland – er wurde in Heidelberg geboren, und sein Vater Rama VII. absolvierte in Deutschland eine Ausbildung zum Marineoffizier – veranlasste die damalige Bundesregierung zur finanziellen Hilfe bei der Restaurierung der Bilder.

✶✶ Wat Traimitr (Tempel des Goldenen Buddha)

Der Wat Traimitr verdankt seine Berühmtheit einem Zufall. Zunächst war er einer der vielen hundert Tempel in Bangkok, ohne bemerkenswerte Architektur. Am Anfang der Geschichte steht ein Grundstückserwerb durch eine Handelsgesellschaft, die dabei zur Bedingung machte, dass eine Buddha-Figur aus Ton weggeräumt wurde. Also bestellte man einen Kran, der versuchte, die Statue anzuheben. Sie erwies sich jedoch als zu schwer, das Kranseil riss, die Figur stürzte um und blieb über Nacht unbeachtet liegen. Es war gerade Regenzeit, und als am nächsten Morgen einige Mönche an der Figur vorbeigingen, entdeckten sie, dass an einer Stelle Gold durchschimmerte. Man entfernte die Tonhülle, und zum Vorschein kam eine 3,5 m hohe Buddha-Figur, die aus 5,5 t massivem Gold gegossen war. Die Suche nach der Herkunft dieser wertvollen Figur blieb bis heute erfolglos. Kunsthistoriker vermuten, dass sie in der Sukhothai-Epoche getarnt wurde, als Invasoren das Land und seine Kunstschätze bedrohten. Deshalb verbarg man solche Heiligtümer oft unter unscheinbaren Hüllen.

Lage
◄ Chinatown, an der Einmündung der Yaowarat Road in die Charoen Krung Road

Öffnungszeiten:
bei Tageslicht

Chitralada-Palast (Königliche Residenz)

Die Königliche Heimstatt ist die einstige Sommervilla von König Chulalongkorn und steht in einer etwa 1 km² großen Parkanlage mit zahlreichen künstlichen Seen. Sie ist das Zentrum der landwirtschaftlichen und technischen Versuche des wissenschaftlich engagierten Regenten, der 1993 als erster Monarch der Welt ein Patent einreichte (für eine Wasseraufbereitungsanlage). Auf dem Gelände befinden sich eine Rinderfarm, eine Molkereiversuchsanstalt, mehrere Labors sowie ausgedehnte Fischzuchtanlagen.

Lage
◄ im Stadtbezirk Dusit; Rama V. Road und Rajawithi Road,
◄ Kein Zugang für die Öffentlichkeit!

Weiße Elefanten Ihrer Würde angemessen untergebracht sind in der Chitralada-Residenz die elf berühmten königlichen »weißen« Elefanten, nach deren Anzahl sich seit jeher das Prestige thailändischer Monarchen bemessen lässt (►Baedeker Special S. 490). König Bhumibol übertrifft seine Vorgänger bei der Zahl der »weißen« Elefanten übrigens bei weitem; Noch nie wurden einem Herrscher während seiner Amtszeit so viele Albino-Elefanten geschenkt wie ihm.

Kanal Der künstliche Kanal, der die Anlage umgibt, machte 1973 bei den Studentenunruhen Geschichte, als Demonstranten jenseits des Zauns Schutz vor den Polizeigewehren suchten - und ihn auch fanden. Dass König Bhumibol ihnen Zuflucht gewährte, trug zu seinem außerordentlich hohen Ansehen in der Bevölkerung bei.

✶ Klongs

Kanäle Einen echten »Schwimmenden Markt« gibt es in Bangkok nicht mehr. Die meisten der durch Bangkok führenden Kanäle (Klongs) wurden zum einen wegen der Seuchengefahr, zum anderen zum Bau dringend benötigter Straßen zugeschüttet. Allenfalls in Thonburi stellen sich am frühen Morgen noch einige Händler auf den Klongs ein. Trotzdem ist eine **Bootsfahrt** interessant, die man am besten von der Anlegestelle neben dem Oriental-Hotel aus unternimmt. Hier warten vor allem in den Vormittagsstunden zahlreiche Bootseigner, die den Gast zunächst über den Menam Chao Phraya und dann durch ein kompliziertes Geflecht von kleinen und größeren Kanälen bringen. Um einen Schwimmenden Markt, wie er einst in Bangkok existierte, zu sehen, muss man sich nach **Damnoen Saduak** begeben (►Ratchaburi).

Wäscherei am Klong in Thonburi

Lak Muang

Lage
gegenüber dem südöstlichen Ende des Saanam Luang ►

Öffnungszeiten:
tägl. 6.00 – 20.00

In diesem kleinen Bauwerk, das einen Schrein birgt (im Übrigen Bezugspunkt für die Landvermessung; er wurde einst um den symbolischen Grundstein der Stadt herumgebaut) wohnt dem animistisch-hinduistischen Glauben nach der Schutzgeist der Stadt Bangkok. Er gilt als der eigentliche Grundherr und wird symbolhaft dargestellt durch zwei phallusartige vergoldete Säulen. Zu allen Tages- und Nachtzeiten sieht man Buddhisten, die sich mit Blumen und Räucherkerzen um den »Lingam« drängen und durch das dargebrachte Opfer Glück für alle möglichen irdischen Unternehmungen erhoffen. Aus kleinen Käfigen kann man Vögel freikaufen, was zum einen den Schutzgeist befriedigen und zum anderen den Weg ins Nirwana beschleunigen soll. Um den eigentlichen Lak Muang herum herrscht ein reges Leben. In einer Ecke finden tagsüber Thai-Dramen stets ein interessiertes Publikum. Aus großen Kesseln schöpfen die Thai geweihtes Wasser mit Lotosblüten, um sich damit zu waschen.

✶✶ Jim Thompsons Häuser

Lage
◄ 2, Soi Kasem San (Nähe Rama I. Road)

Öffnungszeiten:
Mo. – Sa.
9.00 – 16.30

Die Lebensgeschichte des gebürtigen US-Amerikaners James (Jim) Thompson liest sich wie ein Abenteuerroman (► Berühmte Persönlichkeiten). Auf der Höhe des geschäftlichen Erfolgs verschwand er 1967 während eines Urlaubs in Malaysia spurlos, nachdem er die Thai-Seide zu weltweiter Berühmtheit gebracht hatte. Geblieben sind jedoch die wunderschönen Thai-Häuser, die Thompson in der Nähe von Ayutthaya entdeckte und zerlegt auf dem Wasserweg nach Bangkok transportieren ließ. In diesen Häusern fanden seine reichhaltigen Kunstsammlungen Platz, die heute einer gemeinnützigen Stiftung gehören. Die sieben Holzhäuser stellen ein einzigartiges Ensemble dar, wie es heute nur noch selten in Thailand zu finden ist. Sie bergen Schätze aus allen Stilepochen thailändischer Kunst, der Abstecher an den Soi Kasem San ist ein Muss für jeden Bangkok-Besucher. Malerisch an einem Klong gelegen, an dessen anderem Ufer einst die Seidenweber ihr kunstvolles Handwerk ausübten, sind die Häuser heute von einem hübschen Garten umgeben. Das Interieur zeugt vom guten Geschmack des einstigen Besitzers. Neben alten Bildern aus Thai-Seide befinden sich hier Buddha-Figuren aus nahezu allen wichtigen Epochen, alltägliche Gebrauchsgegenstände und weitere Kunstwerke. Jim Thompson bezog seine Häuser übrigens erst zum von Tempel-Astrologen bestimmten günstigsten Termin. Lange Zeit darin blieb ihm nicht vergönnt, nur sieben Jahre später verließ er Bangkok zum letzten Mal.

Eine der besterhaltenen Wohnanlagen hinterließ der US-Amerikaner Jim Thompson.

★★ Nationalmuseum

Lage
4 Na Prathat Road, Westseite des Saanam Luang ►

Öffnungszeiten:
Mi. – So.
9.00 – 16.00

Vielfältigen Einblick in die Geschichte Thailands gibt das Nationalmuseum von Bangkok, zu dessen Besichtigung man sich mindestens einen halben Tag Zeit lassen sollte. Es besitzt eine außerordentlich große Sammlung, da es bis Mitte der 1970er-Jahre das einzige Museum Thailands war. Inzwischen hat das Department of Fine Arts, die thailändische Kunstbehörde, etliche »Filialen« im ganzen Land gegründet, damit archäologische und kunsthistorische Funde möglichst in der Nähe ihres Fundorts ausgestellt werden können.

Fotografieren verboten! ►

Der **alte Palast des Wang Na**, von Rama I. erbaut, ist im Wesentlichen erhalten, ebenso wie der Grundstock der Sammlung, die aus Chulalongkorns Stiftung und dem Wang-Na-Haushalt stammt: religiöse und zeremonielle Geräte, Keramiken, Spiele, Waffen, Musikinstrumente, des Vizekönigs Thron und vieles andere.
Sehenswert sind die in den alten Gebäuden enthaltenen Sammlungen, z. B. Geschenke für Könige, königliche Barken und Insignien, Kuriositäten, auch die Bestattungswagen. In den modernen Gebäuden sind v. a. Buddha-Darstellungen aus verschiedenen Epochen untergebracht. Im Museum wird übrigens die Steintafel mit der Regierungserklärung König Ramkhamhaengs (12567 – 1317; ►Berühmte Persönlichkeiten) aufbewahrt, die in ►Sukhothai gefunden wurde.

i Führungen auf deutsch

- Donnerstags wird im Nationalmuseum eine deutschsprachige Führung angeboten (Treffpunkt 9.30 Uhr am Haupteingang; Dauer etwa eineinhalb Stunden). Ein guter Ausstellungskatalog ist an der Kasse erhältlich, außerdem tragen fast alle Exponate Schilder in englischer Sprache.

Wat Buddhaisawan

Mit Ausnahme der später hinzugefügten Giebelwand aus blauem Mosaik stammt der Tempel Wat Buddhaisawan auf dem Gelände des Nationalmuseums aus dem Jahr 1795. Er wurde zu Ehren seiner größten Kostbarkeit, der unter einem Baldachin thronenden Buddha-Figur, erbaut. Nur einmal im Jahr, am Vortag des **Songkhram-Festes** (thailändisches Neujahrsfest ►Feiertage, Feste und Events S. 129), wird sie in feierlicher Prozession durch die Straßen Bangkoks getragen. Obgleich die Legende ihren Ursprung nach Ceylon (das heutige Sri Lanka) verlegt, vermuten Historiker wegen ihres Stils, dass sie um 1250 in Sukhothai hergestellt wurde. Sie hat aber wahrscheinlich ebenso wie der berühmte Smaragd-Buddha im Wat Phra Kaeo (►Großer Palastbezirk) eine lange Reise durch einige südostasiatische Länder hinter sich. 1795 brachte sie König Rama I. von Chiang Mai nach Bangkok.

Faszinierender noch als die Statue sind die **Wandmalereien**, die alle vier Wände des Bot schmücken. Hier sind sie im Gegensatz zu denen im Wat Phra Kaeo noch im Original erhalten, also mehr als 200 Jahre alt. Sie sind noch mit traditionellen Temperafarben aus Mineral-

und Erdpigmenten ausgeführt und zeigen Figuren in historischer Kleidung. Malereien erzählen Episoden aus Buddhas irdischem Dasein.

Rotes Haus

Das »Rote Haus« erbaute Rama I. Ende des 18. Jh.s für eine ältere Schwester; es hat Name und Farbe von einem Pflanzenpigment, mit dem das Baumaterial Teakholz angestrichen wurde. Das Haus steht nicht mehr an seinem ursprünglichen Ort, sondern wurde auseinander genommen und im Nationalmuseum wieder aufgebaut. Besonders anschaulich für königliche Wohnkultur sind in den Innenräumen das holzgeschnitzte, vergoldete Bett, der Toilettentisch und die Handtuchhalter im Schlafzimmer. Zu erwähnen sind auch die reich verzierten Lackholztruhen, in denen die kostbaren Gewänder aufbewahrt wurden. Ferner befinden sich hier zum Beispiel Dvaravati-Skulpturen aus ►Nakhon Pathom, solche im Srivijaya- oder Lopburi-Stil (beides im Obergeschoss des Südflügels) und andere aus ► Sukhothai (im Nordflügel).

★★ Bang Pa In

D 3

Region: Zentralthailand
Höhe: 4 m ü. d. M.
Provinz: Ayutthaya
Einwohnerzahl: ca. 12 000

Bang Pa In, die Sommerresidenz der thailändischen Könige, ist seit jeher ein beliebtes Ausflugsziel der Hauptstadtbewohner und liegt etwa 60 km nördlich von Bangkok auf einer natürlichen Insel im Menam Chao Phraya.

Sommeraufenthalt

Schon die Könige von Ayutthaya wählten Bang Pa In als Sommerresidenz. Sie diente zunächst der Mutter des späteren Königs Prasat Thong, der hier auch geboren wurde, als Wohnsitz. Heute sind der Palast von Bang Pa In und die sehr schöne Parkanlage der Öffentlichkeit zugänglich.

> **! Baedeker TIPP**
>
> **Wie die Könige nach Bang Pa In**
>
> Die Anreise nach Bang Pa In ist auch mit dem Schiff möglich, buchen kann man bei Reiseveranstaltern in Bangkok oder an der Hotelrezeption. Dabei fährt man entweder bei der Hin- oder der Rückreise auf dem Menam Chao Phraya mit der »Oriental Queen« oder der «Ayutthaya Princess«, den anderen Teil mit dem Bus.

Nach seiner Thronbesteigung 1629 ließ Prasat Thong einen buddhistischen Tempel bauen, den Wat Chumphol Nikayaram. Er ließ einen kleinen See auf 1,6 km² vergrößern und baute an dessen Ufer ein kleines Schloss, in dem er sich wie auch seine Nachfolger in den Sommermonaten aufhielt. Als das weiter entfernte Thonburi (heute ein Stadtteil von Bangkok) unter König Taksin Hauptstadt des

Landes wurde, verfielen die Anlagen. Bang Pa In wurde später von König Mongkut wieder entdeckt, mittlerweile gab es Dampfschiffe auf dem Menam Chao Phraya, die auch von den Regenten zur Anreise benutzt wurden. Mongkut ließ anstelle des alten einen neuen Palast errichten, der von seinen Nachfolgern erweitert und grundlegend restauriert wurde. Erst Rama VIII. wählte mit dem am Meer gelegenen ► Hua Hin eine neue Sommerresidenz; Bang Pa In wird von König Bhumibol allerdings heute noch gern bei Staatsempfängen benutzt. Die meisten der heute sichtbaren, in einem liebevoll angelegten Park mit mehreren Seerosenteichen gelegenen Gebäude stammen aus der Regierungszeit König Chulalongkorns.

✶✶ Palastbezirk

Öffnungszeiten:
tägl. 8.30 – 15.30
Eintrittsgebühr

Eigentlich besteht Bang Pa In aus zwei Palastanlagen, der äußeren und der inneren. Die innere war einst nur dem Herrscherpaar und den weiblichen Hofbediensteten zugänglich. Der gesamte Palastbezirk ist von einer hohen Mauer umgeben, die an mehreren Stellen durch monumentale Turmbauten im neoklassizistischen Stil unterbrochen wird.

Pavillon Phra Thinang Aisawan Tippaya

Das anmutigste Gebäude ist der inmitten eines kleinen Sees gelegene, von König Chulalongkorn im typischen Bangkok-Stil erbaute Pavillon Phra Thinang Aisawan Tippaya von 1876, eines der schönsten Beispiele thailändischer Architektur. Eigentlich ist der Pavillon eine Kopie des von König Mongkut erbauten Pavillons Phra Thinang Aphonphimok Prasat im Großen Palastbezirk von Bangkok. In der Mitte des Pavillons steht die gusseiserne Statue eines unbekannten Künstlers, die König Chulalongkorn in Lebensgröße darstellt.

Phra Thinang Warophat Phiman

Eine Mischung aus italienischer Renaissance und viktorianischem Stil ist die nördlich der Schiffsanlegestelle gelegene Halle Phra Thinang Warophat Phiman, die als königlicher Audienzsaal benutzt wurde. Im Innern sieht man den prachtvollen, baldachingekrönten königli-

BANG PA IN ERLEBEN

ANREISE

Die meisten Reiseveranstalter in Bangkok haben Ausflüge nach Bang Pa In in ihrem Programm.

Auto:
von Bangkok Nationalstraße 1, bei Kilometer 52 links abbiegen (Wegweiser).

Bus:
von Bangkok tägl. zwischen 5.40 und 19.40 Uhr alle 20 Min. ab Northern Bus Terminal.

Bahn:
Bahnstation an der Strecke Bangkok – Ayutthaya (dreimal tägl. ab Bangkok-Hualampong; Fahrzeit ca. 1½ Std.).

chen Thron, daneben die königlichen Ehrenschirme. An der Wand gegenüber zeigt ein Ölgemälde König Chulalongkorn im Staatsgewand. An den übrigen Wänden sind Illustrationen zu den Erzählungen »Inao«, »Phra Aphaimani« und »Ramakien« zu sehen. Eine überdachte Brücke verbindet die Audienzhalle mit einem runden Bau, dessen Türen auf eine weite Terrasse führen, die Stufen der breiten Steintreppe reichen bis ins Wasser.

Der Pavillon diente mehrfach als Vorbild für thailändische Bauten auf Weltausstellungen.

Palast Uthayan Phumi Sathian

Der sechseckige hohe Turm aus Backstein im neugotischen Stil ist der einzige Überrest des Palasts Uthayan Phumi Sathian, in dem sich König Chulalongkorn während der Regenzeit aufhielt. Die übrigen, aus Holz gebauten Teile des Palasts wurden 1938 durch eine Feuersbrunst vernichtet.

Palast Vehat Chamrun

Der 1889 erbaute und Mitte der 1990er-Jahre restaurierte Vehat-Chamrun-Palast im Norden des Palastbezirks wurde König Chulalongkorn von reichen Chinesen in Bangkok gestiftet, die sich damit das Wohlwollen des Regenten erkaufen wollten. Das prächtige Gebäude ist chinesischen Königspalästen nachgebildet, die bunt glasierten Dachziegel, Dachdekorationen, Holzschnitzereien und die meisten Einrichtungsgegenstände wurden aus China herbeigeschafft oder von chinesischen Handwerkern gearbeitet. Da der Palast über Glasfenster verfügte, suchte König Chulalongkorn hier Schutz vor starken Regenfällen. Sehenswert sind das mit reicher Schnitzarbeit verzierte Bett des Herrschers, der im chinesischen Stil geschnitzte Schreibtisch König Vajiravudhs und die Bücherschränke im Arbeitszimmer (in ihnen werden altchinesische Handschriften aufbewahrt).

Königliches Observatorium

Der von König Mongkut auf einer kleinen Insel zwischen den beiden Palästen erbaute Turm diente dem Hobbyastronomen als Observatorium. Von der Plattform aus, zu der eine steinerne Wendeltreppe hinaufführt, überblickt man das weite Land und die Palastanlage.

Statue der Königin Sumantha

Eines der Denkmäler, mit denen König Chulalongkorn den Park schmücken ließ, erinnert an seine erste Frau Sumantha Kumaritana, die auf dem Menam Chao Phraya bei einem Schiffsunfall mit ihren drei Kindern ertrank. Kein Untergebener hatte es gewagt, den Ertrinkenden zu Hilfe zu eilen, denn es war bei Todesstrafe verboten, Mitglieder der Königsfamilie zu berühren. Nach diesem Unfall hob der König das jahrhundertealte Verbot auf, das König Rama Thibodi, der sich als Reinkarnation Vishnus bezeichnete, eingeführt hatte.

Wat Chumphol Nikayaram Außerhalb der eigentlichen Palastanlage liegt im vorderen Teil der Insel nahe der Bahnstation der von König Prasat Thong errichtete und unter seinen Nachfolgern mehrfach veränderte und restaurierte Wat Chumphol Nikayaram. Er enthält Wandmalereien aus der Zeit König Mongkuts, die aus dem Leben Buddhas erzählen. Die beiden polygonalen Chedis stammen aus derselben Zeit und zeichnen sich durch besonders schöne Proportionen aus.

Wat Niwet Thamapravat Südlich der Residenz liegt auf einer Menam-Insel der seltsamerweise im gotischen Stil erbaute Wat Niwet Thamapravat, der von König Chulalongkorn für die Mönche der Dhramayutika-Sekte gestiftet wurde. Die größte Buddha-Statue in seinem Bot ist ein Meisterwerk des Prinzen Pradi Vrakarn, der während der Regierungszeiten der Könige Mongkut und Chulalongkorn Hofbildhauer war.

Buri Ram

D 4

Region: Nordostthailand **Provinz:** Buri Ram
Höhe: 65 m ü. d. M. **Einwohnerzahl:** 29 000

Die Provinzhauptstadt Buri Ram, ursprünglich eine Siedlung der Khmer, liegt 265 km von Bangkok entfernt an der südlichen Peripherie des Khorat-Plateaus. Die Stadt selbst ist touristisch uninteressant, von hier aus erreicht man jedoch die bedeutenden Khmer-Tempel Prasat Phanom Rung und Prasat Muang Tam.

Armenhaus Thailands Bezeichnend für das Gebiet an der Grenze zu den nordöstlichen Landesteilen, ist die karge Vegetation, die zum Hügelland hin in ein mit Mischwald bedecktes Gebiet übergeht.

Geschichte Ab dem 8. Jh. drängten Khmer-Völker immer mehr nach Thailand. Sie entwickelten eine relativ eigenständige Lebensweise, wie sich anhand zahlreicher Fundgegenstände beweisen lässt. Ab dem 11. Jh. tausendwende kamen vor allem das Menam-Becken sowie die östlichen Landesteile unter die Herrschaft der Khmer, erster Regierungssitz eines Vizekönigs wurde die Stadt Lopburi. Warum die Khmer bei Buri Ram mehrere Tempelanlagen bauten, ist unklar. Jedoch lässt sich vermuten, dass dies geografische Gründe hatte: Die Gegend liegt an der direkten Route zwischen Angkor Wat und Phimai.

✶✶ Wat Prasat Phanom Rung

Khmer-Tempelkomplex Einer der bedeutendsten Khmer-Bauten in Thailand ist – neben der Ruinenstadt ►**Phimai** – der Wat Prasat Phanom Rung, eine wichtige Station und Kultstätte am Weg zwischen Angkor Wat, der Hauptstadt des Reichs im heutigen Kambodscha und Phimai. Der Wat liegt auf der Kuppe eines 158 m hohen Bergs, von der aus man nach Norden die Ebene und nach Süden hin die dicht bewaldeten Berghänge überblickt. Die streng geometrische Anlage zeugt von einem kraftvollen und auf Repräsentation bedachten Willen der Khmer-Architekten. Von einem U-förmigen Bau, dem Rung Chang Puak (»Stall des Weißen Elefanten«), von dem noch einige Mauern stehen, gelangt man über eine 12 m breite Steintreppe und von Steinpfeilern gesäumte Straße zu einer monumentalen, durch Absätze gegliederten weiteren Treppe. Letztere wurde, wie auch die im Rechteck angelegte

Lage
◄ 50 km südlich von Buri Ram

Öffnungszeiten:
tägl. 9.00 – 17.00
Eintrittsgebühr

Bedeutendes Khmer-Heiligtum: der Prasat Phanom Rung

Nicht versäumen

- Während des landesweit gefeierten Songkhram Festes im April kann man eine feierliche Prozession zum Tempel sowie nächtliche Tanz und Lightshows miterleben. Immer am 3. April eines Jahres sieht man von Westen her durch alle 15 Türen des Heiligtums die Sonne im Osten aufgehen.

Mauer, die den Bezirk umgibt, erst im 12. Jh. unter dem birmanischen König Suryavarman II., hinzugefügt. Die Skulpturen im Eingangsbereich stellen Szenen aus der hinduistischen Mythologie dar. Im Innern befinden sich an der Umfassungsmauer Galerien, die sich zum Innenhof hin durch kreuzförmige Torbauten und Fenster öffnen.

Die ältesten Gebäude sind drei aus Ziegeln erbaute Prangs, von denen zwei als Ruinen noch sichtbar sind (10. Jh.). Die beiden Gebäude aus Laterit zu beiden Seiten des Haupteingangs wurden im 12. Jh. errichtet, die Reste eines kleinen Prangs aus Sandstein mit schönen Skulpturen (in der südwestlichen Ecke) wurden zu einer Kapelle umgestaltet.

BURI RAM ERLEBEN

ANREISE BURI RAM

Auto:
von Bangkok auf der Nationalstraße 1 bis Saraburi, Nationalstraße 2 bis Nakhon Ratchasima; dann Straße 226

Bus:
von Bangkok Northern Bus Terminal (auch Nachtbusse).

Eisenbahn:
Station an der Strecke Bangkok – Ubon Ratchathani

Flug:
Fünfmal wöchentlich direkt nach Buri Ram

ÜBERNACHTEN

► Komfortabel

Wongthong Hotel
512/1 Chira Road
Tel. 0 61 / 25 40
Fax 62 08 60
Bevorzugtes Hotel von einheimischen Geschäftsreisenden. Einfache Zimmer, aber angenehmer Service.

► Günstig

Honey Inn
8/1 Soi Sri Koon
Nang Rong
Tel. 0 62 / 28 25
www.honeyinn.com
Einfaches Gästehaus mit sehr preiswerten Zimmern unweit der Tempelanlagen.

ANREISE PRASAT PHANOM RUNG

Auto:
Etwa 18 km östlich der Einmündung der Straße 218 (von Buri Ram) zweigt von der Straße 24 beim Ort Ban Ta Ko die Zufahrtsstraße südlich ab (Wegweiser).

Bus:
Von Buri Ram nach Nang Rong, dann zur Station Ban Ta Ko an der Straße 24; von dort Pick-up-Taxis.

Bahn:
Nächster Bahnhof Buri Ram an der Strecke Bangkok-Ubon Ratchathani.

Eine lange Treppe führt zum Wat Prasat Phanom Rung.

Heiligtum

Das Hauptheiligtum in seiner heutigen Form, ein Prang aus Sandstein auf quadratischem Sockel, der einem kleineren Prang übergestülpt wurde, stammt vermutlich aus dem 10. / 11. Jahrhundert. Dem Turm sind an allen vier Seiten **Tortürme** (»Gopura«) vorgelagert, die den Zugang zum heiligen Bezirk kennzeichnen. Der östliche Vorbau setzt sich in einem Gang fort bis zu einer an den beiden Schmalseiten offenen, 8 x 10 m großen **Halle** (»Mandapa«); an den Langseiten befinden sich je ein Portal und zwei Fenster. Die **Skulpturen** (10. / 11. Jh.) an den Giebelfeldern, Türstürzen, Mauern und Pfeilern sind von höchster künstlerischer Qualität. Die figürlichen Darstellungen zeigen Szenen aus der indischen (brahmanischen) Mythologie. Über der östlichen Innentüre des Heiligtums sind fünf Eremiten dargestellt, einer von ihnen ist besonders hervorgehoben. Eine Legende berichtet von einem hoch geachteten Mann, der sich hierher in die Einsiedelei zurückzog; für ihn seien die ersten Bauten von Prasat Phanom Rung errichtet worden.
Auf dem Gelände des Prasat fand man etliche frühe, bedeutsame Skulpturen, sie wurden in das nahe gelegene Museum, eine Außenstelle des Department of Fine Arts in Bangkok, beim Prasat Phanom Rung gebracht.

✶ Prasat Muang Tam

Anlage Der teilweise zerfallene, doch immer noch imposante Prasat Muang Tam aus dem 10. oder 11. Jh. ist von vier Lateritmauern umgeben. Er war über Jahrhunderte von dichtem Dschungel überwuchert und wurde erst Mitte des 20. Jh.s freigelegt. Die Mauern werden von vier dreiteiligen Torbauten (»Gopuram«) durchbrochen, deren zum Teil noch erhaltene Türstürze sehr fein durchgestaltete und deshalb lebendig wirkende Skulpturen mit Szenen aus der brahmanischen Mythologie zeigen. Der äußere Hof bietet ein anmutiges Bild, mit etwas Phantasie kann man die Größe der einstigen Anlage erahnen. In jeder Ecke ist ein großes L-förmiges Wasserbecken angeordnet, das von einer steinernen Naga mit hoch gespreiztem Kopfschild umgrenzt wird. Von den Galerien, die einst diesen Hof umgaben, sind neben einigen Mauerbruchstücken aus Sandstein nur noch die Torbauten mit reich verzierten Türstürzen erhalten.

! *Baedeker* TIPP

Besser über Prakhon Chai

Vom Prasat Phanom Rung ist der Prasat Muang Tam zwar nur 8 km entfernt, besser macht man jedoch einen Umweg über Prakhon Chai; dort Straße 2075 nach Süden, beim Ortsausgang Wegweiser beachten.

Heiligtum Im Prasat steht auf einer quadratischen Basis das Hauptheiligtum: fünf in zwei Reihen angeordnete, aus Ziegeln erbaute Prangs, von denen noch drei erhalten sind. Der Hauptprang ist bis auf den Sockel zerfallen. Die besonders reich ornamentierten Türstürze, befinden sich z. T. noch an Ort und Stelle oder liegen auf dem Boden. Einer der Türstürze zeigt Krishna – als göttlicher Kuhhirte eine der vielen Erscheinungsformen Vishnus – auf dem Kopf von Kirtimukha stehend. Dies ist eine sehr seltene Darstellung, da Krishna zumeist mit seiner Geliebten Radha gezeigt wird.

Chaiya

G 2

Region: Südthailand
Provinz: Suratthani
Höhe: 5 m ü. d. M.
Einwohnerzahl: 22 000

An der Ostküste der Malaiischen Halbinsel, etwas unterhalb des Isthmus von Kra, liegt die ehemals bedeutende Handelsstadt Chaiya. Ihr Besuch empfiehlt sich für den geschichtlich Interessierten, besonders auf einer kleinen Rundreise mit Suratthani, Ranong, Nakhon Si Thammarat und der Provinz Phangnga.

Geschichte Bereits im 5. Jh. besuchten indische Kaufleute von Madras aus diese Stadt an der thailändischen Ostküste, wie archäologische Funde beweisen. Im **Srivijaya-Königreich** (8. – 13. Jh.), das große Teile des indonesischen Archipels (Sumatra, Java, das heutige Malaysia) und den Süden etwa bis zum heutigen Hua Hin umfasste, bildete Chaiya ein wichtiges Handelszentrum. Manche Historiker vertreten sogar die Auffassung, dass nicht Palembang auf Sumatra, sondern Chaiya die Hauptstadt des Reichs gewesen sei. Von ihrer einstigen Bedeutung und ihrer Rolle im indisch-asiatischen Überseehandel ist heute nur wenig zu spüren. Abgerückt vom Meer liegt Chaiya fast wie vergessen da. Glanzvoll jedoch ist der Wat Phra Mahathat, das letzte gut erhaltene Architekturbeispiel der Srivijaya-Periode. Zwar gab es weitere solcher Bauten, vor allem in Nakhon Si Thammarat, doch sind diese zum Teil dem Verfall preisgegeben.

Sehenswertes in Chaiya

Wat Kaeo

Unweit des Bahnhofs von Chaiya stößt man auf einen verfallenen Stupa des Wat Kaeo aus der Srivijaya-Periode. In seinem Unterbau befinden sich noch ein sitzender Buddha und zwei kleinere Statuen. In der Nähe steht der **Wat Ratana Waram**, im Viharn ein großer sitzender Buddha, ringsherum mehrere aus Sandstein gefertigte Stelen und die Statue eines stehenden Buddha.

★★ Wat Phra Mahathat

Etwas außerhalb der Stadt, an der Straße 4011, die vom Bahnhof aus in westlicher Richtung führt, liegt der von Mauern umgebene Wat Phra Mahathat, einer der am meisten verehrten Tempel Südthailands. Der älteste Teil der Tempelanlage, der zentrale Stupa aus dem 8. / 9. Jh., wurde zwar zweimal restauriert (1901 und 1930), scheint jedoch in seiner ursprünglichen Form erhalten zu sein. Er ist ein schönes Beispiel für die Architektur des stark javanisch beeinflussten Srivijaya-Stils. Wie die Tempelanlage Borobodur auf Java ist der Wat auf einem quadratischen Unterbau mit umlaufenden Gesimsen errichtet und besitzt mehrere kleine Vorbauten und ein dreifach gestuftes Dach, das von vielen kleinen Stupas gekrönt wird. Beachtens-

CHAIYA ERLEBEN

ANREISE

Auto:
von Chumphon auf der Nationalstraße 41; bei Tha Chana auf die Straße 4112 abbiegen oder bis Pala Ram fahren, von wo eine schmale Straße bis Chaiya führt (150 km).

Bahn:
Station an der Strecke Bangkok – Südthailand.

Flug:
Nächster Flughafen: Suratthani (tägl. bis zu viermal von Bangkok).

ÜBERNACHTEN

In Chaiya selbst gibt es kaum empfehlenswerten Unterkünfte, fahren Sie deshalb besser weiter nach ►Suratthani.

wert ist auch der Chedi, der jedoch neueren Datums sein dürfte. In der Nähe befindet sich ein kleines **Museum** mit Kopien der in Chaiya gefundenen Statuen, die Originale sind im Nationalmuseum von Bangkok zu sehen. Hier steht auch die Bronzefigur des »Buddha von Grahi«, dessen Entstehung Historiker auf zwei verschiedene Epochen oder aber auf zwei verschiedene Künstler zurückführen: Während die Buddha-Figur selbst Mon-Einflüsse aufweist, ist die Nagaschlange eindeutig im Khmer-Stil gegossen.

Wat Suan Mok

Einige Kilometer weiter westlich steht auf einem kleinen Hügel der moderne Wat Suan Mok, ein Zentrum buddhistischer Meditation, das oft von Pilgern aufgesucht wird. Die Flachreliefs stellen Episoden aus dem Leben Buddhas dar, die Malereien im Innern erzählen zu. a. die Geschichte des Buddhismus und illustrieren die Fabeln des Aesop. Eine Mauer ist mit Malereien zu Sentenzen des US-amerikanischen Buddhisten Emanuel Sherman geschmückt, der über Japan nach Thailand kam.

Ban Pou Ma Riang

Östlich von Chaiya liegt das idyllische, auf Pfählen erbaute Fischerdorf Ban Pou Ma Riang, das für seine Seidenweberei bekannt ist.

★ Chanthaburi

E 4

Region: Ostthailand
Höhe: 37 m ü. d. M.
Provinz: Chanthaburi
Einwohnerzahl: 86 500

Chanthaburi ist eine reiche, lebhafte, wachsende Stadt im Südosten Thailands und liegt kurz vor der Mündung des Menam Chanthaburi in den Golf von Thailand in einer üppigen grünen Ebene. In der Umgebung deutet eine Bergkette mit dem 1633 m hohen Khao Sai Dhao den Übergang zum thailändisch-kambodschanischen Grenzgebiet an.

»Obstgarten Thailands«

In riesigen Plantagen um die Stadt herum gedeihen Orangen, Ananas, Mangos und die »Stinkfrucht« Durian. Eine besondere Rolle spielt Chanthaburi für die thailändische Schmuckindustrie. In den Juweliergeschäften entlang der Hauptstraße kann man beim Schleifen oder Sortieren der winzigen Rubine, Saphire und anderer Edelsteine zusehen, die in den Minen der Umgebung gefunden wurden. Kaufen sollten jedoch nur wirkliche Kenner!

Geschichte

Chanthaburi ist vermutlich sehr alt, man fand Inschriften aus der Zeit der Khmer (9. Jh.), die die Stadt als Seehafen und Handelsplatz nutzten. Im 14. Jh. kam der Ort zum Königreich Ayutthaya; nach dessen Zerstörung durch die Birmanen 1767 versuchte der Gouverneur, sich von der neuen Hauptstadt Thonburi unabhängig zu ma-

CHANTHABURI

ANREISE

Auto:
von Bangkok Nationalstraßen 3 und 344 (309 km), von Pattaya auf den Nationalstraßen 3 bzw. 36 (200 km)

Bus:
von Bangkok Eastern Bus Terminal (gut 6 Std. Fahrzeit) und Pattaya (etwa 3 Std.).
Normale Busse halten etwas außerhalb der Stadt (Weiterfahrt ins Zentrum mit Sammeltaxis).
Air-conditioned-Busse fahren in die Stadtmitte.

ÜBERNACHTEN

► Komfortabel

① ***K. P. Grand Hotel***
35/200-201 Trirat Road
Tel. 0 39 / 32 32 01, Fax 32 32 14
202 Zimmer, Restaurant, Coffeeshop, Swimmingpool. Das erste Haus am Platz mit komfortablen Zimmern und einem empfohlenen Restaurant.

② ***Chanthaburi Riverside Hotel & Resort***
63 Mu 9, Tambon Chanthanimit
Tel. 0 39 / 32 40 62, Fax 0 39 / 31 17 26
72 Zimmer, Restaurant, Bar, Swimmingpool. Am Fluss gelegenes Hotel der guten Mittelklasse. Gutes Restaurant mit Thai-Spezialitäten.

Durian gedeihen gut in der Gegend um Chanthaburi.

③ ***Chanchaolao Beach Resort***
168 Moo 6, Krongkhud, Thamai
Tel. 0 67 / 3 09 66, 3 33 22
Fax 2 11 96 56
Außerhalb von Chanthaburi direkt am Strand gelegenes Hotel mit hübschen Zimmern und gutem Service. Eigenes Restaurant, Swimmingpool.

chen. Er wurde jedoch von König Taksin besiegt und hingerichtet. Von 1893 bis 1905 war die Stadt von den Franzosen besetzt. Viele Einwohner Chanthaburis sind heute chinesischer oder vietnamesischer Herkunft, wozu auch die nahe »grüne Grenze« zu Kambodscha beigetragen hat. Auch leben in Chanthaburi viele vietnamesische Christen, die vor der Verfolgung in ihrem Heimatland geflohen sind.

Sehenswertes in Chantaburi

Edelsteinzentrum Alles, so möchte man meinen, lebt in Chanthaburi vom Edelsteinhandel, ein Juwelierladen reiht sich an den anderen. Die Minen im nahen **Bo Kai** (in der Provinz Trat, über die Straße 3249 zu erreichen), wo die Edelsteine (Rubine, Saphire und Zirkone) im Tagebau gefördert werden, können im Rahmen von Ausflugsprogrammen besichtigt werden.

Dichterdenkmal An der nördlichen Einfahrt zur Stadt steht in einem kleinen See ein Denkmal für den berühmten thailändischen Dichter **Sunthorn Phu** (1786 – 1855).

★ Kathedrale Notre Dame Die französische Kathedrale Notre Dame (Kirche der Unbefleckten Empfängnis), 1898 von vietnamesischen Flüchtlingen in historisierendem Stil erbaut, ist die größte römisch-katholische Kirche Thailands. Sie dient der christlichen Gemeinde von Chanthaburi (etwa

***Chanthaburi* Orientierung**

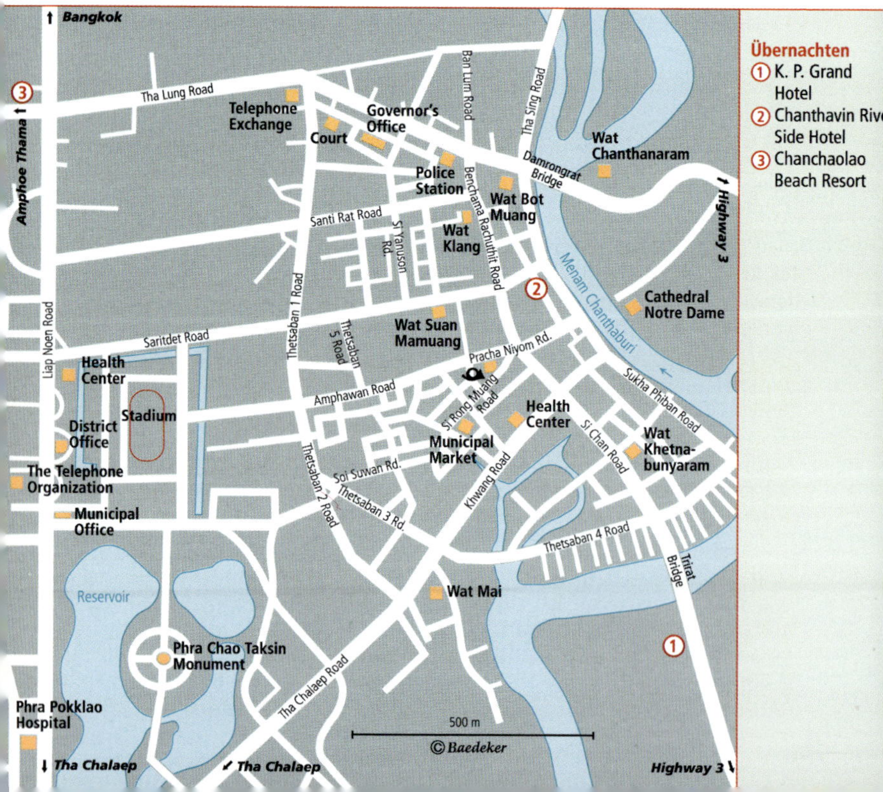

5000 Mitglieder) für Gottesdienste. In der von Nonnen geleiteten Mädchenschule werden hübsche Flechtarbeiten hergestellt.

Reste der Kolonialzeit

Reste aus der französischen Kolonialzeit sind ein viereckiger Backsteinbau am Ortseingang (vermutlich einst Zollhaus) und die Stadtbibliothek am Marktplatz, die früher als Gefängnis benutzt wurde.

Umgebung von Chanthaburi

Khai Nern Wong

Etwa 5 km südlich der Stadt sind beim Khai Nern Wong (»Lager auf einem kleinen Hügel«) Reste einer unter König Rama III. um 1834 erbauten Festung zu sehen. Innerhalb der z. T. überwachsenen Festungsmauern steht der **Wat Yottanimit**, von König Rama III. gestiftet. Er besitzt einen gut erhaltenen Khmer-Prang aus dem 11. Jh., der von einer Mauer eingefasst ist, auf der vier (zerbrochene) Chedis stehen. Das Heiligtum selbst wurde 1977 auf den Fundamenten eines älteren Tempels errichtet.

Hafen

Der etwa 11 km entfernte Hafen von Chanthaburi hat heute keine wirtschaftliche Bedeutung mehr, da die Distanz zum wirtschaftlichen Brennpunkt Bangkok zu groß ist. Einen Besuch lohnt jedoch das idyllisch gelegene, auf Pfählen erbaute Fischerdorf. Auch sind von hier aus Fahrten zu den vorgelagerten Inseln möglich.

Mine von Ban Kacha

4 km nördlich von Chanthaburi befindet sich bei dem kleinen Ort Ban Kacha die nächstgelegene Edelsteinmine (Besichtigung möglich). Der Berg **Phu Khao Phloi Waen** (»Edelsteinberg«) wird von einem Wat mit einem symbolischen Fußabdruck Buddhas gekrönt.

Wasserfälle

Die Kaskaden des 28 km südöstlich von Chanthaburi gelegenen **Nam Tok Krating** (»Wasserfall des Stiers«) stürzen über bizarre Felsformationen etwa 400 m in die Tiefe. Über die Straße 317, die durch eine herrliche tropische Berglandschaft führt, erreicht man einen weiteren

! *Baedeker* TIPP

Auf Schatzsuche

Rund um Chanthaburi gibt es einige Edelsteinminen, in denen man sich ganz offiziell als Schatzsucher betätigen kann. Das kostet nur ein paar Baht, mit einer spektakulären Ausbeute ist jedoch kaum zu rechnen. Was man findet, darf man aber behalten, und vielleicht genügt es ja für einen hübschen Ring (Auskunft im TAT-Büro in Chanthaburi).

Wasserfall, den **Nam Tok Soi Dao**; in dessen Nähe befindet sich eine Thermalquelle. Ein bei der einheimischen Bevölkerung beliebtes Ausflugsziel ist der Wasserfall **Nam Tok Praew**, 13 km südlich von Chanthaburi, in dessen Becken man baden kann. Das ganze Gebiet wurde zum Nationalpark Khao Sor Bab erklärt. Vom Stadtzentrum in Chanthaburi verkehren regelmäßig Minibusse.

Wat Tong Tua Auf dem Weg zum Nam Tok Praew kann man die Khmer-Ruinen des Wat Tong Tua besichtigen; bemerkenswert sind hier einige Steinskulpturen aus dem 17. Jh., die im Kloster aufbewahrt werden. Am Eingang zum Wasserfall ist ein schlichter weißer Chedi zu sehen, der die Asche der Königin Sumantha enthält, die bei einem tragischen Bootsunfall bei ►Bang Pa In ums Leben kam.

Laem Singh Fährt man auf der Straße 3 weiter und biegt bei Kilometer 348 rechts ab, erreicht man das kleine Fischerdorf Laem Singh, dessen Spezialität getrocknete Garnelen sind. Das Dorf selbst hat seinen Namen vermutlich durch die gegenüberliegende, der Form eines Löwen ähnlichen Insel Ko Singh (altindisch für »Löwe«) erhalten.

★★ Chiang Mai

B 2

Region: Nordthailand **Provinz:** Chiang Mai
Höhe: 310 m ü. d. M. **Einwohnerzahl:** ca. 175 000

Chiang Mai war einst die stolze Hauptstadt des unabhängigen Lan-Na-Königreichs – man nannte es auch »Königreich der tausend Reisfelder«. Heute ist sie das wichtigste Zentrum Nordthailands und gilt weithin als schönste Stadt des ganzen Landes.

»Rose des Nordens« Chiang Mai, die achtgrößte Stadt Thailands, liegt zu Füßen des Doi Pui, mit 1685 m ü. d. M. einer der höchsten Berge des hinterindischen Gebirgslandes, in einem windgeschützten Gebirgsbecken, das eine ertragreiche Landwirtschaft ermöglicht. Für die Bewässerung sorgen Kanäle, die vom Menam Ping ausgehen und meist künstlich angelegt sind.

Tradition und Moderne Längst ist Chiang Mai nicht mehr nur »Stadt der Goldenen Tempel«, wie die Stadt von den ersten westlichen Besuchern genannt wurde. Die Teakholzhäuser mit ihren blühenden Vorgärten sind selten geworden, nüchterne Betonbauten und ein gut ausgebautes Straßennetz haben viel moderne Welt hierher gebracht. Vor allem in neureichen Bangkoker Kreisen gilt eine Zweitwohnung in Chiang Mai als chic. Die Folge ist eine zunehmende Zersiedlung der Landschaft und ein Aufweichen der über Jahrhunderte gewachsenen Traditionen des nördlichen Thailand. Dabei kann der kulturelle Gegensatz kaum grö-

Chiang Mai Orientierung

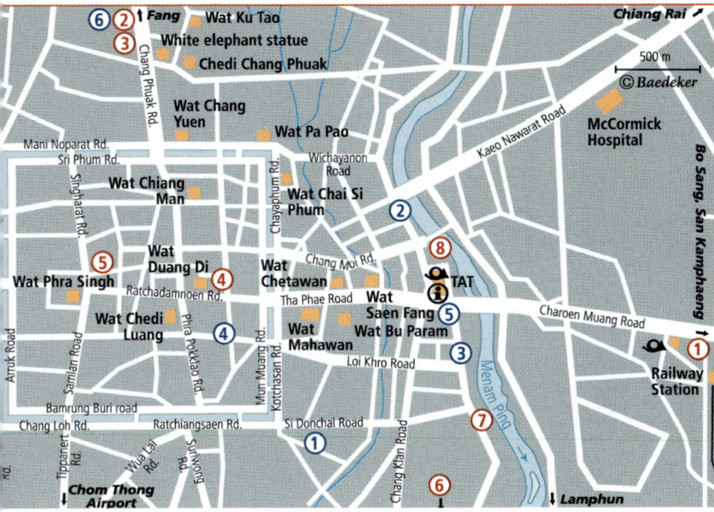

Essen
1. Whole Earth
2. Antique House
3. Brasserie
4. Huen Phen Restaurant
5. The Riverside
6. Old Chiang Mai Cultural Center

Übernachten
1. Mandarin Oriental
2. Four Seasons
3. The Regent Chiang Mai
4. Tamarind Village
5. BP Chiang Mai City Hotel
6. River Ring Palace
7. River View Lodge
8. Diamond Riverside

ßer sein: Nur wenige Kilometer von Chiang Mai – das auch Sitz einer bedeutenden Universität ist – führen Bergvölker wie Meo, Akha und Lisu ihr archaisches Leben.

Chiang Mai ist auch ein Mekka des thailändischen Kunsthandwerks, von hier werden Holzschnitzereien, farbenprächtig bemalte Sonnenschirme, Batiken, Seidenstoffe und fein gearbeitete Silberwaren in die Tourismuszentren des Südens und in aller Herren Länder exportiert. Kaum bekannt ist Chiang Mai als Hauptstadt der thailändischen Jadeschmuckherstellung; das begehrte Mineral wird meist aus Myanmar (Birma) importiert bzw. vielfach auch geschmuggelt.

Geschichte

6. – 8. Jh.	Chiang Mai ist Teil des Mon-Königreichs Haripunchai.
1281	König Mengrai erobert das Reich Haripunchai und macht Chiang Mai zur Hauptstadt seines Lan-Na-Reiches.
1556	Reich und Hauptstadt fallen an die Birmanen.
1767	Befreiung Chiang Mais durch den ersten siamesischen König Taksin.

◄ Königreich Haripunchai

Ureinwohner dieser Region waren wohl die **Lawa**, ein Volk, von dem nur noch Reste in Birma zu finden sind. Sie wurden von den **Mon**, die sich zwischen dem 6. und 8. Jh. über ganz Thailand ausbreiteten, verdrängt oder gingen in ihnen auf. Das Machtzentrum der Mon lag bei Lamphun, damals noch (wie auch das Königreich) Haripunchai genannt. Seit dem 7. Jh. sickerten Thai-Stämme in das Gebiet des

CHIANG MAI ERLEBEN

ANREISE

Auto:
von Bangkok Nationalstraßen 1/32 bis Chai Nat, 1 bis Lampang, dann 11 (etwa 750 km)

Bus:
Die Fahrt mit klimatisierten Omnibussen ab Bangkok (Northern Bus Terminal) dauert etwa zwölf Stunden.

Bahn:
von Bangkok-Hualampong (751 km). Die Nachtzüge, die Bangkok abends verlassen und morgens Chiang Mai erreichen, verfügen über bequeme Schlafwagenabteile.

Flug:
Von Bangkok mehrmals täglich; Flugzeit ca. 1 Stunde

AUSKUNFT

Tourism Authority of Thailand
Zuständig für Chiang Mai, Lamphun, Lampang und Mae Hong Son
105/1 Chiang Mai-Lamphun Road
50000 Chiang Mai
Tel. 0 53 / 24 86 04, 24 86 07, 24 14 66
Fax 24 86 05, tatchmai@tat.or.th

ÜBERNACHTEN

► Luxus

① ***Mandarin Oriental Dhara Dhevi***
51/4 Chiang MaiSankampaeng Road
Moo 1
Tel. 0 53 / 88 88 88, Fax 88 89 28
www.mandarin-oriental.com
142 Zimmer, 3 Restaurant, Coffeeshop, Bar, Swimmingpool, Spa, Shoppingarkade, Kochschule.
Das 2005 eröffnete Dhara Devi der Mandarin-Oriental-Kette ist mit einer

Luxus im Lanna-Stil: Privater Pool im Mandarin Oriental Dhara Devi Hotel

Fläche von 22 Hektar schon fast ein Thaidorf für sich, selbst Reisfelder, auf denen Ochsen noch den Pflug ziehen, fehlen nicht. Das im Lanna-Stil erbaute Hotel liegt etwas außerhalb des Stadtzentrums und bietet selbst verwöhnten Gästen einige Überraschungen. So gibt es in den Zimmern echte jahrhundertealte Antiquitäten.

② ***Four Seasons***
Mae Rim-Samoeng Old Road
Mae Rim
Tel. 0 53 / 29 81 81, Fax 29 81 90
www.fourseasons.com
82 Zimmer, Restaurant, Bar, Swimmingpool, Spa, Tennis, Kochschule.
Wer Ruhe sucht, ist hier bestens aufgehoben. Inmitten von noch bewirtschafteten Reisfeldern wurden diese großzügigen und komfortablen Zimmer in einen Hang hineingebaut.

④ ***Tamarind Village***
50/1 Ratchadamnoen Road
Tel. 0 53 / 41 88 96 9
Fax 41 89 00
www.tamarindvillage.com
40 Zimmer, Restaurant, Coffeeshop, Bar, Swimmingpool.
Im modernen Thai-Stil erbautes Haus mit viel Atmosphäre. Zentrale und trotzdem ruhige Lage in der Altstadt von Chiang Mai.

③ ***The Regent Chiang Mai***
Mae Rim – Samoeng Old Road
Mae Rim
Tel. 0 53 / 29 81 81, Fax 29 81 89
www.fourseasons.com
64 Suiten, Restaurant, Bar, Swimmingpool, Tennis, Fitneßcenter, Golfplatz in der Nähe.
Hier nächtigten schon die Clintons und andere Prominente. Das Hotel wurde in ein Tal hineingebaut und bietet entsprechende Atmosphäre mit viel Natur. Dass es in den Zimmern wahrlich an nichts fehlt, muss man nicht betonen.

► Komfortabel

⑤ ***BP Chiang Mai City Hotel***
154 Ratchamanka Road
Tel. 0 53 / 27 07 10, Fax 27 07 09
134 Zimmer, Restaurant, Pool.
Empfehlenswertes Mittelklassehotel direkt in der Altstadt. Die Zimmer liegen trotzdem ruhig.

⑥ ***River Ping Palace***
385/2 Charoen Prathet Road
Tel. 0 53 / 27 49 32, Fax 27 16 47
10 Zimmer, Restaurant.
Das über 100 Jahre alte einstige Wohnhaus einer wohlhabenden Familie bietet Zimmer mit anheimelnder Atmosphäre. Von der Restaurantterrasse blickt man auf den behäbig dahinfließenden Menam Ping.

► Günstig

⑦ ***River View Lodge***
25 Charoen Prathet Road
Tel. 0 53 / 27 11 09, Fax 27 90 19
www.riverviewlodgch.com
36 Zimmer, Restaurant

Romantik am Fluss: das Riverside Restaurant

⑧ ***Diamond Riverside***
33/10 Charoen Phrathet Road
Tel. 0 53 / 27 00 80 85
Fax 27 14 82
312 Zimmer, Restaurant, Coffeeshop, Bar, Swimmingpool.
Ganz in der Nähe des Nachtmarkts von Chiang Mai liegt dieses empfehlenswerte Mittelklassehotel mit ausreichend komfortablen Zimmern. Der Swimmingpool befindet sich oberhalb des Flusses Menam Ping.

Gästehäuser
In und um Chiang Mai gibt es Hunderte von mehr oder weniger komfortablen Gästehäusern. Ein Verzeichnis und Empfehlungen erhält man beim TAT-Büro in Chiang Mai.

ESSEN

► Erschwinglich

① ***Whole Earth***
Sri Dornchai Road
Tel. 0 53 / 28 24 63
11.00 – 22.00 Uhr
Schon fast eine Institution und ein Ableger des gleichnamigen Restaurants in Bangkok. Gute vegetarische Gerichte, eindrucksvolles Ambiente in einem Teakholzhaus.

► Gut & Günstig

② ***Antique House***
71 Charoen Prathet Road
Tel. 0 53 / 27 68 10, 11.00 – 24.00 Uhr
Sehr schönes Restaurant in einem alten Teakholzhaus mit vielen antiken Möbeln. Abends sitzt man auch im Gartenrestaurant. Spezialität: Thai-Küche.

③ ***Brasserie***
37 Charoen Rat Road
Tel. 0 53 / 24 16 65, 16.30 – 2.00 Uhr
Thailändische Küche gibt es hier ebenso wie westliche Spezialitäten, dazu jeden Abend Livemusik.

④ ***Huen Phen Restaurant***
Ratchamanka Road / Ecke Jhaban Road, 11.00 – 22.00 Uhr
Sehr gute nordthailändische Küche (Vorsicht: Manchmal recht scharf!) in stilgerechtem Ambiente eines alten Teakholzhauses.

⑤ ***The Riverside***
9-11 Charoen Rat Road
Tel. 0 53 / 24 32 39
10.00 – 1.30 Uhr
Thaiküche und internationale Spezialitäten, man sitzt auf einer der beiden Terrassen am Fluss. Gegen später gibt es Liveunterhaltung gleich von drei Bands. Möglich ist auch eine Dinner-Kreuzfahrt mit dem Schiff auf dem Fluss.

⑥ ***Old Chiang Mai Cultural Center***
185/3 Wualai Road
Tel. 0 53 / 20 29 93 5
www.oldchiangmai.com
Ein besonderes Vergnügen für Anhänger der original thailändischen Tanzkunst: Zum Kantoke-Dinner gibt es traditionelle und durchaus authentische thailändische Tänze zu sehen.

auch den Khmer auseinanderzusetzen, deren Reich von 1000 bis 1250 seine größte Ausdehnung hatte. Im 11. Jh. wurde Nordthailand von dem birmanischen König Annarudha von Pagan beherrscht, dessen Reich bis in das heutige Kambodscha reichte. Der östliche Teil verfiel nach seinem Tod in viele kleine Fürstentümer, in denen die ersten Thai-Regenten herrschten.

◄ König Mengrai

Inzwischen waren weitere Thai-Stämme über den Mekong nach Nordostthailand eingewandert. Eine dominierende Rolle unter den Thai-Fürsten spielte der 1239 in Chiang Saen geborene Mengrai, der als der Gründer der Stadt Chiang Rai gilt, und dem es gelang, im Jahre 1281 das Mon-Königreich Haripunchai zu erobern. Er verlegte den Königssitz ins nahe Chiang Mai, ließ 90 000 Menschen eine Ringmauer um das gesamte Stadtgebiet bauen und in nur vier Jahren eine neue prächtige Hauptstadt errichten, in der er dann bis zu seinem Tod 1317 residierte. Als 1350 Ayutthaya gegründet wurde, sank der Einfluss der Mengrai-Dynastie. Nach der Annexion des Königreichs von Sukhothai schien auch die Eingliederung des Königreichs von Lanna nur noch eine Frage der Zeit. Doch erst die Birmanen eroberten 1556 Chiang Mai und brachten das Lan-Na-Königreich unter ihre Herrschaft, die mehr als 200 Jahre dauern sollte.

König Taksin, erster König der Bangkok-Zeit, Vorläufer der Chakri-Dynastie und Begründer eines einheitlichen thailändischen Staats, befreite 1767 Chiang Mai aus den

! *Baedeker* TIPP

Mehr als einen Tag einplanen

Zahlreiche Reiseveranstalter bieten Chiang Mai als Ziel bei einer Nordthailand-Rundfahrt an. Organisierte Touren haben den großen Nachteil, dass sie für einen Aufenthalt in Chiang Mai meist nur einen oder zwei Tage Zeit lassen. Die Stadt und die sie umgebende faszinierende Landschaft verdienen jedoch einen längeren Aufenthalt; auch sind etliche Ziele in der Umgebung wie ►Lamphun, ►Mae Hong Son, ►Chiang Dao, ►Phrae, ►Fang, Mae Sai (►Chiang Rai, Umgebung) und ►Chom Thong von Chiang Mai aus problemlos mit dem Auto, per Bus oder Eisenbahn zu erreichen. Es werden auch Touren in den thailändischen Teil des berüchtigten »Goldenen Dreiecks« (►Chiang Saen), aus dem ein erheblicher Teil des Opiums geschmuggelt wird, angeboten.

Händen der Birmanen und setzte Chao Kawila, den Sohn des Prinzen von Lampang, als Prinzen von Chiang Mai ein. Doch die Bevölkerung war die Jahrhunderte langen Attacken der Birmanen müde, sie verließ die Stadt. Über zwei Jahrzehnte lang war Chiang Mai nahezu menschenleer. Ab 1796 begann man die Stadt wieder zu besiedeln, 1873 kam sie unter siamesische Herrschaft. Nachkommen des Prinzen Chao Kawila leben noch heute in der Stadt.
Eine wichtige Rolle spielte Chiang Mai in der Kunst Siams. Hier entwickelte sich der sog. **Chiang-Mai-Stil**, der seine größte Blüte von 1300 bis 1550 hatte. Er übernahm Stilelemente der Mon-Stämme ebenso wie der Birmanen und aus dem benachbarten Königreich Sukhothai – und deshalb sind nirgendwo im Land die Tempel so farbenprächtig, leuchtend und anmutig wie in Chiang Mai.

Sehenswertes in Chiang Mai

Stadt der Tempel Fast 200 Tempel gibt es in Chiang Mai – für den kunsthistorisch Interessierten sind die meisten einen Besuch wert. An dieser Stelle kann jedoch nur auf die wichtigsten und schönsten Tempelanlagen eingegangen werden, die für das kunsthistorische und religiöse Schaffen in der Metropole Nordthailands repräsentativ sind.

Stadttore Das Zentrum des heutigen Chiang Mai liegt östlich der Stadtmauern, in der Nähe des Menam Ping. Von den fünf Stadttoren – Tha Phae im Osten, Suan Dok (»Blumengarten«) im Westen, Chang Phuak (»Weißer Elefant«) im Norden, Chang Mai im Süden und San Poong im Südwesten – wurden einige rekonstruiert.

Wat Chiang Man Der Wat Chiang Man an der Ratchaphakinai Road ist der älteste Tempel in Chiang Mai. **König Mengrai** ließ ihn 1296 noch vor der eigentlichen Stadtgründung erbauen und residierte hier vermutlich bis zur Fertigstellung seines Palasts. Der Viharn, im Lauf der Zeit mehrfach restauriert, zeigt noch seine ursprüngliche Form: Das zweifach gestaffelte Dach, mit züngelnden Nagas besetzt, ist in leichtem Schwung tief nach unten gezogen. Auffallend ist das kunstvoll geschnitzte Giebelfeld an der Portalseite. Zwei Löwen flankieren den Eingang. Eine Tafel mit nordthailändischen Schriftzeichen weist die Stelle, an der König Mengrai 1317 gestorben sein soll. Das Innere des Viharn wird durch Teaksäulen in drei Schiffe geteilt. Von den Buddha-Figuren ist eine große vergoldete ebenso bemerkenswert wie ein Basrelief, die Kopie des hl. Buddha-Sila, den der Abt des Wat aufbewahrt und der nur während einer einmal im Jahr stattfindenden Zeremonie den Gläubigen gezeigt wird. Das Relief soll aus dem 8. Jh. stammen und weist indische Stilmerkmale auf. Man schreibt ihm die Fähigkeit zu, Regen zu bringen. Auch der **Phra Sai Tang Kamani (Kristall-Buddha)** wird beim Abt aufbewahrt. Diese Figur aus Bergkristall, die vermutlich 663 der Königin von Haripunchai, Chama Thevi, geschenkt wurde, hat einen goldenen Sockel. Sie wurde von

! Baedeker TIPP

Nachtmarkt

Allabendlich verwandeln sich die Straßen zwischen dem östlichen Stadttor und dem Menam Ping zu einem riesigen Markt mit unzähligen Ständen mit regionaltypischen Produkten, besonders von den Angehörigen der Bergvölker. Zahlreiche kleine, meist offene Restaurants geben Gelegenheit, die Atmosphäre zu genießen. Die Echtheit von Silberhauben der Hmong-Frauen erkennt man übrigens am Gewicht: unechte sind billiger, leichter Tand.

König Mengrai 1281 bei der Eroberung von Haripunchai erbeutet. Zum Wat Chiang Man gehören noch ein Chedi mit einer Basis von 15 Elefantenfiguren, ein kleiner Bot und eine moderne Sala.

★★ Wat Phra Singh

Lage ◄ Ratchadamnoen Road

Der bedeutendste und größte Wat der Stadt ist der Wat Phra Singh. Er liegt an der Hauptstraße, die direkt in den weitläufigen Tempelbezirk einmündet und einst den Ortsmittelpunkt darstellte. Der Wat wurde 1345 von König Pa Yo angelegt, in dem großen Chedi hinter dem Viharn ist die Asche seines Vaters beigesetzt.

Viharn

Der 1518 entstandene Viharn weist an beiden Giebelseiten hervorragende Holzschnitzereien auf, die allerdings erst später hinzugefügt wurden. Die kleine Bibliothek rechts vor dem Viharn, ein graziöser Bau aus dem 14. Jh. gilt als ein Juwel thailändischer Sakralarchitektur. Den hohen weißen Sockel zieren schöne Stuckarbeiten, das rotgoldene, hölzerne Obergeschoss weist kunstvolle Schnitzereien mit Einlegearbeiten auf.

Bot

Der kleine Bot neben dem Chedi wurde um 1600 während der Besatzung durch die Birmanen erbaut, die vermutlich auch viele der für den birmanischen Tempelbaustil so typischen Löwenwächter an den Eingängen zum Wat errichteten. Die gut erhaltenen Wandfresken mit lebhaften Darstellungen stammen aus dem 19. Jh. und erzählen die Geschichte des Prinzen Phra Sang Tong, der in einer goldenen Meeresmuschel geboren wurde. Gewänder und Haltung der dargestellten Menschen im Palast lassen auf birmanischen Einfluss schließen.

Buddha-Figur Phra Singh

Der heiligste Teil des Wat ist ein kleiner, wohlproportionierter, hölzerner Bau hinter dem Bot, der Phra Viharn Lai Kam genannt wird. Er wurde unter König San Muang Ma (1385 – 1401) errichtet, um die berühmte, legendenumwobene Buddha-Figur Phra Singh aufzunehmen. Sie zeigt einen sitzenden Buddha im Gestus der Erdanrufung und ist im Sukhothai-Stil gefertigt. Der Legende zufolge stammt sie aus Ceylon und gelangte über Ayutthaya, Kamphaeng Phet, Chiang Rai, Luang Prabang erneut nach Ayutthaya. Seit 1767 steht sie in Chiang Mai; man weiß allerdings nicht, ob es sich bei der Statue nicht um eine der beiden Kopien handelt. Je eine weitere identische Figur steht im Nationalmuseum von Bangkok und in Nakhon Si Thammarat. Kein Sachverständiger konnte bisher die echte Figur bestimmen, und alle drei Orte nehmen deshalb für sich in Anspruch, das Original zu besitzen.
Zwei weitere Heiligenfiguren stammen aus dem 15. Jh.: eine Bronzestatue mit eingelegten Edelsteinen und eine große Buddha-Figur, die den Erleuchteten ebenfalls im Gestus der Erdanrufung zeigt.

✶✶ Wat Chedi Luang

Lage
Phra Pokklao Road ►

Der älteste Teil des ausgedehnten Tempelbezirks Wat Chedi Luang ist der bei einem Erdbeben 1545 eingestürzte Chedi aus Ziegelsteinen, dessen mächtige Basis die einstige Höhe von 90 m nur erahnen lässt. Das Fundament dieses Bauwerks wurde aus Ziegel- und Lateritsteinen angelegt, eine seltene Kombination. 1401 wurde zunächst ein kleiner Chedi zum Gedenken an den im selben Jahr verstorbenen König San Muan Ma errichtet, dessen Witwe und sein Enkel, König Tiloka, ließen ihn nach dem Vorbild der Pagode von Bodhgaya in Indien aufstocken.
Auf den Terrassen und in den Nischen sind noch schöne Elefantenkopf- und Buddha-Skulpturen zu sehen. In der Nische auf der östlichen Seite des Chedi soll der berühmte **Smaragd-Buddha** (heute im Wat Phra Kaeo in Bangkok) gestanden haben.

Viharn

Am Eingang zu dem großen, mit einem dreifach gestaffelten Dach gedeckten Viharn beeindrucken die zwei Nashornschlangen mit Schuppen aus bunt glasierten Ziegeln; sie gelten als die schönsten ihrer Art in ganz Thailand. Bemerkenswert sind auch die reich ornamentierten Giebelfelder. Im Innern befinden sich drei Buddha-Statuen aus Bronze (1440 gegossen), mehrere kleine Statuen und kunstvoll geschnitzte Elefantenstoßzähne. In den meisten der wohlproportionierten Chedis im Außenhof sind Urnen mit der Asche Verstorbener beigesetzt.

Lak Muang

In einem hübschen kleinen Tempel links vom Eingang (1940 errichtet) wohnt der Schutzgeist (Lak Muang) von Chiang Mai. Er wird beschattet von einem mächtigen Gummibaum; von ihm sagt man, wenn er umstürze, drohe der Stadt großes Unheil.

Weitere Sehenswürdigkeiten

★ Wat Prachao Mengrai

Der 1288 gegründete Wat Prachao Mengrai steht an der Ratchamankha Road, gegenüber dem Wat Chedi Luang. In einer kleinen Halle findet man eine 4,5 m hohe Buddha-Figur von 1920, die den Stadtgründer Mengrai darstellen soll. Im Viharn beachte man eine Buddha-Figur aus Chiang Saen und das schöne Lesepult.

Wat Chetawan, Wat Mahawan

Im Wat Chetawan (vor dem östlichen Stadttor) beeindrucken die drei reich gegliederten Chedis, deren eingelegte bunte und goldene Ziegel in der Sonne glitzern (zwei der Chedis sind mit Fabeltieren aus der hinduistischen Mythologie besetzt), sowie die prachtvollen Holzschnitzereien am Viharn. Fast genau gegenüber an der Tha Phae Road liegt der Wat Mahawan mit einem sehr schön gegliederten Chedi im birmanischen Stil, die Spitze ist vergoldet; an den vier Ecken der Umfriedung befinden sich monumentale Löwenstatuen. Am Viharn und an der kleinen Kapelle ist reiches Schnitzwerk eingelegt, an den Türen sind Reliefdarstellungen mit Szenen aus den Leben Buddhas zu sehen.

Wat Saen Fang

Nicht weit entfernt, an der Tha Phae Road, befindet sich der wenig auffallende Eingang zum Wat Saen Fang. Flankiert von zwei Schlangenleibern führt eine schmale Gasse in einen malerischen Bezirk mit gepflegten Gartenanlagen, einem wunderschönen Chedi im birmanischen Stil und reich vergoldetem Schnitzwerk an den Fassaden des Viharn.

★★ Wat Pha Pong

In den prachtvollen Wat Pha Pong (an der Kreuzung Suthep Road/ Thipanet Road) führen reich gegliederte Tore. Mehrere Chedis umstehen einen hübschen Pavillon, Treppen führen zu einer Kapelle im Innern.
Die Fassade des rechteckigen Baus zeigt mit ihren rundbogigen Fenstern und Pilastern chinesische beziehungsweise birmanische Einflüsse. Im dreischiffigen Innern sind Buddha-Statuen und Wandmalereien zu sehen.

Chedi Chang Phuak

Nördlich vor der Stadt (am Ende der Rattanakosin Road, 300 m von der Busstation Chang Phuak entfernt) befinden sich die Ruine des Chedi Chang Phuak und der Wat Ku Tao mit einem eigenartigen Chedi (1613 erbaut): Dem Stufensockel mit quadratischem Grundriss folgt ein Oberteil, das aus ineinander gefügten, immer kleiner werdenden Kugeln (wahrscheinlich symbolisierte Almosenschalen) besteht. Die Kugeln sind mit Nischen besetzt und z. T. mit bunt glasierten Ziegeln in geometrischen Mustern belegt. Eine zierliche vergoldete Spitze krönt diesen seltenen und fremdartig anmutenden Stupa, in dem die Asche des birmanischen Prinzen Tarawadi beigesetzt sein soll. Am Giebel sind noch einige Schnitzereien aus alter Zeit erhalten. Der Bot stammt aus dem 20. Jahrhundert.

★★ **Wat Suan Dok**

Westlich der Stadt (Suthep Road) liegt der berühmte Wat Suan Dok (Dok = Blumengarten). Seine Gründung ist von Legenden umwoben und hängt eng mit der des Wat Doi Suthep (► S. 272) zusammen. Der glockenförmige, schneeweiße Chedi im ceylonesischen Stil birgt die Hälfte einer wundertätigen, nur erbsengroßen Reliquie. Ein Mönch namens Sumana fand sie in einem Behälter, der in immer kleiner werdenden Kästchen aus Silber und Korallen steckte, die wiederum von einer Bronzekassette umschlossen waren. Auf mancherlei Umwegen gelangte die Reliquie zu König Kuna (1345 – 1385) von Chiang Mai, der für sie den Chedi errichten ließ. Auf wundersame Weise teilte sich die Reliquie 1383 in zwei Stücke, wuchs jedoch wieder zur Originalgröße. Für das zweite wurde der Wat Doi Suthep erbaut. In den unterschiedlich geformten, strahlend weißen Chedis im Hof ist die Asche von Mitgliedern der königlichen Familien beigesetzt. Der Bot im Wat Suan Dok enthält eine sehr schöne, 6 m hohe Buddha-Figur im Chiang-Mai-Stil (um 1550). Der Viharn in der Form einer offenen Halle ist der größte religiöse Versammlungsraum in Nordthailand und wurde 1932 erbaut. Im Innern befinden sich reich verzierte Säulen und Decken, zwei Rücken an Rücken stehende Buddha-Figuren und einige bemalte Darstellungen des Erleuchteten sowie ein Behälter in Form eines Palasts, der die Asche des Mönchs Phra Si Wichai enthält; er regte den Bau dieses Viharn an.

Wat Umong

Nicht weit davon entfernt, der Suthep Road in westlicher Richtung folgend, liegt inmitten eines bewaldeten Parks der Wat Umong, den König Mengrai für einen bedeutenden Mönch erbauen ließ. Ebenfalls für einen Mönch ließ König Kuna (1355 – 1385) in späterer Zeit unterirdische Gewölbe anlegen, damit sich dieser fernab der Welt seinen Meditationen hingeben konnte. An den Wänden sind noch Reste von Fresken zu finden. Seitdem dient das Kloster, in dem die strenge ceylonesische Richtung des Buddhismus praktiziert wird, den in der Abgeschiedenheit lebenden Mönchen als Aufenthaltsort. Man erkennt diese Mönche an den dunkleren Roben.

Ein Teil der Anlage dient als Stätte der Begegnung zwischen Menschen aller Nationen, die an der buddhistischen Religion interessiert sind. Der Chedi aus der Gründerzeit ist verfallen, die übrigen Gebäude (Pali-Schule, Wohnstätten für Mönche und die Bibliothek) sind aus neuerer Zeit.

Außenbezirke von Chiang Mai

★ **Wat Chet Yot**

Der Wat Chet Yot (am nördlichen Super Highway gelegen), manchmal auch Mahabodharama oder Photharama Viharn genannt, war nach seiner Gründung 1454 durch König Tiloka ungefähr 100 Jahre lang der bedeutendste und prachtvollste Tempelbezirk des Lan-Na-Königreichs. Danach drohte dieses prachtvolle Heiligtum vom

Der Chedi des Wat Suan Dok birgt eine erbsengroße Reliquie. →

Dschungel überwachsen zu werden, erst in den 1950er-Jahren wurde es der Wiederherstellung für würdig erachtet. Es ist von den Nachfolgern Tilokas mehrfach ergänzt und erweitert worden, so dass es keinen eindeutig klassifizierbaren Stil aufweist. Der 1455 vollendete Chedi mit sieben Spitzen ist eine Nachbildung des Mahabodhi-Tempels im indischen Ort Bodhgaya, in dem Buddha die Erleuchtung erreicht haben soll. In dem hohen mittleren Turm steht eine Buddha-Figur aus Stuck, im unteren Stockwerk befindet sich ein Andachtsraum. Die noch relativ gut erhaltenen Stuckarbeiten an den Mauern sind von hervorragender Qualität. König Tilokas Asche ist in dem stuckverzierten, kleineren, rechteckigen Stupa aus Ziegeln beigesetzt, den sein Enkel 1486 erbauen ließ.

? WUSSTEN SIE SCHON ...?

- 1477 fand im Wat Chet Yot während eines von König Tiloka einberufenen Konzils die 2000-Jahr-Feier des Buddhismus statt, die Feierlichkeiten zu diesem Datum waren wohl überhaupt erst der Anlass für die Errichtung des Tempels.

✶ Chiang-Mai-Nationalmuseum

Das 1972 eröffnete Chiang-Mai-Nationalmuseum (am nördlichen Super Highway) enthält viele ausgezeichnete Skulpturen aller Stilepochen sowie Terrakotten aus Haripunchai. Erwähnt sei auch ein Fußabdruck Buddhas mit feinsten Perlmutt-Intarsien. Im oberen Stockwerk des Nationalmuseums findet man Arbeitsgeräte der Bergstämme (Öffnungszeiten: Di. – So. 9.00 – 12.00, 13.00 – 14.00 Uhr; Eintrittsgebühr).

Universität / Tribal Research Center

In der 1965 eröffneten Chiang-Mai-Universität (man verlasse die Stadt in Richtung Wat Doi Suthep in nordwestlicher Richtung) befindet sich das **Museum des Tribal Research Center**, das sich mit der wissenschaftlichen Erforschung der Bergstämme beschäftigt und darum bemüht ist, ihre Existenz und Kultur zu sichern. Außerdem besteht hier die Gelegenheit, authentisches Kunsthandwerk der Hilltribes zu erwerben (Öffnungszeiten: tägl. 9.00 – 17.00 Uhr).

Botanischer Garten und Zoo

An der Universität vorbei gelangt man zum Botanischen Garten. Er birgt eine Fülle von exotischen Gewächsen und Orchideen. In der Nachbarschaft lohnt der größte zoologische Garten Thailands einen Besuch, er zeigt vor allem in Südostasien heimische Tiere und seltene Vogel- sowie Schmetterlingsarten. (Öffnungszeiten: täglich 8.00 – 17.00 Uhr; Eintrittsgebühr).

✶ Handwerksdörfer

Chiang Mai ist ein Zentrum des thailändischen Kunsthandwerks. Eine Vielzahl von Unternehmen hat sich auf den Zustrom der Touristen eingestellt und bietet nicht nur Kaufgelegenheit, sondern auch die Möglichkeit, den einheimischen Künstlern über die Schulter zu sehen. Südlich der Stadt, in der Chom Thong Road, leben **Silberschmiede**. Sie stellen Schalen, Schüsseln und Schmuckgegenstände aus reinem Silber und Silberlegierungen her. Etwas weiter östlich

Landschaft um Chiang Mai

trifft man im Ban-Khoen-Viertel auf die **Hersteller von Lackarbeiten** (Schalen, Kästchen und Tabletts). Der schwarze Lack wird in mehreren Schichten aufgetragen und mit Asche oder Kalk poliert. In die oberste Schicht werden Ornamente eingeritzt, die mit Gold oder Farben ausgefüllt werden. Besonders in den Straßen Wulai und Ratchangsaen findet man **Manufakturen der Teakholzschnitzer**. Die Produkte ihrer gewichtigen Arbeit werden in alle Welt exportiert. Seit Tropenbäume in Thailand nicht mehr gefällt werden dürfen, wird das Teakholz aus Myanmar importiert. Sehenswert ist auch die **Straße der Bronzegießer**, die Chang Loh Road. Hier werden Glocken gegossen, die keine Klöppel haben, sondern ihren hellen Klang mittels kleiner, an einem Faden befestigter Blechscheibchen erzeugen. Von hier kommen auch die Essbestecke aus massiver Bronze, die in fast jedem Geschäft des Landes zu finden sind. Nördlich der Stadt, am »Tor des Weißen Elefanten«, findet man das **Dorf der Töpfer**. Vor den Häusern sind Tonwaren zum Trocknen (und Verkaufen) aufgestellt.

★★ Wat Buakkhrok Luang

Von der San Khamphaeng Road, an der sich die Verkaufshäuser der Manufakturen von Chiang Mai reihen, erreicht man einen der schönsten, dennoch wenig bekannten Tempel. Im Wat Buakkhrok Luang findet man einen wunderschönen Teakholz-Viharn im Lan-Na-Stil vom ausgehenden 13. Jh., der eine Buddha-Statue im Chiang-Saen-Stil birgt. Die Halle wird durch fünf Säulenreihen aus Teakholz in drei Schiffe geteilt. Prächtig sind die sehr alten Wandgemälde wie auch die prachtvoll geschnitzten Türen. Links neben dem Viharn befindet sich ein schöner Bot. Von diesem Tempel existierte bis 1988 eine Kopie in ► Phayao, die allerdings durch einen Sturm zerstört wurde.

Nahe dem Tempel befindet sich der Eingang zum neuen Luxushotel der Oriental-Mandarin-Gruppe, dem Dhara Dhevi, das inmitten einer weitgehend naturbelassenen Landschaft errichtet wurde.

Old Chiang Mai Cultural Center

Das »Old Chiang Mai Cultural Center« ist nicht etwa das historische Chiang Mai, sondern die Gründung eines cleveren Unternehmers, der an der nach Süden führenden Straße 108 ein Dorf aufbaute, in dem Angehörige verschiedener Bergstämme (Karen, Lisu, Akha, Yao) in ihren traditionellen Hütten leben, ihre Trachten tragen und an traditionellen Geräten arbeiten. Die kunstgewerblichen Arbeiten wie Schmuck oder Stoffe kann man in Läden kaufen. Abends finden in einem Restaurant so genannte Kantoke-Dinner statt: Zu einem Mahl mit nordthailändischen Gerichten führen Mitglieder der Bergstämme ihre traditionellen Tänze auf. Ein Besuch im »Old Chiang Mai Cultural Center« wird von vielen Reiseveranstaltern angeboten.

Wiang Kum Kam

Etwa 5 km südlich von Chiang Mai wurde Mitte der 1990er-Jahre die Ruinenstätte Wiang Kum Kam ausgegraben. Vermutlich wurde der Ort vor 700 Jahren von König Mengrai gegründet. Da die Funde jedoch recht spärlich waren, verzichtete man auf eine eigene Ausstellung, wichtige Stücke sind allerdings im Nationalmuseum von Chiang Mai zu sehen.

✶✶ Wat Doi Suthep

Lage und Anfahrt
Mit Bus oder Auto 20 km über die Huai Kaeo Road (1004) nach Nordwesten ►

Der Wat Doi Suthep liegt in herrlicher Landschaft auf 1053 m Höhe unterhalb des Gipfels des Doi Pui (1685 m ü. d. M.). Vom Parkplatz aus (Endstation für die Omnibusse) lohnt zunächst ein Gang zum **Nam Tok Huai Kaeo**, einem Wasserfall in landschaftlich reizvoller Umgebung. Wo die Straße ziemlich steil zum Tempel hin ansteigt, trifft man auf das Denkmal des Mönchs Phra Si Wichai, auf dessen Initiative 1934 der Bau der ersten Straße zum Wat Doi Suthep zurückgeht. Das Geld dazu sammelte er bei den Bewohnern von Chiang Mai, die auch beim Straßenbau halfen. Das letzte Stück kann man zu Fuß oder mit einer kleinen Zahnradbahn zurücklegen. Über eine monumentale Treppe mit 306 Stufen, flankiert von einer Balustrade aus sich emporwindenden Leibern zweier siebenköpfiger Nagas, gelangt man auf die weite Tempelterrasse, von der aus man einen herrlichen Blick auf Chiang Mai und das Umland hat.

Legende

Der Name des Wat geht auf den Mönch Vasuthep zurück, der hier in der Eremitage gelebt haben soll. Nach der Sage suchte König Kua für den anderen Teil der Reliquie (Wat Suan Dok, s. zuvor), die sich so wundersam geteilt hatte, einen Ort für ein Heiligtum. Auf Anraten des Mönchs Sumana, der die ursprüngliche Reliquie entdeckt hatte, ließ er den kleinen Teil der Reliquie in einen Altar einschließen, der auf dem Rücken eines freilaufenden weißen Elefanten befestigt wurde. Der Elefant stieg den Berg hinan und legte sich just dort nieder, wo der Mönch Vasuthep wohnte. Als man die Reliquie aus dem Altar nahm, starb das Tier. Genau an dieser Stelle wurde der Tempel gebaut, über dem Begräbnisplatz des Elefanten errichtete man einen kleinen Chedi.

Statue der Erdgöttin Thorani

Auf der ersten Plattform, bevor man die mit Nagas besetzte Treppe hochsteigt, steht rechts eine Statue der Erdgöttin Thorani – Symbol der Schöpferkraft der Erde –, die Wasser aus ihrem Haar wringt. Der brahmanischen Überlieferung zufolge soll der meditierende Buddha von Dämonen und ihrem Anführer Mara (»das Böse«) in Versuchung geführt worden sein, worauf Thorani erschien, Wasser aus ihren Haaren wrang und das Heer der Dämonen hinwegspülte.

Den Eingang zum eigentlichen **Tempelbezirk** bewachen zwei Dämonenstatuen, an den Seiten offene Geisterhäuschen. Von den sechs Zugängen zur Galerie und zu den Chedis sind in der Regel nur zwei geöffnet. In den Galerien stehen Buddha-Statuen im Chiang-Mai- und Sukhothai-Stil. Zu beachten sind die aus neuerer Zeit stammenden Malereien an den Wänden, die Szenen aus dem Leben Buddhas zeigen. Eingegliedert in die Galerie sind zwei einander gegenüberliegende Viharn, deren Fassaden mit prächtigem Schnitzwerk versehen sind. Das zentrale Heiligtum des Wat Doi Suthep birgt eine sitzende Buddha-Statue, die größte Verehrung genießt.

Blickfang: der vergoldete Chedi

Höhepunkt der Anlage ist der in Gold erstrahlende 20 m hohe **Chedi**, den ein fünfstufiger Schirm krönt. Der Überzug besteht aus vergoldeten, reich ornamentierten Kupferplatten. An den Ecken des ihn umgebenden Gitters befinden sich kunstvoll skulptierte Altärchen und vier graziöse hohe Filigranschirme aus vergoldetem Kupfer. Außerhalb des von der Galerie umschlossenen Bezirks steht an der Nordseite eine anmutige, reich geschmückte Kapelle. Im Hof hängt eine große Bronzeglocke, die von drei kleineren umgeben ist; sehenswert sind auch der kleine Altar, auf dem der Elefant die Reliquie trug, und die Büste des Eremiten Vasuthep. In dem kleinen **Tempelmuseum** auf dem Wat Doi Suthep werden besonders wertvolle Gegenstände sowie alte Briefmarken und Münzen aufbewahrt.

Weitere Umgebung von Chiang Mai

✶ **Königlicher Sommerpalast Phu Ping**

Folgt man der Straße vom Wat Doi Suthep weiter den Berg hinauf, erreicht man nach kurzer Zeit den königlichen Sommerpalast Phu Ping (der Besuch ist aber nur möglich, wenn die Königsfamilie nicht anwesend ist; Zutritt nur in angemessener Kleidung). Er ist im Stil der Bangkok-Zeit erbaut und von blühenden Gärten umgeben.

★★ **Doi Phu-Nationalpark**

Eine etwa dreistündige Wanderung durch die beeindruckende Landschaft führt auf den Gipfel des Doi Pui, von dem aus sich ein herrlicher Blick auf die mit dichtem Dschungel überzogenen Berge und Schluchten bietet. Auf dieser Wanderung passiert man ein Meo-Dorf, das allerdings wegen seiner Beliebtheit bei den Touristen bereits stark kommerzialisiert ist. Die farbenprächtigen Trachten und der kunstvoll gefertigte Silberschmuck sind aber wirklich sehr schön.

i Vorsicht Trekking!

- In Chiang Mai gibt es zahlreiche Veranstalter, die ein- bis mehrtägige Trekkingtouren durch den Norden Thailands anbieten. Die meisten davon sind seriöser Art, es gibt jedoch auch »schwarze Schafe«, die es in erster Linie auf das Geld der Touristen abgesehen haben. Auch ist Vorsicht geraten bei Veranstaltern, die Besuche bei den Hilltribes, den Bergvölkern in der Grenzregion zwischen Thailand und Myanmar (Birma) offerieren. Die inflationäre Entwicklung bei den Trekkingtouren, die eigentlich den Zweck hatten, die Augen für die Probleme der Hmong, Lisu, Akha oder Karen zu öffnen, trug dazu bei, dass Besuche nicht mehr so willkommen sind wie zuvor. Vor allem in kleineren Dörfern reagieren die Bewohner bisweilen sogar aggressiv, zumindest aber so, dass sie fürs Fotografieren heutzutage Geld verlangen oder Handarbeiten zu völlig überhöhten Preisen anbieten.

Das 2006 eröffnete Projekt **Chiang Mai Night Safari** liegt mit bewaldeten Bergen, 15 natürlichen Quellen und fünf künstlichen Seen auf einem 130 Hektar großen Gelände am Rand des **Doi-Suthep-Phi-Nationalparks**. Der Park ist vom zehn Kilometer entfernten Chiang Mai aus in einer etwa halbstündigen Fahrt zu erreichen. In dem Areal leben Zebras, Wildrinder und Giraffen, die aus Afrika importiert wurden. Aus dem Zoo in Frankfurt am Main stammt das Flusspferd »Kiboko«, die meisten der später insgesamt etwa 1600 Tiere aus 150 Gattungen sollen ebenfalls von anderen Kontinenten stammen und den Besuchern ein Gefühl für die Vielfalt der weltweiten Fauna vermitteln. Die Night Safari ist in drei Tiergehege unterteilt. Den »Jaguar Trail« bewohnen die kleineren Säugetiere, er kann Tag und Nacht besucht werden. Die »Predator Prowl« und die »Savannah Safari« sind das Zuhause von Raubtieren und Savannentieren. Diese beiden Bereiche sind nur nachts geöffnet, Tierfreunde werden in einem Wagen durch die Gehege gefahren.

www.chiangmainightsafari.com ►

Bo Sang – Dorf der Schirmmacher

Einen Besuch lohnt das etwa 8 km östlich von Chiang Mai gelegene Dorf der Schirmmacher Bo Sang. Fast alle Bewohner dieses Dorfes sind damit beschäftigt, Bambusgestelle mit gefirnisstem Papier, das aus der Rinde des Tonsa-Baumes gewonnen wird, oder mit Seide zu bespannen. Diese Bespannung wird zunächst lackiert und dann mit Blumen, Landschaften oder Ornamenten bemalt. Schon Kinder üben sich im Entwerfen kunstvoller Muster.

San Kamphaeng

San Kamphaeng war im 15. Jh. eines der thailändischen Zentren der Keramikherstellung, Ruinen des Töpferbezirks finden sich östlich des heutigen Orts. Inzwischen hat Chiang Mai das Erbe von San

Kamphaeng angetreten, doch die frühere Blüte der Porzellankunst blieb bis heute unerreicht. Heute ist der Ort mehr für seine handgewebten Baumwoll- oder Seidenstoffe bekannt und berühmt; in manchen Betrieben wird eine kleine Ausstellung geboten, in der die Seidenherstellung erklärt wird.

Anfahrt:
◄ von Chiang Mai in östlicher Richtung über die Charoen

Sehenswert in San Kamphaeng ist auch der **Wat Sai Mon**, der deutliche Merkmale birmanischen Stils zeigt. Im Innern des dreischiffigen Viharn gibt es rote, mit Goldornamenten besetzte Teakholzsäulen und zahlreiche kunstvoll gearbeitete Kultgegenstände.

Ein beliebtes Ziel für Wochenendausflüge ist der 17 km östlich von Chiang Mai gelegene **Nong-Wua-Park**. Der Park mit einem von Lotosblüten bedeckten Teich ist aus einem sumpfigen Gelände entstanden. Restaurants sorgen für das leibliche Wohl des Besuchers.

Elefantencamp von Mae Rim

Die Ausbildung von Arbeitselefanten kann man im Elefantencamp bei Mae Rim beobachten. Mae Rim liegt 20 km nördlich von Chiang Mai; vom Dorf sind es noch etwa 7 km bis in das Elefantencamp. Täglich finden hier mehr oder weniger ernst zu meinende Vorführungen statt, organisierte Ausflüge bieten alle Reisebüros in Chiang Mai.

Seit die thailändische Regierung im Dezember 1988 ein absolutes Fällverbot für Tropenhölzer verhängt hat, um weitere Umwelt-Zerstörungen zu verhindern, wird in Mae Rim – wie auch in etlichen anderen Elefantencamps Nordthailands – eigentlich am Bedarf vorbei ausgebildet. Hier gibt es nämlich einige hundert »arbeitslose« Elefanten, für die der Staat einen Unterhaltszuschuss gibt. Die wichtigste Einnahmequelle stellen freilich die Touristen dar, denen Ausbildung und Lebensweise der Dickhäuter, die in der thailändischen Geschichte stets eine wichtige Rolle spielten, vorgeführt werden.

! *Baedeker* TIPP

Nachmittagsbesuch

Wer keinen Wert darauf legt, Elefanten bei der ohnehin artfremden Beschäftigung als Fußballspieler zu beobachten, besucht das Elefantencamp am besten nachmittags. Vormittags ist das Camp nämlich Ziel zahlloser Touristenbusse mit Hunderten von Besuchern. Wenn sich diese wieder verzogen haben, kann man das riesige Gelände in aller Ruhe auf eigene Faust erkunden.

Thai Buffalo Training Center

Nicht nur Elefanten werden in Thailand für die Landwirtschaft ausgebildet, sondern auch Wasserbüffel. Ein solches Trainingscamp findet man 18 km nördlich von Chiang Mai bei Mae Rim, wo man die Ausbildung der gewichtigen Tiere im Rahmen einer Show beobachten kann. Außerdem gibt es die Möglichkeit, auf Büffeln zu reiten oder ein Büffelrennen zu sehen (Öffnungszeiten: tägl. 8.00 – 17.30 Uhr; Vorführungen: tägl. 9.00, 15.00 und 16.30 Uhr; Eintrittsgebühr).

✶✶ Doi-Inthanon-Nationalpark

Von Mae Rim aus sind ein- und mehrtägige Touren durch den 80 km südwestlich gelegenen Doi-Inthanon-Nationalpark (► Chom Tong) möglich, bei denen nicht nur allradgetriebene Fahrzeuge, sondern auch Elefanten als Transportmittel dienen. Mit seinen wilden Schluchten, pittoresken Wasserfällen und seiner schier undurchdringlichen Dschungellandschaft zählt er zu den schönsten Naturparks Thailands.

Huai Thueng Thao

Ein weiteres bei der Bevölkerung beliebtes Ausflugsziel ist der etwa 40 km vor der Stadt gelegene Stausee Huai Thueng Thao, auf dem man windsurfen und Boot fahren kann.

✶✶ Landschaft bei Chiang Dao

Wenn man von Chiang Mai auf der Straße 107 durch die großartige Landschaft mit dichtem Gebirgswald nach Norden fährt, erreicht man nach 72 km den Marktflecken Chiang Dao. Er liegt oberhalb der Menam-Ping-Schlucht an den begrünten Hängen des Gebirges Doi Chiang Dao, dessen bis zu 2186 m hohe Kalksteinspitzen eine imposante Kulisse abgeben. In der Nähe gibt es ein **Entwicklungszentrum** der thailändischen Regierung, in dem der Anbau von Kaffee- und Teepflanzen wissenschaftlich untersucht und der Bevölkerung gelehrt wird. Ziel dieses Projekts ist, den Bergvölkern eine Alternative zum Opiumanbau, der hier seit Jahrhunderten betrieben wird, aufzuzeigen. Landwirtschaftsfachleute gehen in die Dörfer der Meo, Lisu und Karen, um die Bevölkerung bei Reisanbau, Ackerbau und Viehzucht zu unterstützen.

Sehenswert: Grotte von Chiang Dao

Vom nördlichen Ortsausgang von Chiang Dao führt ein etwa 6 km langer Weg zur heiligen **Grotte von Chiang Dao**, die 14 km tief ist. Die im Innern aufgebauten Buddha-Statuen werden vom Tageslicht, das durch Ritzen im Gestein in die

Höhle fällt, in ein geheimnisvolles Licht getaucht. Die größte Buddha-Statue ist aus weißem Marmor gefertigt. Nahe dem Eingang befinden sich ein großer weißer Chedi mit vielen kleinen Türmchen und ein von einer Quelle gespeister Teich mit heiligen Fischen.

★★ Chiang Rai

B 2

Region: Nordthailand
Höhe: 80 m ü. d. M.
Provinz: Chiang Rai
Einwohnerzahl: 62 000

Chiang Rai, die nach ihrem Gründer Mengrai benannte – im Vergleich zu Chiang Mai allerdings recht schmucklose – »Krone des Nordens«, ist vor allem wegen der umgebenden einzigartigen Landschaft einen Besuch wert.

Tor zum »Goldenen Dreieck«

Die Stadt am rechten Ufer des Menam Kok ist ein guter Ausgangspunkt zu Ausflügen in die Umgebung; wegen der guten Verkehrsverbindungen zwischen Chiang Rai und Chiang Mai, Chiang Saen und dem etwas weiter entfernten Lampang lassen sich mehrere interessante Städte Nordthailands auf einer Tour besichtigen. Aus der Region des »Goldenes Dreiecks« zwischen Laos, Myanmar (Birma) und Thailand stammt ungefähr ein Drittel allen weltweit illegal gehandelten (Roh-) Opiums. Im nahen Bergland leben von der Zivilisation weitgehend unberührte Bergvölker wie Akha, Lisu oder Meo. Lohnend ist der Besuch eines der Märkte, auf denen Männer und Frauen der Bergvölker in farbenprächtigen Trachten ihre Waren anbieten.

Geschichte

Die Stadt ist älter als Chiang Mai, sie wurde bereits 1262 von König Mengrai (Meng Rai, 1239 – 1317) gegründet, der sie wohl als Residenzstadt seines Lan-Na-Königreichs benutzte. Zuvor war Chiang Rai wegen seiner günstigen Lage am Menam Kok, einem Mekong-Zufluss, jahrhundertelang ein Siedlungsplatz der Lawa oder Mon. Viele Jahre stand die Stadt unter birmanischer Herrschaft, erst 1786 (vier Jahre nach der Erhebung Bangkoks zur Hauptstadt) wurde Chiang Rai thailändisch. Während über die Zeit davor nur wenig bekannt ist, ist ihre weitere Entwicklung eng mit der von Chiang Mai und dem 60 km entfernten Chiang Saen verbunden.

Sehenswertes in Chiang Rai

★★ Wat Phra Kaeo Don Tao

Chiang Rai war der Fundort des berühmten »Jade-Buddha«, der über viele Jahre hinweg im Wat Phra Kaeo Don Tao aufbewahrt wurde (heute im Wat Phra Kaeo im Grand Palace in ►Bangkok). Im Jahre 1434 traf der Blitz einen Chedi im Wat Phra Kaeo Don Tao, in dem man bei näherer Untersuchung eine kleine, unscheinbare, mit Stuck überzogene Figur fand. Unter dem Gips kam eine 75 cm hohe Statue

CHIANG RAI ERLEBEN

ANREISE

Auto:
von Lampang Nationalstraße 1 (240 km), von Chiang Mai Straße 107 bis kurz vor Fang, dann Straßen 109 und 1 (268 km)

Bus:
von Chiang Mai und Bangkok (Northern Bus Terminal) täglich

Flug:
von Bangkok und Chiang Mai bis zu sechsmal täglich

Bahn:
Nächster Bahnhof Chiang Mai (180 km)

AUSKUNFT

Tourism Association of Thailand
448/16 Singhaklai Road
57000 Chiang Rai
Tel. 0 53 / 71 74 33, 7 44 67 45
Fax 71 74 34
tatchrai@tat.or.th

ESSEN

▸ Erschwinglich

① ***Aye's Restaurant***
479 Phaholyothin Road
Tel. 0 53 / 72 25 35
Fast unschlagbar ist hier die Auswahl an Gerichten! Ob deutsches Schnitzel oder Thai-Curry – nahezu jeder Geschmack wird bedient. Und dazu gibt's eine ausgesprochen reichhaltige Weinauswahl.

② ***Muang Thong Restaurant***
Phaholyothin Road
Tel. 0 53 / 71 11 62
Sehr beliebtes – und entsprechend belebtes – Restaurant mit ansprechenden chinesischen und thailändischen Gerichten.

ÜBERNACHTEN

▸ Luxus

① ***Four Seasons Tented Camp Golden Triangle***
Tel. 0 53 / 91 02 00, Fax 65 21 89
www.fourseasons.com/goldentriangle
15 Zelte, Restaurant, Bar.
Etwas für Menschen, die zum einen gut betucht sind und zum anderen ein überschaubares Abenteuer suchen. Aus 15 freistehenden Zelten mit allem Komfort besteht dieses originelle »Hotel«, das man nur mit dem Boot über den Menam Ruak erreicht. Tagsüber gibt es Elefantenausritte und Trekkingtouren, für den Abend eine Dschungelbar und ein Lagerfeuer.

▸ Komfortabel

② ***The Legend Chiang Rai***
124/15 Kohloy Road
Tel. 0 53 / 91 04 00; Fax 71 96 50
www.thelegend-chiangrai.com
78 Zimmer, Restaurant, Bar, Swimmingpool, Spa. Am Ufer des Mae Kok liegt dieses feine und doch preisgünstige Boutiquehotel mit komfortablen Zimmern und einem empfohlenen Restaurant auch für Nicht-Hotelgäste.

▸ Günstig

③ ***YMCA International House***
70 Phaholyothin Road, Rimkok
Tel. 0 53 / 71 37 85-6, 70 27 63-4
Gästehaus der international vertretenen Jugendorganisation, die aber auch erwachsene Reisende aufnimmt.

Chiang Rai Orientierung

Essen
① Aye's Restaurant
② Muang Thong Restaurant

Übernachten
① Four Seasons Tented Camp Golden Triangle
② The Legend Chiang Rai
③ YMCA International House

aus grünem Jade bzw. Nephrit zum Vorschein, die bald die Aufmerksamkeit des mittlerweile von Chiang Mai aus regierenden König Mengrai erlangte. Der hätte sie nur allzu gerne in seiner Residenzstadt gesehen, doch hatte man beschlossen, dem Willen des Elefanten, der die Statue trug, die Entscheidung zu überlassen: Dieser schlug denn an der entscheidenden Gabelung nicht den Weg nach Chiang Mai, sondern den ins benachbarte Lampang ein, wo sie bis 1468 eine vorläufige Heimat im Wat Phra That Lampang Luang fand. Dann gelangte sie schließlich doch nach Chiang Mai und von dort nach weiteren Umwegen 1782 zu ihrem heutigen Standort in Bangkok.
Hervorzuheben sind auch die Schnitzereien und die Bemalung der hölzernen Fassade. Der Wat stammt, wie auch der nahe gelegene Wat Phra Singh, aus dem 15. Jh.; beide Tempelanlagen wurden mehrfach restauriert und verändert.

Wat Ming Muang, Wat Chet Yot

Der Wat Ming Muang besitzt einen kunstvoll geschnitzten Giebel und mehrere Buddha-Figuren im Chiang-Saen-Stil (11. – 16. Jh.). Ein Viharn mit feinen Proportionen und ein Chedi mit sieben Türmchen auf rechteckigem Sockel sind im Wat Chet Yot bemerkenswert.

Umgebung von Chiang Rai

Mae-Lao-Talsperre Ein wegen seiner schönen Lage bei der einheimischen Bevölkerung beliebtes Ausflugsziel ist die Mae-Lao-Talsperre (Nationalstraße 1 nach Süden, dann Straße 109 in Richtung Fang).

Mae Sai Die Straße 110 führt nördlich nach Mae Sai (63 km), dem nördlichsten Ort Thailands (1010 km von Bangkok entfernt). Dieser kleine Grenzort mit seinen lebhaften Märkten lag einst an einer wichtigen Handelsstraße, die bis nach China führte. Gegen Hinterlegung des Reisepasses erhält man hier ein Tagesvisum für Myanmar.

Tham-Luang-Höhle Von den vier Höhlen, die vor einigen Jahren südlich von Mae Sai entdeckt wurden, ist die Tham-Luang-Höhle mit einer Höhe von 5 bis 10 m die größte. Die ersten 1000 m sind problemlos auf Treppen und Wegen zu erkunden. Höhlenforscher können mit entsprechender Ausrüstung weitere 6 km zurücklegen.

✶ **Wat Phra That Doi Thung** Unter dem Gipfel des 1330 m über dem Meeresspiegel gelegenen Doi Thung ist der Wat Phra That Doi Thung das Ziel vieler Pilger; Anfang März besuchen Zehntausende mit Autos, Bussen, Motorrädern oder zu Fuß den Tempel. Zum Wat führt ein 17 km langer, steiler Pfad, der von der Straße 110 bei dem Dorf Ban Huai Krai abzweigt. Vom Gipfel bietet sich ein herrlicher Rundblick über die nordthailändische Landschaft an, der allein schon die Mühe der Anfahrt lohnt. Die Tempelgebäude sind wenig interessant, sie stammen aus neuerer Zeit. In der Nähe der Grenze zu Myanmar befindet sich bei dem Ort **Mae Chan** die Mae Chan Community Station. Von hier aus betreuen Fachleute die Bergstämme, um sie in Alternativen zum Opiumanbau zu unterweisen.

Akha-Frau in Ko Saen Chai

Folgt man dem unbefestigten Weg, der von der Station weiterführt, erreicht man das **Akha-Dorf** Ko Saen Chai. Die hölzernen Schaukeln am Dorfeingang werden zu Fruchtbarkeitszeremonien benutzt. Auf Pfählen errichtete Hütten, die mit weit herabgezogenen Dächern gedeckt sind, sind Heimstatt für Großfamilien; Männer und Frauen bewohnen je einen eigenen Raum. Die meisten Bergvölker haben eigene Sprachen und animistische Glaubensvorstellungen. Alle Dinge des täglichen Lebens erleben sie als von Geistern beseelt. So gibt es zum Beispiel den Glauben, dass im Wasser böse Geister wohnen, ein Grund, sich möglichst wenig zu waschen (►Fakten: Bevölkerung).

! *Baedeker* TIPP

Keine Besuche ohne Führer

Es ist generell davon abzuraten, Bergvölker ohne einen orts- und sprachkundigen Führer zu besuchen. Verständigungsschwierigkeiten können zu Missverständnissen und unliebsamen Zwischenfällen führen. Es ist eigentlich überflüssig anzumerken, dass auch besondere Zurückhaltung angezeigt ist (vor allem, was das Fotografieren angeht).

Die thailändische Regierung fördert seit 1976 die Assimilation der **Bergvölker**, die aber nur schrittweise gelingt. Die in den Bergen um Chiang Rai lebenden Akha haben mehr als alle anderen Bergvölker bis heute ihre kulturelle Identität erhalten. Sie pflegen ihre Traditionen, die sich auch in der handwerklichen Kunstfertigkeit ausdrückt. Die Regierung unterhält in Chiang Rai mehrere Büros der **Thai Hillcraft Foundation**, die den Vertrieb von Silberarbeiten, Stickereien und Webstoffen organisiert.

Chiang Saen

B 2

Region: Nordthailand
Höhe: 455 ü. d. M.

Provinz: Chiang Rai
Einwohnerzahl: ca. 8000

Der kleine Ort Chiang Saen liegt im äußersten Norden Thailands an einer weiten Schleife des majestätisch dahinfließenden Mekong, der hier und dann wieder weiter südlich die Grenze zwischen Laos und Thailand bildet.

Grenzstadt am Fluss

Chiang Saen ist eine der ältesten Städte des Landes. Sie wird umrahmt von hohen, dschungelbewachsenen Bergen und über den Fluss blickt man auf die Hügel von Laos.

Geschichte

Einst die Hauptstadt des wahrscheinlich ersten Thai-Fürstentums auf dem Staatsgebiet des heutigen Thailand, sank Chiang Saen in einen Dornröschenschlaf, auch wenn der Ort durch den nach ihm benannten Chiang-Saen-Stil eine gewisse Berühmtheit erlangte. Werkzeugfunde aus jüngerer Zeit bestätigten die Vermutung, dass dieser Raum schon in der Altsteinzeit besiedelt war. Als Siedlung im heutigen Sinne ist die Stadt vor unserer Zeitrechnung entstanden, ihre größte Blüte erlebte sie zwischen dem 10. und 13. Jh. und hier unter dem König Saen Phu. Chiang Saen war 1238 Geburtsort von König Mengrai, der 1261 Chiang Rai und 1296 Chiang Mai zu seiner Hauptstadt machte. Zahlreiche Kriege mit den Birmanen und den

Chiang Saen Orientierung

Königen von Ayutthaya hinterließen ihre Spuren; von der Mitte des 16. Jh. bis zum Ende des 18. Jh.s war die Stadt unter birmanischer Herrschaft. König Rama I. ließ sie vollständig zerstören, um den Feinden das Ziel für weitere Angriffe zu nehmen. Erst unter König Rama V. (Chulalongkorn) erwachte sie zu neuem Leben.

Sehenswertes in Chiang Saen und Umgebung

Stadtmauer Von der einst 8 km langen Umfassungsmauer sind noch Reste zu finden, mit Gras und Bäumen überwachsene Gräben zeigen ihren Verlauf. Teile dieser Mauer sind in jüngster Zeit wiederhergestellt worden, andere sind vom Gras überwuchert. Das heutige Stadtgebiet umfasst nur einen kleinen Teil der früheren, von der Stadtmauer eingeschlossenen Fläche. Zahlreiche Ruinen von z. T. sehr alten und noch nicht genau datierten Tempeln erinnern an die bedeutende Vergangenheit der Stadt.

Mohnernte im »Goldenen Dreieck«

Noch außerhalb der Stadtmauer stand der **Wat Pa Sak**, 1295 unter König Saen Phu begründet und so benannt nach der ursprünglichen Einfassung aus 300 Teakholzstämmen. Von ihm ist noch ein schöner, als Stufenpyramide erbauter Chedi erhalten, der eine Buddha-Reliquie bergen soll, die im Gründungsjahr aus Pataliputra überbracht wurde. In 12 großen und 16 kleineren Nischen stehen teilweise sehr gut erhaltene, fein gearbeitete Buddha-Figuren im Sukhothai-Stil; bei aufmerksamer Betrachtung sind auch Srivijaya- und Dvaravati-Einflüsse zu entdecken. Der Wat Pa Sak ist eines der wenigen erhaltenen Beispiele für die hochstehende Kunst der Verwendung von Stuck und Terrakotta.

✶ Wat Chedi Luang

Der Wat Chedi Luang (innerhalb der Mauer, beim westlichen Stadttor) wurde im 13. Jh. errichtet, am 60 m hohen, glockenförmigen Chedi (16. Jh.) sind noch Reste der ursprünglichen bronzeverkleideten Spitze sichtbar. Der Chedi ist heute mit Gras bewachsen.

Nationalmuseum von Chiang Saen

Das Nationalmuseum (kurz vor der Zufahrt zum Wat Chedi Luang) enthält mehrere schöne Stücke im Chiang-Saen-Stil, u. a. Buddha-Statuen, Amulette, Silber- und Stuckarbeiten, Stelen und eine Dämonenmaske. Besonders wertvoll sind die Steinreliefs aus dem Wat Sang Kha Kaew Don Tun, die aus Sicherheitsgründen hierher gebracht wurden. Sie stammen allerdings nicht aus der Gründungszeit des Klosters, sondern sind vor etwa 300 Jahren entstanden, wie man aus

CHIANG SAEN ERLEBEN

ANREISE

Der Besuch von Chiang Saen bietet sich auf einer Rundreise durch das Gebiet um Chiang Rai an. Ausgangspunkt könnte Chiang Mai sein (von dort täglich Busverbindungen; nächstgelegener Bahnhof).

Auto:
von Chiang Rai über die Nationalstraße 110 bis Mae Chan, dann Straße 1016 (58 km)

ÜBERNACHTEN

► Komfortabel

① ***Delta Golden Triangle***
222 Mu 1, Golden Triangle
Tel. 0 53 / 77 70 01, Fax 77 70 05
73 Zimmer, Restaurant, Coffeeshop, Swimmingpool, Fitneßcenter.
Direkt im berühmt-berüchtigten »Goldenen Dreieck« gelegenes Hotel mit herrlichem Blick auf den Mekong. Große Zimmer, gutes Restaurant mit nordthailändischen Spezialitäten.

CHINA
MYANMAR
LAOS
สามเหลี่ยมทองคำ
GOLDENTRIANGLE
THAILAND

Haartracht und Kleidung der abgebildeten Menschen schließt (Öffnungszeiten: Di. – Sa. 9.00 – 12.00, 14.00 – 16.00 Uhr; Eintrittsgebühr).

Wat Phra Buat

Der Wat Phra Buat ist heute ein eindrucksvolles Ruinenfeld. An einem der eingestürzten Chedis sieht man noch deutliche Reste einer guten Buddha-Plastik. Vom Wat Phra Chao Lan Thong steht noch ein Chedi. Sehr schön am Ufer des Mekong gelegen ist der aus neuerer Zeit stammende Wat Pa Kao Pan mit einem alten Chedi.

*** Wat Phra That Chom Kitti**

Auf einem Hügel (guter Rundblick in das Grenzgebiet zwischen Birma, Laos und Thailand) vor der Stadt stehen die Chedis bzw. deren Ruinen des Wat Phra That Chom Kitti, der um das 10. Jh. errichtet wurde. Die Spitze des schiefen Chedi ist mit Bronzeplatten verkleidet, erhalten ist auch noch das Relief einer Buddha-Darstellung. In den Nischen auf jeder Seite stehen hervorragend erhaltene Buddha-Statuen im Lopburi-Stil. Gegenüber von diesem Wat befinden sich die Reste eines Ziegelchedis (Wat Chom Chang). Von hier führt eine breite Treppe mit 393 Stufen hinunter zur Stadt.

»Goldenes Dreieck«

Verlässt man Chiang Saen in nordwestlicher Richtung und fährt 11 km den Mekong entlang, kommt man unterhalb des Hotels »Delta Golden Triangle« an einen Aussichtspunkt, der als »Goldenes Dreieck« bezeichnet wird. Hier fließt der Mae Sai River in den Mekong; hier ist aber auch das Dreiländereck Thailand – Laos – Myanmar, weshalb die Bezeichnung so falsch nicht ist. Entlang der Straße haben sich Souvenirhändler angesiedelt, die auch mit Waren aus dem benachbarten Birma handeln. Interessant zu beobachten ist der kleine Grenzverkehr zwischen Thailand und Laos. Offiziell ist die Einreise nach Laos über den Fluss aber nur Einheimischen möglich.

*** Bootsfahrt auf dem Mekong**

Reich an Eindrücken ist eine etwa dreistündige Fahrt auf dem Mekong nach Chiang Saen, die man mit einem der angebotenen Motorboote unternehmen kann. Entlang des Flussufers leben Menschen z. T. in schwimmenden Häusern, ihre Lebensgrundlage ist der Handel im kleinen Grenzverkehr mit dem Nachbarland Laos.

Abstecher nach Ban Houei Sai (Laos)

Gegenüber von Chiang Khong, einem lebhaften Grenzort 60 km von Chiang Saen entfernt, liegt am laotischen Mekong-Ufer die Stadt Ban Houei Sai mit einigen von den Franzosen erbauten Festungsanlagen. Das Fort Carnot wird von der laotischen Regierung als Verwaltungsgebäude benutzt. Die für die Fahrt mit der Fähre über den Mekong erforderlichen Papiere bekommt man im Konsulat in Bangkok. Man sollte sich aber ein zweites Visum für die Wiedereinreise nach Thailand besorgen.

← *Das Grenzgebiet zwischen Thailand, Myanmar und Laos – bekannt als »Goldenes Dreieck« – wird von einem neuen Tor markiert.*

Chom Tong

B 2

Region: Nordthailand
Höhe: 520 m ü. d. M.
Provinz: Chiang Mai
Einwohnerzahl: ca. 6000

In der weiten Ebene des Menam Ping, die sich nach Norden hin öffnet und im Süden von hohen, mit Dschungel bewachsenen Bergen begrenzt wird, liegt weit im Nordwesten Thailands die kleine Stadt Chom Thong. Bekannt wurde sie durch den Wat Phra That Si Chom Thong. In der Nähe erhebt sich der Doi Inthanon, mit 2595 m der höchste Berg Thailands.

** **Wat Phra That Si Chom Thong**

Der Wat Phra That Si Chom Thong stammt aus dem 15. Jahrhundert. Ältester Teil des Tempels ist der 1451 erbaute Chedi in birmanischem Stil, er soll eine Buddha-Reliquie enthalten. Etwa um 1550, zur Regierungszeit König Muang Keos, entstand über einem kreuzförmigen Grundriss der Viharn. Die geschmackvoll angeordneten, goldüberzogenen Holzschnitzereien an den Seitengiebeln, Gesimse und Portale sowie die Ornamentik an den Teakholzsäulen und Balken im Innern sind von überragender künstlerischer Qualität. Im Innern sind außerdem ein reich dekorierter Altar im birmanischen Stil mit zwei reich verzierten Elefantenstoßzähnen und verschiedene Buddha-Statuen zu sehen. Besondere Verehrung genießt ein sitzender Buddha aus Bronze.

Eine kleine Straße hinter dem Kloster führt nach 9 km zum Wasserfall **Nam Tok Mae Klang** mit 100 m hohen Kaskaden (Baden gefährlich!). Über einen Pfad gelangt man auf den Felsen; etwa 1,5 Stunden dauert der Fußmarsch zu der sehenswerten Borichinda-Grotte.

▶ CHOM TONG

ANREISE

Auto:
Mit dem Auto erreicht man die Stadt von Chiang Mai auf der Nationalstraße 108 (56 km).

Bus:
Von Chiang Mai gibt es mehrmals täglich Busverbindungen.

ÜBERNACHTEN

In Chom Thong gibt es keine empfehlenswerten Unterkünfte. Besser, Sie fahren weiter bis Chiang Mai oder unternehmen von dort einen Ausflug.

** **Nationalpark Doi Inthanon**

Eine Fahrt auf den von Chom Thong 55 km entfernten, 2595 m hohen Doi Inthanon gehört zu den schönsten Ausflügen, die man in dieser an überwältigender Schönheit gewiss nicht armen Landschaft unternehmen kann. Das Granitmassiv, ein südlicher Ausläufer der birmanischen Shan-Berge, ist Mittelpunkt des 1000 km² großen Doi-Inthanon-Nationalparks (► Abb. S. 147). Reiseveranstalter bieten drei- bis fünftägige Trecks zu Fuß oder mit dem Pony an (Übernach-

In den Bergdörfern scheint die Zeit still zu stehen.

tung in den einfachen Camps der Wildlife Association), außerdem stehen einfache Bungalows beim Nationalpark-Büro (kurz hinter dem Hmong-Dorf Khun Klang) zur Verfügung. Am Beispiel dieses Nationalparks kann man die Sünden der Thai im Umgang mit ihrer Natur deutlich erkennen. Wo einst dichte Wälder standen, in denen eine Vielzahl von Tieren lebte, breitet sich heute größtenteils abgeholztes und in den Jahren danach versteppptes Ödland aus. Die Wiederaufforstungsmaßnahmen der Regierung können nur einen geringen Teil des Raubbaues wiedergutmachen, die Bemühungen sind freilich unverkennbar.

Weitere Ausflugsziele

Die Straße 108 führt weiter nach Hot durch das enge Tal des Menam Ping, zu dessen beiden Seiten schroffe Felsen und mit Dschungel bedeckte Berghänge aufragen. Auf dem von einer großartigen Bergkulisse umgebenen Yanhee-Stausee kann man Motorboote mieten, schwimmen oder fischen. Ganz in der Nähe des Stausees liegt ein auf Pfählen erbautes Karen-Dorf. Weitere Karen-Dörfer findet man am Weg nach Mae Sariang (von Chom Thong 105 km).

**** Ob-Luang-Schlucht**

Eine weitere Naturattraktion am Weg nach Mae Sariang ist die Ob-Luang-Schlucht: der Menam Chaem zwängt sich hier durch ein 30 m hoch aufragendes Felsmassiv. Von einer Brücke aus, die die Felsblöcke miteinander verbindet, kann man die Schlucht von oben betrachten.

Chonburi (Cholburi)

E 3

Region: Ostthailand **Provinz:** Chonburi
Höhe: 3 m ü. d. M. **Einwohnerzahl:** 184 000

Die südöstlich von Bangkok am Golf von Thailand gelegene Stadt Chonburi ist die Gründung eines Ayutthaya-Königs aus dem 14. Jh. und heute eine große und lebhafte Stadt im Einzugsbereich von Bangkok, in der v. a. Fischer, Kaufleute und Händler leben.

Provinzhauptstadt

Chonburi ist Sitz der Regierung der gleichnamigen Provinz mit etwa 840 000 Einwohnern. Der neue internationale **Flughafen Suvarnabhumi**, der zwischen Bangkok und Chonburi liegt, wird jedoch die Lebensverhältnisse der Bevölkerung nachhaltig verändern, da in dessen Umgebung Tausende von Arbeitskräften Wohnraum suchen werden. Außerdem prägt hier das **Eastern Seabord Project**, eine riesige Freihandelszone mit einem Tiefseehafen, seit einigen Jahren das ohnehin schon nüchterne Landschaftsbild.

Sehenswertes in Chonburi und Umgebung

Hafen

Der Hafen von Chonburi ist für eine größere wirtschaftliche Bedeutung zu flach, vielleicht ist er aber gerade deshalb ein munterer, überschaubarer Fischereihafen geblieben, von dem aus die Fischer mit ihren Booten in der Abenddämmerung aufs Meer hinausfahren. Südlich der Stadt liegen große Austernkulturen, die größten in Thailand überhaupt.

In der Umgebung wachsen Zuckerrohr und Maniok, deren zerkleinerte Knollen zum Trocknen ausgelegt werden und einen beißenden Geruch verbreiten. Das aus ihnen gewonnene Stärkemehl, Tapioka, wird zum Backen und Binden verwendet, aber auch in viele Länder exportiert und gehört zu den wichtigsten landwirtschaftlichen Erzeugnissen Thailands.

✶ Wat Sam Yot

Nahe dem Stadtzentrum steht auf einem Hügel der Wat Sam Yot mit einer 34 m hohen Statue, die Buddha im Augenblick der Erleuchtung darstellt. Vom Hügel aus hat man einen guten Blick auf die Stadt.

Wat Intharam, Wat Dhama Nimitr

Von den vielen dekorativen, kunsthistorisch aber wenig bedeutsamen Tempelanlagen in Chonburi seien nur die beiden ältesten, Wat Intharam und Wat Dhama Nimitr, genannt. Der Wat Intharam in der Nähe des alten Markts in der Stadtmitte stammt aus der späten Ayutthaya-Zeit und wurde unter König Taksin errichtet. Der Tempel wurde in der Rattanakosin-Zeit (Bangkok-Zeit) mehrfach restauriert und hat sein ursprüngliches Aussehen fast völlig verloren. Beachtenswert sind jedoch der Stuck-Figurenschmuck am Dach sowie die Porzellanmosaiken an den Fensterbögen. Im Innern des Bot sieht man sehr schöne Wandgemälde im frühen Bangkok-Stil sowie zahlreiche, darunter recht seltene Buddha-Statuen.

! *Baedeker* TIPP

Büffelrennen

Im Hof des Wat Intharam beginnen die Feierlichkeiten zum großen Chonburi-Büffelrennen, das alljährlich im Oktober stattfindet und Tausende Besucher in die Stadt lockt.

Einen Besuch ist auch der **Wat Dhama Nimitr** in der Nachbarschaft wert, der in seinem Viharn die Riesenstatue eines Buddha in einem Boot zeigt. Wie die Legende zu berichten weiß, fuhr Buddha mit dem Schiff in die indische Stadt Pai Salee, wo er durch sein Mitleid und sein Einfühlungsvermögen viele Menschen von der Cholera geheilt haben soll.

Khao Khiew Freilandzoo

Öffnungszeiten:
tägl. 8.00 – 18.00
Eintrittsgebühr

Nahe Chonburi liegt der Eingang zum Khao-Khiew-Naturpark, in dem man auf 145 km² Fläche über 130 geschützte Tierarten, darunter Schmetterlinge, Affen und sogar Leoparden sehen kann. In einem Avarium werden etwa 4000 asiatische, darunter einige besonders seltene Vogelarten gehalten. Die sechs weißen Tiger im Park sind eine Schenkung eines Zoos in der Nähe von Memphis/Tennessee in den USA. Ein Teil des Parks ist nicht zugänglich, denn hier sollen sich die Tiere ungestört bewegen und vor allem fortpflanzen können.

Dekorativ: Geisterhaus in Chonburi

CHONBURI ERLEBEN

ANREISE

Auto:
Von Bangkok Nationalstraße 3 (80 km)

Bus:
von Bangkok Eastern Bus Terminal (stündlich)

AUSKUNFT

Tourism Authority of Thailand (TAT)
609 Moo 10, Pratamunk Road
20150 Banglamung, Chonburi
Tel. 0 38 / 42 89 90, 42 87 50, 42 76 67
Fax 42 91 13, tatchon@tat.or.th

ÜBERNACHTEN

Chonburi ist wegen seiner wenig empfehlenswerten Unterkünfte und seiner Nähe zu Bangkok bzw. Pattaya nur als Zwischenstation zu empfehlen. Auf Ko Sichang gibt es jedoch einige kleine Gästehäuser; Auskunft beim TAT in Chonburi.

Golfplatz

An der Straße zum Zoo liegt sehr reizvoll auf einem felsigen Hügel der 18-Loch-Golfplatz von Bang Saen, einer der schönsten und größten in Thailand.

Ang Sila

Etwa 7 km südlich von Chonburi liegt der kleine Ort Ang Sila (= Steinbecken), so benannt nach einer Felsgruppe, die ins Meer hinausragt. Der Ort ist bekannt für die Produktion steinerner Küchengeräte, u. a. Mörser in unterschiedlichsten Größen.

Bang Saen

Fährt man auf Nationalstraße 3 weiter nach Süden, erreicht man bald den Badeort Bang Saen. Er wird v. a. an Wochenenden von den Hauptstadtbewohnern besucht, die sich hier an den dann hoffnungslos überfüllten Sandstränden vergnügen – eine Unterkunft ist dann auch nicht mehr zu finden. 1 km landeinwärts, im Innenhof des Bangkok Education College, findet man das größte **Aquarium** Thailands (Öffnungszeiten: Di. – Fr. 8.00 – 17.00, Sa., So. 8.30 – 16.30 Uhr; Eintrittsgebühr).

Luk Sam Po ►

Der schiffsförmige chinesische Tempel Luk Sam Po (in nördlicher Richtung über die Uferstraße am besten zu erreichen) erinnert an eine Katastrophe: Ein Boot mit chinesischen Einwanderern geriet vor der thailändischen Küste in einen heftigen Sturm und ging unter. Der einzige Überlebende stiftete zum Dank den Tempel und gründete einen Orden mit sehr strengen Regeln. Um die zentrale Pagode gruppieren sich kleine, Schiffskabinen symbolisierende Häuschen, in denen noch einige wenige Mönche und Nonnen leben. Bemerkenswert sind die außerhalb der eigentlichen Anlage gelegenen Mönchswohnungen in Form kleiner Fischerboote. Im Kloster sind zwei kleine Nachbildungen des Chedi von ► Nakhon Pathom, des größten Thailands, zu sehen. Heute ist die Anlage meditierenden Buddhisten aus aller Welt zugänglich; Besucher sind ebenfalls willkommen.

Etwa 20 km südlich von Chonburi liegt die aufstrebende Stadt Si Racha am Golf von Thailand. Bekannt ist sie für die sehr scharfe Chilisauce, die hier produziert und in das ganze Land geliefert wird. Zahlreiche Restaurants servieren hervorragende Meeresfrüchte. Vor allem in den Abendstunden ist ein Besuch der malerischen **Halbinsel Ko Loy** lohnend, auf der sich ein kleines Kloster befindet.

Si Racha

Der Fischerhafen von Si Racha ist Ausgangspunkt einer Fahrt zur vorgelagerten Insel Ko Sichang, die eigentlich aus sechs felsigen Riffen besteht (sechsmal täglich; Dauer ca. 30 Min.). Auf der Insel befand sich noch im 19. Jh. ein bedeutender Umschlaghafen, heute hat Ko Sichang nur noch Bedeutung als Fischerhafen. Sehenswert ist die zerfallene Sommerresidenz von König Chulalongkorn (Rama V.) auf dem höchsten Punkt der Insel. Da die Franzosen 1893 die Insel besetzten, wurde dieser Palast nie fertig gestellt. An der südlichen Inselspitze steht noch ein Chedi, Überrest des Wat Asdangnimitr. An einem Steilhang wurden zwei Tempel erbaut: Der eine ist durch eine gelbe Buddha-Statue weithin sichtbar; vom anderen, einem chinesischen Tempel, hat man eine gute Aussicht auf den geschäftigen Hafen, die den etwas mühsamen Aufstieg über 500 Stufen belohnt.

★ Ko Sichang

Wat Asdangnimitr auf Ko Sichang

Chumphon

F 2

Region: Südthailand
Höhe: 6 m ü. d. M.
Provinz: Chumphon
Einwohnerzahl: 49 000

Chumphon bietet das Bild eines geschäftigen Orts ohne bedeutende Sehenswürdigkeiten und ist vom Tourismus weitgehend unberührt. Landschaftliche Reize indes besitzt die Umgebung in üppiger Vielfalt: Savannenlandschaft im Norden der Stadt, zahlreiche der nahen Küste vorgelagerte Inselchen und Felsriffe, dichte Regenwälder und Berge mit Höhlen und Grotten im Hinterland.

Chumphon liegt am östlichsten Punkt des Isthmus von Kra, der engsten Stelle der Malaiischen Halbinsel. Kraburi an der Westküste der Halbinsel am Indischen Ozean ist nur 40 km entfernt. Im Übrigen ist Chumphon berühmt für die Schwalbennester, eine Spezialität der chinesischen Küche.

Geschäftige Provinzhauptstadt

Sehenswertes in der Umgebung von Chumphon

Fischerhafen Pak Nam

10 km südöstlich der Stadt liegt, überragt von einem waldbedeckten Hügel, der Fischerhafen Pak Nam mit lebhaftem Treiben v. a. in den Morgen- und Abendstunden. Lohnend ist ein Spaziergang entlang der Küste nach Süden mit Blick auf das Meer und die hohen felsigen Inseln zu einem Heiligtum, das zum Gedenken an den Prinzen Chumphon, an den auch der Name der Stadt erinnert, errichtet wurde.

Ausflüge zu den Inseln

Vom Hafen aus kann man Bootsausflüge zu den vorgelagerten Inseln Ko Raet, Ko Mattra, Ko Lawa, Ko Maphrao und Ko Talu unternehmen, wo die **Seglerschwalben** während der Paarungszeit von März bis August ihre Nester bauen. Diese Nester werden von Sammlern aufgespürt und an die Restaurants verkauft. Besuchenswert ist auch die 80 km von Chumphon entfernte Insel ► **Ko Tao** mit hübschen Bungalowanlagen.

An schönen Stränden mangelt es nicht.

An der Mündung des Pak Nam Chumphon, 16 km südlich von Chumphon, liegt der **Strand Paradonpap**, hier gibt es gute Fischrestaurants.
Nach weiteren 5 km stößt man auf die **Ri Beach**, an dem zur Erinnerung an die häufigen militärischen Auseinandersetzungen zwischen Thailand und Birma (im 19. Jh.) das Torpedoboot »HMS Chumphon« ausgestellt ist. Unweit davon befindet sich der Prinz-Chumphon-Schrein, gewidmet dem Gründer der thailändischen Marine. An Wochenenden und Feiertagen herrscht an diesem Strand Hochbetrieb, alljährlich im Dezember findet hier eine Licht- und Tonschau zu Ehren Chumphons statt. Im Kräutergarten (»Mo Phon Traditional Herbal Garden«) werden zahlreiche Heilkräuter versuchsweise angebaut. 17 km nördlich von Chumphon (in Richtung Bang Saphan) findet man den schönen **Strand von Thung Wua Laen**.

★ Höhle Khao Kriap

18 km südlich von Chumphon (Straße 409) liegt am Fuß des Bergs Khao Kriap der Eingang zu der gleichnamigen Höhle, die als besondere Sehenswürdigkeit einen 20 m hohen Stalagmiten aufzuweisen hat (Taschenlampe nötig). Zur Höhle führt ein 300 m langer Weg.

Eine beinahe unberührte Landschaft mit dichtem Dschungel, eindrucksvollen Höhlen und Wasserfällen, schönen Stränden und Inseln kann man im Rahmen von Tagestouren in der weiteren Umgebung von Chumphon erkunden. 21 km nordwestlich der Stadt führen Treppen zum Höhlensystem Rab Ro mit imposanten Tropfsteinen und Buddha-Statuen. Von hier oben hat man eine herrliche Aussicht auf die umgebenden Reisfelder.

✶ Landschaft

Fang

B 2

Region: Nordthailand
Höhe: 655 m ü. d. M.
Provinz: Chiang Mai
Einwohnerzahl: 12 000

Der kleine, aufstrebende Ort Fang liegt am Eingang eines Tals hoch im Nordwesten inmitten einer grandiosen Dschungellandschaft, aus der die Gebirgskette der Himalaya-Ausläufer aufragt. Der Grenzübergang nach Myanmar, dem früheren Birma, ist von Fang nur noch 24 km entfernt.

Tor zu den Bergvölkern

Von der wichtigen Rolle, die Fang während des Lan-Na-Königreichs als Handelsplatz und strategisch wichtiger Punkt besaß, ist nur wenig übrig. Geblieben ist jedoch die Faszination, die von den in der Umgebung lebenden Bergvölkern ausgeht. Lohnend ist deshalb ein Besuch der Märkte von Fang, wo **Akha**, **Lisu** und **Meo** ihre Produkte anbieten. Eher zweifelhaft ist der Ruf Fangs, Zugang zum »Goldenen Dreieck«, einem der größten Rauschgiftproduktionsgebiete der Welt, zu sein.

Fang selbst wurde von König Mengrai im Jahre 1268 gegründet, von hier aus eroberten die Thai nach und nach das Königreich der Mon, später entwickelte sich der Flecken zu einem wichtigen Handelszentrum. Seine Bewohner widerstanden über lange Zeit hinweg den Eroberungszügen der Birmanen und musste sich erst 1732 nach langer Belagerung ergeben (Chiang Mai wurde bereits 1556 erobert). Gegen Ende des 18. Jh.s gelang es den Thai, die Stadt den Besatzern zu entreißen, seit dem ausgehenden 19. Jh. gehört Fang zur Provinz Chiang Mai und damit zum Königreich Thailand.

FANG

ANREISE

Auto:
von Chiang Mai Straße 107 (155 km), von Chiang Rai Nationalstraßen 1/109 (65 km).

Bus:
tägl. mehrmals von Chiang Mai bzw. Chiang Rai.

ÜBERNACHTEN

Fang lohnt wegen seiner fehlenden Übernachtungsmöglichkeiten nur einen Ausflug von Chiang Mai.

Sehenswertes in Fang und Umgebung

Befestigungsanlagen

Von den Befestigungsanlagen, die unter dem Stadtgründer Mengrai entstanden, sind nur noch einige Erdwälle zu sehen. In den tiefen Brunnen im Zentrum der Stadt sollen sich König Udom Sin und seine Gemahlin gestürzt haben, um den Birmanen nicht in die Hände zu fallen.

Landwirtschaftliche Versuchsstation

Interessant ist ein Besuch der nördlich von Fang gelegenen landwirtschaftlichen Versuchs- und Lehrstation, die zum **Tribal Welfare Committee** gehört (von Fang in Richtung Tha Thon, kurz vor Ban Mae Ai links abbiegen und etwa 15 km der Straße zum Doi Pha Hom Pok, dem zweithöchsten Berg Thailands, folgen). Die Regierung versucht mit erheblichem finanziellem Aufwand, den Bergvölkern Alternativen zum Opiumanbau nahezubringen. Sie werden hier im Anbau von Obst, Gemüse, Getreide, Tee und Kaffee unterwiesen.

Heiße Quellen

Etwa 10 km außerhalb der Stadt gibt es bei dem Dorf Ban Pin etwa 50 heiße Quellen mit schwefelhaltigem Wasser, von denen einige ständig aktiv sind. Man fährt zunächst auf der Straße 1089 in nördlicher Richtung bis Ban Pin, dann folgt man den Wegweisern »Hot Springs«.

✶✶ Bootsfahrt auf dem Menam Kok

Beeindruckend ist eine Bootsfahrt von der eigentlichen Grenzstadt **Tha Thon** aus (24 km nördlich von Fang) über den von steilen Felsen gesäumten, an Stromschnellen reichen Menam Kok bis hinunter nach Chiang Rai. In Tha Thon gibt es die Möglichkeit, ein Floß zu mieten, auf dem bis zu sechs Passagiere Platz haben. Die Fahrt bis nach Chiang Rai dauert je nach Jahreszeit und damit verbundener Strömung zwei bis sechs Tage. Geschlafen und gekocht wird auf dem Floß, das von einer einheimischen Besatzung geführt wird. Unterwegs gibt es mehrere Dörfer der Bergvölker, von denen einige auch angesteuert werden.

Karen-Frauen

Die Dienste eines ortskundigen Führers sowie ein geländegängiges Fahrzeug sollte in Anspruch nehmen, wer eine Fahrt durch die Berge um Fang unternehmen will. Hier leben unter manchmal archaisch anmutenden Verhältnissen zahlreiche Angehörige der **Lisu**, **Haw**, **Meo**, **Akha** und **Yao**. Sprachliche Barrieren und über Jahrhunderte gewachsene Traditionen sind bei ihnen immer noch wirksam. Moderner Ackerbau soll die Brandrodung ablösen, die eine echte Sesshaftigkeit der Bergvölker verhindert.

Hua Hin

E 2

Region: Westthailand
Höhe: 3 m ü. d. M.
Provinz: Prachuap Khirikhan
Einwohnerzahl: 42 000

Das älteste Seebad Thailands ist, nachdem sich die Mitglieder der königlichen Familie aus Bang Pa In zurückgezogen haben, Sommerresidenz von König Bhumibol. Ein etwa 3 km langer Strand mit feinstem weißem Sand ist die eigentliche Attraktion des sonst eher stillen Städtchens.

Urlaubsdomizil

Hua Hin (»Steinerner Kopf«), liegt 232 km südlich von Bangkok am Golf von Thailand. Wem der Rummel des auf der anderen Seite des Golfs gelegenen Pattaya nicht gefällt, ist hier bestens aufgehoben. Entlang der Küste reihen sich etliche ruhige Hotel- und Bungalowanlagen, die sich besonders für einen Familienurlaub eignen.

> **? WUSSTEN SIE SCHON ...?**
>
> - Das thailändische Königspaar steht ganz zu Recht im Ruf, besonders volksnah zu sein. Das kann man bisweilen auch als gewöhnlicher Tourist in Hua Hin erleben. Dort verbringen König Bhumibol und Königin Sirikit nämlich ihren Sommerurlaub. Die Gelegenheit, zumindest den König aus der Nähe zu sehen, ergibt sich beim Segeln. Das ist nämlich eine Passion, die er auch noch im hohen Alter pflegt. Allerdings: zu nahe kommt man dem Regenten natürlich nicht, aber genügt es nicht, wenn man sagen kann: Da drüben segelt der König von Thailand?

Der Aufstieg von Hua Hin ist eng mit dem Bau der in den Süden Thailands führenden Eisenbahnlinie bis 1910 verbunden. Bis dahin ein unbedeutendes Städtchen, entdeckten es die »oberen Zehntausend« von Bangkok, allen voran Prinz Nares, ein Sohn von König Chulalongkorn, der hier eine erste Sommerresidenz (»Saen Samran House«) errichten ließ. Spätere Prinzen und Prinzessinnen erweiterten sie um Bungalows und Parkanlagen. Während die Residenz König Ramas VII. den Besucher zum Rundgang durch die Räume und den Park einlädt, ist die von König Bhumibol genutzte Residenz am westlichen Ortsausgang nicht zugänglich.

Sehenswertes in Hua Hin

✶ **Fischmarkt**

Einen Besuch lohnt der lebhafte Fischmarkt im nördlichen Teil des Orts v. a. vormittags. In Hua Hin ist die zweitgrößte Fischereiflotte Thailands beheimatet, hier werden in den Morgenstunden viele Tonnen Fisch angelandet und zur Weiterverarbeitung verladen.

✶ **Königlicher Palast**

Im Stil europäischer Lustschlösser ist der Königliche Palast erbaut, dem König Prajadibok (Rama VII.) den Namen »Klai Klangwan« (d. h. »Fern von allen Sorgen«) gab. Der 1910 fertig gestellte Palast ist

HUA HIN ERLEBEN

ANREISE

Auto:
von Bangkok Nationalstraßen 4 oder 35 über Samut Songkhram

Bus:
von Bangkok Southern Bus Terminal (Fahrtdauer ca. 3 Std.)

Bahn:
Station an der Hauptstrecke Bangkok – Malaiische Halbinsel (von Bangkok 229 km, Fahrtdauer ca. 6 Std.)

Flug:
Täglich einmal von Bangkok und Ko Samui

ÜBERNACHTEN

► Luxus

Sofitel Central Hua Hin
1 Damnernkasem Road
Tel. 0 32 / 51 20 21 38, Fax 51 10 14
www.sofitel.com
154 Zimmer und 64 Villen, 2 Restaurants, Coffeeshop, 2 Bars, 3 Swimmingpools, Spa, Shoppingarkade.
Wo einst das Personal der Thailändischen Eisenbahn nächtigte, legen sich heute traditionsbewusste Gäste zur Ruhe. Das ehemalige »Railway«-Hotel ist trotz zahlreicher Neubauten immer noch die Nummer 1 in Hua Hin. Zu den Zimmern im Hauptbau kommen 64 kleine Luxussuiten, an Komfort fehlt es freilich nirgendwo. In der Küche kocht – Noblesse oblige – ein Sternekoch.

Anantara Resort & Spa
43/1 Phetchkasem Beach Road
Tel. 0 32 / 52 02 50, Fax 52 02 59
www.anantara.com
187 Zimmer, 2 Restaurants, Coffeeshop, Swimmingpool, Spa.
Neues Luxusressort in einem herrlich angelegten Garten und trotzdem am Strand von Hua Hin. Die Zimmer sind mit allem erdenklichen Komfort ausgestattet und das Spa genießt einen vorzüglichen Ruf.

Hua Hin Marriott Resort & Spa
107/1 Phetchkasem Road
Tel. 0 32 / 51 18 81, Fax 51 24 22
www.marriott.de
216 Zimmer, 3 Restaurants
Nur zehn Minuten vom Zentrum von Hua Hin entfernt liegt dieses Luxusressort in einem sehr schönen Garten. Die Gebäude imitieren den traditionellen Thai-Stil, die Zimmer sind dem Preis angemessen sehr komfortabel ausgestattet.

► Komfortabel

Lunar Resort
80/1 Takeap Road
Tel. und Fax 0 32 / 53 68 02
lunarhut@hotmail.com
Hübsches Hotel, das zwar nicht direkt am Strand liegt, aber wegen seines ordentlichen Services gelobt wird.

► Günstig

City Beach Resort
16 Damnoen Kasem Road
Tel. 0 32 / 51 28 70, Fax 51 24 48
162 Zimmer, Restaurant, Bar, Shoppingarkade.
Unweit des Nachtmarktes von Hua Hin gelegenes Hotel mit gutem Mittelklassekomfort. Der nächstgelegene Golfplatz ist zu Fuß erreichbar.

ESSEN

Entlang der Hauptstraße gibt es eine Vielzahl von guten und preiswerten Restaurants, in denen selbstverständlich auch Seafood frisch aus dem Meer angeboten wird.

Den etwas mühsamen Aufstieg zum Wat Khao Lad belohnt ein herrlicher Blick.

von einem herrlichen Park umgeben, dessen Anlagen bis ans Meer reichen. Am südlichen Ende des Sandstrands ragt der einem Kopf gleichende Felsen empor, der dem Ort den Namen gegeben hat.

*** Wat Khao Lad**

Ganz in der Nähe steht auf einem Felsen der Wat Khao Lad, von dem man einen schönen Blick auf das Meer, die Berge im Osten und das Dorf Khao Takiap hat. Man muss sich jedoch auf einen steilen Anstieg über viele Treppen gefasst machen. Von Hua Hin verkehren Busse in 20-minütigem Abstand.

*** Nachtmarkt**

Einen Besuch lohnt der tägliche Nachtmarkt (Night Market) in der Dechanuchit Road, der neben fliegenden Händlern eine große Auswahl an offenen Restaurants und Garküchen bietet.

Bahnhof

Eine restaurierte Dampflokomotive hat auf dem kleinen Bahnhof von Hua Hin ihren letzten Standort gefunden. Dampflokomotiven, u. a. von den deutschen Firmen Krauss-Maffei, Henschel und Hanomag, waren bei der State Railway of Thailand (SRT) bis 1975 eingesetzt. Seither verkehren nur noch dieselbetriebene Lokomotiven, auch sind einige Strecken schon elektrifiziert. Sehr schön ist das anmutige Königliche Wartehäuschen.

Umgebung von Hua Hin

Grotten

In den Kalkbergen der näheren Umgebung (Halbtagesausflug empfehlenswert) findet man zahlreiche begehbare Grotten, unter ihnen die **Tempelgrotte Tham Dao**, die Grotten **Tham Mai Lab Lae** sowie **Tham Kai Lon** und **Tham Kai Fa** mit einigen schönen, kunstgeschichtlich jedoch wenig interessanten Buddha-Statuen.

Bucht von Khao Takiap

Die etwa 6 km südlich von Hua Hin gelegene Bucht von Khao Takiap besitzt einen besonders feinen Sand und einige gute Fischrestaurants. Imposant ist die an einen Berg gebaute schneeweiße Buddha-Statue, der hinter ihr liegende Tempel beherbergt eine vielköpfige Schar frei lebender Affen.

✶ Khao-Sam-Roi-Yot-Nationalpark

Auf dem Weg zur etwa 25 km entfernt gelegenen Stadt Pranburi kommt man zunächst an einigen stillen Badebuchten vorbei. Südlich von Pranburi erhebt sich entlang der Küste ein mächtiges Kalksteinmassiv, das wegen seiner zahlreichen Gipfelspitzen den Namen Khao Sam Roi Yot (»Gebirge der dreihundert Bergspitzen«) trägt und der zentrale Teil eines etwa 130 km² großen Nationalparks ist. Das Massiv ist reich an Grotten und Schluchten und ein Teil der **Zentralen Kordillere**, die sich von Nordthailand ausgehend bis hinab zur Malaiischen Halbinsel erstreckt. Die markantesten geologischen Ausbildungen sind die teils bizarr anmutenden Kalksteintürme, die eine Höhe von mehr als 600 m erreichen und aus der weiten Ebene herausragen.

Während dieser Teil des Nationalparks gut erkundet werden kann, zeigt sich das westlich davon gelegene Gebiet, von dichter, üppiger Vegetation geprägt, als unwirtlich und abweisend. Ausgewiesene Wanderwege gibt es nicht, von Touren auf eigene Faust wird aus diesem Grunde auch abgeraten. Der westlich von Pranburi gelegene Teil des Nationalparks ist jedoch durch eine Fahrstraße und einige Forstwege erschlossen. Bisweilen kann man hier noch einige Vögel beobachten. Keine Zierde für den Nationalpark sind jedenfalls die zahlreichen Shrimpfarmen in der Ebene, die in den 1980er-Jahren angelegt wurden. Sie sind das sichtbare Ergebnis eines verlorenen Kampfes zwischen Naturschützern und Geschäftsleuten.

✶✶ Kamphaeng Phet

C 2

Region: Nordthailand
Höhe: 47 m ü. d. M.
Provinz: Kamphaeng Phet
Einwohnerzahl: 44 000

Das Landschaftsbild rund um Kamphaeng Phet wird bestimmt von mit Dschungel bedeckten Höhenzügen, die Stadt selbst wie auch die sehenswerten Ruinenstätten liegen am Menam Ping. Hier stand einst eine der blühendsten Städte des Sukhothai-Reichs, die noch vorhandenen Zeugen aus dieser Zeit lassen den Glanz erahnen.

Provinzhauptstadt mit Sukhothai-Vergangenheit

Unweit von Kamphaeng Phet beginnen die letzten Teakholzwälder Thailands, die sich bis hoch in den Norden erstrecken. Seit dem totalen Fällverbot von Tropenhölzern 1988, das der König nach verheerenden Überschwemmungen erließ, werden auf dem Menam Ping auch keine Teakholzstämme mehr bis nach Bangkok geflößt.

Geschichte

König Liu Thai (1347 – 1368) ließ die Stadt als Vorposten des Sukhothai-Reichs erbauen; sie sollte die ältere Stadt Chakang Rao auf der anderen Seite des Flusses, von der heute nur noch wenig zu sehen ist, ablösen. Das Sukhothai-Reich bestand indes nur bis 1376, und so dauerte die Blütezeit Kamphaeng Phets auch nur wenige Jahre. Trotzdem entstanden auch noch im 15/16. Jh. weitere Tempelanlagen; ein Ende der Bautätigkeit gab es erst, als Ende des 16. Jh.s. die Birmanen einfielen, die Stadt plünderten und teilweise zerstörten.

Sehenswertes in Kamphaeng Phet

Chakang Rao

Wenn man von Süden auf der Nationalstraße 1 nach Kamphaeng Phet kommt, passiert man vor der Brücke über den Menam Ping die einstige Stadt Chakang Rao, erkennbar an den Überresten des aus Laterit gebauten Forts Phom Thung Setti und den vier eleganten, restaurierten Chedis. Der hoch aufragende, mit Nischen besetzte, wahrscheinlich nach birmanischem Vorbild erbaute und mit einem schmiedeeisernen Schirm gekrönte Chedi aus dem 20. Jahrhundert links der Straße steht im Bezirk des ehemaligen Wat Boromathat. Er wurde in der frühen Bangkok-Zeit über drei Chedis aus der Sukhothai-Epoche errichtet, die innen noch zu sehen sind (der Chedi ist zugänglich). Über die Brücke gelangt man nach rechts in die neue Stadt und links in den ummauerten alten Bezirk, in dem von den einst 6 m hohen Erdwällen noch Teile erhalten sind.

Zerstörter Chedi im Wat Phra Kaeo von Kamphaeng Phet

KAMPHAENG PHET ERLEBEN

ANREISE

Auto:
von Bangkok Nationalstraße 1 (360 km), von Phitsanulok Nationalstraßen 117/115 (102 km), von Sukhothai Straße 101 (76 km)

Flug:
nächster Flughafen Phitsanulok (von Bangkok tägl. mehrfach)

ÜBERNACHTEN

► **Günstig**

Phet
189 Bumrungrat Road, Soi 3
Tel. 0 55 / 71 28 10-5, Fax 71 29 27
phethtl@phethotel.com
220 Zimmer, Restaurant, Bar, Nachtclub. Das erste Haus am Platz mit ordentlichen und komfortablen Zimmern (alle klimatisiert). Sehr gutes Thai-Restaurant.

Museum

Wenn Sie nicht zuvor in Sukhothai waren, sollten Sie zunächst das bei der Ruinenstätte gelegene Museum besuchen, das zahlreiche Funde aus Kamphaeng Phet enthält. Besonders gut erkennbar ist der auf Eleganz und Harmonie bedachte Stil der Sukhothai-Periode. Außerdem sind hier Skulpturen und Bronzen aus allen thailändischen Kunstepochen zu sehen, darunter viele Meisterwerke wie ein sitzender Buddha aus Bronze im U-Thong-Stil, Bronzefiguren aus dem 13. Jh. und Arbeiten im Lopburi- und Dvaravati-Stil.

**** Wat Phra Tat**

Gegenüber dem Museum sieht man die Ruinen des Wat Phra That, des zweitwichtigsten Klosters der Stadt. Die Glockenform des zentralen Chedi auf quadratischer Basis weist auf singhalesischen Einfluss hin; zur Bauzeit war die strenge Lehre des Buddhismus, wie sie heute noch in Sri Lanka gepflegt wird, in Thailand sehr verbreitet. Der Chedi ist von Säulen umstanden, im Innern war eine Reliquie untergebracht, über deren Verbleib nichts bekannt ist. Vom Viharn sind nur noch die Fundamente und die Reste einiger rechteckiger Pfeiler erhalten.

**** Wat Phra Kaeo**

Der Wat Phra Kaeo steht direkt neben dem Wat Phra That im ehemaligen Palastbezirk, er war der Königswat und kein Mönchskloster. Besonders eindrucksvoll sind verschiedene, einsam in der Landschaft stehende, von Bauresten umgebene Buddha-Figuren. Die Kolossalfigur auf der hohen Terrasse des ehemaligen Bot vor einem zerfallenen glockenförmigen Chedi ist durch die Verwitterung gesichtslos geworden. Im Zentrum des ehemaligen Viharn findet sich die Riesenstatue eines Buddha, dessen Gesichtszüge ebenfalls durch die Erosion gelitten haben. Diese Statue ist umgeben von zahlreichen, im Rechteck angeordneten kleineren Statuen, die wie moderne Plastiken anmu-

Besonders eindrucksvoll im Wat Phra Kaeo sind die Buddha-Figuren. →

ten: Die Formen von Körper, Kopf und Gliedmaßen sind völlig abstrakt; nachdem der Stuck abgebröckelt war, blieb nur noch der Torso aus Laterit übrig. Beachtung verdient eine liegende Buddhastatue, deren durchgestalteter Kopf mit sehr schönen Gesichtszügen noch gut erhalten ist. An der Basis des großen glockenförmigen Chedi sind noch Bruchstücke von ursprünglich 32 Löwenskulpturen erhalten, in einigen der 16 Nischen im Oberteil stehen noch Buddha-Figuren. Am Ende des Bezirks sieht man einen symbolischen Fußabdruck Buddhas aus Backstein.

Lak Muang Nördlich des Wat Phra Kaeo trifft man auf den Grundstein der Stadt, den von der Bevölkerung sehr verehrten Lak Muang, und zwei längliche Teiche, die einen dritten runden Teich umfassen.

Weitere Ruinen Die wichtigsten und schönsten Ruinen liegen außerhalb der Stadtmauer in einem hübsch angelegten Park (folgen Sie den Hinweisschildern »Arunyik Area«). In den Wäldern nördlich der Stadt haben Mönche, die einer strengen Richtung des Buddhismus anhängen, prachtvolle Klöster im Sukhothai-Stil mit starken singhalesischen Einflüssen errichtet.

Wat Phra Meud, Wat Phra Non Hier stößt man zunächst auf die Ruinen des Wat Pu Mud Nok und dann auf die des kleinen Wat Phra Meud, es folgt der sehr viel größere Wat Phra Non, der »Tempel des ruhenden Buddha«. Der erste Bau ist ein großer Bot, von dem noch Säulen und Mauern mit den für die Sukhothai-Periode typischen schmalen, senkrechten Fensteröffnungen stehen. Dahinter liegt der Viharn, ein quadratischer Bau mit vier Reihen zu je vier mächtigen Pfeilern; er barg einst die Statue eines ruhenden Buddha, von dem jetzt nur noch Teile des langen Unterbaus vorhanden sind. Von den beiden Chedis im Tempelbezirk war der hinter dem Viharn der größere: glockenförmig, mit achteckigem Sockel und auf einer quadratischen Basis ruhend.

✶ Wat Si Iriyabot Im Mondhop des Wat Si Iriyabot standen einst Statuen, die Buddha in den vier Grundhaltungen (sitzend, schreitend, gehend, ruhend) zeigten. Daher rührt auch der Name des Tempels: si = vier, iriyabot = Haltung. Erhalten ist hier die Statue eines stehenden Kolossalbuddhas; sie gilt als eine der schönsten Skulpturen im Sukhothai-Stil. Vom schreitenden Buddha sind nur noch Reste zu sehen, die beiden anderen Statuen sind zerbröckelt.

Wat Chang Rob Zu beachten sind die Ruinen des Wat Chang Rob auf einem Hügel mit einem hohen, glockenförmigen Chedi, von dem allerdings nur noch das Fundament mit einigen Resten feiner Stuckverzierungen (laufende Vögel) erhalten ist. Der Chedi wurde von 68 Elefanten getragen; ihre Oberkörper ragen aus dem Mauerwerk hervor. Zwischen ihnen zieren Bäume aus Stuck und Dämonen in Keramik das Mauerwerk. Vier steile Treppen führen zum Oberbau des Chedi.

Das tiefe, wassergefüllte Becken neben dem Wat Chao Arwat Yai entstand dadurch, dass an dieser Stelle der Stein für den Bau des Tempels gebrochen wurde. Der Bezirk ist von einer zweifachen, niedrigen Mauer umgeben, der Eingang wird von kleinen Chedis geziert. In der Mitte des Bezirks sind noch die Reste eines Viharn zu erkennen. Die kleinen Chedis zu beiden Seiten des Hofes sind Ruinen; gut erhalten hat sich (abgesehen von der abgebrochenen Spitze) ein größerer Chedi mit gestuftem Unterbau.

Wat Chao Arwat Yai

Im Wat Chang Lom (auf dem Hügel) sind noch die Überreste eines glockenförmigen Chedi auf quadratischer Basis vorhanden; die Elefantenskulpturen, die einst den Oberbau trugen, sind – bis auf zwei Exemplare, die heute vor dem Eingang zum Nationalmuseum von Kamphaeng Phet stehen – nicht mehr vollständig erhalten.

Wat Chang Lom

★★ Kanchanaburi

D / E 2

Region: Zentralthailand
Höhe: 74 m ü. d. M.
Provinz: Kanchanaburi
Einwohnerzahl: 738 000 (Provinz)

Die Provinz Kanchanaburi gilt seit langem ihrer landschaftlichen Reize und ihrer Nähe zu Bangkok wegen als ideales Naherholungsgebiet. Grabungen bewiesen, dass es in dieser Provinz bereits in vorgeschichtlicher Zeit Siedlungen gab und dass die Flüsse, aus den Bergen im Westen kommend, schon damals ein wichtiger Teil des Handelswegs von Hinterindien nach Kambodscha waren.

Der Drei-Pagoden-Pass in der Nähe der Quelle des Menam Kwae Noi war zudem immer Einfallstor für die birmanischen Heere, zuletzt 1767, als sie Ayutthaya überfielen und dem Erdboden gleichmachten. Die Provinzhauptstadt Kanchanaburi entstand deshalb auch an einer strategisch wichtigen Stelle: Hier, wo sich die beiden Flüsse Kwae Yai (bekannt als »River Kwai«) und Kwae Noi zum Mae Klong vereinigen und sich die wildzerklüfteten Berge in einer breiten Ebene zum Golf von Thailand hin öffnen, hatten die siamesischen Heere gute Möglichkeiten, dem Feind zu trotzen. Vielleicht hat Kanchanaburi schon damals die Menschen wegen seines außerordentlich fruchtbaren Bodens angezogen. Hier gedeihen Zuckerrohr, Tabak, Baumwolle, Mais und Maniok; den größten Teil der Anbaufläche nimmt jedoch der Reis ein. Große wirtschaftliche Bedeutung haben auch die vielen Edelsteinminen (u. a. Spinell, Saphir).

Einfallstor für die Birmanen

In den mit dichten Regenwäldern bewachsenen, bis 1800 m hohen Kalkbergen der näheren und weiteren Umgebung gibt es mehrere großartige Höhlen und Grotten. Die Stadt Kanchanaburi selbst bietet außer quirligem Leben keine Sehenswürdigkeiten.

Höhlen

Kanchanaburi Orientierung

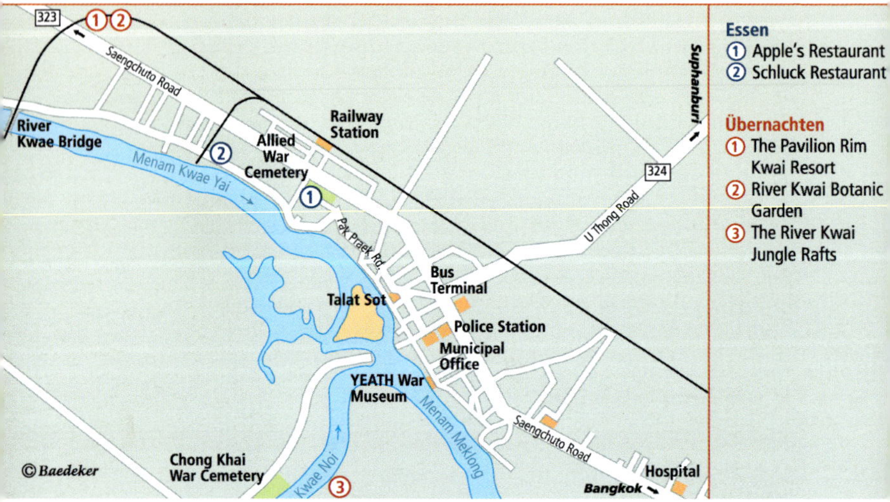

Geschichte Die ersten systematischen Forschungen wurden unter der Anleitung des Holländers Dr. van Heekeren, der als Kriegsgefangener beim Bau der »River Kwai-Brücke« (► Baedeker Special S. 308) Zwangsarbeit leisten musste und nach dem Ende des Zweiten Weltkriegs dort blieb, in den 1950er-Jahren begonnen. Ihr Beginn ist auf den Fund prähistorischer Steinwerkzeuge, zum Beispiel in Bo Phloi (nördlich von Kanchanaburi) und Sai Yok (westlich davon), zurückzuführen. In Sai Yok fand man in zwei Höhlen und an der Uferböschung des Kwae Noi Werkzeuge, deren Entstehung in die Jungsteinzeit datiert wurde. Vollständig erhalten ist ein Grab aus der Bronzezeit. Die Art der Bestattung ist in Kanchanaburi heute noch üblich: das Gesicht nach Norden gewandt, die Beine angewinkelt, der Oberkörper wurde mit einem Stein beschwert. Offenbar sollte damit der Geist des Verstorbenen im Grab festgehalten werden, damit er die Lebenden nicht beunruhigen konnte.

Sehenswertes in Kanchanaburi und Umgebung

Hinweis Kanchanaburis Sehenswürdigkeiten liegen ziemlich verstreut in der Umgebung, ein Mietwagen oder ein Taxi sind deshalb empfehlenswert.

★★ Brücke am Kwai Das herausragendste Ausflugsziel ist die berühmt-berüchtigte »Brücke am Kwai«, die durch den gleichnamigen Roman von Pierre Boulle (1956) sowie durch die spektakuläre Verfilmung (1958 nicht am Originalschauplatz, sondern auf Sri Lanka) weltbekannt. Bei der heute zu sehenden Bogenbrücke handelt es sich eigentlich um eine zwei-

KANCHANABURI ERLEBEN

ANREISE

Auto:
Von Bangkok über Nakhon Pathom auf der Nationalstraße 4 (ca. 130 km)

Bus:
Regelmäßige Verbindungen von Bangkok Southern Bus Terminal

Bahn:
Von Bangkok-Thonburi tägl. mehrfach. Bis zur Endstation Nam Tok werden regelmäßig Sonderfahrten veranstaltet (Auskunft am Bahnhof).

AUSKUNFT

Tourism Authority of Thailand
Saengchuto Road
71000 Kanchanaburi
Tel. 0 34 / 57 72 00, 51 25 00, 62 36 91
Fax 51 12 00, tatkan@tat.or.th

ESSEN

▶ Preiswert

① ***Apple's Restaurant***
Mae Nam Khwae Road
Tel. 0 34 / 51 20 17
Auch wer nicht im dazugehörigen Guesthouse logiert wird über die hohe kulinarische Qualität begeistert sein.

② ***Schluck Restaurant***
Mae Nam Khwae Road
Westliche Gerichte und dicke Steaks für alle, die etwas Abwechslung vom Landesessen suchen.

ÜBERNACHTEN

▶ Komfortabel

① ***The Pavilion Rim Kwai Resort***
79/2 Ladya-Erawan Road
Tel. 0 34 / 51 38 00 Fax 51 57 74
www.pavilionhotels.com
194 Zimmer, Restaurant, Bar.
Sehr schönes Hotel mit modernen und gepflegten Zimmern direkt am River Kwai und trotzdem nur wenige Kilometer vom Stadtzentrum entfernt. Ruhig!

② ***River Kwai Botanic Garden***
14/7 Moo 1, Tambol Bankao
Tel. & Fax 0 34 / 64 50 88
www.botanic.co.th;
72 Zimmer, Restaurant, reichhaltiges Ausflugsprogramm.
Am schönsten sind die im rustikalen Stil erbauten und ausgestatteten Bungalows inmitten einer urwüchsigen Landschaft. Empfehlung: Abendessen im schwimmenden Restaurant. Das Management organisiert Fahrten mit dem Bambusfloß.

Baedeker-Empfehlung

▶ Günstig

③ ***The River Kwai Jungle Rafts***
Tambol Tasao, Amphur Saiyoke, Kanchanaburi, Tel. 02 / 6 42 63 61 2 (Reservierung). www.riverkwaifloatel.com
100 Zimmer, Restaurant, Bar.
Sehr gemütliches, weil fast ausschließlich unter Verwendung heimischer Baustoffe errichtetes Hotel am River Kwai Noi mit großem Sport- und Ausflugsangebot.

Eine der berühmtesten Brücken der Welt: die River Kwai Bridge

Morgenstimmung: Hausboote am Kwai

te, die nach der Fertigstellung einer provisorischen Holzbrücke von Tausenden von Zwangsarbeitern errichtet wurde. Reste der Holzbrücke kann man bei Niedrigwasser noch sehen.

Mangkorn-Thong-Grotte

Nach etwa halbstündiger Bootsfahrt auf dem Kwae Noi – Boote kann man in Kanchanaburi mieten – gelangt man zur Mangkorn-Thong-Grotte. Über 95 Stufen erreicht man einen Höhlentempel und durch einen Tunnel den Gipfel des Berges eine weitere Grotte mit schönen Stalaktiten.

★★ **Tigertempel Wat Pha Luang Ta Bua**

◄ Abbildung S. 137

Besonderen Nervenkitzel verspricht ein Besuch des Wat Pha Luang Ta Bua, besser bekannt als Tigertempel. Hier leben Mönche zusammen mit derzeit 16 Tigern, aber auch mit anderen Tieren wie Affen, Pferden, Pfauen, Wasserbüffeln.Die Geschichte des Zusammenlebens von Menschen und Tigern begann im Jahre 1999 damit, dass Bewohner der Umgebung dem Abt Phra Acharn eines Tages ein verwaistes Tigerbaby übergaben. Trotz intensiver Pflege starb dieses Tier, allerdings brachte man schon wenige Wochen später zwei weitere verwundete Tiger, die in eine Wildererfalle geraten waren. Im Laufe der Zeit kamen drei Tiger hinzu, mittlerweile sind mehrere junge Tiger im Tempel geboren. Täglich genießen sie ihren Auslauf in einem heraus gesprengten Felsenkessel, in dem sie auch gestreichelt werden können. Die Ernsthaftigkeit des Projektes, das weltbekannt wurde, soll durch die enge Zusammenarbeit mit einem Tierverhaltensforscher aus Bangkok bewiesen werden. Dieser vertritt die Meinung, dass die Tiger nie gelernt hätten, zu jagen und deshalb in freier Wildbahn keine Überlebenschance hätten. Der Tempel liegt etwa 40 km entfernt von Kanchanaburi an der Straße 323, einen Besuch sollten Sie am besten für den frühen Nachmittag einplanen.

? WUSSTEN SIE SCHON ...?

- Der Tiger, die größte Katze der Erde, gehört zu den bedrohten Tierarten. Das liegt u. a. daran, dass verschiedene Körperteile als Aphrodisiakum gelten und vor allem in China ihre Abnehmer finden. Weltweit soll es nur noch etwa 7000 Tiger geben, von denen etwa die Hälfte in Indien lebt. In Thailand schätzt man die Zahl der in freier Wildbahn lebenden Tiger auf etwa 600 – noch vor wenigen Jahrzehnten waren es mehr als 8000. Als engagierte Beschützerin der Tiger galt die frühere indische Ministerpräsidentin Indira Gandhi, die sich in ihrer Heimat für die Einrichtung von Tigerreservaten stark machte.

Ausgrabungsstätte Ban Kao

Ban Kao am Kwae Noi ist eine der wichtigsten Ausgrabungsstätten in der Provinz Kanchanaburi. Die Funde (Werkzeuge, Tierknochen, Gefäße aus Keramik und das erwähnte vollständig erhaltene Grab) sind heute im Nationalmuseum von Bangkok zu sehen. Dort stehen auch Statuen im Lopburi-Stil, die man im Prasat Muang Singh, der »Stadt des Löwen« (34 km von Kanchanaburi entfernt), fand. Diese Stadt wurde als Bollwerk gegen die Birmanen angelegt. Von der 1000 x 600 m im Rechteck messenden Stadtmauer sind wie auch von einem Heiligtum und vier Gopuram (Tortürmen) noch Reste vorhanden. Gut erhalten ist das Heiligtum mit einem Prang aus Ziegeln; in der Bibliothek im Innenhof wurden zahlreiche Inschriften gefunden.

Tham-Keng-Lawa-Grotte

Außerordentlich reizvoll ist die Grotte Tham Keng Lawa, in einer schönen Landschaft mit schroffen Felsen, dschungelbedeckten Bergen und tiefen Schluchten mit Wasserfällen gelegen. Sie weist mehrere Hallen mit eindrucksvollen Tropfsteingebilden auf. Die größte Höhle der Region liegt etwa 75 km entfernt von der Stadt Kanchanaburi am Ufer des Kwae-Noi-Flusses.

Eine Fahrt mit der Eisenbahn bis nach Nam Tok durch eine herrliche Landschaft ist ein nervenkitzelndes Abenteuer. Von der an den Felsen wie hingeklebt wirkenden Brückenkonstruktion aus kunstvoll zusammengefügten Bambusstangen in die Tiefe zu blicken – dazu sollte man jedoch ziemlich schwindelfrei sein.

DIE TODESBAHN NACH BIRMA

Das Schicksal der britischen, US-amerikanischen und australischen Kriegsgefangenen, die bei dem Bau der Brücke während des Zweiten Weltkriegs zu Tode kamen, ist durch die Verfilmung des Romans »Die Brücke am Kwai« von Pierre Boulle weltbekannt geworden.

Das Spektakel wiederholt sich täglich und zum Pauschalpreis, Softdrink und Sandwich inklusive. Nach knapp zweistündiger Fahrt nimmt der Lokomotivführer der State Railway of Thailand (SRT) den Fahrschalter seiner schweren Diesellokomotive zurück, bevor der Zug, der am Morgen die Hauptstadt Bangkok verlassen hat, die nüchterne Stahlkonstruktion der Brücke über den Kwae Noi befährt. Dutzende von Kameraverschlüssen klicken vor den Augen ebenso vieler Touristen. Ein älterer Mann pfeift leise die ersten Takte des River-Kwai-Marsches, der in den 1960er-Jahren weltweit zum Gassenhauer wurde.

Kriegsgefangene

Jene, die diese Brücke eines der traurig-berühmtesten Bauwerke dieser Erde, erbauten, hatten keinen Grund zum Pfeifen. Es waren Kriegsgefangene der Japaner. Sie kamen aus Großbritannien, Australien, den USA und den Niederlanden, ihre Zahl wird mit etwa 61 000 angegeben. Dazu schätzungsweise eine Viertelmillion asiatischer Gefangener, die aus Birma, Malaysia und aus Thailand selbst, aber auch aus Japan stammten. Was sich heute als touristengerecht aufbereiteter Ort mit Hotels, Restaurants und Souvenirläden präsentiert, war in der Zeit des Kriegsgefangenenlagers gewiss die Hölle. Viele verloren den Kampf gegen die unerträgliche Hitze und die Myriaden von Moskitos, andere starben an Auszehrung, durch brutale Gewalt der Wächter oder durch die Kugeln, die aus ihren Gewehren kamen. Nicht vergessen werden sollen jene, die durch die Bombenangriffe der Flugzeuge der Alliierten umkamen. Die Geschichte ihres Schicksals ging mit dem Roman »Die Brücke am Kwai« von Pierre Boulle (1956) um die Welt. Berühmt wurde die Brücke jedoch durch den später allerdings auf Ceylon gedrehten Film mit Alec Guinness.

Holzbrücke

Errichtet wurde die Brücke über das kleine Flüsschen Kwae Noi als Bestandteil einer strategisch wichtigen Eisenbahnstrecke, die über den Drei-Pagoden-Pass führen und Thailand

Die Originalkonstruktion der berühmten Brücke war aus Holz.

mit Birma verbinden sollte, um den Nachschub an kriegswichtigem Material sicherzustellen. Die insgesamt 415 km lange Strecke erhielt schon bald den zutreffenden Namen »Todesbahn«. 13 Monate dauerten die Bauarbeiten, die immer wieder durch Luftangriffe der Alliierten unterbrochen wurden. Was man heute sieht, befindet sich freilich nicht mehr im Originalzustand. Die »echte« Brücke bestand nämlich zum größten Teil aus Teakholz (eine etwa 100 m flussabwärts gelegene, provisorische Brücke, die nur während der Trockenzeit zu sehen ist, sogar nur aus Bambus). Erst in den Jahren nach dem Krieg wurden Brückenpfeiler aus Beton errichtet und die heute sichtbare Stahlkonstruktion aufgesetzt.

Fahrt nach Nam Tok

Der Zug hat die Brücke passiert und nimmt allmählich wieder Fahrt auf, aber nur, um schon nach wenigen Kilometern erneut abzubremsen. Denn es geht nun weiter über waghalsig an den Felsen geklebte Bambusholzkonstruktionen nach Nam Tok, und wer den Blick aus dem Zugfenster wagt, sieht in den gähnenden Abgrund, in das Tal, in das sich der Kwae Noi seinen Lauf geschnitten hat. An der Bergseite schließlich bemerkt man die kleinen Höhlen, in denen viele Gefangene hausen mussten. In Nam Tok befindet sich heute die Endstation. Die Gleisanlagen, die einst bis tief hinein nach Birma führten, wurden nach dem Krieg demontiert. Am Ufer des Mae Klong in Kanchanaburi gibt es ein kleines Museum, dessen Name **JEATH War Museum** an die Herkunftsländer der Gefangenen erinnert (Öffnungszeiten: tägl. 8.00 – 18.00 Uhr; Fotografierverbot). Es besteht im Wesentlichen aus drei Blätterhütten, identisch jenen, in denen der größte Teil der Gefangenen untergebracht waren. Hier werden alte Fotografien, handschriftliche Notizen, von Gefangenen gemalte Bilder über das Leben im Lager und improvisierte chirurgische Instrumente gezeigt, die gefangene Ärzte für ihre verletzten Kameraden selbst herstellten.

Nachkriegszeit

Nach Kriegsende wurden die meisten der überlebenden Gefangenen übrigens keineswegs befreit; die Japaner deportierten sie ein weiteres Mal, und zwar in die Bergwerke von Nagasaki. Hier starben wiederum viele Tausend unter unvorstellbaren Qualen. Nicht versäumen sollte man einen Besuch zumindest des kleineren der beiden Soldatenfriedhöfe, den man von der Brücke aus mit dem Boot erreicht. Hier sind inmitten einer üppig grünen Umgebung 1700 Opfer begraben.

Bauern beim Reis dreschen

Ein großes Erlebnis ist die abenteuerliche Bootsfahrt über Stromschnellen und zwischen hohen Felswänden hindurch zu den **Sai-Yok-Yai-Wasserfällen** (2 km von der Bahnstation Nam Tok). In mehreren Kaskaden ergießt sich hier – besonders eindrucksvoll während der Regenzeit – ein Wildbach in den Kwae Noi.

Von den Sai-Yok-Yai-Wasserfällen führt ein Pfad durch eine fast unberührte Dschungellandschaft bis zum **Drei-Pagoden-Pass**, wo einige Bergstämme durch mühsamen Brandrodungsbau ihr Leben fristen. Der Pass hat seinen Namen von drei Pagoden, die an seinem Weg liegen; er führt in Höhen von bis zu 1400 m, der höchste Berg dieser Region ist 1950 m hoch. Heute ist der Pass ein beliebter Schmuggelpfad zwischen Birma und Thailand (Begehen nicht empfehlenswert).

Hellfire Pass

Der Hellfire Pass, ein nur 73 m langer und 25 m breiter Bergeinschnitt, bildete während des Zweiten Weltkrieges einen Teil der Todesbahn. Unter unmenschlichen Bedingungen waren die Gefangenen gezwungen, diesen und später dann einen weiteren Einschnitt mit einer Länge von 450 m in bis zu 18 Stunden täglicher Arbeit zu bewerkstelligen.

Hellfire Pass Memorial Museum

An die Ereignisse am Hellfire Pass erinnert dieses Museum; es wird von der australischen Regierung mitfinanziert, da ein Großteil der Gefangenen aus Australien stammte. Es liegt etwa 80 km nordwestlich von Kanchanaburi an der Straße 323 und zeigt anhand zahlreicher Originalgegenstände und Fotografien die traurige Geschichte der Zwangsarbeiter (Öffnungszeiten: tägl. 9.00 – 16.00 Uhr; Eintrittsgebühr).

Minen von Bo Phloi

Einen Teil ihres Reichtums verdankt die Provinz Kanchanaburi ihren ergiebigen Minen und Gruben, von denen einige heute noch (bei dem kleinen Ort Bo Phloi, 48 km nördlich von Kanchanaburi) ausgebeutet werden. Gold, Silber, Wolfram und Zinn werden hier gefunden. Außerdem gibt es zahlreiche Edelsteinminen, in denen blaue Saphire, Sternsaphire, Rubine sowie Schmucksteine wie Granat und

Amethyst gefunden werden. In Bo Phloi kann man rohe oder geschliffene Steine wie auch fertige Schmuckstücke billiger kaufen als anderswo in Thailand.

Tharn-Lot-Grotte, Talad-Yai-Grotte

Etwa 95 km von Kanchanaburi entfernt (Straße 3199 nach Norden, bei Ran Nong Preu links) liegen zwei sehenswerte Grotten. In der ersten, der Tharn-Lot-Grotte, entdeckte man zahlreiche Gegenstände, die auf eine prähistorische Besiedlung schließen lassen. In den hohen und weiten Höhlen sind eindrucksvolle Tropfsteingebilde zu sehen. In der zweiten Höhle, Talad Yai (»Große Grotte«), die man nach etwa 2,5 km vorbei am Wasserfall Nam Tok Trai Treung erreicht, leben zwei Eremiten.

✶ Erawan-Wasserfall

Lohnende Ausflugsziele im Tal des Kwae Yai sind der **Wat Kanchanaburi Khao**, ein Tempel, der an der Stelle der alten Stadt Kanchanaburi steht (erhalten sind noch ein Chedi und ein Prang aus der Ayutthaya-Zeit), sowie der Erawan-Wasserfall (55 km von Kanchanaburi entfernt, zu erreichen mit dem Auto über die Straße 3199 oder durch eine etwa dreistündige Bootsfahrt).
In 15 Kaskaden stürzt das Wasser über Felsvorsprünge von Becken zu Becken. Er soll Erawan, dem dreiköpfigen Elefanten des Gottes Indra, gleichen und erhielt daher seinen Namen.

! *Baedeker* TIPP

Badesachen nicht vergessen

Die Becken des Erawan-Wasserfalls laden zu einem erfrischenden Bad, weshalb Sie die Badesachen und ein Handtuch nicht vergessen sollten!

Eine Fläche von 2024 km² wurde in den 1990er-Jahren zum **Nationalpark Khao Salop** erklärt, etwas weiter trifft man auf ein weiteres Naturschutzgebiet, den **Thung-Yai-Nationalpark**. Einen Besuch sollten Sie wochentags einplanen, da beide Nationalparks an den Wochenenden Ziel vieler Bewohner Bangkoks sind.

Pong Teuk

Östlich von Kanchanaburi liegt an der Straße 323 nach Nakhon Pathom (vermutlich eine sehr alte Handelsstraße) die berühmte Ausgrabungsstätte Pong Teuk. Hier sind die Fundamente mehrerer Gebäude, die wahrscheinlich zu einem Tempelbezirk gehörten, freigelegt worden. Fast sensationell war der 1928 hier gemachte Fund: eine römische Öllampe aus Bronze, die vermutlich im 2. Jh. n. Chr. in Alexandria / Ägypten gegossen wurde. Dieses Fundstück gilt als Beweis für Wirtschaftsverbindungen zwischen dem Römischen Reich und Südostasien.

Wat Dong Sak

Weitere Sehenswürdigkeiten sind der aus Teakholz erbaute Wat Dong Sak, in dem ein besonders schöner geschnitzter Giebel sowie eine Vishnu-Figur aus dem 6. Jh. bemerkenswert sind, sowie der **Wat Phra Taen Dong Rang** (über die Straßen 323 oder 324 zu erreichen), in dem sich der Legende nach Buddha in eine Mulde gelegt haben soll, um ins Nirwana einzugehen. Unweit dieses Tempels steht ein auf einem Berg gelegenes, weiteres Heiligtum, in dem, ebenfalls der Überlieferung zufolge, die Leiche Buddhas eingeäschert wurde.

Khao Lak

G 2

Region: Südthailand
Höhe: 2 – 25 m ü. d. M.
Provinz: Suratthani
Einwohnerzahl: ca. 175 000

Lange galt Khao Lak als absoluter Geheimtipp für Reisende, die dem Trubel von Phuket entfliehen und einen Urlaub in ruhiger Umgebung verbringen wollten. Mit dem Tsunami am 26. Dezember 2004 rückte Khao Lak jedoch schlagartig in den Fokus der Weltöffentlichkeit. Denn nirgendwo sonst in Thailand schlug die Naturkatastrophe derart erbarmungslos zu wie hier.

Land unter

Mit ungebremster Wucht brachen die Wellen über den etwa 12 km langen Strand, zerstörten oder beschädigten fast alle Hotelanlagen und forderten eine Vielzahl von Menschenleben. Es spricht jedoch für den Unternehmergeist der Thais, dass sie sich schon wenige Wochen nach der Katastrophe ans Werk machten – zwischenzeitlich sind so gut wie alle Unterkünfte wieder hergestellt.

Sehenswertes in Khao Lak

Urlaubsregion

Khao Lak ist eigentlich kein Ort, sondern die Bezeichnung für die Region, die sich etwa 80 km nördlich von Phuket entfernt am Meer entlang zieht. Die Nationalstraße 4 verläuft kilometerlang nur wenige Hundert Meter vom Meer entfernt und führt immer wieder durch kleine Ansiedlungen mit Geschäften und Restaurants. Der 12 km lange Strand von Khao Lak ist durch einige ins Meere ragende Felszungen in mehrere Abschnitte unterteilt: Khao Lak Beach (Süd), Sunset Beach, Nang Thong Beach, Bang Niang Beach, Kukkak Beach und Coral Cape mit dem kleinen Fischerdorf Ban Pramong.

Takua Pa

Als Hauptort der Region Khao Lak könnte man Takua Pa, ein geschäftiges Städtchen mit etwa 20 000 Einwohnern, bezeichnen, der Ort liegt 134 km von Phuket entfernt am gleichnamigen Fluss. Empfehlenswerte Unterkünfte gibt es hier nicht, ein Besuch des Marktes in den Morgen- bzw. Vormittagsstunden vermittelt jedoch einen guten Eindruck thailändischer Merkantilität.
Takua Pa hat jedoch eine bewegte Vergangenheit, denn bereits im 3. Jh. v. Chr. siedelten hier nachweislich die ersten Menschen. Aus dieser Zeit stammen einige Fundstücke, zu. a. Keramiken, Schmuckstücke und Statuetten, die v. a. im Fluss gefunden wurden. Zahlrei-

Thailändisches Festessen: immer auch eine Augenweide

KHAO LAK ERLEBEN

ANREISE

Auto:
von Phuket über die Nationalstraße 4 (ca. 80 km)

Bus:
Von Phuket und Suratthani tägl. mehrfach gute Verbindungen

ÜBERNACHTEN

► Luxus

Mukdara Beach Villa & Spa Resort
26/14 Moo 7, Kukkak, Takua Pa
Tel. 0 76 / 42 99 99
Fax 42 00 99
www.mukdarabeach.com
148 Zimmer, 3 Restaurants, Coffeeshop, 2 Bars, 3 Swimmingpools, Spa. In schönstem Thai-Stil errichtetes Hotel mit geschmackvollen Zimmern und einer großzügigen Gartenanlage direkt am Meer.

► Komfortabel

Similana Resort
4/7 Moo 1 Kuk-Kak, Takua Pa
Tel. 0 76 / 42 01 66-8, Fax 42 01 69
www.similanaresort.com
71 Zimmer, Restaurant, Swimmingpool, Bar, Strand.
Am Ende der langen Bucht von Khao Lak liegt dieses schöne, weitgehend aus Holz erbaute Hotel in einer naturbelassenen Umgebung. Die Zimmer sind geräumig, nur wenige Meter vom Strand entfernt sind die auf Stelzen errichteten, nach dem Tsunami komplett renovierten Einzelbungalows in Chaletform.

Khao Lak Seaview Resort & Spa
18/1 Moo 6, Petchkasem Road
Tel. 0 76 / 42 06 25, Fax 42 06 26
www.khaolak-seaviewresort.com
197 Zimmer, 2 Restaurants, Coffeeshop, Bar, Spa.
Nach komplettem Neuaufbau, den der Tsunami erforderlich machte, bietet dieses Hotel bei dem kleinen Ort Ban La-On komfortable Zimmer mit allen Annehmlichkeiten. Schöne Lage direkt am Strand.

► Günstig

Khao Lak Resort
158 Sritakuapa Road
Tel. 0 76 / 42 00 60, Fax 42 06 36
www.khaolakresort.com
95 Zimmer, 2 Restaurants, Bar, Swimmingpool, Fitnesscenter, Spa. Sehr schönes Hotel in einem schön angelegten Garten, die Zimmer sind geschmackvoll eingerichtet und bieten alle Blick aufs Meer.

Baedeker-Empfehlung

The Sarojin
60 Moo 2, Kukkak, Takua Pa
Tel. 0 76 / 42 79 00-4, Fax 42 79 06
www.sarojin.com
56 Zimmer, 2 Restaurants, Bar, Swimmingpool, Fitnesscenter, Spa, Ausflüge. Einen Tag, bevor das luxuriöse Sarojin eigentlich eröffnen wollte, kam der Tsunami, der einen großen Teil der Hotelanlage direkt am Meer überflutete. Ein gutes halbes Jahr später öffnete das Hotel dann endlich seine Pforten. Es bietet sehr komfortable, im zeitlos-modernen Stil geschmackvoll eingerichtete Zimmer und ein sehr freundliches Personal.

che kleine und größere Baggerseen im Hinterland sind Zeugen einer wirtschaftlich bedeutenden Vergangenheit, als die Zinnindustrie hier (und auch auf der Insel Phuket) eine große Rolle spielte.
In der **Altstadt** von Takua Pa gibt es noch einige schöne Beispiele für die chinesische Bauart von Wohn- und Geschäftshäusern. Allerdings legen deren Besitzer wenig Wert auf ihren Erhalt, so dass diese z. T. recht heruntergekommen aussehen. In einem kleinen Park sind drei **Statuen** indischer Provenienz zu sehen, sie zeigen den vierarmigen Hindugott Brahma, Phra Luk, der Bruder Ramas aus dem Ramayana-Epos, und Nang Srida, die Frau Ramas, die als Helferin aus der Not verehrt wird.

Khao Sok Nationalpark

Etwa 4 km hinter Takua Pa und rechts abbiegend der Straße in Richtung Suratthani folgend, erreicht man den Nationapark Khao Sok. Typisch für ihn ist die abwechslungsreiche und hügelige Landschaft mit einigen schönen Wasserfällen. Ein Teil des Nationalparks wurde zu einem besonderen Schutzgebiet erklärt, da es hier die letzten Reste des tropischen Regenwaldes gibt. Die höchste Erhebung im Nationalparkgebiet ragt 960 m ü. d. M. aus einer teils urwüchsigen, dschungelbesetzten Landschaft heraus. Am Eingang zum Nationalpark gibt es einige bescheidene Gästehäuser.

Küstenlandschaft bei Kao Lak

Takua Pa ist ein idealer Ausgangspunkt zum vorgelagerten Marinenationalpark der **Similan Islands**. Diese Inseln besitzen vielleicht die schönsten Korallenriffe Thailands, die größtenteils auch dem Tsunami trotzten und ihre ursprüngliche Schönheit bewahren konnten. Die Inseln sind deshalb eines der besten und beliebtesten Ziele für Unterwassersportler aus aller Welt. Die Similan Islands bestehen aus neun Eilanden, Reiseveranstalter und Tauchschulen bieten Exkursionen auf diese (noch) paradiesischen Inseln an. Will man auf eigene Faust anreisen, fährt man von Phuket 104 km nördlich bis nach Thap Lamu und benutzt von dort die Fähre. Von Patong Beach auf Phuket fahren außerhalb der Monsunzeit täglich Schiffe nach **Ko Similan** (Fahrzeit ca. 5 Std.), von Khao Lak beträgt die Fahrzeit nur gut 2 Stunden. Auf der Hauptinsel gibt es einige einfache Unterkünfte und Tauchbasen.

★★ Khao Phra Viharn

D 5

Region: Nordostthailand **Provinz:** Si Saket
Höhe: 172 m ü. d. M.

Das bedeutendste Heiligtum der für ihre Zeugnisse der prachtvollen Khmer-Kultur berühmten Provinz Si Saket ist der Felsentempel Wat Khao Phra Viharn. Er ist neben den Tempelanlagen von ► Phimai und dem Prasat Phanom Rung das bedeutendste Beispiel für diese hoch entwickelte sakrale Architektur.

Auf kambodschanischem Staatsgebiet

Der Khao Phra Viharn befindet sich nach einem Urteil des Internationalen Gerichtshofs in Den Haag auf kambodschanischem Staatsgebiet, aufgrund seiner Lage auf einem Felsplateau ist er jedoch nur von Thailand her zu erreichen. Erst zwei Jahrzehnte nach seiner Entdeckung, in denen der Felsentempel weiter dem Verfall preisgegeben war, vereinbarten im Juli 1989 der damalige Ministerpräsident Choonhavan und der Führer der kambodschanischen Regierung Hun Sen, dieses einzigartige Kulturdenkmal wieder der Öffentlichkeit zugänglich zu machen.

Tempelanlage

Mit einer Gesamtlänge von über einem Kilometer ist der Khao Phra Viharn eine der größten Tempelanlagen der Khmer. Etwa zur gleichen Zeit wie die berühmte Tempelstadt Angkor Wat im heutigen Kambodscha wurde er vermutlich unter König Jayavarman II. im 11. Jh. nach indonesischem Vorbild zur Verehrung des Hindu-Gottes Shiva erbaut. Tortürme, Gopuram (Einzahl Gopura) genannt, bilden auf allen vier Ebenen den Zugang zu den Gebäuden des Heiligtums. Von der untersten Ebene führt eine mit Nagas besetzte, nur teilweise

? WUSSTEN SIE SCHON ...?

- Eine originalgetreue, verkleinerte Kopie des Khao Phra Viharn gibt es im Freilichtmuseum Ancient City bei Samut Prakan.

KHAO PHRA VIHARN ERLEBEN

ANREISE

Auto:
von Surin Straße 226 (120 km; von Nakhon Ratchasima 270 km) bis Si Saket. Von Si Saket führt die Straße 221 zum Khao Phra Viharn (ca. 100 km).

Bahn:
von Bangkok-Hualampong (515 km)

Bus:
von Bangkok (570 km), Surin und Ubon Ratchathani

ÜBERNACHTEN

Die nächstgelegenen Unterkünfte findet man in ►Surin.

Besonders gut erhalten ist das Tor zum zweiten Prasat des Khao Phra Viharn.

erhaltene Treppe über mehrere Ebenen hinauf zum Hauptheiligtum. Auf der zweiten Ebene ist noch ein Pavillon (Prasat) erhalten, der, wie ein weiterer auf der dritten Ebene, in Form eines Kreuzes angelegt war. Längst ausgetrocknet und mit Gras überwachsen sind die Teiche, in denen das heilige Wasser gesammelt wurde. Das größtenteils zerfallene Sanktuarium lag über viele Jahre hinweg in dichtem Dschungel und wurde erst vor einigen Jahren freigelegt. Erhalten ist ein Mondhop (Mandapa), der wie die wesentlichsten Teile der Gesamtanlage im frühen Baphuon-Stil errichtet ist.

Von einigen Gebäuden sind heute nur noch die Grundmauern sichtbar, so dass es einiger Mühe bedarf, die ursprüngliche Größe der Anlage zu erkennen. Zahlreiche in Stein gehauene Buddha-Bildnisse sowie mehrere Reliefs sind ganz oder teilweise erhalten. Besonders beachtenswert sind die Pavillons mit kunstvoll gefertigten Türstürzen und die Reste der Umfassungsmauern.

i Was die Legende sagt ...

- Wie bei vielen Tempeln Thailands ist auch die Entstehung des Khao Phra Viharn mit einer Legende verknüpft. Ein habgieriges Ehepaar, das am Mekong lebte, soll neuartige Angelgeräte ersonnen haben, um das reichste Fischerehepaar der Umgebung zu werden. Damit war Pin, ihre hübsche Tochter, nicht einverstanden, sie half mit dem Geld heimlich den Armen. Ihre Verdienste blieben nicht verborgen, und sie gewann das Herz eines Prinzen, der sie ehelichte. Um die Sünden der Eltern zu sühnen und ihnen den Weg ins Nirwana zu weisen, ließ Pin den Khao Phra Viharn bauen.

Vom nahegelegenen Mor Daeng Cliff (man beachte die z. T. hervorragend erhaltenen Basreliefs sowie die an manchen Stellen gut sichtbaren Felszeichnungen) hat man einen ausgezeichneten Blick auf die Tempelanlage und in das Nachbarland. **Mor Daeng Cliff**

Umgebung des Khao Phra Viharn

Prasat Kamphaeng Noi

Von Si Saket aus (Straße 2076) kann man den 8 km entfernten Prasat Kamphaeng Noi besuchen. Hier steht noch ein schmuckloser Prang aus Latent. Innerhalb der gut erhaltenen Umfassungsmauer findet man Fragmente schön skulptierter Türstürze und -pfeiler.

★ Prasat Kamphaeng Yai

Weiter auf der Straße 2076 bis zur Einmündung in die Straße 226, dann links, gelangt man zu den eindrucksvollen Ruinen des Prasat Kamphaeng Yai, Zu beachten sind ein monumentales Tor an der Zufahrt, zwei Ziegelbauten mit z. T. kunstvollem Skulpturenschmuck, Reste von drei Prangs und die fast vollständig erhaltene innere Mauer. Neben gut erhaltenen Gesimsen und Fenster- sowie Türstürzen ist ein Relief zu sehen, das über einer Dämonenfratze Gott Shiva auf einem Elefanten reitend zeigt. Ungeklärt ist die Entstehung einer (armlosen) Bronzefigur, die vielleicht Vishnu darstellt.

★★ Khao-Yai-Nationalpark

D 3

Region: Zentralthailand

Fläche: 2168 km²

Provinzen: Nakhon Nayok, Nakhon Ratchasima, Prachinburi, Saraburi

Höhe: bis 350 m ü. d. M.

Der 1962 eröffnete Khao-Yai-Nationalpark ist der älteste Nationalpark Thailands. Seine bis zu 1350 m hohen Berge, die z. T. noch mit ursprünglichem Regenwald bewachsen sind, sowie seine malerischen Wasserfälle und idyllischen Seen sind Anziehungspunkte für Thailand-Besucher wie für Einheimische.

Dong Phayayen

Ein Teil des Nationalparks, der Dong Phayayen, wurde 2005 wegen seiner außergewöhnlich reichen Tierwelt unter den Schutz der UNESCO gestellt. Hier leben noch Tiger und Leoparden, Gibbons und die selten gewordenen Nashornvögel. An Wochenenden und Feiertagen sollte man den Park meiden, da er dann sehr überlaufen sein kann.

★★ Abwechslungsreiche Dschungellandschaft

Die höchsten Berge liegen im östlichen Teil: Khao Laem (1328 m) und Khao Khiau (»Grüner Berg«; 1350 m). Beide können in Tagestouren bestiegen werden (herrlicher Rundblick). Sehenswerte Wasserfälle sind der **Nam Tok Haeo Suwat**, der **Nam Tok Pa Kluai** (»Orchideen-Wasserfall«; die Felsen sind von Orchideen umrankt)

! Baedeker TIPP

Ripp-off

Vorsicht bei besonders »günstigen« Preisen für Taxifahrten vom Parkeingang aus: Nicht selten gelten sie nur für eine Strecke! Im Zweifelsfall verlässt man sich besser auf die Angebote der Reiseveranstalter in Pak Chong, Saraburi oder Nakhon Ratchasima oder auf die Führer der Khao Yai Garden Lodge.

und der **Nam Tok Kong Keo**. Sehr schön gelegen ist der 18-Loch-Golfplatz von internationalem Zuschnitt. Im Park leben viele Tierarten wie Elefanten, Bären, Tiger, Tapire, Büffel, Affen, Damhirsche und Wildschweine. Von dem Turm Nong Pak Chi kann man in den Morgen- und Abendstunden das Wild gut beobachten. Bei der Parkverwaltung gibt es einen Plan, der die insgesamt elf Wanderwege unterschiedlicher Anforderungsgrade genau darstellt. Die offiziellen Wege sind sehr gut markiert, am Hauptquartier kann man auch Mountainbikes mieten.

Fledermaushöhle Etwa 2 km vom nördlichen Parkeingang entfernt trifft man auf eine große Höhle, die sich in einem Kalkfelsen befindet. In dieser Höhle

KHAO-YAI-NATIONALPARK ERLEBEN

ANREISE

Bus/Auto:
Vom Bangkok Northern Bus Terminal aus fahren Busse zum Nationalpark Khao Yai (Fahrzeit ca. 4 Std.). Kommt man mit dem Auto von Bangkok auf der Nationalstraße 1 bis Saraburi, dann Nationalstraße 2, biegt man kurz vor Pak Chong nach rechts auf die Straße 2090 ab und folgt der Beschilderung.

Bahn:
Pak Chong ist eine Station auf der Eisenbahnstrecke Bangkok-Nakhon Ratchasima.

ÜBERNACHTEN

► **Günstig**

Khao Yai Garden Lodge
Tel. 0 44 / 36 51 78
www.khaoyai-garden-lodge.com
Der Deutsche Klaus Derwanz, Besitzer dieser Lodge, lebt seit vielen Jahren am Khao-Yai-Nationalpark und veranstaltet ein- bis mehrtägige geführte Touren durch den Park. Besondere Highlights sind Führungen mit Peter Boy, der 35 nach ihm benannte Insektenarten entdeckte. Die Zimmer sind rustikal eingerichtet, es gibt ein Restaurant und eine Bar.

Khao Yai Nationalpark *Orientierung*

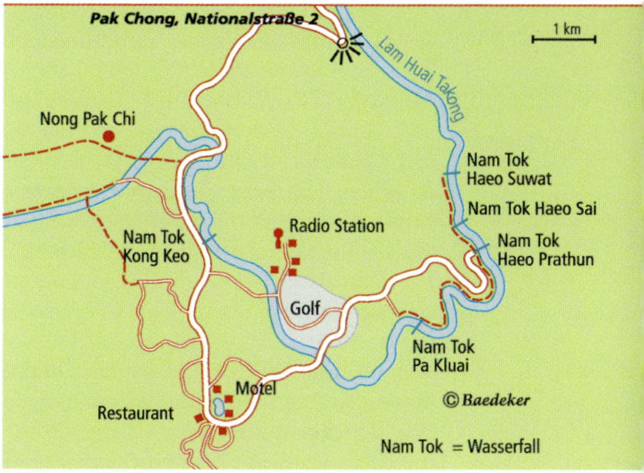

leben Hunderttausende kleiner Fledermäuse. Besonders eindrucksvoll ist die Beobachtung kurz vor Sonnenuntergang, wenn die Tiere die schützende Höhle verlassen und auf Nahrungssuche gehen.

Am nordwestlichen Rand des Khao-Yai-Nationalparks, ungefähr 180 km nordöstlich von Bangkok, liegt das kleine Städtchen **Pak Chong** direkt am Fuße der mächtigen Gebirgsschwelle, die die Menam-Ebene vom Khorat-Plateau trennt. Sehenswert ist hier der täglich abgehaltene lebhafte Markt, auf dem die Landbevölkerung von weit her anreist, um ihre Waren anzubieten.

Lam Takhong (Stausee)

Etwa 15 km östlich von Pak Chong liegt unweit der Nationalstraße 2 in einem weiten Tal der schöne Stausee Lam Takhong, der auch zur Wasser-Versorgung der Bevölkerung von Bangkok dient.

Khon Kaen

C 4

Region: Nordostthailand
Höhe: 155 m ü. d. M.
Provinz: Khon Kaen
Einwohnerzahl: 141 000

Die Stadt Khon Kaen liegt etwa 380 km nordöstlich von Bangkok im Übergangsgebiet zwischen dem wenig fruchtbaren Karst des Khorat-Plateaus und dem nördlich anschließenden Grüngürtel und ist nach Nakhon Ratchasima das wichtigste Verwaltungs- und Handelszentrum Nordostthailands.

Universitätsstadt

Khon Kaen ist Sitz der einzigen Universität Nordostthailands und einer Filiale des Thai-German Technical Institute. Die wirtschaftliche Entwicklung wurde durch den von den US-Amerikanern angelegten »Friendship Highway« (die Nationalstraße 2) gefördert, der eine wichtige Rolle bei der Versorgung der während des Vietnamkriegs im Nordosten Thailands stationierten Streitkräfte spielte. Außer dem berühmten Nationalmuseum gibt es in der Stadt und der Umgebung keine besonderen Sehenswürdigkeiten.

★★ Nationalmuseum

Öffnungszeiten: Mi. – So. 9.00 – 12.00, 13.00 – 16.00 Eintrittsgebühr

Das Museum am nördlichen Stadtrand (Lang Soon Ratchakarn Road) enthält einige der sensationellen Funde aus ► Ban Chiang: Töpferware, bemalt mit geometrischen Mustern, Blättern und Blumen oder Tieren. Die Stücke wurden auf die Zeit von 4500 bis 3500 vor Christus datiert, Genaueres über ihre Entstehung ist allerdings nicht bekannt. Auch ist eines der in Ban Chiang freigelegten Gräber zu sehen. Im Erdgeschoss gibt es eine reichhaltige Sammlung thailändischer Volkskunst und eine prähistorische Sammlung, ansonsten Wechselausstellungen zu verschiedenen Themen.

Die Sandsteinplatten im Erdgeschoss und im weitläufigen Garten stellen in schönen, z. T. sehr differenzierten Reliefs im Dvaravati-Stil des 8. bis 10. Jh.s, vermischt mit Elementen der Khmer-Kunst, Szenen aus dem Leben Buddhas dar. Die Steinplatten stammen u. a. aus **Muang Fa Daed** (►Ban Sema, nachfolgend).

Von den Kunstwerken im Obergeschoss seien die schöne große Statue eines sitzenden Buddha (Sukhothai-Stil), ein kunstvoll gearbeiteter Türsturz (11. Jh.), der Gott Indra auf einem Elefanten reitend zeigt, sowie eine Bronzeplastik des Gottes Shiva (12./13. Jh.) erwähnt. Beachtung verdienen auch Skulpturen im Dvaravati-Stil und Bronzearbeiten im Chiang-Saen-Stil.

Östlich des Nationalmuseums liegt ein palmengesäumter, stimmungsvoller See mit einem kleinen Restaurant.

Umgebung von Khon Kaen

★ **Ubol-Ratana-Stausee**

55 km nordwestlich von Kon Khaen liegt der 80 km lange, nach einer Tochter von König Bhumibol benannte Stausee Ubol Ratana. Er dient der Bewässerung des wenig ertragreichen Bodens und ist ein beliebtes Ausflugsziel einheimischer Touristen. Beim Eingang zum **Nationalpark Phu Phan Kum** führen Treppen auf den Berg Phu Phan Kum, von wo man eine schöne Aussicht auf den Stausee hat.

★★ **Ban Sema**

Auf eine bedeutende Sehenswürdigkeit trifft man rund 60 km östlich von Khon Kaen, wo in der Nähe von Yang Talat das Dorf Ban Sema liegt. Zuvor befand sich zwischen dem 9. und 11. Jh. an dieser Stelle die Dvaravati-Stadt **Muang Fa Daed**, die von zwei Gräben mit Wällen umgeben war und in der man bedeutende Stücke aus dieser für die Entwicklung der thailändischen Kultur wichtigen Kunstepoche zwischen dem 6. und 13. Jh. gefunden hat. Interessant ist die Mischung der einheimischen Kunst mit jener der Nachbarvölker, z. B. der Khmer. Zwei besonders schöne, fein durchgestaltete Grenzsteine zeigen die Anbetung Buddhas durch das Königspaar (diese Steinplatte wird in einem der Klostergebäude des **Wat Po Chai Semaran** aufbewahrt) bzw. illustrieren die Geschichte von der Rückkehr Buddhas zu seiner Familie (im Museum von Khon Kaen). Weitere Steinplatten sind im Hof des Wat aufgestellt.

Nordwestlich der Tempelanlage finden sich die Ruinen einiger Chedis aus der Dvaravati-Zeit, darunter ein noch gut erhaltener Chedi in eleganter Linienführung, bei dem sich der Unterbau mit Resten der Stuckverzierung noch im Originalzustand befindet. Der Mittelbau wurde in späterer Zeit restauriert und eine Spitze aufgesetzt, die unverkennbaren Ayutthaya-Stil aufweist.

Dvaravati-Chedis

Zwischen Yang Talat und Kalasin, an der Straße bei **Ban Nong Wang Noeng**, sind an einem Felsen interessante Werke der Dvaravati-Kunst zu sehen, drei vergoldete Reliefs, die den ruhenden Buddha zeigen, entstanden zwischen dem 8. und 10. Jahrhundert.

Dvaravati-Reliefs

✶✶ Ko Chang

E/F 4

Region: Südostthailand
Provinz: Trat
Höhe: 3 – 744 m ü. d. M.
Einwohnerzahl: 14 000

Nach Phuket und vor Ko Samui ist die Insel Ko Chang, zu deutsch: »Elefanteninsel«, die zweitgrößte Insel Thailands. Sie wurde – zusammen mit 46 kleinen, zumeist unbewohnten Inseln in der Umgebung – 1982 unter Naturschutz gestellt und zum Ko Chang Marine National Park erklärt.

Ex-Paradies der Rucksackreisenden

Die 3500 Einwohner zählende Insel ist ca. 29 km lang, 8 – 14 km breit und konnte sich durch den Nationalparkstatus einen Teil ihrer Ursprünglichkeit bewahren. Von der touristischen Entwicklung der thailändischen Ostküste blieb aber auch Ko Chang nicht verschont. Nachdem es viele Jahre lang nur einige einfache Unterkünfte gab, entstanden nun zahlreiche Bungalowanlagen und kleine Hotels mit teils gutem Komfort. Seit in der Provinz Trat etliche internationale Unternehmen (darunter Siemens) Ableger gründeten, gilt Ko Chang als überaus beliebtes Wochenendausflugziel für deren Mitarbeiter.

✶✶ Unberührte Natur

Beeindruckend ist die teils immer noch fast unberührt wirkende Naturlandschaft mit einigen dicht bewaldeten Erhebungen, die eine Höhe von bis zu 744 m ü. d. M. erreichen. Das Inselinnere wird von dichtem Regenwald dominiert, hier leben noch Affen, Schlangen und einige Wildschweine. Der **Nam Tok Tham Mayom** ist der größte Wasserfall an der Ostküste, unweit davon liegt der Wasserfall **Nam Tok King Rama**. Es gibt einige notdürftig ausgeschilderte Wanderwege, über die sich das Inselinnere erkunden lässt.

Fischerdorf Klong Son

Die größte Ansiedlung auf Ko Chang ist das Fischerdorf Klong Son, hier befindet sich auch die Anlegestelle der Boote, die von Laem Ngop (17 km von Trat entfernt) aus verkehren. Einige der Häuser sind auf Pfählen erbaut, die Bewohner ernähren sich in erster Linie

KO CHANG ERLEBEN

ANREISE

Auto:
Von Chanthaburi aus erreicht man Trat auf der Nationalstraße 3 nach 75 km.

Bus:
Regelmäßige Verbindungen von Bangkok, Pattaya und Chanthaburi

Picknick in der Bucht Ao Klong Phrao

Fähre:
Vom Centerpoint Pier unweit von ► Trat verkehren regelmäßig Fähren im 20-Min.-Abstand (8.00–19.00 Uhr). Autos und Motorräder können mitgenommen werden. Eine weitere Fährverbindung besteht zwischen Laem Ngop (jeden Werktag um 13.00, zurück von Ko Chang um 16.00 Uhr).

Flug:
Von Bangkok nach Trat mit Bangkok Airways je nach Saison bis dreimal täglich. Vom Flugplatz ist es nicht weit bis zu den Fähren.

ÜBERNACHTEN

► Günstig

Sea View Resort
Mu 4, Kai Bae Beach, Ko Chang
Tel. 0 39 / 59 71 43
Fax 02 / 4 11 46 62
52 Zimmer, Restaurant. Gepflegte Zimmer in einem schön gestalteten Garten – eine ruhige Alternative zur White Sand Beach.

Ko Chang Resort
12/3 Mu 1, Klong Prao Beach
Tel. 0 39 / 59 70 28
Fax 02 / 2 77 09 75
60 Zimmer, Restaurant, Bar, Swimmingpool. Verhältnismäßig teure Zimmer, aber gepflegt und sauber. Schöner Strand.

Plaloma Cliff Resort
White Sand Beach, 11/2 Moo 4
Tel. 0 39 / 55 11 19, Fax 55 11 18
www.plaloma-cliff.thai.li
18 Zimmer, Restaurant, Swimmingpool. Seit Jahren ein beliebtes Ziel für Ruhe Suchende. Schöner Garten oberhalb des Strandes, gepflegte Zimmer. Schweizerisches Management.

von den Erträgen der weitläufigen Kokosnuss- und Gummibaumplantagen sowie vom Fischfang. In jüngerer Zeit aber spielen auch die Einnahmen aus dem Tourismus eine wichtige Rolle.

★ Strände

White Sand Beach ist mit etwa 2 km nicht etwa der längste, sondern der touristisch am meisten frequentierte Strand auf Ko Chang. Hier werden die Sünden der Vergangenheit in der Form beseitigt, dass die einfachen Hütten durch komfortable Hotelanlagen ersetzt werden – hierzu gewährt der Staat sogar vergünstigte Darlehen. Inmitten der Beach steht das kleine Fischerdorf Ban Hat Sai Kaeo. Den besten Blick auf den Strand hat man von einem Hügel am südlichen Ende der White Sand Beach mit einem kleinen chinesischen Tempel.
Die weiteren Strände heißen **Klong Phrao Beach**, **Klong Makok Beach**, **Kai Bae Beach**, **Thanam Beach** und **Bailan Beach**. Auch hier gibt es eine ganze Reihe guter Unterkünfte. Die Strände an der Ostküste von Ko Chang sind weniger empfehlenswert, da sie zum einen über kaum empfehlenswerte Unterkünfte verfügen, zum anderen vor allem am Wochenende von lautstarken einheimischen Besuchergruppen besucht werden.

★ Ko Lanta

H 2

Region: Südthailand
Provinz: Rayong
Höhe: 0 – 488 ü. d. M.
Einwohnerzahl: 20 000

Etwa 50 km südlich von Krabi liegen in der Andamanischen See die Inseln Ko Lanta Yai und Ko Lanta Noi. Beide zusammen werden meist nur Ko Lanta genannt, es handelt sich aber um eine große (yai) und eine kleine (noi) Insel, die durch einen schmalen Meereskanal voneinander getrennt sind.

Meeresnationalpark

Teile von Ko Lanta Yai sowie eine Anzahl vorgelagerter kleinerer Inseln wurden 1990 zum Meeresnationalpark erklärt. Ko Lanta selbst weist eine sehr hügelige Gestalt auf, die höchste Erhebung liegt im südlichen Inselteil von Ko Lanta Yai und bringt es immerhin auf 488 m über dem Meeresspiegel. Bis vor wenigen Jahren galten die Inseln noch als Refugium für Globetrotter. Nachdem sich jedoch herumgesprochen hatte, dass die beiden Inseln fast unberührte Sandstrände besitzen, entstanden schon bald erste Bungalowanlagen. Diese wurden inzwischen durch recht komfortable Unterkünfte ergänzt. Nachdem sich die Inselbewohner erfolgreich gegen den Plan der thailändischen Regierung wandten, die Inseln zum Naturschutzgebiet zu erklären, begann eine touristische Entwicklung, die sich in den nächsten Jahren mit Sicherheit fortsetzen wird. Die Hauptsaison liegt zwischen den Monaten Dezember und Februar, dann sind die Unterkünfte zum einen recht teuer und zum anderen häufig ausgebucht.

KOH LANTA ERLEBEN

ANREISE

Fähre:
Von Krabi, Ko Phi Phi und Trang geht es mit Expressbooten (ein- bis zweimal täglich, je nach Wetterlage) nach Ban Saladan, dem Hauptort der Insel. Während der Monsunzeit wird der Fährverkehr fast vollständig eingestellt.

Flug:
Der nächstgelegene Flughafen befindet sich bei Krabi, von dort weiter mit dem Boot.

ÜBERNACHTEN

▶ **Luxus**
Pimalay Bay Resort & Spa
99 Moo 5, Ba Kan Tiang Beach
Lanta Yai, Tel. 0 75 / 60 79 99
Fax 60 79 98, www.pimalai.com
86 Zimmer, 3 Restaurants, Swimmingpool, Spa, eigene Tauchbasis. An einer weit geschwungenen, 900 m langen Bucht liegt dieses neue Hotel mit allem erdenklichen Komfort. Die eigene Tauchbasis bildet auch Anfänger aus, und zwar nach dem weltweit gültigen PADI-Prinzip.

▶ **Komfortabel**
Sri Lanta
111 Moo 6, Klongnin Beach, Lanta Yai
Tel. 0 75 / 69 72 88, Fax 69 72 89
www.srilanta.com
49 Zimmer, Restaurant, Bar, Swimmingpool. Wunderschönes Hotel mit Villen, die im rustikalen Stil errichtet wurden, im Innern aber über jeglichen Komfort verfügen.

▶ **Günstig**
Unweit des Hauptortes Ban Saladan gibt es direkt am Meer zahlreiche Bungalowanlagen mit unterschiedlichem Komfort.

Straßenszene in Old Lanta

Vom Tourismus lebt auf Ko Lanta bislang nur ein geringer Teil der Bevölkerung; vielmehr sind es neben vielen Kokosnussplantagen die zahlreichen Shrimp-Farmen, die einen bedeutenden wirtschaftlichen Faktor darstellen.

Sehenswertes auf Ko Lanta

Märkte

Weder Ban Saladan an der Westküste noch Ban Ko Lanta an der Ostküste bieten besondere Sehenswürdigkeiten, reizvoll ist allerdings ein Besuch der beiden Ansiedlungen, wenn Märkte abgehalten werden (meist vormittags).
Interessant sind auch die alten Häuser von »Old Lanta«, wie die älteste Siedlung auf der Insel genannt wird. Hier findet man auch einige vorzügliche Fischrestaurants.

Halbinsel Kaw Kwang

Etwa 2 km westlich von Ban Saladan liegt die Halbinsel Kaw Kwang, wo vom gleichnamigen Strand einige Treppen hinauf zu einem Aussichtspunkt führen. Außerdem gibt es einen kleinen Sandstrand zum Baden (allerdings nur bei Flut).

Strände

Die Strände von Ko Lanta sind zwar nicht so schön und so gepflegt wie andere in Thailand, doch findet man hier gewiss ein lauschiges Plätzchen.
Die schönsten Strände (**Klong Dao** und **Long Beach**) gibt es entlang der 22 km langen Straße, die an der Südküste vorbeiführt, hier liegen auch die meisten Bungalow- und Hotelanlagen. Die Strände an der östlichen Inselseite sind hingegen recht flach.

★ Ko Pha Ngan

G 2/3

Region: Südthailand **Provinz:** Suratthani
Höhe: 0 – 627 m ü. d. M. **Einwohnerzahl:** ca. 8000

Die dschungelbewachsene Insel Ko Pha Ngan wird von einem Kalksteingebirge dominiert, das stellenweise bis zu den Stränden heranreicht. Die Bewohner leben noch in erster Linie vom Fischfang; immer mehr ist der Tourismus eine zusätzliche Einnahmequelle. Ko Pha Ngan verfügt über ausgezeichnete Strände, ausgesprochene Sehenswürdigkeiten sind – außer einer eindrucksvollen Dschungellandschaft – nicht vorhanden.

Nachbar von Ko Samui

Die 19,4 km lange und 11,6 km breite Insel liegt etwa 16 km nördlich von Ko Samui und dient seit einigen Jahren als Ausweichquartier, wenn Ko Samui überfüllt ist. **Thong Sala** ist die einzige nennenswerte Ansiedlung auf Ko Pha Ngan. Einst gab es hier nur ein paar Fischer-

KOH PHA NGAN ERLEBEN

ANREISE

Fähre:
von (Suratthani-) Don Sak, meist mit Zwischenstopp auf Ko Samui; von Ko Samui ab Nathon

ÜBERNACHTEN

▶ Komfortabel

Santhiya Resort & Spa
Thong Nai Pan Beach
Tel. und Fax 0 77 / 23 83 33
www.santhiya.com
Restaurant, Bar, Swimmingpool, Wassersportmöglichkeiten, Shoppingarkade.
Zurzeit wohl die beste Unterkunft auf Ko Pha Ngan. Komfortabel, im Thaistil errichtete Bungalows mit reichlich Komfort. Bestechende und aussichtsreiche Lage an einem breiten Sandstrand.

▶ Günstig

First Villa Bungalow
Ban Tai Beach
Tel. 0 77 / 37 72 25
Fax 23 83 52
www.firstvilla.com
Angenehme Unterkunft mit Restaurant, Bar, Swimmingpool, Jeep- und Motorradverleih und Wassersportmöglichkeiten.

Hansa Resort
Ban Tai Beach
Tel. 0 77 / 37 74 94
Fax 37 74 95
www.hansaresort.com
4 Zimmer und 10 Bungalows, Restaurant, Bar, Wassersportmöglichkeiten.
Hübsche und gepflegte Bungalowanlage mit komfortablen Zimmern.

Die Strände auf Ko Pha Ngan gehören zu den schönsten Thailands.

Ko Pha-Ngan *Übersicht*

familien, heute ist der Ort das Zentrum der Insel schlechthin mit allen notwendigen Einrichtungen für Touristen. In Thong Sala befindet sich auch der Anlegesteg für die Boote von Ko Samui.

Wat Khao Kam

Empfehlenswert ist ein Besuch des Meditationstempels Wat Khao Tham mit einem Fußabdruck Buddhas. Der Tempel liegt bei Ban Tal, am Buddhismus interessierte Menschen können hier an englischsprachigen Meditationskursen teilnehmen.

✶✶ Strände

Die mehr als 17 km langen Strände von Ko Pha Ngan zählen noch immer zu den schönsten Thailands. Die meisten sind recht klein und idyllisch gelegen und zudem können sie mit Pickups in kürzester Zeit erreicht werden. Einfache Unterkünfte gibt es sehr zahlreich, komfortable Hotels sucht man hingegen vergebens. An einigen Stränden ist mit lästigen Sandfliegen zu rechnen.

Schöne **Bootsausflüge** zu den Inseln im **Ang-Thong-Archipel** (► Suratthani) führen in eine faszinierende subtropische Welt mit einigen schönen Stränden. Viele dieser Inseln sind noch unbesiedelt, auf Ko Khanom und Ko Sichon gibt es allerdings einzelne Bungalowanlagen.

! *Baedeker* TIPP

Abtanzen bei Vollmond

Fast schon legendär sind die Full Moon Partys, die seit einigen Jahren auch auf Ko Phang Ngan regelmäßig am ersten Abend des Vollmonds gefeiert werden. Dann strömen Tausende junger Leute auf die Insel, wo sie sich an den Stränden vor überdimensionalen Lautsprechertürmen in Feierlaune bringen. Vorsicht: Manchmal gibt es verdeckte Drogenermittler, die vorgeben, illegale Rauschmittel zu verkaufen. Solche Verkaufsverhandlungen enden nicht selten im Gefängnis.

★★ Ko Phi Phi

H 2

Region: Südthailand
Höhe: 2 – 744 m ü. d. M.

Provinz: Rayong
Einwohnerzahl: 3500

Die Inselgruppe von Phi Phi südlich von Krabi hatte über Jahre bei Rucksackreisenden den Ruf eines einsam gelegenen tropischen Paradieses. Doch entdeckten auch findige Reiseunternehmer diese Inseln und bauten zunächst Hütten, später Bungalows und Hotels, die jedoch recht geschickt in die Insellandschaft eingefügt sind und ihr nicht viel von ihrer Ursprünglichkeit nahmen.

Koh Phi Phi Don

Von den vielen kleinen Inseln, die den 390 km² großen **Hat Noppharat Thara Marine National Park** bilden, ist Phi Phi Don als einzige bewohnt. Unvergleichlich ist die Landschaft mit wahrhaft exotischen Traumstränden mit feinem Sand und glasklarem Wasser.

★★ Inselrundfahrt

Von **Ton Sai Bay**, aber auch von vielen Hotelanlagen aus, werden Rundfahrten mit Longtailbooten um die Insel Phi Phi Don angeboten. Dabei werden Zwischenstopps eingelegt, bei denen Gelegenheit zum Schnorcheln und Baden besteht.

Exotische Traumstrände und eine malerische Landschaft findet man auf der bewohnten Insel Ko Phi Phi Don.

KO PHI PHI ERLEBEN

ANREISE

Fähre:
Regelmäßige Fährverbindungen gibt es von Suratthani, Krabi sowie von Phuket (Fahrzeit zwischen 1,5 und 3 Std.) zum Hauptort Ton Sai Bay. Von Mai bis September kann es aufgrund der Wetterbedingungen möglich sein, dass die Fähren nur sporadisch bzw. überhaupt nicht verkehren. Der Weitertransport der Hotelgäste erfolgt im Regelfall mit dem Longtailboot.

ÜBERNACHTEN

▶ Luxus

Holiday Inn Resort Phi Phi Island
Laem Thong Beach
Tel. 0 75 / 62 13 34, Fax 67 63 17
www.phiphi-palmbeach.com
80 Bungalows, 2 Restaurants, Bar, Swimmingpool, Wassersportmöglichkeiten. Der Phi-Phi-Ableger der international tätigen Hotelkette. Sehr komfortable Zimmer, sehr gepflegte Anlage und aufmerksamer Service. Großer Sandstrand.

P. P. Natural Resort
Laem Thong Beach
Tel. 0 75 / 61 30 10, Fax 61 30 00
www.phiphinatural.com
77 Zimmer, Restaurant, Bar, Swimmingpool, Wassersportzentrum. Schön in eine weitläufige Gartenanlage hineingebautes Hotel mit einzeln stehenden Holzbungalows. Breiter Sandstrand.

▶ Komfortabel

Andaman Beach Resort
Hin Kom Beach
Tel. 0 75 / 61 80 60, Fax 61 80 18
www.andamanbeachresort.com
82 Bungalows, Restaurant, Swimmingpool.
Nahe der Anlegestelle befindet sich dieses hübsche Hotel mit klimatisierten Zimmern und gutem Service. Empfehlenswertes Restaurant.

Paradise Pearl Resort
Long Beach
Tel. 0 75 / 62 21 00, Fax 35 48 82
www.ppparadise.com
80 Bungalows, Restaurant, Bar, Swimmingpool, Tauchbasis, Ausflugsangebote. Ganzjährig geöffnetes Hotel mit geschmackvoll eingerichteten Bungalows. Restaurant direkt am Strand (teilweise open-air).

▶ Günstig

Nach dem Tsunami haben die Besucherzahlen auf Ko Phi Phi noch lange nicht das zuvor gewohnte Niveau erreicht; auch Hotels, die von der Flutwelle nicht betroffen waren, leiden darunter. Deshalb kann man durchaus auch in den Hotels der besseren Kategorien versuchen, Rabatte auszuhandeln. Außerdem gibt es eine Vielzahl von günstigen Gästehäusern.

ESSEN

Wer nicht in den Hotelrestaurants essen möchte, findet eine Vielzahl von Alternativen im Hauptort Ton Sai Bay. Problematisch ist allerdings, dass Sie von den weiter entfernten Stränden mit dem Boot hinfahren müssen. Straßen gibt es nämlich außer im Hauptort keine.

▶ Preiswert

Thai Cuisine
Ton Sai Bay
Gut besuchtes einfaches Restaurant im Hauptort. Man bekommt allerlei gute Thai-Gerichte, aber auch ein reichhaltiges Frühstück.

i Nach dem Tsunami

- Phi Phi Island war eines der Gebiete in Thailand, das vom Tsunami am 26. Dezember 2004 besonders schwer getroffen wurde. 691 Menschen starben nach offiziellen Angaben durch die Flutwellen, mehrere Hundert Menschen werden immer noch vermisst. Über 200 Bungalows und andere Gebäude wurden ins Meer gerissen; die gesamte Infrastruktur war zerstört. Mittlerweile ist aber fast alles wieder aufgebaut, nur an einigen Stellen kann man noch die Schäden erahnen.

Die nur wenige Kilometer entfernte Insel **Phi Phi Lay** ist unbewohnt, wird jedoch regelmäßig von Ruhe suchenden Urlaubern sowie von Tauchern angesteuert. Doch Phi Phi Lay ist auch wirtschaftlich bedeutsam: Ganze Familien holen **Schwalbennester** im Auftrag eines Konzessionärs aus den vielen Höhlen und Grotten. Dabei hangeln sie sich waghalsig an Gerüsten aus zusammengebundenen Bambusstangen, manchmal auch an Lianenbündeln in die Höhe. Schwalbennester (der kleinen Seglerschwalben aus der Gattung der Salanganen) sind eine ebenso beliebte wie rare Zutat für die chinesische Küche, für 1 kg werden in Hongkong bis zu 2000 US-Dollar gezahlt. Gegessen werden übrigens nicht die Nester, sondern die Speichelfäden, mit denen die Vögel ihre Nester zusammenkleben. Nach längerem Einweichen können diese von Schmutz gereinigt und in einer Brühe gekocht werden.

**** Korallenriffe**

Vor Phi Phi Lay gibt es noch viele schöne Korallenriffe, von denen einige bis 25 Meter in die Tiefe reichen, sowie eine vielfältige und bunte Unterwasserwelt. Auf Phi Phi Lay wurde übrigens der Kinofilm »The Beach« mit Leonardo DiCaprio gedreht.

**** Höhlengemälde**

Auf der Nordseite der Insel Phi Phi Lay geben Höhlengemälde der Wissenschaft immer noch Rätsel auf. Sie werden als Wikingergemälde bezeichnet, doch stammen die Segelschiffbilder wohl kaum von der Hand dieses nordischen Seefahrervolks. Zahlreiche weitere Höhlen, unter ihnen einige, die als heilig verehrt werden, sind beeindruckende Zeugnisse jahrtausendelanger Naturvorgänge.

Ko Samet (Ko Kae Phisadan)

E 3

Region: Südostthailand
Höhe: 2 – 105 m ü. d. M.
Provinz: Trat
Einwohnerzahl: ca. 2500

Eine der ersten Inseln Thailands, die wegen ihrer herrlichen Strände mit glasklarem Wasser und üppiger Vegetation Touristen aus aller Welt anlockte, war Ko Samet. Am Besucherstrom hat auch die Erklärung der Insel zum Nationalpark nichts geändert, man findet hier Dutzende von Bungalowanlagen, und die Strände sind leider schon lange nicht mehr so sauber wie einst.

Trotz ungelöster Probleme – zugebaute Strände, Abfall, knappes Trinkwasser – wurde ein 1990 erlassenes Übernachtungsverbot wegen des Widerstands von Geschäftsleuten und Einheimischen zwei Jahre später wieder aufgehoben. Vor allem an Wochenenden kommen Tausende einheimischer Ausflügler aus Bangkok, die meist an der **Hat Sai Kaeo Beach** im Norden der Ostküste bleiben. Die Hinterlassenschaften ausgelassener Feste könnten der einst heilen Inselwelt den endgültigen Infarkt bescheren.

! *Baedeker* TIPP

Achtung Mückenstiche!

Zeitweise besteht auf Ko Samet Malariagefahr, eine Vorsorge wie die allabendliche Salbaktion gegen die Moskitos ist unbedingt nötig. Während der Nachtruhe sollte man die in jedem Bungalow vorhandenen Moskitonetze unbedingt benutzen.

Die Insel ist maximal 800 m breit, an der schmalsten Stelle 200 m; ihre Länge beträgt 5 km. Die Westküste besteht überwiegend aus Klippen, nur ganz im Norden gibt es einige Sandstrände, von denen man den phantastischen Sonnenuntergang genießen kann. An der Ostküste findet man mehrere lange Sandstrände, die durch gut ausgeschilderte Fußwege und mit Pickups zu erreichen sind.

Urlaub wie Robinson auf der Insel

Ausflugsziele auf dem Festland

Rayong Die lebhafte, typische Mittelstadt Rayong liegt etwa 140 km südöstlich von Bangkok am Golf von Thailand. Im ältesten Teil der Stadt liegt an der Flussmündung der Fischerhafen, in dem es besonders während der späten Nachmittagsstunden lebhaft zugeht. Rayong ist bekannt für die Fischsauce **»nam pla«**, eine thailändische Spezialität, die statt Salz zur Würzung vieler Speisen verwendet wird. Weitere Produkte sind die Krabbenpaste **»kapi«** und getrocknete Fische, die in alle Landesteile verkauft werden. Außerhalb der Stadt gedeihen auf großen Anbauflächen Zuckerrohr, Maniok und Ananas.

Strände ► Entlang der Küste zwischen Pattaya und Rayong findet man sehr schöne Sandstrände. Bei Rayong gibt es schöne Badehotels, z. B. das ruhig gelegene »Rayong Resort«). Östlich von Rayong sind der Badeort Suan Wang Kaeo und der Strand bei Tha Rua Klaeng zu nennen.

Khao-Chamao-Nationalpark Auch die Einrichtung des Khao-Chamao-Nationalparks nordöstlich von Rayong, dessen Headquarter sich 9 km hinter dem Dorf Klaeng befindet, ist auf das in früheren Zeiten hemmungslose Abholzen der

KO SAMET ERLEBEN

ANREISE

Auto:
von Bangkok Nationalstraßen 34/3/36 (180 km) bis Rayong

Bus:
von Bangkok Eastern Bus Terminal (ca. 4 Std. Fahrzeit). Von Rayong (Minibusse vom Uhrturm) auf der Nationalstraße 3 nach Ban Phe; von dort Fährboote (nach Bedarf; letzte Rückfahrt 17 Uhr).

Fähre:
Die erste Anlegestelle auf der Insel liegt beim Fischerdorf Samet. Bei ruhiger See fahren die Boote um die Westspitze herum zu den Stränden und legen an einigen Behelfsstegen an.

ÜBERNACHTEN

► **Komfortabel**

Ao Prao Resort
Paradise Beach (Ao Phrao)
Tel. 0 38 / 61 68 80
Fax 61 68 85, www.aopraoresort.com
Ca. 60 Zimmer, teils in Bungalowform, Restaurant, Bar, Shopping, Tauchbasis. Eine der wenigen empfehlenswerten Hotelanlagen auf Ko Samet. Sehr gepflegte Anlage, guter Service und eine PADI-Tauchbasis, die auch auf Deutsch ausbildet.

Le Vimarn Cottages
Paradise Beach (Ao Phrao)
Tel. 0 43 / 97 71-2 (in Bangkok)
Fax 9 03 52, www.aopraoresort.com
Ähnlich wie zuvor: Empfehlenswertes Hotel in schön angelegtem Garten oberhalb der Beach mit gut ausgestatteten Bungalows.

► **Günstig**

Candlelight Beach
Ao Thian
Tel. 01 / 2 18 69 34 (mobil)
21 Bungalows (ohne Aircondition)
Für sparsame Reisende zu empfehlen, einfache Ausstattung, aber gemütlich.

tropischen Wälder in Thailand zurückzuführen. Durch die Erklärung des 15 km² großen Gebietes zum Nationalpark konnte man ein letztes Waldstück vor dem Raubbau schützen und hier ein Rückzugsgebiet für einige Tierarten (v. a. Vögel) schaffen. Ungestört sind Fauna und Flora im Nationalpark freilich keineswegs, denn an Wochenenden gilt er als beliebtes Ausflugsziel für Familien aus der Umgebung. Im Park gibt es unweit des Headquarter zwei Wasserfälle, den **Nam Tok Khao Chamao** und den **Nam Tok Chong Laep**, sowie einen gern besuchten Picknickplatz. Nach schweißtreibendem Aufstieg mit einem der ortskundigen Führer, die man am Eingang zum Nationalpark engagieren kann, erreicht man zwei eindrucksvolle Höhlen, die **Tham-Samit-Höhle** und die **Tham-Lakhon-Höhle**.

* Ko Samui

G 2/3

Region: Südthailand
Höhe: 2 – 635 m ü. d. M.
Provinz: Suratthani
Einwohnerzahl: ca. 36 000

Ko Samui gehört – neben etwa 40 weiteren, meist unbewohnten Inseln – zum Ang-Thong-Archipel nördlich von Suratthani. Bis in die 1980er-Jahre hinein galt die Insel als Refugium für Rucksackreisende und wegen der traumhaften, fast menschenleeren Strände als absoluter Geheimtipp. Die Vorzüge der drittgrößten Insel Thailands blieben jedoch auch den Tourismusplanern nicht verborgen, und als Ende der 1980er-Jahre ein privater Flugplatz der Bangkok Airways gebaut wurde, stand einer kontinuierlichen Entwicklung der touristischen Infrastruktur nichts mehr im Wege.

Badeinsel

Da sich Ko Samui trotz der rasanten Entwicklung einen Teil des ursprünglichen Charmes bewahren konnte, zählt die Insel noch immer zu den beliebtesten Badeurlaubszielen Thailands. Auch wenn die Zahl der einfachen, preiswerten Unterkünfte seit langem rückläufig ist, gibt es auch noch Zimmer für 200 Baht oder nur wenig darüber. Wer Wert auf Komfort legt, findet eine große Anzahl von Hotels bis hin zur absoluten Luxuskategorie. Von den zeitweise explosionsartig steigenden Besucherzahlen hat die Insel ausschließlich in wirtschaftlicher Hinsicht profitiert. Leidtragende der Entwicklung war die Natur, denn sehr spät erst wurde eine Rahmenplanung für den Bau von Hotels, Bungalowanlagen und anderen touristischen Einrichtungen erlassen. Als es schließlich dazu kam, war es bereits zu spät, die Sünden der Vorjahre zu reparieren.

Wassersport

Ko Samui bietet alle Arten von Wassersport: Tauchen, Schnorcheln, Windsurfen. Die Insel ist durch eine gut ausgebaute Ringstraße erschlossen, über die man nahezu alle touristischen Einrichtungen er-

Ko Samui *Übersicht*

reicht. Außer Taxis (zumeist Pickups, die hier Songthaos genannt werden) gibt es Motorräder und Autos zu mieten.

Ban Nathon Ban Nathon ist der Hauptort auf der Insel, hier befindet sich auch die Anlegestelle für die Personenfähren von Suratthani beziehungsweise Phuket. Nathon selbst besitzt keine Sehenswürdigkeiten, hier findet man allerdings zahlreiche Restaurants, Reisebüros, Souvenirläden sowie das kleine Inselhospital.

Fischerdörfer Sehenswert auf Ko Samui sind die malerischen Fischerdörfer, die großen Kokosnuss- und Durian-Plantagen und – verborgen im dichten Dschungel zwischen 600 m hohen Bergen – einge besonders malerische Wasserfälle.

Big Buddha Beach Ihren Namen erhielt diese Bucht von einer monumentalen, 12 m hohen Buddhafigur und einem Tempel, die aus neuerer Zeit stammen. Wegen des munteren Treibens ist ein Besuch zu empfehlen. Unweit von hier befindet sich der Flugplatz von Ko Samui.

Lamai Beach

An der 6 km langen **Bucht von Chaweng** werden schon auf den ersten Blick alle »Sünden« offenbar, die auf Ko Samui begangen wurden. Nachdem es hier über etliche Jahre hinweg nur zwei kleine Hotels gab, explodierte der kleine Ort regelrecht. Souvenirläden, Restaurants und andere touristische Einrichtungen siedelten sich hier in kürzester Zeit an. Seither gilt Chaweng Beach als heimliches Zentrum des Ko-Samui-Tourismus. In gleichem Maße, wie sich die touristische Infrastruktur verbesserte, verschlechterten sich der Zustand des langen Sandstrandes und die Wasserqualität. Mit dem Bau von Kläranlagen konnte zumindest letzteres Problem behoben werden. Chaweng Beach gliedert sich geografisch in zwei Teile: Chaweng Yai Beach und Chaweng Noi Beach. Gemeinsam ist beiden die dichte Besiedlung, wobei es an der Chaweng Noi Beach noch etwas ruhiger und beschaulicher zugeht. Letztere ist – ausgenommen in der Monsunzeit – auch ein sehr schönes Schnorchelrevier.

! *Baedeker* TIPP

Niemals »oben ohne«!

Motorradfahren auf Ko Samui kann Spaß machen, es gibt Dutzende von Verleihern. Seit Jahren registriert man jedoch vermehrt schwere Unfälle, in die meist auch Touristen verwickelt sind. Grund dafür ist die oft mangelnde Erfahrung mit dem Linksverkehr, aber auch der technische Zustand der Leihmaschinen. Bei der Fahrzeugübergabe sollten Sie diesen unbedingt prüfen (v. a. die Bremsen und die Lichtanlage). Und: Wer »oben ohne«, also ohne Helm fährt, riskiert auf den vielfach mit Rollsplit belegten Straßen schwere Kopfverletzungen.

Auch die 4 km lange **Lamai Beach** (ca. 22 km von Nathon entfernt) ist touristisch hoch entwickelt, der Strand jedoch nicht so überfüllt wie an der Chaweng Beach. Dem östlichen und nördlichen Teil der Bucht sind Korallenriffe vorgelagert, die bei Ebbe teilweise trockenfallen. Das Preisniveau der Unterkünfte und Restaurants ist hier insgesamt etwas niedriger als an der Chaweng Beach. Eine interessante und viele Deutungen gestattende Felsformation zwischen den Dörfern Ban Hua Thanon und Ban Lamai wird von den Einheimischen »Mama-und-Papa-Felsen« genannt.

Wat Hin Ngu

Beim Dorf Ban Hua Thanon trifft man auf den Wat Hin Ngu, der auf steilen Klippen erbaut ist. Alljährlich Mitte März findet rund um den Tempel ein großer Jahrmarkt, verbunden mit einem Tempelfest statt, zu dem Tausende aus der Umgebung zusammenströmen.

KO SAMUI ERLEBEN

ANREISE

Flug:
von Bangkok mit Bangkok Airways (knapp eine Stunde)

Eisenbahn:
von Bangkok bis Suratthani (Station Phun Phin), weiter mit Taxi bis zum Fähranleger (insgesamt 15 Stunden)

ÜBERNACHTEN

▶ Luxus

Amarin Victoria Resort
12/71 Moo 1, Tumbol Mae Nam
Tel. 0 77 / 42 56 10-5, Fax 42 75 52
www.amarinsamuiresort.com
46 Zimmer, 2 Restaurants, Bar, Swimmingpool. Sehr geschmackvoll im zeitlos-modernen Stil eingerichtete Zimmer mit allem Komfort. Bis zum Nightlife an der Chaweng Beach ist es nur eine knappe Viertelstunde, der Golfplatz liegt ebenfalls in der Nähe, und bis zum Mae-Nam-Strand sind es nur fünf Minuten.

Le Royal Meridien Baan Taling Ngam
295 Moo 3, Taling Ngam Beach
Tel. 0 77 / 42 91 00, Fax 42 32 20
www.kohsamui.lemeridien.de
71 Zimmer, 3 Restaurants, 2 Bars, Swimmingpool, Fitnesscenter, Wassersportzentrum.
Allein im Pool könnte man sich wegen der grandiosen Aussicht auf das Meer

Wellness für Privilegierte: Blick vom Tongsai Bay Hotel

und die Inseln vor Ko Samui stundenlang aufhalten. Die Zimmer sind mit allem erdenklichen Komfort ausgestattet, das Hotel liegt abseits der Touristenzentren.

Imperial Boat House
83 Moo 5, Choeng Mon Beach
Tel. 0 77 / 42 50 41-52, Fax 42 54 60
www.imperialhotels.com/boathouse
210 Zimmer, 2 Restaurants, 3 Bars, Swimmingpool, Fitnesscenter, Wassersportzentrum (Abb. ►S. 338)
Originelles Hotel, weil es außer den Zimmern im Hauptgebäude solche in Bootsform gibt. Die liegen zwar auf dem Trockenen, vermitteln aber trotzdem maritime Atmosphäre.

The Tongsai Bay
84 Moo 5, Bo Phut
Tel. 0 77 / 24 54 80
Fax 42 54 62
www.tongsaibay.co.th
83 Zimmer, Restaurant, 2 Bars, Swimmingpool, eigener Strand.Wer Ruhe und Abgeschiedenheit sucht, ist hier richtig. Zum Hotel gehört ein eigener Strand, der allerdings recht steinig ist. Außer den Zimmern im Hauptgebäude gibt es solche in Cottageform mit herrlichem Blick aufs Meer.

► Komfortabel

The Fair House
124/1-2 Moo 3, T. Bophut
Tel. 0 77 / 42 22 55-6
Fax 42 23 73
www.fairhousesamui.com
130 Zimmer, Restaurant, Coffeeshop, Bar, Swimmingpool, Wassersportzentrum.
Etwas abseits der Touristenzentren gelegenes, seit Jahren empfohlenes Hotel der gehobenen Mittelklasse. Breiter, sauberer Strand, deshalb besonders gut für Familien geeignet.

Health Oasis Resort & Healing Child Center
Tel. 0 77 / 42 01 24, 23 62 55
Fax 42 01 25
www.healthoasis.com
36 Bungalows, vegetarisches Restaurant, Bar, Swimmingpool.
Warum nicht einen Urlaub auf Koh Samui mit einem Gesundheitsprogramm verbinden? Hier gibt es die Gelegenheit, auch für stressgeplagte Kinder (z. B. Heilfasten oder Reiki). Ansprechende Zimmerausstattung, gepflegte Anlage.

► Günstig

Die Zeiten, in denen es auf Koh Samui einfache und einfachste Unterkünfte gab, sind vorbei. Für ein einigermaßen akzeptables Zimmer muss man mittlerweile zwischen 600 und 1500 Baht bezahlen (umgerechnet 15 – 35 Euro). In dieser Kategorie gibt es jedoch an fast allen Stränden ausreichend viele Unterkünfte.

ESSEN

Entlang der Zufahrtsstraßen zu den Stränden gibt es Dutzende von Restaurants mit einem Speisenangebot, das von Thailändisch über Italienisch, Deutsch, Mexikanisch, Indisch bis zur klassischen internationalen Küche reicht. Besondere Empfehlungen verbieten sich an dieser Stelle allein deshalb, weil Restaurants nicht selten über Nacht den Namen, den Besitzer und dann meist auch das Küchenpersonal wechseln.

EINKAUFEN

Ebenfalls entlang der Zufahrtsstraßen zu den Stränden gibt es eine riesige Auswahl von Geschäften, vom Souvenirladen bis zum Maßschneider. Im Mittelpunkt steht hier die Chaweng Beach, wo Sie mit Sicherheit fündig werden.

Urlaub originell: Bungalows im Imperial Boat House Hotel auf Ko Samui

Mae Nam Beach Die Mae Nam Beach erstreckt sich im Norden von Ko Samui, hier findet man noch die preisgünstigsten Unterkünfte auf der Insel. Zahlreiche Bungalowanlagen mit teils sehr einfacher Ausstattung erinnern an Ko Samui in den Gründungszeiten des Tourismus.

Weitere Strände Zwischen der Chaweng Noi und der Lamai Beach liegt die landschaftlich sehr schöne **Thon Ta Khian Beach**, der Strand wird jedoch bei Hochwasser fast vollständig überspült. Im Südwesten von Ko Samui findet man die **Phangka Beach**, allerdings nur auf eigene Faust, da öffentliche Verkehrsmittel hierher nicht verkehren. Etwa 20 km von Nathon entfernt erstreckt sich die Set Beach mit einigen interessanten Felsformationen.

Ko Samui Aquarium Wer die vielfältige Welt unter Wasser nicht selbst erkunden will, bekommt einen guten Eindruck vom maritimen Leben im Ko Samui Aquarium (im Hotel Samui Orchid Resort; Öffnungszeiten: tägl. 9.00 – 18.00 Uhr; Eintrittsgebühr).

Samui Snake Farm Schlangen wird man auf Ko Samui fast nur im Inselinneren begegnen – oder in der Samui Snake Farm (2 km nordwestlich von Ban Thong Tanot). Zweimal täglich gibt es Vorführungen (11.00 und 14.00 Uhr), die sprichwörtliche Gänsehaut ist im Preis inbegriffen.

★ Ko Tao

F 2

Region: Südthailand
Höhe: 2 – 379 m ü. d. M.

Provinz: Ranong
Einwohnerzahl: ca. 600

Zu den Kleinoden im Golf von Thailand zählt die kleine Insel Ko Tao, die erst Anfang der 1980er-Jahre für den Tourismus entdeckt und erschlossen wurde. Die beste Zeit für einen Besuch von Ko Tao liegt zwischen Dezember und April und von August bis September.

»Schildkröten-insel«

Nur etwa 8 km lang und maximal 3 km breit ist Ko Tao und liegt mit 38 km recht weit vor dem Festland. Vor allem während der thailändischen Sommerferien (Ende April bis Mitte Mai) ist die Insel zeit-

KO TAO ERLEBEN

ANREISE

Fähre:
Von Chumphon dauert die Überfahrt mit dem Fährboot ca. 6 Stunden oder mit dem Schnellboot 2 Stunden. Von Thong Sala auf Ko Pha Ngan) verkehrt zweimal täglich ein Expressboot (Dauer ca. 2 Std.), eine weitere Bootsverbindung besteht von Ko Samui.

Flug:
Der nächstgelegene Flughafen befindet sich auf Ko Samui.

Auf Ko Tao gibt es nur wenige motorisierte Fahrzeuge, die Distanzen sind jedoch relativ gering, so dass man sie auch bequem zu Fuß überwinden kann.

ÜBERNACHTEN

► Luxus
The Seaview Villas
Sairee Beach North, Koh Tao
84280 Suratthani, Thailand
Tel. 0 99 / 09 92 55, Fax 0 77 / 48 47 22
www.kotaoseaview.com
3 Villen, Restaurant, Bar, Swimmingpool, eigener Jacuzzipool. Zurzeit wohl die exklusivste Anlage auf Ko Tao mit nur drei Villen, in denen es an nichts mangelt.

► Komfortabel
Villa Lipanaa
Sairee Beach
Tel. 0 99 / 09 92 55
www.lipanaa.com
Diese sehr schöne und empfehlenswerte Anlage liegt zwar nicht direkt am Strand, bietet aber komfortable und großzügige Bungalows zu einem günstigen Preis.

► Günstig
Grand Sea Resort
Nai Wok Bay
Tel. 0 77 / 3 77 77 76
www.phangan.info/grandsea
26 Zimmer, Restaurant, Bar, Swimmingpool, Kräutersauna. So sieht es aus, wenn man den nordthailändischen Lanna-Stil in den Süden transplantiert: Schmucke Teakholzvillen etwas über dem Strand, komfortabel eingerichtet und liebevoll gepflegte Anlage.

? WUSSTEN SIE SCHON ...?

- Ko Tao diente bis vor etwa 50 Jahren als Gefängnisinsel. Spötter behaupten, die thailändischen Behörden hätten die vorwiegend politischen Gefangenen nur deshalb anderswo untergebracht, weil die Insel einfach zu schön sei, um darauf inhaftiert zu werden.

weise völlig überfüllt, da in dieser Zeit auch viele Einheimische hier ihren Urlaub verbringen.

Die etwa 600 Einwohner von Ko Tao verteilen sich in erster Linie auf die Dörfer **Ban Mae Hat**, **Ban Hat Sai** und **Ban Chalok**, die meisten von ihnen leben im erstgenannten Dorf. In Ban Mae Hat, einem von Granitfelsen eingerahmten beschaulichen Ort, gibt es auch einige touristische Einrichtungen wie z. B. Restaurants und eine Bankfiliale, hier befindet sich auch der Fähranleger.

Strände Wo man an den einsamen Stränden auf Ko Tao noch vor wenigen Jahren so gut wie unter sich war und gestressten Großstadtmenschen Gedanken an Robinson in den Sinn kamen, gibt es heute eine Mehrzahl von Bungalowanlagen. Die schönsten Strände liegen im Westen der Insel, sie sind leichter zugänglich als die ohnehin recht schmalen Strände im Osten und Süden.

Tauchparadies Ko Tao gilt übrigens immer noch als Geheimtipp für Taucher und Schnorchler, die Unterwasserwelt ist weitgehend intakt. Ein besonders schönes Ziel sind drei kleine, dem Inselnordwesten vorgelagerte Inseln, die unter dem Namen **Ko Nang Tuan** zusammengefasst sind. Auf Kao Tao gibt es etwa ein Dutzend Tauchschulen, in denen man das notwendige Equipment auch ausleihen und die Ausbildung unter dem PADI-Prinzip absolvieren kann.

Palmenstrand auf Ko Tao

✶✶ Ko Tarutao

H 2

Region: Südthailand
Höhe: 2 – 713 m ü. d. M.
Provinz: Satun
Einwohnerzahl: ca. 500

Ko Tarutao ist die größte von insgesamt 51 Inseln, die bereits 1974 zum gleichnamigen Nationalpark erklärt wurden. In früheren Zeiten galt der Archipel als beliebtes Versteck von Schmugglern und Piraten.

Nationalpark

Die Fläche des unweit der Grenze zwischen Thailand und Malaysia gelegenen Nationalparks beträgt etwa 1400 km², die Inseln sind bis auf wenige Ausnahmen unbewohnt. Zwischen 1939 und 1947 dienten sie als Verbannungsort für missliebige politische Gefangene (bei der Talu Wao Bay an der Ostseite der Insel sieht man noch die Grundmauern des ehemaligen Gefängnisses).
Um den Schutz der einzigartigen Inselwelt zu gewährleisten, gibt es auf Ko Tarutao an der Punta Bay ein **Hauptquartier der Naturschutzbehörde**. Dieses sollte auf jeden Fall die erste Anlaufstelle für Besucher sein, denn wer die Eintrittsgebühr von z. Z. 50 Baht nicht bezahlt, riskiert eine Strafe in 20-facher Höhe. Die Mitarbeiter vermitteln auch Bootsfahrten zum Beispiel zur Krokodil-Höhle mit beeindruckenden Stalaktiten und Stalagmiten. Gelegentlich finden hier im Besucherzentrum auch Diaabende statt, bei denen man einen Eindruck von der Naturvielfalt der Inselgruppe gewinnt.

Wanderwege

Offiziell gibt es einige Wanderwege durch das Innere der Hauptinsel Ko Tarutao, doch wurden die meisten von ihnen im Laufe der Zeit vom Dschungel überwuchert. Das Passieren dieser Wege ist selbst für geübte Trekker kaum möglich. Bei einer Wanderung durch den dich-

KO TARUTAO ERLEBEN

ANREISE

Fähre:
Von Pak Bara Harbour aus (ca. 65 km nördlich von Satun) verkehren während der Besuchersaison von November bis April zweimal täglich Fährboote zur Hauptinsel Ko Tarutao. Während der übrigen Monate ist der Fährverkehr wegen des Monsun fast völlig eingestellt, dann sind auch sämtliche Unterkünfte geschlossen.

ÜBERNACHTEN

Auf Ko Tarutao hat der Besucher die Wahl zwischen Bungalows, kleinen Hütten und Bambuslanghäusern. Auf der Nachbarinsel Ko Adang stehen nur Bambuslanghäuser zur Verfügung.
Camping ist an einigen Stellen erlaubt, weitergehende Auskünfte erteilt die Nationalparkverwaltung in Bangkok, Tel. 02 / 5 79 48 42 oder 5 79 52 69.

ten Dschungel kann man Languren, Loris, Phytons, Waranen, Krabben fressenden Makaken und über 100 Brutvogelarten begegnen. Erstaunlich artenreich ist auch die Flora, Botaniker registrierten auf der Insel nicht weniger als 869 verschiedene Blütenpflanzen. An den Stränden legen Seeschildkröten in der Zeit vom Mai bis September ihre Eier ab.

** **Strand** Ein herrlicher tropischer Sandstrand unweit der größten Bungalowanlage auf Ko Tarutao lädt hingegen zum Baden und Schnorcheln ein, weitere Strände entdeckt man einfach bei einer Wanderung auf dem schmalen Weg, der einen Teil der Insel erschließt.

* **Ko Ladang** In eine reiche Naturszenerie – mit dichter tropischer Vegetation bewachsene Felseninseln, hochragende Kalkberge, klares Meer mit Korallenbänken – führt ein Ausflug zu der Inselgruppe Ko Ladang.

Ausflugsziele auf dem Festland

* **Satun** Satun ist die südlichste Stadt Thailands an der Andamanensee, von Bangkok etwa 800 km Luftlinie entfernt. Sie liegt am Fuß des steil abfallenden Tenasserim-Gebirges an der Mündung des Menam Satun in einer exotischen, fast menschenleeren Landschaft mit tiefgrünem Regenwald und schroff aufragenden Bergketten. Die Küste verfügt über Traumstrände mit kristallklarem Wasser, vorgelagert sind zahlreiche Inseln mit Korallenbänken. Die grenznahe, weltabgeschiedene Stadt besitzt einen altertümlichen Charme. Die Bewohner leben vom Fischfang und vom Handel mit Malaysia, zwei Fischerhäfen bringen etwas Leben in die sonst ruhige Stadt.

Dusan-Stausee 22 km nördlich der Stadt, nahe der Straße 406, trifft man auf den idyllisch gelegenen Dusan-Stausee, ein hoch aufragender Felsen und ein Park ringsum bilden die eindrucksvolle Kulisse.

* Krabi

G 2

Region: Südthailand
Provinz: Krabi
Höhe: 12 m ü. d. M.
Einwohnerzahl: 24 000

Die Hafenstadt Krabi liegt der Insel Phuket gegenüber auf einer Landzunge an der Mündung des gleichnamigen Flusses in die Andamanensee. Beeindruckend ist die Kulisse der bizarr geformten Kalkberge, die aus der üppigen Vegetation ragen. Dominierend sind im Landesinnern die schier unendlichen Gummibaumplantagen, die nur noch selten von dschungelartigem Wald unterbrochen werden. Die Küste ist von weißen, palmenbestandenen Stränden gesäumt.

Seit die ersten Globetrotter Krabi Mitte der 1980er-Jahre entdeckten, genoss der Ort über viele Jahre hinweg den Ruf eines vom Tourismus nahezu unberührten Paradieses. **Badeort**

Dies änderte sich 1999 mit der Eröffnung eines Flughafens, der auch von Thai International Airways regelmäßig bedient wird. Schon zuvor entstanden allerdings etliche sehr komfortable Hotelanlagen, deren Gäste die herrlichen weißen Sandstrände zu schätzen wissen. Die einst sprichwörtliche Einsamkeit muss man heute mit vielen anderen Touristen teilen. Vor allem von November bis April sind die Strände **Ao Nang** und **Rai Leh** stark besucht.

KRABI ERLEBEN

ANREISE

Auto:
Nationalstraße 4 (von Suratthani 210 km, von Nakhon Si Thammarat 230 km, von Bangkok 870 km)

Bus:
von Bangkok Southern Bus Terminal (13 Std.)

Flug:
von Bangkok 814 km (tägl., Flugzeit etwa 40 Minuten)

ÜBERNACHTEN

▶ Luxus

Central Krabi Bay Resort
334 Moo 2, Ao Nang, Muang
Tel. 0 75 / 63 77 89
Fax 63 78 00, 75 63 82 32
www.centralhotelsresorts.com
191 Zimmer, 3 Restaurants, 2 Bars, Swimmingpool, Spa, verschiedene Wassersportmöglichkeiten.
Vor einer bizarren Kalkstein-Felsformation wurde dieses 2006 eröffnete Hotel erbaut, dabei wurden vornehmlich einheimische Baumaterialien verwendet. Die »kleinsten« Zimmer sind 77 m² groß, besitzen jeweils eine Terrasse mit Blick aufs Meer und sind mit allen Annehmlichkeiten ausgestattet.

Rayavadee
214 Moo 2. T. Ao Nang
Tel. 0 75 / 62 07 40
Fax 62 06 30
www.rayavadee.com, 103 Zimmer, Restaurant, Coffeeshop, Bar, Spa.
Inmitten eines grossflächigen Palmenhains wurde diese dezente Anlage errichtet, die an einem der schönsten Strände Thailands mit beeindruckenden Kalksteinformationen liegt. Die Zimmer besitzen jeglichen Komfort, das Spa bietet viele Möglichkeiten der Regeneration.

Sheraton Krabi Beach Resort
155 Moo 2, Nong Thale
Tel. 0 75 / 62 80 00, Fax 62 80 28
www.sheraton.com
246 Zimmer, 3 Restaurant, 2 Bars, Swimmingpool, Fitnesscenter, Shoppingarkade u. v. m.
Neues Hotel inmitten einer 16 Hektar großen Gartenanlage und direkt am Meer. Sehr schöne Zimmer mit allem Komfort.

▶ Komfortabel

Pakasai Resort
88 Moo 3, T. Ao Nang
Tel. 0 75 / 63 77 77, Fax 0 75 / 63 76 37
www.pakasai.com, 77 Zimmer, Restaurant, Coffeeshop, Bar, Spa. Wer die fünf (Fuß-)Minuten bis zur Ao Nang

Beach nicht scheut, findet hier eine komfortable und doch nicht zu teure Unterkunft.

► **Günstig**
Maritime Park & Spa Resort
1 Tung Fah Road
Tel. 0 75 / 62 00 28, Fax 61 29 92
www.krabi-hotels.com/maritime
221 Zimmer, Restaurant, Coffeeshop, 2 Bars, Swimmingpool, Fitnesscenter. Eine Alternative zu den zuvor genannten Hotels der Luxuskategorie mit fairen Zimmerpreisen und einem empfehlenswerten Restaurant. Bis zum Zentrum von Krabi ist es nicht weit.

Sehenswertes in Krabi und Umgebung

★ Phra Nang Beach

Die Phra Nang Beach, westlich von Krabi gelegen, zählte einst zu den wirklichen Geheimtipps unter Globetrottern. Doch nachdem die ersten einfachen Bungalowanlagen durch feste Bauten mit besserem Komfort ersetzt wurden, war es nur noch eine Frage der Zeit, bis auch die großen Hotelbetreiber auf die herrliche Bucht aufmerksam wurden. Längst Vergangenheit ist auch das kleine Fischerdorf, dessen Bewohner heute im Tourismus ihr Geld verdienen, z. B. im Luxushotel Dusit Rayavadee. Der Strand davor ist allerdings weiterhin frei zugänglich, es gibt sogar ausreichende Sanitäranlagen.

! *Baedeker* TIPP

Do it yourself!

Die thailändische Küche zählt zu den wohlschmeckendsten, aber auch zu den bekömmlichsten der Welt. Viele Hotels haben Thai-Kochkurse im Angebot, in Krabi gibt es aber auch eine richtige Kochschule, die von Chonlaya Laotong geleitet wird: Thai Cookery School, 269 Moo 2, Ao Nang, Muang, Krabi, Tel. 0 75 / 69 51 33, www.thaicookeryschool.net.

Höhle Phra Nang

Am südwestlichen Ende der Phra Nang Beach ist die Höhle von Phra Nang auf jeden Fall einen Bootsausflug wert. Sie liegt direkt am Meer und besitzt über viele Jahrhunderte hinweg gewachsene imposante Stalaktiten

Ban Thong Agricultural Station

Etwa 22 km nordwestlich von Krabi führt die Nationalstraße 4 an der Ban Thong Agricultural Station vorbei, in der neue Arten von Kautschukbäumen, Tee- und Kaffeesträuchern gezüchtet werden (Besichtigung möglich). Was aus den jungen Pflanzen wird, kann man auf der Weiterfahrt nach Krabi durch die erwähnten Gummibaumplantagen sehen. Vor den zumeist aus Holz gebauten Häusern sind weiße Latex-Matten zum Trocknen aufgehängt, das Zwischenprodukt aus dem Kautschuksaft, der in kleinen, an den Bäumen hängenden Behältern aufgefangen wird. Thailändischer Rohgummi wird in viele Länder der Erde exportiert und ist ein wichtiger Faktor in der Handelsbilanz.

Am Ende der Phra Nang Beach kann man eine Höhle besuchen. →

★ Strand Hat Noparat Thara

Die Straße 4033/4034/4202 zweigt 4 km südöstlich der Ban Thong Station rechts ab. Durch kleine Dörfer und eine vielgestaltige Landschaft gelangt man nach Süden zu dem herrlichen Strand Hat Noparat Thara, der aus weißem, feinem Sand bzw. aus winzigen Muscheln besteht. Gegenüber ragen einige kleine Inseln aus dem Meer, die man bei niedrigem Wasserstand zu Fuß erreichen kann.

★★ Muschelfriedhof von Susan Hoi

8 km weiter östlich (Straßen 4203/4204) liegt eine der größten Sehenswürdigkeiten dieser Region, der um die 75 Millionen Jahre alte Muschelfriedhof von Susan Hoi (eine Ablagerung von Süßwasserschnecken). Allerdings sind diese versteinerten Kalkschalenbänke nur bei Ebbe zu sehen. Weltweit gibt es nur drei solcher Fundorte.

Nationalpark Khao Phanom Bencha

Etwa 22 km nördlich von Krabi erhebt sich der dicht bewachsene Berg Khao Phanom Bencha mit einer Höhe von 1350 m. Zur Anfahrt benutze man am besten ein Taxi von Krabi aus. Der Berg ist das weithin sichtbare Wahrzeichen des gleichnamigen, 1981 zum Nationalpark erklärten Gebiets. Es besticht vor allem durch seine Artenvielfalt von Flora und Fauna (Wissenschaftler zählten hier allein 32 Säugetier- und 162 Vogelarten!) und lässt sich über einen der beiden ausgeschilderten Nature Trails gut erkunden. Ziel des zweiten Wanderweges ist der markante **Nam Tok Huay To**, ein Wasserfall, in dessen Becken man baden kann. Einen Wanderplan gibt es im Besucherzentrum unweit des Wasserfalls.

★★ Lampang

B 2

Region: Nordthailand
Höhe: 242 m ü. d. M.
Provinz: Lampang
Einwohnerzahl: 52 000

Die Provinzhauptstadt Lampang liegt in der weiten Ebene des Menam Wang und ist umgeben von der für Nordthailand typischen Gebirgs- und Waldlandschaft. Noch besitzt Lampang den Charakter einer größeren Kleinstadt, doch durch die wirtschaftliche Entwicklung der letzten Jahre wächst seine Bedeutung. Dominierend ist die Landwirtschaft, die fruchtbare Ebene wird für große Reis-, Mais- und Baumwollfelder genutzt.

Geschichte

Die Mon gründeten etwa im 7. Jh. das Fürstentum Lampang, das zunächst zum **Königreich Haripunchai** gehörte, später dann im 11. Jh. dem Khmer-Reich einverleibt wurde. König Mengrai schließlich brachte Lampang zum Lan-Na-Königreich, bevor im 16. Jh. die Birmanen, die schon Chiang Mai und Lamphun erobert hatten, auch von Lampang Besitz ergriffen. Sie hinterließen deutliche, heute noch sichtbare Spuren.

Sehenswertes in Lampang

Birmanische Einflüsse

Von der alten Stadt Lampang ist außer einem achteckigen Turm, der zu den Befestigungsanlagen gehört, kaum noch etwas zu ahnen. Die heutigen Sehenswürdigkeiten stammen vorwiegend aus der Zeit nach der Eroberung durch die Birmanen, vieles zeigt ihre künstlerische Handschrift. Um z. B. vom berühmten **Ho Kham** (= vergoldete Halle), der einstigen Gouverneursresidenz. einen Eindruck zu bekommen, muss man sich nach Ancient City bei ►Samut Prakan bemühen, wo eine originalgetreue Kopie steht. Einzelne Funde in den vergangenen Jahren lassen vermuten, dass die Erde noch manches Geheimnis birgt. Besonders interessant war der Fund mehrerer Steinreliefs im Dvaravati-Stil, der erste Aufschlüsse über die künstlerische Qualität der Bauten gab.

★★ Wat Phra Kaeo Don Tao

Der 1680 erbaute Wat Phra Kaeo Don Tao, einer der am meisten verehrten Tempel in Thailand, liegt sehr malerisch am Menam Wang. Besonders sehenswert ist die kleine (um 1800 entstandene) Kapelle. Sie ist eines der schönsten Beispiele klassischer Birma-Architektur: Reiche, kunstvolle Holzschnitzereien fassen die bogigen Öffnungen ein, feines Rankwerk ziert die Säulen und phantasievoller, bunter Reliefschmuck die prachtvolle Kassettendecke im Innern mit Einlegearbeiten aus Perlmutt, Emaille und kleinen Glasstückchen. Farben und Formen der Ornamente bilden mit den Proportionen der Architektur eine Einheit. Weiter sehenswert ist die kupferne Buddha-Figur. Das daneben stehende Treppengebäude aus späterer Zeit (Bangkok-

Wat Phra Kaeo Don Tao *Lampang*

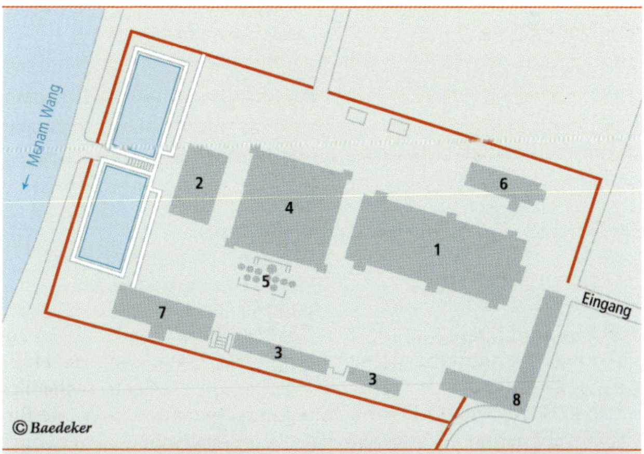

1 Viharn
2 Bot (Ubosot)
3 Buddha-Galerien
4 Großer Chedi
5 Stupas und Chedis
6 Mönchswohnungen
7 Buddhas Fußabdruck
8 Verwaltungsgebäude

Chedis im Wat Phra Kaeo Don Tao

Zeit) zeichnet sich durch schöne, mit blauen Keramikziegeln ausgelegte Holzschnitzereien aus. In der von den Hauptgebäuden etwas abgelegenen Kapelle befindet sich eine Buddha-Figur im Chiang-Mai-Stil, ein kleines Museum in der Nähe des Eingangs birgt kunstvolle Schnitzereien.

Im Garten steht ein tönerner Elefant, der an die Ereignisse um den berühmten Jade- (auch Smaragd-) Buddha erinnern soll. Nach seinem Fund 1434 in Chiang Rai soll Sam Fang Kaen, der zu dieser Zeit regierende König von Chiang Mai, befohlen haben, den Jade-Buddha in einer Prozession in seine Residenz zu bringen. Allein der für den Transport ausgewählte Elefant verweigerte den Dienst und schlug schnurstracks den Weg nach Lampang ein. 32 Jahre soll die Figur bis 1468 in diesem Wat gestanden haben, bevor sie dann doch eine vorübergehende Heimat in ► Chiang Mai fand. Über weitere Umwege gelangte sie danach schließlich nach ► Bangkok, wo sie seither im Wat Phra Kaeo steht und als bedeutendstes Heiligtum Thailands verehrt wird.

LAMPANG ERLEBEN

ANREISE

Auto:
Nationalstraße 1, von Tak (158 km), von Chiang Mai bzw. Lamphun (76 km); von Chiang Mai auf Nationalstraße 11 durch eine faszinierende Landschaft

Bahn:
Station an der Strecke Bangkok – Chiang Mai (von Bangkok 642 km, Fahrtdauer ca. 13 Std.)

Bus:
vom Northern Bus Terminal in Bangkok fünfmal täglich

Flug:
zweimal wöchentlich von Bangkok und Phitsanulok

ÜBERNACHTEN

► Günstig

Lampang Wiengthong Hotel
138/109 Phaholyothin Road
Tel. 0 54 / 22 58 01
Fax 22 58 03
surapa@success.net.th
227 Zimmer, Coffeeshop, Bar, Swimmingpool.
Gutes Mittelklassehotel, günstig mitten im Zentrum von Lampang gelegen.

Schönes Schnitzwerk an Giebeln und Säulen trägt der sehenswerte Wat Si Rong Muang (Takrao Noi Raod), der im birmanischen Stil erbaut ist.

Wat Si Rong Muang

Ein weiteres gut erhaltenes Beispiel birmanischen Stils liegt inmitten großer Reisfelder im Norden der Stadt, der Wat Chedi Sao. Einzigartig sind die schön gegliederten, mit Reliefschmuck verzierten und einem kleinen goldenen Schirm bekrönten 20 weißen Chedis.

*** Wat Chedi Sao**

Umgebung von Lampang

Der etwa 18 km südwestlich von Lampang bei dem Ort Ko Kha gelegene Wat Phra That Lampang Luang ist einer der schönsten Tempel Thailands. Feinster ornamentaler Schmuck stammt vermutlich aus der Zeit der Prinzessin **Chama Thevi** (650 – 700 n. Chr.), der die Gründung dieser Tempelanlage zugeschrieben wird. Möglicherweise diente der Wat während seiner langen Geschichte als Fluchtburg für die Bevölkerung, wenn brandschatzende und plündernde Eindringlinge v. a. aus Birma für Unruhe sorgten.

**** Wat Phra That Lampang Luang**

Als Beweis können die dicken Umfassungsmauern dienen, die der Anlage einen festungsartigen Charakter geben. Im Norden und im Osten führt je eine lange Treppe zum Eingangsportal, deren Balustraden von den sich schlängelnden Leibern einer mehrköpfigen Naga gebildet werden (ein unverwechselbares Merkmal birmanischer Architektur).

Etwa im Zentrum des Tempelbezirks aus dem 16. Jh. erhebt sich auf einem von alten Bäumen umgebenen Hügel ein hoher, durch Simse gegliederter Chedi mit einer sehr langen, vergoldeten Spitze, das Mittelteil ist mit vergoldeten Kupferplatten bedeckt. Er ist von einer bronzenen Balustrade umgeben, an allen vier Ecken stehen Ehrenschirme in Kupferfiligran.

? WUSSTEN SIE SCHON ...?

- An ein Loch in der Balustrade knüpft sich eine Legende: Es soll von einer Kanonenkugel stammen, die den birmanischen General tötete, der mit seinen Soldaten in den Wat eindrang und ihn besetzt hielt. Die Thai sollen die hohe Umfassungsmauer überwunden haben, indem sie durch ein Abwasserrohr krochen; sie überraschten die Feinde im Schlaf und brachten sie um.

Besonders prachtvoll sind die reichen Dekorationen des Viharn: feinste Holzschnitzereien mit Blüten, Blättern und feinem Rankwerk kann man bewundern; an der Innenseite des Portals findet sich ein »Rad des Gesetzes« und an Säulen, Fassaden und Portalen prangt phantasievoller Skulpturenschmuck. Der Viharn birgt zwei Buddha-Figuren im Chiang-Saen-Stil, in der offenen Sala, die ein dreifach gestaffeltes, mit glasierten Ziegeln gedecktes Dach trägt, steht ein reich mit Reliefskulpturen (birmanischer Stil) geschmückter Altar, umgeben von holzgeschnitzten Emblemen (Thongs), die an Stangen hängen. Die Keramikfliesen gehören nicht zur ursprünglichen Ausstattung.

◄ Viharn

Teakholztempel ►

Fast unscheinbar steht in einer Ecke der Anlage ein Teakholztempel, der jedoch das bedeutendste Heiligtum des Wat Phra That Lampang Luang ist. Der kleine Buddha hinter einem starken Gitter soll aus demselben Nephritblock geschnitten sein wie der berühmte Jade-Buddha aus dem Wat Phra Kaeo in Bangkok. Vielleicht ist er aber auch nur eine Nachbildung der Originalfigur, die bereits seit 1778 in Bangkok beheimatet ist, jedoch vorübergehend aber auch im Wat Phra Kaeo Don Tao aufgestellt war.

Tempelmuseum

Öffnungszeiten:
Mi. – So.
9.00 – 12.00,
13.00 – 17.00

In der Nähe befindet sich ein kleines Tempelmuseum mit mehreren Kostbarkeiten, darunter Bücherschränke aus rotlackiertem Holz, mit Edelsteinen besetzte Buddhafiguren, ein Buddha-Kopf im Chiang-Saen-Stil, Holzschnitzereien mit Tiermotiven und mehrere Thongs. Schön sind auch die Buddha-Figuren im Wandelgang entlang der inneren Mauer.

Wat Mon Cham Sin

Wegen der drei schönen Chedis im birmanischen Stil, noch mehr aber wegen des eindrucksvollen Rundblicks über die abwechslungs-

Liegende Buddhas im Wat Phra That Lampang Luang

reiche Landschaft lohnt ein Besuch des Wat Mon Cham Sin, der auf einer kleinen Anhöhe nahe der Nationalstraße 1 in Richtung Chiang Mai zu finden ist.

Wat Phra That

Der Wat Phra That, 16 km nordöstlich der Stadt, stammt aus den frühen Tagen des Lan-Na-Königreichs (14. Jh.) und ist im Chiang-Mai-Stil erbaut. Der große Viharn (17./18. Jh.) wirkt mit seinen drei Staffeldächern so, als hätte man drei Häuser ineinander geschoben.

✶✶ Landschaft

Von Lampang aus erstreckt sich in nördlicher Richtung ein dichtes, gebirgiges und fast unberührtes Waldgebiet, das von schluchtartigen Tälern durchbrochen ist und von schroffen Felsen überragt wird. Der Gipfel des Doi Khun Tan erreicht eine Höhe von 1348 m, er ist von der Straße 11 nach Chiang Mai und von der Eisenbahn aus gut zu sehen. Die Nationalstraße 1 in Richtung Chiang Rai wird bei km 50 sehr schmal, zu beiden Seiten ragen höchst eindrucksvoll steile Felsen auf. Diese Stelle wird **Pratu Pa** (»Tor zum Wald«) genannt, dem dort wohnenden Schutzgeist ist ein kleiner Tempel gewidmet (ein weiteres »Pratu« befindet sich einige Kilometer außerhalb von Lampang an der Straße nach Chiang Mai).

✶ Thai Elephant Conservation Center

In dem 28 km hinter Lampang (Wegweiser beachten!) gelegenen Thai Elephant Conservation Center wird dem Umstand Rechnung getragen, dass Elefanten zu den bedrohten Tierarten in Südostasien zählen. Ferner hat das zum Schutze der (wenigen) noch verbliebenen Tropenwälder verhängte Holzfällverbot viele hundert Elefanten »arbeitslos« gemacht. Was die Elefanten seither lernen, ist zur Unterhaltung der Touristen gedacht – das Ergebnis kann man hier gut beobachten. Vorführungen finden täglich um 9.30, 11.00 und 14.00 Uhr statt, die erste beginnt morgens mit einem gemeinsamen Bad von Elefanten und Treibern im nahen Fluss. Nach jeder Vorführung kann man auf den Dickhäutern reiten. Auf dem Gelände gibt es übrigens ein Hospital für kranke oder verletzte Elefanten, das weltweite Aufmerksamkeit erregte, als die Elefantenkuh »Motola« 1999 auf eine Mine trat und schwer verletzt wurde (► Baedeker Special S. 36). Trotz intensiver Bemühungen gelang es den Ärzten nicht, den Vorderfuß zu retten, stattdessen wurde eine maßgeschneiderte Prothese gefertigt.

> ! *Baedeker* TIPP
>
> **Patenschaft**
>
> Wenn Sie eine Patenschaft für einen Elefanten übernehmen möchten, hier ist das möglich. Auskunft gibt es bei: Friends of the Asian Elephants, 36/15 Moo 2 Ram-Indra Road, 10220 Bangkok (www.elephant.tnet.co.th)

✶ Grotte Tham Pu Thai

Nach weiteren 10 km auf der Nationalstraße 1 erreicht man die Grotte Tham Pua Thai, eine der größten und interessantesten Tropfsteinhöhlen Thailands.

★★ Lamphun

B 2

Region: Nordthailand
Höhe: 295 m ü. d. M.
Provinz: Lamphun
Einwohnerzahl: ca. 43 000

Lamphun liegt 24 km südlich von Chiang Mai am rechten Ufer des Menam Kuang, eines Nebenflusses des Menam Ping. Durch den Bau einer am Ort vorbeiführenden Straße wurde die Stadt etwas ins Abseits gestellt, wodurch sie ihre für Nordthailand typische Atmosphäre bewahren konnte.

Friedliche Stadt am Fluss

Dieser Eindruck lässt sich besonders eindrucksvoll erfahren, wenn man statt der Nationalstraße 11 die alte Straße 106 benutzt, die über mehrere Kilometer von mächtigen alten Bäumen alleenartig gesäumt ist. An dieser Straße reihen sich wie Perlen an einer Kette einige ältere und neuere Tempel, sie sind wegen ihrer kunstvollen Architektur beachtenswert. Die Menschen in Lamphun leben von der Landwirtschaft und von den Erträgen der weitläufigen Obstgärten und Plantagen sowie von den handgewebten Seidenstoffen, die die Stadt berühmt gemacht haben; bekannt sind auch die traditionellen Silberarbeiten. Ein Zentrum der Baumwollweberei ist der Ort **Pa Sang** (etwa 10 km von Lamphun).

Geschichte

Lamphun war einst die Hauptstadt des **Königreichs Haripunchai** und bewahrte seine Bedeutung auch in dem Ende des 13. Jh. von König Mengrai gegründeten Lan-Na-Königreich, dem das Mon-Reich angegliedert wurde. Den ehrwürdigen Charakter der Stadt hat auch die heutige Zeit kaum verändert. Der Überlieferung zufolge soll zunächst für eine Buddha-Reliquie der Wat Phra That Haripunchai gebaut worden sein, doch schon bald darauf entstand eine mit Befestigungen gesicherte Stadt.

Etwa 600 Jahre bestand das Königreich Haripunchai, erst durch die Eroberung durch **König Mengrai** (1281) fand es sein Ende. Damals brannte die ganze Stadt nieder. Die erste Hauptstadt des neuen Lan-Na-Reichs entstand bei Kum Kam (das heutige Saraphi), sie lag zwischen Lamphun und Chiang Mai. In Saraphi machte man um 1980 einige Funde, einige wichtige Stücke sind im Nationalmuseum in ► Chiang Mai zu sehen. Mengrai gab die neue Hauptstadt jedoch schon bald wieder auf, da sie mehrmals im Jahr von verheerenden Hochwassern des Menam Ping heimgesucht wurde. Die Legende berichtet, dass aus diesem Grund die Könige Mengrai, Ramkhamhaeng und Nareng Muang, die Herrscher

? WUSSTEN SIE SCHON ...?

- Die Bevölkerung von Lamphun gilt als Bewahrer des nordthailändischen Dialekts, einer fast eigenständigen Sprache mit vielen Elementen der Mon-Sprache. Dieser Dialekt war unter König Rama V. zeitweise verboten, wird heute jedoch schon wieder an einigen Schulen gelehrt.

der drei benachbarten Königreiche, auf einen Berg stiegen und von dort aus die Lage der neuen, gemeinsamen Hauptstadt auswählten. 1556 eroberten die Birmanen außer Chiang Mai auch Lamphun, erst unter **König Taksin** wurden 1775 beide Orte von der Fremdherrschaft befreit und 1873 unter König Rama V. wie das ganze einstige Königreich Lanna in das Königreich Siam eingegliedert. Aus Haripunchai wurde Lamphun, das heute Hauptstadt einer Provinz ist, die an die 400 000 Einwohner zählt.

★★ Wat Phra That Haripunchai

Geschichte

Der im ganzen Land hoch verehrte Tempel Wat Phra That Haripunchai steht auf dem Gelände des ehemaligen Königspalasts, der jenseits der noch teilweise sichtbaren Stadtmauer lag. Die Geschichte des Wat reicht bis in das Jahr 867 zurück, als der Mon-König Atityaraj für eine Buddha-Reliquie einen Mondhop errichten ließ.

Tempelanlage

Den zum Fluss hin ausgerichteten Tempel betritt man am besten von dieser Seite. Man stößt zunächst auf zwei kolossale Löwenfiguren, Kennzeichen für den birmanischen Einfluss in der Tempelarchitektur. Vor der eigentlichen Tempelanlage steht ein kleinerer, schmuckloser Viharn mit der 15 m langen Figur eines ruhenden Buddha.

Wat Haripunchai *Lamphun*

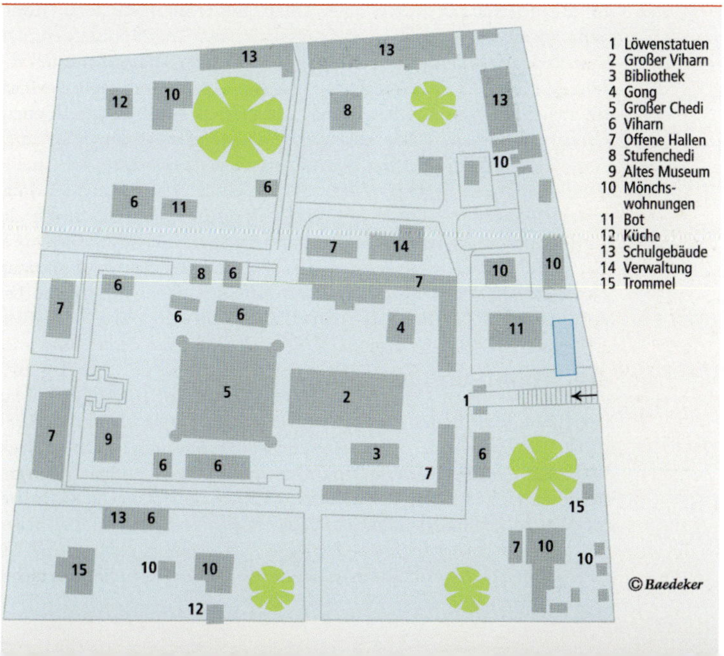

Chedi ► Aus diesem Bau wurde später ein Chedi, der im Laufe der Jahrhunderte mehrfach erhöht und verändert wurde. Seit dem 16. Jh. besitzt er eine Höhe von 51 m. Die reich gegliederte Basis und das Oberteil sind mit ornamentierten, vergoldeten Kupferplatten belegt, die Spitze wird von einem neunstufigen Schirm gekrönt. Der Chedi wird einmal im Jahr während einer feierlichen Prozession mit geweihtem Wasser abgewaschen. Östlich des Chedi steht ein Glockenturm im birmanischen Stil, der einen der größten Gongs der Welt birgt.

Viharn ► Die heutigen Tempelgebäude entstanden fast ausnahmslos im 20. Jh., wie der 1925 erbaute Viharn. Fassaden, Türen und Fenster sind reich mit Schnitzereien versehen. In seinem Innern beachte man vor allem die Statue eines Buddha im Chiang-Saen-Stil, die reich verzierte Verkündigungskanzel sowie die kunstvoll gefertigte Holzdecke. Die Wandgemälde im Innern und im Eingangsbereich wurden in jüngerer Zeit restauriert. Weiter verdient der anmutige Bibliothekspavillon aus Holz auf der linken Seite des Viharn Beachtung, der an der Stelle eines älteren Gebäudes im 19. Jh. errichtet wurde. Auf einem massiven Sockel steht ein mit Schnitzereien und Einlegearbeiten verziertes Obergeschoss mit einem gestuften Dach. Die alten Bücherschränke im Innern enthalten wertvolle Palmblattmanuskripte (Lontare).
Geht man nun am großen Viharn rechts vorbei, stößt man auf einen Ziegel-Chedi aus dem 8. Jh., der einst 60 Buddha-Figuren besaß, nur wenige davon sind erhalten. Auf der vorderen Seite des quadratischen Sockels stehen drei Buddha-Figuren im Chiang-Saen-Stil.

Tempelmuseum

Öffnungszeiten:
Mi. –So.
9.00 – 12.00,
13.00 – 16.00

Im hinteren Teil der weitläufigen Anlage findet man ein kleines Tempelmuseum mit zum Teil bemerkenswerten Buddha-Statuen aus verschiedenen Stilepochen, vor allem im Chiang-Mai-Stil mit deutlichen Merkmalen des Dvaravati-Stils. Außerdem sind mehrere alte, mit Reliefdarstellungen versehene Steinplatten sowie einige Bücherschränke, Votivtafeln, Manuskripte und Gefäße aus Silber und Gold ausgestellt. Letztere werden beim feierlichen Abwaschen des Chedis benutzt. Mehrere weitere Viharn sowie einige Klostergebäude (darunter ein offener Pavillon mit einem vierfachen symbolischen Fußabdruck Buddhas) vervollständigen die Anlage.
Im Vorübergehen sollte man den Fensterläden eines ansonsten schmucklosen Bauwerks Aufmerksamkeit schenken, die in den für Nordthailand typischen Lackarbeiten ausgeführt sind.

Umgebung von Lamphun

✶ Wat Kukut

Der zweite bedeutende Tempel von Lamphun ist der etwa einen Kilometer außerhalb der Stadt gelegene Wat Kukut, der, benannt nach der ersten Königin von Haripunchai, auch Wat Chama Thevi genannt wird. Der Sohn der Chama Thevi, König Mahandayok, ließ den Wat zu Beginn des 8. Jh. erbauen.

Chedi mit Ehrenschirm im Wat Phra That Haripunchai →

LAMPHUN ERLEBEN

ANREISE

Auto:
von Chiang Mai Nationalstraße 11 oder (schöner!) Straße 106 (etwa 26 km in südlicher Richtung).
Taxi von Chiang Mai.

Bus:
Mehrmals täglich gibt es Busverbindungen von Chiang Mai.

Bahn:
Station an der Strecke Bangkok – Chiang Mai (von Bangkok 729 km)

ÜBERNACHTEN

In Lamphun gibt es nur eine kleine Anzahl Gästehäuser mit recht bescheidenen Komfort. Chiang Mai mit seiner Vielzahl von Unterkünften ist aber nicht weit entfernt.

Dieser Tempel ist allein schon wegen seiner beiden Chedis, die als großartige Beispiele der Mon-Architektur gelten, einen Besuch wert. Der größere, 21 m hohe, ist der bedeutendere; allerdings fehlt seit einem Blitzeinschlag die Spitze. Auf seinem mächtigen terrassierten Sockel mit quadratischem Grundriss erheben sich fünf in Stufen angeordnete Stockwerke, die Übergänge zwischen den einzelnen Stockwerken sind durch kleine Chedis betont. In jede Seite sind drei reich verzierte Nischen eingelassen, die jeweils mit einer Buddha-Figur aus Stuck besetzt sind. Die insgesamt 60 Statuen zeigen Buddha u. a. in der Geste des Furchtvertreibens und lassen deutlichen Khmer-Einfluss erkennen. Während sich die Körper im Originalzustand befinden, wurden die Köpfe bei fast allen Figuren erneuert beziehungsweise restauriert. In diesem Chedi ist die Asche der Königin Chama Thevi beigesetzt.
Der kleinere Chedi ist im Stil der Mon gehalten, er hat ebenfalls die Form einer Stufenpyramide und mit Buddha-Statuen besetzte Nischen. Ihm sind große Dämonenfiguren beigegeben.

★ **Wat Phra Yun**

Ein weiterer interessanter Tempel ist der Wat Phra Yun 2 km nördlich der Stadt am jenseitigen Ufer des Menam Kuang. Er wurde 1369 von König Kuna für den Mönch Sumana erbaut. König Kuna rief den gelehrten Mönch Sumana aus Sukhothai in sein Reich, damit er die Lehre des Theravada-Buddhismus verbreite. Sie setzte sich allmählich gegen den Mahayana-Buddhismus durch, dem v. a. die Mon-Völker anhingen. Sumana brachte auch die Reliquie mit, die sich auf so wundersame Art in zwei Hälften geteilt hatte. Später wurde sie nach ►Chiang Mai in den Wat Suan Dok gebracht. Über den Ruinen des Mondhop, der die Reliquie barg, wurde im 16. Jh. ein Chedi errichtet. Die Buddha-Figuren in den Nischen des Oberteils sind meist Nachbildungen der alten, zerfallenen. Auf einem Sandstein im Hof kündet eine Inschrift in Pali und Thai von der Ankunft Sumanas. Der Viharn, der drei stehende Buddha-Figuren des 16. Jh.s

Kinder im Karen-Dorf Ban Kon Yang

enthält, der Bot mit schönen, vergoldeten Schnitzereien an der Portalseite und die elegante Bibliothek entstanden um 1900.

Der **Wat Saphoen** zeichnet sich durch ein kunstvolles, vergoldetes Schnitzwerk am Giebel und im Innern durch mächtige Teakholzpfeiler sowie durch eine schöne Holzbalkenkonstruktion aus.

Wat San Kamphaeng

Der Wat San Kamphaeng ist ebenfalls ein mit schönen Schnitzereien verzierter Tempel, die Farben Rot und Gold bestimmen die Atmosphäre im Innern des Viharn. Der Chedi im Außenhof zeigt birmanische Einflüsse.

Karen-Dorf Ban Kon Tang

Etwa 11 km hinter dem Dorf Bang Hong, das etwa 40 km von Lamphun entfernt an der Straße 106 liegt, erreicht man das Karen-Dorf Ban Kon Tang. Die Bewohner tragen noch ihre farbenprächtigen Trachten und bieten ihre kunsthandwerklichen Erzeugnisse zum Kauf an.

★★ Lopburi

D 3

Region: Zentralthailand
Höhe: 30 m ü. d. M.
Provinz: Lopburi
Einwohnerzahl: 54 000

Lopburi, eine Stadt mit großer und ruhmreicher Vergangenheit, liegt am nördlichen Rand der thailändischen Zentralebene am gleichnamigen Fluss. Sie ist Hauptstadt einer aufstrebenden Provinz, ihre Bevölkerung lebt von einer ertragreichen Landwirtschaft. Im Norden überragt der Khao Wong Phra Chan, zu erkennen an den drei spitzen Zacken, die seinen Gipfel bilden, die eindrucksvolle Landschaft.

Geschichte

Lavo, wie die Stadt früher hieß, wurde der Überlieferung nach 468 n. Chr. von König Kalavarnadis von Taksila gegründet. Bis etwa 950 war sie Hauptstadt eines großen Mon-Königreichs, das von der Menam-Ebene nordöstlich bis zum Mekong reichte und bis zum 11./12. Jh. bestand. Nach Inschriften auf Münzen und Steinplatten, teils in Mon-Buchstaben, teils in Sanskrit, nannte sich dieses Reich Dvaravati. Zu Beginn des 11. Jh.s eroberten die Khmer unter ihrem König Suryavarman I. (1002 – 1050) weite Teile des heutigen Thailand; Lopburi wurde eine Festung des Khmer-Reichs und Residenz eines

Lopburi Orientierung

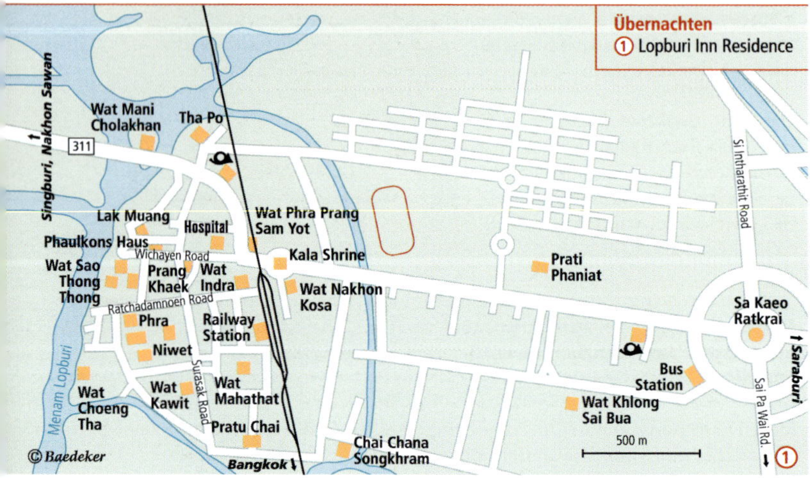

Provinzgouverneurs. Der Khmer-Stil prägte bis ins 15. Jh. Architektur und Plastik; im Kontakt mit dem Dvaravati-Stil bildete sich die Mischform des Lopburi-Stils heraus. Nach dem Niedergang der Khmer-Herrschaft nahm der Thai-König Si Dharmatraipitok das Land in der südlichen Menam-Ebene in Besitz. Etwa 100 Jahre lang regierten die Könige von Lopburi das Reich, dann kam es unter die Herrschaft verschiedener Fürsten; u. a. verzeichnet die Chronik den birmanischen König Annarudha und den Thai-König U Thong. Als dieser 1350 seine Residenz von U Thong nach Ayutthaya verlegte, setzte er seinen Sohn, Prinz Ramesuen, als Verwalter des Lopburi-Staats ein. Die Stadt hatte eine wichtige strategische Funktion in den Auseinandersetzungen mit den Königen von Sukhothai. Als dieses 1376 zu einem Vasallenstaat und 1438 zu einem Bestandteil Ayutthayas wurde, verlor Lopburi an Bedeutung.

Erst unter König Narai (1656 – 1688) erlebte Lopburi als zweite Hauptstadt neben Ayutthaya eine neue Glanzzeit. Narai wählte Lopburi zum Nebensitz, denn zum einen war es hochwassersicher, gleichzeitig stellte der Fluss die Wasserversorgung von Stadt und Palast sicher. Als die Holländer das dem Golf von Thailand näher gelegene Ayutthaya anzugreifen drohten, verlegte Narai seine Residenz vorübergehend nach Lopburi und ließ (wie auch in Phetchaburi) Paläste z. T. im westlichen Stil erbauen. Narai war es auch, der sich Europa öffnete und diplomatische Verbindungen zum französischen Königshaus aufnahm. Er empfing eine Gesandtschaft König Ludwigs XIV. unter Chevalier de Chaumont, dessen Reiseberichte einen guten Teil unseres heutigen Wissens über Lopburi ausmachen. Narai ernannte überdies den Griechen Konstantin Phaulkon (► Berühmte Persönlichkeiten) zu seinem Berater.

Nach Narais Tod (1688) bestieg Phra Petraja (Luang Sorasak) den Königsthron und ließ viele, die seinen Amtsvorgänger unterstützt hatten (auch die französischen Diplomaten und Kaufleute in der Stadt), hinrichten. An Lopburi fand er keinen Gefallen, er zog zurück nach Ayutthaya. Fortan blieb die Residenz unbewohnt, die Gebäude verfielen. Erst König Mongkut (1851 – 1868) ließ das einzige noch relativ gut erhaltene Gebäude im Palastbezirk, den Chanthara-Phisan-Pavillon, sowie Mauern und Tore restaurieren und neue Palastgebäude errichten, von denen heute noch einige zu sehen und z. T. zu interessanten Museen umgestaltet sind.

Sehenswertes in Lopburi

Denkmal für König Narai

Kommt man auf der Nationalstraße 1 nach Lopburi, passiert man beim ersten Kreisverkehr das Denkmal für König Narai (Sa Kaeo Ratkrai), den wichtigsten König in der Geschichte Lopburis. Etwas weiter in einer rechts abgehenden Querstraße sieht man Reste der Stadtmauer und ein altes Tor, das Pratu Phaniat. Hier lag einst der Elefantenkral, wo König Narai der französischen Gesandtschaft unter Chevalier de Chaumont das Abrichten der Elefanten vorführte.

Kala-Tempel

Am dritten Kreisverkehr, kurz vor der Bahnlinie, stehen die Ruinen des Kala-Tempels, eines Hindu-Heiligtums des 10. Jh.s. Von dem einst sehr hohen Prang aus Laterit steht nur noch der mächtige Unterbau; der kleine aufgesetzte Tempel stammt aus späterer Zeit. Zu erwähnen ist das Relief des Türsturzes, es zeigt Vishnu auf einer Schlange liegend. Der neue Tempel von 1953 steht auf den Fundamenten des alten Heiligtums und birgt die Statuen von zwei Hindu-

LOPBURI ERLEBEN

ANREISE

Auto:
von Bangkok Nationalstraße 1, die einen großen, aber empfehlenswerten Bogen über Saraburi und den Wat Phra Buddhabat macht (ca. 155 km). Alternativ fährt man über Ayutthaya: Straße 32 bis kurz vor Singburi, dann Straße 311 nach Osten.

Bahn:
Station an der Strecke Bangkok-Chiang Mai (von Bangkok 133 km)

Bus:
von Bangkok Northern Bus Terminal

AUSKUNFT

Tourism Authority of Thailand
Ropwat Phrathat Road
15000 Lopburi
Tel. 0 36 / 42 27 68-9, Fax 42 40 86
tatlobri@tat.or.th

ÜBERNACHTEN

► Günstig

① ***Lopburi Inn Residence***
180 Cholpatan Cannel Road
Tel. 0 36 / 61 34 10, Fax 61 34 04
130 Zimmer, 2 Restaurants, Coffeeshop, Bar, Swimmingpool.
Zentral gelegenes Mittelklassehotel mit recht komfortablen Zimmern.

Schönster Tempel Lopburis: der Wat Phra Prang Sam Yot

Gottheiten. Auf dem Banyan-Baum (Ficus indiaca) mit seinen ineinander verflochtenen Luftwurzeln und auf den Straßen rundherum leben unbeeindruckt vom regen Autoverkehr ganze Affenherden.

Vom **Wat Nakhon Kosa** (man biege in die Straße links vor dem Kala-Tempel ab) sind noch die Reste eines schönen, aus Ziegeln erbauten Prang im Khmer-Stil zu sehen, der vermutlich zu einem Hindu-Heiligtum gehörte, bevor man ihn in der Ayutthaya-Zeit in einen buddhistischen Wat umwandelte. Ein Chedi im Ayutthaya-Stil sowie die Reste eines Viharn verdienen ebenfalls Beachtung. Westlich davon stehen die Ruinen des Wat Indra, der wohl aus der Ayutthaya-Zeit stammt.

✶✶ Wat Phra Prang Sam Yot

Die drei zusammenhängenden, mit Prangs gekrönten Kapellen des Wat Phra Prang Sam Yot (»Tempel mit den drei Türmen«) in der Wichayen Road sind wohl die eindrucksvollsten Ruinen von Lopburi und ein gutes Beispiel für den Architekturstil der Lopburi-Zeit. Die drei Kapellen mit kreuzförmigem Grundriss haben eine Türöffnung an jeder Seite und werden durch einen ehemals gedeckten Gang mit einem lang gestreckten Ziegelgebäude verbunden, das ganz mit Stuck verkleidet war; Reste wie einige Ornamente und die fratzenhaften Gesichter an einer Ecke der Grundmauer sind an vielen Stellen noch vorhanden. Die Räume und die Türme weisen Kraggewölbe auf, im Innern befinden sich einige Fragmente alter Buddha-Figuren, außerdem die gut erhaltene Figur eines sitzenden Buddha aus der Sukhothai-Epoche. Vermutlich war der Bau zunächst ein den Hindu-Gottheiten Vishnu, Shiva und Brahma geweihter Tempel, der später zu einem buddhistischen Wat umgewidmet wurde.

Wat Phra Si Ratana Mahathat

Der Wat Phra Si Ratana Mahathat im Westen der Stadt an der Nakala Road war schon im 12. Jh., als er von den Khmer errichtet wurde, ein bedeutendes Heiligtum. Im Zentrum der Anlage steht ein großer, schlanker Prang aus Laterit (Lopburi-Stil) mit schönen Stuckarbeiten. Der Haupteingang des Prang ist durch eine mit einem kleinen Turm bekrönte Vorhalle betont, von einer im Quadrat angelegten Galerie sind noch Reste zu erkennen. In sie eingegliedert ist der noch erhaltene Viharn, der zu einer weiteren Galerie überleitet. Er hat - ein äußerst ungewöhnliches Stilmittel – Bogenfenster und ist daher der Regierungszeit von König Narai zuzurechnen. Im zweiten Hof sowie außerhalb der zweiten Galerie stehen noch etliche kleine und

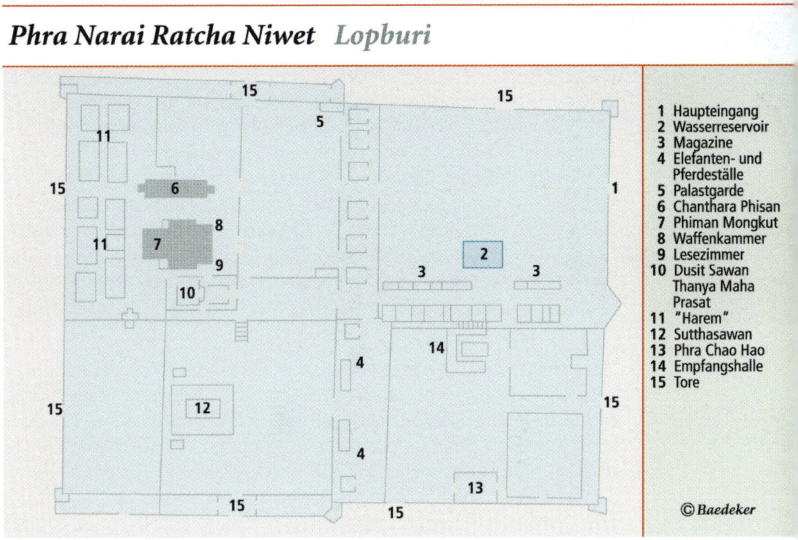

größere Chedis aus verschiedenen Epochen, die meisten stammen jedoch aus der Ayutthaya-Zeit. Einige haben Nischen, die mit Adorantenfiguren besetzt sind. Der Tempelbezirk wurde mehrmals umgestaltet, vor allem während der Regierungszeit einiger Könige von Ayutthaya.

✶✶ Königspalast Phra Narai Ratcha Niwet

Öffnungszeiten:
tägl. 8.00 – 18.00

Der Hauptzugang zum »Palast des Königs Narai« (der Name stammt von König Rama IV., der im 19. Jh. die größten Renovierungen durchführen ließ) liegt an der Surasak Road, man kann ihn jedoch auch von der zum Fluss gelegenen Seite betreten. Hier befand sich einst die Schiffsanlegestelle, denn die meisten Könige kamen auf dem Wasserweg nach Lopburi. Nachfolgend ist der Besichtigungsweg vom Hauptzugang her beschrieben.

Rundgang

Der Palastbezirk ist durch Mauern mit mehreren Toren in Höfe aufgegliedert, die sehenswertesten Teile der heutigen Anlage befinden sich im inneren Hof. Die rechteckige Anlage ist von monumentalen Mauern umgeben, deren mächtige Tore von Zinnen bekrönt sind. Wesentliche Teile der alten Anlage stammen aus dem 17. Jh. und wurden von König Narai entworfen und gebaut. Die später hinzugefügten, modernen Gebäude erhielten ihr Aussehen durch König Mongkut, der bis auf den Chanthara-Phisan-Pavillon, dessen Restaurierung sich wegen des einigermaßen guten Zustandes lohnte, viele Gebäude schleifen und an ihrer Stelle neue errichten ließ.

i Stadt der Affen

- In keiner anderen thailändischen Stadt gibt es so viele Affen, jedenfalls keine, wo sie sich so offen zeigen, wie in Lopburi. Doch ist Vorsicht angeraten, denn die Tiere können bisweilen recht aggressiv reagieren, vor allem, wenn man offensichtlich Nahrhaftes dabei hat, es ihnen aber nicht gibt. Der Verlust einer Brille gehört noch zu den harmloseren Missgeschicken. Deshalb – anders als der kleine thailändische Junge auf dem Bild glauben macht – lautet der Rat an Touristen: vorsichtshalber Distanz halten!

Man betritt man die Anlage durch das Tor an der Surasak Road. Hier soll den Griechen Konstantin Phaulkon sein Schicksal ereilt haben: er wurde gefangengenommen und später enthauptet. Seine Residenz ist eine weitere Sehenswürdigkeit in Lopburi. Auf dem Weg in den zweiten Hof, den wiederum ein monumentales Tor vom ersten trennt, stehen etliche Gebäude. Berichtet wird, dass der König auf dem Sterbebett liegend nach einigen besonders wertvollen Kleidungsstücken verlangte, die ihm aus einer dieser zwölf Hallen, deshalb möglicherweise Schatzkammern, gebracht wurden.
Rechts dahinter liegen die alten, aus Ziegeln gemauerten Wassertanks, die von Quellen auf einem im östlichen Teil der Stadt gelegenen Hügel gespeist wurden. Um das Wasser zum Palast zu leiten, wurden ein italienischer und ein französischer Ingenieur damit beauftragt, einen hydraulischen Mechanismus zu konstruieren. Die Anlage soll erst nach zehnjährigen intensiven Versuchen funktioniert haben. Gegenüber den Wassertanks liegt etwas zurückgesetzt in einer gepflegten Parkanlage die Empfangshalle für ausländische Besucher (Phra Khlang Supharat). Kurz vor dem zweiten Tor bemerkt man links die teilweise erhaltenen Außenmauern des Gebäudes, in dem einst die königlichen Elefanten untergebracht waren. Auf dem Rasen hinter dem Portal sind Statuen im Dvaravati-Stil aufgestellt. Sie stammen nicht alle aus Lopburi, sondern wurden auch aus anderen Orten in der Umgebung hierher gebracht. Von einem Wasserbecken und den Waffenmagazinen in der Nachbarschaft sind nur noch einige Ruinen vorhanden.

★ Chanthara-Phisan-Pavillon, Nationalmuseum

Öffnungszeiten: Mi. – So. 9.00 – 16.00 Eintrittsgebühr

Im zweiten Hof steht rechts der Chanthara-Phisan-Pavillon, die 1665 erbaute Residenz von König Narai (heute Nationalmuseum). Von dem Balkon an der Front aus begrüßte König Narai seine Gäste. Der Pavillon enthält einen Thron; die Wände waren mit Spiegeln verkleidet, die Chevalier de Chaumont, Diplomat König Ludwigs XIV., mitbrachte. Das Gebäude besaß ursprünglich nur einen Raum und wurde erst bei der Renovierung durch Mongkut zweigeteilt. Im zweiten Raum ist das Ölgemälde eines unbekannten Künstlers zu sehen, das die Ankunft der französischen Delegation darstellt. Im größeren

Raum, der eigentlichen Empfangshalle, sieht man zwei prachtvoll verzierte, hölzerne Throne und einige kunstvoll geschnitzte und vergoldete Bücherschränke.

Links neben dem Chanthara-Phisan-Pavillon steht der dreistöckige, von Mongkut erbaute Tempel Phra Thinang Visuthivinitchai. Der westliche Teil war der Phiman-Mongkut-Pavillon; im oberen Stockwerk lagen die Privatgemächer des Königs (großer Schlafraum, Lesezimmer und Waffenkammer), im unteren Geschoss Arbeitszimmer und Audienzhalle. Die Pavillons sind heute als Museum eingerichtet und enthalten Skulpturen, Votivtafeln, Waffen und Fayencen.

✶ Phra Thinang Visuthivinitchai

Öffnungszeiten:
Mi. – So.
9.00 – 16.00

Hinter dem Königspalast lebten in einigen kleinen Häusern in einem abgeschlossenen Hof die vielen Frauen und Kinder des Königs (heute gibt es hier ein Museum mit landwirtschaftlichen Geräten). Dieser Teil der Anlage durfte noch während der Regierungszeit König Mongkuts nur von Auserwählten betreten werden; damals war es noch absolut verboten, Mitglieder der Königsfamilie zu berühren. Erst König Chulalongkorn (Rama V.) schaffte dieses Verbot ab.

»Harem«

Links vom Phiman-Mongkut-Pavillon liegen, von hohen Mauern umgeben, die Ruinen des Dusit Sawan Thanya Maha Prasat, der königlichen Audienzhalle. Bruchstücke lassen darauf schließen, dass die Front von europäischen Bauformen bestimmt war (z. B. gotisierende Bögen an den Türen), die Rückseite aber von klassisch thailändischer Architektur. Es war wohl das höchste Gebäude der gesamten Palastanlage und besaß alten Berichten zufolge ein Dach in Pyramidenform. Die Wände der Halle waren mit Spiegeln verkleidet, ein Geschenk König Ludwigs XIV. Das Innere der Halle muss prachtvoll ausgestattet gewesen sein; Nicolas Gervais, ein Mitglied der französischen Delegation, berichtete von vielen Wandgemälden, Bodenmosaiken, chinesischem Kristall und Porzellan und von einem kunstvollen, erhöhten Thron am Ende der Halle, den der König über eine marmorne Treppe erreichte.

Königliche Audienzhalle

In dem sich anschließenden weiten Garten sieht man die Fundamente der Sutthasawan-Halle, das Wohnhaus König Narais, in dem er am 11. Juli 1688 starb. Einige der großen Lateritblöcke wurden im frühen 19. Jh. nach Bangkok gebracht, wo sie beim Bau des Wat Sakhet Verwendung fanden. Das Dach, so schrieb Nicolas Gervais, war mit gelb glasierten Ziegeln gedeckt, die Dachbalken waren reich mit Gold verziert. Um das Gebäude herum waren vier Teiche angelegt, in denen der König zu baden pflegte - schien die Sonne, wurden riesige Baldachine darüber gespannt. Bei einem der Teiche ließ Narai eine kleine Grotte anlegen. Im südöstlichen Hof lagen noch zwei private Empfangssäle, wie das gut erhaltene Gebäude Phra Chao Hao von König Narai, Lagerhäuser, Ställe und Unterkünfte für die Wachen sowie mehrere Teiche.

Sutthasawan-Halle

Weitere Sehenswürdigkeiten in Lopburi

Wat Sao Thong Thong

Unmittelbar nördlich des Palastbezirks nahe dem Flussufer liegt hinter einer neueren Mauer der Wat Sao Thong Thong, der in der frühen Ayutthaya-Zeit angelegt wurde. Der Viharn auf hohem Sockel mit langen, schmalen Fenstern in Lotosblütenform und einem Staffeldach im Ayutthaya-Stil war zur Zeit König Narais eine christliche Kapelle, die große Figur eines sitzenden Buddha im Innern trägt noch das christliche Kreuz. Die Pfeiler zieren Blattkapitelle, in den Wandnischen stehen Buddha-Figuren im Lopburi-Stil. Die Pavillons bei den Klostergebäuden ließ König Narai als Quartier für ausländische Gäste erbauen.

✶ Phaulkons Palast

Öffnungszeiten: tägl. 8.00 –18.00

Nördlich des Wat Sao Thong Thong, an der Wichayen Road nahe dem Fluss, stand der Palast Phaulkons, einige Gebäude waren aber bereits für Chevalier de Chaumont errichtet worden. Der Palast ist ein großes dreistöckiges Gebäude in siamesisch-europäischem Mischstil. Zu dem Bezirk, der von einer 2 m hohen Mauer umschlossen wurde, gehörten noch eine Küche (im linken hinteren Teil), Ställe (rechts) und Bäder, eine Kirche mit einem Haus für die katholischen Priester und einem frei stehenden Glockenturm sowie ein einstöckiger Audienzpavillon; von allem existieren nur noch Ruinen. Die drei monumentalen Tore in der südlichen Mauer, durch die man den Palastbezirk einst betrat, sind gut erhalten, das mittlere ermöglicht den Zutritt zu der sehr gepflegten Anlage.

Befestigungsanlagen

Von den mächtigen Befestigungsanlagen, die Lopburi einst umgaben, sind noch das Fort Tha Po im Nordwesten, das Fort Chai Chana Songkhram und das Tor Pratu Chai im Süden erhalten. Französische Ingenieure legten auch die Dämme und Schleusentore für ein großes Wasserreservoir im Norden der Stadt an. Auf einer Insel des Sees, der heute zugeschüttet ist, ließ sich König Narai ein Lustschloss, den Pavillon Phra Thinang Yen Kraison Sahavarat, kurz Yen-Pavillon genannt, erbauen. Die Ruinen lassen mit etwas Phantasie die Schönheit und die gelungenen Proportionen dieses Bauwerks noch erkennen.

Umgebung von Lopburi

Singburi

Nordwestlich von Lopburi erreicht man auf der Straße 311 nach 25 km Singburi am rechten Ufer des Menam Chao Phraya, wo sich mehrere wichtige Straßen kreuzen. Die Stadt liegt inmitten der mit schier endlosen Reisfeldern überzogenen Zentralebene.

✶ Wat Phra Nou Chak Si

Fünf Kilometer südwestlich von Singburi (2 km auf der Straße 309, Straße 3032) liegt der Wat Phra Nou Chak Si mit der riesigen, 40 m langen Statue eines ruhenden Buddha, der größten in Thailand. Mehrere Restaurierungen haben die künstlerische Qualität leider beeinträchtigt.

Ayutthaya-Prang

Ganz in der Nähe erhebt sich auf einem Hügel ein mit schönen Stuckornamenten umkleideter Prang im Ayutthaya-Stil, der einzige noch erhaltene Rest des Wat Phra That, dessen übrige Gebäude in Trümmern liegen. Die drei Nischen des Prang sind mit Buddhafiguren besetzt, im Innern gibt es eine weitere schöne Buddha-Statue.

Bang Rachan

Die Straße 3032 führt zu der von Festungsmauern umgebenen Stadt Bang Rachan. Am Weg dorthin (32 km) liegen die teils restaurierten Ruinen des Khai Bang Rachan. Die Mönche des Wat Po Kao Ton, zu dem ein alter und ein neuer Viharn sowie einige alte Chedis gehören, spielten in den Kriegen mit den Birmanen eine wichtige Rolle.

★★ Mae Hong Son

B 1/2

Region: Nordthailand
Provinz: Mae Hong Son
Höhe: ca. 160 m ü. d. M.
Einwohnerzahl: ca. 15 000

Den Reiz der Kleinstadt Mae Hong Son, hoch im Norden an der Grenze zu Birma gelegen, macht wohl in erster Linie die faszinierende Berglandschaft mit einer üppigen tropischen Vegetation aus.

Im Bannkreis des »Goldenen Dreiecks«

Eine ganz andere »Berühmtheit«, auf die die thailändische Regierung gerne verzichten würde, ist die Nachbarschaft zum »Goldenen Dreieck«, einem der größten Drogenanbaugebiete der Erde. Nachdem dieses Gebiet in der Provinz Chiang Rai immer stärker kontrolliert wurde, wichen die Drogenhändler auf Schmuggelpfade im gebirgigen Grenzgebiet zu Myanmar hinter Mae Hong Son aus.

Sehenswertes in Mae Hong Son und Umgebung

Landschaft

Die Berglandschaft rund um Mae Hong Son gehört zu den herausragenden Naturschönheiten Thailands, man erlebt sie eindrucksvoll schon auf der Anfahrt. Mae Hong Son ist ein guter Ausgangspunkt für ein- oder mehrtägige Wandertouren, wie sie von etlichen Reiseveranstaltern angeboten werden oder auf eigene Faust unternommen werden können.

In der Stadt trifft man vor allem zu den Marktzeiten (tägl. 5.30 – 9.00 Uhr) zahlreiche Angehörige der **Bergstämme**; farbenprächtig gekleidete Meo, Karen, Lawa, Lisu und Lahu bieten zumeist handgefertigte Waren und Viktualien sowie Erzeugnisse der fruchtbaren Landschaft wie Chilis, Tabak, Betelnüsse, Obst und Gemüse an.

✓ NICHT VERSÄUMEN

- Wer ein Faible für atemberaubende Landschaften hat, sollte die etwas mühsame, rund 380 km lange »Hufeisenfahrt« von Chiang Mai über Hot und Mae Sarieng unternehmen.

! Baedeker TIPP

Die Weihe der geliebten Söhne

Nirgendwo anders in Thailand wird das Buat-Luk-Khaeo-Fest, die »Weihe der geliebten Söhne«, so farbenprächtig gefeiert wie in Mae Hong Son, hier wird es allerdings Poy Sang Long genannt. Bei der Zeremonie, die alljährlich zwischen März und April im Wat Chong Kham stattfindet, werden 10- bis 13-jährige Knaben zu Mönchsnovizen (»nakh«) geweiht. Besonders sehenswert ist die Prozession am ersten Tag, bei der die Jungen in wiegendem Takt auf Schultern zum Tempel getragen werden (►Baedeker Special S. 368).

✶ Wat Chong Kham, Wat Chong Klang

Am Ufer des kleinen Sees in der Stadtmitte stehen in unmittelbarer Nachbarschaft die im birmanischen Stil erbauten Tempel Wat Chong Kham und Wat Chong Klang. Der Viharn des Wat Chong Klang beherbergt mehr als 30 Statuen, die um 1860 von Birma hierher gebracht wurden.

✶✶ Berg Doi Kung Mu

Vom Gipfel des etwa 250 m über Mae Hong Son aufragenden Bergs Doi Kong Mu, den man in gut einer halben Stunde Fußmarsch vom westlichen Stadtrand erreicht, grüßen die bei Dunkelheit beleuchteten, im birmanischen Stil erbauten Chedis des Wat Phra That Doi Kong Mu. Der Aufstieg ist ein Erlebnis; mitten in tropischer Wildnis stehen vor einer grün überwucherten Treppe vor den letzten Metern zur Bergkuppe zwei riesige Steinlöwen in birmanischem Stil. Von hier aus hat man einen guten Blick über Stadt und Land.

Fish Cave

17 km nördlich der Stadt (über die Straße 108) trifft man auf eine Höhle mit einem Teich, in dem verschiedene exotische Fischarten zu sehen sind. Der Teich wird durch einen nahe gelegenen kleinen Fluss mit Wasser gespeist.

Shan-Dörfer

Die Shan kämpfen – bis heute freilich erfolglos – seit Jahrzehnten für ihre Unabhängigkeit von Birma wie auch von Thailand. Einen Besuch der auch heute noch kriegerischen Shan sollte man nur in Begleitung eines ortskundigen Führers unternehmen, von dem man weiß, dass er auch den Shan willkommen ist.

Kuomintang-Dorf

Etwa 20 km nordwestlich von Mae Hong Son, erreichbar über die Straße 108, stößt man auf ein Dorf der Kuomintang, die sich heute **Mae Aw** nennen. Ihre unmittelbaren Vorfahren waren Mitglieder der Truppen des chinesischen Generals Chiang Kai-shek. Diese folgten nach dem verlorenen Krieg gegen die Truppen der chinesischen

Mae Hong Son Orientierung

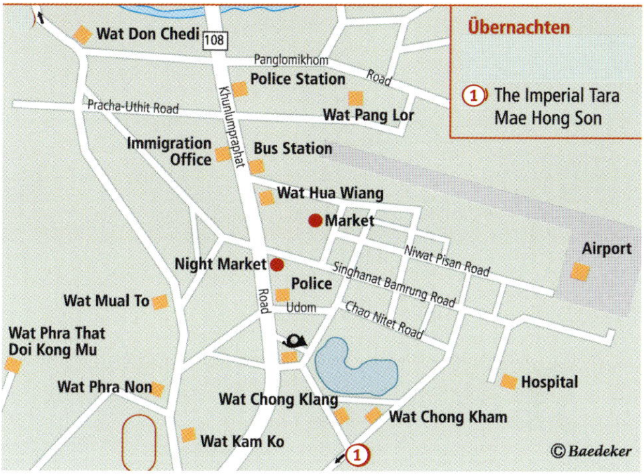

Volksbefreiungsarmee nicht ihrem Führer nach Formosa (dem heutigen Taiwan), sondern flohen nach Birma. Von dort gingen sie über die Grenze nach Thailand, wo sie bis heute von der Regierung geduldet werden. Die Kuomintang-Männer arbeiten vielfach als Polizisten und Beamte der thailändischen Regierung, so übernehmen sie zum Beispiel einen Teil der Überwachung der Grenze zu Myanmar.

Pradong-Dorf

Eineinhalb Stunden Fahrzeit in nordwestlicher Richtung von Mae Hong Son und nur noch 3 km von der birmanischen Grenze entfernt liegt das Dorf der Pradong. Die Existenz dieses rätselhaften Bergstamms war bis vor etwas mehr als zwei Jahrzehnten nur wenigen bekannt. Dann aber verlegte eine 50-köpfige Pradong-Dorfgemein-

MAE HONG SON ERLEBEN

ANREISE

Auto:
von Chiang Mai Straße 107 nach Norden, vor Mae Taeng nach Nordwesten auf Straße 1095 einbiegen (130 km); von Mae Sarieng Straße 108 (170 km)

Flug:
von Chiang Mai mehrmals wöchentlich (Flugdauer 45 Min.)

ÜBERNACHTEN

► **Komfortabel**

① ***The Imperial Tara Mae Hong Son***
149 Moo 8, T. Pangmoo
Tel. 0 53 / 61 10 21, Fax 61 12 52
www.imperialhotels.com
104 Zimmer, Restaurant, Bar, Swimmingpool, Fitnesscenter, Sauna. Etwas außerhalb des Stadtzentrums am Fluss gelegenes Hotel mit schönem Garten und gutem Restaurant.

Bis zu drei Monaten seines Lebens verbringt jeder gläubige Thai im Kloster.

MÖNCHE BETTELN NICHT

Mönche sind mit ihren orangefarbenen Roben und ihrem kahl geschorenen Schädel nicht aus dem Straßenbild thailändischer Städte wegzudenken. Sie genießen immer noch ein hohes Ansehen im Land.

Annähernd jeder gläubige Thai geht einmal in seinem Leben in ein Kloster. Noch bis 1945 war ein Mindestaufenthalt von drei Monaten vorgeschrieben, jetzt sind es oft nur wenige Wochen, die der junge Mann dort verbringt, um sich in die Lehren Buddhas zu vertiefen. In vielen Tempeln sieht man zehn- bis zwölfjährige Jungen, die zunächst die schulische Ausbildung im Kloster beginnen und im Alter von 15 Jahren als Novizen aufgenommen werden. Auch in den Schulferien gehen viele Jungen für einige Wochen ins Kloster.

Regeln des Mönchstums

In ganz Thailand gibt es in etwa 3000 Tempeln schätzungsweise 200 000 Mönche. Schon als Novizen bemühen sich die Knaben, die drei wichtigsten Regeln des Mönchtums einzuhalten: Sie müssen arm sein, dürfen niemandem Leid zufügen und müssen sich jeden geschlechtlichen Genusses enthalten. In sein Leben als Mönch darf der Novize nur die **acht Utensilien eines Asketen** einbringen: das dreiteilige Mönchsgewand, eine Nadel, ein Messer zum Rasieren des Kopfes, ein Sieb, eine Schale für Almosen und eine Meditationsschnur mit 108 Kugeln. Am frühen Morgen beherrschen Mönche in safrangelben Gewändern (kasaya) und mit kahl geschorenen Köpfen das Straßenbild aller größeren Städte Thailands. Sie sammeln Nahrung für den Tag, wofür **der Begriff »Betteln« völlig verkehrt** wäre. Im Gegenteil: Die Gläubigen geben ihren Teil zur Ernährung der Mönche mit gehöriger Demut, sie versprechen sich dafür einen Beitrag zur Erlösung ihrer Seele und bedanken sich mit einem respektvollen Wai, dem Zusammenlegen der Hände.

Dass Mönche nichts nehmen dürfen, was zuvor die Hand einer Frau berührt hat, ist nicht Buddha selbst zuzuschreiben, sondern wurde erst lange nach seinem Tod bestimmt. Dennoch wird sich ein Mönch weigern, Nahrung oder Geld von einer Frau anzunehmen. In den Klöstern leben aber »maetschis«, wie die Klosterfrauen genannt werden. Sie unterliegen anderen Regeln als die Mönche, ihnen ist auch der Umgang mit Geld gestattet, deshalb übernehmen sie die Bewirtschaftung der Kloster.

Junge Mönche beim Studium der Pali-Schriften

Mönchsweihe

Eines der wichtigsten Ereignisse für einen Mann ist seine Weihe für die Mönchszeit. Gefeiert wird zugleich ein Familien- und Nachbarschaftsfest als auch eine religiöse Zeremonie. Schon Tage vor dem Fest macht der junge Mann die Runde bei allen Verwandten und Nachbarn und bittet sie um Verzeihung für seine »Untaten«. Am Abend vor der Weihe strömt die ganze Gemeinde mit Kind und Kegel zusammen und bringt **ein Musikorchester, manchmal sogar zwei**, mit. Das erste Orchester setzt sich aus Musikern gesetzten Alters, das andere aus Altersgenossen des zu Weihenden zusammen und hat Jazz- und Popmusik im Repertoire. Während die jüngeren Leute bei Lampionschein auf den Straßen flanieren und sich an Reis und süßen Speisen aus Riesentöpfen gütlich tun, versammeln sich ältere Verwandte und Nachbarn im Elternhaus des heutigen »Siddharta«, der wie ein Prinz gekleidet der Länge nach vor einem Brahmanen in weißem Gewand auf dem Boden liegt. Der Brahmane zählt dem jungen Mann noch einmal auf, was seine Eltern ihm Gutes taten. Einzelheiten aus dessen Leben hat er sich vorher (gegen Bezahlung) von Verwandten und Nachbarn erzählen lassen und in feierliche Rezitationen gefasst. Bei besonders verdienstvollen Taten unterbricht die Menge der Alten ihr Betelkauen, Zigarettenrauchen oder Teetrinken durch ein beifälliges, lautes »Huuii«, und der junge Mann bricht nicht selten in dankbares oder reuevolles Schluchzen aus. Die Zeremonie dauert viele Stunden bis Mitternacht. Den Raum schmückt ein Altar mit Blumen, Räucherkerzen, einer Buddha-Figur und der aus buntem Papier geflochtenen »Naga«. »Naga« ist die Schlange, die einst Buddha vor einem schweren Regenfall schützte, dabei ihre sieben Häupter über den Meditierenden breitete und ihn um Aufnahme in seinen Orden bat. Sie wurde abgelehnt, doch fortan sollte jeder Mönch am Tag vor der Weihe ihren Namen tragen. Am nächsten Morgen setzt sich das Fest fort. Die Festgesellschaft begibt sich schreitend und tanzend zu Trommelklang in einer farbenprächtigen Prozession zum Tempel. Falls es an dem eines Prinzen würdigen Pferd mangelt, reitet der Naga auf den Schultern seiner Altersgenossen. Andere tragen Geschenke, die auf Silbertabletts getürmt sind. Im Tempel folgt dann die **Zeremonie des Haareabschneidens** und am dritten Tag erhält der junge Mann aus der Hand seiner künftigen Mitbrüder **das safrangefärbte Mönchsgewand**. Für die Familie ist dieses Ereignis Anlass, das Fest ohne den Novizen fortzusetzen.

Vorbereitung für den »Fototermin«: Pradong-Mädchen an der birmanischen Grenze

schaft ihre Ansiedlung über die birmanische Grenze nach Thailand und machte so auf sich aufmerksam. Woher die Pradong stammen, ist nicht eindeutig zu klären, jedoch lassen Trachten, Sitten und Gebräuche auf nordbirmanische Herkunft schließen. Die Pradong legen ihren Mädchen ab dem vierten Lebensjahr goldene Ringe um den Hals, denen sie bis zum 25. Lebensjahr in regelmäßigen Abständen weitere (bis maximal 25) hinzufügen. Diese »Touristenattraktion« besichtigen zu können, muss man sich etwas kosten lassen. Der Grund für die Umsiedlung war nämlich in erster Linie der, dass die »Longnecks« (Langhälse) von den Einnahmemöglichkeiten durch Touristen in Thailand hörten. Neben einer Eintrittsgebühr für das Dorf verlangen die Bewohner zusätzliches Honorar fürs Sich-fotografieren-Lassen.

★★ Nakhon Pathom

E 3

Region: Westthailand
Höhe: 8 m ü. d. M.
Provinz: Nakhon Pathom
Einwohnerzahl: 63 000

Dass die Stadt Nakhon Pathom einst am Golf von Thailand lag, ist nur noch der Geschichte zu entnehmen. Das Flusssystem der Zentralebene lagerte so viel Sand und Schlamm ab, dass sich das Meer über 50 km weit zurückzog. Nakhon Pathom blieb aber trotz seiner veränderten geografischen Lage eine blühende Handelsstadt, die in ihren Mauern zudem das wichtigste sakrale Bauwerk des Buddhismus in Thailand birgt: den Phra Pathom Chedi.

Geschichte

Nakhon Pathom ist sicher eine der ältesten Ansiedlungen Thailands. Im 3. Jh. v. Chr. war König Ashoka (273 – 231 v. Chr.) Herrscher eines großen indischen Reichs; dem neu entstehenden (Therawada-) Buddhismus zugewandt, sandte er Mönche auch in das heutige Stadtgebiet. Aus dieser Zeit soll ein Vorläufer des imposantesten Bauwerks der Stadt, des Phra Pathom Chedi, stammen. Gesichert ist die Besiedlung von Nakhon Pathom jedoch erst ab 675 n. Chr., als die Stadt Regierungssitz des Königs Chaisiri und des gleichnamigen Königreichs war. Der überwiegende Teil der Bevölkerung stammte von den Mon ab, ihre Kultur war, wie Funde aus dieser Zeit (steinerne Gesetzesräder und Buddha-Abbildungen) beweisen, stark von dem indisch-buddhistischen Gupta-Stil beeinflusst. Nakhon Pathom wurde Nachfolgerin von U Thong als Hauptstadt zur Zeit des mächtigen Dvaravati-Königreichs.

Auf den Reichtum der Stadt lässt ihr Münzrecht schließen; Silbermünzen des 7. / 8. Jh.s zeigen auf der Vorderseite Symbole des Wohlstands (eine Kuh mit Kalb oder eine Vase mit Blumen), auf der Rückseite in Sanskrit die Inschrift »Verdienst des Dvaravati-Königs«. Vermutlich wurde die Stadt entweder von König Suryavarman I. (1002 – 1050) oder Jayavarman VII. (1181 – 1218) zerstört. Danach geriet Nakhon Pathom in Vergessenheit, die meisten Bewohner zogen fort und gründeten am rechten Ufer des Flusses Ta Chin die neue Stadt Nakhon Chaisi, die es heute noch gibt. Der Phra Pathom Chedi wurde vom Dschungel allmählich überwuchert.

Erst König Mongkut (Rama IV.), der während seiner Zeit als Mönch auch zum Chedi pilgerte, erkannte dessen Bedeutung. Als er 1851 die Regierung übernahm, veranlasste er die Restaurierung. Da das alte Heiligtum jedoch stark zerfallen war, überbaute er die ursprünglich aus der Khmer-Zeit stammende Dagoba mit einem neuen Chedi.

NAKHON PATHOM ERLEBEN

ANREISE

Auto:
Von Bangkok Nationalstraße 4 (Petchkasem Highway, 54 km).

Bahn: Von Bangkok-Hualampong

Bus:
Von Bangkok Southern Bus Terminal. Nakhon Pathom ist ein gutes Ausflugsziel von Bangkok aus. Reisebüros bieten Tagestouren an, oft mit einem Besuch der Schwimmenden Märkte bei Damnoen Saduak (►Ratchaburi) und des Rose Garden verbunden.

ÜBERNACHTEN

► **Luxus**

Antique Thai Teak Houses
Pet Kasem Road, km 32,
Sampran, im Rose Garden
Tel. 0 34 / 32 25 44
Fax 32 27 75
www.rose-garden.com
Inmitten einer sehr gepflegten Parkanlage bietet dieses im traditionellen Thai-Stil erbaute Hotel eine Alternative zu den Unterkünften in Bangkok. Preiswerter ist das Riverside Hotel, ebenfalls im Rose Garden.

Nakhon Pathom Orientierung

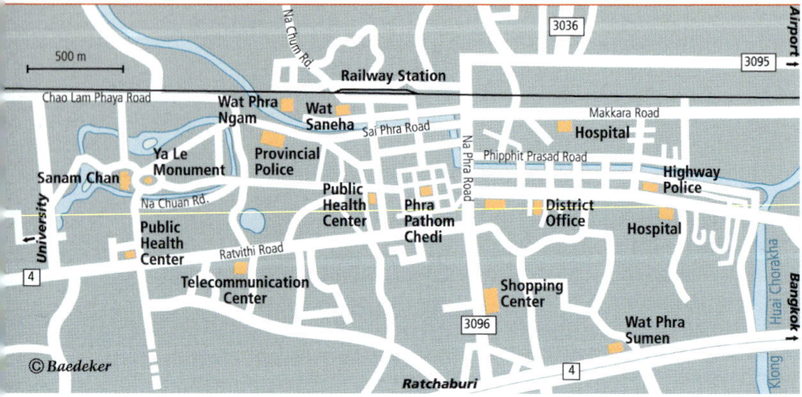

Dieser Bau wurde freilich erst unter Mongkuts Nachfolger Chulalongkorn fertig gestellt, da ein Teil des Bauwerks bei einem Sturm einstürzte.

Prang Kommt man auf der Nationalstraße 4 von Bangkok, fällt am westlichen Stadtrand ein weiß getünchter Prang auf quadratischem Sockel auf. Er soll das älteste buddhistische Bauwerk in ganz Thailand überhaupt sein, älter noch als der Phra Pathom Chedi. In seiner Nähe wurden das Fundament und die Terrasse eines sakralen Gebäudes, Fragmente von Friesen mit Figurenschmuck sowie einige Buddha-Statuen entdeckt.

✶✶ Phra Pathom Chedi

Öffnungszeiten: tägl. 8.00 – 17.00

Der in der Stadtmitte gelegene Phra Pathom Chedi, der »heiligste und erste Chedi«, ist mit 118 m (mit Terrassen 127 m) das **höchste buddhistische Bauwerk der Erde**, höher noch als die berühmte Shwe Dagon, die Goldene Pagode in Rangun (diese ist 99,36 m hoch und wurde 1773 vollendet).

Legende Eine Figur im Viharn auf der Nordseite der Anlage soll König Phya Kong darstellen, der in der Legende um die Entstehung des Chedi eine Rolle spielt: Ein Astrologe weissagte ihm, dass sein Sohn ihn eines Tages töten würde. Daraufhin ließ er ihn im Wald aussetzen, wo ihn eine Frau fand, die ihn großzog. Als er, Phya Pan genannt, erwachsen war, trat er in die Dienste des Königs von Ratchaburi, der dem König des benachbarten Königreiches Nakhon Chaisi lehenspflichtig war. Phya Pans Klugheit und Umsicht wurden allenthalben gerühmt, so dass der König ihn adoptierte. Phya Pan brachte ihn dazu, gegen den Lehnsherrn Krieg zu führen, in der Schlacht tötete Phya Pan seinen Vater. Nach dem Sieg forderte er, wie es der Brauch war, die Königin (seine Mutter) zur Frau, erfuhr aber dabei die Geschichte seiner Herkunft. Zur Sühne ließ er eine Dagoba errichten, den Vorgängerbau des Phra Pathom Chedi, die heute unsichtbar im Innern des Chedi verborgen ist.

Höchstes buddhistisches Bauwerk der Welt: der Phra Pathom Chedi

Der heilige Bezirk mit quadratischem Grundriss ist von einem Gitterzaun umgeben. Der Haupteingang liegt auf der Nordseite, wo eine breite Treppe auf die erste, von einer Balustrade eingefassten Terrasse führt. Die Geländer sind reich mit Ornamenten und siebenköpfigen Nagas verziert und mit Fayencen eingefasst. Auf der Terrasse stehen mehrere Gebäude; im Bot, südlich des Osteingangs, befindet sich eine der schönsten Buddha-Statuen aus hellem Quarzit, die teilweise mit Blattgold und Lack überzogen ist. Sie ist im Dvaravati-Stil gehalten und zeigt den Erleuchteten in europäischer Sitzhaltung (»Buddha der Zukunft«). Von dieser Statue existieren übrigens drei exakte Kopien, alle gehörten einst zum **Wat Na Phra Men** in Nakhon Pathom, von dem nur noch einige Backsteinreste zu sehen sind. Eine der Kopien steht heute im Wat Phra Men in Ayutthaya, die beiden anderen im Nationalmuseum in Bangkok.
Über dem kreisförmigen Fundament erhebt sich die große Kuppel (Anda; 98 m Durchmesser) in der Form einer Glocke bzw. einer Almosenschale buddhistischer Mönche. Verzierte, sich nach oben verjüngende Gesimse schließen die Basis ab. Es folgt ein quadratischer Aufsatz, der als über der Welt stehendes Heiligtum gedeutet wird. Den Abschluss bildet ein spitz zulaufender Kegel, der Ehrenschirm, der die Würde Buddhas symbolisiert. Um die Basis des Chedi verläuft eine Säulengalerie, die von vier symmetrisch angeordneten Viharns unterbrochen wird.

Tempelmuseen

Öffnungszeiten:
Di. – Fr.
9.30 – 16.00

Der Viharn nördlich des Osteingangs birgt das alte Tempelmuseum, in dem Stuck- und Steinplastiken aufbewahrt werden. Sehenswerter ist das Museum am südlichen Aufgang, an dessen Außenseite die steinernen Gesetzesräder aus der frühesten Zeit Nakhon Pathoms stehen. Zu sehen sind im Innern Buddha-Statuen, Stein- und Terrakotta-Skulpturen, außerdem Gegenstände des täglichen Lebens. Am südlichen Aufgang stehen das Modell des Khmer-Prangs, auf dessen Ruine König Mongkut den heutigen Chedi setzte, und eine Nachbildung des berühmten Chedi des Wat Mahathat von Nakhon Si Thammarat.

Am nördlichen Aufgang setzt sich die Treppe bis zur oberen Terrasse fort mit den beiden Salas im javanischen Stil. Sodann trifft man auf die von vier Viharns unterbrochene Säulengalerie. Durch rot lackierte Mondtore gelangt man auf die innere Terrasse mit 24 Türmchen, in denen Bronzeglocken untergebracht sind. Auf beiden Terrassen sind chinesische Steinfiguren, zahlreiche Funde aus dem Tempelbezirk sowie mehrere Salas zu finden. Von hier aus gelangt man auch zu den Wohnungen der Mönche im Südosten des Tempelbezirks.

! *Baedeker* TIPP

Tempelfest

Alljährlich im November findet in Nakhon Pathom ein großes Tempelfest statt, zu dem Pilger aus dem ganzen Land kommen. Auf den Tempelterrassen gibt es Theateraufführungen, Schattenspiele und andere Vergnügungen, zu Füßen des Chedi wird ein Rummelplatz aufgebaut. Der Chedi selbst wird mit Lichtergirlanden illuminiert.

Viharn

Die vier Viharns bestehen aus einer offenen Vorhalle und einem Innenraum. In der Vorhalle des nördlichen Viharn beeindruckt eine 8 m hohe, vergoldete Statue eines stehenden Buddha im Sukhothai-Stil, Hände und Füße stammen von einer steinernen Figur, die man um 1915 in Sawankhalok bei Sukhothai fand. Der Körper wurde in Bangkok in Bronze gegossen. Eine Inschrift an der Wand des Viharn besagt, dass im Sockel der Statue die Asche König Mongkuts beigesetzt sein soll. Im Viharn sind Figurengruppen aufgestellt; die eine stellt die Szene dar, wie zwei Prinzessinnen dem neugeborenen Siddharta (Buddha) ihre Verehrung bekunden. Die andere zeigt eine der wichtigsten Szenen aus dem Leben Buddhas: Nach vierzigtägigem Fasten brachten ihm Tiere aus dem Dschungel Nahrung. Im südlichen Viharn finden sich wunderschöne Steinplastiken, in einer kleinen Wandnische steht die Figur des Phya Pan aus dem 6./7. Jahrhundert. In der Vorhalle des westlichen Viharn trifft man auf die 9 m lange Figur eines ruhenden Buddha.

Weitere Sehenswürdigkeiten

Palast Sanam Chan

Im Nordwesten der Stadt ließ König Rama VI. 1910, also noch vor seiner Regierungszeit, in einem weitläufigen Park den Sanam-Chan-Palast errichten. Eine breite Allee führt vom Westtor des Chedi zu ihm, sehenswert sind die z. T. in europäisch-thailändischem Mischstil errichteten Gebäude; die Audienzhalle ist im Bangkok-Stil gehalten. In einem Schrein wird der Hindu-Gott Ganesha, der einen Elefantenkopf und einen massigen Menschenkörper mit mehreren Armen hat, verehrt. Kurios mutet vor dem Chali Mongkol Asana genannten Gebäude die Statue eines Hundes an, wahrscheinlich ist Ya Le dargestellt, der Lieblingshund von König Rama IV. Heute sind hier Teile der Provinzverwaltung untergebracht.

Wat Phra Ngam

Westlich des Bahnhofs von Nakhon Pathom liegt der Wat Phra Ngam, der von König Chulalongkorn auf den Fundamenten eines Heiligtums aus der Dvaravati-Zeit im Bangkok-Stil erbaut wurde.

✶ Rose Garden

Öffnungszeiten:
tägl. 8.30 – 17.00
www.rose-garden.com

Das Erholungsgebiet »Rose Garden«, 32 km südwestlich von Bangkok am Weg nach Nakhon Pathom gelegen, ist mit seiner Größe von 20 ha interessant für Golfspieler (18-Loch-Golfplatz) und Stadtmüde. Die Gartenanlage ist überwiegend im italienischen Stil gehalten. Offene Restaurants am Menam Chao Phraya bieten westliche, chinesische und thailändische Küche. Es gibt Bungalow-Hotels mit Swimmingpool und Tennisplätzen, besonders für die Weihnachtszeit und die Osterfeiertage ist rechtzeitige Reservierung erforderlich. Jeden Nachmittag um 14.45 Uhr wird eine gut einstündige Show gezeigt, in der bäuerliche und familiäre Thai-Zeremonien ebenso zu sehen sind wie Elefanten bei der Arbeit, historische Thai-Tänze und traditionelle Sport- und Spielformen. Nach der Vorstellung besteht Reitgelegenheit auf Elefanten.

Nakhon Phanom

C 5

Region: Nordostthailand
Höhe: 138 m ü. d. M.
Provinz: Nakhon Phanom
Einwohnerzahl: 31 000 (Stadt)

Nakhon Phanom, Hauptstadt der kargen gleichnamigen Provinz, liegt im äußersten Nordosten Thailands am Mekong, unmittelbar an der Grenze zu Laos. An klaren Tagen sieht man hinter dem von Wäldern gesäumten gegenüberliegenden Ufer und der Stadt Thakhek die laotischen Bergketten.

Flüchtlingsrefugium im Vietnamkrieg

Während des Vietnamkriegs fanden hier mehrere zehntausend Flüchtlinge Zuflucht, etwa 40 000 leben heute noch hier und in der Region. 12 km westlich von Nakhon Phanom befand sich ein US-amerikanischer Truppenstützpunkt und eine Abhörstation. Außer zwei lebhaften Märkten gibt es in der Stadt keine Sehenswürdigkeiten. Durch seine guten Hotels (z. T. zu Zeiten des amerikanischen Stützpunkts errichtet) ist Nakhon Phanom jedoch ein guter Ausgangspunkt für Ausflüge in die Umgebung.

Buddha im Wat Phra That Phanom

Umgebung von Nakhon Phanom

Der Ort That Phanom liegt ebenfalls am Mekong und etwa 45 km südlich von Nakhon Phanom. Mittelpunkt des Orts und hervorragendstes Bauwerk ist der um 900 erbaute Prang des **Wat Phra That Phanom** am westlichen Mekong-Ufer, der im Laufe der Zeit mehrfach restauriert wurde. In seinem Innern soll sich eine Buddha-Reliquie befinden. Ein erster, 8 m hoher Bau an dieser Stelle entstand bereits acht Jahre nach dem Tod Buddhas und wurde von fünf Königen des Si-Gotapura-Königreichs errichtet. Während der Lan-Chang-Periode wurden um 1614 die Seiten des Heiligtums neu gestaltet und eine Mauer angelegt. Annähernd die heutige Form erhielt der Prang um 1690, als der Mönch Phra Khru Luang Phonsamek ihn auf 47 m Höhe aufstocken sowie verschiedene Verzierungen und die Schirmspitze aus 16 kg purem Gold anbringen ließ. Die Plastiken sowie die Blumenornamente an den Seiten entstanden während der Bangkok-Periode um 1901. Erstmals wurde der Prang 1941 restauriert und auf seine heutige Höhe von 57 m gebracht; ein zweites Mal 1979.

Ausgezeichnete Reliefs im Khmer-Stil zieren die quadratische Basis; sie zeigen Szenen aus der brahmanischen Mythologie, eine Huldigung an Buddha durch die vier Weltenwächter und den Eingang des Erleuchteten in das Nirwana. Vor dem That steht auf einem mehrstufigen Podest eine von einem Ehrenschirm bekrönte Buddha-Figur. Die übrigen Tempelbauten sind aus neuerer Zeit. Ein Wandelgang umgibt den Hof (gut erhaltene Wandmalereien in den Torzugängen), der mit seinen schönen Bäumen, Büschen und Blumen einem gepflegten Garten gleicht.

! *Baedeker* TIPP

Phansa-Fest

Alljährlich im Januar ist der Wat Phra That Phanom ein Anziehungspunkt für viele Pilger, die gemeinsam das Phansa-Fest feiern. Dann gibt es rund um den Tempel viele Veranstaltungen (z. B. Folkloretänze, Märkte und Bootsrennen auf dem Mekong).

Ban Renu Etwa 7 km nordwestlich von That Phanom liegt das Seidenweberdorf Ban Renu. An der Hauptstraße reihen sich die Läden, in denen man hübsch eingefärbte Seidenstoffe in klassischen wie auch originellen Mustern erwerben kann. Sehr interessant ist der gestufte Turm des **Wat Phra Renu**, der bis zur Spitze mit ausdrucksvollen, grell-bunt bemalten Reliefs überzogen ist. Ihre Anordnung zeugt von einem sicheren Gefühl für Raumaufteilung. Die plastisch wirkenden figürlichen Darstellungen – u. a. Buddha als Kind auf Pferd und Elefanten reitend – treten aus einem kunstvoll verschlungenen Rankenwerk hervor. Die Darstellungsweise lässt neben dem Festhalten an der Tradition moderne Auffassungen erkennen.

✶ Nong-Han-See

Etwa 80 km südöstlich von Nakhon Phanom breitet sich eine weite, durch den See Nong Han relativ gut bewässerte Tiefebene bis zum Mekong hin aus; im Südwesten wird sie durch eine dicht bewaldete Berglandschaft begrenzt. Der fischreiche Nong-Han-See ist der größte Binnensee Thailands.

Sakhon Nakhon

Am südwestlichen Seeufer liegt die etwas verschlafen wirkende Stadt Sakhon Nakhon, zu der nur wenige Touristen finden. Hier gibt es einige gut erhaltene, qualitätsvolle Zeugnisse der Khmer-Kunst, etwa das verfallene Khmer-Heiligtum **That Dum**. Der neue weiße Prang des **Wat Phra Cheung Chum** wurde einem Khmer-Prang aus dem 16. Jh., der im Innern noch sichtbar ist, übergestülpt. Der Viharn birgt die Statue eines sitzenden Buddha.

✶ Wat Phra That Narai

Westlich von Sakhon Nakhon liegt der Wat Phra That Narai, ein im 11. Jh. errichtetes Heiligtum. Bewundernswert sind die gut erhaltenen, kunstvoll skulptierten Türstürze mit Szenen aus der brahmanischen Mythologie (u. a. die Götter Vishnu und Krishna).

Phu-Pan-Nationalpark

Über die Straße 213 Richtung Kalasin erreicht man den Nationalpark Phu Pan, dessen Berge üppig mit Monsunwald bewachsen sind. Ohne Führer ist der Park mit einem Aussichtspunkt, mehreren Wasserfällen und Höhlen nur schwer zu finden.

NAKHON PHANOM ERLEBEN

ANREISE

Auto:
Von Kalasin Straßen 213/22 (98 km)

Bus:
Von Bangkok Northeastern Bus Terminal (727 km) und Kalasin

Flug:
Von Bangkok täglich

AUSKUNFT

Tourism Authority of Thailand
184/1 Suntornvijit Road
48000 Nakhon Phanom
Tel. 0 42 / 51 34 90-1, Fax 51 34 92
tatphnom@tat.or.th

ÜBERNACHTEN

► Günstig

Mae Nam Khong Grand View Hotel
527 Sunthon Wichit Road
Tel. 0 42 / 51 35 64
Fax 51 10 37
112 Zimmer, Restaurant.
Recht kleine Zimmer, am besten sind die Deluxe Rooms. Spektakulär ist jedoch der Blick auf den Mekong. Das Hotelrestaurant gilt als beste Adresse von Nakhon Phanom.

✶ Nakhon Ratchasima (Khorat)

D 4

Region: Nordostthailand
Höhe: 222 ü. d. M.
Provinz: Nakhon Ratchasima
Einwohnerzahl: 207 000

Nakhon Ratchasima liegt am südwestlichen Rand des Khorat-Plateaus und entwickelte sich in den vergangenen Jahrzehnten zu einem Versorgungsmittelpunkt der strukturschwächsten Region Thailands, denn hier treffen die Eisenbahnlinien aus dem Norden und Osten zusammen.

Vorposten gegen die Khmer

Vermutlich wurde der Ort im 13. Jh. als ein Vorposten der Thai-Fürstentümer gegen die Khmer gegründet, wobei unter König Narai (1656 – 1688) Befestigungen gebaut wurden, von denen Reste zu sehen sind. Die Chronik berichtet von einem Überfall von Khmer-Truppen 1826, daran erinnert das Denkmal Khunying Mo vor dem westlichen Stadttor.

Sehenswertes in Nakhon Ratchasima

Befestigungsanlagen

Die breiten Wassergräben und das wieder aufgebaute Tor **Pratu Chumphon** vermitteln einen Eindruck von der einstigen Größe der Befestigungsanlagen. Auf einer Terrasse vor dem Tor steht das Bronzedenkmal von Thao Suranari, die als Nationalheldin (Khunying Mo) verehrt wird. Als 1826 Khmer-Truppen unter König Anu die Stadt überfielen, veranstaltete die Frau des Festungskommandanten mit anderen Frauen außerhalb der Stadt für die Besatzer ein Trinkgelage und griff die betrunkenen Soldaten an. Nach einem Monat schließlich hatten sie die Khmer vertrieben.

? WUSSTEN SIE SCHON ...?

- Die Einwohner von Nakhon Ratchasima verehren ganz besonders die Nationalheldin Thao Suranari, ihr zu Ehren gaben sie sich folgenden Wahlspruch: »Die Stadt der Dame, die heroische Tapferkeit zeigte. Die Stadt ist bekannt für wertvollste Thai-Seide, Korat-Nudeln und die größten alten Steinbauten sind weit bekannt. Die einzigartigen Dan-Kwian-Tonwaren von speziellem Ton sind der Stadt eigen.«

✶ Wat Sutthachinda

Öffnungszeiten: tägl. 9.00 – 16.00

Der Wat Sutthachinda ist von hübschen Gärten umgeben, besonders anmutig sind der von zwei Bronzelöwen bewachte kleine Viharn und der zierliche Glockenturm. Beachtenswert sind der reich geschmückte Giebel des Viharn sowie die kunstvoll geschnitzten Fenster zu beiden Seiten des Heiligtums. Im Innern des wohlproportionierten Viharn stehen drei Buddha-Statuen, die von fünfstöckigen Schirmen gekrönt sind. Die größte der Statuen zeigt den Gestus der Vergebung, eine der fünf klassischen Haltungen Buddhas. Neben dem Tempel steht ein Krematorium, in dem buddhistische Einäscherungszeremonien erfolgen.

In der Nähe des großen und sehenswertes Markts an der Mukkhamontri Road liegt an der Prajak Road der weitläufige Wat Phra Narai Mahathat. Hier stehen mehrere aus Khmer-Tempeln stammende skulptierte Sandsteinplatten und in einem kleinen Hindu-Tempel eine hoch verehrte Vishnu-Figur.

★ **Wat Phra Narai Mahathat**

Umgebung von Nakhon Ratchasima

Die Provinz Nakhon Ratchasima ist eines der wichtigsten Zentren der thailändischen Seidenproduktion, sowohl von Garn wie von Stoffen. In dem 33 km entfernten Seidenweberdorf **Pak Thong Chai** (Nationalstraße 2 nach Südwesten, dann Straße 304 in Richtung Kabinburi) lässt sich die Seidenherstellung von der Raupe an beobach-

Seidenweberdörfer

Vor glimmenden Räucherstäbchen beten Gläubige im Tempel.

ten. Manche Betriebe veranstalten Führungen durch die Produktionsräume und verkaufen preisgünstige Seidenartikel. An der Hauptstraße liegen etliche kleinere Seidenwebereien.

Wat Prasat Hin Noen Ku

Alt-Khorat verfügt über einen interessanten Khmer-Tempel, den Wat Prasat Hin Noen Ku im heutigen Muang Khorakhopura (37 km westlich der Stadt). Der auf einer großen quadratischen Terrasse angelegte Bau, zu dem noch zwei weitere kleine Gebäude gehören, zeigt schöne Skulpturen aus der Mitte des 10. Jahrhunderts.

Wat Prasat Muang Khaek

In der Nähe des Wat Prasat Hin Noen Ku befinden sich die Ruinen des Wat Prasat Muang Khaek mit Prang und Vorbau, der v. a. für seine reich gegliederten, fein durchgestalteten Skulpturen an Türstürzen, Giebelfeldern und Säulen bekannt ist (zumeist Motive aus der brahmanischen Mythologie). In diesem Tempel wurden auch kunstvoll gefertigte Steinplastiken des 10. Jh.s entdeckt.

✶✶ Wat Prasat Phanom Wan

Obwohl die Buddha-Statuen im alten Wat Prasat Phanom Wan, etwa 14 km nordöstlich von Nakhon Ratchasima (Nationalstraße 2, nach 10 km rechts abbiegen, nach weiteren 4 km das Dorf Ban Kho), von

NAKHON RATCHASIMA ERLEBEN

ANREISE

Auto:
Von Bangkok Nationalstraße 1 bis Saraburi, dann Nationalstraße 2 (»Friendship Highway«; 265 km)

Bahn:
Station an den Strecken Bangkok – Ubon Ratchathani und Bangkok – Udon Thani

Bus:
Von Bangkok Northeastern Bus Terminal mehrmals täglich

Flug:
Von Bangkok täglich

AUSKUNFT

Tourism Authority of Thailand
2102-2104 Mittraphap Road
30000 Nakhon Ratchasima
Tel. 0 44 / 21 36 66, 21 30 30
Fax 21 36 67, tatsima@tat.or.th

ÜBERNACHTEN

► Günstig

① *Sri Pattana*
346 Suranari Road
Tel. 0 44 / 25 53 49
Fax 25 16 55
212 Zimmer, Restaurant, Bar, Swimmingpool, Fitnesscenter.
Sehr schöne und geräumige Zimmer mit gutem Komfort. Der Pool ist gegen Gebühr auch Nicht-Hotelgästen zugänglich.

② *Sima Thani*
2114 Mittraphap Road
Tel. 0 44 / 21 30 00
Fax 21 31 21
www.simathani.com
265 Zimmer, 4 Restaurants und Bar, Coffeeshop, Swimmingpool, Fitnesscenter, Sauna.
Komfortable Zimmer zu einem günstigen Preis, gleich nebenan befindet sich das Büro der TAT.

Nakhon Ratchasima *Orientierung*

vielen Gläubigen verehrt werden und regelmäßig Andachten stattfinden, liegt der kleine, hervorragend erhaltene Khmer-Tempel still und fast verlassen da. Neue Klosterbauten sind z. T. auf den Fundamenten der alten entstanden, erhalten blieb das Heiligtum des 11. Jh.s. Die Verzierungen weisen auf das 10. Jh., wahrscheinlich stand an dieser Stelle zuvor ein älteres Bauwerk. Die rechteckige Umfassungsmauer mit innen liegender Galerie war in der Mitte jeder Seite von einem reich geschmückten Torbau unterbrochen. Im Hof stehen noch einige Ruinen von Prangs, viele Türstürze sind ebenso erhalten. Das Heiligtum ist eine rechteckige Anlage mit einem Prang aus grauem Sandstein, dem an allen vier Seiten Vorhallen angefügt wurden. Von der östlichen Vorhalle führt ein gedeckter, durch Fenster erhellter Gang zu einer 10 x 3 m großen Halle (Mandapa) mit Stufendach. Die Buddha-Statuen, unter ihnen zahlreiche vergoldete, stammen aus neuerer Zeit.

Ruinenfeld von Muang Sema

Etwa 40 km westlich von Nakhon Ratchasima liegt bei dem Dorf Muang Sema ein Ruinenfeld, an dessen Stelle eine bedeutende Stadt der Mon vermutet wird, die sich hier zwischen dem 6. und 11. Jh. niederließen. Ergebnisse der Forschungsarbeiten wurden bisher nicht veröffentlicht.

Hinweis

56 km nordöstlich von Nakhon Ratchasima liegen die berühmten Khmer-Tempel von ► Phimai. Auch die hervorragend erhaltenen Khmer-Bauten ► Prasat Phanom Rung und Prasat Muang Tam bei Prakhon Chai sind in einem Tagesausflug gut erreichbar (ca. 130 km entfernt).

★ Nakhon Sawan

D 3

Region: Zentralthailand
Höhe: 28 m ü. d. M.

Provinz: Nakhon Sawan
Einwohnerzahl: 91 000

Nakhon Sawan, früher Paknam Po genannt, liegt etwa 240 km nördlich von Bangkok am Zusammenfluss des Menam Ping und des Menam Nan zum großen Menam Chao Phraya, der die Zentralebene bewässert und in den Golf von Thailand mündet. Seit jeher eine blühende Stadt, ist Nakhon Sawan vom 1989 ausgesprochenen Fällverbot für Tropenhölzer besonders betroffen, da die Stadt Endstation für die riesigen Holzflöße aus dem Norden war.

Handelsstadt

Nach wie vor bestimmt aber der Holzhandel das rege Leben der Stadt. Jute-, Mais- und Erdnussfelder charakterisieren das Landschaftsbild. Im Westen der Stadt türmt sich die eindrucksvolle Bergkette des Khao Pathawi auf.

Sehenswertes in Nakhon Sawan

✶ Wat Chomkiri Nagaproth

Von der alten Stadt Nakhon Sawan ist heute kaum noch etwas zu sehen. Aus der Sukhothai-Zeit stammt der auf einem nahen Berg am gegenüberliegenden Ufer des Menam Chao Phraya gelegene Wat, in dem ein Fußabdruck Buddhas besondere Verehrung genießt. Bedeutender ist der Wat Chomkiri Nagaproth auf einem Hügel jenseits des Menam Chao Phraya im Süden der Stadt. Der von einer doppelten Reihe von Semas umgebene Bot wurde gleichfalls in der Sukhothai-Zeit errichtet. Im Innern ist die schöne Statue eines sitzenden Buddha im Ayutthaya-Stil zu erwähnen, der Thron wird von Dämonen getragen. Hinter der Statue befinden sich eine weitere Buddha-Figur und ein Fußabdruck. Buddha-Figuren im Ayutthaya-Stil umgeben ei-

NAKHON SAWAN ERLEBEN

ANREISE

Auto:
Von Bangkok Nationalstraßen 1/32/1 (ca. 240 km)

Bahn:
Station an der Strecke Bangkok – Chiang Mai

Bus:
Von Bangkok Northern Bus Terminal

ÜBERNACHTEN

► Günstig

Pimarn Hotel
605/244 Asia Highway Road
Tel. 0 56 / 22 20 97, Fax 22 12 53
124 Zimmer, Restaurant, Bar, Diskothek, Swimmingpool, Fitnesscenter, Shoppingarkade.
Zentral zu den Sehenswürdigkeiten von Nakhon Sawan gelegenes Hotel mit hübsch eingerichteten Zimmern.

nen großen sitzenden Buddha im Viharn. Im Hof hängt zwischen steinernen Pfeilern eine große, fein ziselierte Bronzeglocke von 1870. In der Umgebung lohnen zahlreiche Märkte einen Besuch.

★ Boeng-Boraphet-See

Der Naturfreund sollte den östlich von Nakhon Sawan gelegenen Boeng-Boraphet-See nicht auslassen, einen der größten Binnenseen des Landes, der seine wahre Größe gegen Ende der Regenzeit erreicht und dann beachtliche 20 km lang ist. Der See ist sehr fischreich und Heimat für viele Wasservogelarten. Ein Teil des großen Sumpfgebiets wurde vor Jahren zum Vogelschutzgebiet erklärt.

Phayuha Khiri

Etwa 6 km südlich von Nakhon Sawan liegt das kleine Dorf Phayuha Khiri, in dem zahlreiche Elfenbeinschnitzer leben. Hier kann man bei der Herstellung wertvoller Kunstgegenstände zusehen. Allerdings wird heute in der Regel kein Elfenbein verwendet, sondern man benutzt Ersatzstoffe, da Elefanten durch das Washingtoner Artenschutzabkommen geschützt sind.

★★ Nakhon Si Thammarat

G 2 / 3

Region: Südthailand
Höhe: 13 ü. d. M.
Provinz: Nakhon Si Thammarat
Einwohnerzahl: 118 000

Die traditionsreiche Stadt Nakhon Si Thammarat liegt auf der Malaiischen Halbinsel, zu deren Ostküste sind es nur wenige Kilometer. Von der fruchtbaren Küstenebene steigt das mit üppiger Vegetation überzogene Gebirge bis zu dem 1835 m hohen Gipfel des Kalkmassivs Khao Luang sanft an.

Zentrum des thailändischen Kunsthandwerks

Obstkulturen und Bergbau brachten der Stadt Reichtum, die Niello-Technik, die hier ihre höchste Vollendung erreichte, machte sie zu einem Zentrum des thailändischen Kunsthandwerks. Die große Vergangenheit verleiht der Stadt eine ehrwürdige Erhabenheit, die heute noch zu spüren ist.

Die Stadt trug einst den malaiischen Namen Ligor und war seit jeher eine wichtige Station auf dem Handelsweg zwischen Europa, Afrika und Indien bzw. China. Schon in den ersten Jahrhunderten unserer Zeitrechnung soll Nakhon Si Thammarat die Hauptstadt eines Fürstentums mit Namen Tambralinga gewesen sein, das bis 1360 Bestand hatte. Als gesichert gilt, dass Nakhon Si Thammarat im

! Baedeker TIPP

Vollmondfeste

Alljährlich strömen zu den Vollmondfesten (Februar/März) Tausende von weiß gekleideten Pilgern zum Wat Mahathat und dort zu dem imposanten Chedi. Während sie ihn umkreisen, wird er mit orangefarbenen Tüchern behängt.

? WUSSTEN SIE SCHON ...?

- Die Niello-Technik hat in Nakhon Si Thammarat eine lange Tradition. Sie stammt wahrscheinlich aus China und wurde auf thailändischem Boden zuerst in dieser Stadt heimisch. Heute noch sollen die kunstvollsten Stücke von hier stammen. Beim Niello wird eine Zeichnung in Metall (zumeist Silber) eingeschnitten und mit schwarzer Schmelzlegierung ausgefüllt. In vielen Läden der Stadt sieht man Dosen, Kästchen, Aschenbecher und Schmuckstücke in Niello-Technik.

8. Jh. n. Chr. unter der Hoheit des Srivijaya-Königreichs stand, das Sumatra und große Teile der Malaiischen Halbinsel umfasste. Eine Steintafel berichtet, dass um 775 Tempel erbaut wurden, in denen die Lehren des Mahayana-Buddhismus verbreitet wurden. Ende des 10. Jh.s eroberte ein Fürst von Tambralinga das Mon-Reich von Lopburi, das bereits dem Khmer-Reich zugehörte, und machte sich unter dem Namen Suryavarman I. zum König von Angkor Wat. 1292 eroberte König Ramkhamhaeng von Sukhothai Tambralinga; wie Sukhothai wurde es dann im 14. Jh. zunächst ein Vasallenstaat, später Bestandteil des Reichs von Ayutthaya. König Rama Thibodi II. (1491 – 1529) erlaubte 1516 den Portugiesen, in Ligor eine Handelsniederlassung zu gründen. Als Ayutthaya 1767 zerstört wurde, war das Fürstentum Tambralinga noch einmal kurze Zeit unabhängig, bis es König Taksin seinem neuen Reich einverleibte.

Kunst und Kunsthandwerk

In der Kunst spielte die Stadt eine wichtige Rolle, von hier kamen einige bekannte Künstler, die für die besondere Qualität ihrer Buddha-Abbildungen bekannt waren.

Nang-Theater

Das Schattenspieltheater Nang ist indonesischer Herkunft und wird nur noch in Südthailand, vor allem in Nakhon Si Thammarat und besonders an buddhistischen Feiertagen, gepflegt. In einigen Läden kann man Schattenspielfiguren, die aus stark gegerbter Büffelhaut hergestellt sind, kaufen.

Sehenswertes in Nakhon Si Thammarat

Altstadt

Die Stadt lag früher unmittelbar am heute 26 km entfernten Meer, die lange Hauptstraße folgte aber immer noch der Küstenlinie. Heute ist sie über die nördliche Begrenzung hinausgewachsen, die Altstadt mit den meisten Sehenswürdigkeiten bildet gewissermaßen einen Vorort. Im ihrem Zentrum findet man noch teilweise wiederhergestellte Reste der alten Stadtmauer.

Wat Maheyong

Folgt man der Ratchadamnoen Road mit ihren hübschen Holzhäusern nach Süden, trifft man noch vor den alten Stadtmauern auf den Wat Maheyong, in dem ein schöner Bronze-Buddha im Nakhon-Si-Thammarat-Stil steht.

Buddhistische Mönche beim Studium der Pali-Schriften →

✶ Wat Sema Muang

Der Wat Sema Muang, ebenfalls auf der rechten Seite der Ratchadamnoen Road, wurde um 775 gegründet; hier fand man die erwähnte Steintafel. Baureste sind jedoch nicht mehr zu sehen. Nur wenige Schritte weiter stehen zwei mit roten Dächern gedeckte brahmanische Tempel aus der Srivijaya-Zeit; im rechten Heiligtum befinden sich einige Lingam (Phalli, Symbole für den Gott Shiva).

✶✶ Ho Phra Sihing

Der Ho Phra Sihing, eine kleine Kapelle im Hof der im Thai-Stil erbauten Präfektur (in der Stadtmitte an der Abzweigung der Straße 4019 nach Thung Song) birgt eine berühmte Figur, den Buddha Phra Sihing (Sukhothai-Stil). Im Nationalmuseum von Bangkok sowie in Chiang Mai im Wat Phra Singh gibt es je ein weiteres identisches Exemplar, die ebenfalls als authentisch reklamiert werden. Das Original stammte vermutlich aus Ceylon, dem heutigen Sri Lanka. Beachtenswert sind auch die beiden mit Gold bzw. Silber umkleideten Buddha-Figuren.

✶✶ Wat Mahathat

Der berühmteste Tempel und einer der ältesten in Thailand ist der Wat Mahathat in der Ratchadamnoen Road. Man erkennt ihn schon von weitem an dem 74 m hohen Chedi, der eine Spitze aus 216 kg purem Gold trägt. Genau kennt man das Gründungsdatum dieses Tempels nicht, vermutlich ist der Tempel im 10. Jh. entstanden. Eine tief greifende Umgestaltung, nach der von der alten Anlage nicht mehr viel übrig blieb, erfuhr der Tempelbezirk zwischen 1157 und 1257.

Tempelanlage ►

Den weitläufigen Bezirk des Wat umgibt eine mit farbig glasierten Ziegeln gedeckte Wandelhalle. Im Hof stehen 156 kleine und größere Chedis in Glockenform bzw. Stupas. Auch der zentrale Chedi, dessen Fundament von 757 stammt, wird von einer gedeckten Galerie um-

***Wat Mahathat** Nakhon Si Thammarat*

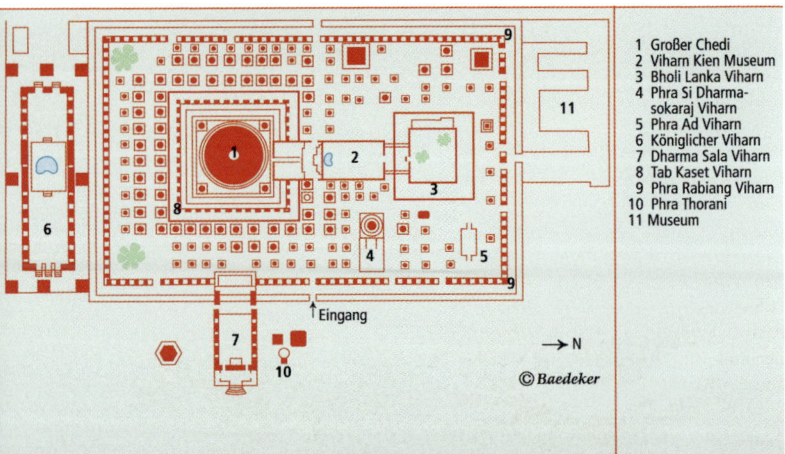

NAKHON SI THAMMARAT ERLEBEN

ANREISE

Auto:
Von Bangkok Nationalstraßen 3514/41/401; von Suratthani entweder südlich oder zunächst östlich an der Küste entlang

Bahn:
Von Bangkok-Hualampong zwei Zugpaare tägl. direkt nach Nakhon Si Thammarat (832 km, ca. 14 Std.); sonst bis Thung Song, dann umsteigen

Flug:
Der Flughafen von Nakhon Si Thammarat wird von Thai Airways täglich von Bangkok aus bedient.

AUSKUNFT

Tourism Authority of Thailand
Ratchadamnoen Road
80000 Nakhon Si Thammarat
Tel. 0 75 / 34 65 15-6
Fax 34 65 17, tatnksir@tat.or.th

ÜBERNACHTEN

▸ Günstig

Grand Park Hotel
1204/79 Pak Nakhon Road
Tel. 0 75 / 31 76 66
Fax 31 76 74
129 Zimmer, Restaurant, Bar, Swimmingpool.
Empfohlenes Hotel östlich des Stadtzentrums. Gepflegte Zimmer, aufmerksamer Service.

Khanom Golden Beach Hotel
59/3 Moo 4, Nadan Beach
Khanom
Tel. 0 75 / 32 66 90
Fax 52 92 25
www.khanombeach.com
70 Zimmer, 2 Restaurants, Bar, Nightclub, Swimmingpool, Strand.
Etwas außerhalb der Stadt gelegenes Hotel mit sehr schönen, modernen und geräumigen Zimmern. Sehr gutes Restaurant.

geben, die mit 172 Buddha-Statuen besetzt ist. Das Haupttheiligtum liegt nördlich vor dem Chedi. Von hier aus führt eine breite, von Löwen und Yaks bewachte Treppe auf eine Terrasse des Chedi. An der Treppe liegen zwei Kapellen, in der linken sind eine Buddha-Statue im Sukhothai-Stil und Stuckreliefs sowohl im Srivijaya- als auch im Ayutthaya-Stil, in der rechten eine Buddha-Statue im Ayutthaya-Stil und Stuckreliefs am Altar zu sehen.

◂ Tempelmuseum

Öffnungszeiten:
tägl. 8.00 – 12.00, 13.00 – 16.00

Das kleine Tempelmuseum im Viharn Kien enthält außer vielen kunstgewerblichen Gegenständen wie feinen Silberarbeiten sowie Fayencen aus China und Sawankhalok. Besonders hervorzuheben sind zwei wertvolle, äußerst schöne Kunstwerke, ein sitzender Buddha im Srivijaya-Stil und ein stehender im Dvaravati-Stil.

Viharn Luang

Am Viharn Luang (Königlicher Viharn) neben dem Wat Mahathat fallen außen wie innen die stark geneigten Säulen auf (typisch für die Ayutthaya-Periode). Schräg gegenüber dem Wat Mahathat liegen auf der anderen Straßenseite im Wat Na Phra Boromathat die Wohnungen der Mönche.

★★ Nationalmuseum

Öffnungszeiten: Mi. bis So. 9.00 – 12.00, 13.00 – 16.00 Eintrittsgebühr

Sehr sehenswert ist das 1974 eröffnete Nationalmuseum an der Hauptstraße mit einer großen Anzahl von Kunstwerken in verschiedenen Stilen. Besonders beachten sollte man drei steinerne Bildnisse im indischen Pallava-Stil aus dem 9. Jh., die Vishnu mit zwei Adoranten (Mann und Frau) darstellen. Funde aus dem Neolithikum (Steinketten), Ess- und Kochgeschirre des 3. Jh.s sowie das prächtige Giebelfeld des 1769 erbauten Wat Sa Riang sind weitere Sehenswürdigkeiten. Einzigartig ist die älteste in Südostasien gefundene Vishnu-Figur aus dem 5. Jahrhundert. Im Obergeschoss sind landwirtschaftliche Geräte und Gegenstände des täglichen Gebrauchs zu sehen.

Fotografieren verboten! ►

Im Innenhof stehen Kutschen und Sänften, in einem Nebenraum findet man besonders kunstvoll verzierte Stöcke, die zur Abwehr von Schlangen dienten.

★ Wat Phra Du

Im äußersten Norden der Stadt, in einer Seitenstraße, die in Höhe des Bahnhofs von der Ratchadamnoen Road abzweigt, steht ein weiterer interessanter Tempel, der Wat Phra Du. Hier soll sich das Grab König Taksins befinden, der – entgegen der geschichtlichen Überlieferung – 1782 der Hinrichtung entgangen sein und in einer Felsengrotte in den Bergen bei Nakhon Si Thammarat seine letzten Lebensjahre verbracht haben soll.

★ Tiermarkt

Sehenswert ist der regelmäßig in der Nähe des Busbahnhofs abgehaltene Tiermarkt, auf dem Affen, Elefanten, Schlangen und manchmal auch Wildkatzen verkauft werden.

Umgebung von Nakhon Si Thammarat

Nähere Umgebung

Die Umgebung von Nakhon Si Thammarat ist sehr abwechslungsreich; zum Landesinnern hin dominieren weite Gummibaumplantagen, die Küste besitzt einige schöne Strände. In den Bergen vor der Stadt gibt es zahlreiche Höhlen wie die **Taksin-Grotte** (Straße 4015 in Richtung Lan Saka). In ihrer Nähe befindet sich der **Wat Khao Khun Phanom**, ein Tempel inmitten einer grandiosen Dschungellandschaft mit einigen beachtenswerten Buddha-Statuen und einer Statue des Königs Taksin. Sehenswert ist auch der **Phrom-Lok-Wasserfall** (nordwestlich, Straße 4016), in dessen Becken man baden kann.

★ Khao-Luang-Nationalpark

30 km westlich der Stadt (nördlich der Straße nach Chawang) liegt der 1834 m hohe Berg Khao Luang, nach dem der ihn umgebende Nationalpark benannt wurde. Den 1984 eröffneten Park erreicht man, indem man bis zum Dorf Ban Ron fährt und dort der Beschilderung folgt. Besonders sehenswert ist der **Karom-Wasserfall**, dessen Kaskaden über mehrere Stufen etwa 40 m in die Tiefe stürzen. Von hier aus wurde ein Weg angelegt, der durch eine faszinierend urwüchsige Landschaft an 19 Wasserfällen entlang führt.

★★ Nan (Nang)

B 3

Region: Nordthailand
Höhe: 200 m ü. d. M.
Provinz: Nan (Nang)
Einwohnerzahl: 22 000

Nan liegt nahe der Grenze zu Myanmar im Tal des Menam Nan, einem der großen Zuflüsse des Menam Chao Phraya, umschlossen von hohen Bergketten. Die Unwegsamkeit des Geländes sicherte bis in das vergangene Jahrhundert hinein den Bestand eines kleinen Königreichs. Die Stadt bietet bedeutende Tempelanlagen, die Umgebung begeistert vor allem den Naturfreund. Berühmt sind die süßen Apfelsinen aus Nan und die Kunstgegenstände aus Rohr, die von Frauen und Kindern in Heimarbeit hergestellt werden.

Geschichte

Spuren einer Besiedlung der Provinz Nan gibt es etwa ab dem Jahr 1280, ab dem Beginn des 15. Jh.s war Nan Teil eines Königreichs, das von König Boroma Trailokanat (1448 – 1488) regiert wurde.
Zeitweise waren die Könige von Nan denen von Chiang Mai tributpflichtig, 200 Jahre lang waren sie Vasallen der Birmanen, später der Könige von Ayutthaya. Doch stets besaßen die Könige von Nan gewisse Privilegien. Erst 1931 wurde Nan dem Königreich Siam angegliedert.

Sehenswertes in Nan

Stadtmauern

Die nach Mon-Art im Oval angelegten Stadtmauern wurden 1857 errichtet, nachdem die alten Befestigungen durch mehrere Hochwasser des Menam Nan zerstört wurden.

NAN ERLEBEN

ANREISE

Auto:
Von Phrae Straße 101 (125 km); von Chiang Rai Nationalstraße 1 bis Ngao, Straße 103 bis Rhong Kawan, dann Straße 101

Bus:
Von Chiang Mai, Chiang Rai, Phrae und Phayao regelmäßige Verbindungen

Flug:
Von Bangkok über Chiang Mai bzw. Phitsanulok

ÜBERNACHTEN

► Günstig

Grand Mansion Hotel
71/1 Mahayot Road
Tel. und Fax 0 54 / 75 05 14-5 57
Zimmer, Restaurant, Bar.
Das erste Haus am Platz mit geräumigen, komfortablen und sauberen Zimmern und gutem Restaurant.

★★ Wat Phumin

In der Architektur der frühen Nan-Zeit zeigen sich Merkmale des Mon- und des Chiang-Saen-Stils, später ließ Nan sich vom Sukhothai-Stil anregen. Der berühmte Tempel der Stadt, der Wat Phumin, südlich der Provinzverwaltung an der Suriyaphong Road gelegen, stammt aus dem Jahr 1596 und enthält Stilelemente aus allen genannten Epochen. Er weist einen kreuzförmigen Grundriss auf, die dreistufigen Dächer sind zu dem mit einem graziösen Schirm gekrönten Kreuzungspunkt hin gestaffelt. Die vier symmetrisch angeordneten Eingänge, zu denen kurze, schön geschwungene und löwenbewachte Treppen hinaufführen, haben reich verzierte geschnitzte Portale. Den würfelförmigen Altar im Innern umgeben vier sitzende Bronzelöwen im Sukhothai-Stil. Pfeiler und kunstvoll verstrebtes Gebälk tragen eine reich dekorierte Kassettendecke. Die Wandfresken stammen aus dem 19. Jh., sie erzählen in lebhaften Bildern in ungewöhnlich bunten Farben Szenen aus der Geschichte des Landes, besonders von Schlachten und aus den früheren Leben Buddhas (den »Jataka«), und schildern damit gleichzeitig die Lebensweise der nordthailändischen Bevölkerung.

★ Elefantenstoßzahn

In einem der Regierungsgebäude wird ein 300 Jahre alter Elefantenstoßzahn aufbewahrt. Er ist kürzer und dicker als die üblichen Stoßzähne, die Elfenbeinfarbe ist im Laufe der Jahre zu einem schwärzlichen Gelb geworden.

★ Wat Chang Kang

Den »vom Elefanten getragenen Tempel«, so die wörtliche Übersetzung des Namens, findet man gegenüber den Regierungsgebäuden. Charakteristisch ist sein schöner Chedi aus dem 15./16. Jh. mit einem Sockel, der von 28 Elefantenskulpturen getragen wird.

Die beiden Heiligtümer enthalten einige hervorragende Buddha-Skulpturen im Sukhothai-Stil; das eine besitzt einen schreitenden und einen stehenden Buddha mit vorgestreckten Armen und geöffneten Händen, das andere einen schreitenden Buddha aus massivem Gold. Dieser Buddha war jahrhundertelang unter einer dicken Gipsschicht verborgen; als man ihn an einen anderen Ort bringen wollte, löste sich die Umhüllung. Wie aus den Inschriften auf dem Sockel der beiden erstgenannten Figuren hervorgeht, ließ König Ngua Pha Sum 1426 fünf Standbilder anfertigen, die beiden anderen lebensgroßen Statuen, vielleicht die schönsten dieser Serie, stehen im Wat Phaya Phun.

Wat Suan Tan, Wat Ming Muan

Im Wat Suan Tan am nördlichen Ende der Pakwang Road, 1456 von der Frau des ersten Königs von Nan gegründet, sind die Statue eines sitzenden Buddha im Sukhothai-Stil mit Merkmalen des Chiang-Mai-Stils und ein 40 m hoher prangähnlicher Chedi bemerkenswert. Der 1999 errichtete Wat Ming Muang wird außen von üppigen Stuckornamenten verziert und innen von farbintensiven Fresken, die das sehr anschaulich frühere Leben der Bauern und der Herrschaftsschicht darstellen.

Das kleine Nationalmuseum an der Pa Gong Road enthält einige schöne Ausstellungsstücke, die sich in erster Linie auf die verschiedenen ethnischen Gruppen in und um Nan beziehen (Öffnungszeiten: Di. – So. 9.00 – 16.00 Uhr; Eintrittsgebühr).

Nationalmuseum

Umgebung von Nan

Drei Kilometer südöstlich der Stadt, auf der anderen Seite des Menam Nan, liegt malerisch auf einer Anhöhe der Wat Phra That Chao Meng. Es heißt, Buddha habe höchstselbst diesen Ort besucht und dabei vorhergesagt, dass man an dieser Stelle Reliquien finden und einen Tempel für sie bauen würde. Zwei breite, von Nagas gesäumte Wege führen hinauf zu den Eingängen des Wat, der bereits 1300 ge-

Wat Phra That Chao Meng

Bescheidenes Auskommen durch Salzgewinnung nahe der laotischen Grenze

gründet und 1476 renoviert wurde. Der 56 m hohe elegante Chedi ist mit kostbar vergoldeten Kupferplatten verkleidet, die Umgrenzung des Chedi ist durch vergoldete Kupferschirme, Ziertürmchen und Löwenstatuen geschmückt. Der Viharn offenbart in der Dachform laotischen Stil.

Südlich der Stadt, jenseits der Straße 101, liegt auf einem Berg der **Wat Phaya Phun**, dessen Chedi die Form einer spitzen, mit Nischen besetzten Stufenpyramide aufweist. Ob er wie die Buddha-Statuen aus dem 14. Jh. – als nach Jahren des Hinayana- der Theravada-Buddhismus wieder eingeführt und dem Animismus abgeschworen wurde – oder aus dem 18. Jh. stammt, ist noch ungeklärt.

Wat Phra That Khao Noi

Etwa 2 km weiter steht an derselben Straße der Wat Phra That Khao Noi mit einem Chedi im Chiang-Saen-Stil. Vom Berg Khao Noi aus bietet sich ein weiter Blick auf die Ebene und die Stadt Nan.

✶✶ Landschaft

Von der Straße 101 zweigt bei dem Ort Sa, 24 km südlich von Nan, die Straße 1026 nach Ban Na Noi ab. In der Umgebung findet man eine canyonartige Landschaft mit drei Gruppen gespensterhaft emporragender Felsen: **Nom Chom**, **Sao Dip** und **Sao Nin**.

✶ Wat Bun Yeun

Der kleine Ort Sa ist berühmt für seine handgewobenen Seiden- und Baumwollstoffe mit modernen und traditionellen Mustern. Der Tempel Wat Bun Yeun zeigt besten laotischen Stil; die wundervoll geschnitzte Tür des wohlproportionierten Viharn stellt eine Gottheit dar. Zu erwähnen ist auch ein Chedi im Chiang-Saen-Stil.

✶ Narathiwat

H 3

Region: Südthailand
Höhe: 3 m ü. d. M.
Provinz: Narathiwat
Einwohnerzahl: 42 000

In Narathiwat ist man 1530 km von Bangkok entfernt, bis zur malaiischen Grenze sind es nur noch 67 km. Malaiischer Stil und malaiische Lebensweise sind allenthalben spürbar, ein nicht geringer Teil der Bevölkerung spricht die Sprache des Nachbarlands. Neben buddhistischen Tempeln ruft der Muezzin zum Gebet, auf den Märkten wird Schweinefleisch ebenso verkauft wie Hammelfleisch.

Bunter Bevölkerungsmix

Die Stadtbewohner haben sich arrangiert, auch wenn es hin und wieder Konflikte mit denen gibt, die den Anschluss an Malaysia fordern. Außer Muslimen leben in Narathiwat zahlreiche Chinesen. Die thailändische Königsfamilie ließ sich in Narathiwat einen Palast bauen, der ihnen als Domizil dient, wenn sie alljährlich ihre Reisen durch Südthailand unternimmt.

NARATHIWAT ERLEBEN

ANREISE

Auto:
Von Songkhla Nationalstraßen 408 / 43 / 42 (200 km)

Bus:
Von Pattani, Betong und Songkhla

Bahn:
Nächster Bahnhof Songkhla

Flug:
Von Bangkok mit Air Asia (einmal täglich)

AUSKUNFT

Tourism Authority of Thailand
102/3 Moo 2
Narathiwat-Takbai Road
96000 Narathiwat
Tel. 0 73 / 52 2 4 13, 51 61 44, 52 24 11
Fax 52 24 12, tatnara@tat.or.th

ÜBERNACHTEN

► Komfortabel

Royal Princess
Phichit Bamruang Road
Tel. und Fax 0 73 / 51 50 41
rsvnctr@dusit.com
117 Zimmer, 2 Restaurant, Coffeeshop, Bar, Swimmingpool.
Das erst 1997 eröffnete Haus, das zur Dusit-Kette gehört, bietet Zimmer mit allen Annehmlichkeiten und ein sehr gutes Restaurant (Spezialität: Meeresfrüchte!).

► Günstig

Tanyong Hotel
16/1 Sopapisai Road
Tel. 0 73 / 51 14 77, Fax 51 18 34 84
Zimmer, Restaurant, Bar, Swimmingpool.
Empfehlenswertes Hotel in ruhiger Lage und mit gutem Komfort.

Geschichte

Die südlichen Provinzen kamen erst im 18. Jh. zum Königreich Thailand, mit ein Grund dafür, dass sich viele Bewohner eher dem Nachbarstaat zugehörig fühlen. Über Jahrhunderte gewachsene kulturelle Verbindungen rissen auch nach der Grenzziehung zwischen Thailand und Malaysia 1786 nicht ab. Allerdings hat die malaiische Regierung kaum Interesse an einem Anschluss. Vor allem junge Muslime schließen sich in Separatistenbewegungen zusammen und sorgen zeitweise für Unruhen. Der Besucher wird von all dem nicht viel zu spüren bekommen, er sollte jedoch größere Menschenansammlungen meiden.

Stadtbild

Das Stadtbild wird von den Zwiebeltürmen der Moscheen, den im malaiischen Stil erbauten Häusern und den farbenfroh gekleideten Menschen charakterisiert. Sehr interessant sind auch die Märkte und der lebendige Fischerhafen.

Umgebung von Narathiwat

✶ Landschaft

Die intensiv landwirtschaftlich genutzte Gegend um Narathiwat lädt zu einer Rundfahrt ein. Eine wichtige wirtschaftliche Rolle spielen die weitläufigen Kokosnussplantagen, in denen auch dressierte Affen

Kleiner Laden auf dem Land

als Pflücker eingesetzt werden. Die Küste ist reich an schönen feinsandigen Stränden, dort gibt es auch einige Bungalowanlagen. Etwa 25 km nördlich (Straße 42, bei km 73 abbiegen) erreicht man die schönen Wasserfälle **Nam Tok Bacho**.

Pattani Auch in der 80 km nördlich gelegenen Stadt Pattani sind die Mehrzahl der Bewohner muslimische Malaiien, die z. T. eine Loslösung von Thailand anstreben. Im 15. Jh. bildete sich hier ein selbstständiger Stadtstaat, der von Fürsten, den muslimischen Ratchas, regiert wurde, jedoch die Oberhoheit zunächst der Srivijaya-Herrscher, dann der Regenten von Sukhothai und Ayutthaya anerkennen musste. Anfang des 16. Jh.s blühte der Handel mit Europa, Indien und China; Portugiesen und Holländer gründeten Handelsniederlassungen. 1619 lieferten sich holländische und englische Kriegsschiffe im Hafen einen Kampf, aus dem die Holländer als Sieger hervorgingen. Von dem alten Ratcha-Palast sind noch Ruinen vorhanden. Hervorragendstes Bauwerk der Stadt ist die Moschee mit großer Zwiebelkuppel. Der chinesische Tempel stammt vom ausgehenden 18. Jahrhundert. Das Hinterland von Pattani ist ein dschungelbewachsenes Bergland, die Küstenlandschaft ist abwechslungsreich und reizvoll. Mit großer Begeisterung verfolgt die Bevölkerung in Pattani die Stierkämpfe, in denen die Tiere gegeneinander antreten. Eine wichtige Rolle spielt dabei die Wettlust der Thailänder, der Stierkampf selbst wird fast zur Nebensache.

✶ Nong Khai

C 4

Region: Nordostthailand
Höhe: 160 m ü. d. M.
Provinz: Nong Khai
Einwohnerzahl: ca. 60 000

Was den Besucher in die Stadt Nong Khai zieht, ist die nahe Grenze nach Laos und dessen Hauptstadt Vientiane (früher Viangchan). Besonders beeindruckend ist der Blick über den mächtigen Mekong, den größten Strom Südostasiens und immerhin achtlängsten Fluss der Erde.

Brücke der Freundschaft

Im Jahre 1994 wurde die 1174 m lange »Brücke der Freundschaft« als erste Brücke über den Mekong eingeweiht. Sie war ein Gemeinschaftsprojekt von Thailand, Laos und Australien und gilt neben ihrer Bedeutung als Verkehrsverbindung auch als Symbol für den wirtschaftlichen Reformkurs der laotischen Regierung; Thailand ist seit Jahren wichtigster Handelspartner von Laos. Mit dieser Brücke besteht nun eine durchgehende Landverbindung zwischen Singapur und Peking.

Umgebung von Nong Khai

✶ Wat Kaek

Einige Kilometer östlich der Stadt liegt auf thailändischer Seite am Mekong der Wat Kaek, in dem viele Figuren anscheinend zusammenhanglos aufgestellt sind. Unter ihnen befinden sich die Monumentalstatue eines meditierenden Buddha mit einer reich ornamentierten Spitze auf dem Kopf und die Skulptur des vierarmigen, indischen Gottes Ganesha, der auf einer Ratte reitet. Die bis zu 20 m hohen Tierfiguren aus Zement stellen eine Parodie der menschlichen Gesellschaft dar. Gegründet wurde die Anlage von einem 1975 aus seinem Land geflüchteten Laoten.

NONG KHAI ERLEBEN

ANREISE

Auto:
Von Udon Thani Nationalstraße 2 (53 km)

Bahn:
Endstation der Strecke Bangkok – Nordostthailand

Flug:
Nächstgelegener Flughafen Udon Thani (50 km; Busverbindungen)

ÜBERNACHTEN

► Günstig

Pantawee Hotel
1049 Haisoke Road
Tel. und Fax 0 42 / 41 15 68
www.pantawee.com
120 Zimmer, Restaurant, Coffeeshop, Bar, Swimmingpool.
Das erste Haus in Nongkhai mit großzügigen und komfortablen Zimmern. Vermittlung von Ausflugsprogrammen.

Bei Nong Khai wird Teig für Frühlingsrollen auf hohen Bambusgestellen getrocknet.

Grenzübergang nach Laos

Wenn Sie einen Abstecher nach Laos unternehmen wollen, müssen Sie sich bei der laotischen Botschaft in Bangkok ein Visum besorgen. Für die Wiedereinreise nach Thailand erhalten Sie ein so genanntes Re-Entry-Visum. Fährboote nach Laos findet man in der Nähe des Bahnhofs, der eigentliche **Grenzübergang** für Fußgänger befindet sich in der Stadtmitte. Die Überfahrt nach Tha Deau in Laos dauert nur wenige Minuten.

★★ Vientiane

Die Stadt **Vientiane** liegt 24 km entfernt (Taxis sind die einzige Transportmöglichkeit). Sehenswert sind in Vientiane der **Königliche Palast**, der **Wat Phra Kaeo** mit einem interessanten Museum, der Triumphbogen und der **Wat That Luang** mit seiner berühmten Pagode. Interessant sind auch die zahlreichen Märkte der Stadt.

★ Nonthaburi

E 3

Region: Zentralthailand
Höhe: 18 m ü. d. M.
Provinz: Nonthaburi
Einwohnerzahl: 40 000 (Stadt)

Die Stadt Nonthaburi liegt ca. 20 km nördlich von Bangkok am Ufer des Menam Chao Phraya. Zahlreiche Wasserläufe und malerische Klongs um die Stadt herum streben auf geraden oder gewundenen Wegen dem großen Strom zu, hier spielt sich noch ein wesentlicher Teil des täglichen Lebens auf dem Wasser ab. An den Ufern der Klongs, gesäumt von üppiger Vegetation und auf Pfählen erbauten Häusern, stehen einige sehenswerte Tempel.

Sehenswertes in Nonthaburi

Old City Hall

Das alte Rathaus von Nonthaburi wurde in der Regierungszeit König Rama VI. im europäischen Stil errichtet und ist sehr schön mit geschnitztem Teakholz verziert.

Wat Chaloem Phra Kiat

Den Wat Chaloem Phra Kiat, der von Nonthaburi gesehen auf der anderen Seite des Menam ein kleines Stück flussaufwärts liegt, erreicht man entweder mit einem Boot, das man im Ort mieten kann, oder mit der regelmäßig verkehrenden Fähre. Der Wat wurde in der ersten Hälfte des 19. Jh.s errichtet, zwei hohe Mauerringe – der erste trägt Zinnen, den zweiten kennzeichnen chinesische Türmchen – umgeben den Bezirk. Der schmuckvolle Haupttempel und der Chedi fallen durch gute Proportionen auf. Von zwei weiteren Tempelbauten sind nur noch Ruinen zu sehen.

! *Baedeker* TIPP

Auf dem Wasserweg

Am schönsten ist die Anfahrt nach Nonthaburi über den Menam Chao Phraya von Bangkok aus (regelmäßiger Bootsverkehr ab Oriental Pier).

*** Bang Yai**

Fährt man mit dem Boot weiter und dann links in den Klong Bang Yai hinein, gelangt man zu dem malerischen, von mehreren Klongs umflossenen Dorf Bang Yai. Auf dem nach Süden führenden Wasserweg bis nach **Bang Kruai** kommt man an einigen sehenswerten und sehr hübsch gelegenen Tempeln aus neuerer Zeit vorbei. Der Wat **Prang Luang**, am rechten Ufer hinter Bang Yai, stammt aus der Ayutthaya-Zeit. Recht gut erhalten ist noch ein formschöner Prang.

Insel Ko Kret

Ko Kret ist ein winziges Eiland im Menam Chao Phraya, das man mit dem Boot vom **Wat Sanam Nua** aus erreicht. Auf der Insel leben Nachkommen eines Mon-Volkes, die sich als Töpfer betätigen. Typisch für ihre Arbeiten ist die feine, rötlich-schwarz glänzende Oberfläche und das raffinierte Design.

NONTHABURI ERLEBEN

ANREISE

Auto:
Von Bangkok auf der Samsen Road, die in die Phibul Songkhram Road übergeht, den Menam Chao Phraya entlang (ca. 20 km)

Bus:
Von Bangkok Southern Bus Terminal mehrmals täglich

ÜBERNACHTEN

► **Günstig**

Golden Dragon Hotel
20/21 Ngam Wong Wan Road
Tel. 02 / 5 89 01 30
Fax 5 89 83 05
114 Zimmer, Restaurant.
Einfaches, aber gepflegtes Hotel mit gutem Service im Zentrum von Nonthaburi.

★ **Wat Prasat** Ebenfalls Ayutthaya-Stil zeigt der Wat Prasat, etwas abseits vom linken Klong-Ufer gelegen (errichtet um 1700). Der mächtige Haupttempel hat zwei Säulenvorhallen und ist reich mit Skulpturen und Schnitzwerk geschmückt. Die Fresken im Innern wirken sehr lebendig, sie sind mit starken Pinselstrichen ausgeführt (ein typisches Kennzeichen der ersten Bangkok-Periode). Am rechten Ufer trifft man auf die Ruinen zweier weiterer Tempel und bei Bang Kruai auf den Wat Chalo, beide aus der späten Ayutthaya-Zeit.

NICHT VERSÄUMEN

- Eine Bootsfahrt auf den vielen Klongs westlich des Menam Chao Phraya, etwa nach Bang Bua Thong, ist ein Erlebnis voller Exotik.

Umgebung von Nonthaburi

Pak Kret Pak Kret liegt etwa 8 km nördlich von Nonthaburi in der Nähe einer Schleife des Menam Chao Phraya. Nur 20 Min. dauert die interessante Fahrt mit dem Boot von Nonthaburi bis zu dieser alten Mon-Siedlung. Die Gegend um Pak Kret und der Ort selbst werden immer noch von Mon bewohnt, die jedoch weitgehend von der thailändischen Bevölkerung assimiliert wurden. Die Töpferei in Pak Kret hat eine lange Tradition. Die Erzeugnisse, die in Werkstätten entlang des Flusses hergestellt, ausgestellt und auch verkauft werden, zeichnen sich durch ihre vollendete Form aus.

★ **Wat Chim Phli** Auf dem Südzipfel der Insel Pak Kret erhebt sich der anmutige im Mon-Stil erbaute Wat Chim Phli, vor dem die Boote anlegen. In seinem Innern steht eine schöne Buddha-Figur aus der Ayutthaya-Zeit.

★ Pathum Thani

D / E 3

Region: Zentralthailand
Höhe: 7 m ü. d. M.
Provinz: Pathum Thani
Einwohnerzahl: 14 000

Die Region um Pathum Thani, die unweit nördlich von Bangkok gelegene Provinzhauptstadt, ist die typische Landschaft der südlichen Zentralebene, die vom breiten Mündungsdelta des Menam Chao Phraya bestimmt wird. Zahlreiche Klongs und Seitenflüsse des wichtigsten Flusses Thailands ermöglichen eine intensive Bewirtschaftung des Bodens.

Geschichte Pathum Thani ist eine von König Taksin (1768 – 1782) gegründete Siedlung für birmanische Mon, deren Sprache dort heute noch gesprochen wird. Der heutige Name (= Lotosstadt) ist eine Dankesbezeugung Ramas III., der bei seinen Besuchen von der Bevölkerung stets mit Lotosblumensträußen beschenkt wurde.

Sehenswertes in Pathum Thani

★ **Wat Pai Lom**

Die größte Sehenswürdigkeit stellt der Wat Pai Lom dar, ein Tempel am anderen Ufer des Menam Chao Phraya, das man am besten mit einem gemieteten Boot (5 Min.) oder mit dem Flusstaxi von Bangkok erreicht. Der Wat ist aber nicht als Bauwerk interessant, vielmehr ist der Tempelbezirk Heimat für Abertausende von **Klappschnabelstörchen** (Anastomus oscitans), deren Zahl sich wegen des Schutzes, den sie hier genießen – in den Tempelbezirken Thailands sind Schusswaffengebrauch und Jagd verboten – in den vergangenen Jahren mehr als verzehnfacht hat. Die Anlage des Wat Pai Lom ist vermutlich während der Ayutthaya-Periode entstanden, also lange vor der Gründung Bangkoks. Der Name bedeutet »Bambustempel«; er könnte nach den ersten Tempelbauten (aus Bambus) oder nach dem dichten Bambuswald, der den Tempelbezirk einst umgab, geprägt worden sein.
Die Störche leben vorzugsweise von Schnecken, die sie in den nahen Reisfeldern während der Überschwemmungszeit finden, zur Nahrungssuche verlassen sie morgens den Tempel, am Nachmittag kommen sie wieder zurück. Die Bäume, auf denen die Störche nisten, haben we-

PATHUM THANI

ANREISE

Auto:
Von Bangkok Nationalstraße 1

Bus:
Verbindungen von Bangkok Northern Bus Terminal

Bahn:
Station an der Strecke von Bangkok-Hualampong nach Norden

Boot:
Über den Menam Chao Phraya ist die Entfernung wesentlich geringer, vom Oriental Pier verkehren regelmäßig Linienboote.

Störche leben üblicherweise in Monogamie, hier jedoch besitzen sie nicht selten mehrere »Frauen«, die sich oft die Brutnester teilen müssen.

gen der Überdüngung durch Vogelkot ihre Blätter verloren. Von der Übervölkerung profitieren auch Rieseneidechsen: Pfuscht der Storch beim Nestbau, fallen die Eier auf den Boden und werden dort als Delikatesse in kürzester Zeit verspeist. Am interessantesten sind die Störche während der Brutzeit im März zu beobachten. Hochsitze ermöglichen einen »hautnahen« Kontakt, wie er nur selten möglich ist. Fotografen sollten dennoch über ein Teleobjektiv verfügen, da die Störche manchmal sehr schreckhaft reagieren.

★ Pattaya

E 3

Region: Südostthailand
Höhe: 3 m ü. d. M.
Provinz: Chonburi
Einwohnerzahl: 300 000

Sonne, Sand und Meer sind das Kapital dieses größten und wohl populärsten Badeorts in Südostasien. Die Bebauung folgt längst nicht mehr nur der Linie der Bucht, die Stadt hat sich in den vergangenen zehn Jahren explosionsartig bis weit ins Hinterland ausgedehnt.

Touristenhochburg

Zwischen dem Strand und den zahlreichen Hotels verläuft eine etwa 6 km lange, stark frequentierte Uferstraße. Touristisch erschlossen ist auch das Gebiet südlich des Orts mit der Jomtien Beach.

Geschichte

Pattaya führte viele Jahre lang ein stilles, verträumtes Leben. Vor allem an Wochenenden kamen einige Besucher aus Bangkok, doch blieb es den im Luftwaffenstützpunkt U Tapao (bei Sattahip) während des Vietnamkriegs stationierten US-Streitkräften vorbehalten, Pattaya zu »entdecken«. Explosionsartig entwickelte sich in den 1970er-Jahren das kleine Städtchen zum Bade- und Sextouristenort. Die Lücke, die der Abzug der US-Streitkräfte in den späten 1970er-Jahren hinterließ, füllten vor allem Reiseveranstalter aus Deutschland, der Schweiz und Österreich. Heute steht Pattaya vor großen Problemen, die auf Versäumnisse in den vergangenen Jahren der unkontrollierten Expansion zurückzuführen sind. Mit einem groß angelegten Programm wurde der zweifelhafte Ruf des Ortes etwas aufpoliert. Deutlich verbessert hat sich bereits die Qualität des Meerwassers, seit 1992 eine Großkläranlage in Betrieb genommen wurde. Hingegen ist die Wasserversorgung vor allem in Trockenzeiten noch immer nicht gesichert.

! *Baedeker* TIPP

Nichts für Ruhe Suchende

Wer einen ruhigen Badeurlaub verbringen möchte, ist in Pattaya allenfalls im »Royal Cliff Beach Resort« oder im benachbarten neuen »Sheraton Pattaya« gut aufgehoben. Sonst sollten Sie besser Ziele in Südthailand wie Hua Hin oder Ko Samui wählen.

Pattaya *Orientierung*

Nachtleben

Pattaya wacht erst abends richtig auf, tagsüber verfällt das Zentrum fast in einen Tiefschlaf. Die größte Attraktion – in positiver wie negativer Hinsicht – ist das Nachtleben, das seinesgleichen sucht und

PATTAYA ERLEBEN

ANREISE

Auto:
Von Bangkok Nationalstraßen 34/3 (150 km)

Bahn:
Von Bangkok-Hualampong; vom Bahnhof in Pattaya Pendelservice in die Stadt und zu den Hotels.

Bus:
Tägl. zahlreiche Verbindungen von Bangkok Eastern Bus Terminal

AUSKUNFT

Tourism Authority of Thailand (TAT)
609 Moo 10, Pratamunk Road 20150 Banglamung, Chonburi
Tel. 0 38 / 42 89 90, 42 87 50, 42 76 67
Fax 42 91 13, tatchon@tat.or.th

ÜBERNACHTEN

► Luxus/Komfortabel

① ***Royal Cliff Beach Resort***
353 Phra Tamnuk Road
Tel. 0 38 / 25 04 21, Fax 25 05 11
www.royalcliff.com
Eigentlich vier Hotels auf einem Areal südlich von Pattaya und seit vielen Jahren eine der ersten Adressen in Pattaya. Komfortabel ist das (größte) Hotel, das »Royal Cliff Beach« (527 Zimmer) mit dem »Royal Cliff Terrace« (88 Zimmer), gediegen und aussichtsreich das »Royal Cliff Grand« (372 Zimmer), fein und prominent das »Royal Wing & Spa« (85 Suiten). Alle vier Hotels bieten jegliche Annehmlichkeiten, und zum Trubel von Pattaya ist es auch nicht weit.

Baedeker-Empfehlung

► Luxus

② ***Sheraton Pattaya Resort***
437 Phra Tamnak Road
Tel. 0 38 / 25 98 88, Fax 25 98 99
www.sheraton.com
156 Zimmer, 3 Restaurants, Coffeeshop, 2 Bars, Swimmingpool, Fitnesscenter, Spa, eigener Strand.
2005 eröffnetes Hotel, das in mehreren Stufen in einen Steilhang hineingebaut wurde. Die Architektur ist ambitioniert, die Zimmer sind zeitlos-modern eingerichtet und mit jeglichem Komfort ausgestattet. Hin und wieder steigt hier der blaublütige thailändische Adel ab.

► Komfortabel

③ ***Amari Orchid Resort***
240 Moo 5, Pattaya-Naklua Road
Tel. 0 38 / 42 81 61, Fax 42 81 65 17-6 Zimmer, 3 Restaurants, 2 Bars, Swimmingpool, Tennis (mit Flutlicht), Spa. Seit Jahren besonders bei Familien beliebtes Hotel inmitten einer schönen Gartenanlage. Trotz der Nähe zum Hauptstrand von Pattaya ruhige Lage.

④ ***A-One The Royal Cruise Hotel***
499 North Pattaya Beach Road
Soi 2, Pattaya City
Tel. 0 38 / 42 48 74, Fax 42 42 42
a-onehotel@a-onehotel.com
465 Zimmer (davon 264 im neuen Flügel), 3 Restaurants, Coffeeshop, 2 Bars, Swimmingpool, Fitnesscenter, Sauna, Spa, thailändische Kochkurse. Originelles, weil in Form eines Schiffs erbautes Hotel direkt am Hauptstrand von Pattaya. Komfortable Zimmer mit allen Annehmlichkeiten. Familiengeeignet.

► Günstig

⑤ ***Central Wong Amat Beach Resort***
277-8 Moo 5 Naklua
Tel. 0 38 / 42 69 90-9, Fax 42 85 99
www.centralhotelsresorts.com
137 Zimmer, 2 Restaurants, Bar, 2 Swimmingpools, Fitnesscenter, Tennis, Spa.
Etwas außerhalb von Pattaya beim Nachbarort Naklua gelegenes Hotel, das sich besonders gut für Familien eignet. Gepflegte Gartenanlage, ausreichend komfortabel eingerichtete Zimmer und aufmerksamer Service.

⑥ ***Siam Bay View Resort***
Pattaya Beach
Tel. 0 38 / 42 38 71, Fax 42 38 79
www.siambayview.com
270 Zimmer, 3 Restaurants, 2 Bars, Swimmingpool, Tennis.
Im Herzen von Pattaya gelegenes Hotel, das vom Strand nur durch die viel befahrene Straße getrennt wird. Komfortable Zimmer zu einem günstigen Preis.

⑦ ***Cabbages & Condoms***
Hu-Gwang-Bay (am Asia-Hotel)
Tel. 0 38 / 25 05 56, Fax 25 00 34
www.cabbagesandcondoms.co.th
50 Zimmer, Restaurant, Bar, Swimmingpool, eigener Strand.
Der Hotelableger des fast schon legendären Restaurants in Bangkok befindet sich an einer kleinen Beach etwas außerhalb von Pattaya. Sehr gut für Familien geeignet.

SHOPPING

Pattayas Herz ist die Beach Road, seit ein paar Jahren auch als »Pattaya Walking Street« bekannt, die sich nach Norden hin entlang des Hauptstrandes verlängert und am Abend so richtig lebendig wird. Hier gibt es nichts, was es nicht gibt, hier reihen sich Maßschneider an Maßschneider und Schmuckgeschäfte an ebensolche. Dazwischen gibt es zahlreiche Restaurants und Bars, in denen man einen Zwischenstopp einlegen kann. Aber auch die dahinter liegende Second Road hat sich zu einem Shoppingzentrum mit vielen Ladengeschäften entwickelt. Grundsätzlich sollte man sich jedoch merken, dass Einkäufe außerhalb dieser Shoppingmeilen meistens günstiger sind – und Handeln gehört ohnehin dazu.

Immer noch die Top-Attraktion Pattayas: das Nachtleben in der Beach Road

den Ort in aller Welt bekannt gemacht hat. Zahllose Bars, Nightclubs, Diskotheken und sonstige Vergnügungsstätten drängen sich vor allem an den beiden Hauptstraßen sowie am nördlichen Stadtrand. Kulturelle Angebote sind in Pattaya eher spärlich, am ehesten wird diese Lücke noch von zwei international renommierten Transvestiten-Shows gefüllt.

Sehenswertes in Pattaya

Aussichtspunkt

Zu den wenigen Sehenswürdigkeiten des Badeorts gehören zwei neuere Tempelbauten, die südlich der Stadt auf zwei Hügelkuppen liegen. In der einen sind ein kleiner Garten mit chinesischen Figuren, in der anderen eine überdimensionale Buddha-Figur zu erwähnen. Ein Besuch lohnt sich allein wegen der grandiosen Aussicht auf Pattaya.

»Believe it, or not«

Recht unterhaltsam ist ein Besuch des **Kuriositätenkabinetts** »Believe it, or not«, einer Außenstelle der US-amerikanischen Museumskette Ripley's (South Beach Road). Im angrenzenden »Laser Trek« wird mit virtuellen Waffen gekämpft, während man im »Motion Master Moving Theatre« einen simulierten Flug durch die dreidimensionale Filmwelt erleben kann (Öffnungszeiten: tägl. 10.00 – 24.00 Uhr; Eintrittsgebühr).

Underwater World

Eine Attraktion ist das Meerwasser-Aquarium »Underwater World«. Mehr als 4500 Fische und andere Bewohner des Meeres kann man hier bei einem Rundgang durch Unterwassertunnel aus speziellem Plexiglas beobachten (Sukhumvit Road; Öffnungszeiten: tägl. 9.00 – 18.00 Uhr; Eintrittsgebühr).

Wassersport

Alle Arten von Wassersport stehen in Pattaya natürlich hoch im Kurs, wie Surfen, Tauchen, Motorbootfahren und das (relativ teure) Parasailing (Fallschirmsegeln). Tauchen ist vor Pattaya allerdings wenig reizvoll, da die Korallenbänke längst geplündert sind; wenige attraktive Tauchgebiete befinden sich noch vor den vorgelagerten Inseln.

Beinahe jedes Hotel verfügt über eigene **Tennisplätze**, die manchmal auch abends unter Flutlicht bespielbar sind. **Golfplätze** mit z. T. internationalem Zuschnitt gibt es beim »Asia Pattaya Hotel«, im etwas außerhalb gelegenen »Siam Country Club« sowie in Sattahip. Auf zwei **Kart-Bahnen** können sich Motorsportfans betätigen.

! *Baedeker* TIPP

Jeepfahrt

Zugegeben: Pattayas Strände laden geradezu ein zum Müßiggang. Einen Tag sollte man aber auf jeden Fall damit verbringen, die südlich entlang der Küste gelegenen Dörfer zu erkunden. Jeepverleiher gibt es überall in Pattaya, und mit dem Linksverkehr kommt man auch schnell zurecht. Übrigens: Badesachen nicht vergessen, denn am Weg findet man immer wieder eine Zufahrt direkt zum Strand.

Umgebung von Pattaya

Inseln

Wem das Dolce vita eines Strandurlaubs nicht reicht, kann in die Umgebung Pattayas »ausfliegen«. Die der Küste vorgelagerten Koralleninseln **Ko Larn**, **Ko Lin** oder **Ko Khrok** mit schönen Badestränden sind per Boot vom Hauptstrand in Pattaya zu erreichen. Viele Bootsbesitzer bieten Tagestouren zu den Inseln an.

Mini Siam

Thailand im Miniaturformat zeigt der Park »Mini Siam« an der Sukhumvit Road. Ähnlich wie in Ancient City (► Samut Prakan) sind hier die wichtigsten Sehenswürdigkeiten Thailands im Maßstab 1:25 nachgebildet. Reizvoll ist ein Besuch in den Abendstunden, wenn die 80 Objekte illuminiert sind (Öffnungszeiten: tägl. 7.00 – 22.00 Uhr; Eintrittsgebühr.).

Pattaya Orphanage

Nahe der Autobahn nach Bangkok liegt das Waisenhaus, das von dem irischen Redemptoristen-Paters **Ray Brennan** (► Berühmte Persönlichkeiten) begründet wurde und unter anderem die »Nebeneffekte« des Sextourismus betreut. Besucher, die einen Eindruck vom Leben hinter der Fassade des Vergnügungsorts bekommen wollen, sind nach Voranmeldung jederzeit willkommen (Tel. 0 38 / 71 66 28)

★ Nong Nooch Village

Dem Rose Garden bei Nakhon Pathom vergleichbar ist Nong Nooch Village (15 km südöstlich von Pattaya; gesprochen »nung nut«). In der 400 ha großen Parkanlage wird das Leben der ländlichen Bevöl-

Markt in Naklua

DIE »ALTE SCHLAMPE« WIRD BÜRGERLICH

»Es war einmal ein kleiner, beschaulicher Fischerort im paradiesischen Süden Thailands ...« So könnte eine Geschichte über Pattaya beginnen. Man könnte sie aber auch ganz anders anfangen: Wenn Sie nach Pattaya kommen, um Thailand kennen zu lernen, haben Sie den falschen Platz gewählt. Denn dieser Ort provoziert Widersprüche.

Entdeckt, wenn man so will, wurde Pattaya von den US-Amerikanern. Die waren ein paar Kilometer weiter südlich auf dem Luftwaffenstützpunkt U Tapao stationiert, von wo aus ihre B-52-Bomber starteten, mit denen sie in den 1960er-Jahren ihre tödliche Fracht über Südvietnam abluden. »R & R« nannte man diese Erholungszentren, es steht für »Rest and Recreation«. Auch lange dem Krieg aber kamen sie auch noch, und wenn ein Flugzeugträger mitsamt einem Dutzend grauer Begleitschiffe in der weiten Bucht ankerte, gab es High Life auf der Beach Road. »Welcome US-Navy« stand da auf den Transparenten zu lesen, wobei eher die prall gefüllten Geldbeutel der Soldaten willkommen waren.

Auf die Marines folgten die Deutschen, die Österreicher, die Schweizer und, und, und ...

Entlang der Pattaya Beach Road wuchs ein Hotel nach dem anderen in die Höhe, Restaurants mit Gerichten aus aller Herren Länder öffneten ihre Türen. Den zweifelhaften Ruf Pattayas begründeten jedoch die zahllosen Bars mit anrüchigem Ambiente, sehr spärlich bekleideten Mädchen und teurem Singha-Bier. Im Gefolge dessen wurde Pattaya auch zum Zufluchtsort für mehr oder weniger gescheiterte Existenzen, die hier zwielichtigen Geschäften oder sittenwidrigen Vorlieben frönten. Einige von ihnen machten ihre Rechnung aber ohne die thailändische Polizei und fanden sich unversehens im Flugzeug

ins Heimatland wieder, wo sie mit Handschellen in Empfang genommen wurden.

Lichtblicke

Es gab aber zu jeder Zeit auch viele anständige oder gar herausragende Persönlichkeiten, und zumindest drei Namen, die mit Pattayas Geschichte untrennbar verbunden sind, sollen hier Erwähnung finden.

Da wäre zum einen der holländische **Weltenbummler Dolf Riks,** der in seinem Restaurant die wohl beste indonesische Reistafel westlich von Sumatra auf den Tisch brachte. Bei ihm traf sich die »Gemeinde« allabendlich nicht nur zum köstlichen Mahl, sondern auch zur lockeren Lästerei über die von Jahr zu Jahr anschwellende Touristenmeute.

Ein anderer, der Pattaya seinen Stempel aufdrückte, war der Schweizer **Alois X. Fassbind**, der nach Jahren der Wanderschaft auf mehreren Kontinenten hier sesshaft wurde und als Generalmanager das »Royal Cliff Hotel« zum zeitweilig besten Badehotel Südostasiens machte. Und weil eine gewisse Distanz zum Sündenpfuhl Pattaya nicht gerade schadete, umschrieb er die Lage seines Hotels vornehm mit »near Pattaya«.

Der Dritte im Bunde war **Father Brennan** (► Berühmte Persönlichkeiten), der Begründer des örtlichen Waisenhauses. Hier landeten nicht selten die unbeabsichtigten »Produkte« temporärer Urlaubsliebschaften, um die sich der irischstämmige Redemptoristenpater fürsorglich kümmerte. Bis weit in die 1980er-Jahre hinein profitierte die thailändische Tourismusindustrie mehr oder weniger vom negativen Image von Pattaya. Dann aber begann ein gewisses Umdenken, aus der »alten Schlampe«, wie man den Badeort fast liebevoll nannte, sollte ein bürgerlicher Erholungsort werden. Offiziell sagte man gar der Prostitution den Kampf an und einige der übelsten Etablissements wurden von Amts wegen geschlossen. Dennoch ist der Ort zwiespältig geblieben. Böse Zungen behaupten gar, er wäre mit jedem beliebigen Badeort am Mittelmeer austauschbar. Aber Pattaya liegt wirklich auf 12 Grad 55 Minuten nördlicher Breite und 100 Grad 52 Minuten östlicher Länge …

kerung dargestellt, man sieht Thaiboxkämpfe, Hahnenkämpfe und eine Elefantenshow. Ein prachtvoller Orchideengarten ist nicht nur etwas für Blumenliebhaber, ein Zoo mit für die Region typischen Tieren nicht nur ein Erlebnis für Kinder.

Wat Tansangwararam

Kurz vor der Zufahrt zu Nong Nooch zweigt von der Nationalstraße 3 eine Straße zum 1988 erbauten Wat Tansangwararam ab. Am Weg dorthin liegt rechterhand ein See mit hübschen chinesischen Pavillons und anderen Bauwerken.
Das Heiligtum des Wat Tansangwararam steht auf einem Hügel, zu ihm führt eine mit Nagaschlangen besetzte Treppe mit 299 Stufen. In der Ebene liegen in einer gepflegten Parkanlage mehrere Gebäude, darunter ein runder Viharn sowie eine Siedlung mit Mönchswohnungen.

Elefantenkral

Etwa 6 km von Pattaya entfernt liegt ein Elefantenkral, in dem täglich die Arbeit mit den Dickhäutern gezeigt wird. Die Vorführungen werden in Englisch erklärt, nach dem Programm besteht die Möglichkeit zum Elefantenreiten. Einen weiteren Elefantenkral gibt es 5 km von der Sukhumvit Road entfernt bei der Reo Ranch.

Pattaya Park

Etwa 8 km von Pattaya entfernt (die Cliff Road in südlicher Richtung nehmen und der Beschilderung folgen) liegt das Freizeitzentrum Pattaya Park mit großzügigen Pools und **vier Riesenwasserrutschen**. Neben Restaurants gibt es eine Bungalowanlage und ein Hotel.

Pattaya Park Tower

Ein Wahrzeichen von Pattaya ist der 250 m hohe Pattaya Park Tower mit zwei Dreh-Restaurants in der 52. und 53. Etage, die einen herrlichen Rundblick über Pattaya und die Küstenlandschaft bieten.

Markt in Naklua

Am Morgen – wegen des Fischmarkts – oder abends – wegen des Nachtmarkts – lohnt ein Besuch des 12 km entfernten Städtchens Naklua. Rund um den Markt gibt es einige gute Fischrestaurants. Für die kurze Fahrt dorthin benutzt man am besten ein Sammeltaxi von Pattaya.

Sanctuary of the Truth

Bei Naklua befindet sich seit 2004 auch das Sanctuary of the Truth (Heiligtum der Wahrheit). An dem aus Holz errichteten Gebäude wurde mehr als 20 Jahre gearbeitet, Mittelpunkt ist ein 100 m hoher, mit weltlichen und religiösen Elementen reich verzierter Pavillon (Öffnungszeiten: tägl. 8.00 – 17.00 Uhr, Eintrittsgebühr).

Ausflugsziele

Von Pattaya aus erreicht man bequem weitere sehenswerte Orte, vor allem ►Chanthaburi und ►Trat (in südöstlicher Richtung) sowie die Stadt ►Chonburi (in Richtung Bangkok).
Interessant sind auch die Inseln ►Ko Samet, Ko Sichang (►Chonburi, Umgebung) und ►Ko Chang. Ausflüge nach ►Bangkok werden in Pattaya vielfach angeboten.

★★ Phangnga

G 2

Region: Südthailand
Höhe: 6 m ü. d. M.

Provinz: Phangnga
Einwohnerzahl: 11 000

Die Stadt Phangnga liegt am gleichnamigen Fluss, der von den bis 1000 m hohen Bergen kommt. Die Landschaft an der Andamanensee ist voller Überraschungen: Weiße Bergspitzen stechen aus dem intensiven Grün des Dschungels hervor, malerische Dörfer kleben an den Berghängen, und eine Bootsfahrt durch die Buchten von Phangnga und Ao Luk vermittelt eines der großartigsten Naturerlebnisse überhaupt.

Chinesenviertel

Vom tiefer gelegenen Chinesenviertel, in dem noch etliche alte Häuser stehen, erscheinen die umgebenden Felsenriffe besonders steil; sie setzen sich in scharfen Silhouetten gegen den Himmel ab.

Umgebung von Phangnga

★★ Tham-Reussi-Grotte

Während die Stadt Phangnga selbst keine Sehenswürdigkeiten aufzuweisen hat, gibt es in den umliegenden Kalkbergen viele Grotten, z. T. mit schönen Tropfsteinen, die Zuflucht zahlloser Fledermäuse sind. Eine der berühmtesten ist Tham Reussi, die »Höhle des Eremiten« nahe der Stadt beim Zollhaus. Sie besteht aus einem Labyrinth

Unvergessliches Naturerlebnis: eine Bootsfahrt zur Bucht von Phangnga

PHANGNGA ERLEBEN

ANREISE

Auto:
Von Krabi wie auch von Phuket Nationalstraße 4 (jeweils 85 km); von Suratthani Straßen 401/4040/4 (195 km). Die Nationalstraße 4 von Phangnga nach Krabi führt durch eine grandiose Dschungellandschaft.

Bahn:
Nächster Bahnhof Suratthani

Bus:
Von Bangkok Southern Bus Terminal

Flug:
Nächste Flugplätze Phuket und Suratthani, tägl. mehrere Flüge von Bangkok

ÜBERNACHTEN

► Günstig

Phang-nga Inn
2/2 Soi Lohakit, Tel. 0 76 / 41 19 63
phang-ngainn@png.co.th
42 Zimmer, Restaurant
Kleines und gepflegtes Gästehaus mit geschmackvoll eingerichteten Zimmern.

von seltsam geformten Höhlen mit Tropfsteinen. In einem Stalagmiten, der einer menschlichen Gestalt ähnelt, sieht die einheimische Bevölkerung einen längst verstorbenen wundertätigen Eremiten. Er genießt große Verehrung und wird täglich mit Opfergaben, v. a. Goldplättchen, bedacht. Um den Eingang zur Höhle wurde einen kleiner Park mit Teichen angelegt.

*** Wat Tham Pong Chang**

Von hier aus führt ein Weg durch einen Tunnel zum etwa 500 m entfernten Heiligtum Wat Tham Pong Chang (»Tempelhöhle im Elefantenmagen«), das vom Khao Chang, dem »Berg des Elefanten« (so genannt nach seiner Form), überwölbt wird. Im Innern stehen drei Statuen heiliger Elefanten.

*** Tham Suwan Kutta**

Ein palmengesäumter Weg weist den Eingang zum Grottentempel Tham Suwan Kutta (13 km von Phangnga, Nationalstraße 4 in Richtung Khok Kloi, Wegweiser beachten). Der Tempel birgt eine Anzahl verschiedener Buddha-Figuren, die hinter der Grotte liegende Höhle weist mehrere schöne Tropfsteingebilde auf. 17 km weiter liegt der hübsche Ort Ban Koke Loi am Fuß des Gebirges. Von hier erreicht man über die Autobrücke die Insel ►Phuket.

*** Ta Kuapa**

Etwa 75 km nördlich von Koke Loi (120 km von Phangnga) liegt die Stadt Ta Kuapa an der Andamanensee; in ihrer Umgebung gibt es einige sehr schöne Sandstrände. Hier gab es jedoch riesige Schäden durch den Tsunami am 26. Dezember 2004, die aber mittlerweile fast alle beseitigt sind.Ta Kuapa selbst war im 1. Jahrtausend v. Chr. Ziel

Der steil aus der Bucht von Phangnga aufragende Kalksteinfelsen Ko Tapu wurde als James-Bond-Felsen bekannt. →

indischer Händler, die sich entweder an der Küste der Malaiischen Halbinsel niederließen oder von hier aus weiterzogen nach Kambodscha und China. Drei Pallava-Bildnisse (9. Jh. v. Chr.), die man in der Gegend von Ta Kuapa fand, sind im Nationalmuseum von ► Nakhon Si Thammarat zu sehen; man ist auch auf Reste einer alten Siedlung gestoßen. Von Ta Kuapa aus verläuft die Straße 401 in einem Tal nach ►Suratthani am Golf von Thailand.

★ **Khao-Sok-Nationalpark**

Wenn man etwa 4 km hinter Ta Kuapa am Kilometerstein 145,5 der Abzweigung folgt, erreicht man eine überaus beeindruckende Landschaft, die sich um den Berg Khao Sok ausbreitet. Er ist der Mittelpunkt des 646 km² großen Khao-Sok-Nationalparks, der wegen seiner Restbestände an tropischem Regenwald unter besonderen Schutz gestellt wurde. Allerdings handelt es sich hier längst nicht mehr um jenen Regenwald, der über Jahrmillionen hinweg gewachsen ist, sondern ausschließlich um Sekundärwälder. Weil diese jedoch schon immerhin einige Jahrhunderte alt sind, vermitteln sie einen recht guten Eindruck vom ursprünglichen Regenwald. Der Nationalpark gilt als Refugium für Warane, Schlangen, Nashornvögel, Bären und Elefanten, die man mit etwas Glück auch zu Gesicht bekommt. Die Landschaft ist reich an Höhlen und Grotten, außerdem gibt es einige beeindruckende Wasserfälle. Der markanteste davon ist der **Nam Tok Sip-et-Chan** (Wasserfall der elf Elefanten), an dem das Wasser über elf Stufen in die Tiefe fällt. Auf dem **Menam Sok**, der durch den Nationalpark fließt, sind schließlich Floß- und Kanufahrten möglich. Im Nationalpark gibt es einige einfache Unterkünfte, viele Besitzer bieten ein- oder mehrtägige Trekkingtouren an. Im Besucherzentrum des Parks gibt es eine informative Broschüre, in der die gut ausgeschilderten Wanderwege eingezeichnet und beschrieben sind.

★ **Than-Bok-Koroni-Naturpark**

Bei Ao Luk (42 km östlich Phangnga) liegt der Zugang zum Than-Bok-Koroni-Naturpark, einem der schönsten Thailands. Prachtvoller Pflanzenwuchs, hohe Felsriffe und ein Fluss, der nach unterirdischem Lauf zwischen den Felsen zum Vorschein kommt, bestimmen das Bild. Die Bucht von Ao Luk bildet mit steil aufragenden Felsen eine phantastische Kulisse.

★★ **Bucht von Phangnga**

Zu einer Fahrt durch die Bucht von Phangnga starten Boote von der Anlegestelle am Fluss Klong Khao Thalu (5 km auf der Nationalstraße 4 Richtung Phuket, beim Wegweiser links abbiegen). Zunächst geht die Fahrt durch Mangrovenwälder, nach etwa einer halben Stunde erreicht man die wunderschöne Bucht von Phangnga, wo die Felsenhöhle Khao Khien mit ihren berühmten Felsmalereien angesteuert wird. Sie zeigen Krokodile, Fische, Delphine und andere Meeresbewohner, die den Menschen, sehr lebendig dargestellt als Jäger, umringen. Als Farben wurden ein bräunliches Rot, Ocker und Schwarz verwendet. Ein Erlebnis ist auch die Passage des Tam-Lod-Bogens mit bis ins Wasser herabhängenden Stalaktiten.

Panyi, das Dorf der muslimischen »Seezigeune«r

★★ Ko Panyi

In der Mündung des Phangnga-Flusses liegt vor der Felseninsel Ko Panyi das **Muslimdorf** Panyi, eine Pfahlbausiedlung mit etwa 1400 Einwohnern, die mittlerweile zum größten Teil vom Tourismus leben. Die weiß-grüne Moschee fällt schon von weitem ins Auge. Besucher sind gern gesehen, es gibt einige Restaurants und zahlreiche Einkaufsmöglichkeiten.

Die Bootsfahrt führt weiter durch eine grandiose Szenerie; aus der See ragen steile, dicht bewachsene Felsen in bizarrsten Formen, imposante Resultate der Einwirkung von Wind und Wetter über Jahrtausende hinweg. Viele haben Grotten, andere kleine Sandstrände mit glasklarem Wasser. Ausgesprochen schöne Badeinseln sind **Ko Mak**, **Ko Chong Lat** und **Ko Klui**

★★ Khao Ping Gun

◄ James-Bond-Felsen

Eine Sehenswürdigkeit besonderer Art ist die Bucht von Khao Ping Gun, die in dem James-Bond-Film »Der Mann mit dem goldenen Colt« eine Rolle spielte. Nach diesem Film, dessen Außenaufnahmen teilweise hier gedreht wurden, wird der steil aufragende Kalksteinfelsen Ko Tapu in der Mitte der Bucht landläufig »James-Bond-Felsen« genannt. Den besten Blick auf Felsen und Bucht hat man von einem kleinen Weg, der rechts vom Strand, an dem das Boot landet, steil bergan führt. Am Strand bieten fliegende Händler Souvenirs zum Kauf, es gibt auch einige Erfrischungsstände.

★ Phattalung

H 3

Region: Südthailand
Höhe: 32 m ü. d. M.
Provinz: Phattalung
Einwohnerzahl: 42 000

Die Stadt Phattalung liegt in typisch südthailändischer Landschaft, an den südlichen Ausläufern des Tenasserim-Gebirges und ist vom Golf von Thailand durch ein großes, zunehmend verlandendes Süßwasser-Binnenmeer getrennt. Dem Besucher bietet sich eine eindrucksvolle Landschaft mit dichtem Dschungel und steilen Felsen, mit vielfältiger Tier- und Pflanzenwelt; einige Tempel sind gute Beispiele kunstvoller Thai-Architektur. Die Bewohner von Phattalung sind vielfach thailändisch-malaiische Mischlinge und Muslime.

★ Wat Khuha Suwan

Anfahrt: Straße 4018 nördlich Richtung Khuan Khanum ►

Einer der schönsten Tempel von Phattalung, der Wat Khuha Suwan, liegt zu Füßen eines steilen, kegelförmigen Felsen. Schön sind die reich verzierten Giebelfelder und die Verzierungen am Viharn. Hinter dem Wat führt eine Treppe zu einer Grotte; in der großen, durch Tageslicht erhellten Felsenhalle gibt es viele, teilweise mit Gold bedeckte Figuren liegender und sitzender Buddhas. Über ihnen ragt ein Bodhi-Baum mit Blättern aus Kupfer empor. Die kleinere Grotte nebenan wurde einst von einem Eremiten bewohnt, der mehrere Buddha-Statuen zurückgelassen hat. Oben auf dem Felsen steht ein Chedi, von dort bietet sich ein herrlicher Blick über die Stadt und den Thale-Luang-See.

★ Wat Wang

Etwa 8 km östlich der Stadt liegt der Wat Wang, der Palasttempel. Der elegante Chedi enthält hervorragend erhaltene Fresken aus dem späten 18. Jh. (frühe Bangkok-Zeit).

Ban Lam Pam

Bei dem weitere 7 km östlich gelegenen Fischerdorf Ban Lam Pam ist das Ufer des Songkhla-Sees erreicht, dessen nördlicher Teil Thale Luang genannt wird. Sehr schön ist eine ca. 15-minütige Bootsfahrt zur **Tham-Malai-Grotte**, die zwischen zwei markanten Felsen in der Ebene von Phattalung liegt. Die Felsen werden im Volksmund »Berg des durchbohrten Herzens« (der kerzengerade emporragende Fels hat ein tiefes Loch) und »Berg des abgebrochenen Kopfes« genannt; wie die Legende sagt, sind es zwei in Stein verwandelte Frauen, die sich aus Eifersucht prügelten. Auf dem Hügel (Eingang zur Tropfsteinhöhle) ein kleines Heiligtum.

★ Thale-Noi-Nationalpark

34 km nordöstlich von Phattalung liegt der Thale-Noi-Nationalpark. Hier leben in einer naturbelassenen Sumpf- und Dschungellandschaft mit überschwemmten Wiesen über 220 verschiedene Vogelarten. Von Januar bis März sieht man auch Zugvögel wie Weißer Ibis, Storch, Kormorane oder Graureiher.

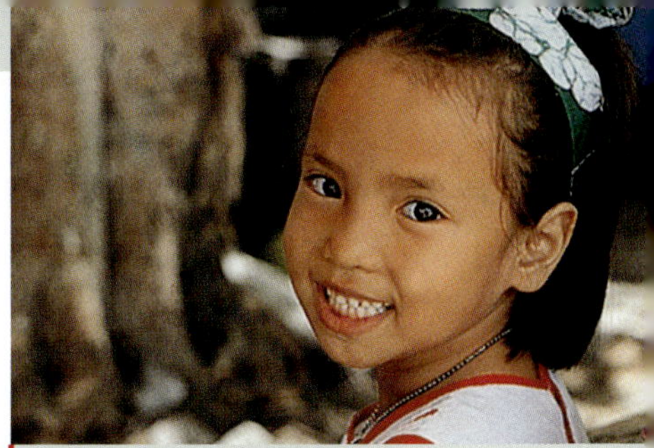

Thailändisch-malayisches Mischlingskind

30 km südlich von Phattalung kann man bei dem Dorf Khao Chai Son in 52 °C heißen **Thermalquellen** baden. Badehäuser mit Schöpfdusche und ein Thai-Dampfbad gehören zu den Annehmlichkeiten.

Etwa 55 km westlich von Phattalung liegt die Provinzhauptstadt **Trang** am gleichnamigen Fluss, nur 20 km vom Indischen Ozean entfernt. In einer sanften Berglandschaft erstrecken sich weitläufige Gummiplantagen, denen die lebendige Stadt ihren Reichtum verdankt. In der Stadt leben viele Chinesen und Malaien, die ihr das typische südthailändische Kolorit geben. Ein großer Stadtpark mit hübschen Lotosteichen und hohen Bäumen und Palmen liegt an der Phattalung Road. 3 km nördlich trifft man auf den chinesischen Tempel Kwan Tee Hun mit buntem, phantasievollem Dachschmuck.

Khao Pina

Nach weiteren 10 km zweigt von der Nationalstraße 4 ein Weg zum Höhlentempel Khao Pina ab, in dem Werke thailändisch-chinesischer Volkskunst und schöne Tropfsteine zu sehen sind.

Strände

Am Indischen Ozean zieht sich eine Reihe schöner Strände entlang. Über die Straßen 4046/4162 (ca. 40 km) erreicht man den kilometerlangen Strand **Pak Meng** mit besonders feinem Sand. Von hier kann man zu den Inseln Ko Ngai, Ko Muk, Ko Libong und ► Ko Lanta übersetzen.

PHATTALUNG ERLEBEN

ANREISE

Auto:
Von Nakhon Si Thammarat Straße 401 bis Ron Phibun, dann Nationalstraße 41 (ca. 120 km). Von Songkhla Straße 407 bis Hat Yai, dann Straßen 43/4 (140 km).

Bahn:
Station an der Strecke Bangkok – Malaysia

Bus:
Verbindungen von den zuvor genannten Orten

ÜBERNACHTEN

► Günstig

Lampam Resort
88 Mu 6
Tambon Lampam
Tel. 0 74 / 61 14 86
17 Zimmer, Restaurant.
Etwa 8 km östlich der Stadt befindet sich dieses kleine Hotel, in Phattalung selbst gibt es keine empfehlenswerten Unterkünfte. Die Gäste sind in hübschen klimatisierten Bambus-Bungalows untergebracht, das Restaurant bietet ausgesprochen gute Thaiküche.

★ Phayao

B 2

Region: Nordthailand
Höhe: 67 m ü. d. M.
Provinz: Phayao
Einwohnerzahl: 21 000

Phayao liegt im hohen Norden Thailands am Ostufer eines malerischen Sees und wird von markanten Bergen überragt. Schon die Fahrt hierher führt durch eine phantastische Landschaft. Einst Hauptstadt eines kleinen, souveränen Königreichs zur Zeit des Lan-Na-Königreichs, in dem es 1338 aufging, ist es heute eine kleine, fast unbedeutende Stadt.

Geschichte Die im 11. Jh. gegründete Stadt wurde auf Fundamenten einer sehr alten Ansiedlung erbaut, die mit Mauern und Gräben gesichert war; den Zugang ermöglichten acht Stadttore. Möglicherweise bestand diese Stadt bereits in der Bronzezeit, archäologische Grabungen ergaben jedoch keine Beweise für diese Vermutung.

Missionsstation In Phayao ist seit vielen Jahren die deutsche **Marburger Missionsstation** ansässig, die dort eine christliche Gemeinde betreut und jungen Thais eine theologische Ausbildung ermöglicht.

Sehenswertes in Phayao

Kwan Phayao Phayao liegt am Ufer des Sees Kwan Phayao, der wegen seiner geringen Tiefe während der regenarmen Monate an den Ufern trocken fällt. Am See gibt es einen kleinen Tempel aus neuerer Zeit, sowie mehrere kleine Restaurants, die abends und an Wochenenden ein beliebter Treffpunkt für die Einheimischen sind.

PHAYAO ERLEBEN

ANREISE

Auto:
Von Lampang bzw. Chiang Rai Nationalstraße 1 (145 bzw. 95 km). Von Lampang alternativ Straße 1035 nach Norden bis Wang Nua, dann die neue Straße 1882 nach Westen. Zwar benötigt diese Fahrt einen etwas größeren Zeitaufwand, doch ist die grandiose Landschaft Lohn dafür.

Bahn:
Nächste Bahnstation Chiang Mai

Flug:
Der nächstgelegene Flughafen ist in Chiang Mai.

ÜBERNACHTEN

► Günstig

Gateway Hotel
7/36 Pratu Klong 2 Road
Tel. 0 54 / 41 13 30, Fax 41 05 19
Das erste Haus in Phayao mit freundlichem Personal sowie sehr gut eingerichteten und trotzdem preiswerten Zimmern.

Vom Wat Ratcha Santhan, einem Teakholztempel aus dem 12. Jh., sind nur noch spärliche Reste zu sehen. Im Jahre 1988 stürzte bei einem Sturm dieses prächtige Beispiel thailändischer Tempelarchitektur ein. An seiner Stelle findet man heute einen fast schmucklosen Bau, selbst von den beiden Nashornschlangen, die mit hochgereckten Köpfen den Treppenaufgang zum Eingang flankierten, sind nur noch Trümmer erhalten. Bei genauerem Hinsehen entdeckt man aber hölzerne Dachträger des alten Tempels, die beim Bau des neuen Viharn verwendet werden konnten. Im Innern findet man noch eine Buddha-Statue im Sukhothai-Stil. Beachtung verdient der Bot aus neuerer Zeit, mit schönen Schnitzereien am Giebelfeld. Interessanterweise gibt es einen fast identischen Bau in ►Chiang Mai, den Wat Buakkhrok Luang.

Wat Ratcha Santhan

Am nördlichen Ortsausgang trifft man auf den Wat Si Kom Kam, dessen Viharn aus jüngerer Zeit für die 16 m hohe Kolossalstatue eines stehenden Buddha errichtet wurde. An der Fassade des Viharn ist das kunstvoll vergoldete Schnitzwerk bemerkenswert.

*** Wat Si Kom Kam**

Ein Besuch des zum Doi-Luang-Nationalpark erklärten Gebietes nordwestlich von Phayao lohnt sich wegen des Wasserfalls **Pu Kaeng**. Dieser speist sich aus einem zunächst fast unscheinbaren Flüsschen, das dann auf einer Länge von 1,3 km insgesamt neun Stufen hinunterstürzt (allerdings nur nach Regenfällen, dann kann man in den Becken auch baden). Es gibt einige Picknickplätze, da der Nationalpark zu einem beliebten Ausflugsziel für Einheimische geworden ist.

*** Doi-Luang-Nationalpark**

** Phetchaburi

E 2

Region: Westthailand
Höhe: 6 m ü. d. M.
Provinz: Phetchaburi
Einwohnerzahl: 42 000

Die von eindrucksvollen Bergketten umrahmte Provinzhauptstadt liegt kurz vor der Mündung des gleichnamigen Flusses in den Golf von Thailand. Der Berg Khao Khlang mit dem Palast des Königs Mongkut überragt und beherrscht das Stadtbild. Die Tempelanlagen im Tal künden von einer großen Vergangenheit; das Chinesenviertel deutet darauf hin, dass Phetchaburi einst ein Zentrum des Überseehandels war. Nur wenige Kilometer entfernt findet man einige schöne, ruhige Strände.

Geschichte

Gegründet wurde die »Stadt der Diamanten« wahrscheinlich im 8. Jh. von Mon-Völkern, doch gab es hier schon früher einen wichtigen Stützpunkt auf dem Handelsweg von Europa über Indien nach China. Im 11./12. Jh. bemächtigten sich Khmer-Völker der Stadt und richteten hier ein religiöses Zentrum ein. Um 1350 kam Phetchaburi zum Königreich von Ayutthaya; 1610 geriet die Stadt vorübergehend unter die Kontrolle japanischer Piraten, deren Anführer sich zu unabhängigen Fürsten erklärten. Das war allerdings nicht im Sinne der durchaus weltoffenen Könige von Ayutthaya, die zuvor zahlreichen europäischen Handelsgesellschaften die Niederlassung erlaubt hatten. Nach etlichen Auseinandersetzungen vertrieb König Petraja 1688 die »farang« (Ausländer) aus dem Königreich; für die nächsten 130 Jahre war Thailand allen Ausländern verschlossen.

✶✶ Königspalast Phra Nakhon Khiri

Öffnungszeiten:
Di. – So.
9.00 – 16.00
Eintrittsgebühr

Auf dem 95 m hohen Hügel Khao Khlang steht über der Stadt der königliche Palast Phra Nakhon Khiri, den König Mongkut (Rama IV.; ►Berühmte Persönlichkeiten) um 1860 in europäisch-neoklassizistischem Stil erbauen ließ. Architekt war der spätere stellvertretende Verteidigungsminister Thuam Bunnak, der auf einer Reise durch Europa Eindrücke von herrschaftlicher Architektur sammelte. Der Palast ist wie kaum ein anderes Bauwerk in Thailand Ausdruck der kosmopolitischen Lebens- und Denkart thailändischer Könige.

Der Phra Nakhon Khiri wurde auf einem Hügel mit zwei Gipfeln errichtet, die durch Fußwege verbunden sind. Von der nördlich am Hügel vorbeiführenden Straße erreicht man den Palastbezirk auf dem nordwestlichen Gipfel über eine von Nagas flankierte Treppe oder über eine kleine Zahnradbahn, die während der Öffnungszeiten verkehrt. Im Vorbeigehen sind Überreste des Forts, außerdem einige Gebäude für das königliche Wachpersonal zu sehen. Die Palastanlage des Königs ist zugänglich, wenn keine Mitglieder der königlichen Familie anwesend sind. Von den weitläufigen Terrassen hat man einen guten Blick auf Phetchaburi.

! *Baedeker* TIPP

Vorsicht, bissige Affen!

Rund um den Berg mit dem Königspalast leben Dutzende von Affen, die bisweilen recht aggressiv werden können. Besser Abstand halten!

Phra Thinang Phetphum Phairot

Im Jahre 1859 wurde der Grundstein für den Phra Thinang Phetphum Phairot gelegt, das größte Gebäude der Anlage. In reinem neoklassizistischem Stil erbaut, diente es zunächst als Audienzhalle, später dann - wie auch heute wieder nach grundlegender Renovierung – als Haus für Staatsgäste. Im Innern sollte man die große Anzahl schöner Einrichtungsgegenstände beachten, unter anderem ein Bett von König Chulalongkorn.

Phra Thinang Wichien Prasat

Ein besonders schönes Beispiel thailändischer Sakralarchitektur ist der Phra Thinang Wichien Prasat, ein trotz seiner Schlichtheit sehr ausdrucksstarkes Gebäude. Auf dem Dach umrahmen vier kleinere, reich verzierte Türmchen einen symbolisierten Prang, die Basis wird

Phra Nakhon Kiri Petchaburi

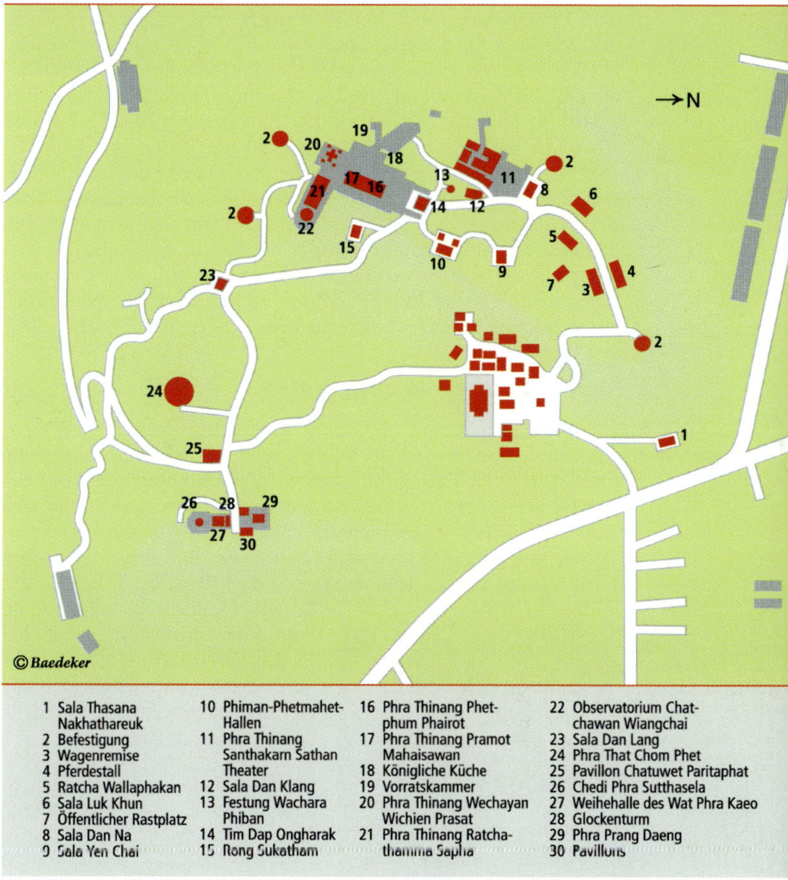

1 Sala Thasana Nakhathareuk
2 Befestigung
3 Wagenremise
4 Pferdestall
5 Ratcha Wallaphakan
6 Sala Luk Khun
7 Öffentlicher Rastplatz
8 Sala Dan Na
9 Sala Yen Chai
10 Phiman-Phetmahet-Hallen
11 Phra Thinang Santhakarn Sathan Theater
12 Sala Dan Klang
13 Festung Wachara Phiban
14 Tim Dap Ongharak
15 Rong Sukatham
16 Phra Thinang Phet-phum Phairot
17 Phra Thinang Pramot Mahaisawan
18 Königliche Küche
19 Vorratskammer
20 Phra Thinang Wechayan Wichien Prasat
21 Phra Thinang Ratcha-thamma Sapha
22 Observatorium Chat-chawan Wiangchai
23 Sala Dan Lang
24 Phra That Chom Phet
25 Pavillon Chatuwet Paritaphat
26 Chedi Phra Sutthasela
27 Weihehalle des Wat Phra Kaeo
28 Glockenturm
29 Phra Prang Daeng
30 Pavillons

von einer umlaufenden Balustrade umgrenzt. Im Innern steht unter einem siebenstöckigen Schirm eine Statue, davor eine Büste König Mongkuts. Die Büste wurde von einem französischen Bildhauer geschaffen, der zunächst nach einer Fotografie modellierte. Mit dem Ergebnis war König Mongkut nicht zufrieden, deshalb beauftragte er einen einheimischen Künstler, eine Statue in Bronze zu gießen. Dieser lehnte sich jedoch an die französische Vorgabe an. König Mongkut starb vor der Fertigstellung der Bronzestatue. Bemerkenswert sind noch der schöne Bau des königlichen Observatoriums (Chatchawan Wiangchai) mit einem Glasdach und schönen Ornamenten sowie die drei Gebäude des Phiman Phetmahet, in dessen größtem der König seine religiösen Pflichten erfüllte.

Wat Phra Kaeo Vom nordwestlichen zum südöstlichen Gipfel gelangt man nach einem etwa zwanzigminütigen Fußmarsch. Wichtigstes Gebäude ist der Wat Phra Kaeo, der seinem Vorbild in ► Bangkok, verblüffend ähnlich sieht. In der Ordinationshalle (Bot) mit ihren reich verzierten Giebelfeldern und kunstvoll geschnitzten Türen war von der Fertigstellung bis zum Tod Mongkuts eine kristallene Buddha-Figur zu sehen, die nach Bangkok zurückgebracht und durch eine Kopie ersetzt wurde. Hinter der Halle steht der 9 m hohe Chedi Phra Satthasela, dessen Baumaterial zum Teil auf der Insel Ko Sichang (►Chonburi, Umgebung) gebrochen und mit Booten über den Golf von Thailand nach Phetchaburi transportiert wurde. Gegenüber der Ordinationshalle befinden sich drei Pavillons und ein aus rotem Sandstein erbauter Prang. Den Haupthügel nimmt ein 40 m hoher Chedi ein, den König Mongkut an die Stelle eines älteren Prang setzen ließ.

Weitere Sehenswürdigkeiten in Phetchaburi

*** Wat Mahathat** Der Wat Mahathat am Marktplatz stammt aus der Ayutthaya-Epoche, wurde aber erst im 19. Jh. vollendet. Das Bild beherrschen ein hoher Prang im Khmer-Stil, dem ein Torbau angegliedert ist, und vier kleinere Prangs, die um ihn herum gruppiert sind. In der umlaufenden Galerie stehen mehrere schöne Buddha-Statuen. Der große Viharn zeigt außen kunstvolles Stuckdekor und im Innern restaurierte Wandgemälde sowie mehrere Statuen sitzender Buddhas, von denen besonders die oberste auf dem Altar im Ayutthaya-Stil bemerkenswert ist. Sehr schöne Stuckarbeiten schmücken auch den kleinen Bau neben dem Viharn in einem separaten Hof.

Relief am Wat Phra Song in Phetchaburi

Von den vielen interessanten Tempeln in Phetchaburi ist der **Wat Yai Suwannaram** östlich des Zentrums einer der schönsten. Er stammt aus dem 17. Jh., die ältesten Bauten zeigen besten Ayutthaya-Stil. Der Viharn enthält hervorragende Wandmalereien, vorwiegend in horizontalen Friesen angeordnete Göttergestalten, die Buddha verehren. Auffällig sind die Feinheit der Kolorierung, die stilsicher geführten Linien und eine liebevolle Detailtreue. Zu erwähnen ist weiter eine schöne Kassettendecke und die Figur eines sitzenden Buddha. Während der Regierungszeit von König Chulalongkorn wurde eine Galerie angelegt, die von skulptierten Türstürzen geschmückt wird.

PHETCHABURI ERLEBEN

ANREISE

Auto:
Von Bangkok Nationalstraße 4 (170 km), alternativ Straße 35

Bus:
Von Bangkok Southern Bus Terminal

Bahn:
Station an der Strecke Bangkok – Südthailand

AUSKUNFT

Tourism Authority of Thailand
500/51 Phetkasem Road
76120 Cha-Am, Phetchaburi
Tel. 0 32 / 47 10 05-6
Fax 47 15 02
tatphet@tat.or.th

ÜBERNACHTEN

► Günstig

Rabieng Guesthouse & Restaurant
1 Chisa Road, Tel. 0 32 / 42 57 07
Fax 41 06 95, 17 Zimmer, Restaurant. In einem alten Teakholzhaus untergebrachtes Hotel mit hübschen Zimmern. Da es direkt an der Straße liegt, kann es nachts manchmal recht laut sein. Empfehlenswertes Restaurant; die Besitzer bieten Touren in den Kaeng-Krachan-Nationalpark an.

Von den beiden anmutigen, aus Holz erbauten Bibliotheken stammt die eine aus der Gründerzeit, die andere vom Ende des 19. Jh.s. Aufmerksamkeit verdient auch die große Sala mit schönem ornamentalem Schmuck und kühnen Proportionen. Weiter nördlich trifft man auf den stimmungsvollen kleinen **Wat Phra Bat Chai** mit schönen geschnitzten Holztüren.

✶ Wat Ko Kaeo

Der Wat Ko Kaeo, im Süden der Stadt am östlichen Flussufer, wurde zu Beginn des 18. Jh.s errichtet und ist wegen der hervorragenden Malereien an den Wänden des Bot berühmt. Die sehr lebendig wirkenden Szenen aus dem Leben Buddhas zeichnen sich durch eine sichere Hand aus und sind – das ist das Besondere – in Dreiecke gesetzt, deren spitzer Winkel nach unten zeigt. Die Zwischenräume bilden nach oben weisende Dreiecke, die die Chediform imitieren; sie sind zum größten Teil mit Jataka-Szenen (aus den mehr als 500 früheren Leben Buddhas) ausgefüllt. Das Wandgemälde hinter der Opferstätte zeigt Buddhas Versuchung durch Mara und seinen Sieg über Mara.

Umgebung von Phetchaburi

✶ Tham-Khao-Luang-Höhle

Von den zahllosen Höhlen und Grotten in der Umgebung ist die Tham-Khao-Luang-Höhle – zugleich eine buddhistische Kultstätte – die berühmteste. Man folgt der Straße 4 nach Westen und biegt rechts in die Straße 3173 ein (9 km). Die Höhle besteht aus mehreren unterschiedlich hohen und weiten Hallen, in der Eingangshalle

Buddha-Statue in der Tham-Khao-Luang-Höhle bei Phetchaburi

stehen einige Buddha-Figuren. Steile Treppen führen in die Tiefe in eine sehr große, mit Tropfsteinen und unzähligen Buddha-Figuren besetzte Halle; das durch Risse und Löcher im Gewölbe einfallende Licht zaubert eine magische Atmosphäre.

✶ **Khao Yoi**

Nach weiteren 18 km auf der Nationalstraße 4 nach Norden gelangt man zum Khao Yoi, dem »Berg der Stalaktiten«, mit mehreren Tropfsteinhöhlen. Einige gelten als Heiligtümer und sind mit Buddhafiguren ausgestattet.

Stausee und ✶ **Nationalpark Kaeng Krachan**

Südlich von Phetchaburi führt bei Tha Yang von der Nationalstraße 4 eine Straße durch Baumwollfelder und Zuckerrohrplantagen zum von Bergen umgebenen Kaeng-Krachan-Stausee. Er dient der Bewässerung der Felder sowie der Wasserversorgung von Phetchaburi. Weiter südlich erstreckt sich einer der schönsten Nationalparks des Landes, der bisher recht wenig besucht ist. In den Nationalpark einfahren kann man nur gegen Gebühr. Übernachtungsmöglichkeiten gibt es in den Bungalows bei der Parkverwaltung (Auskunft am Eingang zum Nationalpark). Kaeng Krachan ist mit fast 3000 km² der größte thailändische Nationalpark. In dieser beinahe unzugänglichen Region an der birmanischen Grenze mit dichtem Regenwald leben noch wilde Elefanten, Tiger und Malaien-Bären. Trekking-Touren oder Floßfahrten sind nur mit Führern zu empfehlen. Von der einheimischen Bevölkerung gern aufgesucht wird der **Wasserfall Pala U**.

★★ Phimai

D 4

Region: Nordostthailand
Höhe: 240 m ü. d. M.
Provinz: Nakhon Ratchasima
Einwohnerzahl: 15 000

Der Ort Phimai, auf dem spärlich bewachsenen Khorat-Plateau gelegen, ist eine Gründung der Khmer. Das Heiligtum ist das größte und in diesem Umfang am besten erhaltene Zeugnis der Khmer-Kunst auf thailändischem Boden. Es entstand nur wenige Jahre später als die bedeutenden Tempelanlagen von Angkor Wat, die auf kambodschanischem Staatsgebiet liegen. Die Tempelanlage von Phimai ist zwar wesentlich kleiner als Angkor Wat, doch zeigt sie wie ihr berühmtes Vorbild in Konzeption und künstlerischer Qualität schönsten und reinsten Khmer-Stil.

Geschichte

Funde von Tonscherben und Schmuck zeigten, dass die Umgebung von Phimai schon während der Jungsteinzeit besiedelt war. Im 11. Jh. ließen die Khmer die Stadt befestigen und bauten sie zu einem Zentrum ihres Reichs aus. Phimai liegt wie ► Buriram, Chaiyaphum oder ► Lampang an der Route, die Angkor mit seinen Provinzen verband; die Distanz zwischen Phimai und Angkor betrug etwa 240 km. Phimai muss in dieser Zeit auch in religiöser Hinsicht eine sehr bedeutsame Stadt gewesen sein.
Im 14. Jh., als der erste Herrscher von Ayutthaya, König Rama Thibodi I. (1350 – 1369), Angkor eroberte, verlor Phimai an Bedeutung, viele der prächtigen Gebäude verfielen. Nach der Zerstörung Ayutthayas durch die Birmanen 1767 und dem Niedergang des Reichs wurde Phimai Hauptstadt eines Fürstentums, das aber schon 1768 nach dem Sieg König Taksins über Fürst Phiphit von Phimai dem neuen Königreich Siam eingegliedert wurde. Die Ruinenstadt Phimai wurde in den 1980er-Jahren mit erheblichem Aufwand restauriert und als **»Phimai Historical Park«** der Öffentlichkeit zugänglich gemacht.

! *Baedeker* TIPP

Phimai Boat Racing

Alljährlich am zweiten Wochenende im November und zeitgleich mit dem in ganz Thailand gefeierten Loy-Krathong-Fest gibt es auf dem Mun-River bei den Ruinen von Phimai internationale Bootsrennen sowie eine Licht- und Tonpräsentation.

Stadtbild

Das heutige Phimai nimmt nur einen Teil des einstigen, von Mauern, Wällen und Wassergraben gesicherten Stadtgebiets ein; es umfasste ursprünglich eine Fläche von 1030 x 565 m. Von den 4 m hohen Sandsteinmauern sind noch Reste vorhanden, von den einst vier pavillonartigen Stadttoren steht noch das südliche. Durch dieses betraten die Khmer-Herrscher mit ihrer Gefolgschaft, von Angkor her

PHIMAI ERLEBEN

ANREISE

Auto:
Von Nakhon Ratchasima Nationalstraße 2 bis Talat Khae (44 km), dann rechts Straße 206 (Wegweiser; gesamt 56 km)

Bus:
Vom Northeastern Bus Terminal in Bangkok und von Nakhon Ratchasima fahren Busse nach Phimai

Bahn:
Nächster Bahnhof Nakhon Ratchasima

Flug:
Nächster Flugplatz Nakhon Ratchasima (von Bangkok tägl. mit Thai Airways)

ÜBERNACHTEN

► Günstig

Phimai Hotel
305, Haruthairom Road
Tel. 0 44 / 47 13 06
20 Zimmer, Restaurant.
Einfaches, aber wegen seines freundlichen Personals empfehlenswertes Hotel mit sauberen Zimmern.

kommend, die Stadt, von hier führte eine von Geschäften gesäumte Straße geradewegs in den Tempelbezirk.
An einer Parallelstraße zur Rechten erhebt sich der Hügel **Meru Boromathat**; das Ziegelgebäude, in dem vermutlich die Verbrennungszeremonie von König Boromathat stattfand, ist heute nur noch Ruine. Auf einem kleineren Hügel gegenüber fand vermutlich die Einäscherung von Boromathats Gemahlin statt. Phimai lag strategisch günstig auf einer Insel; zwischen dem Menam Mun und dem Khlong Chakrai, einem seiner Nebenflüsse, die den größten Teil des alten Stadtgebietes umgeben, wurde ein Kanal gebaut, der heute nicht mehr existiert.

✶✶ Ruinenstadt

Öffnungszeiten:
tägl. 7.30 – 18.00
Eintrittsgebühr

Das Tempelheiligtum von Phimai stammt aus dem 11./12. Jh. und war hinduistischen Gottheiten und Buddha gewidmet. Es wurde jedoch auf den Grundmauern eines sehr viel älteren Heiligtums unbekannter Provenienz errichtet. Den Namen erhielten Stadt und Heiligtum nach dem Buddha Vimaya. Nur wenige Meter vom Südtor entfernt, sieht man linker Hand die Überreste des **Khlang Ngoen**. Es könnte sich dabei um ein königliches Gästehaus gehandelt haben, vielleicht auch um ein Hospital für die Bürger. Vermutlich entstand dieser Pavillon zu Zeiten des Königs Jayavarman VII. (um 1200).

Rundgang ►

Man betritt die Tempelanlage durch das gut erhaltene Südtor in der zweiten Umfassungsmauer. Den äußeren Hof zierten an allen vier Ecken große Teiche, von deren steinernen Einfassungen noch Reste vorhanden sind. Sie symbolisierten die vier heiligen Flüsse Indiens und enthielten Regenwasser, mit dem die Lingam (die Phallussymbole des Hindu-Gottes Shiva) und andere heilige Figuren begossen wurden. Die beiden Gebäude aus Laterit und Sandstein in der Nähe des westlichen Tors, ebenfalls unter König Jayavarman VII. errichtet, dienten vermutlich als Bibliothek oder waren Wohngebäude der Khmer-Könige. Rechts des Südtors sind noch Reste einer Terrasse zu sehen, auf der wohl einmal ein Gebäude aus Holz stand. Auf ihr sind heute einige der Steinreliefs aufgestellt, die wegen Einsturzgefahr nicht mehr an ihrem ursprünglichen Ort stehen. Die vier Torbauten der Galerie (12. Jh.), in die vier Himmelsrichtungen weisend, waren kreuzförmig angelegt und standen wie auch die Vorhallen auf mächtigen quadratischen Pfeilern, die z. T. noch erhalten sind. Links im inneren Hof, der eine Fläche von 86 x 64 m umfasst, sieht man den Prang Hin Daeng aus rötlichem Sandstein, etwas weiter ein als Hinduschrein bezeichnetes Gebäude (möglicherweise eine Schatzkammer oder eine Bibliothek) und rechts den Prang Meru Boromathat aus Laterit. In ihm wurde eine außerordentlich schöne Statue des Königs Jayavarman VII. gefunden, die heute im Nationalmuseum von Bangkok steht.

Haupttempel

Dieser Komplex, im 11./12. Jh. von den Königen Jayavarman VII. und Dharaindravarman I. aus feinem grauem Sandstein erbaut, ist neben Angkor Wat das schönste Beispiel der Khmer-Architektur, erlesen in den Proportionen, maßvoll, aber höchst kunstreich in der Ornamentik. Das mit einem schönen, reich gegliederten Prang gekrönte Hauptheiligtum hat an allen vier Seiten stufige Vorhallen mit kunstvoll skulptierten Überbauten und Seitentüren. Der südlichen Vorhalle ist ein langer Vorbau angegliedert, dessen Inneres durch Türöffnungen an den Seiten und am Haupteingang durch Fenster mit steinernen Balustraden erhellt wird. Das Dach ziert eine Reihe Lotosknospen. Der pyramidenförmige Turm des Sanktuariums, den eine Lotosknospe krönt, wird von Garudas getragen und ist mit Nagas sowie Götter- und Dämonenfiguren besetzt. Von hoher künstlerischer Qualität sind die Türstürze und die Giebelfelder an Vorbau und Prang. Sie zeigen Szenen aus der Geschichte des Khmer-Reichs und Bildnisse Buddhas und der Heiligen des Mahayana-Buddhismus. An anderer Stelle befinden sich Szenen aus dem Ramayana-Epos. Fünfköpfige Nagas begrenzen die Giebelfelder an beiden Seiten; die Simse des Sockels sowie die Pfeiler an den beiden Seiten sind mit Flachreliefs verziert. Der Turm, der im Innern ein Scheingewölbe (mit vorkragenden Steinen) bildet, barg einst die wichtigste Buddha-Statue des Tempelbezirks. Diese und auch andere heilige Figuren wurden von Priestern in Zeremonien, an denen die Bevölkerung aus der Stadt teilnahm, mit dem Regenwasser aus den vier Teichen im äußeren Hof übergossen. Die Öffnung der Wasserleitung und der Metalluntersatz sind noch an der östlichen Turmseite zu sehen. In der Nähe des verfallenen Nordtors sieht man im äußeren Hof Reste der Umfassungsmauer des Wat Doem, der wiederum auf den Fundamenten eines Heiligtums aus früherer Zeit stand.

RUINENSTADT PHIMAI

★★ Phimai zeigt deutlich den Einfluss der Khmer-Architektur auf diesen Teil des Landes. Die Bauten werden etwa auf das 11. Jh. datiert, als die Gegend noch zum Reich der Khmer gehörte. Phimai wurde als Schwesterstadt von Angkor konzipiert. Die Tempelanlagen aus dieser Zeit sind heute noch gut erhalten und werden detailgetreu restauriert.

Öffnungszeiten:
tägl. 7.30 – 18.00 Uhr
Eintrittsgebühr

1 Tanzender Vajrasattva
Ein schön gestalteter Varjasattva ist im Pilaster des südlichen Tempeleingangs zu sehen.

2 Mandapa
Mandapa ist die Bezeichnung der Architekturhistoriker für die Halle des Haupteingangs.

3 Prang
Der charakteristische knospenförmige Turm könnte als Vorbild für die Architektur von Angkor Wat gedient haben.

***Ruinenstadt** Phimai*

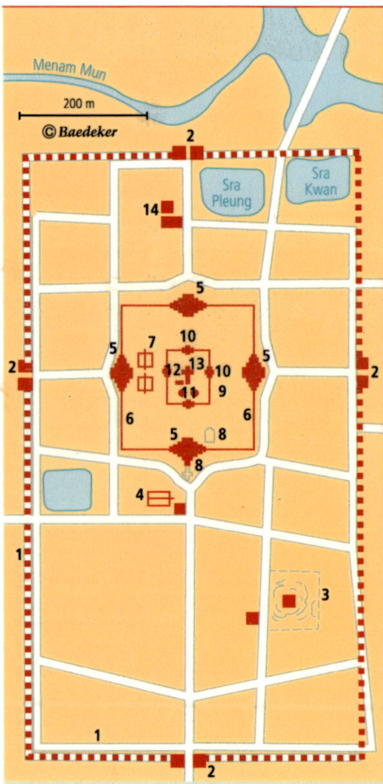

1 Dritte Umfassungsmauer
2 Stadttore; Südtor: Pratu Chai (Siegestor)
3 Meru Boromathat
4 Khlang Ngoen (Schatzkammer)
5 Portalbauten (Gopura)
6 Zweite Umfassungsmauer
7 Königliche Pavillons
8 Terrassen
9 Erste Umfassungsmauer (Galerie)
10 Torbauten
11 Heiligtümer
12 Hinduschrein ("Bibliothek")
13 Hauptheiligtum
14 Wat Doem

★★ Phitsanulok

C 3

Region: Nordthailand
Höhe: 50 m ü. d. M.
Provinz: Phitsanulok
Einwohnerzahl: 84 000

Phitsanulok liegt im Norden der Zentralebene am Fluss Menam Nan und ist von Reisfeldern umgeben. Nachdem eine Feuersbrunst von der alten Stadt nicht mehr viel übrig ließ, wurde eine moderne Geschäfts- und Handelsstadt aufgebaut, in der von der einstigen Bedeutung der Nachbarstadt von Sukhothai nicht mehr viel zu spüren ist.

Moderne Stadt an historischem Ort

Von der Brücke über den Nan und in den an ihm entlang führenden Alleen bekommt man ein gutes Bild von der lebhaften Atmosphäre um die Pfahlbauten und auf dem Fluss. Ein Besuch von Phitsanulok lässt sich gut mit einer »historischen« Rundreise nach ►Sukhothai, ►Si Satchanalai und ►Kamphaeng Phet verbinden.

Geschichte

Um das Jahr 1362 eroberte der Ayutthaya-König Rama Thibodi (genannt U Thong) Phitsanulok, zu diesem Zeitpunkt bereits eine wichtige Stadt im **Königreich Sukhothai**. König Liu Thai erhielt sie jedoch bald auf freundschaftlichem Wege wieder zurück und machte sie für sieben Jahre zu seiner Residenz. Ab 1438 gehörte die Stadt, in der der Kronprinz von Ayutthaya als Vizekönig herrschte, wie auch das gesamte Sukhothai-Reich zum Königreich Ayutthaya. 1563 eroberten die Birmanen die Stadt. Nach der Zerstörung des Ayutthaya-Reichs war Phitsanulok für kurze Zeit Hauptstadt eines kleinen Fürsten-

PHITSANULOK ERLEBEN

ANREISE

Auto:
Von Bangkok Nationalstraßen 1/32/117, alternativ 11(380 km). Von Sukhothai Nationalstraße 12 (58 km).

Bus:
Von Bangkok Northern Bus Terminal mehrmals täglich

Bahn:
Station an der Strecke Bangkok – Chiang Mai

Flug:
Von Bangkok und Chiang Mai täglich

AUSKUNFT

Tourism Authority of Thailand
209/7-8 Borommtrailokanat Road
Tel. 0 55 / 23 10 63, tatphlok@tat.or.th

ÜBERNACHTEN

► **Komfortabel**

① *Topland Hotel & Convention Center*
68/33 Akathodsarod Road
Tel. 0 55 / 24 78 00, Fax 24 78 15
www.toplandhotel.com
260 Zimmer, Restaurant, Coffeeshop, Biergarten, Swimmingpool. Von außen eher ein Betonklotz, im Innern gibt es aber recht komfortable Zim-

Phitsanulok Orientierung

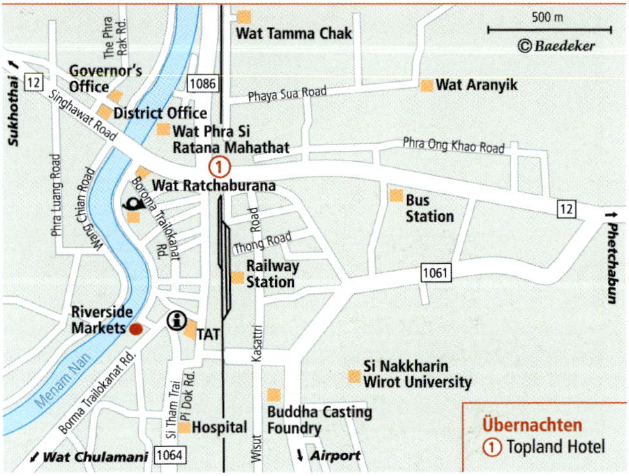

tums, bis König Taksin 1770 auch dieses dem entstehenden Königreich Siam einverleibte. Im Jahre 1955 wurde Phitsanulok durch einen verheerenden Brand nahezu vollständig vernichtet; einige religiöse Bauten entstanden in gesichtslos-modernem Stil wieder neu.

Sehenswertes in Phitsanulok

★★ Wat Phra Si Ratana Mahathat

Das wichtigste Bauwerk in Phitsanulok liegt bei der Brücke über den Nan am Rand der Altstadt. Der Wat Phra Si Ratana Mahathat ist von weitem durch seinen 36 m hohen, im oberen Teil vergoldeten Prang im Khmer-Stil (1482) zu erkennen. Der Wat wurde Ende des 15. Jh.s durch König Boroma Trailokanat (1448 – 1488) als Symbol seiner Herrschaft über das neu erworbene Gebiet erbaut, mehrere Restaurierungen haben das Aussehen der Tempelgebäude wohl stark verändert.

Rundgang ►

Das steile Dach des Viharn mit bunt glasierten Ziegeln (Bangkok-Zeit) ist dreifach gestaffelt; das Giebelfeld wird durch ein vergoldetes Kassetten-Schnitzwerk geschmückt. Schlanke Säulen flankieren die Vorhalle und geben dem gesamten Bauwerk eine auffällige Leichtigkeit. Die Buddha-Statuen zu beiden Seiten sind hervorragende Beispiele des Sukhothai- und des Chiang-Saen-Stils. Die aus Ebenholz geschnitzten Türen mit Perlmutteinlagen stammen aus dem Jahr 1756. Das dreischiffige Innere des Viharn, das nur durch schmale Spalten in den niedrigen Seitenwänden Licht erhält, ist einer der schönsten Sakralräume Thailands. Dunkelblau, Rot und Gold sind die bestimmenden Farben an den in Lotosknospen endenden Säulen und dem verstrebten Gebälk. Neueren Datums sind die Wandmalereien. Die Gemälde rechts beschreiben die Erleuchtung Buddhas, die

Meisterwerk des Sukhothai-Stils: Statue des Phra Buddha Jinarat

zur Linken berichten vom Zeitpunkt im Leben des Erleuchteten, als er Hab und Gut aufgibt und sich ganz der Religion hingibt.

◄ Phra Buddha Jinarat

Mittelpunkt und Blickfang ist die Statue Phra Buddha Jinarat (»der siegreiche König«), ein Meisterwerk des späten Sukhothai-Stils und um 1350 in Bronze gegossen. Sie zeigt einen sitzenden Buddha in der Geste der Erdanrufung mit fein ziselierter Aureole vor einem dunkelblauen Hintergrund, der mit stilisierten goldenen Blüten und schwebenden Gestalten verziert ist. Von dieser Statue gab es mehrere Kopien, eine, von König Chulalongkorn in Auftrag gegeben, befindet sich im Wat Benchama-bo-bitr in Bangkok.

Auch von den Buddha-Statuen, die die zentrale Figur umgeben, sind einige von großer Schönheit. Bemerkenswert sind auch die kunstvoll geschnitzten Kanzeln aus Teakholz, die größere von ihnen dient einer Gruppe von Mönchen beim Vortragen buddhistischer Pali-Texte, von der kleineren werden die Texte in Thai-Sprache rezitiert. An den Viharn stößt die Terrasse an, auf der sich der zentrale Prang erhebt. Über eine Treppe gelangt man in die Reliquienkammer. Die Galerie, die den Prang umgibt, ist mit schönen Buddha-Figuren im Sukhothai-, U-Thong-, Chiang-Mai- oder Chiang-Saen-Stil besetzt. Schön sind auch die Holzschnitzereien sowie chinesische und thailändische Keramiken. An die Galerie schließt sich der Bot. Verlässt man den

? WUSSTEN SIE SCHON ...?

- Als Phitsanulok Hauptstadt wurde und der Vizekönig seinen Einzug hielt, soll die Statue Phra Buddha Jinarat der Legende nach blutige Tränen geweint haben. Nicht zuletzt deshalb genießt sie bei der Bevölkerung großes Ansehen.

Tempelbezirk durch den Hauptausgang und geht zur Rückseite, sieht man die Riesenstatue eines stehenden Buddha sowie zwei weitere Buddha-Figuren aus neuerer Zeit.

✶ **Wat Ratchaburana**

Gegenüber dem Wat Mahathat, noch am selben Ufer des Nan, ist aus den Resten des alten Tempels der neue Wat Ratchaburana entstanden. Von dem alten Bauwerk ist nur noch ein eindrucksvoller Chedi übrig geblieben. Ein hübscher Glockenturm und ein Heiligtum, dessen geschnitzte Holzportale mit bunten Steinen ausgelegt sind und dessen Inneres interessante Fresken (Szenen aus dem Ramayana) zeigt, vervollständigen die Anlage.

Buddha Image Factory

An der Wisutkasat Road kann man in der Buddha Image Factory die Entstehung von Buddhafiguren beobachten. Die hier ausschließlich in wochenlanger Handarbeit produzierten Figuren ähneln berühmten Abbildungen des Erleuchteten, insbesondere aber dem Phra Buddha Jinarat aus dem Wat Phra Si Ratana Mahathat (Öffnungszeiten: Mo. – Sa. 8.00 – 17.00 Uhr, Anmeldung erwünscht).

Umgebung von Phitsanulok

✶ **Wat Chulamani**

5 km südlich von Phitsanulok trifft man auf die Ruinen des Wat Chulamani; das Heiligtum, das deutliche Einflüsse des Khmer-Stils zeigt, steht auf einem dreifach gestuften, reich gegliederten Ziegelsockel. Das Hauptportal, zu dem eine Treppe hinaufführt, und die Seitenportale mit einigen Stuckverzierungen sowie eine schöne Buddha-Statue sind erhalten geblieben. Die angebaute kleine Halle lässt wenig von dem ursprünglichen Gebäude erkennen. Der Wat stammt wohl aus der Lopburi-Zeit und wurde in der frühen Ayutthaya-Zeit unter König Boroma Trailokanat (1448 – 1488) restauriert.

Wenn man Phitsanulok auf der Nationalstraße 12 nach Osten verlässt, sieht man nach ca. 15 km auf einem Berg die Ruinen eines Chedi; die Aussicht von dort ist grandios. Hinter dem Ort Wang Thong hat die Forstbehörde bei den Stromschnellen des Menam Kok einen kleinen Park angelegt. Von den Wasserfällen am Weg oder etwas abseits der Straße ist besonders der **Nam Tok Kaeng So Pa** sehenswert (Wegweiser etwa 52 km von Phitsanulok beachten).

Thung-Saleng-Luang-Nationalpark

Der 1280 km² große Nationalpark Thung Saleng Luang liegt 65 km östlich von Phitsanulok. Die Nationalstraße 12 führt durch hügeliges Gelände mit Mischwald in das inzwischen weitgehend gerodete Bergmassiv, das die Ebene des Menam Nan von der des Menam Pasak trennt. Der Nationalpark soll Heimat für Elefanten, Büffel, Wildschweine, Hirsche, vereinzelt auch Tiger und Panther sein und liegt bis 1500 m ü. d. M. Im Gästehaus am Eingang zum Nationalpark und in einigen recht komfortablen Bungalows kann man übernachten. Nördlich der Nationalstraße 12 gibt es ein **Entwicklungszentrum** für die Einwohner der umliegenden Meo-Dörfer.

★ Phrae

B 3

Region: Nordthailand
Höhe: 163 mü. d.. M.
Provinz: Phrae
Einwohnerzahl: 25 000

Die lebhafte und reiche Stadt Provinzhauptstadt Phrae, eine der ältesten Städte Thailands, liegt im fruchtbaren Tal des Menam Yom. Seit Fertigstellung der Yom-Talsperre ist die Landwirtschaft wichtigster Wirtschaftsfaktor der Region, hier gedeihen vor allem Tabak (der in großen, aus Ziegeln gebauten Ofen getrocknet wird), Zuckerrohr, Mais und Erdnüsse.

Tempelbauten

Die zahlreichen Tempelbauten der Stadt ähneln stilistisch denen von ► Lamphun, denn wie diese Stadt gehörte auch Phrae zum Königreich Haripunchai. Spuren hinterließen auch Birmanen und Laoten. Fast vollständig erhalten bzw. rekonstruiert ist die alte Stadtmauer von Phrae, innerhalb der die wichtigsten Sehenswürdigkeiten liegen.

Wat Chom Sawan

Die Tempelanlagen des Wat Chom Sawan vom Anfang des 20. Jh.s am nördlichen Stadtrand und des **Wat Sa Bo Keo** (Nam Khue Road) sind im birmanischen Stil erbaut und zeichnen sich durch reich dekorierte Altäre und große formschöne Chedis aus. Am **Wat Phra Bat Ming Muang Vora Vihara** (Charoen Muang Road) fallen der im laotischen Stil gehaltene Bot mit geneigten Säulen und der anmutige Bibliotheksbau auf.

★ Wat Si Chum

Der Wat Si Chum an der Kham Saen Road umfasst einen großen Bezirk, zu dem drei Heiligtümer, ein schöner Chedi aus dem 16. Jh. und eine hübsche Bibliothek gehören. Das Heiligtum auf der linken Seite birgt eine Buddha-Statue im laotischen Stil, das mittlere eine weitere bemerkenswerte Buddha-Statue im Sukhothai-Stil.

PHRAE ERLEBEN

ANREISE

Auto:
Von Phitsanulok Nationalstraße 11 (180 km). Von Lampang Nationalstraße 11/101 (85 km), von Nan Straße 101 (125 km)

Bahn:
Nächster Bahnhof Den Chai (23 km)

Flug:
Von Bangkok und Chiang Mai täglich

ÜBERNACHTEN

► Günstig

Maeyom Palace Hotel
181/6 Yantarakitkosol Road
Tel. 0 54 / 52 10 28
Fax 52 29 04
Unweit des Wat Chom Sawan gelegenes Mittelklassehotel mit günstigen Zimmerpreisen und einem sauberen Swimmingpool.

Wat Luang Sehr schön sind der schlanke Chedi im birmanischen Stil, die Figur eines sitzenden Buddha und die Schnitzereien an den Balken des Viharn im Wat Luang an der westlichen Stadtmauer.

✶✶ Wat Phra Non Besonders sehenswert ist der Wat Phra Non am Ende der Wichaira Cha Road, der seinen Namen nach der Figur eines stehenden Buddha aus dem 18. Jh. erhielt. Die Statue findet man in einem Gebäude neben dem Viharn, der mit seinen eleganten Proportionen und reich verzierten Giebeln ebenfalls eine Sehenswürdigkeit darstellt.

Umgebung von Phrae

Wat Phra That Cho Mae Auf einem Hügel etwa 8 km südlich der Stadt (Straße 1022 in Richtung Flughafen) liegt der in jüngerer Zeit erbaute Wat Phra That Cho Mae mit eindrucksvollen Dekorationen. Er wird von einem 34 m hohen, mit vergoldeten Kupferplatten verkleideten Chedi dominiert und ist berühmt wegen der Figur eines sitzenden Buddha, zu dem vor allem junge Frauen pilgern, die um reichen Kindersegen bitten.

Wat Phra Luang Beim Dorf Sung Noen, 10 km nördlich von Phrae, liegt der schöne Wat Phra Luang (in Sung Noen rechts abbiegen). Der alte Chedi aus dem 12. Jh. ähnelt den pyramidenförmigen Chedis von Lamphun, ist aber nicht so reich gegliedert. Die Nischen an allen vier Seiten sind mit Buddha-Figuren besetzt. Den Bibliotheksbau, zu dessen Eingängen überdachte Treppen hinaufführen, zieren schöne Skulpturen. Interessant ist auch der achteckige Glockenturm. Der mit schönen Schnitzereien verzierte Viharn stammt aus neuerer Zeit.

✶ Yom-Stausee Auf der Fahrt zum idyllisch gelegenen Yom-Stausee in der Nähe von Song (28 km nördlich von Phrae, Straße 101 bis Kong Kwang, dann 103) kann man die Schönheit der Gebirgslandschaft genießen.

✶✶ Phuket

G / H 2

Region: Südthailand
Höhe: 2 m ü. d. M.

Provinz: Phuket
Einwohnerzahl: 146 000 (Insel)
52 000 (Stadt)

Phuket, die üppig mit Kokospalmen und Kautschukbäumen bewachsene größte Insel Thailands ist berühmt wegen ihrer langen, weißen Sandstrände an azurblauem Meer. Die gleichnamige Provinzhauptstadt strahlt mit ihren chinesisch und z. T. auch kolonial-portugiesisch beeinflussten Häusern immer noch den Charme alter Zeiten aus.

Klima

Phuket hat ein besonderes Klima. Die Regenzeit setzt hier früher ein als z. B. an der anderen Seite des Golfs. Während der Monsunzeit regnet es nicht ununterbrochen, sondern ein- bis zweimal täglich in z. T. heftigen Schauern; Kenner meinen, dass der subtropische Charakter der Insel gerade um diese Zeit am schönsten zur Geltung kommt. Die wenigsten Regentage haben die Monate Dezember – März (durchschnittlich fünf pro Monat). Die Tagestemperaturen liegen das ganze Jahr über bei 28 – 32 °C.

Geschichte

Mon (Khmer) sollen die ersten Bewohner von Phuket gewesen sein; sie kamen über die Andamanensee aus Pagan im heutigen Myanmar, gaben der Insel den Namen Iunsalan und gründeten drei Siedlungen: Thalang, Kathu und Phuket. Zu den Mon stießen später indonesische Nomaden, »Chao Ley« oder »Chao Nam« (»Land-« bzw. »Wassermenschen«); Nachfahren gibt es heute noch auf Phuket (»sea gypsies« = Seezigeuner). König Ekatotsarot (1605 – 1610) erlaubte erstmals Europäern den Handel mit der einheimischen Bevölkerung. Bald darauf errichteten Franzosen, Portugiesen und Holländer Handelsniederlassungen; Engländer entdeckten die umfangreichen Zinnvorkommen auf Phuket. 1785 belagerten die Birmanen erstmals Phuket; bei der dritten Belagerung, um 1800, wurde die Stadt zerstört. Die Schwestern Chan und Muk führten eine Widerstandsbewegung an, die ihren Heimatort Thalang vor der Einnahme durch die Birmanen bewahrte: Sie spiegelten den Besatzern vor, dass es in Tha-

Zentrum des Geschehens: Bang-La Road in Patong

? WUSSTEN SIE SCHON ...?

- Eine Spur der Verwüstung zog der Tsunami am 26. Dezember 2004 auf der Insel Phuket. Dabei war zu beobachten, dass einige Strände und an ihnen liegende Hotels und Dörfer total zerstört wurden, andere hingegen nur in sehr geringem Maße geschädigt wurden. Wissenschaftler führten dies unter anderem darauf zurück, dass Strände mit davor liegenden intakten Korallenriffen besser geschützt waren. Offiziellen Angaben zufolge kamen aber auf Phuket mindestens 750 ausländische Touristen ums Leben. Der Wiederaufbau ließ jedoch nicht lange auf sich warten, und schon wenige Monate nach der größten Naturkatastrophe der neueren Geschichte hatten so gut wie alle Hotels, Restaurants und Geschäfte wieder geöffnet.

lang vor Soldaten nur so wimmelte, indem sich alle Frauen als Männer verkleideten. Ein Bronzedenkmal zwischen Flughafen und Stadt erinnert an die beiden Nationalheldinnen (»Two Sisters« bzw. »Heroines Monument«, Straße 402).
Anfang des 19. Jh.s strömten zahlreiche chinesische Einwanderer nach Phuket, angelockt durch die reichen Bodenschätze. Sie mischten sich mit der einheimischen Bevölkerung, ihre Anwesenheit ist heute noch deutlich; etwa 50 000 Einwohner Phukets sind »echte« Chinesen. Nachdem schon König Rama V. Phuket seinem Reich einverleibte, schloss sich die Insel 1933 offiziell dem Königreich Siam an, zur Hauptstadt der neuen Provinz wurde Phuket erklärt. Der Name Phuket stammt aus der malaiischen Sprache (»bhukit«) und bedeutet soviel wie »hügelige Insel«.
In der Provinz leben heute etwa 146 000 Menschen. Stadt und Insel verdanken ihren Aufschwung der systematischen Ausbeutung der Zinnvorkommen. Nach dem drastischen Zinnpreisverfall in den 1980er-Jahren wurden die meisten Zinngruben stillgelegt. Viele stellen ein störendes Element im ansonsten heilen Landschaftsbild dar, werden aber laufend rekultiviert. Außer Zinn wurde auf Phuket auch Wolfram entdeckt, wichtige landwirtschaftliche Produkte der Insel sind Kautschuk (Rohgummi) und Kopra (das zerschnittene und getrocknete Fleisch der Kokosnuss als Grundstoff der Kokosfettgewinnung).

Tourismus Seit die Patong Beach 1980 zur Bebauung freigegeben wurde, hat sich Phuket von der einsamen Insel mit »Traumstränden« zu einem Tummelplatz des Massentourismus mit all seinen Problemen gewandelt. Die Hauptorte bieten das übliche Bild mit Hotelsilos, ausländisch ausgerichteten Restaurants, Vergnügungsstätten; der Flugplatz gilt als Drehkreuz des Südens und ist mit 2,9 Mio. Passagieren jährlich der zweitgrößte internationale Airport Thailands. Die Preise stiegen für die einheimische Bevölkerung ins Unermessliche, andererseits profitierten Investoren aus Bangkok und dem Ausland von dem Boom. Man hat zwischenzeitlich jedoch erkannt, dass der Touristenstrom gebremst und kanalisiert werden muss; ob die ökologisch verantwortungsvoll Denkenden bei der TAT, in der Provinzregierung und im örtlichen Gewerbe über kurzfristige wirtschaftliche Interessen die Oberhand gewinnen, bleibt abzuwarten.

Phuket Übersicht

Essen
1. Khanasutra
2. Raja Thai Cuisine
3. Tokyo House

Übernachten
1. Banyan Tree
2. Le Royal Meridien Phuket Yacht Club
3. Club Andaman Beach Resort
4. Kamala Beach Hotel & Resort
5. The Old Phuket
6. Ban Rawai Bungalows
7. Dewaana Patong Resort

PHUKET ERLEBEN

ANREISE

Auto:
Von Bangkok Nationalstraße 4 bis Ban Koke Loi, über Straße 402 und die Sarasin-Brücke auf die Insel (860 km). Von Suratthani Straßen 401/4 (290 km). Von Nakhon Si Thammarat Straßen 401/403/4 (340 km).

Bus:
Von Bangkok Southern Bus Terminal klimatisierte Omnibusse (Fahrtdauer etwa 13 Std.)

Flug:
Phuket besitzt einen internationalen Flughafen und wird mehrfach täglich im Linien- und Charterverkehr angeflogen. Von Bangkok aus beträgt die Flugzeit eine knappe Stunde.

AUSKUNFT

Tourism Authority of Thailand
73-75 Phuket Road, 83000 Phuket
Tel. 0 76 / 21 22 13, 21 10 36, 21 71 38
Fax 21 35 82, tatphket@tat.or.th

ESSEN

Wer nicht in den Hotelrestaurants speisen will, findet Hunderte von Alternativen vor allem an der Patong Beach, aber auch rund um die Hotels an den anderen Stränden. Einige interessante Restaurants gibt es auch in der Stadt Phuket.

► Erschwinglich

① ***Khanasutra***
18 – 20 Takua Pa Road, Phuket Stadt
Wunderbares indisches Restaurant mit schön gestalteten Räumlichkeiten in Phuket Stadt.

② ***Raya Thai Cuisine***
48 Dibuk Mai Road, Phuket Stadt
Tel. 0 76 / 21 81 55
Gutes thailändisches Essen gibt es im Raya, das sich in einem schönen chinesisch-portugiesischen Herrenhaus befindet.

③ ***Tokyo House***
Phang-Nga Road, Phuket Stadt
Tel. 0 76 / 25 67 35
Waschechtes Sushi-Lokal für heimwehkranke Japaner.

ÜBERNACHTEN & ESSEN

► Luxus

① ***Banyan Tree Phuket***
33 Moo 4, Srisonthorn Road
Cherngtalay
Tel. 0 66 / 32 43 74, Fax 32 43 75
www.banyantree.com
123 Villen, 5 Restaurants, 2 Bars, Spa u. v. m. Noblesse oblige – wer hier logiert, wohnt im wahrscheinlich besten Hotel auf Phuket und kann es sich leisten. Zu jeder Villa gehört ein privater, von außen nicht einsehbarer Swimmingpool. Absolute Diskretion ist hier nicht nur dann, wenn Mitglieder der königlichen Familie wohnen, selbstverständlich.

② ***Le Royal Meridien Phuket Yacht Club***
23/3 Moo 1, Vises Road, Rawai
Tel. 0 76 / 38 02 00, Fax 38 02 80
www.phuketyachtclub.lemeridien.de
110 Zimmer, Restaurants, Bars, Pool, Spa, Strand, Wassersport. Sehr schön in den Hang gebautes Hotel mit komfortablen Zimmern und großen Terrassen. Herrlicher Blick aufs Meer.

► Komfortabel

③ ***Club Andaman Beach Resort***
2 Hat Patong Beach Road
Tel. 0 76 / 34 05 30, Fax 34 05 28
www.clubandaman.com
270 Zimmer, 3 Restaurants, 2 Bars,

Swimmingpool, Kinderpool u. v. m.
An der Patong Beach gelegenes Hotel, das trotz der zentralen Lage ruhige Zimmer in einem herrlich angelegten tropischen Garten bietet.

④ ***Kamala Beach Hotel & Resort***
96/42-3 Moo 3, Kamala Beach, Kathu
Tel. 0 76 / 27 95 80-5, 27 95 78
Fax 27 95 79, 27 95 86
www.kamalabeach.com
200 Zimmer, Restaurant, 2 Bars, Swimmingpool, Fitnesscenter.
An der weiten Kamala Beach im Westen der Insel Phuket gelegenes, modernes Hotel mit sehr komfortabel ausgestatteten Zimmern. Besonders für Familien geeigneter Strand.

⑤ ***The Old Phuket***
192/36 Karon Road, Karon Beach
Tel. 0 76 / 39 63 53 56, Fax 39 63 57
www.theoldphuket.com
83 Zimmer, 2 Restaurants, 2 Bars, Pools, Fitnesscenter, Sauna, Spa.
Gut zehn Minuten zu Fuß liegt dieses Hotel, das in einem Gebäude im sino-portugiesischen Stil des 19. Jh.s untergebracht ist, von der Karon Beach entfernt. Die Zimmer sind ausgesprochen geschmackvoll eingerichtet und bieten guten Komfort zu einem günstigen Preis.

► Günstig

⑥ ***Ban Rawai Bungalows***
21/7-11 Vised Road, Ban Rawai
Tel. 0 76 / 38 15 71, Fax 38 15 71
banrawai@email.de
11 Bungalows, Restaurant, Bar, Strand unweit entfernt.
Komfortable Bungalows in einer sehr gepflegten Gartenanlage (deutscher Besitzer).

⑦ ***Devaana Patong Resort***
43/2 Raj-U-Thid 200 Pee Road
Patong Beach
Tel. 0 76 / 34 14 14-5, Fax 34 17 06
www.devaanaphuket.com
53 Zimmer, 2 Restaurants, Coffeeshop, 2 Bars, Spa, Fitnesscenter.
Preisgünstiges Hotel unweit des touristischen Zentrums von Phuket. Hübsch und komfortabel eingerichtete Zimmer.

SHOPPING

Wo es Touristen gibt, sind thailändische Geschäftsleute nicht weit. Zentrum für Shopper ist wiederum die Patong Road mit einem vielfältigen Warenangebot. Zahlreiche Geschäfte – vom Maßschneider bis zum Schmuckhändler gibt es naturgemäß auch im Dunstkreis der Hotels.

Auf Phuket geht es auch sehr edel: Evason Phuket Resort

Sehenswertes in der Stadt Phuket

Stadtbild Die an der Südostküste der Insel an einer malerischen Bucht gelegene Stadt Phuket wurde erst Mitte des 19. Jh.s als Ersatz für die alte Stadt Thalang erbaut, die um das Jahr 1800 von den Birmanen zerstört wurde. Der Einfluss chinesischer Einwanderer zeigt sich an den zweistöckigen, ziegelgedeckten und mit Holzschnitzereien verzierten Häusern. Typisch sind auch die Arkadengänge, in denen man vor den Unbilden des Wetters geschützt spazieren gehen und die Auslagen der Läden betrachten kann. Rund um den Stadtkern sieht man einige Häuser mit sehr schönen Gartenanlagen, erbaut von reichen Chinesen und Malaiien, die mit Kautschuk und Zinn ein Vermögen machten.

Bekannt im ganzen Land: das Simon Cabaret in Patong

Der älteste und schönste **Chinesentempel** auf Phuket, der Put Yaw in der Ranong Road, dokumentiert den großen Einfluss der chinesischstämmigen Bevölkerung. Der Haupttempel ist Kuan Yin, der Göttin der Gnade, geweiht.

Gouverneurs-residenz Die alte Gouverneursresidenz in der Nähe des Put-Yaw-Tempels ist Sitz der Provinzverwaltung. An dem in den 1920er-Jahren im Kolonialstil errichteten Gebäude sind die Stuckverzierungen und die Kapitelle der Säulen am Eingangsportal bemerkenswert; es diente im US-amerikanischen Vietnamkriegsfilm **»Killing Fields«** als Palast des kambodschanischen Gouverneurs. Ihm gegenüber liegt ein 1916 im portugiesischen Stil errichtetes Gebäude (heute Provinzialgericht).

Märkte Der lebhafte Markt an der Rasada Street (tägl. 5.00 – 11.00 Uhr) versorgt die Bevölkerung mit Dingen des täglichen Lebens und ist Treffpunkt für Einheimische. Weitere täglich stattfindende Märkte befinden sich an der Ranong Road und an der Ong Sim Phai Road.

Feste auf Phuket Die Einwohner von Phuket verstehen Feste zu feiern. Besonders laut (und nass!) wird das **Songkhram-Fest**, das thailändische Neujahrsfest, begangen, die chinesischen Einwohner feiern außer ihrem **Neujahrsfest** (Januar / Februar) das zehn Tage dauernde **Vegetarier-Fest** (Ende September / Anfang Oktober) mit besonderem Spektakel (abends): In Trance versetzt laufen Menschen barfuss über glühende Holzkohlen, ohne sich dabei zu verletzen (► Praktische Informationen; Feiertage, Feste, Events).

Phuket Orientierung

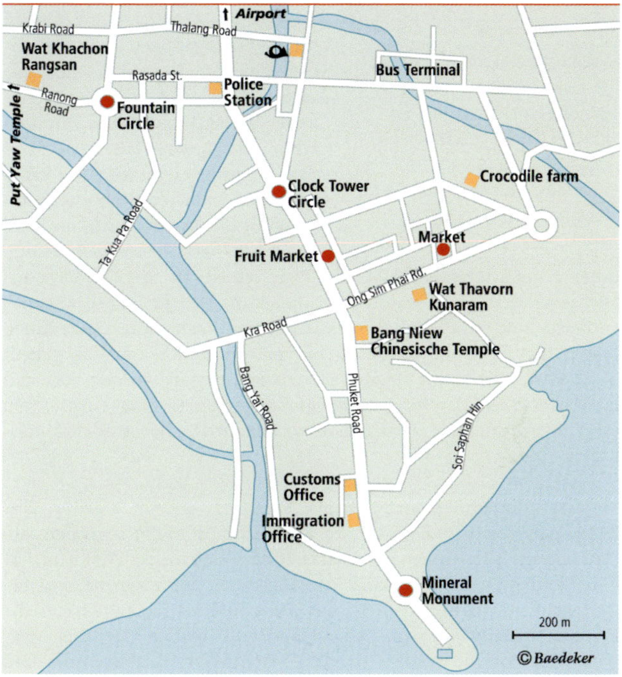

Umgebung von Phuket

★★ Strände

Die Insel Phuket ist in erster Linie wegen der Qualität ihrer Strände in aller Welt berühmt geworden. Schneeweißer Sand vor kristallblauem, klarem Wasser zieht nicht nur Sonnenanbeter an, sondern auch Wassersportler, die hier die ersehnten Urlaubsfreuden finden. Noch entspricht auch die Wasserqualität den Erwartungen, mit Hilfe eines groß angelegten Programms zur Abwasserentsorgung will die Provinzverwaltung den Status quo erhalten. Um die schönsten Strände zu erreichen, muss man von der Stadt Phuket aus ein Stück weit fahren, freilich sind die Verkehrsverbindungen optimal. Der bekannteste und deshalb auch belebteste Strand, Patong Beach genannt, erstreckt sich auf der gegenüberliegenden Seite der Insel. Wesentlich ruhiger geht es an den Stränden der Südwestküste zu: diese blieben bislang vom Massentourismus weitgehend verschont. Die meisten Luxushotels auf Phuket findet man nicht etwa am Patong Beach, sondern weiter im Süden. Am Karon Beach, der vom benachbarten Kata Beach nur durch eine Felsenklippe getrennt wird, liegen z. B. die Hotels Le Meridien Phuket und Karon Villa. Noch feiner gehts

Rote Flagge

- Besonders in der Monsunzeit (von Mai bis Oktober) entwickeln sich an den Stränden Phukets starke Unterwasserströmungen, Baden ist dann unter Umständen lebensgefährlich. Eine rote Flagge am Strand bedeutet Gefahr, beachten Sie deshalb unbedingt die Hinweise der Einheimischen!

an der **Nai Harn Beach** zu, wo ein geschickter Architekt mit Gefühl für die einzigartige Landschaft die Gebäude des Phuket Yacht Club (der heute zur Le Meridien-Hotelkette gehört) geschickt in den Hang hineingebaut hat.
Fährt man um die südlichste Inselspitze in östlicher Richtung. trifft man auf die **Rawai Beach**, die einst zu einem absoluten Geheimtipp unter Kennern gehandelt wurde. Hier lebten die Seezigeuner noch fast unter sich, dann wurde auch dieser Inselteil für den Tourismus entdeckt und mit der entsprechenden Infrastruktur ausgestattet. Durch den Tsunami wurde dieser Inselteil jedoch ziemlich schwer beschädigt. Wer es hingegen abgeschieden mag, ist an den Stränden im Nordwesten der Insel sicher gut aufgehoben. Hier entsprechen die Unterkünfte aber größtenteils weniger jenen der großen Luxushotels.

✶ Phuket Aquarium

Öffnungszeiten: tägl. 8.30 – 16.00
Führung durch die Forschungsstation nach Anmeldung: Tel. 39 11 26

Verlässt man Phuket in südlicher Richtung, gelangt man an eine Kreuzung, von der die Sakdidet Road (Straße 4023) abzweigt. Am Ende dieser Straße (weitere 6 km) befindet sich an der Makham Bay (Ao Makham) das 2005 nach umfangreicher Renovierung und Erweiterung wieder eröffnete Phuket Aquarium mit einem Meeresbiologischen Institut, in dem Lebensweise und -bedingungen der Meeresfauna erforscht werden. In riesigen Aquarien werden Fische und andere Meerestiere gehalten. Die besondere Attraktion ist ein Glastunnel, der mitten durch ein großes Aquarium führt.

✶ Wat Chalong

Der in reinem Thai-Stil erbaute Wat Chalong liegt 8 km südwestlich von Phuket (Straße 4021). Eine vergoldete Statue erinnert an den Abt Luang Pho Chaem, der um 1880 in diesem Tempel als Heilpraktiker wirkte. Im Wat Chalong, der täglich das Ziel vieler gläubiger Buddhisten ist, lebte auch Luang Pho Chaung, ein weiterer von der Bevölkerung verehrter Mönch.

Kokospalme

9 km weiter südlich ist kurz vor Rawai eine botanische Rarität zu sehen, eine vierfach verzweigte Kokospalme. Der Baum ist über 80 Jahre alt, nach den ersten 20 Jahren hat sich der Stamm zweigeteilt, und nach weiteren 20 Jahren bildeten sich aus beiden Stämmen wiederum zwei Äste.

Ban Rawai

Die Vichit Road führt weiter zum Dorf Rawai, das von »sea gypsies« bewohnt wird. Sie gehören zu den Moken, einem Volksstamm, dessen Wurzeln auf den Andamaneninseln und auf den Nikobaren zu suchen sind. Es gibt Moken, die ausschließlich auf dem Meer leben, andere führen an Land ein halbnomadisches Leben. Sie glauben an

Segel setzen für die große Fahrt: Dschunke bei Phuket

Geister und haben sich ihre eigenen Sitten bewahrt. Bis heute sind die Versuche der thailändischen Regierung, sie zu integrieren, fehlgeschlagen. Die Männer des Dorfs arbeiten zumeist als Fischer oder Bootsführer. Ban Rawai wurde durch den Tsunami schwer geschädigt, durch den Verlust von 62 Fischerbooten wurde vielen Familien die Existenzgrundlage entzogen. Der Ort selbst hat einen kleinen Fischerhafen und einen von Kokospalmen und Sumpfeichen bestandenen Strand. Hier kann man Boote mieten und zu den vorgelagerten Inseln fahren. Südlich der **Rawai Beach** (Hat Rawai) und dann an der Westküste weiter nach Norden liegen die Strände **Nai Harn**, **Kata Noi**, **Kata**, **Karon** und **Karon Noi** und schließlich der Hauptstrand, die **Patong Beach**.

★★ Three Beaches View

Fährt man vor Kata Noi Beach die Stichstraße in südwestliche Richtung, erreicht man nahe der Südspitze der Insel den Aussichtspunkt »Three Beaches View«, von dem aus man – wie der Name sagt – über drei der schönsten Strände von Phuket sehen kann.

Patong Beach

Der längste Strand von Phuket – früher auch einer der schönsten – ist der Patong Beach. Heute reihen sich hier vielstöckige Hotels und Hunderte von Geschäften, Restaurants und Bars; ruhig geht es hier schon lange nicht mehr zu.

✶ Nam Tok Kathu

Vom nördlichen Ende der Patong Beach führt die Straße 4029 nordwestlich nach Kathu (5 km). Weitere 3 km nördlich liegt der Wasserfall Nam Tok Kathu, einer der schönsten auf der Insel.
Weitere **Strände** an der z. T. wild zerklüfteten Westküste (nördlich Patong) sind Kamala, Surin (2 km nordöstlich die größte Moschee, auf Phuket; außerhalb der Gebetszeiten zugänglich) und Bang Thao Beach.

Nationalpark Hat Nai Yang

Den nordwestlichen Küstenstreifen der Insel nimmt der Nationalpark Hat Nai Yang ein (von Phuket etwa 30 km entfernt; Straße zum Flughafen, dann der Beschilderung folgen). Hier kommen nachts noch Meeresschildkröten an Land, um ihre Eier abzulegen.

Wildreservat Khao Phra Thaeo

Im Wald- und Wildreservat Khao Phra Thaeo, das die bis 445 m hoch aufragenden Hügel im Nordosten der Insel umfasst, leben Büffel, Wildschweine, Elefanten und Affen sowie viele tropische Vogelarten. Durch das Reservat führen schöne Spazierwege (Auskunft bei der TAT in Phuket).

✶✶ Ausflüge mit dem Boot

Einen Ausflug per Boot in die phantastische Inselwelt rund um Phuket sollte man nicht auslassen. Zu erwähnen sind Ko Maphrao, Ko Nakha Yai und Ko Nakha Noi (an der Ostküste, letztere mit Perlenzucht), Ko Bond, Ko Kaeo, Ko Raja Noi und Ko Raja Yai (vor der Südspitze) und die kleine Poo Island (an der Westküste, vor der Kata-Beach). Ein Tagesausflug (Boote von Po Bay) führt nach ► Phangnga mit dem berühmten »James-Bond-Felsen«; zwei Tage sollte man für ►Ko Phi Phi einplanen.

✶✶ Phu-Kradung-Nationalpark

C 3

Region: Nordostthailand | **Provinz:** Loei
Höhe: 1200 bis 1300 m ü. d. M. | **Fläche::** 350 km²

Der 1925 gegründete Nationalpark Phu Kradung liegt auf dem zur Phetchabun-Bergkette gehörenden Hochplateau. Steile Klippen, eine interessante, für die Region untypische Pflanzen- und Tierwelt und eine reine, trockene, meist auch erfrischende Luft kennzeichnen die Region.

Spazier- und Wanderwege

Der Nationalpark ist von einem dichten Netz schöner Spazierwege durchzogen, die zu verschiedenen Wasserfällen und Aussichtspunkten führen. In der üppigen tropischen Vegetation, die an europäische Landschaften erinnert, leben Gibbons, Rot- und Damwild, Wildschweine sowie viele Schmetterlings- und Vogelarten (Spechte,

Im Phu-Kradung-Nationalpark leben noch einige Tiger. →

PHU-KRADUNG-NATIONALPARK ERLEBEN

ANREISE

Auto:
Von Bangkok Nationalstraße 1/21/203 (520 km) bis Loei. Von Khon Khaen Nationalstraße 12 bis Chum Phae, dann 201 (209 km) bis Loei.
Von Udon Thani Straßen 210/201 (143 km) bis Loei. Von Loei über die Straße 201 (75 km), vom Dorf Ban Phu Kradung sind es noch 7 km bis zum Parkeingang.

Bus:
Verbindungen von Loei, Chum Phae und Udon Thani

Bahn:
Nächster Bahnhof Udon Thani

ÜBERNACHTEN

Nordöstlich der Parkverwaltung gibt es einfache Übernachtungsmöglichkeiten in Holzhütten sowie einige Zeltplätze.

Pfauen und seltene Hornvögel). Manchmal bekommt man auch Bären, Panther oder gar Tiger zu Gesicht.

Der teils sehr steile **Aufstieg zum Hochplateau**, den man gewöhnlich vom Ort Ban Si Than aus unternimmt, führt durch dichtes Dschungelgebiet mit Bambuswäldern, aus denen Felsen herausragen. Die Pfade sind durch Treppen und Geländer gesichert, in vier bis fünf Stunden erreicht man das von lichten Pinienhainen bewachsene Plateau. Von schroffen Klippen kann man einen herrlichen Blick über die Landschaft genießen, auf dem Plateau liegen Azaleen- und Rhododendrengärten, die v. a. in den Monaten März und April herrlich blühen. Zahlreiche Wasserfälle und Teiche laden zu einem kühlenden Bad.

i Warm anziehen!

- Der Nationalpark gehört zu den kühlsten Gegenden Thailands; die Temperaturen auf dem Hochplateau können im Winter bis unter den Gefrierpunkt sinken. Während der Regenzeit von Juni bis September ist der Park geschlossen. An Wochenenden und Feiertagen sollte man den Park meiden, da er ein beliebtes Ziel der Bangkoker Bevölkerung ist.

Umgebung des Nationalparks

Loei Am nördlichen Ende der Dong-Phaya-Yen-Bergkette, der Wasserscheide zwischen dem Menam Chao Phraya und dem Mekong, 50 km von der Grenze zu Laos entfernt, liegt das Städtchen Loei, das sich zu einem bescheidenen wirtschaftlichen Zentrum der Region entwickelt hat. Wälder, ein fruchtbarer Ackerboden, der Abbau von Kupfer, Mangan und anderen Erzen trugen dazu bei. Täglich findet hier an der Charoen Rat Road ein lebhafter und abwechslungsreicher Nachtmarkt statt.

45 km vor Loei (in Richtung Udon Thani) findet man die Elefantenhöhle Tham Erawan, die wohl schon in prähistorischer Zeit besiedelt war. Durch Löcher und Risse dringt das Tageslicht in die hochgewölbten Hallen. Der Anstieg zur Höhle (vorbei an einer riesigen Erawan-Statue) ist allerdings recht mühsam. 53 km nördlich von Loei gelangt man zum schön gelegenen, angenehmen Ort Chiang Khan am Ufer des Mekong, der Grenze zu Laos. Mit gemieteten Booten kann man zu den 4 km südlich gelegenen Stromschnellen von Kuang Kut fahren.

★ **Tham Erawan**

Prachinburi

D 3

Region: Ostthailand
Höhe: 9 m ü. d. M.
Provinz: Prachinburi
Einwohnerzahl: 25 000

Die 90 km nordöstlich von Bangkok gelegene Stadt Prachinburi war Station an dem alten Handelsweg, der von Indien über Birma nach Kambodscha und China führte. Die Stadt besitzt während der Regenzeit ihren Reiz, der sich bei einer Bootsfahrt durch die kleinen Kanäle erschließt. Der Menam Bang Pakong durchfließt die Ebene, die im Norden von Gebirgsketten begrenzt wird.

Prachinburi war eine Gründung der Mon, die auch während der Khmer-Herrschaft ihre Bedeutung behielt. Die Stadt besitzt selber keine besonderen Sehenswürdigkeiten, hat jedoch einige reizvolle Ziele in der Umgebung, wo der Menam Bang Pakong die Ebene durchfließt, die im Norden von Gebirgsketten begrenzt wird.

Reizvolle Kleinstadt

Umgebung von Prachinburi

Etwa 23 km südöstlich der Stadt liegt bei dem Ort Si Mahaphot eine der ergiebigsten Ausgrabungsstätten Thailands. Hier fand man zahlreiche Bauteile von Hindu-Tempeln aus dem 6. / 7. Jh. (Dvaravati-Zeit). Viele Fundstücke sind in der Nähe der Talsperre ausgestellt. Als Baumaterial wurde **Laterit** verwendet, den man reichlich in der Gegend vorfand, die Verzierungen sind aus Stuck. Die schönsten Stücke sind ein stehender Buddha, wahrscheinlich aus dem 8. Jh., und mehrere Vishnu-Skulpturen aus dem 7. / 8. Jahrhundert. Ähnlich reichhaltige Ergebnisse wie in Si Mahaphot gab es nur noch bei Grabungen in Nakhon Pathom und Lopburi.

★ **Si Mahaphot**

Sehenswert ist die nahegelegene Talsperre, die um 1200 von König Jayavarman errichtet wurde, um eine regelmäßige Bewässerung dieser fruchtbaren Gegend zu gewährleisten. Reste der Fundamente aus Laterit, vermutlich handelt es sich um eine Schleuse, sind noch zu sehen.

★ **Talsperre**

✶ Wat Ton Po Von Prachinburi gelangt man auf der Straße 3070 nach einigen Kilometern zum alten Wat Ton Po, Ziel vieler Pilger. Den Mittelpunkt bildet ein Feigenbaum mit der großen Statue eines sitzenden Buddha, ringsum sind ein achteckiger Wandelgang und zwei Terrassen gruppiert.

Muang Phra Rot Bevor man die Ausgrabungsstätte Muang Phra Rot erreicht, kommt man an einem großen Teich vorbei, an dessen Einfassung aus Laterit Tierdarstellungen im Dvaravati-Stil eingemeißelt sind. Die von den Mon angelegte Stadt war durch zwei Erdwälle und einen Graben dazwischen befestigt; die Anlagen sind noch gut zu erkennen. In dem ehemaligen Ort befindet sich eine Leprastation. Ganz in der Nahe sind Ruinen mehrerer Hindu-Heiligtümer zu sehen; die Dachspitze des einen in Form einer achteckigen Kuppel erinnert an den Tempel von Mamallapuramin in Südostindien.

✶ Naturpark Wang Takrai Nördlich von Prachinburi folgt man der Straße 33 bis Nakhon Nayok; nach 6 km benutzt man die Abzweigung rechter Hand, um nach weiteren 11 km zum Wang-Takrai-Naturpark zu gelangen. Er gilt als eines der schönsten Schutzgebiete Thailands, umfasst ein Gebiet von 80 ha und wurde 1955 vom Prinzen Chumbot angelegt. An ihn erinnert ein Denkmal am Flussufer. Als der Prinz 1959 starb, führte seine Frau das Werk weiter und machte es der Öffentlichkeit zugänglich. Sie schuf eine Art Botanischen Garten mit einheimischen und importierten Gewächsen und schönen großen Bäumen in einer von Rasenflächen durchsetzten Parklandschaft. In Bungalows kann man übernachten.

Chao Pu Khun Dan Auf dem Weg zum Park passiert man den Felsentempel Chao Po Khun Dan, benannt nach einem engen Vertrauten König Naresuens (1590 – 1605). Unter einer Felswand stehen mehrere vergoldete Buddha-Statuen. Das Blattgold stifteten die Bewohner der Gegend, um dem Geist Chao Po Khun Dan zu danken, der die Berge beschützt.

PRACHINBURI ERLEBEN

ANREISE

Auto:
Von Bangkok Nationalstraße 1/Straße 305 bis Nakhon Nayok, dann Straßen 33/319 (insgesamt 135 km).

Bus:
Von Bangkok Northern Bus Terminal. Eisenbahn: Station an der Strecke Bangkok – Aranyaprathet (Kambodscha).

ÜBERNACHTEN

► Günstig

Wang Takrai
22/1 Mu 1, Nangrong Road
Nakhon Nayok
Tel. 0 37 / 31 22 75
14 Zimmer, Restaurant.
Einfaches, aber gepflegtes Gästehaus. Guter Ausgangspunkt für Touren in den Naturpark Wang Takrai.

Benutzt man die von dem Parkeingang nach links führende Straße, gelangt man nach 5 km zum Wasserfall Nam Tok Nang Rong, der über drei Felsstufen zu Tal stürzt. Eine Steintreppe führt auf den Felsen, von dem man das Naturschauspiel, das allerdings nur während der Regenzeit beeindruckend ist, von oben betrachten kann. Durch den dichten Wald führen Spazierwege. Einen weiteren Wasserfall erreicht man von Nakhon Nayok aus über die Straßen 3049 / 3050. Von einem 70 m hohen Felsen stürzt das Wasser auf die Steinblöcke im Tal. Bei beiden genannten Wasserfällen gibt es mehrere kleine Restaurants.

Wasserfall Nam Tok Nang Rong

✶ Prachuap Khirikhan

F 2

Region: Westthailand
Provinz: Prachuap Khirikhan
Höhe: 3 m ü. d. M.
Einwohnerzahl: 27 000

Unmittelbar am Golf von Thailand liegt die kleine Provinzhauptstadt Prachuap Khirikhan, ein vom Tourismus noch weitgehend unentdecktes Juwel. Der lange Küstenbogen mit feinen Sandstränden wird im Norden von einer bergigen Landzunge und im Süden von hohen Felsklippen begrenzt. Eine eindrucksvolle Kulisse bilden die grünen Berge der Tenasserim-Kette, die die Malaiische Halbinsel durchzieht.

Die Stadt selbst bietet kaum Sehenswürdigkeiten; interessant ist der Fischerhafen in den frühen Morgenstunden. Einen Besuch lohnt auch der typisch thailändische Markt in der Stadtmitte.

Beschauliche Kleinstadt

Nahe dem Kap Prachuap ragen die Kalkstöcke dreier Inseln mit unberührten Sandstränden hoch, die man vom Hafen aus mit dem Boot erreichen kann. Ebenfalls per Boot lässt sich der Höhlentempel

Inseln

PRACHUAP KHIRIKHAN ERLEBEN

ANREISE

Auto:
Von Bangkok Nationalstraße 4 (280 km)

Bahn:
Station an der Strecke Bangkok-Hualampong – Malaysia (318 km; Fahrtdauer ca. 5 Std.)

Bus:
Vom Bangkok Southern Bus Terminal (Fahrtzeit ca. 6 Std.)

ÜBERNACHTEN

In Prachuap Khirikhan gibt es einige Gästehäuser mit bescheidenem Komfort. Hotels mit besserer Ausstattung finden Sie in ►Hua Hin.

Felsinseln in der malerischen Bucht am Kap Prachuap

Tham Khao Kham Kradai erreichen, der in einem Felsvorsprung im Norden der Bucht liegt und von besonders verehrt wird.

Khao Chong Krachok

Der die Stadt überragende Berg Khao Chong Krachok wird von einem natürlichen Torbogen aus Fels durchbrochen, durch den man den Himmel auf der anderen Seite des Berges sieht (daher der Name »Spiegelberg«). Der Berg wird von Scharen wilder Affen bevölkert (Vorsicht, manchmal angriffslustig!). Vom Gipfel hat man einen herrlichen Blick über die Stadt und die Küstenregion. Hier steht eine kleine Klosteranlage mit einem budhhistischen Heiligtum, zu dem 398 Stufen hinaufführen.

Umgebung von Prachuap Khirikhan

Nam Tok Huai Yang

Im Dschungel nahe der birmanischen Grenze, 35 km südlich der Stadt, stürzen die Kaskaden des Huai-Yang-Wasserfalls 120 m in die Tiefe und bieten vor allem am Ende der Regenzeit ein eindrucksvolles Bild. Nicht an Wochenenden besuchen, da überfüllt!

Grenzgebiet zu Myanmar

Ganz in der Nähe führt eine alte Karawanenstraße über den Maw-Daung-Pass nach Mergui in Myanmar, Teil der Straße nach Moulmein. Der 1350 m Berg **Maw Daung** liegt bereits auf birmanischem Staatsgebiet und ist damit unerreichbar. Hier gibt es vor allem nachts regen Schmuggelverkehr zwischen Thailand und Myanmar. Noch weiter südlich wird das Landschaftsbild in der Ebene von Ananasfeldern und Kokospalmenhainen bestimmt, im Westen überragt von den typischen Kalkbergen mit ihren gezackten Spitzen.

Bang Saphan

Die Kleinstadt Bang Saphan, 77 km südlich von Prachuap Khirikhan (Straße 3169), verfügt über einen 6 km langen, sanft gebogenen Sandstrand (südlich des Orts, Straße 3374). Er beginnt an dem Khao Mae Ramphung genannten, mit üppiger Vegetation bewachsenen Gebirgsvorsprung. In der Nähe liegt die reizvolle verschwiegene Insel **Ko Thalu**, die man am besten mit einem gemieteten Fischerboot erreicht.

Ranong

G 2

Region: Südthailand
Höhe: 3 m ü. d. M.
Provinz: Ranong
Einwohnerzahl: 24 000

Ranong ist, wenn man von Norden kommt, die erste thailändische Stadt am Indischen Ozean. Die im chinesischen Stil mit portugiesischem Einschlag erbauten Häuser, der nahe Gebirgsdschungel, eine interessante Inselwelt und die Nachbarschaft zu Myanmar (Birma) geben der Stadt ihren Reiz.

Blick nach Myanmar

Jenseits des Meeresarms ist Victoria Point zu sehen, der südlichste Punkt des birmanischen Festlands. Zwischen Juli und September regnet es in Ranong überdurchschnittlich viel.

Stadtbild

Wie in vielen thailändischen Hafenstädten lohnt auch in Ranong der Fischerhafen einen Besuch, v. a. in den frühen Morgenstunden, wenn die Boote heimkehren. Interessant ist auch ein Bummel durch die Stadt entlang der Hauptstraße. Die zweistöckigen Häuser besitzen im Erdgeschoss Arkadengänge. Der alte Hafen an der breiten Mündung des Flusses Ranong wurde durch einen modernen ersetzt, so dass heute hier auch Schiffe mit größerem Tiefgang gelöscht werden können.

Umgebung von Ranong

★ Ko Pha Yam

Sehr interessant ist eine Bootsfahrt zu der Insel Ko Pha Yam, wo man auf natürlich gewachsenen Muschelbänken mit Hilfe japanischer Fachleute eine große Perlenzuchtfarm angelegt hat (Besuch

RANONG ERLEBEN

ANREISE

Auto:
Von Bangkok Nationalstraße 4 (570 km). Von Suratthani Straße 401 bis Takua Pa, dann Nationalstraße 4

Bus:
Von Suratthani tägl. mehrmals

Bahn:
Nächster Bahnhof Chumphon (120 km)

Flug:
Nächster Flughafen in Suratthani

ÜBERNACHTEN

► Komfortabel

Jansom Hot Spot Ranang Hotel
2/10 Phetkasem Road Tambon Bang Rin, Ranong 85000
Tel. 0 77 / 82 25 16, Fax 82 1 8 21
220 Zimmer, Restaurant, Bar
Komfortables Hotel in herrlicher Landschaft und in der Nähe der heißen Quellen mit Bademöglichkeit.

möglich). Auf der Fahrt passiert man Mangrovensümpfe, in denen Krokodile leben, sowie zahlreiche bergige, grüne Inseln.

Heiße Quellen Drei heiße Quellen liegen etwa einen Kilometer vom Thanom-Thara-Hotel entfernt, die ergiebigste Quelle liefert pro Sekunde 500 Liter 70 °C heißen Wassers. Dem Quellgeist ist ein kleiner Wat gewidmet. Über eine Hängebrücke erreicht man einen Garten mit einem Mineralwasserbecken, in dem man baden kann.

Zinnminen Fährt man die Straße, die zu den heißen Quellen führt, weiter, trifft man bei dem Dorf **Hat Som Paen** auf eine Zinnmine, wo noch nach herkömmlicher Methode Zinn gefördert wird. Der Dorftempel Wat Hat Som Paen bietet mit seinem Teich, in dem heilige Karpfen schwimmen, ein idyllisches Bild. Viele der Tagebau-Zinnminen, die man bei einer Fahrt nach Süden zu den Orten Kapoe, Khuraburi und Takua Pa passiert, sind stillgelegt.

Nam Tok Bunyaban 18 km nördlich von Ranong trifft man bei der Nationalstraße 4 auf den Wasserfall Nam Tok Bunyaban und nach weiteren 31 km entlang dem tief eingeschnittenen Meeresarm Menam Kraburi (auch Menam Pak Chan genannt) auf die sehenswerte Grotte Tham Phra Kayang mit vielen Buddha-Statuen.

Kraburi Nach weiteren 13 km ist die im Gebirge liegende Stadt Kraburi erreicht. Von dort führt die Straße 4 über die schmalste Stelle der Malaiischen Halbinsel, den Isthmus von Kra, nach Chumphon; die Entfernung zwischen der Andamanensee und dem Golf von Thailand beträgt hier nur 60 km.

Mobiler Feinkostladen

★★ Ratchaburi

E 2

Region: Westthailand **Provinz:** Ratchaburi
Höhe: 5 m ü. d. M. **Einwohnerzahl:** 82 000

Ratchaburi lag einst unmittelbar an der Mündung des Mae Klong in den Golf von Thailand. Im Lauf der Jahrhunderte schwemmte der Fluss so viel Schlamm an, dass das Meer nun 30 km weit entfernt ist. Rings um die Stadt breiten sich Reisfelder aus, die im Westen an spitze Kalkberge grenzen.

Geschichte

Während des Dvaravati-Reichs, in der Lopburi-Epoche, aber auch im Sukhothai- und Ayutthaya-Reich war Ratchaburi eine bedeutende Handelsstadt. Diese Funktion hat sie bis heute erhalten. Die Gegend war bereits während der Bronzezeit besiedelt. Der Wat Mahathat in der Stadt stammt aus der Dvaravati-Zeit, und in dem 12 km entfernten Ku Bua, einer der bedeutendsten Ausgrabungsstätten Thailands, erkannte man eine Stadt aus der späten Dvaravati-Zeit. Ratchaburi gehörte danach zum Machtbereich der Khmer, bis Ramkhamhaeng, König von Sukhothai, sie seinem Reich einverleibte. Eine Steininschrift, 1292 von ihm selbst angefertigt, berichtet darüber. Durch Erbschaft kam Ratchaburi dann mit den Provinzen Suphanburi und Phetchaburi an den Gründer des Ayutthaya-Reiches, König Rama Thibodi I. (U Thong). 1768 vertrieb König Taksin, der Vorläufer der Chakri-Dynastie, die birmanischen Besetzer und fügte die Stadt seinem neu entstehenden Königreich Siam hinzu.

RATCHABURI

ANREISE

Auto:
Von Bangkok Nationalstraße 4 (100 km); alternativ Straße 35 bis Pak Tho, dann Nationalstraße 4 (105 km)

Bus:
Von Bangkok (Southern Bus Terminal) tägl. mehrmals

Bahn:
Station an der Strecke Bangkok – Südthailand

Sehenswertes in Ratchaburi

★ Wat Si Ratana Mahathat

Unter den vielen Tempeln aus alter und neuer Zeit ist besonders der Wat Si Ratana Mahathat in Ratchaburi sehenswert, der sein Aussehen im Wesentlichen während der Lopburi-Zeit erhielt. Ältere Teile stammen aus dem 9/10. Jh., während der Ayutthaya-Zeit kamen Stuckverzierungen und Wandmalereien hinzu. Schöne Stuckornamente besitzt der große Prang, dem zwei kleinere Prangs beigegeben sind. Die Wandmalereien von 1500 im Innern des zentralen Prang bedeuten einen Höhepunkt der Thai-Kunst und gehören zu den ältesten erhaltenen überhaupt. Sie zeigen Buddha-Darstellungen auf gelblichem

Hintergrund in übereinander angeordneten Friesen. Auffallend sind die fließende Linienführung und eine gewisse Natürlichkeit der Bewegung. Der Bot beherbergt mehrere sehr schöne Buddha-Statuen im Dvaravati-Stil.

✶✶ Schwimmender Markt von Damnoen Saduak

Anfahrt und Hinweise

Eine Fahrt zum Schwimmenden Markt von Damnoen Saduak, 5 km westlich von Ratchaburi gelegen, unternimmt man am besten mit dem Auto oder dem Linienbus von Bangkok aus (Southern Bus Terminal). Von der Bootslandestelle Damnoen Saduak starten Taxi- und Linienboote. Die Reiseveranstalter in Bangkok bieten zwar Touren an; um den Markt möglichst intensiv zu erleben, sollte man aber möglichst früh da sein und deshalb von Bangkok schon etwa um 5.00 Uhr abfahren. Mit einem Mietwagen oder per Linienbus kommt man dann, wenn die Händler fast noch unter sich sind. Spätestens ab 9.00 Uhr treffen die organisierten Bustouren ein, und man sieht kaum mehr etwas von dem, was die Schwimmenden Märkte so berühmt gemacht hat.

Waren- und Kommunikationsbörse

Während in der Hauptstadt Bangkok kaum einer der »Schwimmenden Märkte« übrig blieb, die ihr einst den Beinamen »Venedig des Ostens« eintrugen, hat sich in der Provinz Ratchaburi ein solcher erhalten, woran die thailändische Tourismusbehörde allerdings kräftig beteiligt ist. Der Markt von Damnoen Saduak lässt ahnen, welches Leben sich früher in Bangkok selbst abspielte. Um den großen Touristenscharen gerecht zu werden, wurde der seit 1856 bestehende Markt 1984 von seinem ursprünglichen Standort, dem Klong Ton Khem, an den Kanal Damnoen Saduak verlegt. Schwimmende Märkte nahmen nicht nur eine Funktion beim Handel mit Dingen des täglichen Lebens ein, sie erfüllten als Ort der Kommunikation auch eine wichtige soziale Funktion. Die Händler kamen aus der näheren und weiteren Umgebung hierher.

Verwirrend ist das Kanalsystem, insgesamt sind es etwa 200 miteinander durch kleine Seitenkanäle verbundene Klongs. Auf den engen Kanälen wird reger Handel (manchmal auch noch klassischer Tauschhandel) getrieben. Frauen rudern mit Geschick an dröhnenden Motorbooten vorbei, ihre wackligen Kähne sind bis an den Rand mit Waren aller Art beladen. Die ganze Vielfalt des Agrarstaats Thailand wird hier angeboten: Gemüse und Obst, Fische und Fleisch. Weniger schön sind die vielen Souvenirläden, die den üblichen Tand auch noch teurer verkaufen als anderswo in Thailand.

Umgebung von Ratchaburi

Bootsfahrt bei Samut Songkhram

Südöstlich des Schwimmenden Marktes dehnen sich von einem dichten Kanalnetz durchzogene üppige Gemüsekulturen aus. An der Mündung des Mae Klong, der aus dem Tenasserim-Gebirge kommt,

Sinfonie in Farbe: das sorgsam angerichtete Warenangebot des Floating Market

das Thailand und Myanmar trennt, liegt das Städtchen Samut Songkhram etwa 40 km südöstlich von Ratchaburi. Westlich der Stadt herrscht Sumpflandschaft vor, unterbrochen von riesigen Verdunstungsfeldern, auf denen Salz gewonnen wird. Auf einer Bootsfahrt den Mae Klong hinauf und durch die Kanäle begegnet man einer reizvollen, teils kultivierten, teils urwüchsigen Landschaft. Von den Häusern, die streckenweise das Ufer säumen, sind einige im traditionellen Thai-Stil gehalten. Sehenswerte Tempel in der Umgebung, alle zu Wasser zu erreichen, sind der Wat in **Ban Y San** (östlich der Stadt auf einer Anhöhe) und der Wat in **Ampawa**, dem Geburtsort des ersten Herrschers der Chakri-Dynastie, Rama I.

Khao Ngu

Nordwestlich von Ratchaburi liegt der Kalkberg Khao Ngu, in dem es mehrere Höhlenheiligtümer mit Skulpturen der frühen Dvaravati-Zeit gibt, etwa ein Basrelief mit einer 2,50 m hohen Buddha-Statue.

*** Ausgrabungen von Ku Bua**

Etwa 12 km südwestlich der Stadt wurden 1961 bei Ku Bua die Fundamente einer Stadt freigelegt, die etwa 40 Heiligtümer besaß. Die rechteckige Anlage war 49 km² groß, die Wasserversorgung wurde durch einen Kanal sichergestellt, der die Stadt der Länge nach durchquerte. Die Stadt muss ein kulturelles Zentrum der Dvaravati-Zeit gewesen sein; gut erkennbar sind die Fundamente des **Viharn Wat Klong**. Die Terrakotta-Ornamente, mit denen die Ziegelbauten geschmückt waren, figürliche Darstellungen wie Keramikstandbilder, die zu den schönsten erhaltenen Zeugnissen der Dvaravati-Kultur gehören, Steintafeln und Gesetzesräder sind heute im Nationalmuseum von Bangkok zu sehen.

✶✶ Samut Prakan

E 3

Region: Ostthailand
Höhe: 3 m ü. d. M.

Provinz: Samut Prakan (Paknam)
Einwohnerzahl: 63 000

Die Provinzhauptstadt Samut Prakan, etwa 20 km südlich von Bangkok am Ostufer des Menam Chao Phraya nahe seiner Mündung in den Golf von Thailand gelegen, ist Ziel vieler Tagesausflüge der Reiseveranstalter in Bangkok. Sie besitzt einen alten Stadtkern und einen kleinen Hafen, aber keine historischen Sehenswürdigkeiten.

✶ **Muschelmuseum, Marinemuseum**

Am nördlichen Stadtrand an der Nationalstraße 3 (Sukhumvit Highway) befindet sich das Muschelmuseum (Shell Museum of Thailand), in dem die verschiedenartigsten Muscheln aus allen Meeren der Welt zusammengetragen sind.
Das ebenfalls am Sukhumvit Highway gelegene Marinemuseum verfügt unter anderem über detailgetreu gebaute Modelle von Schiffen und Königsbarken, über Seemannsuniformen und Waffen (Öffnungszeiten beide Museen: tägl. 9.00 – 16.00 Uhr; Eintrittsgebühr).

✶ **Krokodilfarm**

In der am südlichen Stadtrand (777 Taiban Road) gelegenen Krokodilfarm, der weltweit zweitgrößten Einrichtung dieser Art, leben etwa 35 000 Krokodile. Der Besitzer dieser weitläufigen Anlage, die einem Vergnügungspark nach amerikanischer Art ähnelt, begann 1950 mit ein paar Dutzend Tieren; als Motiv gibt er auch heute noch an, er kümmere sich um die vom Aussterben bedrohte Tierart. Der Gelderwerb dürfte allerdings nicht nebensächlich sein; zur Farm gehören ein Betrieb, in dem Krokodilleder verarbeitet wird sowie ein Ladengeschäft, in dem die Produkte verkauft werden (Öffnungszeiten: tägl. 8.00 – 18.00 Uhr; Vorführungen: 11.00, 13.00, 15.00, So./Fei. sechs Mal; Eintrittsgebühr).
Interessant und sehenswert sind die Vorführungen. Eine besondere Attraktion ist das mit 5,9 m Länge und über 1,1 t Gewicht größte in

? WUSSTEN SIE SCHON ...?

- Das »Washingtoner Artenschutz-Abkommen«, das auch Reptilien erfasst, gestattet den Export von Krokodilleder, wenn es von Zuchttieren kommt. Vor dem Kauf von Schuhen, Taschen oder Gürteln sollte man prüfen, ob an der Ware ein international gültiges Zertifikat angebracht ist. Die Einfuhr von Krokodilleder in die Europäische Union ist jedoch verboten!

Gefangenschaft gehaltene Krokodil der Welt. Zu den Krokodilen gesellen sich mittlerweile auch Tiger, Schimpansen, Schlangen und Elefanten (Reitgelegenheit). Auch die Krokodilfarm wird in Tages- oder Halbtagestouren von vielen Reiseveranstaltern angesteuert, oft in Verbindung mit ►Nakhon Pathom und dem Schwimmenden Markt von Damnoen Saduak (►Ratchaburi).

★★ Ancient City · Muang Boran

Öffnungszeiten:
tägl. 8.00 – 17.00
Eintrittsgebühr

Das landläufig »Ancient City«, »Alte Stadt« genannte Areal, eines der ...ßten Freilichtmuseen der Welt, wurde von einem reichen Bürger ..s Bangkok finanziert und kostete mehr als 200 Mio. US-Dollar. In zehnjähriger Bauzeit entstanden auf dem 80 ha großen Gelände in Form des thailändischen Staatsgebiets einige Objekte in Originalgröße sowie 65 Kopien der schönsten und kulturhistorisch bedeutsamsten Bauten im Maßstab 1 : 3, unter ihnen einige, die nur noch in Ruinen erhalten sind wie der **Si Sanphet Prasat**, die königliche Audienzhalle des alten ►Ayutthaya. Zu den einzelnen Sehenswürdigkeiten, von denen die meisten an der »richtigen« geografischen Stelle platziert wurden, führen Straßen, die man auch mit dem Auto befahren kann.

★ Anthropologisches Museum

Das Anthropologische Museum im Norden der weitläufigen Anlage enthält Exponate zu über 1000 Jahren Geschichte und nahezu allen Teilen Thailands. Es ist in einer Gruppe von Gehöften im zentralthailändischen Stil untergebracht. Das Museum gibt Einblick in das Alltagsleben anhand von Musikinstrumenten, Töpferarbeiten oder Geräten für Fischfang und Reisanbau.

Ho Kham

Eine Kollektion von Stein- und Bronzeskulpturen, von Keramik-, Holz- und Perlmuttarbeiten aus den Hochkulturen Thailands ist im Obergeschoss des Ho Kham (= Vergoldete Halle) untergebracht. Glanzstück der Ausstellung ist eine handgeschnitzte Darstellung von 70 Episoden aus den Leben Buddhas.
Das Gebäude des Ho Kham selbst ist eine originalgetreue Rekonstruktion der früheren Gouverneursresidenz in ► Lampang, eines herausragenden Beispiels thailändischer Handwerkskunst; das gesamte Bauwerk war aus Holz und ohne einen einzigen Nagel errichtet.

Zu den in Ancient City wiedererrichteten Originalbauten von verschiedenen Standorten gehören z. B. einige Häuser, die an den Kanälen von Bangkok standen und in den 1970er-

SAMUT PRAKAN

ANREISE

Auto:
Von Bangkok Nationalstraße 3 (33 km)

Bus:
Von Bangkok (Southern Bus Terminal) tägl. mehrmals. Organisierte Touren werden von nahezu allen Reiseveranstaltern in Bangkok angeboten.

Freilichtmuseum Ancient City Samut Prakan

1 Stadttor
2 Sala
3 Manohra-Garten
4 Stupa Phra Mahathat Nakhon Si Thammarat
5 Pallava-Statuen
6 Stupa des Wat Phra That Chaiya, Surat Thani
7 Alter Markt
8 Audienzhalle des Königs Phra Chao Seua, Phetchaburi
9 Schrein für heilige Schriften und Glockenturm
10 Stupa des Wat Phra Mahathat, Ratchaburi
11 Palastgarten
12 Audienzhalle von Thonburi
13 Thab-Khawn-Haus (Dvaravati-Haus)
14 Khun-Phaen-Haus, Ayutthaya
15 Vier heilige Teiche
16 Prang Mafuang
17 Kan-Yaad-Palasthalle
18 Chom-Thong-Palasthalle
19 Tronhalle Sanphet Prasat, Ayutthaya
20 Viharn des Wat Phra Si Sanphet, des königlichen Tempels von Ayutthaya
21 Ramayana-Garten
22 Mondhop mit Fußabdruck Buddhas, Saraburi
23 Mönchs-unterkünfte
24 Prang Sam Yot, Lopburi
25 Viharn des Wat Podhi Koa Ton, Singburi
26 Dorf aus Zentralthailand
27 Stupa des Wat Phra That Sam Muen, Chaiyaphum
28 Tor des Wat Bodhi Pratab Chang, Pichit
29 Kraithong-Garten
30 Prang des Wat Chulanami, Phitsanulok
31 Viharn von Sukhothai
32 Land der Gottheiten
33 Festungswall um Kamphaeng Phet
34 Schwimmender Markt
35 Pagode der Lotosknospe, Tak
36 Klagebank
37 Nern Prasat, Sukhothai
38 Große Halle des Wat Phra Mahathat, Sukhothai
39 Stupa des Wat Mahathat Sukhothai
40 Phra-Loh-Garten
41 Residenz nördlicher Edelleute, Ho Kham, Lampang
42 Chedi Chama Thevi, Lamphun
43 Wat Chong Kham, Anlage des Shan-Klosters
44 Chedi Ched Yot, Pagode der sieben Türme, Chiang Mai
45 Dorf aus Nordthailand
46 Stupa des Wat Phra That Chomkitti, Chiang Rai
47 Viharn des Wat Bhumin, Nan
48 Chedi Si Song Rak, Loei
49 Mondhop des Wat Phra Yuen Uttaradit, mit Fußabdrücken Buddhas
50 Wat Phra That Bang Puen, Nong Khai
51 Wat Phra That Narai, Sakhon Nakhon
52 Phra That Phanom, Nakhon Phanom
53 Khao Phra Viharn, Khmer-Felsentempel, Si Saket
54 Nang-Usa-Turm, prähistorische Felswohnung bei Udon Thani
55 Anthropologisches Museum
56 Chedi That Ya Khu, Kalasin
57 Ku-Khu Mahathat, Mahasarakam
58 Prasat Nong Ku, Roi Et
59 Sang-Thong-Garten
60 Prang Si Thep, Petchaburi
61 Dorf der Bergstämme
62 Khmer-Tempel, Phimai
63 Khmer-Tempel, Phanom Rung
64 Achteckiger Pavillon
65 Zoo
66 Prasat Hin, Sikhoraphum
67 Elefantengehege
68 Khmer-Tempel, Prachinburi
69 Sala des Wat Nimit, Trat
70 Phra-Abhai-Mani-Garten
71 Chantaburi
72 Ruan Ton, Paläste der Bangkok-Epoche
73 Dusit Maha Prasad, Thronhalle, Bangkok

Jahren dem Straßenbau weichen mussten. Einige Großbauten von Tempeln und Palästen, die heute entweder nur noch Ruinen sind – z. B. die Thronhalle Si Sanphet Prasat aus ► Ayutthaya – oder in ihrem Aussehen völlig verändert wurden wie der Dusit Maha Prasat des Grand Palace in ► Bangkok wurden auf ein Drittel verkleinert, aber sonst authentisch bis ins kleinste Detail rekonstruiert. Der Si Sanphet Prasat zeichnet sich vor allem aus durch die hohen Hallen der Innenräume mit ihren prächtigen Holzdecken, vergoldeten Wänden mit Spiegelmosaiken und Stuckornamenten. Im Dusit Maha Prasat sind die originalgetreuen Wandmalereien besonders sehenswert. Sie zeigen Staatszeremonien, religiöse Feste, Militärparaden und das Hofleben zurzeit König Ramas I. (1782 – 1809). Besonders schön sind die Schnitzereien und Ornamente an den Türen und Fenstern.

Rekonstruktion des Tempels Si Sanphet Prasat

Im Nordosten der Anlage wurde ein 54 m hoher Berg aufgeschüttet (guter Rundblick), der das »Niemandsland« zwischen Thailand und Kambodscha darstellt. Auf dem Berg steht eine Kopie des ► **Khao Phra Viharn**, einem Tempel, dessen Original für Könige wie für Pilger seit 1000 Jahren ein heiliges Ziel war. Von einem kleinen Fluss aus erklimmt man vier Terrassen – in den kühleren Morgenstunden fällt das leichter –, auf denen sich steinerne Ruinen befinden, die früher mit kunstvollen Giebeldächern im Angkor-Wat-Stil gekrönt waren. Der Khao Phra Viharn besitzt die authentische Rekonstruktion eines solchen Daches.

Gärten

Über das Areal verstreut sind sieben Gärten; Erholungsplätze, die – umgeben von Wasserfällen, Felsen und tropischen Blumen – die Sagenwelt Thailands darstellen. Der »Garden of Gods« zeigt beispielsweise ein bronzenes, scheinbar über dem Wasserfall fliegendes Zehnergespann des indischen Mondgottes Chandra. Weiterhin gibt es den »Manohra Garden«, der das schöne Mädchen mit den Vogelbeinen inmitten ihrer Schwestern zeigt. In der Nähe des Eingangs findet man einen Brahma-Schrein, den »Royal Stand«, von dem aus Königin Elisabeth II. von England im Februar 1972 der Einweihungszeremonie beiwohnte. Sehenswert ist außerdem ein Elefantenkral. Sind Kinder mit von der Partie, lohnt sich ein Besuch des kleinen Zoos in einem hübsch angelegten Park. Dort findet man Freigehege für Elefanten, Wild, Gibbons und viele exotische Vogelarten. Der Schwimmende Markt in Ancient City besitzt im traditionellen Stil erbaute (teilweise rekonstruierte) Thai-Holzhäuser.

★ Samut Sakhon

E 3

Region: Westthailand
Höhe: 5 m ü. d. M.
Provinz: Samut Sakhon
Einwohnerzahl: 68 000

An der Mündung des Flusses Tha Chin in den Golf von Thailand liegt die einst bedeutende Hafenstadt Samut Sakhon. Heute spielt der Hafen im Schatten von Bangkok nur noch im Fischfang eine größere Rolle. In den Tha Chin mündet etwas nördlich von Samut Sakhon der von Thonburi kommende Klong Mahachai, der den Menam Chao Phraya und den Menam Tha Chin verbindet.

★ Hafen Sehenswert ist der Hafen mit seinem geschäftigen Leben vom Morgen bis in den späten Abend. Am interessantesten ist der frühe Morgen, wenn die Fischerboote die meist ergiebigen Fänge anlanden. Der Anlegesteg befindet sich im Zentrum der Stadt, als Orientierungspunkt kann der große Uhrturm in unmittelbarer Nähe dienen. Samut Sakhon ist auch für seine vorzüglichen Fischrestaurants bekannt.

Wat Yai Chom Prasat Einige Kilometer nördlich der Stadt liegt am Ufer des Tha Chin der Wat Yai Chom Prasat. Der Eingang zu dem im Ayutthaya-Stil erbauten Viharn ist mit kunstvoll geschnitzten Türen ausgestattet. Man erreicht den Wat auch zu Wasser (s. oben).

Wat Chom Long Hat man ein Boot gemietet, lohnt auch eine Fahrt nach Süden zum Wat Chom Long, der unmittelbar an der Mündung des Tha Chin in den Golf liegt; sie führt an Pfahlbausiedlungen vorbei, in denen Fischerfamilien leben. Das weitläufige Gelände des Wat, als hübscher Garten angelegt, ist mit neueren Gebäuden bebaut; beachtenswert ist ein gut erhaltener Viharn aus der Ayutthaya-Zeit.

SAMUT SAKHON ERLEBEN

ANREISE

Auto:
Von Bangkok Straßen 4 oder 35 (35 km)

Bahn:
Station an der schmalspurigen Mae-Klong-Bahn von Bangkok-Thonburi nach Samut Songkhram

Boot:
Mit Charterboot vom Menam Chao Phraya über den Klong Mahachai ab Bangkok (Dauer ca. 2 Stunden.; sehr reizvoll)

ÜBERNACHTEN

Samut Sakhon ist auf jeden Fall einen Tagesausflug von Bangkok aus wert. Empfehlenswerte Unterkünfte gibt es allerdings keine.

★★ Saraburi

D 3

Region: Zentralthailand
Höhe: 30 m ü. d. M.
Provinz: Saraburi
Einwohnerzahl: 68 000

Die Provinzhauptstadt Saraburi liegt am Rand der Zentralebene und ist ein wichtiger Verkehrsknotenpunkt. Hier geht die endlose Weite der Reisfelder in anmutiges Hügelland über, aus dem hin und wieder spitze Kalksteinfelsen ragen. Buddhisten verehren zwei heilige Stätten in der näheren Umgebung, den Wat Phra Buddhabat und den Wat Phra Buddhachai, während Chinesen nach Hin Kong pilgern. Die Stadt selbst besitzt keine Sehenswürdigkeiten.

Umgebung von Saraburi

★ **Wat Buddhachai**

5 km südlich von Saraburi liegt nahe der Nationalstraße 1 (rechts in die Straße 3042 einbiegen) der Wat Phra Buddhachai (»Tempel zum Schatten Buddhas«). Die natürliche, reliefartige Zeichnung eines fast senkrecht hochstrebenden monumentalen Kalksteinfelsens wird als der Schatten Buddhas gedeutet. Eine steile, in den Fels gehauene Treppe führt zum Wat, der dem Schatten geweiht ist. Von hier bietet sich ein herrlicher Blick über eine faszinierende Berglandschaft. Am Ende der Straße 3042 führen Pfade rechts und links zu den Wasserfällen Nam Tok Sam Lan und Nam Tok Bo Hin Dad.

★ **Chinesische Tempel**

Etwa 8 km südlich von Phra Buddhachai liegt das Städtchen **Hin Kong** an der Nationalstraße 1. Etwa 4 km nördlich von Hin Kong sind mehrere an einem Berghang gelegene chinesische Tempel das Ziel vieler chinesischer Pilger. In der Nähe befindet sich auch ein chinesischer Friedhof.

SARABURI ERLEBEN

ANREISE

Auto:
Von Bangkok Nationalstraße 1 (110 km)

Bus:
Von Bangkok (Northern Bus Terminal) mehrmals täglich

Bahn:
Station an der Strecke Bangkok – Ubon Ratchathani

ÜBERNACHTEN

► **Günstig**

Sara Buri Hotel
478 Sut Ban That Road
Saraburi 18000
Tel. 0 36 / 21 16 46
Fax 21 15 00
85 Zimmer, Restaurant.
Zentral gelegenes Hotel mit ordentlichen klimatisierten Zimmern.

Wat Chanthaburi Bei Sao Hai, 8 km westlich von Saraburi, lohnt der im 19. Jh. angelegte Wat Chanthaburi einen Besuch; sein Viharn ist mit originellen Wandmalereien geschmückt.

✶ Naturpark Phu Khai Etwa 16 km nördlich von Saraburi trifft man auf den kleinen Naturpark Phu Khai, der aus einem botanischen Garten entstanden ist. Hier kann man viele tropische Bäume, Sträucher und prachtvoll blühende Blumen bewundern. Am Rand des Parks sieht man Anpflanzungen von Teakholzbäumen, die auf eine Initiative des Forstministeriums zurückgehen.

Wat Tham Si Wilai Auf dem Weg zur Tempelanlage von Phra Buddhabat (man folgt der Nationalstraße 1 in Richtung Lopburi) kommt man an dem Höhlentempel Wat Tham Si Wilai vorbei, dessen weitläufige Hallen schöne Tropfsteingebilde aufweisen.

✶✶ Wat Phra Buddhabat

Buddhas Fußabdruck Der prachtvolle Wat Phra Buddhabat (von »Buddhapada«, Sanskrit für die symbolische Anwesenheit Buddhas) liegt 24 km nordwestlich von Saraburi. Er ist ein Kleinod thailändischer Baukunst und eine der heiligsten Stätten des Landes. Der Tempel erhielt seinen Namen durch einen Fußabdruck Buddhas, der hier verehrt wird.

Geschichte In der Chronik des Orts vermischen sich Geschichte und Legende. Um das Jahr 1615 sandte der Ayutthaya-König Songtham (1610 – 1628) thailändische Mönche nach Ceylon, um dort einem Fußabdruck Buddhas die Ehre zu erweisen. Singhalesische Mönche wiesen jedoch darauf hin, dass es im siamesischen Reich ebenfalls einen der fünf »echten« Fußabdrücke Buddhas auf der Erde gebe. Bald darauf wurde diese Stelle von einem Jäger gefunden: Ein verwundeter Hirsch wies ihm den Weg zu einer mit Wasser gefüllten, fußförmigen Vertiefung im Boden. Als er von dem Wasser trank, wurde er von einer schlimmen Hautkrankheit geheilt, an der er seit vielen Jahren litt. Dieses Wunder wurde dem König berichtet, der hier einen Tempel erbauen ließ. Das Heiligtum wurde jedoch 1765 von den Birmanen kurz vor ihrem Einfall in Ayutthaya zerstört. Die jetzigen Bauten ließ König Rama I. um 1800 auf mehreren Hügeln errichten.

> **! *Baedeker* TIPP**
>
> **Pilgerfest**
>
> Zweimal im Jahr ist der Wat Phra Buddhabat Ziel vieler hundert Pilger: Ein Fest, verbunden mit einem Jahrmarkt, wird im Januar abgehalten, das andere findet zu wechselnden Terminen zwischen März und Oktober statt.

Bauten Der Mondhop mit dem legendären Fußabdruck ist ein reich geschmücktes Bauwerk in Blau und Gold. Eine hohe dreiteilige Treppe, auf dessen Balustraden sich der Leib einer fünfköpfigen Naga hochwindet, führt auf die von weißen Balustraden eingefasste Terrasse. Zwanzig schlanke Säulen tragen das reich gegliederte, mit bunten Glasmosaiken verzierte, pyramidenförmige Dach, das in eine beringte, mit einem zierlichen Schirm endende Spitze übergeht. Auf der Terrasse hängen zahlreiche Bronzeglocken, die von Pilgern gestiftet wurden. Die Türen zeigen wundervolle Perlmutt-Intarsien, der Boden im Innern mit dem von Weihegaben überhäuften Fußabdruck ist mit einer aus Silberfäden gewirkten Matte bedeckt. Zu beachten ist die kunstvoll verzierte Kassettendecke.

Zu diesem Tempelbezirk am Berghang gehören noch der als Museum (Weihegaben und Tempelrelikte) eingerichtete Viharn, ein kleiner Bot, ein Chinesen-Tempel sowie ein Hindu-Tempel und mehrere Chedis. Von der Anhöhe genießt man einen wunderschönen Blick über Tempeldächer und Chedispitzen.

Am Fuß des Tempels herrscht reges Leben, Händler verkaufen Holzstöcke mit religiösen Symbolen (zum Anschlagen der Glocken), Amulette, Kultgegenstände, Speisen und Getränke.

Im Wat Phra Buddhabat wird ein Fußabdruck Buddhas verehrt.

✶ Sattahip

E 3

Region: Südostthailand
Höhe: 7 m ü. d. M.
Provinz: Chonburi
Einwohnerzahl: 52 000

Sattahip, ehemals US-amerikanischer Flotten- und Luftwaffenstützpunkt und heute Heimathafen der thailändischen Marine, liegt südöstlich von Pattaya; inmitten dschungelbewachsene Berge, schöner Strände und felsiger Kaps. Verglichen mit Pattaya ist es hier noch etwas ruhiger. Feine Sandstrände findet man auch beim kleinen Fischerort Ban Pala.

Stadtbild und Hafen

Der Strand ist von einer breiten Allee gesäumt. Den Fischerhafen mit dem Fischmarkt sollte man am besten in den späten Nachmittagsstunden besuchen, dann ist hier am meisten Leben. Der alte, um 1920 angelegte Marinestützpunkt (man folge der Beschilderung von der Küstenstraße aus) wurde vor mehreren Jahren durch eine moderne Anlage ersetzt. Hier können wegen des ausreichend tiefen Wassers auch größere Kriegsschiffe und im Zivilhafen große Frachter anlegen. Eine bedeutende Seefahrernation ist Thailand nie geworden, die Thai sind mehr auf Binnen- und Küstenschifffahrt ausgerichtet.

✶ Fischerhafen Chong Samae San

Südöstlich von Sattahip liegt am äußersten Zipfel einer Halbinsel der malerische Fischerhafen Chong Samae San, kurz Chong genannt. Hier gibt es einige gute Fischrestaurants. Die von felsigen Vorsprüngen geschützte Bucht ist Ausgangspunkt für Bootsfahrten zu märchenhaft schönen Inseln mit schneeweißen Sandstränden. Einige sind in Privatbesitz, andere sind Stützpunkte der Marine. Besucht werden können u. a. Ko Ai Raet, Ko Samae San, Ko Chang Klua, Ko Nang, Ko Chan, Ko Chuang und Ko Rong Khon.

Etwa 18 km nördlich von Sattahip ist in den vergangenen Jahren nahe einem idyllischen Fischerhafen (gute Restaurants) der **Badeort Bang Sare** mit Stränden, Bungalowanlagen und Hotels entstanden. Von hier aus lohnt ein Besuch der zerklüfteten Insel Ko Khram, auf deren Nordseite eine schöne Badebucht liegt. Weiter nördlich in Richtung Chanthaburi erstrecken sich die Badestrände von **Sim Wong Village** und **Sonprasong Beach**.

? WUSSTEN SIE SCHON ...?

- Auf dem Luftwaffenstützpunkt U Tapao waren während des Vietnamkriegs die Staffeln der B-52-Bomber stationiert. Der Stützpunkt wurde erst in den 80er-Jahren des letzten Jahrhunderts aufgelöst, nachdem die Thais die Amerikaner freundlich, aber bestimmt darum gebeten hatten, ihre Streitkräfte abzuziehen. Seither wird der Flugplatz für zivile, teilweise auch militärische Zwecke genutzt; die Pläne, hier wegen der großen touristischen und wirtschaftlichen Bedeutung der Südostküste einen Ausbau zum internationalen Flughafen vorzunehmen, verschwanden wieder in der Schublade.

SATTAHIP ERLEBEN

ANREISE

Auto:
Von Pattaya Nationalstraße 3 (30 km; von Bangkok 180 km)

Bus:
Von Bangkok Eastern Busterminal

ÜBERNACHTEN

► **Komfortabel / Luxus**

Ambassador City Jomtien Hotel
21/10 Sukhumvit, km 155
Na Jomtien, Sattahip
Tel. 0 38 / 25 55 01, Fax 25 57 33
4500 Zimmer, zahlreiche Restaurants, Bars, Shoppingarkaden, Spa, Strand, Swimmingpools u. v. m.
Das größte Hotel in Thailand offeriert Unterkünfte in den verschiedensten Kategorien, ist aber nur für Reisende geeignet, die mit dieser Art Hotel etwas anfangen können. Eigentlich eine Stadt für sich, bietet das Ambassador alles, was man zu einem komfortablen Urlaub wünscht.

► **Günstig**

Sea Sand Club
km 163, Sukhumvit Road
Bangsaray, Sattahip
Tel. 0 38 / 43 51 63, Fax 43 51 66
46 Zimmer, Restaurant, Bar, Strand.
Hübsches kleines Hotel mit familiärer Gästehaus-Atmosphäre direkt am Strand – und bis Pattaya ist es auch nicht weit.

★★ Si Satchanalai

C 2

Region: Nordthailand
Höhe: 68 m ü. d. M.
Provinz: Sukhothai
Einwohnerzahl: 12 000

Die alte Stadt, etwas abseits der Touristenströme gelegen und weit weniger bekannt als Sukhothai, ist eines der interessantesten Ruinenfelder Thailands. Die ganze Herrlichkeit des jungen Thai-Reichs fand Ausdruck in Bauten von hoher künstlerischer Qualität.

Zwillingsstadt am Fluss

Die ehemalige »Zwillingsstadt« der ersten thailändischen Hauptstadt ►Sukhothai liegt im äußersten Norden der Zentralebene am rechten Ufer des Menam Yom, der sich hier seinen Weg durch grün bewachsenes, felsiges Gelände bahnt. Im späten 19. Jh. gründete man die neue Stadt Si Satchanalai, etwa 11 km vom Ruinenfeld entfernt, sowie das moderne Sawankhalok.

Geschichte

Si Satchanalai wurde um 1250, gleichzeitig mit Sukhothai, als zweite Residenzstadt des Sukhothai-Reichs (für den Vizekönig, zumeist der Kronprinz) gegründet. Zwei Thaifürsten aus den umliegenden Gebieten hatten den Khmer-Statthalter von Sukhothai in einem blutigen Krieg besiegt; einer von ihnen machte sich danach als König Si Indratitja zum König von Sukhothai, Si Satchanalai und der umliegenden Gebiete. Ihm folgte sein Sohn und dann König Ramkhamhaeng, eine der mächtigsten Persönlichkeiten der thailändischen Geschichte. Im 17. Jh. fiel Si Satchanalai an das Königreich Ayutthaya, wurde umbenannt in Sawankhalok und verlor an Bedeutung. Im 18. Jh., als die Birmanen wieder einmal vor der Stadt standen, wurde sie von den Einwohnern verlassen.

✶✶ Das alte Si Satchanalai

Si Satchanalai war ungefähr in einem Rechteck angelegt, Teile der einst 5 m hohen Mauer aus dem 16. Jh. und des Wassergrabens sind noch erhalten. Zwei einst von Wats gekrönte Hügel beherrschen den umgrenzten Bezirk, von ihnen aus bietet sich ein guter Überblick über das Ruinenfeld.

Stadtbild und Tempel

Zu den Ruinen des **Wat Khao Phnom Pleung** (übersetzt: »Tempel des heiligen Feuers«) auf der Kuppe des östlichen Hügels führt eine kolossale, teilweise erhaltene Treppe. Vom **Wat Khao Suwan Kiri** auf dem anderen Hügel steht noch ein schöner, glockenförmiger Chedi mit Resten der Stuckornamentik. Beeindruckend sind auch die Reste einer riesigen Buddha-Statue. Ein dritter Hügel, **Khao Yai** genannt, liegt im Westen vor den Stadtmauern; von dem **Wat Chet Yot**, der ihn einst krönte, sind nur noch Ruinen mit Resten schöner Skulpturen an den Giebelfeldern der Türen vorhanden.

✶✶ Wat Chang Lom

Einer der bemerkenswertesten Tempel im alten Si Satchanalai ist der im Zentrum gelegene Wat Chang Lom, dessen monumentaler Chedi aus Laterit und Stuck noch gut erhalten ist. Er wurde von König Ramkhamhaeng 1285 begonnen und 1291 fertig gestellt. Der glockenförmige, von Lotosblättern umrankte Chedi steht auf zwei hohen quadratischen Sockeln; der höhere davon ist mit 20 Nischen ge-

SI SATCHANALAI ERLEBEN

ANREISE

Auto:
Von Sukhothai Straße 101 (55 km)

Bus:
Von Sukhothai und Phitsanulok regelmäßige Verbindungen

Bahn:
Nächster Bahnhof Sawankhalok (29 km)

Flug:
Nächster Flugplatz Phitsanulok (114 km)

ÜBERNACHTEN

In Si Satchanalai gibt es keine empfehlenswerten Unterkünfte, solche findet man aber in großer Zahl im nahe gelegenen ►Sukhothai.

schmückt, die einst mit 1,4 m hohen Buddha-Statuen besetzt waren. Einige sind noch vorhanden und zeigen Buddha in der Haltung der Unterwerfung Maras; aus dem unteren Sockel kommen, durch Kandelaber voneinander getrennt, die lebensgroßen Skulpturen von 39 Elefanten, die den Anschein erwecken, als tragen sie das Bauwerk. Bei Grabungen und Restaurierungsarbeiten hat man hinter diesen Skulpturen Säulen mit Kapitellen entdeckt. Man schließt daraus, dass die Mauer des unteren Sockels entweder noch in der Sukhothai-Zeit oder in der Ayutthaya-Zeit verändert wurde.

Das Zentrum der Ruinenstadt beherrscht der Chedi des Wat Chang Lom.

Ein prachtvolles Bild bieten die im **Wat Chedi Chet Theo** in sieben Reihen angeordneten 32 Stupas verschiedener Stile und Formen, in denen die Asche von Mitgliedern der (vize)königlichen Familien beigesetzt war. Zu beachten sind der zentrale Stupa in Form einer Lotosknospe im Sukhothai-Stil (wie im Wat Mahathat in Sukhothai) und einige Stupas im Srivijaya-Stil, der im Sukhothai-Reich Eingang fand, als König Ramkhamhaeng im 13. Jh. Teile Südthailands eroberte. Viele der im Mischstil erbauten Stupas, größtenteils von König Loei Thai (Regierungszeit: 1347 – 1370) errichtet, zeichnen sich durch Eleganz der Proportionen aus. An einigen sind noch gute Stuckreliefs zu sehen, z. B. am Stupa in der Mitte der nördlichen Reihe ein schöner meditierender Buddha unter einer Naga; der Kopfschild der Naga zeigt den Einfluss des Srivijaya-Stils. In einem Chedi in der Nordwestecke und in einem weiteren hinter dem Lotosknospen-Stupa Spuren von Wandgemälden. Vom **Wat Utthayan Yai** sind noch ein Chedi und die Überreste eines Heiligtums vorhanden.

★ **Wat Nang Phaya**

Der Wat Nang Phaya (»Tempel der Königin«) besitzt einen schönen glockenförmigen Chedi auf quadratischer Basis und an einer Außenwand des verfallenen Viharn kunstvolle Pflanzenornamente aus Stuck, die wie feines Schnitzwerk die langen Spaltfenster umgeben.

Alter Königspalast

Zwischen diesen Heiligtümern und dem Menam Yom liegt der Bezirk des ehemaligen Königspalasts, von dem nur noch einige Chedis vorhanden sind. Südlich dieses Bezirks steht noch der über dem

Das alte Si Satchanalai Orientierung

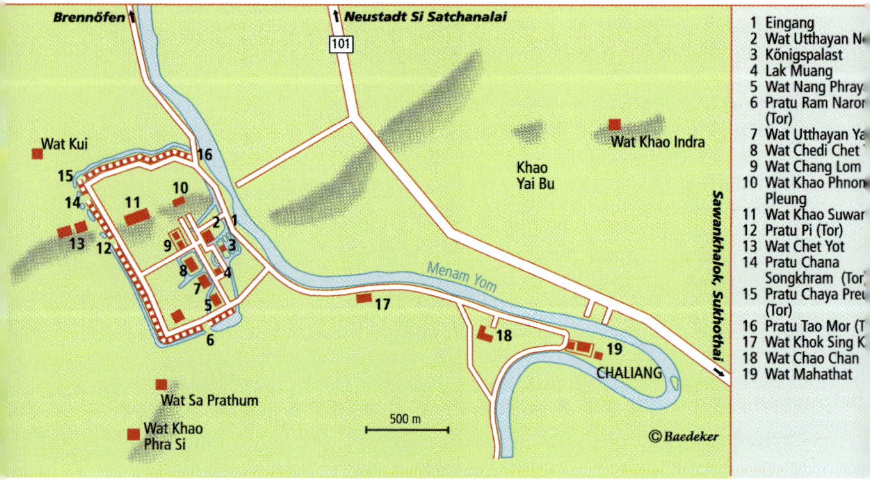

Grundstein der Stadt erbaute und von einer Lotosknospe gekrönte Lak-Muang-Schrein, den vier Chedis im Sukhothai-Stil umgrenzen.

Chaliang

Über einen beschaulichen, etwa 2,5 km langen Weg entlang dem Fluss erreicht man den Ort Chaliang mit dem bedeutenden **Wat Phra Si Ratana Mahathat**. Man kommt an dem im 14. Jh. angelegten **Wat Khok Sing Karam** vorbei, von dem noch mehrere Säulen und Chedis stehen. Bemerkenswert sind die Reste des von Säulen eingefassten Bot, der nicht wie üblich über einem Buddha-Standbild, sondern über einem kleinen Chedi, dessen Nische mit einer Buddha-Statue besetzt ist, erbaut wurde.

Wat Chao Chan

Wenige hundert Meter weiter steht der Wat Chao Chan, dessen Laterit-Prang mit alten Stuckresten rekonstruiert wurde. In einem der zerfallenen Heiligtümer befinden sich Reste eines stehenden, in einem weiteren die eines sitzenden Buddha.

Keramikbrennöfen

Anfahrt: Straße 101 in Richtung Neu-Si Satchanalai, dann links und per Boot über den Menam Yom; 4 km ►

Im Norden von Si Satchanalai sind Reste der Öfen, in denen nach chinesischem Vorbild die berühmten **Sawankhalok-Keramiken** gebrannt wurden, zu finden. Bereits im 13. Jh. waren die Brennöfen von **Ban Ko Noi** (vermutlich die ältesten in Thailand) und die Erzeugnisse als »Chaliangware« ein Begriff. Die hier vorgefundene Tonerde eignete sich besonders gut zum Hartbrennen. Als König Ramkhamhaeng bei einem Besuch in China solche Keramiken kennen lernte, beschloss er, diese auch in Thailand einzuführen. Er brachte chinesische Töpfer mit, die rund um Sukhothai und Si Satchanalai sesshaft wurden.

Diente die Chaliangware noch vorwiegend praktischen Zwecken, so entwickelte sich unter chinesischer Anleitung die »Sawankhalokware«, die sich durch vollendetes Formgefühl, zarte und seidige Glasuren und durch vollendetes Formgefühl auszeichnete. Sie erreichte die Qualität chinesischer **Seladon-Keramik** und wurde zu einem wichtigen Exportartikel des Sukhothai-Reiches nach Indonesien, Japan, den Philippinen und Borneo. Neben Krügen, Teekesseln, Schalen und Essgeschirren wurden Figuren als Spielzeug oder als Weihegaben für Schutzgeister hergestellt. Die Thai haben die Kunst der Töpferei über Jahrhunderte hinweg bewahrt, auch wenn Stil und Formen seit dem 15. Jh. nicht mehr weiter entwickelt wurden. Zentrum moderner Keramikherstellung ist Chiang Mai; die künstlerische Perfektion der Keramiken von Si Satchanalai, Sukhothai und Sawankhalok wird allerdings nicht mehr erreicht.

Chaliang

★★ **Wat Phra Si Ratana Mahathat**

Chaliang, ca. 2,5 km flussabwärts in einer Schleife des Menam Yom gelegen, war eine alte Khmer-Stadt; der Phra That, ein Khmer-Heiligtum und Vorläufer des späteren Wat Phra Si Ratana Mahathat, wurde an der engsten Stelle der Schleife angelegt, war also nur von einer Seite her zu Land zu erreichen. Eine Inschrift, die Ramkhamhaeng im Jahre 1292 anfertigen ließ, berichtet, dass der König 1285 aus dem alten Khmer-Prang (gemeint ist vermutlich der im Wat Chang Lom) Reliquien ausgraben und für sie in sechsjähriger Bauzeit einen neuen Chedi im Wat Chang Lom errichten ließ. Zuvor widmete er der Überlieferung nach einen Monat und sechs Tage ihrer Anbetung. Der heute sichtbare schöne Chedi mit einem reich gegliederten, gestuften Sockel stammt aus dem frühen 15. Jh. (früher Ayutthaya-Stil). Vielleicht ist der Sockel dieses Chedi aber auch ein letzter Rest des von König Ramkhamhaeng errichteten Bauwerks.

Die Figur des sitzenden Buddha an der Nordseite des Prang ist stark restauriert. An der Westseite des Prang stehen noch die Reste eines kleinen Heiligtums mit einem bronzenen Fußabdruck Buddhas. In einer kleinen Nische nahebei steht eine sehr schöne Steinskulptur, die Buddha unter der beschirmenden Naga zeigt. Die neunköpfige Schlange ist kunstvoll gegliedert; das Hochrelief des schreitenden Buddha in gelöster Körperhaltung zählt zu den schönsten Bildnissen der **Sukhothai-Zeit**. Das Stuckrelief entstand zur Regierungszeit König Ramkhamhaengs und befindet sich in dem kleinen Heiligtum östlich des Prang, in dem eine weitere stehende Buddha-Statue zu sehen ist.

Umfassungsmauer

Besonderes Interesse verdient auch die aus mehr als 1 m starken Zylindern gebildete Umfassungsmauer, die 1285 bis 1288 unter König Ramkhamhaeng errichtet wurde. Auf den Pfeilern ruhen schwere, dachförmige Lateritkappen; drei höhere Pfeiler bilden die Tore, wobei der Aufsatz über dem mittleren mit Stuckarbeiten (Figuren und

Ornamente) geschmückt ist. Etwas eigenartig sind die großen, eindrucksvoll gezeichneten Gesichter an den vier Ecken; vielleicht sind sie vom Gesichterturm des Bayon-Tempels in Angkor Thom (heute Kambodscha) beeinflusst, der stil prägend wirkte.

Chedi Zum Bezirk gehört noch ein großer singhalesisch beeinflusster Chedi aus dem 14. Jh., der von Mon-Mönchen errichtet wurde. Ganz im Osten der Anlage steht ein Mondhop, das Phra Ruang genannt wird und dem Sohn einer Schlangengöttin geweiht ist.

Buddha-Statue im Wat Phra Si Mahathat in Chaliang

Si Thep

D 3

Region: Zentralthailand
Höhe: 128 m ü. d. M.
Provinz: Phetchabun
Einwohnerzahl: 9000

Ein Besuch dieser Stadt im Tal des von dschungelbewachsenen Bergketten eingerahmten Menam Pasak ist nur dem zu empfehlen, der großes Interesse an der Geschichte Thailands, aber auch eine gehörige Portion Phantasie mitbringt. Noch immer hat die ordnende Hand der Archäologen nur zaghaft eingegriffen, Grabungen sind allerdings im Gange. Wer die schönsten Stücke aus Si Thep sehen möchte, findet sie im Nationalmuseum von ► Bangkok.

Geschichte

Ob Si Thep schon vor seiner Funktion als Khmer-Stadt eine Rolle gespielt hat, ist umstritten. Forscher sehen zumindest in der Region um Si Thep eine der frühesten Ansiedlungen Thailands. Diese These wurde durch Grabungen, bei denen brahmanische Statuen und Abbildungen entdeckt wurden, erhärtet. Erwiesen ist jedoch nach dem Fund einiger Steintafeln mit Khmer-Inschriften, dass Si Thep während des Khmer-Reiches eine wichtige Rolle innehatte.

Stadtanlage

Nur noch mit Mühe lässt sich die von den Mon in ovaler, später von den Khmer in rechteckiger Form angelegte Umwallung der Stadt erkennen. Reste der Stadtmauern, Prangs und von fünf Tempelanlagen sind sichtbar. Die bei Grabungen aufgefunden Standbilder aus Stein gehören zu den schönsten und ältesten Hindu-Darstellungen und sind im NAtionalmuseum in ► Bangkok zu besichtigen. Dort befindet sich auch eine außerordentlich schöne Buddha-Statue mit einer Pali-Inschrift auf dem Sockel.

Thamorat-Höhle

Zeugnisse buddhistischer Kunst (in die Wand gehauene Bildnisse, deren Entstehungsdatum unbekannt ist) finden sich in der Höhle des Hügels Thamorat westlich von Si Thep.

SI THEP ERLEBEN

ANREISE

Auto:
Von Phetchabun Straße 21 nach Süden (132 km), von Saraburi ebenfalls Straße 21 in entgegengesetzter Richtung (123 km)

Bus:
Von Saraburi und Phetchabun

ÜBERNACHTEN

In Si Thep gibt es keine empfehlenswerten Unterkünfte.
Wer sich mit sehr bescheidenem Komfort zufrieden gibt, nimmt ein Zimmer in einem der einfachen Gästehäuser in der Stadt.

★ Songkhla

H 3

Region: Südthailand
Höhe: 4 m ü. d. M.
Provinz: Songkhla
Einwohnerzahl: 85 000

Die Provinzhauptstadt Songkhla im äußersten Süden Thailands zählt zu den schönsten Seebädern des Landes und ist vom Tourismus kaum berührt. Seine ursprüngliche wirtschaftliche Bedeutung hat Songkhla freilich seit einigen Jahren an den Nachbarort Hat Yai verloren, nicht zuletzt wegen des dort befindlichen Flughafens.

Landschaftsbild Songkhla liegt, beinahe rundum von Wasser umgeben, auf einer Landzunge zwischen dem Golf von Thailand und dem Songkhla-See, mit einer Länge von etwa 80 km und einer maximalen Breite von 20 km das größte Binnenmeer Südostasiens. Kilometerlang ziehen sich am See wie auch am Golf weiß-sandige, von Casuarina-Bäumen und hohen Palmen gesäumte Strände hin. Die Landschaft zwischen Meer und Bergen ist von außerordentlicher Schönheit. Der See bildet jedoch schon lange nicht mehr die Lebensgrundlage für die einst zahlreichen Fischerfamilien – er wurde leer gefischt.

> **! *Baedeker* TIPP**
>
> **Chinese Lunar Festival**
>
> Alljährlich im September wird in Songkhla das Chinese Lunar Festival begangen. Thais chinesischer Abstammung beschwören den Mond und die Königin der Himmel und bitten um Glück für die Zukunft. Die Feierlichkeiten werden mit farbenprächtigen Drachen- und Löwentänzen begangen; sportliche Wettkämpfe und Folklore ergänzen die Darbietungen.

Hafen Der ehedem wichtige, durch eine Bucht geschützte Hafen (in alten Zeiten unter dem malaiischen Namen Singora bekannt) wird wegen zunehmender Verlandung nur noch für die Küstenschifffahrt genutzt. Größere Schiffe gehen zwischen den Inseln Ko Nu und Ko Meo (Maus- und Katz-Insel) vor Anker.

Sehenswertes in Songkhla

Stadtbild Das Zentrum der Stadt hat sich im Lauf der Jahrhunderte mehrfach verschoben. Vom alten Songkhla, das bis ins 17. Jh. existierte, sind bei dem heutigen Dorf Khao Hua Daeng noch Reste der Befestigung zu sehen. Sie wurden von einem Sultan angelegt, der gegen die Zugehörigkeit zum Reich von Ayutthaya rebellierte. Bei der Rückeroberung wurde die Stadt zerstört und später auf dem Gelände von Laem Song neu erbaut. Die heutige Stadt an der Südseite der Bucht stammt aus der Mitte des vorigen Jahrhunderts. Zu sehen sind noch Teile des Forts und der Stadtmauer (nahe der Polizeistation). Viele Bewohner Songkhlas und der Umgebung sind Malaiien oder Chinesen, ein typisch chinesisches Geschäftsviertel findet man an der Phatthalung

SONGKHLA ERLEBEN

ANREISE

Auto:
Von Nakhon Si Thammarat Nationalstraßen 401/41/4/43 bis Hat Yai, Straße 407 (220 km); oder Küstenstraße 408 (160 km)

Bus:
Von Bangkok Southern Bus Terminal mehrmals täglich

Flug:
Nächster Flughafen in Hat Yai; von Bangkok zweimal täglich

AUSKUNFT

Tourism Authority of Thailand
1/1 Soi 2 Niphatuthit 3 Road
90110 Songkhla
Tel. 0 74 / 24 37 47, 23 85 18
Fax 24 59 86
tatsgkhi@tat.or.th

ÜBERNACHTEN IN SONGKHLA

► Günstig

Princess Resort
163 Kaew Beach
Singha Nakhon Songkhla 90280
Tel. 0 74 / 33 10 59, Fax 33 10 58
143 Zimmer, Restaurant, Bar, Swimmingpool. Empfehlenswertes Hotel mit komfortablen Zimmern etwas außerhalb des Stadtzentrums.

ÜBERNACHTEN IN HAT YAI

► Komfortabel

Novotel Central Sukontha
3 Sanehanusorn Road
Tel. 0 74 / 35 22 22, Fax 35 22 23
www.centralhotelsresorts.com
237 Zimmer, 3 Restaurants, Coffeeshop, Bar, Spa. Neues Hotel der Novotel-Kette direkt im Zentrum mit sehr komfortablen Zimmern. Große Shoppingarkade in der Nachbarschaft.

Road. In der Arena an der Rajchutid Road finden an Wochenendnachmittagen die beliebten Stierkämpfe (Stier gegen Stier) statt.

Museen
Öffnungszeiten:
Mi. – So.
9.00 – 16.00
Eintrittsgebühr

Der 1878 erbaute **Gouverneurspalast** (Sitz der Familie Na Songkhla) ist ein wundervolles Gebäude in chinesischem Stil, ausgestattet mit prachtvollem Schnitzwerk; er dient heute als Museum. Ein weiteres Museum befindet sich im **Wat Matchimawat**. Beide Museen besitzen wertvolle Bronzeskulpturen aus der Srivijaya-Zeit, die starke Ähnlichkeiten mit der frühen ost- und mitteljavanischen Kunst aufweisen, Keramiken aus der Srivijaya- und der Ayutthaya-Zeit sowie Gegenstände des täglichen Lebens, darunter auch viele Kuriosa (zumeist Fundstücke aus Sathing Phra). Im Wat Matchimawat aus dem 16. Jh. ist eine etwa 2000 Jahre alte Buddha-Statue zu erwähnen, die einst mit einer Lotoskrone aus purem Gold geziert war. Aus Sicherheitsgründen wird die Krone in einem Safe aufbewahrt und zu hohen Festtagen der Statue aufgesetzt.

★ **Wat Klang**

Trotz geringen Alters ist der im 19. Jh. erbaute Wat Klang einige Aufmerksamkeit wert. Die Sala Reussi, ein Ziegelgebäude, und der von chinesischen Löwen bewachte Bot sind im Innern mit Fresken ge-

Fischereihafen von Songkhla

schmückt, die zu den wenigen qualitätsvollen Malereien im Bangkok-Stil zählen und Eremiten bei der Yoga-Ausübung zeigen. Der Sockel des Bot ist mit Reliefs eines chinesischen Künstlers besetzt.

★ **Aussichtspunkt**

Zwei Hügel beherrschen das Stadtbild; auf dem kleineren (Khao Noi) ist ein hübscher Park angelegt. Den höheren (Khao Tang Kuan) krönt ein Tempel; von hier aus bietet sich ein guter Blick über Songkhla und die Umgebung.

★ **Strände**

Der **Samila-Strand** an der Bucht wird vor allem an den Wochenenden von zahlreichen Einheimischen besucht, während der Strand an der Golfküste oft menschenleer ist. Am Ende der Samila Beach findet man das Fischerdorf **Ban Kao Seng**, das von muslimischen Fischern bewohnt wird. Tagsüber liegen die buntbemalten Fischerboote am Strand.

Umgebung von Songhkla

★ **Wat Suwan Khiri**

Auf dem südlichen Zipfel des schmalen Landstreifens gegenüber von Songkhla steht der Anfang des 19. Jh.s von der Familie Na Songkhla gestiftete Wat Suwan Khiri. Schön sind der kleine Chedi und der chinesische Glockenturm sowie der mit Fresken geschmückte Viharn. Die Familie Na Songkhla stellt seit Generationen den Gouverneur von Songkhla; der Stammvater war ein Chinese. Sie unterstützt die Bemühungen des thailändischen Königshauses, die südlichen Provinzen besser zu integrieren.

★ **Bucht**

Bei einer Bootsfahrt entlang der bergigen Landzunge nördlich von Songkhla sieht man viele malerische, auf Pfählen erbaute Fischerdörfer. Weiter nördlich wird das Binnenmeer durch eine von hoch aufragenden Kalkfelsen gebildete Landenge in zwei Becken geteilt, **Thale Sap** und **Thale Luang**. In den Lagunen des Brack- und Süßwassersumpfes findet man viele Sunda-Gaviale (Siam-Krokodile); auf den Felsen nisten Seeschwalben, ihre Nester sind eine Delikatesse der chinesischen Küche. Ziel einer solchen Bootsfahrt könnte die Insel **Ko To** mit zwei Tempelanlagen sein.

★ Sathing Phra

Auf der Nehrung nördlich von Songkhla befanden sich zahlreiche Kultstätten des Srivijaya-Reichs, die heute interessante Ruinen sind. Die wichtigste ist wohl Sathing Phra, 30 km von Songkhla entfernt, direkt am Meer gelegen (leicht mit Auto oder Bus zu erreichen, eine Fähre bringt über die Meerenge). Der an drei Seiten mit Nischen besetzte Stupa zeigt schönsten Srivijaya-Stil. Das Heiligtum daneben birgt die schöne Statue eines Buddha und interessante Fresken. Die Stuckornamente in den Giebelfeldern entstanden vermutlich während der Ayutthaya-Zeit. Bei Grabungen fand man Bronzeskulpturen aus dem 8. bis 12. Jh., die teils im Nationalmuseum von ►Bangkok, teils im Museum von Songkhla aufbewahrt werden. Einige zeigen deutlichen javanischen Einfluss, andere sind im Khmer-Stil gehalten.

◄ Ausflüge

Empfehlenswerte Ausflüge führen zu einer **Kokosnussplantage**, in der Affen im Pflücken von Nüssen trainiert werden, oder zum **Wat Khao Tum**, der auf einem Felsen erbaut ist.

★★ Sukhothai

C 2

Region: Nordthailand
Provinz: Sukhothai
Höhe: 66 m ü. d. M.
Einwohnerzahl: 36 000

Die alte Hauptstadt Sukhothai, historisches und kunsthistorisches Zentrum der Sukhothai-Periode liegt im Norden der Zentralebene; das weite, von Hügeln umsäumte Land ist Einzugsgebiet des Menam Yom. Das gut erschlossene Ruinengelände ist 12 km vom modernen Ort Sukhothai entfernt und von dort am besten mit Bus, Mietwagen oder Taxi zu erreichen.

Geschichte

Für 140 Jahre war Sukhothai die Hauptstadt eines bedeutenden Königreichs. Der Legende nach wurde die Stadt um 500 n. Chr. gegründet, einer ihrer Herrscher soll König Chao Aluna Khmara (auch Phra Ruang) gewesen sein, der Spross einer Verbindung zwischen einem Menschen und einer mythischen Naga-Prinzessin. Phra Ruang nennt sich daher auch die Dynastie der acht Könige, die das große Reich beherrschten.
Erster Phra-Ruang-Regent war Si Indratitja (1235 – 1279), der während seiner Regierungszeit die Herrschaft der Khmer abschütteln konnte. Sein Reich umfasste im Wesentlichen nur die beiden Städte Sukhothai und ►Si Satchanalai.

Regierungszeit von König Ramkhamhaeng

War Si Indratitja schon für die Begründung einer eigenständigen Thai-Kultur wichtig, so gilt das noch viel mehr für seinen Enkel Ramkhamhaeng (1256 – 1317), der sein Reich im Nordosten bis nach Vientiane, im Westen bis Pegu im heutigen Myanmar und im Süden bis Nakhon Si Thammarat auf annähernd zwei Drittel des heutigen Staatsgebiets ausdehnte. Der König erfand das thailändische Alphabet und gab den Anstoß zu einer sich nach chinesischem Vorbild entwickelnden Porzellan- und Fayencenherstellung. Was in dieser sehr lebhaften Zeit geschah (u. a. gab es die ersten diplomatischen Kontakte eines Thai-Herrschers zum Nachbarland China), blieb der Nachwelt nicht verborgen.

i Sukhothai-Periode

- Die Zeit des berühmten Sukhothai-Reiches sowie des gleichnamigen Kunststils währte von der Mitte des 13. Jh. bis zur Mitte des 15. Jahrhunderts.

Niedergang und Neuanfang

Unter Ramkhamhaengs Nachfolger Loei Thai (1299 – 1347) gingen die meisten der neu gewonnenen Territorien wieder verloren, auch dessen Sohn Liu Thai (1347 – 1368), der sich auch Mahadharmaraya I. nannte, gelang es nicht, die einstige Größe des Reichs wiederherzustellen. Der Ayutthaya-König Boromaraja I. eroberte Sukhothai im

SUKHOTHAI ERLEBEN

ANREISE

Auto:
Von Bangkok Straßen 1/32/117 nach Phitsanulok, dann Straße 12 (430 km)

Bus:
Von Bangkok Northern Bus Terminal (440 km), Sawankhalok, Phitsanulok

Bahn:
Nächster Bahnhof Sawankhalok (38 km)

Flug:
Nächster Flughafen Phitsanulok (58 km)

ESSEN

Die Nachtstände an der Charodvithithong Road in Neu-Sukothai sind eine günstige und spannende Essensadresse. Manche Stände haben sogar zweisprachige Speisekarten und einige sollen »Delikatessen« wie gebratene Wanzen oder Larven anbieten. Ein Eldorado für Unerschrockene!

ÜBERNACHTEN

► Günstig

① ***Ratchathani Hotel***
299 Charodvithithong Road
Tel. 0 55 / 61 10 31, Fax 61 28 78
81 Zimmer, Restaurant, Bar, Swimmingpool
Gepflegtes Hotel mit gut ausgestatteten Zimmern, gutes Restaurant.

② ***The Sukhothai Resort***
99 Mu 7, Tambon Sarmruen
Tel. 0 55 / 68 16 98, Fax 68 16 97
80 Zimmer, Restaurant, Coffeeshop, Swimmingpool. Relativ neues Hotel mit guter Lage zwischen Sukhothai und Si Satchanalai.

Sukhothai *Orientierung*

Jahr 1378, 1438 wurde es endgültig Teil des Ayutthaya-Reichs. Als die Birmanen 1767 Ayutthaya dem Erdboden gleichmachten, verließen auch die Bewohner von Sukhothai ihre Stadt. Schon elf Jahre später jedoch begründete Rama I., erster König der von Bangkok aus herrschenden Chakri-Dynastie, die neue Stadt Sukhothai am linken Ufer des Menam Yom. Sie wurde 1968 durch ein Feuer größtenteils vernichtet, fast alle Häuser des Stadtkerns stammen also aus jüngster Zeit.

Sehenswertes in Sukhothai

UNESCO-Weltkulturerbe

Nach rund 25-jährigen Arbeiten, die von der UNESCO unterstützt wurden, machte König Bhumibol 1988 die Ruinenstadt Sukhothai der Öffentlichkeit zugänglich; 193 Tempel waren ausgegraben und teilweise rekonstruiert worden. Da Plünderer immer mehr Antiquitäten aus Sukhothai Kunstsammlern in aller Welt anboten, gab die UNESCO bereits 1978 einen entscheidenden Anstoß und erklärte die heute streng bewachte Ruinenstadt zum Weltkulturerbe. Vor jedem Bauwerk informiert ein Schild in englischer Sprache über Baudaten und weiteres Wissenswerte.

DER KÖNIG DEM VOLKE

Die Untertanen des Sukhothai-Reiches hatten in König Ramkhamkaeng einen überaus edlen und geradezu »modernen« Herrscher. Eine von ihm verfasste Steininschrift, wohl eine Art »Regierungserklärung«, wird heute im Nationalmuseum in Bangkok aufbewahrt:

»Das Land von Sukhothai blühe und gedeihe. Es gibt Fische im Wasser und Reis auf den Feldern. Der Herrscher des Reiches erhebt keine Zölle von seinen Untertanen, wenn sie die Straßen benutzen, auf denen sie das Vieh zum Markt treiben. Sie reiten ihre Pferde zum Verkauf, wer mit Elefanten handeln will, darf dies tun, wer mit Pferden handeln will, darf dies tun; wer mit Gold und Silber handeln will, darf dies tun. Wenn ein einfacher Mann stirbt oder ein Mann von Stand, dann fällt sein ganzer Besitz, seine Elefanten, Frauen, Kinder, Kornspeicher und Reis an seinen Sohn. Wenn seine Bürger miteinander im Streit liegen, prüft der König den Fall, um dem Streit auf den Grund zu gehen, und entscheidet dann in gerechter Weise. Er duldet keine Diebe und begünstigt keine Hehler. Wenn er jemandes Reichtum sieht, wird er nicht wütend. Wenn jemand auf einem Elefanten zu ihm kommt, um sein Land unter den Schutz des Königs zu stellen, dann lässt er ihm großzügige Hilfe zuteil werden. Wenn jemand ohne Elefanten und Pferde, ohne adliges Gefolge und ohne Gold und Silber zu ihm kommt, so gibt er ihm etwas, dass er einen Hausstand begründen möge. Wenn er Kriegsgefangene macht, lässt er sie nicht töten oder schlagen. Drüben am Tor hat er eine Glocke aufhängen lassen: Wenn ein Bewohner seines Landes Grund zur Klage hat, dass ihm der Leib schmerzt und das Herz weint, dann geht er hin und schlägt diese Glocke.. König Ramkhamhaeng, der Herrscher des Königreichs, wird den Ruf erhören und das Anliegen des Bewohners prüfen, auf dass er eine gerechte Entscheidung treffe. Daher preist ihn das Volk von Sukhothai.«

Innerhalb des Mauerrings der Ruinenstadt

Alter Stadtkern

Der alte Stadtkern war von drei Erdwällen und zwei Wassergräben dazwischen umgeben. Von den vier Zugangstoren (»pratu«; im Osten Kamphaeng Hak, im Süden Na Mok, im Westen Oa, im Osten San Luang) waren drei durch Forts gesichert, Reste davon sind heute noch zu sehen. Außer 21 Wats sind auch vier Teiche freigelegt worden: Thapang Thong, Thapang Ngoen, Thapang Trakuan und Thapang So. Tempelanlagen gab es übrigens nicht nur innerhalb der eigentlichen Stadt, sondern auch weit in der Umgebung verstreut.

! *Baedeker* TIPP

Sukhothai mit dem Fahrrad erkunden

Das Ruinenfeld von Sukhothai ist sehr weitläufig und zu Fuß nur ansatzweise zu erkunden. Am Haupteingang gibt es Fahrräder zu mieten, mit denen man gemütlich die einzelnen Tempel und anderen sakralen Bauwerke »abradeln« kann.

**** Ramkhamhaeng-Museum**

Öffnungszeiten:
tägl. außer feiertags
9.00 – 16.00
Eintrittsgebühr

Das 1964 eröffnete Ramkhamhaeng-Museum enthält zahlreiche Funde wie Statuen, Stuckarbeiten und Keramiken aus Sukhothai, Si Satchanalai und Kamphaeng Phet, den drei Hauptstädten des Reichs. Es gibt einen guten Überblick über die Entwicklung des Sukhothai-Stils von den Anfängen, in denen noch die Khmer-Kultur vorherrschte, bis zur stark vom Ayutthaya-Stil geprägten Endzeit. Besonders hervorzuheben sind ein schreitender Buddha, der als die schönste Darstellung dieser Art gilt, ein sitzender Buddha aus dem Wat Chang Lom in ► Si Satchanalai (beide im Erdgeschoss) sowie ein sitzender Bronze-Buddha (Obergeschoss). Im Garten des Museums befinden sich weitere Statuen und ein Keramikofen. Im Eintrittspreis ist eine ausführliche Broschüre in englischer Sprache inbegriffen.

**** Wat Mahathat**

Der prachtvollste Wat der heutigen Ruinenstadt war der Wat Mahathat neben dem früheren Königspalast, von dessen aus Holz errichteten Gebäuden keine Spuren mehr vorhanden sind. Allein dieser Wat nahm eine Fläche von 40 000 m² ein und war von 185 Chedis, sechs Viharns unterschiedlicher Größe, einem Bot und elf Salas umgeben; eine von Toren durchbrochene Mauer umgab den Bezirk. Am beeindruckendsten ist das Zentrum der Anlage, ein Hauptchedi mit einem Viharn sowie einem Bot. Der hochragende, fein gegliederte Chedi in reinem Sukhothai-Stil läuft in einer Lotosknospenspitze aus. Der Mittelteil gleicht den Khmer-Prangs, den hohen, rechteckigen Sockel ziert unten eine Adorantenprozession mit 40 etwa einen Meter hohen Figuren auf jeder Seite. Die Nischen der vier Eckkapellen zeigen schöne Stuckarbeiten, Rosetten, Szenen aus dem Leben Buddhas, Götter und Dämonen im Widerstreit; in den Nischen stehen wie auch auf dem Sockelsims Buddha-Figuren. Vier Khmer-Prangs in der Mitte jeder Seite bezeichnen die vier Himmelsrichtungen. Auf der Ostseite führt eine hohe Treppe in das Innere des zentralen Chedi. Von einem kleinen Viharn aus dem 14. Jh. im Stil der Ayutthaya-

Inmitten eines Lotosteiches gelegene Schönheit: der Wat Sra Si.

Zeit mit der Figur eines sitzenden Buddha und dem mächtigen Bot (40 x 15 m) stehen noch die Säulen. Besonders die Säulenreihen des fünfschiffigen Bot ergeben ein eindrucksvolles Bild. Er enthielt einst die vergoldete Figur des Phra Buddha Shakyamuni, die König Rama I. Ende des 18. Jh.s in den Wat Suthat in ►Bangkok bringen ließ. In den Mondhops zu beiden Seiten die in schützenden Nischen eingelassenen, 8 m hohen Figuren stehender Buddhas. In den umliegenden, zerfallenen Chedis waren vermutlich die Aschen verstorbener Mitglieder der Königsfamilie beigesetzt.

Wat Si Sawai Der von einem Wassergraben und zwei Mauern umgebene Wat Si Sawai wurde im 12./13. Jh., also vor der Gründung der Hauptstadt Sukhothai, im Khmer-Stil erbaut und diente zunächst dem Hindu-

Kult; nach dem Anbau von Bot und Viharn war er ein buddhistisches Heiligtum. Charakteristisch sind die drei je sieben Etagen hohen Prangs aus Ziegeln, die mit Steinplatten und Stuck verkleidet waren. In den Giebelfeldern der oberen Etage stehen noch Buddha-Figuren. Alle drei Prangs umschließen eine Cella; die des höheren Mittelprangs steht über eine Galerie mit dem Bot in Verbindung, während die übrigen beiden nur von außen zugänglich sind. Fragmente der Reliefs, die ursprünglich die Mauern der Prangs zierten, sind im Ramkhamhaeng-Museum zu sehen. Zum Tempelbezirk gehören noch ein Chedi und zwei weitere Heiligtümer auf rechteckigem Grundriss.

! *Baedeker* TIPP

Loy Krathong in Sukhothai

Zu Ehren dieser heiligen Stätte wird hier im November das Loy-Krathong-Fest (Lichterfest) gefeiert; wohl das schönste Fest in Thailand. Dann verwandelt sich der See durch Tausende kleiner schwimmender Kerzen in ein faszinierendes Lichtermeer.

★ Wat Traphang Ngoen

Westlich des Wat Mahathat stehen auf einer Insel im mit roten Lotosblüten bedeckten Traphang Ngoen (»Silbersee«) der sehr schöne Chedi des Wat Traphang Ngoen und die Säulen eines größeren Viharn. In den Nischen des Chedi stehen Buddha-Figuren, seine Spitze bildet eine Lotosknospe.

Wat Chana Songkhram

Der Wat Chana Songkhram mit einem glockenförmigen Chedi in singhalesischem Stil und den Sockeln zweier verschwundener Heiligtümer steht auf einer erhöhten Plattform. Das zerfallene kleine Gebäude südlich dieses Wats wurde über dem symbolischen Grundstein der Stadt, dem Lak Muang, erbaut.

★★ Wat Stra Si

Der Wat Sra Si auf einer kleinen Insel muss sehr prächtig gewesen sein; zu ihm gehören zehn von ceylonesischem Stil beeinflusste Chedis. Von dem großen Viharn stehen noch sechs Säulenreihen und die schöne Figur eines sitzenden Buddha in der Geste der Bhumisparsamudra. Der Bot des Wat Sra Si steht in einem mit Lotosblüten bedeckten Teich. Die Gebäude des von Mönchen bewohnten Wat am Ufer stammen aus neuerer Zeit. Der alte Laterit-Chedi in singhalesischer Form ist stark zerfallen. Den steinernen Fußabdruck Buddhas, der aus dem Wat Phra Bat Yai hierher gebracht wurde, entdeckte vermutlich König Liu Thai im Jahre 1359.

Wat Mai, Wat Trakuan

Von der mit Stuckornamenten reich geschmückten Basis des Viharn im Wat Mai sind noch Teile erhalten, von dem Prang ist nur noch der Sockel zu sehen. Zahlreiche Buddha-Figuren im frühen Sukhothai-Stil wurden in den Ruinen des Wat Trakuan gefunden, von dem nur noch ein schöner Chedi und der Sockel des Viharn zu sehen sind; sie zeigen eine etwas eigenartige Mischung von ceylonesischen Elementen und solchen des Chiang-Saen-Stils.

Alt-Sukhothai Orientierung

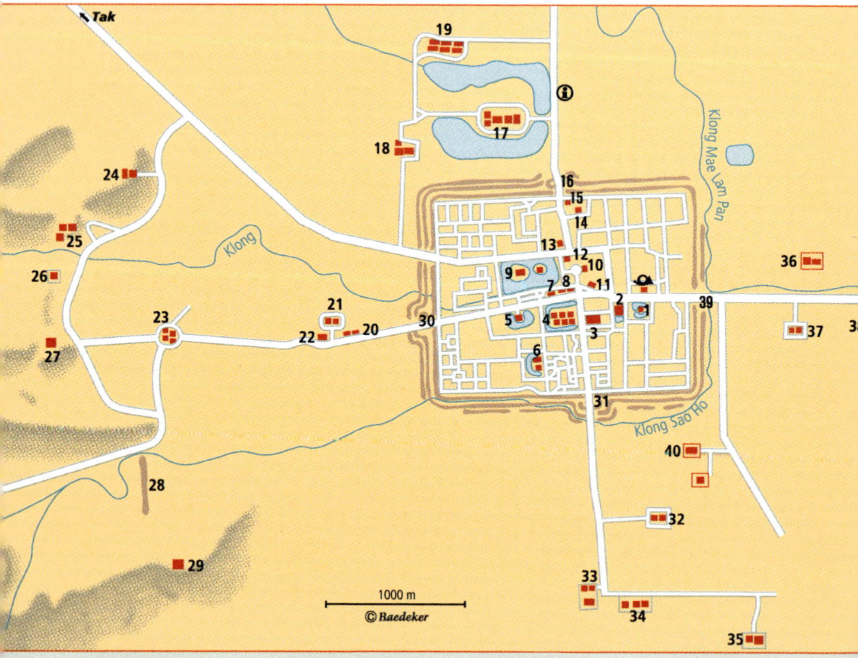

1 Wat Traphang Dong
2 Ramkamhaeng-Nationalmuseum
3 Königspalast
4 Wat Mahathat
5 Wat Traphang Ngoen
6 Wat Si Sawai
7 Lak Muang
8 Wat Chana Songkhram
9 Wat Sra Si
10 Phor Khun Ramkamhaeng Monument
11 Wat Mai
12 Wat Trakuan
13 San Ta Pha Daeng
14 Wat Sorasak
15 Wat Son Kheo
16 Pratu San Luang
17 Wat Phra Pai Luang
18 Wat Si Chum
19 Brennöfen
20 Wat Deuk
21 Wat Pa Mamuang
22 Ho Thewalai
23 Makara-Kloster
24 Wat Sapan Hin
25 Wat Phra Bat Noi
26 Wat Chedi Ngam
27 Wat Tam Hip
28 Phra-Ruang-Damm
29 Wat Phra Bat Yai
30 Pratu Oa
31 Pratu Na Mok
32 Mondblumen-Kloster
33 Wat Chetuphon
34 Wat Chedi Si Hong
35 Wat Pichit Kitti Kalanyaram
36 Wat Chang Lom
37 Wat Traphang Thong Lang
38 Wat Chedi Sung
39 Pratu Kamphaeng Hak
40 Ashokarama

✶ San Ta Pha Daeng

Der im 12./13. Jh. erbaute San Ta Pha Daeng zählt zu den bedeutendsten Khmer-Ruinen auf thailändischem Boden. Das Heiligtum steht auf einem 3 m hohen Sockel und besitzt vier Vorhallen. Hier fand man fünf wunderschöne, steinerne Fragmente von männlichen und weiblichen Hindu-Gottheiten im Stil von Angkor Wat.

✶ Wat Sorasak

Der Wat Sorasak wurde 1412, also in der Spätzeit des Sukhothai-Reichs, errichtet. Der zerfallene Chedi in singhalesischem Stil wird von 24 Elefanten getragen. Die Nischen sind mit Statuen besetzt, die Buddha in »westlicher« Sitzhaltung mit herabhängenden Beinen zeigen. Verlässt man den Stadtkern durch das Tor Pratu San Luang, gelangt man zu zwei weiteren Heiligtümern und zu den Keramiköfen.

Nördlich des Mauerrings

★ **Wat Phra Pai Luang**

Der weitläufige, von einem Wassergraben umgebene Wat Phra Pai Luang ist eines der ältesten Heiligtümer und war wohl eines der wichtigsten in diesem Gebiet; er wurde vermutlich um 1200 errichtet. Von den drei mit Stuck verkleideten Prangs aus Laterit steht noch der nördliche. Auf dem Giebel der Blendtür ist Buddha mit Adoranten dargestellt, die Stufen dieses Chedi wie auch die Basis des verfallenen östlichen Chedi zieren schöne Figuren aus Stuck. Vom Viharn sind noch die Begrenzungsmauer, die Fundamente und Reste der vier Säulenreihen zu sehen. Im Mondhop fand man Statuen, die Buddha in den vier Grundhaltungen zeigen. Vermutlich war dieses Heiligtum der Hauptwat der alten Stadt zu Zeiten der Khmer, bevor es von den Thai etwas weiter südlich auf das heutige Gelände der Ruinenstadt verlegt wurde.

★★ **Wat Si Chum**

Der Mondhop des Wat Si Chum, ein massiger, fensterloser, quaderförmiger Bau (22 x 28 x 15 m), steht auf einem 4,30 m hohen Sockel, die Mauern sind 3 m dick. Durch einen Zugang in der südlichen Mauer kann man das Dach ersteigen. Die Decke dieses Gangs war einst mit kunstvoll gravierten Steinplatten geschmückt (eine ist im Ramkhamhaeng-Museum in Sukhothai zu sehen, eine weitere im Nationalmuseum von Bangkok), die in schwungvoller Linienführung Szenen aus den Leben Buddhas zeigen. Die Darstellungen sind von herausragender Schönheit, sie verraten den Einfluss singhalesisch-indischer Maler und weisen Ähnlichkeit mit der Tempelmauer von Polonnaruwa auf Sri Lanka auf. Im Innern des Mondhop befindet sich die Kolossalstatue (14,70 m hoch) eines sitzenden Buddha, die früher vergoldet war. Wahrscheinlich handelt es sich dabei um den von König Ramkhamhaeng im Jahre 1292 in einer Inschrift erwähnten Phra Achana. Dem Mondhop vorgelagert ist ein Bot mit einer Grundfläche von 21 x 12 m, dessen 13 Säulen aus mit Stuck verkleidetem Limonit (einem Mineral) noch stehen. Nördlich des Mondhop liegen die Ruinen eines kleinen Viharn und eines Ziegelbaus, der die Figur eines sitzenden Buddha birgt.

Im Wat Si Chum

Keramikofen

Beachtenswert sind die Überreste eines Keramikofens, 13 davon soll es an dieser Stelle gegeben haben (ein Modell befindet sich im Ramkhamhaeng-Museum). Die Keramik- und Ziegelherstellung begann hier um 1300, als König Ramkhamhaeng mehrere hundert Töpfer aus China mitbrachte, und dauerte bis zur Mitte des 15. Jh.s, als Kriege die Produktion störten.

Westlich des Mauerrings

Tempelruinen

Von den Ruinen im Westen des alten Stadtkerns sind heute nur noch wenige sehenswert, einige von ihnen werden noch restauriert. Der **Wat Pa Mamuang** war in der Sukhothai-Zeit ein religiöses Zentrum. Inschriften in Pali, Khmer und Thai (heute im Nationalmuseum von Bangkok) geben über seine Geschichte Auskunft. Zu sehen sind noch die Basis des Mondhop, die Sockel mehrerer kleiner Chedis und die Ruine des Bot. Auch vom **Wat Tuk** sind nur noch Überreste von Mondhop, Viharn sowie einigen Chedis erhalten. Der **Ho Thewalai** steht auf einer hohen Plattform, zu dem eine Treppe hinaufführt; acht Säulen stehen noch von diesem Hindu-Heiligtum. Der Sockel des Chedi im **Wat Chang Rob** wird von 24 Elefanten getragen (►Abbildung S. 478), davor sind – außer einigen Trümmerstücken – noch die Lateritsäulen des einstigen Viharn zu sehen.

✶ Wat Sapan Hin

Der Wat Sapan Hin liegt auf einer Anhöhe am Rand der Yom-Ebene, von der sich eine schöne Aussicht bis zu den Bergen von Si Satchanalai bietet. Zum Kloster führt ein mit Steinplatten belegter Weg; daher der Name »Tempel der steinernen Brücke«. In diesem Wat feierte König Ramkhamhaeng alljährlich im Oktober zum Ende der buddhistischen Fastenzeit das Thot-Kathin-Fest. Hohe, mit Stuck umkleidete Lateritsäulen trugen einst den Viharn. Eindrucksvoll ist die nun im Freien an eine Ziegelmauer angelehnte 12,50 m hohe Figur eines stehenden Buddha im Sukhothai-Stil, die rechte Hand im Gestus der Schutzgewährung erhoben. In der Nähe sieht man die Statue eines sitzenden Buddha, ebenfalls im Sukhothai-Stil.

✶ Wat Phra Bat Noi

Interessant ist auch der Wat Phra Bat Noi (»Wat zum Fußabdruck Buddhas«) mit einem eigenwilligen Chedi (Mischung von Thai- und Khmer-Stil). Der auf quadratischer Basis ruhende Mittelteil enthält an jeder Seite eine Nische, die mit einer kleineren Buddha-Statue besetzt ist. Der untere Teil der Spitze zeigt senkrecht verlaufende Rippen, die ebenso wie die Nischen mit Skulpturen vorwiegend hinduistischer Motive verziert sind. Der Fußabdruck aus dem Viharn befindet sich im Ramkhamhaeng-Museum.

Wat Chedi Ngam

Der glockenförmige Chedi des Wat Chedi Ngam ruht auf einem reich verzierten Fundament. Die Basis der Glocke ist mit einem Lotosfries geschmückt, auf jeder Seite des Mittelteils gibt es eine Nische für eine Buddha-Figur. Vor dem Chedi stehen etwa einen Meter tiefer die Lateritsäulen des Viharn und vier kleine Steinkapellen.

Noch heute wacht König Ramkhamhaeng über Sukhothai. →

Südlich des Mauerrings

✶ **Wat Chetuphon**

Auf dem Weg zum Wat Chetuphon kommt man an den Ruinen des **Wat Kampang Lang** mit Fundamenten von Chedi und Viharn und den Resten des **Wat Ton Chan** mit einem Chedi singhalesischen Typs vorbei. Im Wat Chetuphon findet sich ein besonders schönes Beispiel für die Bildhauerkunst im klassischen Sukhothai-Stil, ein schreitender Buddha aus Stuck, der als einziger von vieren einigermaßen gut erhalten blieb. Die anderen drei zeigten Buddha in sitzender, stehender und liegender Haltung. Sie besetzten die Außenwände des Mondhop, eines massigen Ziegelbaus, der das Zentrum des Tempelbezirks bildete. Der Chedi in Form eines Mondhop enthält die Buddha-Figur Phra Si Arijya Metria (»Buddha der Zukunft«). Von dem Viharn ist noch ein Teil der Fenstereinrahmungen erhalten, die wie Schnitzwerk wirken. Einzigartig am Wat Chetuphon sind die Mauern aus Schiefer, deren Skulptierung Holzarbeiten imitiert.

Schön erhaltene Buddhastatue

Im **Wat Chedi Si Hong** ist vor allem der Skulpturenschmuck aus dem 14. Jh. an der Lateritbasis des Fundaments zu erwähnen; aufrecht stehende, engelähnliche Figuren tragen in ihren oberen Händen Blumenvasen, während die unteren eine Gebärde des Betens zeigen. In ihrer Kleidung sind singhalesische Einflüsse ebenso erkennbar wie solche der Khmer-Kunst. Zwischen den Gestalten stehen Löwen. Von dem Viharn stehen noch die Lateritsäulen und in der Vorhalle die Sockel zweier Chedis.

Wat Pichit Kitti Kalanyaram

Weithin sichtbar ist der hohe, glockenförmige Chedi des Wat Pichit Kitti Kalanyaram aus dem Jahre 1403. Die quadratische Basis hat eine Kantenlänge von 15 m; hier finden sich noch einige schön skulptierte Mondsteine, die in Sri Lanka häufig, in Thailand jedoch nur selten anzutreffen sind.

Östlich des Mauerrings

✶✶ **Wat Traphang Thong Lang**

An der Straße nach Neu-Sukhothai steht der Wat Traphang Thong Lang mit schönen Stuckreliefs an der Fassade. Das Flachrelief an der Südseite gilt als das beste seiner Art im Sukhothai-Stil; es zeigt, wie der Erleuchtete, über Stufen schreitend, vom Himmel Tavatimsa heruntersteigt. Buddha, beschützt von zwei Sonnenschirmen, wird begleitet von den Hindu-Göttern Indra und Brahma sowie von Adoranten. Man nimmt an, dass dies die erste, während der Sukhothai-Zeit erfndene, bildnerische Darstellung des schreitenden Buddha ist. Ein weiteres Flachrelief an der Nordseite des Bot zeigt auf weniger kunstvolle Art, wie Buddha den Elefanten Nalagiri, den sein Vetter Devadatta gegen ihn aufgehetzt hatte, zähmt. Das Relief an der Westwand zeigt Buddha unter einem Mangobaum bei der Vollbringung des Wunders von Sravasti. Gemalte Darstellungen dieser Art gibt es in Polonnaruwa (Sri Lanka) und Pagan (Birma).

★ **Wat Chedi Sung**

Etwas weiter östlich steht der Wat Chedi Sung mit einem hoch aufragenden, wirkungsvoll gegliederten Chedi, bei dem sich Kraft und Noblesse die Waage halten. Dieser mit Stuck verkleidete Chedi aus dem späten 14. Jh. zählt zu den schönsten sakralen Bauten der Sukhothai-Architektur. Der hohe Unterbau auf quadratischem Sockel weist Srivijaya-Stilmerkmale auf, während die schlanke Glocke auf achteckiger Basis eindeutig singhalesischen Charakter besitzt.

★★ Suratthani

G 2

Region: Südthailand **Provinz:** Suratthani
Höhe: 8 m ü. d. M. **Einwohnerzahl:** 57 000

Suratthani liegt in der fruchtbaren Ebene an der Mündung des Menam Ta Pi in den Golf von Thailand. Die Region war bereits während der Steinzeit besiedelt und im ersten Jahrtausend der Endpunkt einer wichtigen Straße von Ta Kuapa, die den Weg zum Südchinesischen Meer abkürzte. Nach dem Bau guter Straßen entwickelte sich die Stadt zu einem wichtigen Handelsplatz zwischen Thailand und Malaysia.

Hinreißende Landschaft

Besondere Sehenswürdigkeiten bietet die Stadt nicht, aber die Landschaft zwischen Ta Kuapa auf der anderen Seite der Halbinsel an der Andamanensee und Suratthani ist eine der schönsten von Thailand. Die Dolomitfelsen, die hier aus dem dichten tropischen Regenwald ragen, erreichen Höhen bis zu 1000 m. Atemberaubend schön sind auch die paradiesischen Inseln vor der Küste.

★ **Wat Dei Tamaram**

Einer der sehenswerten Tempel ist, auch wenn er aus neuerer Zeit stammt, der Wat Dei Tamaram an der Na Muang Road. Er besitzt einen prachtvollen, hohen Viharn mit reich verzierten Giebeln. Wesentlich älter ist ein Bau in unmittelbarer Nähe, dessen Eingänge von martialisch anmutenden Dämonen bewacht werden. Interessant ist das Leben auf dem Tempelgelände.

SURATTHANI ERLEBEN

ANREISE

Auto:
Von Bangkok Nationalstraße 4, ab Chumphon Straße 41 (645 km). Von Nakhon Si Thammarat Straße 401 (135 km)

Bahn:
Von Bangkok-Hualampong (651 km, Fahrzeit 11 Std.; Nachtzüge empfehlenswert, Reservierung nötig)

Flug:
Täglich von Bangkok; außerdem Ziel von Charterflügen

AUSKUNFT

Tourism Authority of Thailand
5 Thalad Mai Road; 84000 Suratthani
Tel. 0 77 / 28 88 18-9, Fax 28 28 28
tatsurat@tat.or.th

ÜBERNACHTEN

► Komfortabel
Saowaluk Thani
99/99 Kanchanadit Road
Tel. 0 77 / 21 37 00, Fax 21 37 35
280 Zimmer, Restaurant, Bar, Swimmingpool, Diskothek. Komfortables Hotel etwas außerhalb des Stadtzentrums mit günstigen Zimmerpreisen.

Hafen von Ban Dong

Im Hafen Ban Dong (so hieß früher die ganze Stadt) herrscht geschäftiges Leben, die Märkte bieten ein farbenprächtiges Bild.

★★ Inseln

Etwa 60 Inseln sind der Küste bei Suratthani vorgelagert. Auf vielen gibt es hübsche Badestrände mit Bungalowanlagen, komfortable Hotels und idyllische Fischerdörfer. Fast alle bieten ein abwechslungsreiches Landschaftsbild mit Felsklippen, dichter Vegetation und stillen Buchten mit weißem Sand. Die größten Inseln sind ►Ko Samui und ►Ko Phangan sowie Ko Phaulai. 40 kleine Inseln nordwestlich von Ko Samui wurden zum **Ang Thong Marine National Park** zusammengefasst. Auf Ko Mae bleibt der grün schimmernde Salzwassersee Thale Noi ein unvergesslicher Anblick.

★ Surin

D 4

Region: Nordostthailand
Höhe: 145 m ü. d. M.
Provinz: Surin
Einwohnerzahl: 40 000

Surin, in einer weiten Ebene am südlichen Rand des Khorat-Plateaus im Osten Thailands gelegen, ist Zentrum der thailändischen Seidenherstellung und Seidenweberei und zum Teil auf den Fundamenten einer alten Khmer-Siedlung erbaut. Alljährlich in der dritten Septemberwoche ist die Stadt Schauplatz des Elefantenauftriebs, der Tausende von Besuchern anlockt.

! *Baedeker* TIPP

Elefantenfest von Surin

Warum das Elefantenfest seit 1960 ausgerechnet in dem ansonsten unauffälligen Ort Surin abgehalten wird, ist ganz einfach zu erklären. Von hier, sagt man, stammen nämlich die feinfühligsten Mahouts (= Elefantentreiber). Gemeinsam mit mehr als 200 Dickhäutern zeigen sie während des mehrtägigen Festes verschiedene Kunststücke, außerdem stellen sie kriegerische Szenen dar. Den Abschluss bildet eine farbenprächtige Prozession.

Beschaulicher Urlaubsort

Während Surin in den Tagen des Elefantenfestes aus den Nähten zu platzen droht, ist die Provinzhauptstadt mit guter touristischer Infrastruktur während der restlichen Zeit ein ruhiger, beschaulicher Ort, von dem aus einige bedeutende Tempelanlagen der Khmer zu besichtigen sind.

Sehenswertes in der Umgebung von Surin

Prasat Pluang

Der Nordosten Thailands, besonders der Streifen zwischen der Bahnlinie nach Ubon Ratchathani und der kambodschanischen Grenze, ist mit bedeutenden Khmer-Ruinen übersät. 30 km südlich der Stadt steht beim Ort Prasat der Prasat Pluang, ein Khmer-Heiligtum des 11. Jh.s. Erhalten blieb ein von Wasserbecken umgebener, viereckiger Turm auf hohem Sockel mit kunstvoll skulptierten Türstürzen.

SURIN ERLEBEN

ANREISE

Auto:
Von Bangkok aus Straßen 1/2/24, ab Prasat Straße 214 (460 km)

Bus:
Von Ubon Ratchathani tägl. mehrmals

Bahn:
Station an der Strecke Bangkok – Ubon Ratchathani (420 km, 6 – 8 Std.) Zum Elefantenfest von Surin verkehren von Bangkok aus Sonderzüge (Buchung bei Reiseveranstaltern).

ÜBERNACHTEN

► **Günstig**

Tarin
60 Sirirat Road, Surin 32000
Tel. 0 44 / 51 42 81, Fax 51 15 80
240 Zimmer, Restaurant, Bar, Pool. Mitten in der Stadt gelegenes, modernes Hotel mit komfortablen Zimmern. Während des Elefantenfestes teurer und immer ausgebucht!

WAPPENTIER AUF SAFARITOUR

Etwa 2000 wilde und 3000 gezähmte Elefanten gibt es heute noch in Thailand, vor 100 Jahren sollen es noch 100 000 gewesen sein. Die mächtigen Tiere spielten stets eine wichtige Rolle im Leben der Thai, sie waren auf Flagge und Münzen zu sehen und finden sich heute noch stilisiert im Staatswappen.

Elefanten galten immer schon als heilige Tiere. Die aus dem Hinduismus stammende Gottheit Ganesha mit Elefantenkopf wird als Gott der Wissenschaft und Künste auch in Thailand verehrt. Selbst Buddha soll in einer frühen Inkarnation als weißer Elefant geboren worden sein. Als eines der wichtigsten Ereignisse im Leben Buddhas gilt das Zusammentreffen mit einem Elefanten, den sein Vetter auf ihn hetzte. Allein durch die Kraft seiner Liebe hielt der Erleuchtete den Elefanten vom Angriff ab.

Weiße Elefanten

Weiße Elefanten, auch wenn es sie streng genommen in der zoologischen Nomenklatur nicht gibt, werden in Thailand besonders verehrt. **32 Merkmale** sind es, die einen solchen von seinen Artgenossen unterscheidet. So besitzt er z. B. 20 statt 16 Fußnägel und hat rote Augen. Er ist jedoch nicht vollständig weiß, er unterscheidet sich von seinen Artgenossen nur durch etliche größere oder kleinere weiße Flecke an Kopf und Ohren. Je mehr solcher Elefanten während der Regierungszeit eines Königs gefunden werden, umso glücklicher werden diese Jahre für den Herrscher und sein Volk.

So gesehen müsste die Amtszeit von König Bhumibol unter einem besonders glücklichen Stern stehen, da mittlerweile 16 weiße Elefanten gefunden wurden, von denen elf noch leben. Sie werden nach dem Einfangen in einer feierlichen Zeremonie zu heiligen Elefanten erklärt, im Dusit-Zoo von Bangkok zunächst eingewöhnt, danach in prächtigen Stallungen innerhalb der königlichen Chitralada-Residenz gehalten und besonders liebevoll gepflegt.

Einst zog man in Thailand mit Elefanten in den Krieg, und Reparationsleistungen bestanden oft in der Übereignung riesiger Elefantenherden.
Heute sind sie besonders in den undurchdringlichen Urwäldern im Norden des Landes immer noch unverzichtbar bei der Holzproduktion.

Arbeitselefanten

Weitaus profaner ist die Rolle der Arbeitselefanten. Immer noch **unverzichtbar ist ihre Hilfe in den Urwäldern des Nordens**. In ihren besten Jahren – vom 25. bis 60. Lebensjahr – arbeiten die Elefanten etwa acht Stunden täglich, während der heißen Jahreszeit von April bis Mai genießen sie einen Erholungsurlaub. Im Alter von drei Jahren werden sie in »Elefantenschulen« auf ihre künftige Aufgabe vorbereitet. Eine dieser staatlich betriebenen Schulen befindet sich bei Lampang, doch auch in manchen Touristenzentren gibt es Elefantenkrale, in denen Ausbildung und Arbeit der Dickhäuter beobachtet werden kann. In jahrelangem Training lernt ein Mahout die 85 Druckpunkte seines Dickhäuters mit seinen Füßen und mit einem Eisenhaken zu bearbeiten, um seinen Schützling zu dirigieren.
Elefanten sind meist gutmütig, unberechenbar werden sie allerdings in den Wintermonaten. Grund dafür ist ein Sekret, das eine kleine Öffnung am Kopf während der Paarungszeit absondert und das ihnen in die Augen läuft. Außerdem hat ihr sprichwörtlich gutes Gedächtnis (v. a. für Unangenehmes) schon manchen Mahout überrascht – und auch das Leben gekostet

Elefantenfest

Aus der Gegend von Surin in Nordostthailand sollen die besten Elefantentrainer und -führer Thailands stammen. Vielleicht war dies der Grund, warum die thailändische Tourismusbehörde hier den großen Elefantenauftrieb organisierte. Das stets am dritten November-Wochenende stattfindende Spektakel dauert mehrere Tage, es ist ein großes und farbenprächtiges Volksfest. Etwa 200 Elefanten werden aus dem ganzen Land zusammen geholt und messen sich vor den Tribünen in Geschicklichkeit, Kraft und Gehorsam gegenüber ihrem Mahout. Zwischendurch führen Angehörige vieler thailändischer Volksstämme in Originaltrachten Tänze auf. An diesen Tagen gibt es für den Besucher nicht nur eine Fülle von Fotomotiven, sondern auch einen Einblick in das Leben der ländlichen Bevölkerung.

Prasat Yai Ngao Von hier aus führt die Straße 24 nach Osten zu dem 51 km entfernten Ort **Sangkha** und dem Prasat Yai Ngao, der aus zwei mit reichem Skulpturenschmuck (u. a. eine fünfköpfige Naga) versehenen Ziegelprangs besteht.

Prasat Phnum Pon Wenige Kilometer südlich von Sangkha trifft man beim Ort **Ban Don** auf die Ruinen eines sehr frühen Khmer-Tempels, den Prasat Phnum Pon aus dem 7. Jahrhundert. Türstürze und Säulen zeigen bemerkenswerte Skulpturen, Girlanden, Blütengehänge und blätterverzierte Medaillons.

Tak

C 2

Region: Nordthailand
Provinz: Tak
Höhe: Höhe: 111 m ü. d. M.
Einwohnerzahl: 22 000

Hohe Berge säumen das Tal des bei der idyllischen Provinzhauptstadt Tak schon recht breiten Menam Ping, einem der größeren Zuflüsse des Menam Chao Phraya. Beeindruckend ist vor allem die grandiose Landschaft, die etwa einen Umweg von Sukhothai auf der Fahrt nach Chiang Mai durchaus lohnt. Durch die Nähe zu Myanmar (Birma) sind kulturelle Einflüsse des Nachbarvolks deutlich spürbar.

»Tor zum Norden« Die malerische Altstadt verfügt noch über viele im traditionellen Thai-Stil erbaute Holzhäuser. Dem berühmtesten Sohn der Stadt, König Taksin (1768 – 1782), Begründer des Königreichs Siam, ist ein Denkmal gewidmet, die Sala Somdet Phra Chao Taksin Maharat.

TAK ERLEBEN

ANREISE

Auto:
Von Sukhothai Straße 12 (80 km), von Kamphaeng Phet Straßen 1/104 (60 km).

Bus:
von Bangkok Northern Bus Terminal (420 km) oder von Surin und Kamphaeng Phet

Flug:
von Bangkok viermal wöchentlich

AUSKUNFT

Tourism Authority of Thailand
193 Taksin Road, 63000 Tak
Tel. 0 55 / 51 43 41-3, Fax 51 43 44
tattak@tat.or.th

ÜBERNACHTEN

► **Komfortabel**
Mae Sot Hill Hotel
100 Asia Road, Mae Sot
Tel. 0 55 / 52 26 01-8, Fax 53 26 00
www.centralhotelsresorts.com
Sehr komfortables Mittelklassehotel

Tak besitzt nur einen sehenswerten Tempel: Der Viharn des Wat Sibunrung weist ein kunstvoll geschnitztes Giebelfeld auf, einen schönen Chedi und eine prachtvolle Buddha-Statue im Sukhothai-Stil. **Wat Sibunrung**

Umgebung von Tak

Die Straße 105 führt in westlicher Richtung durch bergigen Dschungel, vorbei am Nationalpark Lan Sang mit einigen schönen Wasserfällen und Dörfern der Meo-, Lisu- und Lahu-Bergstämme, nach Mae Sot, der Grenzstadt zu Myanmar (98 km). **✶ Nationalpark Lan Sang**

Mae Sot ist eine hübsche, lebhafte Stadt im Tal des Menam Moei, der hier die Grenze zu Myanmar bildet. Birmanischer Stil kennzeichnet denn auch die Tempel des Städtchens; der sehenswerteste unter ihnen liegt aber 5 km außerhalb der Stadt in Richtung birmanische Grenze. Sein Viharn birgt vier Buddha-Statuen, von denen eine besonders zu beachten ist: Aus den Ohrläppchen fallen Edelsteine heraus. **Mae Sot**

66 km nordwestlich von Tak liegt die Yanhee-Talsperre, eigentlich als »König-Bhumibol-Staudamm« bezeichnet, mit einer 154 m hohen Staumauer. Die Aufstauung des Menam Ping soll Überschwemmungen, von denen diese Region häufig heimgesucht wurde, verhindern, dazu ermöglicht sie eine geregelte Bewässerung des fruchtbaren Landes. Der in den Kraftwerken gewonnene Strom wird bis nach Bangkok geführt. Der Stausee ist ein Paradies für Wassersportler und ein v. a. von Einheimischen besuchtes Ausflugsziel mit einem Hotel. **König-Bhumibol-Staudamm**

Dörfliches Leben zeigt der kleine Ort Ban Tak 20 km nördlich von Tak. Besonders reizvoll ist der Ort am Ufer des Menam Ping mit seinen auf Stelzen stehenden Häusern beim Sonnenuntergang. **Ban Tak**

Trat

E 4

Region: Südostthailand **Provinz:** Trat
Höhe: 6 m ü. d. M. **Einwohnerzahl:** 14 000

Trat ist eine auf Schwemmland erbaute, rührige Geschäftsstadt am Golf von Thailand in unmittelbarer Nähe der kambodschanischen Grenze. Hauptattraktionen sind die vorgelagerten Inseln wie ► Ko Chang und die Edelsteinminen der Umgebung.

Das thailändische Staatsgebiet verengt sich kurz hinter Trat zu einem etwa 88 km langen schmalen Landstreifen mit einer überaus reizvollen Landschaft. **Landschaft**

! Baedeker TIPP

Erntedankfest auf Thailändisch

Die Region um Trat ist eines der wichtigsten Obstanbaugebiete Thailands, die Hauptzeit der Ernte ist von Mitte Mai bis Mitte Juli. Das Ende der Erntezeit ist natürlich Grund genug zum Feiern eines Erntedankfestes. Zwillingspflaumen, Zibetfrucht und Mangostanen spielen die Hauptrolle beim alljährlichen Obstfest mit Umzügen, gärtnerischen Wettbewerben, Miss-Wahlen und allerlei Unterhaltungen mehr.

Die Stadt hat eine wichtige wirtschaftliche Funktion, sie ist – wie das benachbarte ► Chanthaburi – ein wichtiges Edelstein-Zentrum. Rund um diese beiden Städte liegen zahlreiche Minen, in denen zumeist im Tagebau Rubine, Saphire und andere Edelsteine gefördert werden. Der Besuch auf eigene Faust ist möglich; in Pattaya, meist Ausgangspunkt einer Fahrt nach Trat, bieten Reiseveranstalter organisierte Touren an. Ein weiteres wirtschaftliches Standbein der Region ist der großflächige Anbau von Obst und Gemüse. Hier gedeihen viele Obstsorten, die in alle Landesteile exportiert und dort auf den Märkten angeboten werden.

Flüchtlinge In den 1970er-Jahren wurde die Provinz Trat weltweit bekannt fur ihre riesigen Lager, in denen Vietnamesen und Kambodschaner Zuflucht vor dem Pol-Pot-Regime fanden. Hunderttausende flüchteten über das offene Meer, oft in kleinen Fischerbooten. Nachdem die kambodschanischen Bürgerkriegsparteien 1991 Frieden geschlossen haben, kehrten viele Flüchtlinge wieder in ihr Heimatland zurück.

Sehenswertes in Trat

Tempel Sehenswertes gibt es in Trat kaum, die Tempelanlagen stammen fast ausnahmslos aus neuerer Zeit. Ausnahmen sind der **Wat Chai Mongkol** mit einigen überwachsenen Chedis aus der Ayutthaya-Zeit und der **Bupharam-Tempel**, in dem der Legende nach ein Teil von Buddhas Asche aufbewahrt wird. Dagegen ist Trat der beste Ausgangsort für Überfahrten nach ►Ko Chang, der zweitgrößten Insel Thailands.

TRAT ERLEBEN

ANREISE

Auto:
Von Chanthaburi aus erreicht man Trat auf der Nationalstraße 3 nach 75 km

Bus:
Regelmäßige Verbindungen von Bangkok, Pattaya und Chanthaburi

AUSKUNFT

Tourism Authority of Thailand
100 Moo 1, Trat-Laem Ngob Road
23120 Trat, Tel. 0 39 / 59 72 59 60
Fax 59 72 55, tattrat@tat.or.th

ÜBERNACHTEN

In Trat gibt es etliche kleine Gästehäuser mit einfachem Komfort sowie kleine Hotels (Auskunft beim TAT-Büro).

★★ Ubon Ratchathani (Ubol • Rubol)

D 5

Region: Nordostthailand
Höhe: 125 m ü. d. M.
Provinz: Ubon Ratchathani
Einwohnerzahl: 80 000

Die »Königliche Stadt der Lotosblüte« liegt am Menam Mun in Nordostthailand. Die Region galt – vor den ersten Erfolgen der in den 1980er-Jahren begonnenen staatlichen Förderprogramme – als »Armenhaus Thailands«. Die Stadt selbst hat kaum Sehenswürdigkeiten zu bieten, jedoch ist von hier aus die bedeutende Tempelanlage Wat ►Khao Phra Viharn auf der Grenze zwischen Thailand und Kambodscha zu erreichen.

Tempel

Die prächtigen Tempelanlagen der Stadt sind fast ausnahmslos aus jüngerer Zeit und kulturhistorisch wenig bedeutsam. Sehenswert sind jedoch der **Wat Si Ubonat Thalam**, in dessen weitläufiger Anlage ein schöner Viharn steht, sowie der unter König Rama IV. errichtete **Wat Supattanaramworwihan**, der mit Khmer-, Thai- und europäischen Elementen gleich drei architektonische Stile aufweist.

★★ Wat Phra That Nongbua

Ein weiterer besuchenswerter Tempel ist der Wat Phra That Nongbua in der Nähe der Chayankun Road, dessen zwei Stupas denen des indischen Bodhgaya-Tempels nachgebildet sind. Der zentrale Stupa ist das höchste Bauwerk der Stadt. Beachtenswert sind die Steinreliefs an der Basis, die anlässlich der 2500-Jahr-Feier des Buddhismus im Jahre 1977 angebracht wurden.

UBON RATCHATHANI ERLEBEN

ANREISE

Auto:
Von Bangkok Straßen 1/2124 (630 km)

Bus:
Von Bangkok Northeastern Bus Terminal (672 km, ca. 10 Std.)

Bahn:
Von Bangkok-Hualampong (575 km, 10 – 12 Std.)

Flug:
Von Bangkok einmal täglich

AUSKUNFT

Tourism Authority of Thailand
264/1 Khaunthani Road
34000 Ubon Ratchathani
Tel. 0 45 / 24 37 70, 25 07 14
Fax 24 37 71, tatubon@tat.or.th

ÜBERNACHTEN

► **Günstig**

Regent Palace Hotel
265-271 Chayangkun Road
Tel. 0 45 / 24 50 46, Fax 25 54 89
120 Zimmer, Restaurant, Bar, Diskothek. Etwas außerhalb des Zentrums gelegenes Hotel mit ordentlichen Zimmern zu günstigen Preisen.

Umgebung von Ubon Ratchathani

✶ **Wat Phokhakaeo**

Einige sehr interessante Sehenswürdigkeiten der Region Ubon Ratchathani liegen östlich der Stadt (Straße 217). Nach 43 km auf dieser Straße stößt man auf den sehr schönen Wat Phokhaokaeo mit Gebäuden aus rotgebrannten Tonziegeln. Vom Viharn – man beachte die kunstvoll geschnitzten Türen und Fensterläden – auf einer rechteckigen Basis hat man einen guten Blick über das Land.

✶✶ **Sao Chaliang**

Vorbei an der Zufahrt zum Kang-Tana-Nationalpark erreicht man kurz vor dem Ort **Pa Tham** das Naturdenkmal Sao Chaliang. Man folgt zunächst der Straße 217 bis Phibun, dann der Straße 2222 bis Khong Chiam und zuletzt nach Norden den Straßen 2134 und 212. Wind und Wetter haben an dieser Stelle eine imposante Felsengruppe geschaffen, die bei der einheimischen Bevölkerung als Sitz guter wie böser Geister gilt.

✶✶ **Felsmalereien von Pa Tham**

Eine der größten Überraschungen für die thailändische Geschichtsforschung war die Entdeckung der Felsmalereien von Pa Tham 1987, glaubte man doch, dass in dieser Region allenfalls eine kulturhistorisch unbedeutende Volksgruppe siedelte. Die Malereien hoch über dem Ufer des Mekong sind die großflächigsten dieser Art in Thailand. Auf einer Länge von 150 m sind etwa 300 außerordentlich gut erhaltene Zeichnungen zu sehen, die drei bis vier Jahrtausende alt sind und in braunen und roten Farben den Alltag von Fischern und Jägern zeigen. Beachtlich ist die große Detailtreue, in der Gebrauchsgegenstände, Tiere und Menschen abgebildet sind. Man erreicht die Felsmalereien über ein Plateau, von dem aus rechter Hand ein 1 km langer Weg hinab entlang der Felswand führt. Weitere Gemälde findet man, wenn man dem Weg weiter folgt (eine halbe Stunde Fußmarsch). Von einigen Stellen aus bietet sich ein guter Blick über den Mekong, den längsten Fluss Südostasiens.

! *Baedeker* TIPP

Kerzenfest in Ubon

Alljährlich wird in Ubon anlässlich des Anfangs der buddhistischen Fastenzeit (Mitte/Ende Juli) das Candle Festival gefeiert, bei dem mit religiösen Zeremonien der ersten Predigt Buddhas nach seiner Erleuchtung gedacht wird. Bei diesem Kerzenfest werden kunstvoll verzierte, bis zu 2 Meter hohe Kerzen durch die Straßen gefahren. Die schönsten Kerzen erhalten Preise und werden den Tempeln der Umgebung gestiftet.

Amnat Charoen

Die geschäftige Kleinstadt Amnat Charoen liegt 75 km nördlich von Ubon Ratchathani auf dem Weg nach Mukdahan, ca. 50 km von der Grenze zu Laos entfernt. Geschichtlich oder kunsthistorisch hat sie keine Bedeutung, doch sollte man sich ein wichtiges Heiligtum ansehen, den **Wat Buddha Mongkol**. Er steht im Südwesten vor den Toren der Stadt bei dem nach seiner Sehenswürdigkeit benannten Ort

Buddha im Wat Buddha Mongkol

Ban Buddha Mongkol. Die 16 m hohe Buddha-Statue des Wat stammt aus neuerer Zeit; sie steht vor Schatten spendenden Bäumen auf einem 5 m hohen Podest und ist mit Tausenden kleiner Glasmosaiksteine verkleidet. Alljährlich im Februar findet im Heiligtum ein großes religiöses Fest statt, zu dem viele Pilger aus der nahen und weiteren Umgebung zusammenkommen.

★ **Lam-Dom-Noi-Staudamm**

Wegen seiner reizvollen landschaftlichen Lage lohnt der Staudamm Lam Dom Noi einen Abstecher von Amnat Charoen aus. Er wurde 1971 fertig gestellt und heißt nach der zweiten Tochter des thailändischen Königspaares auch Sirindhorn-Staudamm. Der See liegt nahe der laotischen Grenze und ist ebenfalls über die Straße 217 zu erreichen (von Ubon Ratchathani sind es ungefähr 85 km).

★ Udon Thani

C 4

Region: Nordostthailand
Höhe: 186 m ü. d. M.
Provinz: Udon Thani
Einwohnerzahl: 85 000

Udon Thani ist der letzte größere Ort vor der Grenze zum Nachbarland Laos und liegt in der Ebene des Menam Luang, der dem Mekong zufließt. Mit dem Abzug der US-Soldaten, die während des Vietnamkrieges hier stationiert waren, wurden viele Nachtklubs und Bars geschlossen. Ein Bummel über den Markt ist sehr angenehm und nicht weit östlich der Stadt liegt das archäologisch überaus interessante ► Ban Chiang.

Umgebung von Udon Thani

Udon Saeng Tawan

Etwa 2 Kilometer von der Stadt entfernt in Soi Kamol Wattana befindet sich der **Orchideengarten** Udon Saeng Tawan. Vor allem vormittags (bis 13.00 Uhr) kann man hier eine Vielzahl von Orchideen bewundern und ihren betörenden Duft erleben. In dem Garten werden auch ätherische Öle für die Komposition von Parfümen destilliert.

★ Wat Phra Buddhabat Ban Kok

65 km nordwestlich von Udon Thani liegt der Wat Phra Buddhabat Ban Kok in einer eigenartigen und durchaus untypischen Landschaft; durch Erosion zerborstene und ausgekehlte riesige Sandsteinblöcke geben ihr das Gepräge. Mönche dieses Wat sind gerne als Führer durch die einzigartige Landschaft behilflich. Der Tempel liegt sehr malerisch auf dem kahlen Gipfel einer dicht bewaldeten Anhöhe. Er

UDON THANI ERLEBEN

ANREISE

Auto:
Von Nakhon Ratchasima Nationalstraße 2 (200 km)

Bus:
Von Bangkok Northeastern Bus Terminal (560 km)

Flug:
Von Bangkok mehrmals täglich

AUSKUNFT

Tourism Authority of Thailand
16/5 Mukmontri Road
41000 Udon Thani
Tel. 0 42 / 32 54 06-7
Fax 32 54 08, tatudon@tat.or.th

ÜBERNACHTEN

► Günstig

Charoen
549 Phosri Road
Tel. 0 42 / 24 81 55, 24 61 21
241 Zimmer, Restaurant, Bar.
Gutes Mittelklassehotel mit ausreichend komfortablen Zimmern und angenehmem Service.

besitzt einen großen und mehrere kleine Chedis sowie einen Wat aus neuerer Zeit, der dem Wat Phra That Phanom in ►Nakhon Phanom nachgebildet ist. Sehenswert ist der Wat Phra Buddhabat Ban Kok v. a. wegen eines symbolischen Fußabdrucks Buddhas. Funde lassen auf eine sehr frühe Besiedlung (5000 – 6000 v. Chr.) schließen, Felsen und Höhlen boten einen guten Unterschlupf für die nicht sesshafte Bevölkerung. Im 9. Jh. sollen sich Khmer-Völker hier niedergelassen haben. Einige der Felsengruppen sind mit Namen belegt, die auf Sagen zurückgehen. Unter einigen Felsen stehen neuere Buddhastatuen, an den Wänden sieht man Flachreliefs von sitzenden und stehenden Buddha aus der Dvaravati-Zeit.

★ U Thong

D 2

Region: Zentralthailand
Provinz: Suphanburi
Höhe: 186 m ü. d. M.
Einwohnerzahl: 16 500

U Thong liegt am Rand der Zentralebene; im Nordwesten ragt die eindrucksvolle Kulisse des birmanischen Berglands auf. Ihre große Zeit hatte die Stadt als die vermutlich erste Hauptstadt des Dvaravati-Königreichs sowie als kultureller Mittelpunkt des Khmer-Reichs. In der Kunst, insbesondere in der Plastik, bildete sich hier ein eigenständiger Stil heraus.

Geschichte

Die Historie des alten U Thong reicht bis in die Jungsteinzeit zurück (Werkzeugfunde). Einer chinesischen Quelle zufolge war U Thong die Hauptstadt des Funan-Königreichs (1. – 6. Jh.), des ältesten Kontinentalreichs Südostasiens. Als dieses sich spaltete, wurde der frühere Vasallenstaat Dvaravati selbstständig. U Thong wurde die erste Hauptstadt auch dieses Reichs, geriet jedoch im 11. Jh. unter die Herrschaft der Khmer. Nach erneuter Unabhängigkeit verlegte König U Thong 1350 seine Residenz nach Ayutthaya und nannte sich König Rama Thibodi I. (Regierungszeit 1350 – 1369).

U THONG ERLEBEN

ANREISE

Auto:
Von Bangkok Straße 4 bzw. 338 bis Nakhon Pathom, dann Straßen 321/324 (100 km)

Bus:
Von Bangkok und Suphanburi

Bahn:
Nächster Bahnhof Suphanburi (30 km)

ÜBERNACHTEN

In U Thong selbst gibt es keine empfehlenswerten Unterkünfte, fahren Sie besser weiter nach ► Nakhon Pathom.

★ **Museum**

Öffnungszeiten:
Mi. – So.
9.00 – 16.00
Eintrittsgebühr

Der U-Thong-Stil (► Kunst und Kultur) fand seine spezifische Ausprägung in der Plastik (allerdings ist aus der U-Thong-Zeit kein einziges Baudenkmal erhalten). Das 1976 eingerichtete Museum von U Thong gibt einen Überblick über die drei Stilperioden der Plastik dieser Zeit. Weiterhin sind Steinwerkzeuge (aus der Jungsteinzeit), von der indischen Dvaravati-Kunst beeinflusste Reliefs in gebranntem Ton (4./5. Jh.), Bronzen, Terrakotta-Figuren und Skulpturen aus der Dvaravati-Zeit (6.–11. Jh.) und Zeugnisse der Srivijaya-Kunst ausgestellt. Außerdem findet man einen Plan, der die vermutliche Anlage der Stadt zeigt; von ihr sind noch Fundamente verschiedener Bauten in der Landschaft verstreut zu sehen. Die befestigte Stadt umfasste ein Oval mit den Maßen 1600 x 830 m.

Erfrischung tut auch Mönchen gut.

★ Uttaradit

C 3

Region: Nordthailand
Höhe: 81 m ü. d. M.
Provinz: Uttaradit
Einwohnerzahl: 32 000

Uttaradit ist im weiten Tal des Menam Nan gelegen und wurde neu aufgebaut, nachdem ein Großfeuer 1967 die alte Stadt fast vollständig vernichtet hatte. Seit es 45 km nordöstlich der Stadt ein riesiges Wasserreservoir, die Pa-Som-Talsperre gibt, hat Uttaradit besonders durch das Wachstum der Landwirtschaft großen Aufschwung genommen.

Denkmal

Ein Denkmal vor dem Gebäude der Provinzverwaltung erinnert an den Gouverneur Phraya Pichai Dat Nak, der 1772 einen Angriff der birmanischen Armee abwehrte. Der im chinesischen Stil erbaute Wat Tha Thanon birgt die Statue eines sitzenden Buddha.

Umgebung von Uttaradit

★ Wat Boromathat

Sehr interessant ist der Wat Phra Boromathat 5 km außerhalb der Stadt (an der Straße 102). Er weist laotische Stilmerkmale auf und besitzt kunstvolles Schnitzwerk an den Giebelfeldern der weit vorgezogenen Viharn-Portale, Wandgemälde aus der Ayutthaya-Zeit und eine Gruppe schöner Chedis aus der Sukhothai-Periode.

Nicht weit davon entfernt befindet sich der **Wat Phra Tan Sila Aat** mit einem steinernen und vier bronzenen Fußabdrücken Buddhas; schön sind auch mehrere Buddhafiguren im Sukhothai-Stil. Nebenan steht ein hübscher Chinesentempel mit prachtvollem Teakholzgebälk.

In der Nähe findet man einen weiteren interessanten Tempel, den **Wat Phra Yeun Phra Bat Yukon**, mit einem graziösen, von schlanken Säulen umgebenen Mondhop und bronzenen Buddha-Bildnissen im Sukhothai-Stil. Etwas südlich von Uttaradit liegt am linken Ufer des Menam Nan der schöne **Wat Phra Fang**, ebenfalls aus der Sukhothai-Zeit.

UTTARADIT

ANREISE

Auto:
Von Phitsanulok Straßen 12/11/1045 (130 km); von Sukhothai Straße 101 bis Si Satchanalai, Straße 102 (105 km)

Bahn:
Station an der Strecke Bangkok-Chiang Mai (von Bangkok-Hualampong 485 km, Fahrzeit ca. 8 Std.)

Sirikit-Staudamm

Die Straße 1045 führt nach Osten zum schön gelegenen Sirikit-Stausee mit einer 160 m hohen und 800 m langen Staumauer, der nach der Gattin des thailändischen Königs benannt ist. Sein Bau wurde

1973 vollendet, der Damm ist der größte Thailands. Die Fläche des auch **Pa-Som-Talsperre** genannten Sees umfasst 22 000 ha, er dient über ein weit verzweigtes Kanalsystem nicht nur der Bewässerung der Umgebung, sondern ermöglicht außer einer ertragreichen Landwirtschaft auch die Energieversorgung der Bevölkerung. An den Ufern des Stausees stehen einige Pfahlbausiedlungen, deren Bewohner vom Fischfang leben.
Man kann zur Staudammkrone hinauf und um den See fahren. Ein Kontrollpunkt befindet sich etwa auf halbem Weg zwischen dem Dorf Tha Pla und dem Staudamm; hier ist eine Gebühr zu entrichten.

✶ Yala

H 3

Region: Südthailand
Höhe: 15 m ü. d. M.
Provinz: Yala
Einwohnerzahl: 74 000 (Provinz)

Yala ist die geschäftige Hauptstadt einer dicht bevölkerten, blühenden Provinz im äußersten Süden Thailands unweit der Grenze zu Malaysia. In der Stadt überwiegt das chinesische Element, in der Provinz ist die Mehrzahl der Bevölkerung malaiischer Herkunft und muslimischen Glaubens; gesprochen wird malaiisch.

✶ **Wat Kuhaphimuk**

Am Rand der Stadt liegt der Wat Kuhaphimuk, ein etwa 1200 Jahre alter Felsentempel. In einer nahe gelegenen hübschen Parkanlage steht ein schöner, gut proportionierter Viharn aus neuerer Zeit. In den Kalksteinfelsen über der Parkanlage (10 Min. Fußmarsch) findet man in einer Höhle eine 24 m lange, liegende Buddhastatue, die bei der Bevölkerung große Verehrung genießt. Andere sehenswerte Tempel sind die Kultstätten der chinesischen Bevölkerung.

! *Baedeker* TIPP

Gurrende Tauben

Jedes Jahr im März findet in Yala das »Zebra Ground Dove Festival« statt. Mehr als 2000 gestreifte Tauben, die hier in der Region gezüchtet werden, gurren, auf Stangen in ihren Käfigen sitzend, um die Wette. Natürlich gibt es Sieger, die in mehreren Kategorien bestimmt werden. Besonders schön gurrende Tauben erreichen einen Marktwert von bis zu 20 000 Euro!

Umgebung von Yala

In den Bergen rund um Yala sind zahlreiche Grotten als **Höhlentempel** eingerichtet worden. Besonders sehenswert sind die Höhle von Tham Koo Ha Pimsak (mit einer 25 m hohen Buddhastatue) und die Höhle Tham Silpa mit Resten von Wandmalereien aus dem 13. Jh., die vermutlich ältesten Gemälde

← *Geschmückter Banyanbaum am Wegesrand*

YALA ERLEBEN

ANREISE

Auto:
Von Songkhla Straße 408 bis Nathawi, dann Straßen 42/409 (128 km); alternativ bei Chana auf die Küstenstraße wechseln. Von Pattani Straße 410 (43 km)

Bus:
Von Bangkok Southern Bus Terminal nach Hat Yai (1000 km, 14 Std.), von dort Anschlussverbindung

Bahn:
Station an der Strecke Bangkok – Malaysia (von Bangkok – Hualampong 1055 km, Fahrzeit 20 Std.; Schlafwagen)

ÜBERNACHTEN

► Komfortabel

Royal Princess
Phichit Bamruang Road
Tel. 0 73 / 51 10 27, Fax 51 50 40
rsvnctr@dusit.com

dieser Art in Thailand (zu erreichen von Yala auf der Straße 409 in Richtung Hat Yai; der Beschilderung folgen).

✶✶ Landschaft

Die Straße 410 führt nach Süden durch ein mit dichtem tropischem Regenwald bewachsenes Bergland, aus dem die für Südthailand typischen Kalkfelsen ragen. Nach kurvenreichen 133 km (einen kurzen Aufenthalt lohnen der schön gelegene Bang-Lang-Stausee und die heißen Quellen 20 km hinter dem Dorf Ban Ayerweng) ist die im Gebirge liegende, vorwiegend von Chinesen bewohnte Grenzstadt Betong erreicht. Hinter der malaiischen Grenze gabelt sich die Straße, ein Zweig führt in Richtung Singapur, der andere nach Butterworth am Indischen Ozean.

✶ Yasothon

D 5

Region: Nordostthailand
Höhe: 68 m ü. d. M.
Provinz: Yasothon
Einwohnerzahl: 22 000

Yasothon, eine der jüngsten Provinzhauptstädte Thailands, wäre kaum einen Besuch wert, wenn es nicht jeden Mai ein Spektakel gäbe, das Bewohner wie Gäste in seinen Bann schlägt. Gegen Ende der Trockenzeit findet das große Volksfest »Bun Bang Fai« statt, das in der ganzen Provinz etwa eine Woche lang gefeiert wird.

»Verdienst der Bambusraketen«

Mit dem Fest will man den Regengott **Phraya Thaen** auf die Trockenheit aufmerksam machen. Schon Wochen vor dem großen Ereignis bastelt die Bevölkerung von Yasothon eifrig an den Raketen, deren Treibstoff (eine Mischung aus Salpeter und Holzkohle) die Flugkörper (meist Bambusrohre) bis 600 m hoch schießt. Als Zündschnur dient ein Stück safrangelben Stoffes. Ein farbenprächtiger Festzug geleitet die Raketen zum Startplatz am Rand der Stadt. Die Gesichter der Männer sind mit Schlamm dick beschmiert, wohl um Phraya Thaen zu täuschen: Er soll nicht sehen, dass Menschen hinter dem Bestechungsversuch stecken. Der Gouverneur höchstselbst gibt das Zeichen zum Start, und wenn die Raketen nicht schon am Boden explodieren, steigen sie unter großem Jubel der Bevölkerung gen Himmel. Und manchmal regnet es schon am nächsten Tag …

Kleine Ehrung mit frischen Blumen

Der **Wat Thung Sawan** im Osten der Stadt ist wegen seiner eigenartigen Bauweise im Khmer-Stil bemerkenswert. Im **Wat Mahathat** sind das Haupttheiligtum und die graziöse Bibliothek (Ho Trai) architektonisch interessant.

That Luk Khun Mae

Etwa 7 km südlich der Stadt liegt an der Straße 23 der That Luk Khun Mae, der eine Mischung von laotischen Einflüssen und Khmer-Stilmerkmalen zeigt.

Ban Si Than

Das Dorf Ban Si Than ist bekannt für seine handgewebten Seiden- und Baumwollstoffe. Es liegt 20 Kilometer außerhalb der Stadt an der Strasse 202.

YASOTHON ERLEBEN

ANREISE

Auto:
Von Bangkok Straßen 1/2 bis Ban Wat (bei Phimai), dann 207/202 (530 km). Von Ubon Ratchathani Straße 23 (98 km)

Bus:
Verbindungen von den genannten Städten

Flug:
Nächster Flugplatz Khon Kaen (180 km)

ÜBERNACHTEN

► Günstig

Yot Nakhon
143 Uthai-Ramit Road
Yasothon 35000
Tel. 0 45 / 71 16 62
Fax 71 14 81
66 Zimmer, Restaurant.
Im Zentrum von Yasothon gelegenes Hotel mit guten Zimmern. Mit im Hause ist ein empfehlenswertes Restaurant.

REGISTER

a

b

l

m

n

BILDNACHWEIS

AKG S. 74, 105
Baedeker-Archiv S. 108, 150
Beck S. 7 oben, 44, 163, 195, 273, 284, 309, 314, 328, 335, 368, 411, 483
Bilderberg S. 182/183
F1 S. 4, 57, 110/111, 200/201, 213 oben Mitte, 306
Father Ray Organisation S. 101
Fausel S. 11, 61, 131, 139, 226, 255, 261, 278, 318, 324, 394
Frei S. 165, 262, 452
Friedrichsmeyer/Spielenburg S. 214, 249
Gstaltmayr S. 14, 15 Mitte, 36, 73, 89, 119, 151, 161, 168, 172/173, 183, 189 unten, 191, 192, 197 unten, 197 rechts oben, 199 links, 203, 217, 243, 247, 275, 297, 299, 301, 316, 326, 357, 360, 369, 373, 376, 385, 399, 405, 415, 427 unten rechts, 427 unten links, 456, 459, 463, 470, 478, 486, 490, 497, 505, U2
Häusler S. 13, 189, 201, 233, 244, 355, 366, 431
HB Verlag / Sasse S. 3, 6, 8, 9 unten, 9 oben, 10 unten, 10 oben, 18, 22, 34, 42, 50, 55, 67, 69, 95, 117, 125, 141, 144, 147, 154, 167, 171, 185 unten, 198, 199 rechts, 205, 206, 213 unten links, 227, 237, 238, 251, 265, 269, 276, 289, 305, 322, 338, 370, 379, 391, 396, 406/407, 420, 435, 440, 467, 480, 485
Höbel S. 257, 294, 313, 455
IFA Bilderteam S. 38, 184, 212, 213 oben rechts, 271, 340, 403
Ihlow S. 409
Kubsch S. 185 Mitte
Lahr S. 167, 235, 350, 474, 489
Laif S. 2, 7 unten, 15 oben, 15 unten, 16 oben, 40, 47, 132, 137, 185 oben, 221, 283, 345, 362, 427 oben rechts, 427 oben, 428, 502, 505, U4
Mandarin Oriental Hotel Group S. 223, 260
Mauritius S. 25, 32, 193 oben, 348, 450
Mielke S. 5, 17, 97, 135, 153, 413, 438, 443
Nokia S. 148
pa S. 100, 102
pa/StockfoodS. 126 Mitte, 127 Mitte, 127 rechts, 193
Patterson S. 12/13, 53, 61
Peter S. 197 links oben, 287
Petrich S. 193 unten, 216
Randebrock S. 111, 126 links, 402
Stadler S. 228, 421
Stockfood S. 126 rechts, 127 links
Thailändisches Fremdenverkehrsamt / Gstaltmayr S. 121, 123, 130, 169, 197 Mitte, 242, 280, 331, 336, 500,
Weigt S. 16 Mitte, 16 unten, 92, 177, 189 oben, 211, 232, 308, 310
Zefa S. 445

Titelbild: IFA Bilderteam/Alastor Photo

VERZEICHNIS DER KARTEN & GRAFISCHEN DARSTELLUNGEN

IMPRESSUM

Ausstattung:
222 Abbildungen, 48 Karten und grafische Darstellungen, eine große Reisekarte
Text:
Heiner Gstaltmayr mit Beiträgen von Prof. Dr. Wolfgang Hassenpflug, Silwen Randebrock, Anita Rolf, Hanny Tichy, Reinhard Zakrzewski
Fortführung:
Heiner Gstaltmayr
Bearbeitung:
Baedeker Redaktion
(Silwen Randebrock)
Kartografie:
Franz Kaiser Sindelfingen; MAIRDUMONT/Falk Verlag, Ostfildern (große Reisekarte)
3D-Illustrationen:
jangled nerves, Stuttgart
Gestalterisches Konzept:
independent Medien-Design, München
(Kathrin Schemel)

Sprachführer in Zusammenarbeit mit Ernst Klett Sprachen GmbH, Stuttgart,Redaktion PONS Wörterbücher

Chefredaktion:
Rainer Eisenschmid,
Baedeker Ostfildern

7. Auflage 2007
Völlig überarbeitet und neu gestaltet

Urheberschaft:
Karl Baedeker Verlag, Ostfildern
Nutzungsrecht:
MAIRDUMONT GmbH & Co KG; Ostfildern
Der Name Baedeker ist als Warenzeichen geschützt. Alle Rechte im In- und Ausland sind vorbehalten. Jegliche – auch auszugsweise – Verwertung, Wiedergabe, Vervielfältigung, Übersetzung, Adaption, Mikroverfilmung, Einspeicherung oder Verarbeitung in EDV-Systemen ausnahmslos aller Teile des Werkes bedarf der ausdrücklichen Genehmigung durch den Verlag Karl Baedeker GmbH.

Anzeigenvermarktung:
MAIRDUMONT MEDIA
Tel. 0049 711 4502 333
Fax 0049 711 4502 1012
media@mairdumont.com
http://media.mairdumont.com

Printed in China
Gedruckt auf 100% chlorfrei gebleichtem Papier

BAEDEKER VERLAGSPROGRAMM

- Ägypten
- Algarve
- Amsterdam
- Andalusien
- Athen
- Australien
- Bali
- Baltikum
- Barcelona
- Belgien
- Berlin
- Bodensee
- Brasilien
- Bretagne
- Brüssel
- Budapest
- Bulgarien
- Burgund
- Chicago • Große Seen
- China
- Costa Blanca
- Costa Brava
- Dänemark
- Deutsche Nordseeküste
- Deutschland
- Djerba • Südtunesien
- Dominikanische Republik
- Dresden
- Elba
- Elsass • Vogesen
- Finnland
- Florenz
- Florida
- Franken
- Frankfurt am Main
- Frankreich
- Fuerteventura
- Gardasee
- Gomera
- Gran Canaria
- Griechenland
- Griechische Inseln
- Großbritannien
- Hamburg
- Harz
- Hongkong
- Indien
- Irland
- Island
- Istanbul
- Istrien • Kvarner Bucht
- Italien
- Italien • Norden
- Italien • Süden
- Italienische Adria
- Italienische Riviera
- Japan
- Jordanien
- Kalifornien
- Kanada • Osten
- Kanada • Westen
- Kanalinseln
- Kenia
- Köln
- Kopenhagen
- Korfu • Ionische Inseln
- Korsika
- Kos
- Kreta
- Kroatische Adriaküste • Dalmatien
- Kuba
- La Palma
- Lanzarote
- Lissabon
- Loire
- Lombardei • Mailand • Oberitalienische Seen
- London
- Madeira
- Madrid
- Malaysia
- Malediven

- Mallorca
- Malta • Gozo • Comino
- Marokko
- Mecklenburg-Vorpommern
- Menorca
- Mexiko
- Moskau
- München
- Namibia
- Nepal
- Neuseeland
- New York
- Niederlande
- Norwegen
- Oberbayern
- Österreich
- Paris
- Peking
- Piemont
- Polen
- Portugal
- Prag
- Provence • Côte d'Azur
- Rhodos
- Rom
- Rügen • Hiddensee
- Sachsen
- Salzburger Land
- St. Petersburg
- Sardinien
- Schottland
- Schwäbische Alb
- Schwarzwald
- Schweden
- Schweiz
- Sizilien
- Skandinavien
- Slowenien
- Spanien
- Sri Lanka
- Stuttgart
- Südafrika
- Südengland
- Südtirol • Dolomiten
- Sylt
- Syrien
- Teneriffa
- Tessin
- Thailand
- Toskana
- Tschechien
- Tunesien
- Türkei
- Türkische Mittelmeerküste
- Umbrien
- Ungarn
- Usedom
- USA
- USA • Nordosten
- USA • Südstaaten
- USA • Südwesten
- Venedig
- Vietnam
- Washington DC • Capital Region
- Weimar
- Wien
- Zypern

LIEBE LESERINNEN, LIEBE LESER,

ein herzliches Dankeschön, dass Sie sich für einen Baedeker Allianz Reiseführer entschieden haben. Er wird Sie zuverlässig auf Ihrer Reise begleiten und Sie nicht im Stich lassen.
Natürlich beschreibt er die wichtigen Sehenswürdigkeiten, aber er empfiehlt auch interessante Veranstaltungen, nennt Hotels für den großen und kleinen Geldbeutel, gibt Tipps für Restaurants, Shopping und für vieles mehr, was eine Reise zum Erlebnis macht. Dafür haben Autor Heiner Gstaltmayr und die Redaktion Sorge getragen. Sie sind für Sie regelmäßig nach Thailand gereist und haben all ihre Erfahrungen und Kenntnisse in diesen Reiseführer gepackt.

Trotzdem: Die Erfahrung zeigt, dass Fehler und Änderungen nach Drucklegung, für die der Verlag keine Haftung übernehmen kann, nicht ausgeschlossen werden können. Für Kritik, Berichtigungen und Verbesserungsvorschläge sind wir Ihnen außerordentlich dankbar. Schreiben Sie uns, mailen Sie uns oder rufen Sie an:

► **Verlag Karl Baedeker GmbH**
Redaktion
Postfach 3162
D-73751 Ostfildern
Tel. (0711) 4502-262, Fax -343
E-Mail: info@baedeker.com

Besuchen Sie uns auch im Internet unter www. baedeker.com. Hier finden Sie jeden Monat den aktuellen Reisetipp der Redaktion und das gesamte Verlagsprogramm. Hier können Sie auch lesen, wer Karl Baedeker war und wie er seinen ersten Reiseführer geschrieben hat. Mit seinen über 175 Jahren ist der Karl Baedeker Verlag der älteste Reiseführer-Verlag der Welt.

www.baedeker.com

ZU GEWINNEN: STADTREISE NACH LONDON

Unter allen Einsendungen verlost der Verlag am Jahresende – unter Ausschluss des Rechtswegs – eine Städtekurzreise für zwei Personen nach London.
Freuen Sie sich auf ein spannendes Wochenende in London. Natürlich ist ein Baedeker Allianz Reiseführer London auch dabei!